Gerhard A. Ritter

Der Preis der deutschen Einheit

© Nora Bibel

Gerhard A. Ritter ist Prof. em. für Neuere und Neueste Geschichte an der Ludwig-Maximilians-Universität München; Vorsitzender des Verbandes der Historiker Deutschlands von 1976 bis 1980, Ehrendoktor der Universität Bielefeld und der Humboldt-Universität Berlin, Honorary Fellow St Antony's College Oxford, korrespondierendes Mitglied der Bayerischen Akademie der Wissenschaften. Zahlreiche Publikationen, u. a. zur Politik- und Parteienforschung, Geschichte der Arbeiterbewegung und zur Sozialgeschichte, zuletzt bei C. H. Beck: *Über Deutschland* (bsr 1389). Gerhard A. Ritter wurde mit dem Preis des Historischen Kollegs 2007 ausgezeichnet.

Gerhard A. Ritter

Der Preis der deutschen Einheit

Die Wiedervereinigung und die Krise des Sozialstaats

Verlag C. H. Beck

Diese broschierte Sonderausgabe
entspricht der 2., erweiterten Auflage
der gebundenen Ausgabe.

1. Auflage. 2007

Satz: Fotosatz Reinhard Amann, Aichstetten
Druck und Bindung: Ebner & Spiegel, Ulm
Umschlagentwurf: roland angst, berlin + stefan vogt, münchen
Gedruckt auf säurefreiem, alterungsbeständigem Papier
(hergestellt aus chlorfrei gebleichtem Zellstoff)
Printed in Germany
ISBN 978 3 406 56861 9

www.beck.de

Inhalt

II.

Die Entstehung der Sozialunion

III.

Der Wandel des deutschen Sozialstaates unter den Bedingungen der deutschen Einheit 1990–1994

Anhang

Vorwort

Der Zusammenbruch des Ostblocks, der Zerfall der Sowjetunion, das Ende des Kalten Krieges, die deutsche Wiedervereinigung und die damit verbundene Überwindung der Spaltung Europas in den Jahren 1989 bis 1991 ist – wie die Französische Revolution 1789 und das Ende des Alten Europa bei Ausbruch des Ersten Weltkrieges 1914 – eine der großen Zäsuren der europäischen und der Weltgeschichte. Sie ist auch ein tiefer Einschnitt in der Geschichte des deutschen Sozialstaates. Dessen latente Krise wurde vor allem durch die Alterung der Bevölkerung, die Explosion der Gesundheitskosten, die Veränderungen der Arbeitswelt durch den Strukturwandel der Wirtschaft, die Verschärfung des Wettbewerbs aufgrund der Globalisierung der Absatz- und Finanzmärkte und den Kampf um die Behauptung Deutschlands als Standort der Produktion gegenüber der Konkurrenz von Billiglohnländern verursacht. Sie bestand also schon vor der deutschen Vereinigung, sie ist aber durch diese entscheidend verschärft worden.

Das Buch hat die deutsche Wiedervereinigung zu seinem zentralen Thema. Obwohl auch die außenpolitischen und wirtschaftlichen Rahmenbedingungen der deutschen Vereinigung behandelt werden, steht doch der hier erstmals aufgrund unveröffentlichter Quellen behandelte innere Einigungsprozess, insbesondere im Bereich der Sozialpolitik, im Mittelpunkt. Dieser führte zu einer Übertragung der Normen, Institutionen und Akteure des bundesdeutschen Sozialstaates auf die DDR bzw. auf die neuen Bundesländer im Osten. Die dabei auftretenden Kontroversen und Probleme und die enge Verknüpfung des Einigungsprozesses mit dem Kampf um die politische Macht werden analysiert. Der Verfasser vertritt die These, dass angesichts der ungeheuren Dynamik des Einigungsprozesses und der Konstellation der politischen Kräfte es grundsätzlich keine realisierbare Alternative zu der Übertragung der westdeutschen Sozialordnung gegeben hat, dass aber, insbesondere bei der Finanzierung der Einheit und in der Tarifpolitik schwerwiegende und auch vermeidbare Fehler gemacht wurden.

Trotz der in diesem Band vorgenommenen Analyse der hohen finanziellen, wirtschaftlichen und sozialen Kosten der Transformation Ostdeutschlands von einer Diktatur in eine Demokratie und von einer zentralistischen Planwirtschaft in eine Soziale Marktwirtschaft möchte der Verfasser aber betonen, dass der Preis für die Freiheit der Ostdeutschen und die Einheit Deutschlands nicht zu hoch war und es sich bei der deutschen Vereinigung um eine der leider viel zu seltenen Sternstunden der deutschen Geschichte gehandelt hat.

Die Studie wäre ohne die Unterstützung vieler Institutionen und Personen nicht möglich gewesen. Der Band entstand in Zusammenhang mit den Arbeiten an dem vom Verfasser herausgegebenen Band 11 der «Geschichte der Sozialpolitik in Deutschland seit 1945» über «Sozialpolitik im Zeichen der Vereinigung». Der Verfasser dankt den Autoren dieses Bandes, insbesondere aber den Mitgliedern des wissenschaftlichen Beirates des Gesamtprojektes Hans Günter Hockerts, Franz-Xaver Kaufmann, Peter Rosenberg, Hartmut Weber und Hans F. Zacher für vielfältige Anregungen. Das Bundesministerium für Arbeit und Sozialordnung hat nicht nur den Zugang zu den eigenen Akten geöffnet, sondern hat auch geholfen, die Genehmigung zur Benutzung der Akten anderer Ressorts und des Bundeskanzleramtes zu erhalten. Die Erschließung der Akten wurde durch das Bundesarchiv erleichtert. Die Konrad-Adenauer-Stiftung und die Friedrich-Ebert-Stiftung gaben mir den uneingeschränkten Zugang zu den Quellen in ihren Archiven. Ich danke den Politikern, Beamten und Experten, die sich für Interviews zur Verfügung gestellt haben. Martin Ammermüller und Werner Tegtmeier haben darüber hinaus die Arbeit durch die Überlassung von Unterlagen aus ihrem Besitz gefördert. Christiane Reuter-Boysen danke ich für ihre Hilfe bei der Beschaffung des der Arbeit zugrunde liegenden Quellenmaterials, Nils Güttler und Adréana Peitsch für Schreibarbeiten und ihre Mitwirkung bei der Anfertigung der Anlage über die wichtigsten Akteure im deutschen Einigungsprozess.

Die erste Auflage des Buches ist von der Kritik und den Lesern äußerst wohlwollend aufgenommen worden, so dass schon nach einem knappen Jahr eine zweite Auflage notwendig wurde. Diese wurde durch die Beigabe von Fotografien, das Vorwort und ein Personenregister ergänzt. Der Text ist nur in einigen Fällen zur größeren Präzision geringfügig verändert, das Literaturverzeichnis und die Anlage über die wichtigsten Akteure im deutschen Einigungsprozess durch die Aufnahme neuer Titel und weiterer Akteure ergänzt worden.

Berlin, August 2007 Gerhard A. Ritter

Einleitung

Am 9. November 1989 verabschiedete, nach jahrelangen kontroversen Beratungen, der Deutsche Bundestag mit der breiten Mehrheit aus CDU/CSU, SPD und FDP unter Zustimmung der Sozialpartner und der wichtigsten sozialpolitischen Verbände eine große Rentenreform, die zum 1.1.1992 in Kraft trat. Man wiegte sich in dem Glauben, mit diesem wohl wichtigsten Gesetzgebungswerk der Legislaturperiode 1987–1990 das Problem der Anpassung der Renten an die demographische Entwicklung für die nächsten 20 Jahre gelöst zu haben. Nur wenige Stunden danach erreichte den Bundestag die überraschende Nachricht von der Öffnung der DDR-Grenze zur Bundesrepublik. Nach einer kurzen Unterbrechung der Sitzung erklärte der Chef des Bundeskanzleramtes, *Rudolf Seiters*, für die Bundesregierung, dass damit «Mauer und Grenze in Deutschland [...] durchlässiger» würden, und sprach die Hoffnung aus, dass «diese Entscheidung der DDR-Führung einen Schritt in Richtung auf eine echte Liberalisierung in der DDR darstellt».[1] Gleichzeitig erneuerte er ein Angebot des Bundeskanzlers *Helmut Kohl* in einer Regierungserklärung im Bundestag vom vergangenen Tag, das gelautet hatte: «Ich erkläre gegenüber der neuen DDR-Führung meine Bereitschaft, einen Weg des Wandels zu stützen, wenn sie zu Reformen bereit ist. Kosmetische Korrekturen genügen nicht [...]. Wir wollen nicht unhaltbar gewordene Zustände stabilisieren. Aber wir sind zu umfassender Hilfe bereit, wenn eine grundlegende Reform der politischen und wirtschaftlichen Verhältnisse in der DDR verbindlich festgelegt wird. Die SED muss auf ihr Machtmonopol verzichten, muss unabhängige Parteien zulassen und freie Wahlen verbindlich zusichern. Unter dieser Voraussetzung bin ich auch bereit, über eine völlig neue Dimension unserer wirtschaftlichen Hilfe zu sprechen».[2] Nachdem auch die Sprecher anderer Fraktionen kurze Erklärungen abgegeben hatten, erhoben sich die Abgeordneten und sangen die Nationalhymne.

Die Dynamik zweier Prozesse sollte die Politik bis zum Herbst 1990 bestimmen: der Zusammenbruch der SED-Herrschaft in der DDR – ausgelöst durch die Reformen von *Michail Gorbatschow* in der Sowjetunion und ihre Auswirkungen auf die sowjetischen Satellitenstaaten in

Osteuropa, den Massenexodus von DDR-Bürgern über Ungarn, die Tschechoslowakei und Polen und die großen Massendemonstrationen auf den Straßen der DDR – und die Entwicklung zur deutschen Einheit. Das Tempo dieser Prozesse wurde dabei von allen Beteiligten zunächst unterschätzt, die Möglichkeit ihrer Steuerung überschätzt. So ging der Bundeskanzler bei seinem, den Zeitgenossen außerordentlich gewagt erscheinenden «Zehn-Punkte-Programm zur Überwindung der Teilung Deutschlands und Europas» vom 28. November 1989[3] noch von etwa einem Jahrzehnt bis zur Wiedererlangung der staatlichen Einheit aus. Auch bei der Unterzeichnung des Staatsvertrages über die Schaffung einer Währungs-, Wirtschafts- und Sozialunion zwischen der Bundesrepublik und der DDR am 18. Mai 1990 erwartete man noch, dass die politische Einheit erst in ein bis anderthalb Jahren folgen würde.[4] Erst der Druck der großen Auswanderungswelle aus der DDR in die Bundesrepublik, dann der immer deutlicher werdende Wunsch der DDR-Bürger nach der Übernahme der DM und nach der politischen Vereinigung mit der Bundesrepublik, aber auch der Niedergang der Wirtschaft und die innere Auflösung der DDR sowie schließlich der Kampf der Parteien um die politische Macht in der DDR und im vereinigten Deutschland bei den Wahlen des Jahres 1990 – vor allem der Volkskammerwahl vom 18. März 1990 und der Bundestagswahl vom 2. Dezember 1990 – haben den Prozess immer wieder beschleunigt. Es gab kein «Drehbuch» und keinen «Terminkalender» für die Vereinigung.[5] Auch fehlten auf Seiten der Bundesregierung und einzelner Ressorts Pläne für die Vereinigung, die aus den Schubladen gezogen werden konnten.[6] Die Vereinigung wurde improvisiert;[7] sie verlangte ein Krisenmanagement, in dem schon aufgrund des Zeitdrucks und der ständigen Veränderungen der Rahmenbedingungen sowie der Komplexität der zu bewältigenden Probleme die Exekutive gegenüber der Legislative dominierte.

Die Schwierigkeiten und die Dauer der Transformation der Wirtschaft der DDR von einer Plan- zu einer Marktwirtschaft und der Annäherung der Lebensverhältnisse zwischen dem Westen und dem Osten Deutschlands wurden vollkommen unterschätzt. Vielfach ging man dabei zunächst vom falschen Leitbild der Währungsreform von 1948 und des durch diese mittelfristig ausgelösten großen Wirtschaftsaufschwungs aus. «Ein zweites Wirtschaftswunder auf deutschem Boden ist erreichbar», heißt es in dem im Juni 1990 veröffentlichten Sozialbericht des BMA.[8] In einer Analyse des Bundeswirtschaftsministeriums vom 7. August 1990 wird zwar erwähnt, dass der tief greifende «Umstellungsprozess in allen Bereichen der Wirtschaft» nicht «ohne zeitweilige schmerzhafte Reibungsverluste» abgehe «und nicht von heute auf morgen zu bewältigen» sei. Dies sei jedoch kein Anlass zur Panikmache. Ähnliche Übergangserscheinungen seien auch 1948 nach der Währungsreform beobachtet und durch die soziale Marktwirtschaft und ein investitionsfreundliches Klima rasch überwunden worden.[9]

Nicht nur die Produktivität der DDR-Wirtschaft, auch das Produktivvermögen wurde völlig überschätzt. So sah der Staatsvertrag vom 18. Mai 1990 vor, dass die DDR nach der «vorrangigen Nutzung» des volkseigenen Vermögens für die «Strukturanpassung der Wirtschaft und für die Sanierung des Staatshaushalts» nach Möglichkeit dafür sorgen wird, dass den Sparern «für den bei der Umstellung 2:1 reduzierten Betrag ein verbrieftes Anteilsrecht am volkseigenen Vermögen eingeräumt werden kann».[10] Noch im Oktober 1990 erwartete man, dass die Privatisierung der Staatsbetriebe im Osten durch die Treuhand einen Gewinn von etwa 600 Milliarden DM einbringen würde.[11] Tatsächlich ergab dann die Bilanz der Treuhand ein Defizit von 230 Milliarden DM,[12] das vom Steuerzahler getragen werden musste.

Die Einigung 1990 bildete eine tiefe Zäsur, nicht nur in der politischen Geschichte Deutschlands, sondern auch in der Wirtschafts- und Sozialpolitik. Mit den gewaltigen Transferleistungen vom Westen in den Osten änderten sich entscheidende Rahmenbedingungen der Politik. Die Zeit von 1982 bis 1990 war durch die finanzielle Konsolidierung des Sozialstaates und die Bremsung des Anstiegs der Staatsverschuldung gekennzeichnet.[13] Die Staatsquote und die Sozialleistungsquote gingen signifikant zurück und die jährlichen Staatsdefizite wurden reduziert. Die Beschäftigung stieg und seit 1986 ging auch die noch immer hohe Arbeitslosigkeit in der Bundesrepublik langsam zurück.[14] Ziele der Politik waren weniger Staat und mehr Markt, Stärkung der Eigenverantwortung der Bürger und der Wettbewerbsfähigkeit der Wirtschaft. Diese Grundkonstellation änderte sich mit der deutschen Einigung. Die Sozialleistungsquote und die Staatsquote stiegen stark an. Die Verschuldung der öffentlichen Haushalte nahm 1989–1995 um mehr als das Doppelte zu. In der DDR gingen knapp vier Millionen Arbeitsplätze, vor allem in der Industrie und in der Landwirtschaft, verloren,[15] und auch in den alten Bundesländern nahm nach einem durch die starke Nachfrage nach «Westwaren» zunächst ausgelösten Einigungsboom die Beschäftigung seit 1993 ab und die Zahl der Arbeitslosen zu.

Die Sozialpolitik hat im deutschen Einigungsprozess eine entscheidende Rolle gespielt. Die zunächst in Wirtschaftskreisen, aber auch von der Bundesbank, dem Finanzministerium und dem Wirtschaftsministerium vertretene Ansicht, dass eine vollständige Übertragung des Arbeitsrechts und der umfangreichen Leistungen des bundesrepublikanischen Systems der sozialen Sicherung auf den Osten private Investoren abschrecken und den notwendigen Umbau der ostdeutschen Wirtschaft entscheidend erschweren würde, setzte sich gegen den geschlossenen Widerstand des letztlich vom Bundeskanzler unterstützten Bundesarbeitsministeriums, der sozialdemokratischen Opposition, der Gewerkschaften und aller politischen Kräfte in der DDR nicht durch.

Die soziale Flankierung der Einheit betraf vor allem die Arbeitsmarktpolitik und das System der sozialen Sicherung. Durch eine starke Expansion der aktiven Arbeitsmarktpolitik, die zeitweise über zwei Millionen Erwerbstätige im Osten Deutschlands erfasste,[16] versuchte man den wirtschaftlichen Umbruch abzufedern, einen «Dammbruch», eine «beschäftigungspolitische Katastrophe»,[17] die zu einem sozialen Flächenbrand in den neuen Bundesländern hätte führen können,[18] zu verhindern. Die Übertragung des relativ großzügigen bundesdeutschen Systems der sozialen Sicherung sollte einer Verarmung der Bevölkerung entgegenwirken und die Akzeptanz der neuen Ordnung sichern.

Eine Konsequenz der massiven Intervention des Staates zur sozialverträglichen Absicherung des Umbruchprozesses lag darin, dass die vorangegangenen Tendenzen zum Abbau des Staates, zur Stärkung von Subsidiarität und Eigenvorsorge umgekehrt wurden und der Staat letztlich die Verantwortung für die Lebensverhältnisse der Menschen im Osten übernahm. Dem entsprach die Haltung der ostdeutschen Bevölkerung und der ostdeutschen Politiker, die auch aufgrund ihrer Sozialisation in der DDR ihre Hoffnungen und Erwartungen in hohem Maße an den Staat knüpften. Für die Sozialpolitiker war – wie die Interviews mit ihnen deutlich machten – die Einigung ein bewegendes Ereignis, eine große Herausforderung, die sie trotz der damit verbundenen Arbeitsbelastung ihrer Meinung nach glänzend bestanden haben. In der verwaltungstechnisch im Ganzen gut gelungenen Übertragung der Institutionen und Normen des westdeutschen Sozialstaates[19] sahen sie zudem eine Bestätigung der Leistungsfähigkeit des bestehenden Systems, das die Diskussion von Alternativen – etwa zur dominierenden Rolle der Sozialversicherung, zu den Grundsätzen ihrer Finanzierung und zu ihrem Ziel der Lebensstandardsicherung – stark erschwerte. Auch die Probleme, die sich aus der einseitigen starken Belastung der Träger der Sozialversicherung – der

Versicherten und der Arbeitgeber – an Stelle der Steuerzahler mit den hohen sozialen Transferleistungen in die neuen Bundesländer ergaben, wurden, trotz der Kritik der Opposition, von der Regierung verdrängt.

Die Einigung hat die Standortbedingungen der deutschen Wirtschaft verschlechtert, vor allem weil eine hohe Staatsverschuldung und eine erhebliche Steigerung der Arbeitskosten, vor allem der Lohnnebenkosten, mit ihr einhergingen. Die Wirtschaft sah sich zudem durch die Europäisierung des Arbeitsmarktes, die «Globalisierung» der Finanzmärkte und die zunehmende Verlagerung der Produktion in Länder mit niedrigen Steuern, Löhnen und Sozialleistungen und geringen Umweltauflagen einem verschärften Wettbewerbsdruck ausgesetzt. Diese Entwicklung erhielt nach dem Zusammenbruch der kommunistischen Systeme durch den Übergang der ostmitteleuropäischen Länder mit ihren niedrigen Arbeitskosten zur Marktwirtschaft gerade für das benachbarte Deutschland eine neue Schubkraft. Die fast vollständige Absorption von Politik, Verwaltung, z.T. auch der führenden Vertreter der Gewerkschaften und der Arbeitgeber, durch die deutsche Einigung, aber auch die einigungsbedingte Sonderkonjunktur 1990/91 haben fast drei Jahre lang die Anpassungen an die neuen Bedingungen der Weltwirtschaft verzögert und damit erschwert. Diese Einschätzung gilt gerade auch für die Sozialpolitik, die den begonnenen notwendigen Umbau des deutschen Sozialstaates gleichsam auf Eis legte, obwohl die Krise der Systeme der Arbeitsbeziehungen und der sozialen Sicherung durch den Wandel der traditionellen Arbeitsgesellschaft, die Massenarbeitslosigkeit und die Alterung der Bevölkerung immer deutlicher wurde.

Der hier behandelte Zeitraum von Ende 1989 bis zur Bundestagswahl vom 16. Oktober 1994 lässt sich trotz der anhaltenden Bedeutung der einigungsbedingten Probleme in drei Zeitabschnitte einteilen:

Eine *erste* Zeitspanne vom Fall der Mauer am 9. November 1989 bis zur Bundestagswahl vom 2. Dezember 1990 steht ganz im Zeichen der Dynamik der Einigung und der mit ihr verbundenen politischen Auseinandersetzungen und Wahlen. Zentral für diese Phase ist weiter die rechtliche Grundlegung der Einheit im Staatsvertrag über die Schaffung einer Währungs-, Wirtschafts- und Sozialunion vom 18. Mai 1990, in der Gesetzgebung der DDR, die die Vorgaben dieses Vertrages mit einigen eigenen Akzenten umsetzte, und im Einigungsvertrag vom 31. August 1990; alle drei werden hier im Zusammenhang relativ detailliert behandelt.

Eine *zweite* Zeitspanne von der Bundestagswahl 1990 und der Regierungsbildung im Januar 1991 bis etwa Herbst 1992 ist sozialpolitisch überwiegend von der Übertragung des westdeutschen Sozialstaates auf die neuen Bundesländer geprägt: etwa durch das Rentenüberleitungsgesetz, durch die Fortsetzung des Aufbaus der Arbeitsverwaltung, der staatlichen und kommunalen Sozialverwaltung und der Träger der Sozialversicherung, der Sozialhilfe und der Kriegsopferversorgung sowie durch die Schaffung einer neuen Arbeits- und Sozialgerichtsbarkeit im Osten. Das war verbunden mit der bereits 1990 begonnenen, weitgehend von westdeutschen Organisationen initiierten und dominierten Herausbildung neuer sozialpolitischer Akteure, wie freier Gewerkschaften, Arbeitgeberverbände, Wohlfahrtsorganisationen und Sozialverbände im Osten. Die Sozialpolitik stand trotz scharfer Auseinandersetzungen im Einzelnen weitgehend im Zeichen der Kooperation und des Konsenses der großen politischen Kräfte, den die Regierung aber auch wegen des Verlustes ihrer Mehrheit im Bundesrat in den ersten Monaten des Jahres 1991 suchen musste.

Die Zäsur im Herbst 1992 kennzeichnet den Beginn eines allmählichen Umschwungs in der Ausrichtung der Sozialpolitik und damit einer *dritten* Phase. Unter dem Druck der anhaltend hohen Kosten der Einheit, der rapide steigenden Staatsverschuldung und der schon vor der scharfen Rezession 1993 deutlich zunehmenden Arbeitslosigkeit wurden die Konsolidierung der Staatsfinanzen und der Abbau der durch Steuern und Sozialabgaben verursachten Belastungen der Wirtschaft zu einem zentralen Ziel der Regierungspolitik und zu einem wichtigen Thema einer sich nun immer stärker intensivierenden Debatte über die Zukunft des «Standorts Deutschland». Das schloss jedoch entgegenlaufende Tendenzen, wie die Erhöhung der Leistungen für die Familien, den Ausbau der sozialen Dienstleistungen und besonders die Einführung der Pflegeversicherung als fünfte neue Säule des Systems der Sozialversicherung neben den bestehenden Versicherungen gegen die Folgen von Alter und Invalidität, Krankheit, Unfall und Arbeitslosigkeit, nicht aus.[20] Die Einschnitte ins Netz der sozialen Sicherung und die Ansätze zur Schwächung des Schutzes der Arbeitnehmer im Arbeitsrecht verschärften den Gegensatz zwischen der Regierungskoalition und der sozialdemokratischen Opposition. Immer wieder kam es jedoch, oft nach langen Auseinandersetzungen zu Kompromissen – etwa bei der Strukturreform des Gesundheitswesens Ende 1992, bei der Neuregelung der Finanzierung der Einheit im Föderalen Konsolidierungsprogramm vom März 1993 und vor allem bei der Einführung der Pflegeversicherung 1994.

Das Buch beruht in hohem Maße auf der Auswertung archivalischer Quellen. Neben Akten aus dem Bundeskanzleramt, dem Bundesfinanzministerium und den mit Sozialpolitik befassten Bundesministerien – vor allem dem Bundesministerium für Arbeit und Sozialordnung – wurden für die Zeit von 1989/90 auch Unterlagen der Regierung und der für Sozialpolitik zuständigen Ministerien der DDR umfassend herangezogen. Weiter konnten Akten des Bundesversicherungsamtes, der Überleitungsanstalt Sozialversicherung und die Bestände der Bundesversicherungsanstalt für Angestellte eingesehen werden. Aus dem Archiv für Christlich-Demokratische Politik wurden der Nachlass von *Norbert Blüm* sowie die Protokolle der Bundestagsfraktion der CDU/CSU, des Fraktionsvorstandes und einzelner Arbeitsgruppen der Fraktion benutzt. Für die Darstellung der Haltung der sozialdemokratischen Opposition und der Gewerkschaften – vor allem des DGB – waren archivalische Quellen im Archiv der Sozialen Demokratie unentbehrlich. Selbstverständlich wurden auch die veröffentlichten Quellen – vor allem Parlamentsdebatten und Parlamentsdrucksachen – und die Publikationen von Parteien und Verbänden sowie die wissenschaftliche Literatur[21] ausgewertet. Einen unmittelbaren Einblick in die sozialpolitischen Probleme der Vereinigung und ihre Einschätzung durch die handelnden Personen gaben schließlich intensive zwei- bis vierstündige Gespräche mit 14 führenden Sozialpolitikern und Sozialexperten aus den Regierungen *Kohl* und des ersten frei gewählten und zugleich letzten Ministerpräsidenten der DDR *Lothar de Maizière,* den Parteien und der höheren Ministerialbürokratie.

I.

Die Rahmenbedingungen der deutschen Einigung

1. Die politischen Rahmenbedingungen

1.1. Die Dynamik des Einigungsprozesses und dessen internationale Absicherung

1.1.1 Die Bundesrepublik und die Krise der DDR bis zum Ende der Regierung Modrow In der Bundestagswahl vom 25. Januar 1987 hatte die Koalition aus CDU, CSU und FDP mit insgesamt 269 von 497 Mandaten ihre eindeutige Mehrheit im Bundestag gegenüber der Opposition von Sozialdemokraten und GRÜNEN behaupten können.[1] Auch im Bundesrat hatten die von der CDU oder CSU geführten Landesregierungen Ende 1989 mit 23 von insgesamt 41 Stimmen (ohne die Stimmen Berlins) eine knappe Mehrheit. Die Koalition konnte jedoch den durch die Kontrolle der Legislative gegebenen politischen Spielraum wegen zunehmender innerer Differenzen zwischen dem von der FDP unterstützten liberalen Wirtschafts- und Mittelstandsflügel der CDU und dem von der katholischen Soziallehre geprägten christlich-sozialen Arbeitnehmerflügel um Bundesarbeitsminister *Norbert Blüm,* der zudem als Vorsitzender des größten Landesverbandes der CDU Nordrhein-Westfalen eine starke Stellung in der Partei hatte, gerade in der Wirtschafts- und Sozialpolitik immer weniger ausnutzen. Sie wirkte ausgelaugt, ihr Vorrat an Gemeinsamkeiten schien nach den mit der Verabschiedung der Gesetze zur Gesundheitsreform 1988 und zur Rentenreform 1989 erreichten Erfolgen in der Politik der finanziellen Konsolidierung für die Zukunft erschöpft. Die innerparteiliche Position *Kohls* als Bundeskanzler war nach der gescheiterten Rebellion gegen seine Stellung als Parteiführer im Vorfeld des Bremer Parteitages[2] der CDU vom September 1989 zwar wieder gestärkt worden. Er schien jedoch nicht der geeignete Kandidat für einen erneuten Wahlsieg der CDU zu sein. Dagegen konnte sich die SPD mit der Arbeit am Programm «Fortschritt 90» und dem Kanzlerkandidaten *Oskar Lafontaine,* dem Ministerpräsidenten des Saarlandes, im Bewusstsein weiter Kreise der Öffentlichkeit als moderne Kraft etablieren. Ihre Zukunftsvision eines «ökologischen Umbaus der Industriegesellschaft»[3] schien zudem die Basis für ein Zusammengehen mit den GRÜNEN zu bilden. Alles deutete so auf einen Sieg der Opposition bei den Ende 1990 bevorstehenden Bundestagswahlen und einen Regierungswechsel hin, als mit den Fluchtbewegungen von Bürgern der DDR über Ungarn, die Tschechoslowakei und Polen, der Krise der DDR und vor allem mit dem Fall der Mauer am 9. November 1989 die Karten im politischen Spiel neu gemischt wurden.

Die Dynamik des Einigungsprozesses schob die innenpolitischen Probleme hinter die Deutschland- und Außenpolitik zurück und stellte besonders Bundeskanzler *Kohl* und Außenminister und Vizekanzler *Hans-Dietrich Genscher* (FDP) ins Zentrum der politischen Bühne. Es war die Stunde der Exekutive, die auf die ständig wechselnden Konstellationen am schnellsten reagieren konnte, die Verhandlungen mit den Siegermächten und der Regierung der DDR führte und mit ihren deutschlandpolitischen Initiativen die Opposition in die Defensive drängte.

Während die Regierung trotz mancher Differenzen über das Timing und die Akzentsetzungen ihrer Politik mit der deutschen Einheit ein großes gemeinsames Projekt erhielt, war die Opposition zutiefst verunsichert und gespalten. Die GRÜNEN mit ihrem Konzept einer von innen reformierten, basisdemokratischen und sozialistischen DDR als zweitem deutschen Staat hatten in der DDR einseitig auf die Träger der oppositionellen Bürgerbewegung der ersten Stunde gesetzt. Mit deren Niederlage in den Volkskammerwahlen vom 18. März 1990 verloren sie ihre Partner im Osten Deutschlands und wurden von der Einigungsbewegung überholt.[4]

Die Sozialdemokraten, deren sorgfältig geplanter Wahlstrategie nun die Basis entzogen wurde, vermochten keine klare gemeinsame deutschlandpolitische Position zu entwickeln. Während der frühere Bundeskanzler *Willy Brandt* und der wahrscheinlich überwiegende Teil der Partei in der Bundesrepublik sowie die Sozialdemokraten in der DDR sich zur deutschen Einheit bekannten, verfolgte ihr Kanzlerkandidat *Oskar Lafontaine*, der den Nationalstaat für historisch überholt hielt, lange Zeit eine Politik, die faktisch auf die Zweistaatlichkeit Deutschlands oder doch auf die Bremsung des Einigungsprozesses hinauslief. In diese Richtung zielten sein Eintreten für administrative Maßnahmen, um den Strom der Übersiedler aus der DDR in die Bundesrepublik zu stoppen, seine ständigen, nicht unberechtigten Warnungen vor den finanziellen Konsequenzen einer deutschen Einigung in Westdeutschland und seine Betonung des Vorrangs der europäischen Einigung vor der deutschen Einheit.[5] Der Ehrenvorsitzende *Brandt* dagegen wollte die Deutschen nicht «auf einem Abstellgleis verharren lassen, bis irgendwann ein gesamteuropäischer Zug den Bahnhof erreicht hat».[6] Während die Regierungskoalition sich so als Träger einer vom Strom der Geschichte getragenen Politik darstellen konnte, galt die Opposition wegen ihrer Zerstrittenheit und der «kleinlichen» Bedenken ihres Kanzlerkandidaten als unfähig, den Prozess der deutschen Einheit zu gestalten.

Neben der Veränderung der politischen Rahmenbedingungen erweiterte sich auch der Kreis der politischen Akteure. Jede deutschlandpolitische Position und Initiative in der Bundesrepublik musste entscheidend von der Einschätzung der Entwicklung in der DDR und der dort wirkenden Kräfte abhängen. Nach dem Scheitern des Versuches von *Egon Krenz*, dem Nachfolger *Erich Honeckers* als Generalsekretär der SED, eine sozialistische Reform, u.a. durch den Übergang zu einer stärker marktorientierten sozialistischen Planwirtschaft, unter Bewahrung des alleinigen Führungsanspruchs der SED durchzuführen, war der bisherige Bezirkssekretär der SED in Dresden, *Hans Modrow*, von der Volkskammer am 13. November 1989 zum Ministerpräsidenten der DDR gewählt worden. Er galt als bedeutendster Exponent der Reformkräfte in seiner Partei. 17 der 28 Mitglieder seiner Regierung gehörten der SED an; weiter waren die Blockparteien – Liberal-Demokratische Partei Deutschlands (LDPD) mit vier, die CDU der DDR mit drei sowie die Demokratische Bauernpartei Deutschlands (DBD) und die Nationaldemokratische Partei Deutschlands (NDPD) mit je zwei Ministern – vertreten. Repräsentanten der neu gegründeten Parteien und Gruppen der oppositionellen Bürgerbewegung wurden zunächst nicht in die Regierung aufgenommen.

In seiner Regierungserklärung vom 17. November 1989[7] kündigte *Modrow* ein Wahlgesetz an, ohne einen Wahltermin zu nennen, und bekannte sich zu Rechtsstaatlichkeit und zu Reformen in der Wirtschaft. Der Sozialismus als Grundlage der politischen und wirtschaftlichen Ordnung des Staates sollte zwar humanisiert und demokratisiert werden, wurde aber weder von ihm noch von den Sprechern der Blockparteien in der folgenden Aussprache in Frage gestellt. In der Deutschlandpolitik schlug er eine Vertiefung der gegenseitigen Beziehungen durch eine «Vertragsgemeinschaft» zwischen der Bundesrepublik und der DDR vor, ließ aber keine Perspektive einer späteren Wiedervereinigung erkennen. Zwei Wochen später wurden die Voraussetzungen für freie Wahlen in der DDR geschaffen, indem die Volkskammer den Führungsanspruch der marxistisch-leninistischen Partei, also der SED, aus der Verfassung der DDR strich.[8] Diese wurde allerdings weiter als «sozialistischer Staat der Arbeiter und Bauern» und «politische Organisation der Werktätigen in Stadt und Land» bezeichnet.

Anfang Dezember entstand mit dem Runden Tisch[9] eine Konkurrenzorganisation zur *Modrow*-Regierung und zur Volkskammer. Der Runde Tisch ging aus einer Initiative von sieben politischen Gruppen und Parteien – Demokratischer Aufbruch, Demokratie Jetzt, Grüne Partei, Initiative für Frieden und Menschenrechte, Neues Forum, Vereinigte Linke und Sozialdemokratische Partei (SDP) – hervor, die sich im Widerstand gegen die SED-Herrschaft organisiert hatten und den schnellen und friedlichen Übergang zur Demokratie in der DDR zum Ziel hatten. Sie gewannen die Unterstützung der Kirchen für die Bildung des Runden Tisches, der sich aus einer gleichen Anzahl von Vertretern der neuen Parteien und Gruppen und der alten Blockparteien zusammensetzte. Der zentrale Runde Tisch, neben dem es Runde Tische auf regionaler und lokaler Ebene gab, hat wesentlich dazu beigetragen, das Machtmonopol der SED faktisch zu brechen. Er verstand sich als Organ der öffentlichen Kontrolle und hatte über die Medien eine starke Wirkung auf die Bürger der DDR. Bereits auf seiner ersten Sitzung am 7. Dezember 1989 legte er sich auf den 6. Mai 1990 als Termin für freie Wahlen zur Volkskammer fest.

Ein entscheidender Machtkampf entzündete sich aus dem Versuch der Regierung *Modrow*, den Staatssicherheitsdienst unter dem neuen Namen «Verfassungsschutz» wenigstens teilweise zu erhalten.[10] Der Plan scheiterte am Druck der Straße auf die Volkskammer, der sich in der spektakulären Erstürmung einiger Gebäude des Ministeriums für Staatssicherheit in Berlin am 15. Januar 1990 entlud und gerade auch von den oppositionellen Gruppen am Runden Tisch initiiert und unterstützt worden war. Mit der nach zähen Verhandlungen am 29. Januar 1990 gebildeten «Regierung der nationalen Verantwortung» gelang es *Modrow*, die oppositionellen Kräfte, die als ihre Vertreter Minister ohne Geschäftsbereich in die Allparteienregierung entsandten, einzubinden und die politische Lage bis zu den auf den 18. März 1990 vorgezogenen Volkskammerwahlen zu stabilisieren. Der zentrale Runde Tisch war eine Übergangsinstitution zur parlamentarischen Demokratie, die mehr und mehr von einer bloßen Vetoinstanz zum Steuerungsinstrument und zu einem mit der Volkskammer konkurrierenden Gesetzgeber wurde. Die Schwäche des Runden Tisches war die mangelnde Legitimation durch Wahlen sowie das Fehlen eines Regierungsapparates und vor allem einer klaren Konzeption der angestrebten neuen politischen, gesellschaftlichen

vorher!

und wirtschaftlichen Ordnung. Für die Bundesregierung war der Runde Tisch kein akzeptabler Partner, da die Mehrheit seiner Mitglieder weder die selbständige Existenz einer reformierten DDR aufgeben wollte, noch sich klar zur Marktwirtschaft im westlichen Sinn bekannte.[11]

An unterschiedlichen politischen Zielen scheiterten letztlich auch die zähen Versuche der Regierung *Modrow*, die Bundesrepublik für eine massive wirtschaftliche Unterstützung zur Stabilisierung der DDR zu gewinnen. Kurz vor dem Fall der Mauer hatte sich *Kohl* in einer Rede vor der CDU/CSU-Fraktion am 7.11.1989 auch angesichts der dramatischen Zuspitzung der Lage in der DDR gegen Vorleistungen und vorschnelle Zusagen gewendet. Entscheidend sei der Bruch der Parteiherrschaft der SED, freie Wahlen und unumkehrbare Reformen. Die DDR sollte sich am Vorbild Ungarns und Polens und nicht der Sowjetunion orientieren.[12] Nach der Bildung der Regierung *Modrow* betonte *Kohl* in einer Regierungserklärung vom 16. November 1989, dass Soforthilfen, etwa zur Erleichterung des Reiseverkehrs, ohne Gegenleistungen der DDR möglich seien, eine umfassende Wirtschaftshilfe aber an weitgehende Reformen von Staat und Wirtschaft der DDR gebunden sei.[13] Drei Wochen später stellte Finanzminister *Theo Waigel* (CSU) in einem an die Mitglieder der CDU/CSU-Bundestagsfraktion versandten Argumentationspapier fest,[14] dass das Angebot der Bundesregierung zur Hilfe und Zusammenarbeit voraussetze, dass ein «grundlegender Wandel des politischen und wirtschaftlichen Systems in der DDR verbindlich beschlossen und unumkehrbar in Gang gesetzt wird». Das Junktim zwischen dem Hilfsangebot der Bundesrepublik und der Einleitung grundlegender Reformen stieß jedoch bei der SPD und – unter dem Einfluss von Außenminister *Genscher* – zeitweise auch bei der FDP, die Wirtschaftshilfe für die DDR ohne Vorbedingungen forderten,[15] auf Widerspruch, bestimmte aber weiterhin die Politik *Kohl*s und der Bundesregierung.

Wie in ihren Auffassungen über das notwendige Ausmaß und die Zielrichtung der Reformen in der DDR unterschieden sich der Bundeskanzler und *Modrow* auch in ihren deutschlandpolitischen Grundkonzeptionen. In seinem berühmten, weder mit Außenminister *Genscher* noch mit den Siegermächten abgestimmten Zehn-Punkte-Programm vom 28. November 1989[16] hatte *Kohl* zwar *Modrow*s Begriff der «Vertragsgemeinschaft» aufgegriffen, diese jedoch nur als erste Stufe eines zeitlich nicht näher bestimmten Prozesses angesehen, der über «konföderative Strukturen» schließlich zu einer bundesstaatlichen Ordnung, also zur deutschen Einheit, führen sollte. *Kohl* ging es dabei nicht nur darum, die deutsche Einigung auf die Tagesordnung der internationalen Politik zu setzen, er wollte auch die deutschlandpolitische Initiative vor der 1990 bevorstehenden Bundestagswahl gewinnen. So erklärte er vor der CDU/CSU-Fraktion am 27. November 1989, dass die SPD auf ihrem bevorstehenden Bundesparteitag in Berlin vom 18.-20. Dezember 1989 unter Berufung auf *Kurt Schumacher* und in Anknüpfung an ihre früher starke Position in ihren traditionellen Stammlanden Sachsen und Thüringen versuchen würde, das Deutschlandthema zu «okkupieren». Dieses würde das stärkste Thema bei der nächsten Bundestagswahl werden, auf die die Wahlen in der DDR eine ungeheure Wirkung haben würden. Für die Chancen der CDU/CSU sei es entscheidend, angesichts des «politisch-tektonischen Bebens», in dem «ganz andere Tiefenschichten» des deutschen Volkes angesprochen würden, ihrerseits die Führung in der Deutschlandpolitik zu übernehmen.[17]

Zudem wollte er den Menschen in der DDR eine Perspektive geben. Die 10 Punkte *Kohls* haben die deutschen Sozialdemokraten auf dem falschen Fuß erwischt. Während der außenpolitische Sprecher der Sozialdemokratie *Karsten Voigt* nach Absprache mit *Hans-Jochen Vogel*, dem Parteivorsitzenden und Vorsitzenden der Bundestagsfraktion, dem Katalog der 10 Punkte des Kanzlers zunächst «in allen Punkten» zustimmte, regte sich gegen diese Haltung bald scharfe Opposition in der Partei und der Fraktion. Vor allem wurde kritisiert, dass die Unantastbarkeit der polnischen Westgrenze nicht in den Katalog *Kohls* aufgenommen worden war. Bei der Abstimmung im Bundestag am 1.12.1989 stimmten daher nur die Koalitionsparteien dem Programm zu, während sich die Sozialdemokraten enthielten und die Grünen dagegen stimmten.[18] Die Unsicherheit der Sozialdemokratie über ihr weiteres Vorgehen führte zum Verlust eines klaren deutschlandpolitischen Profils, was ihre Position im folgenden Jahr entscheidend schwächen sollte.

Die diplomatische Offensive *Kohls* führte zunächst zu kritischen Reaktionen im Westen und in der Sowjetunion. Der französische Staatspräsident *François Mitterrand*, mit dem *Genscher* nach seinen Erinnerungen am 30.11. das «wichtigste» seiner vielen Gespräche mit ihm führte, riet zur Vorsicht gegenüber der Sowjetunion und forderte gleichzeitig mit der deutschen Einigung, die er als historische Notwendigkeit ansah, den Prozess der europäischen Integration voranzutreiben.[19] Während sich *Mitterrand* in seinen öffentlichen Äußerungen und seinen Gesprächen mit bundesdeutschen Politikern zurückhielt, um nicht die enge deutsch-französische Partnerschaft vor allem in der Europäischen Gemeinschaft zu gefährden, wissen wir aus Aufzeichnungen seines Sonderberaters *Jacques Attali*[20], dass er einer deutschen Wiedervereinigung mit starker Skepsis gegenüberstand und den Einigungsprozess zunächst zu bremsen versuchte. Seine Motive waren die Furcht vor der Zerstörung des europäischen Gleichgewichts und der Rückkehr zu der Vorkriegswelt von 1913 mit ihren starken Spannungen, die Angst vor einer Abwendung Deutschlands von der Unterstützung der Vertiefung der Europäischen Gemeinschaft und einem Abdriften eines vereinigten Deutschlands nach dem Osten sowie einer Schwächung der NATO durch eine mögliche Neutralisierung Deutschlands. Weiter sah er in einer zu schnellen Vereinigung eine Gefährdung der Stellung *Michael Gorbatschows*, dessen Sturz zu einer Militärdiktatur und damit zum Ende der Perestroika, der Reform von Staat, Wirtschaft und Partei, führen könne.[21] Konkret wünschte *Mitterrand* eine enge Einbindung Deutschlands in die Europäische Gemeinschaft durch den Abschluss einer europäischen Wirtschafts- und Währungsunion und die Synchronisierung der deutschen Einheit mit der auch von *Gorbatschow* gewünschten Schaffung eines Ost und West überwölbenden, gesamteuropäischen Sicherungssystems. Besonderen Wert legte er auf die Unantastbarkeit der polnischen Westgrenze.

In einem Gespräch *Mitterrands* mit *Gorbatschow* in Kiew am 6.12.1989[22] kritisierte *Mitterrand* das Tempo der Entwicklung der deutschen Frage und beteuerte die Verantwortung der vier Hauptsiegermächte USA, Großbritannien, Sowjetunion und Frankreich für den Schutz Europas. *Kohl* habe mit seinen 10 Punkten die notwendige Reihenfolge der Entwicklung, in der die europäische Integration, die Evolution in Osteuropa sowie die Schaffung einer gesamteuropäischen Friedensordnung *vor* der deutschen Vereinigung an erster Stelle stehen müsste, unterminiert. *Mitterrand* war offensichtlich über die sowjetische Weigerung, sich in die inneren Angelegenheiten der DDR einzumischen und eine konkrete Politik zur Verhinderung einer deutschen Vereinigung zu verfolgen, enttäuscht. So lehnte *Gorbatschow* auch die Aufforderung *Mitterrands*, ihn bei seinem Besuch in der DDR zu begleiten, ab. *Mitterrands* Reise in die DDR vom 20. bis 22. Dezember 1989, der erste Besuch eines westlichen Staatschefs in der DDR, war ein vergeblicher Versuch, die DDR zu stabilisieren.[23]

Noch stärkere Vorbehalte gegen eine deutsche Wiedervereinigung hatte die britische Premierministerin *Margaret Thatcher*. Ihr kritisches Deutschlandbild[24] war stark durch historische Bezüge – die Feindschaft gegen Deutschland im Ersten Weltkrieg, die Terrorherrschaft der Nationalsozialisten – und besonders durch Jugenderfahrungen im Zweiten Weltkrieg geprägt. Neben diesem vorgeformten Deutschlandbild griff sie in ihrer Ablehnung der Wiedervereinigung auch traditionelle Elemente der britischen Außenpolitik, insbesondere die Furcht vor der Zerstörung des europäischen Gleichgewichts durch eine Hegemonie Deutschlands, auf. Zudem erwartete sie, dass die nach ihrer Meinung ohnehin gegebene wirtschaftliche Dominanz Deutschlands in der Europäischen Gemeinschaft sich noch verstärken würde. Sie befürchtete zudem – wie der französische Staatspräsident – eine Gefährdung der Stellung *Gorbatschows* und damit des sowjetischen Reformprozesses und der besonderen Beziehungen (special relations) Großbritanniens zu den Vereinigten Staaten.

Premierministerin *Thatcher* und Staatspräsident *Mitterrand* haben zunächst in inoffiziellen Besprechungen am Rande der Gipfelkonferenz der Europäischen Gemeinschaft in Straßburg am 8. und 9. Dezember und schließlich in einem Treffen in Paris am 20. Januar 1990 vergeblich versucht, sich auf eine gemeinsame Politik zu verständigen und damit zur Entente cordiale der Zeit vor dem Ersten Weltkrieg zurückzukehren.[25] Sie hatten zwar einen ähnlich kritischen Standpunkt zur deutschen Wiedervereinigung, konnten sich aber nicht auf eine gemeinsame Politik einigen. Das hing auch mit konkreten Interessendifferenzen zusammen. Während Frankreich eine Vertiefung und Beschleunigung der europäischen Integration wünschte, lehnte Großbritannien das ab. Nach den Memoiren *Thatchers* habe *Mitterrand* davor zurückgeschreckt, die Grundrichtung seiner Außenpolitik zu ändern: «Er konnte entweder den europäischen Einigungsprozess vorantreiben, um den deutschen Riesen zu bändigen, oder aber diese Linie aufgeben und sich auf jene von General *de Gaulle* zurückbesinnen – das heißt, auf die Verteidigung der französischen Unabhängigkeit und eine Bündnispolitik zur Sicherung der Interessen seines Landes. Er traf die falsche Entscheidung für Frankreich.»[26] In beiden Ländern spielten aber auch konkrete Interessen, die Einsicht, dass die Sojwetunion eine Vereinigung letztlich nicht verhindern würde, und damit auch die Furcht vor einer außenpolitischen Isolierung eine Rolle für die allmähliche Aufgabe ihrer Versuche zur Verhinderung oder Abbremsung der deutschen Vereinigung.

Kohl hat sich bereits in einem Brief an *Mitterrand* vom 5.12.1989 und einem langen Gespräch im Landsitz des französischen Präsidenten in Latché am 4.1.1990[27] intensiv bemüht, die französischen Bedenken zu zerstreuen, indem er betonte, dass Deutschland an einer Vertiefung der

Europäischen Gemeinschaft festhalte, gegen eine Neutralisierung des Landes war und die deutsch-polnische Grenze nicht in Frage stelle. So gab *Kohl* nach anfänglichem Zögern schließlich am 8.12.1990 auch seine prinzipielle Einwilligung zu *Mitterrands* Wunsch, noch am Ende des Jahres 1990 eine Regierungskonferenz einzuberufen, die die europäische Wirtschafts- und Währungsunion vorantreiben sollte.[28]

Sicherheitspolitische Aspekte, insbesondere die Aussicht auf die Verankerung eines vereinigten Deutschlands in der NATO, haben schließlich auch die Politik Großbritanniens bestimmt. Es kam hinzu, dass *Thatchers* scharfe Ablehnung Deutschlands vom britischen Außenminister *Douglas Hurd* nicht geteilt wurde[29] und er schließlich – wie sein französischer Kollege, Außenminister *Roland Dumas* – an der Politik des Westens zur Regelung der äußeren Aspekte der deutschen Einheit kritisch-konstruktiv mitarbeitete.[30]

Dabei spielte bei beiden Ländern die Rücksicht auf die Vereinigten Staaten eine entscheidende Rolle. Die Vereinigten Staaten hatten schon im Frühjahr 1989 – lange vor der Bundesrepublik – ihre Politik gegenüber Europa und damit auch gegenüber einer möglichen deutschen Wiedervereinigung grundsätzlich zu überdenken begonnen.[31]

Bereits einen Tag nach *Kohls* Erklärung im Bundestag vom 28.11. signalisierte der amerikanische Außenminister *James Baker* seine grundsätzliche Zustimmung zur deutschen Wiedervereinigung, knüpfte diese aber an vier Grundsätze. Erstens sei die Selbstbestimmung vorrangig und keine bestimmte Vision der Einheit – Bundesstaat, Konföderation oder «etwa anderes» – könne unterstützt oder ausgeschlossen werden. Zweitens müsste die Einheit im Kontext von anhaltenden Bindungen Deutschlands an die NATO und eine zunehmend integrierte Europäische Gemeinschaft erfolgen und es dürfe keinen «Handel Neutralismus für Einheit» geben. Drittens müsse im Interesse der europäischen Stabilität es sich um einen friedlichen, graduellen und schrittweisen Prozess handeln. Viertens müsste die Unverletzlichkeit der Grenzen Europas – und damit war vor allem die deutsch-polnische Grenze gemeint – anerkannt werden. Allerdings sei die Veränderung der Grenzen nur mit friedlichen Mitteln – gedacht war offensichtlich an die deutsch-deutsche Grenze – erlaubt.[32] Die vom Präsidenten *Bush* am 4.12.1989 in einer überarbeiteten, die Befürwortung der deutschen Wiedervereinigung noch stärker hervorhebenden Fassung bestätigten Prinzipien[33] wurden zur Grundlage der amerikanischen Politik, die dann in enger Abstimmung mit der Bundesrepublik konzeptionell weiterentwickelt und sehr flexibel in operative Politik umgesetzt wurde.

Erwartungsgemäß kamen die schärfsten Reaktionen zu den 10 Punkten von der Sowjetunion. Für Außenminister *Genscher*, der am 5.12.1989 zu einem Gespräch mit *Gorbatschow* nach Moskau kam, war es die «unerfreulichste» seiner Begegnungen mit dem führenden Staatsmann der Sowjetunion: «Niemals zuvor und danach habe ich *Gorbatschow* so erregt und so bitter erlebt.»[34] *Gorbatschow* kritisierte scharf die Veröffentlichung der 10 Punkte ohne vorherige Konsultation, die angeblich ultimativen Forderungen – gemeint war die Bindung umfangreicher Hilfe der Bundesrepublik an die DDR an einen grundlegenden und unumkehrbaren Wandel des politischen und gesellschaftlichen Systems in der DDR –, die künstliche Beschleunigung des Prozesses durch die Bundesrepublik und die Tendenz zur Ignorierung bestehender Vereinbarungen. Zum Aufbau eines gesamteuropäischen Hauses, in dem sich dann auch die Beziehungen zwischen den beiden deutschen Staaten entwickeln würden, brauche man Vertrauen. Was aber bedeute eine Konföderation, die eine einheitliche Verteidigung und eine einheitliche Außenpolitik voraussetzte? «Wo wird dann die Bundesrepublik landen – in der NATO, im Warschauer Vertrag? Oder wird sie vielleicht neutral?»[35] *Gorbatschow* ging also zum damaligen Zeitpunkt noch nicht von einer Wiedervereinigung Deutschlands in einem Bundesstaat aus, sondern von einer Konföderation, die er aber ablehnte.

Kohl hat versucht, den Generalsekretär der KPdSU in einem langen Brief vom 14.12.1989 zu beruhigen. Die Destabilisierung der DDR sei nicht im Interesse der Bundesrepublik, sondern eine Folge der Verweigerung und Verzögerung von Reformen, die zur Massenflucht aus der DDR in die Bundesrepublik geführt hätten. Seine 10 Punkte sollten einen stabilen Rahmen für die Entwicklung geben. Sie seien kein Fahrplan, keine Festlegung der Reihenfolge von Schritten, die vielmehr parallel und untereinander verflochten ablaufen sollten. So habe er auch bewusst auf eine Terminvorgabe verzichtet. Die Bundesregierung halte zwar am Ziel fest, in freier Selbstbestimmung die Einheit Deutschlands wiederzuerlangen, würde aber selbstverständlich die Wahl der Menschen der DDR respektieren und die Sicherheit und die Gefühle der deutschen Nachbarn beachten. Die Forderung *Gorbatschows* nach der Schaffung eines gesamteuropäischen Hauses indirekt aufgreifend, unterstrich er als «Leitmotiv» seiner 10 Punkte «die künftige Architektur Deutschlands in die künftige Architektur Gesamteuropas einzubetten.»[36]

Der sowjetische Außenminister *Eduard Schewardnadse* hat schließlich in einer Rede vor dem Politischen Ausschuss des Europaparlaments in Brüssel am 19.12.1989 das Interesse der Sowjetunion am Fortbestand zweier souveräner deutscher Staaten unterstrichen und die Priorität des Baus des Europäischen Hauses betont. Eine gewisse Ambivalenz der sowjetischen Haltung wird allerdings darin deutlich, dass *Schewardnadse* das Selbstbestimmungsrecht der Deutschen grundsätzlich anerkannte und – über eine reine Abwehrhaltung hinausgehend – einen Katalog von sieben Fragen vorlegte, die die außenpolitischen Aspekte einer hypothetischen deutschen Wiedervereinigung berührten. So fragte *Schewardnadse* nach den Garantien gegen eine erneute deutsche Gefahr und forderte von Deutschland die Anerkennung der bestehenden Grenzen. Weitere Fragen betrafen die Bündniszugehörigkeit und die mögliche Entmilitarisierung Deutschlands, die Neuregelung der Anwesenheit alliierter Streitkräfte in Deutschland und das Verhältnis einer deutschen Einigung zum gesamteuropäischen Prozess. Schließlich mahnte er die Berücksichtigung der Interessen anderer europäischer Staaten an.[37] Die Fragen zielten darauf ab, die sowjetischen Bedenken zu verdeutlichen, die hohen Hindernisse für eine Wiedervereinigung aufzuzeigen und den Vereinigungsprozess zu verlangsamen, bewiesen aber auch, dass man sich in der sowjetischen Führung mit dem Problem der Wiedervereinigung ernsthaft auseinandersetzte und die Position der Sowjetunion noch nicht endgültig festgelegt war.

Dieser vorsichtige Versuch zur Anpassung der sowjetischen Deutschlandpolitik an die neuen Verhältnisse seit dem Fall der Mauer wurde allerdings von der Dynamik der Entwicklung in der DDR überholt. Ein entscheidender Wendepunkt in der Politik der Bundesrepublik war dabei der Besuch *Kohl*s in Dresden am 19. und 20. Dezember 1989. Der begeisterte Empfang, den zehntausende Bürger der DDR *Kohl* als «Kanzler der Deutschen» bereiteten, war für ihn ein «Schlüsselerlebnis».[38] Er war seitdem der Überzeugung, dass die überwältigende Mehrheit der Menschen in der DDR für die Wiedervereinigung wäre, deren Tempo und deren außenpolitische Durchsetzung allerdings noch offen waren.

Bei den konkreten Verhandlungen mit *Modrow* stimmte *Kohl* der Fortsetzung der wirtschaftlichen Kooperation in konkreten Fragen zu, lehnte aber *Modrows* Forderung nach einem «Lastenausgleich» von 15 Milliarden DM durch die Bundesrepublik scharf ab und betonte, dass es an der DDR wäre, die wirtschaftlichen Rahmenbedingungen für größere Investitionen aus den westlichen Ländern zu schaffen.[39] Es wurde jedoch vereinbart, dass beide Seiten «unverzüglich» in Verhandlungen über einen Vertrag «über Zusammenarbeit und gute Nachbarschaft» eintreten sollten, dessen Unterzeichnung zunächst für das Frühjahr 1990 noch vor den für den 6. Mai vorgesehenen Wahlen in der DDR in Aussicht genommen wurde.[40] Die Versuche *Modrows*, einen Kern des Staatssicherheitsdienstes zu erhalten, wie überhaupt die krisenhafte Entwicklung in der DDR veranlassten jedoch *Kohl* spätestens Mitte Januar 1990, jede engere Zusammenarbeit mit *Modrow*, den er zunehmend als Hindernis auf dem Weg zur deutschen Einheit und zu weiterreichenden Reformen ansah, weitgehend einzustellen. *Modrow* hatte noch am 11. Januar 1990 in der Volkskammer erklärt, dass «eine Vereinigung von DDR und BRD nicht auf der Tagesordnung stehe und dass nach Meinung vieler Politiker und einer breiten Öffentlichkeit der europäischen Staaten die Eigenständigkeit der DDR [...] unverzichtbar für die Stabilität der politischen Lage in Europa sei.»[41] Die Versendung des im Kanzleramt erarbeiteten, allerdings noch nicht von oben abgesegneten Entwurfs eines Vertrages mit der DDR an die betroffenen Ministerien wurde gestoppt[42] und ein von der DDR am 25. Januar 1990 dem Chef des Kanzleramtes *Rudolf Seiters* übergebener Entwurf vom 17. Januar[43] auf Eis gelegt. Ernsthafte Verhandlungen wurden von der Regierung *Kohl* auf die Zeit nach der Volkskammerwahl und der Bildung einer von dieser bestätigten demokratisch legitimierten Regierung vertagt.[44]

Der eigentliche Partner der Bundesregierung in der Übergangszeit bis zu deren Wahl war also nicht mehr die Regierung *Modrow*, auch nicht der Runde Tisch und die in ihm repräsentierten Gruppen der frühen Oppositionsbewegung gegen die SED-Herrschaft, sondern die Bevölkerung der DDR. Nur eine Minderheit des Volkes beteiligte sich an den großen Demonstrationen für die deutsche Einheit. Hunderttausende verließen die DDR in Richtung Bundesrepublik, und auch die waren nur eine Minderheit. Hinter ihnen stand aber die Mehrheit der vielen Millionen, die nicht in einem reformierten Sozialismus in einer unabhängigen DDR, sondern in der Vereinigung mit der Bundesrepublik die Perspektive für ein besseres Leben, für mehr Wohlstand, aber auch für eine dauerhafte Sicherung der Freiheit sahen. Neben dem wirtschaftlichen Niedergang hat das letztlich die innere Stabilisierung der DDR verhindert.

Die Politik der Bundesregierung war eine gefährliche Gratwanderung. Sie durfte weder eine Radikalisierung der Straße provozieren, die zu gewaltsamen Auseinandersetzungen und zur Intervention der Sowjetunion führen konnte, noch durfte sie mit einer vorzeitigen Stabilisierung der Regierung *Modrow* den Weg zur Sozialen Marktwirtschaft und zur weiteren Demontage der SED-Herrschaft versperren und die Chance der deutschen Einheit verspielen. Von wesentlicher Bedeutung war dabei die Haltung zum Massenexodus aus der DDR. 1989 waren 344 000 Übersiedler aus der DDR in die Bundesrepublik gekommen. Der massenhafte Zustrom ebbte erst nach der Volkskammerwahl vom 18. März 1990 ab. Insgesamt sind 1990 bis Ende März noch weitere 184 000[45] Übersiedler in die Bundesrepublik gekommen. Das bedeutete einen erheblichen Aderlass für die DDR, zumal sich unter den Übersiedlern besonders viele jüngere, arbeitsfähige und ausgebildete Menschen befanden.[46] Die Unterbringung der Übersiedler und ihre Einbeziehung in das soziale Sicherungssystem, vor allem aber ihre Integration in den Arbeitsmarkt stellten die Bundesrepublik vor erhebliche, im Arbeitsministerium und in Gesprächen mit den zuständigen Behörden der DDR intensiv diskutierte Probleme. So stieg die Zahl der arbeitslosen Übersiedler im Dezember 1989 auf 128 000 an und lag im Durchschnitt der Monate Januar bis März 1990 bei etwa 135 000. Dazu kamen im Dezember 1989 etwa 130 000 arbeitslose Aussiedler vor allem aus Polen, der Sowjetunion und Rumänien. Wegen der «europäischen Dimension» der Problematik forderte so auch Bundesarbeitsminister *Norbert Blüm* bei der zuständigen Kommissarin der Europäischen Kommission eine «Gemeinschaftsinitiative zur Förderung der beruflichen Eingliederung» der Übersiedler und Aussiedler.[47] Tatsächlich ist die Integration der Übersiedler – im Unterschied zu der der Aussiedler – im Ganzen gut gelungen.[48]

In der westdeutschen Bevölkerung sprach sich nach der anfänglichen Begeisterung über die aus der DDR kommenden Mitbürger inzwischen eine Mehrheit für einen Einreisestop aus. Etwa die Hälfte der Befragten äußerte in einer repräsentativen Umfrage die Auffassung, dass die Übersiedler «ungerechtfertigte Vorteile» genössen und Wohnungen und Arbeitsplätze wegnehmen würden.[49] Diese Stimmung wurde von *Oskar Lafontaine* aufgenommen und gefördert. Er forderte, die Einreise von DDR-Bürgern in die Bundesrepublik an eine an den Nachweis einer Arbeit und einer Wohnung geknüpfte Aufenthaltsgenehmigung zu binden und damit gleichsam eine neue Mauer aus Paragraphen zu errichten. Er wollte den Übersiedlern den Zugriff auf die sozialen Sicherungssysteme der Bundesrepublik verwehren und stellte sogar die auf dem Grundgesetz beruhende gemeinsame Staatsbürgerschaft der Bürger der DDR und der Bundesrepublik in Frage, was allerdings vom SPD-Präsidium abgelehnt wurde.[50] Die Forderung, die unerwünschte Sogwirkung, die vom westdeutschen System der sozialen Sicherung auf die Bürger in der DDR ausging, zu beenden, fand breite Zustimmung vor allem bei Kommunalpolitikern. Die von Bundesinnenminister *Wolfgang Schäuble* mit großem Engagement vertretene Entscheidung der Bundesregierung, an der bestehenden Praxis festzuhalten,[51] hatte für die weitere Dynamik des Einigungsprozesses einen hohen Stellenwert. Die Massenflucht aus der DDR war neben den Demonstrationen ein sichtbarer Ausdruck für die mangelnde Legitimität des Regimes und für den Willen der DDR-Bürger zur deutschen Einheit. Mit dem Abstoppen des Stroms der Übersiedler wäre eine wesentliche innenpolitische Triebkraft des Einigungsprozesses, aber auch ein starkes Argument für die Unvermeidbarkeit der deutschen Einigung in den Verhandlungen über ihre internationale Einbettung entfallen.

Ein entscheidender neuer Impuls zur deutschen Einigung ging von der Ankündigung der Bundesregierung vom 7. Februar 1990[52], mit der DDR «unverzüglich» in Verhandlungen über die Schaffung einer «Währungsunion mit Wirtschaftsreform» einzutreten, aus. Die Entscheidung dazu beruhte auf intensiven, bereits Mitte Dezember 1989 einsetzenden Vorarbeiten im Bundesfinanzministerium, die vor allem von *Thilo Sarrazin*, dem Leiter des Referats «Nationale Währungsfragen» mit der massiven Unterstützung durch Staatssekretär *Horst Köhler* vorangetrieben wurden und schließlich auch die Unterstützung von Finanzminister *Theo Waigel* fanden.[53] Mit dem Angebot der D-Mark wollte die Bundesregierung ein Signal zum Bleiben in der DDR setzen. Sie nahm damit gleichsam den Slogan auf, mit dem immer mehr DDR-Bürger in Demonstrationen und auf Plakaten ihren Unmut über die Verhältnisse in der DDR zum Ausdruck brachten: «Kommt die D-Mark nicht zu uns, gehen wir zur D-Mark.» Das wohl letztlich entscheidende Motiv war, die Entwicklung zur deutschen Einheit durch den Verzicht auf den Umweg über eine Vertragsgemeinschaft und über konföderative Strukturen zu beschleunigen und unumkehrbar zu machen. Allerdings haben für die Entscheidung *Kohls* auch parteipolitische Motive eine Rolle gespielt. Er wollte – wie bei der Vorlage der 10 Punkte – sich an die Spitze der Bewegung für eine deutsche Einheit stellen und der gerade erst unter seinem Einfluss am 5. Februar 1990 gebildeten «Allianz für Deutschland» ein zugkräftiges Programm für die bevorstehenden Volkskammerwahlen geben. Mit dem Angebot der Währungsunion wurde der Forderung der DDR-Regierung nach einem Solidarbeitrag der Bundesrepublik von 15 Milliarden D-Mark, den *Modrow* als Leiter einer großen Delegation bei einem Arbeitsbesuch in Bonn am 13. und 14. Februar 1990 erneut erhoben hatte, der Boden entzogen.

Die Regierung der DDR war vom Angebot der Währungsunion mit

Wirtschaftsreform nicht vorher unterrichtet worden und erklärte in Übereinstimmung mit dem Runden Tisch ausdrücklich, dass sie zu einer entsprechenden Vereinbarung nicht legitimiert sei.[54] Es wurde allerdings vereinbart, die Währungsunion in Expertenrunden vorzubereiten.[55] *Modrow* hatte allerdings inzwischen versucht, die Entwicklung in der DDR zu stabilisieren, die Initiative in der Deutschlandpolitik zu gewinnen und den Einigungsprozess durch die DDR zu steuern und zu bremsen. Ohne Absprache mit seiner Partei und den weiteren Parteien der Koalitionsregierung bereitete er eine in Anlehnung an die DDR-Hymne «Für Deutschland, einig Vaterland» bezeichnete Erklärung vor, die die deutsche Einigung als mögliches Ergebnis eines langfristig angelegten Stufenplans vorsah. Die Motive *Modrows* waren, den Niedergang der SED/PDS aufzuhalten, die Chance seiner Partei bei den bevorstehenden Volkskammerwahlen zu verbessern, die Möglichkeit der Bildung einer gemeinsamen Regierung mit der SPD nach der Wahl offen zu halten und die Vereinigung, wenn sie schon nicht zu verhindern war, in die ihm genehmen Bahnen zu lenken und dabei soviel wie möglich von den «sozialistischen Errungenschaften» der DDR zu erhalten.

Am 29./30. Januar reiste er nach Moskau, um die Zustimmung der Sowjetunion zu seinem Plan zu erlangen. In der Sowjetunion war die ursprüngliche Position einer scharfen Ablehnung inzwischen abgebröckelt.[56] *Gorbatschow*, der schon vorher sich zum Selbstbestimmungsrecht bekannt hatte,[57] stimmte *Modrows* Vorschlägen grundsätzlich zu, machte allerdings auch erhebliche Bedenken deutlich.[58] Insbesondere sollte *Modrow* in seinem Plan die Forderung nach einem Austritt der Bundesrepublik aus der NATO und die künftige Neutralität Deutschlands aufnehmen und ihn mit der SED/PDS, den weiteren Parteien der Regierungskoalition und vor allem mit der SPD abstimmen. *Gorbatschow* ging bei den Gesprächen mit *Modrow* noch davon aus, dass sich bei den bevorstehenden Wahlen in der DDR eine Mehrheit für die weitere Existenz ihres Staates aussprechen würde,[59] so dass man eine Koalition der SED/PDS mit der SPD, die man nach den damaligen Umfragen als Wahlsieger erwartete, anstreben sollte.

Während *Modrow* die Forderung nach der deutschen Neutralität aufnahm, lehnte er die weitere Forderung, von einem Alleingang abzusehen, ab und stellte sein Programm kurz nach seiner Rückkehr aus Moskau auf einer Pressekonferenz in Berlin am 1. Februar 1990 vor. Es sah nach einer Vertragsgemeinschaft und einer Konföderation beider deutscher Staaten mit gemeinsamen Organen und Institutionen als dritte und letzte Stufe die Bildung eines einheitlichen deutschen Staates in Form einer «Deutschen Föderation oder eines Deutschen Bundes durch Wahlen in beiden Teilen der Konföderation» vor.[60] In der konkreten Situation lief der Vorschlag auf eine Abbremsung des Einigungsprozesses hinaus.

Für die Bundesregierung war der Vorschlag *Modrows* auch deshalb unakzeptabel,[61] da die von Moskau geforderte militärische Neutralität von DDR und Bundesrepublik auf dem Weg zur Föderation als notwendige Vorleistung einer solchen Entwicklung zu einem Bruch mit den NATO-Partnern geführt hätte. Sie hätte insbesondere den Verlust der Unterstützung der Vereinigten Staaten bewirkt und zur außenpolitischen Isolierung der Bundesrepublik geführt. Der Plan verpuffte ohne größere Wirkung, zumal die Sowjetunion die von *Modrow* erhoffte wirtschaftliche Unterstützung zur Stabilisierung der DDR versagte und damit die DDR für die Lösung ihrer wirtschaftlichen Probleme auf die Bundesrepublik angewiesen war.

Noch vor dem Besuch *Modrows* in Bonn kam es, vorbereitet durch Gespräche des amerikanischen Außenministers *Baker*, bei einem Gespräch von *Kohl* mit *Gorbatschow* in Moskau am 10. Februar 1990[62] zu einem entscheidenden Durchbruch in der deutschen Frage. *Gorbatschow* willigte ein, dass die Deutschen allein über ihre Einigung entscheiden könnten. Es sei Sache der Regierungen der Bundesrepublik und der DDR, «ob sie sich einigen wollen, wie sie sich einigen wollen, wie schnell sie sich einigen wollen und wann sie sich einigen wollen.»[63] Damit war grünes Licht für die deutsche Vereinigung gegeben, auch wenn zwei Monate später der Weg der Vereinigung über Artikel 23, also durch den Beitritt der DDR zur Bundesrepublik, statt über die Schaffung einer neuen, vom Volk beschlossenen Verfassung nach Artikel 146 des Grundgesetzes von der Sowjetunion scharf kritisiert wurde.[64] Selbst in der Frage der Bündniszugehörigkeit Deutschlands und dessen Neutralität erfolgte keine eindeutige, die weitere Mitgliedschaft in der NATO ausschließende Festlegung. Allerdings hatte die Sowjetunion als eine der vier Hauptsiegermächte, die besondere, die deutsche Souveränität einschränkende Rechte in Deutschland und vor allem auch in Berlin besaßen sowie mit der Präsenz ihrer Truppen in der DDR, deren Abzug nur mit Einverständnis Moskaus geregelt werden konnte, weiterhin einige Trümpfe in der Hand. Die äußeren Aspekte der deutschen Einheit mussten unter Mitwirkung der vier Mächte geregelt werden. Dafür wurde vom amerikanischen Außenministerium das Konzept von Verhandlungen in einem Gremium der vier Mächte mit den beiden deutschen Staaten unter der Bezeichnung

«Zwei-plus-Vier-Gespräche» entwickelt.[65] Diese Konzeption wurde von *Genscher* aufgegriffen, der besonderen Wert darauf legte, dass es sich nicht um einen Vier-plus-Zwei-, sondern um einen Zwei-plus-Vier-Mechanismus handelte und damit die Führungsrolle der beiden deutschen Staaten auf dem Weg zur Vereinigung unterstrichen wurde.[66]

Die Beschränkung des Verhandlungsgremiums auf die beiden deutschen Staaten und die vier Mächte lag besonders im deutschen Interesse, da sie eine Vier-Mächte-Konferenz, in der Deutschland nur das Objekt der Politik der Siegermächte gewesen wäre, ausschloss und im Unterschied zu den möglichen weiteren Alternativen – einer Friedenskonferenz unter Mitwirkung sämtlicher, am Krieg gegen Deutschland beteiligter Staaten oder der Behandlung auf Konferenzen der 35 KSZE-Mitgliedsstaaten – in ihrem Ergebnis besser kalkulierbar war und vor allem die Gefahr einer endlosen Verschleppung der Verhandlungen verringerte.

Der Zwei-plus-Vier-Mechanismus als Rahmen der Verhandlungen über die äußeren Aspekte der deutschen Einheit wurde von einer Konferenz von 23 Staaten der NATO und des Warschauer Paktes in Ottawa am 13. Februar 1990 schließlich akzeptiert. Der Forderung der Vertreter der Niederlande und Italiens, dass sie wie alle NATO-Staaten an den Verhandlungen beteiligt werden sollten, entgegnete Genscher, dass sie weder zu den vier für Deutschland verantwortlichen Mächten noch zu den beiden deutschen Staaten gehörten: «You are no part of the game.»[67]

Die Vereinigten Staaten verfolgten die Strategie, die Verhandlungen zu verzögern, bis in der DDR freie Wahlen stattgefunden hatten und der innere Einigungsprozess bereits die ersten Hürden genommen hatte. Sie haben zudem den Themenkatalog der Verhandlungen eng begrenzt. So sollte auch die Frage der Bündniszugehörigkeit Deutschlands und eine eventuelle Begrenzung der Stärke der deutschen Truppen nicht Gegenstand der Verhandlungen sein, sondern bilateral zwischen den vor allem betroffenen Mächten vereinbart werden. Schließlich wurde in der öffentlichen Erklärung auch die deutsche Vereinigung als Ziel der Verhandlungen ausdrücklich festgelegt.[68] Zunächst konzentrierte sich aber das Interesse auf die bevorstehenden Wahlen zur Volkskammer in der DDR.

1.1.2 Die Entstehung eines neuen Parteiensystems in der DDR und die Volkskammerwahlen vom 18. März 1990 Der Wunsch nach einer günstigen Ausgangsposition für die bevorstehenden Volkskammerwahlen und damit parteipolitische Erwägungen hatten für *Kohl* und *Waigel* bei der Entscheidung über das Angebot der «Währungsunion mit Wirtschaftsreform» eine wesentliche Rolle gespielt. Die deutsche Frage war zentraler Gegenstand des Parteienwettbewerbs geworden, der durch die Vorverlegung der Volkskammerwahlen vom 6. Mai auf den 18. März in ein akutes Stadium trat. Es war allen führenden Politikern klar, dass der Ausgang der Volkskammerwahl nicht nur eine neue Machtkonstellation in der DDR schaffen und deren politische Landschaft in einer entscheidenden Übergangsphase prägen würde, sondern dass die Wahlen auch ein Signal für den Ausgang der späteren Bundestagswahlen setzen würden.

Das traditionelle Parteiensystem der DDR aus der Herrschaftspartei der SED und den von ihr völlig abhängigen Blockparteien war durch die Herausbildung neuer politischer Parteien und Gruppierungen inzwischen ergänzt worden.[69] Diese hatten ihren Ursprung in stark fragmentierten alternativen oppositionellen Gruppen, die sich seit der zweiten Hälfte der 1980er Jahre meist unter dem Schutz der evangelischen Kirche entwickelt hatten. In der Krise der DDR 1989 traten sie unter Namen wie Neues Forum, Demokratischer Aufbruch, Bündnis Demokratie Jetzt, Initiative Frieden und Menschenrechte, Vereinigte Linke, Grüne Liga, Grüne Partei, Unabhängiger Frauenbund an die Öffentlichkeit. Bei allen Unterschieden in ihren Programmen und ihrer sozialen Verankerung forderten sie jedoch sämtlich eine Überwindung des Machtmonopols der SED und eine grundlegende Demokratisierung der DDR.

Die wichtigste der neuen politischen Organisationen, die meist am Runden Tisch mitwirkten, war die Sozialdemokratische Partei (SDP) der DDR, die aufgrund einer Initiative zweier evangelischer Pfarrer – *Markus Meckel* und *Martin Gutzeit* – am 7. Oktober 1989 in dem kleinen Ort Schwante nördlich von Berlin vor allem von Theologen und Intellektuellen ohne Mitwirkung der westdeutschen Sozialdemokratie als bewusst eigenständige Partei gegründet wurde.[70] Nachdem diese eigenmächtige Parteigründung zunächst beim Berliner Landesverband und erheblichen Teilen der westdeutschen Sozialdemokraten, die an der Politik des Dialogs mit der SED und der Förderung von deren innerer Reform festhalten wollten, auf Distanz oder sogar offene Ablehnung gestoßen war, kam es unter dem Eindruck der großen Massendemonstrationen und des offensichtlichen Machtverlusts der SED nach dem Mauerfall zu einer Neuorientierung der SPD. Auf einem Parteitag der SPD in Berlin am 18. Dezember 1989 wurde die SDP offiziell als «Schwesterpartei», die nach besten Kräften von den westdeutschen Sozialdemokraten unterstützt werden sollte, anerkannt. Auf einer Delegiertenkonferenz in Berlin vom

12.–14. Januar 1990 beschloss die SDP, sich in Sozialdemokratische Partei Deutschlands (SPD) umzubenennen. Gleichzeitig sprach sie sich klar für einen Währungs- und Wirtschaftsverbund mit der Bundesrepublik und die zügige politische Einigung Deutschlands aus.[71] In den Führungskreisen der SPD hatte man die Hoffnung, dass die Sozialdemokratie, die vor 1933 einige ihrer Hochburgen in Mitteldeutschland gehabt hatte, nicht nur zur eindeutig stärksten Partei in der Volkskammer werden würde, sondern dass sie damit auch eine «strukturelle Mehrheitsfähigkeit» im späteren Gesamtdeutschland erringen würde.[72]

Die CDU war damit unter Zugzwang geraten. Die Ost-CDU unter *Lothar de Maizière*, der am 10. November 1989 den als Marionette *Honeckers* geltenden *Gerald Götting* als Vorsitzenden ersetzte, hatte begonnen, sich vom Führungsanspruch der SED und schließlich auch vom Sozialismus zu lösen und für eine Marktwirtschaft mit allerdings starken sozialen Absicherungen sowie für die deutsche Einheit einzutreten. *De Maizière* setzte sich dabei von vornherein für ein enges Zusammengehen mit der westdeutschen CDU ein, traf dabei aber auf erhebliche Bedenken bei *Kohl* und vor allem beim Generalsekretär der Partei *Volker Rühe*.[73] Diese beruhten nicht nur auf der Abneigung gegen eine Verbindung mit einer durch die jahrzehntelange Unterwerfung unter die SED diskreditierten Partei von «Blockflöten», sondern auch auf der Ansicht, dass es sich bei *de Maizière* und der neuen Führungsgruppe um weltfremde politische Amateure, um «Laienspieler» handelte. Zudem verübelte man *de Maizière*, dass er und seine Partei weiter in der Regierung *Modrow* verblieben.[74] Schließlich setzte sich aber die Auffassung durch, dass die Ost-CDU mit ihrer relativ gut ausgebauten Organisation, ihrem – allerdings mit dem alten Herrschaftssystem vielfach eng verfilzten – Parteiapparat und vor allem mit ihren Mitgliedern, von denen nicht wenige mit dem Eintritt in die CDU eine Distanz zur SED bekundet hatten, in der gegebenen Situation der einzige Partner war, mit dem man einen überzeugenden Wahlkampf in der DDR führen konnte. Unter dem Einfluss von *Kohl* schloss sich die Ost-CDU daher am 5. Februar mit der am 20. Januar neu gegründeten, vor allem von der CSU unterstützten Deutschen Sozialen Union (DSU) und mit dem aus der Oppositionsbewegung kommenden Demokratischen Aufbruch (DA) zum Wahlbündnis «Allianz für Deutschland» zusammen.

Eine Woche später kam es auch im liberalen Lager unter dem Druck der FDP zur Gründung des «Bundes Freier Demokraten» aus der Vereinigung der in LDP umbenannten Blockpartei LDPD mit der Deutschen Forumspartei – einer Absplitterung des Neuen Forums – und einer in Ostberlin am 4.2.1990 nach bundesdeutschem Vorbild neu gegründeten FDP.[75]

Auch der SED gelang es, den völligen Machtverfall der Partei zu stoppen. Das geschah ohne größere innere Reformen durch die Ablösung der alten Parteiführung durch eine neue unter dem Vorsitzenden *Gregor Gysi,* die Verabschiedung eines neuen Parteistatuts und die Namensänderung in «Partei des Demokratischen Sozialismus» (PDS), zunächst mit dem Zusatz «SED», der noch vor der Volkskammerwahl fallen gelassen wurde. Das Ziel war dabei, wenigstens Teile des großen Parteivermögens sowie des Apparats hauptamtlicher Mitarbeiter und damit die stark ausgebaute Organisation zu erhalten. Das gelang, während die Mitgliedschaft rapide zurückging.[76]

Die Leidtragenden dieser Neuformierung der Parteien im Wahlkampf waren die ursprünglichen Oppositionsgruppen, die jetzt vor der Alternative standen, sich entweder ohne Hilfe von außen und ohne flächendeckende Organisation sowie einem entsprechenden Parteiapparat als Parteien zu organisieren oder am Konzept einer offenen, basisdemokratischen Sammlungsbewegung festzuhalten. Die Versuche der Mehrheit des Runden Tisches, die westdeutschen Parteien und ihre führenden Repräsentanten aus dem Wahlkampf für die Volkskammer im Interesse der Chancengleichheit fernzuhalten,[77] scheiterten, so dass die Wahl unter dem Einfluss der Westparteien mehr und mehr zu einer Art Generalprobe für die Bundestagswahlen im Osten wurde.

Der von der Union bewusst «offensiv» geführte Wahlkampf[78] wurde von der Diskussion über die deutsche Einheit, insbesondere über Tempo und Modus des Einigungsprozesses geprägt. Die in der «Allianz für Deutschland» bzw. dem «Bund Freier Demokraten» zusammengeschlossenen Parteien sprachen sich für die möglichst schnelle Einführung der D-Mark und einen Beitritt der DDR zur Bundesrepublik nach Art. 23 des Grundgesetzes, der einen Beitritt zum Grundgesetz ermöglichte, aus. Von der «Allianz» wurde *Kohl* als Motor des Einigungsprozesses und von den Liberalen der im Osten sehr populäre Außenminister *Genscher* besonders herausgestellt. Die ostdeutschen Sozialdemokraten legten in ihrem, auf einem Parteitag in Leipzig vom 22.–25. Februar 1990 beschlossenen Wahlprogramm «Ja zur deutschen Einheit – eine Chance für Europa» ein klares Bekenntnis zur deutschen Einheit ab, betonten aber die Notwendigkeit, diese aktiv mitzugestalten und sozial abzusichern.[79] Differenzen bestanden über den Weg der Vereinigung. Einige der Vorstandsmitglieder, unter ihnen der später als Inoffizieller Mitarbeiter des Staatssicherheitsdienstes

(IM) enttarnte Parteivorsitzende und Spitzenkandidat *Ibrahim Böhme*, traten für die Vereinigung auf der Basis einer neuen, gemeinsam von der DDR und der Bundesrepublik ausgearbeiteten, dem Volk zur Abstimmung vorgelegten Verfassung, wie sie in Artikel 146 des Grundgesetzes als alternativer Weg der Vereinigung vorgesehen wurde, ein. Die Mehrheit und vor allem die Parteibasis zog aber offenbar den schnelleren und einfacheren Weg über Art. 23 vor.[80] Die PDS,[81] aber auch die meisten der kleineren, aus der oppositionellen Bürgerbewegung hervorgegangenen Organisationen, wie Bündnis 90 oder die Vereinigte Linke, warnten vor einer überstürzten Währungsunion und einer leichtfertigen Aufgabe der Souveränität und der «sozialen Errungenschaften» der DDR.

Die nach einem reinen Verhältniswahlrecht ohne Sperrklauseln[82] durchgeführte Wahl erbrachte bei einer hohen Wahlbeteiligung von 93,4 Prozent eine Art Plebiszit für eine schnelle Einigung Deutschlands. Über drei

Tabelle 1: *Die Volkskammerwahlen vom 18. März 1990 in der DDR:*

a) Wahlbeteiligung	b) Wahlberechtigte in Prozent der Bevölkerung	c) Ungültige Stimmen
93,4%	75,7%	0,5%
	Stimmenanteil (in Prozent)	Mandatszahlen (absolut)
Allianz für Deutschland	48,0	192
davon: CDU	40,8	163
DSU	6,3	25
DA	0,9	4
SPD	21,9	88
PDS	16,4	66
BFD	5,3	21
B'90	2,9	12
DBD	2,2	9
GRÜ-UFV	2,0	8
NDPD	0,4	2
DFD	0,3	1
AVL	0,2	1
Sonstige	0,4	–
zusammen		400

Nach: Ritter/Niehuss, Wahlen 1946–1991, S. 191.

Viertel der Stimmen wurden für Parteien abgegeben, die sich klar für eine baldige Vereinigung ausgesprochen hatten und aufs Engste mit Parteien der Bundesrepublik verbunden waren. Klarer Sieger der Wahl war die «Allianz für Deutschland». Die SPD, die bei allen Umfragen bis Anfang März deutlich vorne lag[83] und bereits einen Strukturplan für eine von ihr geführte Regierung bis auf die Staatssekretärsebene entworfen hatte,[84] blieb weit hinter ihren Erwartungen zurück. Die PDS konnte immerhin ein Sechstel der abgegebenen Stimmen gewinnen. Besonders enttäuschend war das Wahlergebnis für die Parteien und Gruppen, die aus der oppositionellen Bürgerbewegung hervorgegangen waren und insgesamt weniger als sechs Prozent der Stimmen, davon 2,9 Prozent für den Zusammenschluss von Neuem Forum, Demokratie Jetzt und Initiative Frieden und Menschenrechte im Bündnis 90, errangen. Kennzeichnend war, dass CDU und DSU ihre besten Ergebnisse, wie Umfragen nach der Stimmabgabe zeigten, nicht nur erwartungsgemäß bei Selbständigen und Mitgliedern einer Religionsgemeinschaft, sondern auch bei den Arbeitern erhielten. Die PDS dagegen führte mit 31 Prozent bei der so genannten «Intelligenz», unter der viele Funktionsträger des alten Regimes waren, blieb aber mit 11,9 Prozent bei den Arbeitern weit unter ihrem Durchschnitt.[85]

1.3.3 Die deutsche und internationale Politik im Zeichen von Wiedervereinigung und bevorstehender Bundestagswahl Die Wahl stärkte die Regierungskoalition in Bonn und ihre auf eine schnelle Einigung abzielende Politik. Bei den schwierigen Koalitionsverhandlungen in Ostberlin wurde gegen ursprünglich starke Widerstände in der Sozialdemokratie am 12. April 1990 eine Regierung aus CDU, SPD, DSU, DA und Liberalen gebildet. In der Präambel eines ausführlichen Koalitionsvertrages,[86] dessen weitgehend von der Sozialdemokratie geprägten Teile zur Sozialpolitik im Zusammenhang mit den Verhandlungen zum Staatsvertrag später erörtert werden, einigte man sich darauf, «die Einheit Deutschlands nach Verhandlungen mit der BRD auf der Grundlage des Art. 23 GG zügig und verantwortungsvoll für die gesamte DDR gleichzeitig zu verwirklichen und damit einen Beitrag zu einer europäischen Friedensordnung zu leisten». In der Regierungserklärung des neuen Ministerpräsidenten *de Maizière* vom 19. April 1990[87] wurden als Ziele der Koalition besonders die notwendige Umstellung von einer «staatlich gelenkten Kommandowirtschaft auf eine ökologisch orientierte soziale Marktwirtschaft», die soziale Absicherung der Einheit und die Durchsetzung der Umstellung der Löhne, Gehälter, Renten und Sparguthaben im Verhältnis 1:1 hervorgehoben, wobei bei Löhnen und Renten ein Zuschlag vor der Währungsumstellung erfolgen sollte. Von der Bundesrepublik wurde Gemeinsamkeit und Solidarität verlangt: «Die Teilung kann tatsächlich nur durch Teilen aufgehoben werden».[88]

Die Bewertung der Regierungserklärung im Bundeskanzleramt[89] war insgesamt positiv. Das galt insbesondere für das klare Bekenntnis zu Europa und das uneingeschränkte Ja zur deutschen Einheit. Herausgehoben wurde allerdings die Würde und das Selbstbewusstsein, mit der *de Maizière* «das Mitspracherecht der DDR für den Weg zur deutschen Einheit einfordert.» Positiv wird vermerkt, dass im programmatischen Teil die Positionen verbindlicher als in der Koalitionsvereinbarung[90] formuliert wurden und problematische Punkte, wie zum Beispiel die Fristenlösung bei Schwangerschaftsabbruch, nicht erwähnt werden. Der Schwerpunkt der Erklärung liege auf den Ausführungen zum Prozess der Umstellung von staatlichem Plandirigismus auf die soziale Marktwirtschaft, der «in hohem Tempo, aber auch in geordneten Schritten» erfolgen müsse. «Ziel und Orientierungsrahmen» sei «durchgängig die Rechts- und Wirtschaftsordnung in der Bundesrepublik bzw. der EG bei gleichzeitigem Votum für großzügige Übergangsregelungen». Betont werde von *de Maizière* aber auch «die Sicherung der Eigentumsrechte aus Bodenreform und nach Treu und Glauben erfolgtem Erwerb.»

Kritisch wird vermerkt, dass auf eine polemische Auseinandersetzung mit dem früheren System verzichtet wird und eine Erwähnung der problematischen Wirtschafts- und Finanzlage fehlt. Der sehr viel kürzere außenpolitische Teil bleibe im Vergleich zu den Aussagen zur Innenpolitik nach Meinung des Bundeskanzleramtes[91] deutlich blasser. Positiv wird vermerkt, dass – im Unterschied zum Koalitionsvertrag – zwar eine Anerkennung der polnischen Westgrenze gefordert wird, aber keine Aussagen zum «Procedere» erfolgen und insbesondere die Forderung nach Paraphierung eines Grenzvertrages mit Polen durch die beiden deutschen Staaten fehlt wie auch die Forderung nach einem völligen Abzug der Nuklearwaffen von deutschem Boden. Auch würden amerikanische und sowjetische Streitkräfte in Deutschland nicht mehr gleichgesetzt. Sehr problematisch sei dagegen, dass die NATO und die NATO-Mitgliedschaft eines geeinten Deutschlands überhaupt nicht erwähnt werden, dagegen die Loyalität der DDR gegenüber dem Warschauer Pakt und der Wunsch nach Intensivierung der politischen Zusammenarbeit mit Staaten dieses Paktes betont werden. Auch fehlten die wünschenswerten klaren «Absagen an eine Demilitarisierung und an eine Neutralisierung Deutschlands».

Die Regierungserklärung ließ also erwarten, dass die neue Regierung der DDR zwar das Ziel der deutschen Einheit mit der Bundesrepublik teilte, aber die Interessen der DDR-Bevölkerung dabei mit Nachdruck einbringen würde und auch im Prozess der außenpolitischen Absicherung des Einigungsprozesses und der Gestaltung der zukünftigen europäischen und internationalen Ordnung zum Teil von denen der Bundesrepublik wesentlich abweichende Vorstellungen hatte.

De Maizière war der Auffassung, dass die Einheit auf geordnetem Wege, abgesichert durch Verträge der DDR mit der Bundesrepublik, die die Interessen der Ostdeutschen berücksichtigen sollten, und erst nach Abschluss der Verhandlungen mit den Siegermächten über die außenpolitischen Aspekte der Vereinigung herbeigeführt werden sollte. Er war gegen eine Sturzgeburt durch eine bedingungslose Beitrittserklärung der DDR, wie sie von der DSU am 17. Juni 1990 in der Volkskammer beantragt wurde. Er wurde dabei vor allem von *Richard Schröder*, dem Vorsitzenden der sozialdemokratischen Volkskammerfraktion, unterstützt.[92]

Die Sozialdemokraten standen vor dem Problem, dass sie die Oppositionspolitik in Bonn mit der Politik der Kooperation in der Ostberliner Regierung vereinbaren mussten. Eine klare Politik der Konfrontation mit der Bundesregierung hätte angesichts der bevorstehenden Bundestagswahl aus parteitaktischen Gründen scheinbar nahe gelegen. Die Voraussetzungen für eine solche polarisierende Strategie, die der Kanzlerkandidat der SPD *Lafontaine* verfolgte, waren zudem durch den Wahlsieg der Sozialdemokratie bei den Landtagswahlen in Niedersachsen am 13. Mai 1990 – wenige Tage vor der Unterzeichnung des Staatsvertrages am 18. Mai 1990[93] – mit dem Regierungswechsel von einer Koalition aus CDU und FDP zu einer rot-grünen Koalition erheblich verbessert worden. Nachdem die Alliierten im Juni 1990 auch ihre Vorbehalte gegen das volle Stimmrecht der vier Berliner Bundesratsmitglieder aufgegeben hatten, verfügten die sozialdemokratisch geführten Länderregierungen nunmehr mit 27 von 45 Stimmen über eine klare Mehrheit im Bundesrat. Gegen eine scharfe Konfrontationstaktik sprach jedoch nicht nur die Furcht, in den Augen der Wähler als Gegner der deutschen Einheit zu erscheinen, sondern auch die Rücksicht auf die ostdeutschen Sozialdemokraten, die sich in enger Zusammenarbeit mit sozialdemokratischen Beratern aus dem Westen mit erheblichem Erfolg für die Absicherung der sozialen Interessen der Ostdeutschen eingesetzt hatten.

Die konstruktive Mitwirkung als Juniorpartner der CDU und soziales Gewissen der Koalition zahlte sich jedoch für die ostdeutschen Sozialdemokraten politisch nicht aus. Bei den Kommunalwahlen vom 6. Mai 1990 blieben sie sogar noch leicht hinter ihrem ohnehin schlechten Ergebnis bei der Volkskammerwahl zurück.[94] Es gab daher starke Kräfte bei den ostdeutschen Sozialdemokraten, die mit Unterstützung eines Teils der westdeutschen Sozialdemokratie zur Schärfung ihres politischen Profils und zur Klärung der Fronten vor den Bundestagswahlen ein Ausscheiden aus der Ostberliner Koalition forderten. Die Koalitionskrise konnte jedoch noch einmal überbrückt werden. Die ostdeutschen Sozialdemokraten akzeptierten mit großer Mehrheit den Staatsvertrag über die Währungs-, Wirtschafts- und Sozialunion und beteiligten sich mit ihren Vertretern in der Regierung bis knapp zwei Wochen vor dessen Unterzeichnung intensiv an den Verhandlungen über den Einigungsvertrag.

Nachdem im Juli 1990 zunächst die DSU nach dem Parteiaustritt ihrer zwei Minister nicht mehr im Ministerrat der DDR vertreten war und die Liberalen aus der Ostberliner Koalition ausschieden, führte die Entlassung des parteilosen, aber von der Sozialdemokratie nominierten Landwirtschaftsministers *Peter Pollack* und des sozialdemokratischen Finanzministers *Walter Romberg* durch *de Maizière* am 15. August 1990 schließlich zum Austritt der SPD aus der Regierung. Die Entlassung *Rombergs*, der tief greifende Differenzen über die im Einigungsvertrag vorgesehenen Regelungen vor allem der Finanzfragen vorangegangen waren,[95] wurde von *de Maizière* mit Konzeptionslosigkeit und Missachtung der Richtlinienkompetenz des Ministerpräsidenten begründet.[96] In der Sozialdemokratie, die in der Abberufung der Minister ohne Mitwirkung der Volkskammer einen Verfassungsbruch sah, entschieden sich Parteivorstand und Fraktionsvorstand und schließlich am 19. August auch die Fraktion gegen den Widerstand des Fraktionsvorsitzenden *Schröder* für das Ausscheiden aus der Regierung. *Schröder* hatte in einer von ihm vorbereiteten Rede, die er aber wegen der Entscheidung der Fraktion für eine Abstimmung ohne vorherige Aussprache nicht halten konnte, dafür plädieren wollen, *de Maizière* zu einer Aussprache in der Fraktion einzuladen und ihm anzubieten, mit Zustimmung von Regierung und sozialdemokratischer Opposition in Bonn die freien Ministerposten mit allgemein anerkannten parteineutralen Fachleuten bis zur Bildung einer neuen gesamtdeutschen Regierung zu besetzen. Es sei «absurd, maximal acht Wochen vor dem Ende dieses Staates in die Opposition zu gehen». Politisches Profil gewinne man nur mit konstruktiven Vorschlägen, die den Wählern, die den Streit über den Länderfinanzausgleich ohnehin nicht verstünden, einleuchteten, nicht aber durch einen Koalitionsbruch, der zudem die Position der DDR in den noch nicht abgeschlossenen Verhandlungen über den Einigungsvertrag schwächen und damit für das Land, wie auch für die Partei, schädlich wäre.[97] Trotz des Koalitionsbruches, der zum Rücktritt *Schröder*s vom Fraktionsvorsitz und zu seiner Ersetzung durch den Parteivorsitzenden *Wolfgang Thierse* führte, hat die SPD-Fraktion der Volkskammer – wie auch die des Bundestages – schließlich dem Einigungsvertrag zugestimmt. Schon vor dessen Unterzeichnung am 31. August 1990 hatte in einer emotionsgeladenen Nachtsitzung vom 22. zum 23. August die Volkskammer mit 294 gegen 62 Stimmen bei 7 Enthaltungen den Beitritt der DDR zur Bundesrepublik zum 3. Oktober 1990 erklärt.[98]

Inzwischen waren auch in der außenpolitischen Absicherung der deutschen Einigung entscheidende Fortschritte erreicht worden. Auf der ersten der Zwei-plus-Vier-Außenministertreffen in Bonn am 5. Mai 1990 machte der sowjetische Außenminister den überraschenden Vorschlag, den inneren und äußeren Prozess der Einheit, die bisher gleichsam auf zwei separaten Schienen parallel gelaufen waren, voneinander abzukoppeln.[99] Damit hätte die Erringung der inneren Einheit beschleunigt werden können, während die Erlangung der deutschen Souveränität und die Entscheidung über die Bündniszugehörigkeit eines vereinten Deutschland sowie der Abzug der sowjetischen Truppen auf unbestimmte Zeit vertagt worden wäre. Außenminister *Genscher* hatte offenbar zunächst gewisse Sympathien für diesen Vorschlag. Ihm ging es dabei darum, mögliche Hindernisse auf dem Weg zur inneren Einheit zu umgehen und die Stellung *Gorbatschows*, die durch eine brüske Ablehnung der sowjetischen Initiative geschwächt werden könnte, zu schützen.[100] *Genscher* lenkte jedoch schließlich angesichts der eindeutigen Ablehnung der Entkoppelungsidee durch *Kohl*, die CDU/CSU-Fraktion und die Westmächte ein und erklärte vor dem Deutschen Bundestag am 10.5.1990, dass die deutsche Einheit nicht mit offenen Fragen belastet werden dürfe.[101]

Die sowjetische Haltung einer klaren Ablehnung der NATO-Mitgliedschaft eines vereinten Deutschlands begann jedoch in den folgenden Wochen aufzuweichen. Auf der Gipfelkonferenz zwischen dem amerikanischen Präsidenten und *Gorbatschow* in Washington und Camp David vom 30. Mai bis 3. Juni 1990 stimmte *Gorbatschow* im Gespräch der Äußerung von *Bush* zu, dass im Einklang mit der KSZE-Schlussakte jedes Land – also auch das vereinigte Deutschland – sein Bündnis frei wählen könne und diese Entscheidung nicht angefochten, sondern toleriert werden müsse.[102]

Das war eine Kehrtwende der sowjetischen Politik und der entscheidende Durchbruch auf dem Weg zur deutschen Einheit. Die für alle Beteiligten überraschende, mit seiner Zustimmung auch in die amerikanische Erklärung auf der abschließenden Pressekonferenz aufgenommene Konzession *Gorbatschows* war offensichtlich mit der sowjetischen Führung nicht abgesprochen worden. In den folgenden Wochen zeigte sich – wohl vor allem um der erwarteten Kritik auf dem Parteitag der KPdSU vom 2. bis 14. Juli in Moskau den Wind aus den Segeln zu nehmen – eine deutliche Verhärtung der sowjetischen Position. Das wird besonders deutlich auf dem zweiten Außenministertreffen der Zwei-plus-Vier-Gespräche in Ostberlin am 22. Juni 1990, dem 49. Jahrestag des deutschen Überfalls auf die Sowjetunion. Nach dem Vorschlag des sowjetischen Außenministers *Schewardnadse* sollten nach einem langwierigen und äußerst komplizierten Verfahren mit zwei Verträgen für eine Übergangsperiode von mindestens fünf Jahren die bestehenden internationalen Abkommen und Verträge der DDR – also auch ihre Mitgliedschaft im Warschauer Pakt – in Kraft bleiben und die Stationierung der Truppen der vier Mächte im bisherigen Status, wenn auch in geringerem Umfang, aufrechterhalten werden. Deutschland sollte zu einer atomwaffenfreien Zone werden. Die Bundeswehr und die Nationale Volksarmee (NVA) sollten – begrenzt auf das Gebiet der Bundesrepublik bzw. der DDR – nebeneinander bestehen bleiben. Erst nach der Übergangszeit sollte das vereinte Deutschland die Freiheit haben, über seine weitere Bündniszugehörigkeit zu entscheiden.[103] Der Vorschlag war sowohl für die Bundesrepublik wie auch für die Westmächte völlig unakzeptabel.

Die Vertreter der DDR wichen allerdings in wesentlichen Punkten von der gemeinsamen westlichen Position ab. Der sozialdemokratische Außenminister der DDR *Markus Meckel*, ein Pfarrer, und seine engsten außenpolitischen Mitarbeiter – der ostdeutsche Pfarrer und sozialdemokratische Abgeordnete der Volkskammer *Hans-Jürgen Misselwitz*, der an der FU Berlin lehrende Friedensforscher *Ulrich Albrecht* und der ebenfalls aus dem Westen kommende Psychotherapeut *Carlchristian von Braunmühl* – standen der Friedensbewegung nahe. Sie vertraten, abweichend von der Bundesrepublik, die Auffassung, dass es schon *vor* der Wiedervereinigung zur Unterzeichnung, mindestens aber zur Paraphierung eines Grenzabkommens mit Polen kommen sollte. Weiterhin waren sie für einen Ausbau der KSZE zu einer gesamteuropäischen Friedensordnung, für die Forcierung der Abrüstungsbemühungen und strebten eine Auflösung der Bündnisblöcke als Endziel an. Bis dahin sollten sie in ihrem Charakter grundlegend durch den Ausbau ihrer politischen und die Reduzierung ihrer militärischen Aufgaben sowie durch den Verzicht auf Grundelemente der bisherigen NATO-Strategie verändert werden. Die Möglichkeit einer deutschen Doppelmitgliedschaft in beiden Militärblöcken wurde nicht ausgeschlossen. Alle auf deutschem Boden stationierten Kernwaffen der Siegermächte sollten abgezogen werden. Die NVA sollte neben der Bundeswehr zumindest für eine längere Übergangszeit als Territorialarmee erhalten bleiben. Weiter traten *Meckel* und seine Mannschaft für eine Ausdehnung der Europäischen Gemeinschaft auf die DDR und die osteuropäischen Reformländer ein. Die Außenpolitik *Meckels* wurde dabei von dem Konzept der DDR als eines Mittlers zwischen den Blöcken und damit zwischen Ost und West bestimmt.[104]

Eine engere Abstimmung der Außenpolitik zwischen der Bundesrepublik und der DDR fand nicht statt, zumal *Meckel* die Beratung durch Diplomaten des Bonner Außenministeriums grundsätzlich ablehnte. Die DDR hat versucht, auch mit konkreten außenpolitischen Initiativen ihr politisches Grundkonzept operativ umzusetzen und ein eigenständiges Profil zu zeigen. Zunächst setzte sie sich gemeinsam mit Polen und der Tschechoslowakei dafür ein, im Zuge eines Ausbaus der KSZE zum Instrument einer gesamteuropäischen Sicherheitspolitik diese durch die Schaffung eines «Rates für Sicherheit und Zusammenarbeit» und ein selbstständiges KSZE-Zentrum sehr viel stärker als bisher zu institutionalisieren.[105] Ein weiterer Vorstoß von Außenminister *Meckel* galt der Schaffung einer speziellen Sicherheitszone in Mitteleuropa. Dabei sollte mit dem Konzept einer Verflechtung der Bündnisse der Auseinandersetzung zwischen den Westmächten und der Sowjetunion über die Bündniszugehörigkeit eines vereinigten Deutschlands der Boden entzogen werden.[106] Diese schlecht vorbereiteten Initiativen scheiterten und diskreditierten die neue DDR-Außenpolitik, die von den Diplomaten der Bundesrepublik und der Westmächte weitgehend als dilettantisch angesehen wurde.

Im Ministertreffen am 22. Juni forderte *Meckel* – zum Entsetzen der Vertreter der Bundesrepublik und der Westmächte –, dass die DDR «nicht eher vom Zwei-plus-Vier-Tisch aufstehen» wollte, bis ein «Einvernehmen über Grundsätze und Fahrplan» zu einer europäischen Sicherheitsorganisation erreicht sei. Konkret schlug er unter anderem eine Denuklearisierung Deutschlands, eine einseitige deutsche Erklärung, die Personalstärke der NVA und der Bundeswehr zu halbieren, eine sicherheitspolitische Sonderregelung für das Gebiet der DDR und eine nicht näher erläuterte Erklärung der Mitgliedsstaaten von NATO und Warschauer Pakt vor.[107] Nach der Bewertung *Teltschiks* bedeuteten diese Forderungen eine «Singularisierung» Deutschlands, eine Schwächung des NATO-Bündnisses sowie eine tendenzielle Stärkung der Haltung der Sowjetunion, die anderenfalls in die Isolation zu geraten drohe. Die Vorschläge der DDR, die von den Westmächten ignoriert wurden, riskierten zudem mit der bedingungslosen – auch zeitlichen – «Unterordnung des Einigungsprozesses unter den Aufbau einer europäischen Sicherheitsorganisation [...] eine Verzögerung des Vollzugs der deutschen Einheit.»[108] Sie widersprachen auch der Strategie der amerikanischen und bundesdeutschen Politik, den Zwei-plus-Vier-Prozess nicht zu überfrachten, sondern die Lösung für die mit der Sowjetunion strittigen Fragen in bilateralen Verhandlungen und Verträgen zu suchen.

Der Weg dazu war durch den Sieg von *Gorbatschow* über seine Gegner auf dem Parteitag der KPdSU vom 2.-14. Juli 1990 geebnet worden. Nach dramatischen Auseinandersetzungen, in deren Mittelpunkt *Gorbatschows* Reformprojekt der Perestroika und der geplante Übergang zur Marktwirtschaft stand, aber auch Fragen der Außen- und Deutschlandpolitik kontrovers diskutiert wurden, wurde *Gorbatschow* mit 2411 gegen 1116 Stimmen als Generalsekretär der Partei wiedergewählt. Zudem erlitt sein Hauptopponent *Ligatschow* bei der Wahl des neu geschaffenen Postens eines Stellvertreters eine schwere Niederlage.[109] Damit war *Gorbatschows* Position wenigstens für die nächsten Monate stabilisiert worden und er hatte einen größeren außenpolitischen Handlungsspielraum. Bei dem Besuch von *Kohl* in Moskau und in der kaukasischen Heimat von *Gorbatschow* vom 14. bis 16. Juli 1990[110] wurde dann die außenpolitische Absicherung der deutschen Einheit vollendet. *Gorbatschow* akzeptierte nun auch gegenüber der Bundesrepublik die Mitgliedschaft des vereinten Deutschlands in der NATO und stimmte der Regelung der noch offenen Fragen zu. Für das Gebiet der früheren DDR sollte für die Dauer der Präsenz der sowjetischen Truppen ein militärischer Übergangszustand gelten und dort keine NATO-Einheiten, wohl aber nicht in die NATO integrierte, deutsche Territorialtruppen einrücken dürfen. Moskau stimmte der Aufgabe der Viermächterechte zu, so dass das vereinigte Deutschland seine volle Souveränität erhalten konnte. Für den auf drei bis vier Jahre befristeten Aufenthalt der sowjetischen Truppen im Gebiet der ehemaligen DDR sollte ein separater Vertrag geschlossen werden. Dabei wurde in den Verhandlungen deutlich, dass die Aufenthaltsdauer der sowjetischen Streitkräfte wesentlich vom Ausmaß deutscher Zahlungen für den Abzug und die Unterbringung der Soldaten und ihrer Angehörigen nach dem Rückzug in die Sowjetunion abhängen würde. Ein gleichzeitiger Abzug der Streitkräfte der Westmächte aus der Bundesrepublik, den die Sowjetunion bisher als Konzession für den Abzug ihrer Truppen gefordert hatte, wurde nicht mehr zur Bedingung gemacht. Die Obergrenze der deutschen Truppen wurde auf 370 000 Personen festgelegt.

Über die Gründe und deren relatives Gewicht für das Einlenken *Gorbatschows* gibt es keine eindeutige Klarheit. Eine wesentliche Rolle spielte offenbar, dass *Gorbatschow* befürchten musste, dass sich die deutsche Einigung ohne sowjetische Mitwirkung vollziehen und sein Land international isoliert würde. Zudem waren *Kohl* und die Westmächte *Gorbatschow* in einigen, ihm wesentlichen Punkten entgegengekommen. Die Bundesrepublik, die schon im Januar sowjetische Wünsche nach der Subvention von Lebensmittelkäufen im Westen erfüllt hatte,[111] hatte die Bürgschaft für einen Kredit über 5 Milliarden DM zur Verbesserung der wirtschaftlichen Lage der Sowjetunion übernommen.[112] Daneben hatte *Kohl* sich massiv, wenn auch im Ganzen vergeblich, für ein großes Programm der internationalen Wirtschaftshilfe für die Sowjetunion eingesetzt.

Die NATO hatte zunächst auf einer Außenminister-Tagung im schottischen Turnberry am 7./8. Juni und vor allem auf dem Gipfeltreffen der Staats- und Regierungschefs in London am 5./6. Juli bewusst Signale an die Sowjetunion gegeben, in denen sie ihre Bereitschaft erklärte, von der Konfrontation zu einer Zusammenarbeit der Bündnisse zu kommen. Die politische Komponente der NATO, deren defensiver Charakter betont wurde, sollte ausgebaut werden. Den Staaten des Warschauer Paktes wurde zugestanden, ständige diplomatische Verbindungen mit der NATO aufzunehmen und auch die militärischen Kontakte sollten verstärkt werden. Gleichzeitig wurde eine Überarbeitung der NATO-Strategie, in der die Kernwaffen nur noch Waffen des letzten Zugriffs sein sollten, in Aussicht gestellt. Weiterhin sollten gemäß den seit langem geäußerten sowjetischen Wünschen die KSZE ausgebaut und institutionalisiert werden.[113] Die Erklärung von London verkündete gleichsam das Ende des Kalten Krieges und die Akzeptanz der Sowjetunion und der anderen Mitglieder des Warschauer Paktes als Partner statt als Gegner. Das Signal der NATO ist in Moskau sofort sehr positiv aufgenommen worden.

Im Rahmen der neuen Politik des Miteinander hat vielleicht auch das Angebot der Bundesrepublik, das Verhältnis zur Sowjetunion mit einem Vertrag über «Partnerschaft und Zusammenarbeit» auf eine neue Grundlage zu stellen, die Haltung des Generalsekretärs beeinflusst.[114] Schließlich muss man auch die Prioritäten *Gorbatschows* in Rechnung stellen. Entscheidend für ihn war die Fortführung der eingeleiteten Politik der Perestroika und die Verhinderung eines Zusammenbruches des sowjetischen Reiches, der schon damals insbesondere wegen der Unabhängigkeitsbestrebungen in den baltischen Staaten drohte. In dieser Situation konnte sich das Abstoßen von Hypotheken empfehlen.

Ein weiteres Hindernis auf dem Weg zur außenpolitischen Absicherung der Einheit wurde mit der Lösung der deutsch-polnischen Auseinandersetzungen über einen Grenzvertrag genommen.[115] Von Seiten der polnischen Regierung war immer wieder die Unterzeichnung oder zumindest die Paraphierung eines solchen Vertrages *vor* der deutschen Vereinigung gefordert worden. *Kohl* dagegen argumentierte, dass erst ein vereinigtes Deutschland einen solchen Vertrag abschließen könne. *Kohls* Lavieren in dieser Frage traf auf das Misstrauen vor allem von Frankreich und Großbritannien. Insbesondere sein Versuch, die Regelung der Grenzfrage mit einem polnischen Reparationsverzicht und der Frage der Rechte der deutschen Minderheiten in Polen zu verknüpfen, stieß auch innenpolitisch auf scharfe Kritik. Diese wurde nicht nur von der Sozialdemokratie und den Grünen sondern auch vom Koalitionspartner FPD geäußert. *Kohl* ging bei seiner Ablehnung der Paraphierung eines Grenzvertrages *vor* der Vereinigung von einer staatsrechtlich fragwürdigen Position aus, da bei einem Beitritt der DDR nach Artikel 23 des Grundgesetzes die Verträge der Bundesrepublik weitergelten würden. Er versuchte mit seiner Haltung auch Widerstände in der eigenen Fraktion und bei den Vertriebenenverbänden zu überwinden. Er war der Auffassung, dass die Frage der deutschen Einheit mit der der Oder-Neiße-Grenze verknüpft werden müsse und dass man die Menschen in Deutschland vor die Alternative stellen müsse, entweder den Verzicht auf die deutschen Ostgebiete hinzunehmen oder die Einigung scheitern zu lassen.[116] Polen, das aus Sicherheitsgründen vor allem am Rückzug der sowjetischen Truppen aus dem Gebiet der DDR interessiert war, hat schließlich seine Position revidiert und sich damit einverstanden erklärt, dass der Grenzvertrag erst nach der Vereinigung und der Herstellung der vollen Souveränität Deutschlands, dann aber schnellstmöglich unterzeichnet und ratifiziert werden solle.

Eine neue Schwierigkeit ergab sich schließlich aus der Forderung der Sowjetunion nach erheblichen finanziellen Leistungen der Bundesrepublik für den Aufenthalt, den Rücktransport, den Wohnungsbau und die Umschulung der in der DDR stehenden sowjetischen Truppen und ihrer Angehörigen. Diese konnte nur durch die Intervention *Kohls*, der – weit über das ursprüngliche Angebot der Bundesrepublik hinausgehend – der Sowjetunion schließlich eine Hilfe von 12 Milliarden DM sowie einen zinslosen Kredit über 3 Milliarden DM mit fünfjähriger Laufzeit zusicherte, gelöst werden.[117] Ein weiteres Problem betraf den militärischen Status der Gebiete der ehemaligen DDR. Die Sowjetunion erreichte schließlich, dass auch nach dem Abzug der sowjetischen Streitkräfte die dort stationierten deutschen Truppen nicht mit Kernwaffenträgern ausgerüstet werden durften und dass ausländische Streitkräfte in diesem Gebiet weder stationiert noch dorthin verlegt werden durften.[118]

Mit dem am 12. September 1990 in Moskau feierlich unterzeichneten «Vertrag über die abschließende Regelung in bezug auf Deutschland»[119] erhielt Deutschland die Souveränität über seine inneren und äußeren Angelegenheiten zurück. Die Grenzen des vereinigten Deutschlands wurden definiert, und es wurde festgestellt, dass Deutschland auch in Zukunft keine Gebietsansprüche gegen andere Staaten stellen sollte. Noch vor der Ratifizierung des Vertrages, die in Moskau erst nach erheblichen Auseinandersetzungen am 4. März 1991 erfolgte,[120] haben die vier Mächte ihre Rechte und Verbindlichkeiten am 1. Oktober 1990 suspendiert,[121] so dass beim Vollzug der Einigung am 3. Oktober 1990 das vereinigte Deutschland von Anfang an ein souveräner Staat war.

Kommen wir nun zurück zu den innenpolitischen Problemen: Nach dem Beschluss der Volkskammer vom 23. August über den Beitritt zur Bundesrepublik gab es lange, parteipolitisch geprägte Auseinandersetzungen über den Termin der schließlich für den 2. Dezember 1990 angesetzten, gemeinsamen Bundestagswahl und ein Wahlgesetz, das von dem inzwischen durch Abgeordnete aus dem Osten ergänzten gesamtdeutschen Bundestag verabschiedet wurde.[122] Das Wahlgesetz sah gesonderte Wahlgebiete in West- und Ostdeutschland vor. Das ursprünglich angenommene Wahlgesetz hatte die in der alten Bundesrepublik übliche Sperrklausel von 5 %, bezogen auf das gesamte Wahlgebiet, vorgesehen. Das Bundesverfassungsgericht erklärte jedoch diese Regelung als verfassungswidrig, da sie gegen die Gleichheit der Wahlchancen verstieße und die jungen Parteien in den neuen Bundesländern benachteilige.[123] Die Parteien mussten nach dem geänderten Wahlgesetz, um bei der Verteilung der Sitze nach den Zweitstimmen berücksichtigt zu werden, nun nur noch in *einem* der beiden Gebiete die Sperrklausel von fünf Prozent der Stimmen überwinden oder mindestens drei Direktmandate erobern. Weiter wurden für Parteien mit Sitz im Wahlgebiet Ost Listenverbindungen zugelassen. Damit wurden die Wahlchancen der Parteien, die ausschließlich im Osten kandidierten oder dort ihren Schwerpunkt hatten, entscheidend verbessert.

Die neue Regelung mit gesonderten Wahlgebieten im Osten und Westen war als eine Art «Revolutionsdividende» zugunsten der Bürgerrechtsbewegung der DDR gedacht, kam aber faktisch vor allem der PDS zugute. Diese konnte schließlich mit einem gesamtdeutschen Stimmenanteil von 2,4 Prozent – bei einem Anteil von 11,9 Prozent in den neuen Ländern und Ostberlin – mit 17 Abgeordneten in den Bundestag einziehen. Auch die aus der Bürgerrechtsbewegung hervorgegangene Verbindung von Bündnis 90 und Grünen in den neuen Ländern profitierte von der neuen Regelung, da sie mit 6,1 Prozent der Stimmen im Wahlgebiet Ost – im Wahlgebiet West kandidierte sie nur in Westberlin – 8 Mandate für den Bundestag gewann.

Noch vor der Bundestagswahl wurde der mit einem verfassungsändernden Ländereinführungsgesetz der Volkskammer vom 22. Juli 1990[124] begonnene Prozess der Konstituierung von fünf neuen Ländern in Ostdeutschland mit Landtagswahlen in Brandenburg, Mecklenburg-Vorpommern, Sachsen-Anhalt, Sachsen und Thüringen abgeschlossen.[125] Obwohl der Zusammenbruch von Unternehmungen und Absatzmärkten, das Problem von Kurzarbeit und Entlassungen sowie die ungeklärten Eigentumsfragen neben der Aufklärung über Stasi-Aktivitäten wesentliche Themen des Wahlkampfes waren, war dieser nur wenig polarisiert und fand – im Unterschied zur Volkskammerwahl – fast ohne westdeutsche politische Prominenz statt.

Die Parteien der Bonner Regierungskoalition konnten damit ihre starke Position im Osten festigen.[126] Bei einer deutlich niedrigeren Wahlbeteiligung wurde die CDU in vier der Länder stärkste Partei. In Sachsen errang sie sogar die absolute Mehrheit, die sie in Thüringen nur um ein Mandat verfehlte. Nur in Brandenburg wurde die SPD mit deutlichem Vorsprung vor der CDU stärkste Partei und konnte mit *Manfred Stolpe* den Ministerpräsidenten einer Regierungskoalition aus SPD, Bündnis 90 und FDP stellen. In den anderen Ländern wurden die neuen Landesregierungen von der CDU entweder allein – wie in Sachsen – oder in Koalition mit der FDP geführt. In Mecklenburg-

Tabelle 2: *Die Landtagswahlen in den fünf neuen Bundesländern am 14.Oktober 1990:*

1990	Brandenburg	Mecklenburg-Vorpommern	Sachsen-Anhalt	Thüringen	Sachsen
Wahlberechtigte	74,0	72,9	75,4	74,9	75,7
Wahlbeteiligung	67,1	64,7	65,1	71,7	72,8
Ungültige Stimmen	2,9	3,3	3,0	2,6	2,5
Stimmen:					
CDU	29,4	38,3	39,0	45,4	53,8
SPD	38,2	27,0	26,0	22,8	19,1
PDS-LL	13,4	15,7	12,0	9,7	10,2
FDP	6,6	5,5	13,5	9,3	5,3
B'90	6,4	2,2	–	–	–
GRÜNE	2,8	4,2	–	–	–
GRÜ/NF	–	–	5,3	–	–
GRÜ/NF/DJ	–	–	–	6,5	–
FORUM	–	2,9	–	–	5,6
DSU	1,0	0,8	1,7	3,3	3,6
REP	1,2	0,9	0,6	0,8	–
DFD	–	–	1,1	0,8	–
CSU	–	1,1	–	–	–
Sonstige	1,0	1,	0,8	1,5	2,4
Zahl der Mandate:					
CDU	27	29	48	44	92
SPD	36	21	27	21	32
PDS-LL	13	12	12	9	17
FDP	6	4	14	9	9
B'90	6	–	–	–	–
GRÜ/NF	–	–	5	–	–
GRÜ/NF/DJ	–	–	–	6	–
FORUM	–	–	–	–	10
insgesamt	88	66	106	89	160

Nach: Ritter/Niehuss: Wahlen 1946–1991, S.181.

Vorpommern war das trotz des Patts möglich, da ein Abgeordneter aus Ärger über seine Partei aus der SPD austrat und als Parteiloser die Regierung aus CDU und FDP unterstützte. Die Bonner Koalition gewann damit auch ihre Mehrheit im Bundesrat mit 35 von nunmehr insgesamt 68 Stimmen zurück. Die Sozialdemokratie konnte zwar überall zulegen, blieb aber mit gut 25 Prozent im Durchschnitt der fünf Länder unter ihren seit der Volkskammerwahl allerdings deutlich reduzierten Erwartungen. Während die unter verschiedenen Bezeichnungen kandidierenden oppositionellen Gruppen in allen fünf Ländern Gewinne verzeichnen konnten, fielen DSU und PDS weit hinter ihre Ergebnisse bei der Volkskammerwahl zurück.

Im Zusammenhang mit der Formierung der politischen Kräfte für die Landtagswahlen und besonders für die Bundestagswahl vom 2. Dezember 1990 setzte sich der Prozess der Konzentration des Parteiensystems im Osten und des Zusammenwachsens von Ost- und Westparteien fort. Der Bund Freier Demokraten und die Blockpartei NDPD gingen in der FDP auf. Die CDU der DDR und der Bundesrepublik schlossen sich zu einer Partei zusammen und nahmen neben dem DA auch die Demokratische Bauernpartei Deutschlands (DBD), eine frühere Blockpartei, auf. Die DSU beharrte auf ihrer separaten Existenz, scheiterte aber bei der Bundestagswahl mit nur einem Prozent der Stimmen im Osten und versank in die Bedeutungslosigkeit. Auf einem gemeinsamen Parteitag in Berlin am 27. und 28. September besiegelten die Sozialdemokraten ihre vorher von getrennten Parteitagen der ost- und westdeutschen SPD beschlossene Vereinigung. Bündnis 90 und die GRÜNEN vereinigten sich im Osten zu einer Partei. Deren Zusammenschluss mit den westdeutschen GRÜNEN ist aber erst nach langen und sehr schwierigen Verhandlungen in der folgenden Legislaturperiode gelungen.

Das zentrale Thema der Bundestagswahl war erwartungsgemäß die deutsche Einheit. Die CDU, deren Wahlkampf stark auf *Kohl* als «Kanzler der Einheit» zugeschnitten war, stellte in ihrem Wahlprogramm «Ja zu Deutschland – Ja zur Zukunft» heraus, dass erst die beharrliche Politik der Regierung *Kohl* die Einheit möglich gemacht habe und versprach, dass bei solidarischem Zusammenstehen aus ganz Deutschland ein wirtschaftlich «blühendes Land» geschaffen werden könne, das ein hohes Niveau sozialer Sicherung und die Sicherung der natürlichen Lebensgrundlagen gewährleiste. Als Aufgaben der Sozialpolitik der nächsten Legislaturperiode wurden vor allem die Verbesserung des Familienlastenausgleichs, die Absicherung des Pflegefallrisikos und eine bessere Wohnungsversorgung, besonders im Osten, bezeichnet.[127]

Die CSU, die die Rolle des Finanzministers *Theo Waigel* im Einigungsprozess herausstellte, betonte in ihrem Wahlprogramm[128] die Eigenständigkeit Bayerns. Kennzeichnend waren weiter die scharfen Angriffe auf die Sozialdemokratie, die die CSU wegen ihrer Selbstdefinition im Dezember 1989 als «Partei des demokratischen Sozialismus» in die Nähe der PDS rückte und der sie vorwarf, unter ihrem Spitzenkandidaten *Lafontaine* den Zug zur deutschen Einigung verpasst und sich auf «rote Schwarzmalerei, auf Angst- und Panikmache, auf das Schüren von Neid und Zukunftsangst» beschränkt zu haben. Zu den konkreten Aussagen gehörte die Ablehnung von Steuererhöhungen. Als «soziales Gewissen» der Bonner Koalition setzte sie sich sozialpolitisch für einen verstärkten Wohnungsbau, eine Versicherungsregelung zur Abdeckung des Pflegefallrisikos und einen Ausbau der Leistungen für die Familien ein.

Die FPD rückte im Bundestagswahlkampf den vor allem im Osten sehr populären «Hallenser», *Hans-Dietrich Genscher*, und seine wichtige Rolle als Außenminister im Einigungsprozess stark in den Vordergrund. Die Aussagen zur Sozialpolitik betonten die Bedeutung der Eigenverantwortung gegenüber der Rolle des Staates. Die späteren Auseinandersetzungen mit der CDU/CSU wurden durch die klare Ablehnung einer allgemeinen Pflegeversicherung «aus ordnungs- und finanzpolitischen Gründen» gleichsam vorprogrammiert.[129]

Die Sozialdemokratie ging in ihren Wahlslogans auf die Wiedervereinigung kaum ein.[130] Im Wahlkampf vermittelte ihr Spitzenkandidat *Oskar Lafontaine*, der die Deutschlandpolitik der Regierung der vergangenen Monate immer wieder als überstürzt und wirtschaftlich und finanziell unsolide scharf kritisiert hatte, den wahltaktisch ungünstigen Eindruck, dass er der Einheit distanziert, wenn nicht innerlich ablehnend gegenüberstand und die weitere Entwicklung äußerst skeptisch beurteilte. Auch der Entwurf der Politik eines modernen Deutschland in der programmatischen Veröffentlichung «Fortschritt '90», die von einer bereits am 17. Oktober 1988 eingesetzten Arbeitsgruppe unter *Lafontaine* erarbeitet worden war,[131] gab auf die spezifischen Herausforderungen der Einheit Deutschlands keine Antwort. In ihrem Regierungsprogramm «Der neue Weg, ökologisch, sozial, wirtschaftlich stark»[132] wurden der «ökologische Umbau der Industriegesellschaft» und «die ökologische Ausrichtung der sozialen Marktwirtschaft» zum herausragenden politischen Ziel des «nächsten Jahrzehnts» erklärt. Daneben unterstrich man die soziale Kompetenz der Sozialdemokratie und legte ein detailliertes Programm zum Ausbau der sozialen Sicherung – u. a. durch eine soziale Grundsicherung bei Alter und Invalidität sowie die Einführung einer eigenständigen gesetzlichen Pflegeversicherung – vor. Der Koalition wurde vorgeworfen, dass sie aus wahltaktischen Gründen die Notwen-

Tabelle 3: *Die Ergebnisse der Wahlen zum 12. Deutschen Bundestag am 2.Dezember 1990*

	Wahlgebiet West	Wahlgebiet Ost	Bundesrepublik
Wahlberechtigte	77,7	74,9	77,2
Wahlbeteiligung	78,6	74,5	77,8
Ungültige Stimmen	1,1	1,5	1,1
CDU	35,5	41,8	36,7
CSU	8,8	–	7,1
SPD	35,7	24,3	33,5
FDP	10,6	12,9	11,0
GRÜNE	4,8	0,1(a)	3,8
B90/GRÜNE	0,0	6,1	1,2
PDS	0,3	11,1	2,4
DSU	0,0	1,0	0,2
REP	2,3	1,3	2,1
GRAUE	0,8	0,8	0,8
ÖDP	0,5	0,2	0,4
NPD	0,3	0,2	0,3
Sonstige	0,3	0,2	0,3

Zahl der Mandate	10 alte Bundesländer	5 neue Bundesländer	Berlin	Bundesrepublik
CDU	195	61(b)	12	268
CSU	51	–	–	51
SPD	200	30	9	239
FDP	60	16	3	79
B90/GRÜNE	–	7	1	8
PDS	1	13	3	17
insgesamt	507	127	28	662

(a) Die GRÜNEN kandidierten im Wahlgebiet Ost nur in Ostberlin, zusammen mit der Alternativen Liste.
(b) Einschließlich 6 Überhangmandate.

Nach: Ritter/Niehuss: Wahlen 1946–1991, S.104.

digkeit von Steuererhöhungen zur Finanzierung der deutschen Einheit verschweige; die SPD forderte dagegen einen befristeten Solidarbeitrag in Form einer Ergänzungsabgabe für Höherverdienende.

DIE GRÜNEN, die sich in ihrem Wahlprogramm vor allem mit Forderungen nach dem ökologischen und sozialen Umbau der Industrieländer, einer einseitigen Abrüstung, der Emanzipation und Selbstbestimmung der Frauen und einer radikalen basisdemokratischen Demokratie zu profilieren versuchten, betonten bei ihren Aussagen zur Sozialpolitik stark die Gefahr einer Verschärfung der sozialen Situation in Gesamtdeutschland durch die Vereinigung mit der DDR. Zu ihren konkreten sozialen Forderungen gehörte die Verkürzung der Arbeitszeit bei vollem Lohnausgleich auf 35 und schließlich 30 Stunden, die Quotierung von Ausbildungs- und Arbeitsplätzen – von denen mindestens 50 Prozent bevorzugt Frauen angeboten und von Frauen besetzt werden sollten – sowie eine bedarfsorientierte soziale Grundsicherung mit einem dynamisierten Grundsockel von zunächst 1200 DM in allen sozialen Sicherungssystemen.[133]

Die Bundestagswahlen vom 2. Dezember 1990 ergaben eine Bestätigung der Bonner Regierungskoalition, die fortan mit 398 von 662 Mandaten über eine eindeutige Mehrheit im Bundestag verfügte. Die CDU hatte sich in allen neuen Ländern – selbst in Brandenburg – als stärkste Partei durchsetzen können.[134] Insgesamt kam die CDU/CSU mit 319 Mandaten in die Nähe der absoluten Mehrheit. Hervorragend hatte auch die FDP abgeschnitten, die eines ihrer besten Wahlresultate in der Geschichte der Bundesrepublik erreichte.

Die Sozialdemokratie hatte im Vergleich zur Wahl von 1987 leichte Verluste in den alten Bundesländern zu verzeichnen. Im Wahlgebiet Ost, in dem sie noch keine flächendeckende Organisation vor allem in den ländlichen Gebieten hatte aufbauen können, konnte sie zwar mit 24,3 Prozent einige Prozentpunkte gegenüber der Volkskammerwahl gutmachen, blieb aber hinter ihren Ergebnissen bei den Landtagswahlen im Osten vom 14. Oktober 1990 zurück. Während die westdeutschen GRÜNEN mit 4,8 Prozent der Stimmen im Wahlgebiet West knapp den Einzug in den Bundestag verfehlten, ist das der PDS, die allerdings gegenüber den Volkskammerwahlen ein Drittel ihres Stimmenanteils verlor, sowie der Parteiallianz Bündnis 90/GRÜNE (Ost) gelungen.

1.1.4 Die deutsche Einigung im Spannungsfeld von innerer und äußerer Politik Die deutsche Einigung fand in einer ungewöhnlich günstigen weltpolitischen Konstellation statt. Die Signale standen auf Entspannung, Abrüstung und Überwindung des Kalten Krieges. Einen wesentlichen Beitrag dazu hatte unter dem Einfluss von *Gorbatschow* die Sowjetunion mit der Politik einer umfassenden Reform des kommunistischen Systems durch Perestroika und Glasnost geleistet. Außenpolitisch war entscheidend, dass die Sowjetunion und ihre Verbündeten im Warschau er Pakt die *Breschnew*-Doktrin der notfalls gewaltsamen Verhinderung des Systemwechsels eines kommunistischen Staates im sowjetischen Einflussbereich aufgaben und jedem Land die freie Wahl des eigenen politischen Weges zugestanden haben.

Gorbatschow dachte dabei zunächst auch für die DDR nur an die Ersetzung der bestehenden rigiden Diktatur in der Ära *Honeckers* durch ein neues reformkommunistisches System. Die DDR sollte als eigenständiger, zweiter deutscher Staat am Sozialismus festhalten. Die Entwicklung ist jedoch über diese Vorstellungen hinweggegangen. Entscheidend war dabei die Haltung der DDR-Bevölkerung, die durch Massenflucht und Massendemonstrationen das ohnehin morsche politische, gesellschaftliche und wirtschaftliche System der DDR zum Einsturz brachte und seit Mitte Dezember 1989 neben Freiheit und Demokratie in ihrer ganz überwiegenden Mehrheit die Vereinigung mit der Bundesrepublik forderte. Die Volkskammerwahl vom 18.3.1990 hat den Willen der Bevölkerung der DDR zur deutschen Einheit eindeutig bekundet.

Da die Sowjetunion die Option der gewaltsamen militärischen Unterdrückung der Freiheits- und Einheitsbewegung ausgeschlossen und das Recht zur Selbstbestimmung jedes Volkes im Prinzip anerkannt hatte, besaß es letztlich kein Mittel, um die Entwicklung zu stoppen. Die Aufgabe ihrer Rechte in Deutschland als eine der vier Hauptsiegermächte, die Akzeptanz der Mitgliedschaft eines vereinigten Deutschlands in der NATO und der Rückzug ihrer Truppen aus dem Gebiet der DDR ohne gleichzeitigen Abzug der Streitkräfte der Westmächte aus der Bundesrepublik konnten jedoch erst in langwierigen und schwierigen Verhandlungen erreicht werden. Das Einlenken der Sowjetunion hatte mehrere Gründe. Erstens die nach anfänglichen Differenzen erreichte Geschlossenheit des westlichen Bündnisses. Zweitens die Abwendung der Verbündeten im Warschauer Pakt. Die wichtigsten osteuropäischen Staaten Polen, Ungarn, Tschechoslowakei und Rumänien hatten bereits im Januar die deutsche Wiedervereinigung akzeptiert. Bis Juli 1990 haben sie als Konsequenz ihres Sicherheitsbedürfnisses auch die Mitgliedschaft eines vereinigten Deutschlands in der NATO gegenüber einer Neutralisierung Deutschlands vorgezogen.[135] Drittens die wirtschaftliche Schwäche der Sowjetunion und der daraus resultierende Wunsch nach finanzieller Hilfe durch die Bundesrepublik und die westlichen Industriestaaten. Viertens die Hoffnung auf innenpolitische Entlastung. Die Fortsetzung der Politik der Wirtschafts- und Parteireform, aber auch die Verhinderung der Gefahr der Auflösung der Sowjetunion durch Abspaltung der baltischen Republiken und die immer stärker aufflammende Nationalitätenkonflikte hatten in der Politik *Gorbatschows* Priorität gegenüber der deutschen Frage. Fünftens machte die sich abzeichnende Auflösung des Warschauer Paktes letztlich die Behauptung eines militärischen Außenpostens durch die weitere Präsenz sowjetischer Truppen im Gebiet der früheren DDR auf die Dauer unhaltbar. Sechstens die Furcht vor einer internationalen Isolierung und der Gefährdung des Prozesses der Abrüstung und der Überwindung des Kalten Krieges. Dabei legte die Sowjetunion besonderen Wert auf gute Beziehungen zu den Vereinigten Staaten als der führenden Weltmacht, aber auch zur Bundesrepublik als einem besonders wichtigen Handelspartner und der nach Meinung der Sowjetunion bedeutendsten europäischen Macht. Schließlich spielten auch die guten persönlichen Beziehungen *Gorbatschows* zu Präsident *Bush* und Bundeskanzler *Kohl*, dem gegenüber er im Februar und Juli 1990 entscheidende Konzessionen machte, eine wesentliche Rolle.

Die sowjetische Politik war auch dadurch belastet, dass sie kein klares Konzept ihrer Deutschland- und Europapolitik entwickeln konnte. Die Vorstellung der Schaffung eines gemeinsamen europäischen Hauses blieb vage und wurde nicht operationalisiert. In der Bündnisfrage schwankte die Sowjetunion zwischen der Neutralisierung Deutschlands, der Mitgliedschaft eines vereinten Deutschlands in beiden Militärblöcken und der Minimalforderung der Verhinderung der Ausdehnung der NATO auf Ostdeutschland hin und her. Insgesamt vermittelte die sowjetische Politik den Eindruck, dass sie sich von den Entwicklungen treiben ließ, aber keinen ernsthaften und konsequenten Versuch unternahm, diese zu steuern.

Das Gegenteil gilt für die Vereinigten Staaten. Diese haben mit erstaunlicher Beharrlichkeit eine Politik verfolgt, die auf die Befreiung Osteuropas von sowjetischer Herrschaft und die Wiedervereinigung Deutschlands abzielte, ohne damit durch die Erschütterung der Stellung *Gorbatschows* die Politik einer genau kalkulierten Abrüstung, einer Reform der NATO und einer Überwindung des Kalten Krieges zu gefährden. Die Festlegung und Durchsetzung der amerikanischen Politik, an der neben Präsident *Bush* der Außenminister *James A. Baker* entscheidend beteiligt war, erfolgte seit Ende November 1989 in enger Abstimmung mit der Bundesrepublik. Die Vereinigten Staaten haben schließlich das Maximalziel ihrer Deutschlandpolitik – die Westbindung eines vereinigten Deutschlands – erreicht. Sie waren die eindeutige Führungsmacht des westlichen Bündnisses, die nach anfänglichen Schwierigkeiten auch Großbritannien und Frankreich auf die Grundlinien ihrer Politik festlegen konnte. Dabei spielte der Mechanismus der Zwei-plus-Vier-Verhandlungen eine wichtige Rolle.

Großbritannien und Frankreich haben der deutschen Wiedervereinigung zunächst skeptisch gegenübergestanden, da sie eine Destabilisierung der internationalen Ordnung und eine Dominanz des vereinigten Deutschlands in Europa befürchteten. Zudem hatten sie die Angst, dass eine schnelle deutsche Vereinigung die Stellung *Gorbatschows* erschüttern und den inneren Reformprozess in der Sowjetunion gefährden könnte. Sie haben jedoch keine konkrete Politik zur Abwehr der deutschen Wiedervereinigung entwickelt. Vor Alleingängen schreckten sie wegen der Gefahr der internationalen Isolierung zurück. Ein gemeinsames Vorgehen, in das vielleicht auch die Sowjetunion einbezogen werden würde, kam aber auch wegen grundlegender Interessengegensätze nicht zustande. Für Großbritannien hatten schließlich sicherheitspolitische Interessen Vorrang. Es lehnte insbesondere *Gorbatschows* Vorstellung der Ersetzung der Bündnisblöcke durch eine gesamteuropäische Friedensordnung, mit der zeitweilig auch der französische Präsident *Mitterrand* liebäugelte, ab und wollte auch die engen Beziehungen zu den Vereinigten Staaten nicht gefährden. Für Frankreich war die Fortführung der europäischen Integration durch die Vorbereitung einer europäischen Wirtschafts- und Währungsunion, die Großbritannien ablehnte, und die verstärkte Einbindung Deutschlands in die Europäische Gemeinschaft das zentrale Ziel. Beide Mächte sahen schließlich, dass der innere Einigungsprozess Deutschlands nicht aufzuhalten war, da die Sowjetunion letztlich kein Veto gegen die deutsche Einheit einlegen würde, und dass in dieser Situation ihren sicherheitspolitischen Interessen durch die Einbindung eines vereinigten Deutschlands in die NATO am besten entsprochen würde.

Die deutsche Einigung war ein «Katalysator» des europäischen Integrationsprozesses.[136] Der französische Kommissionspräsident *Jacques Delors* setzte sich bereits seit Anfang 1990 eindeutig für die deutsche Einigung und die Einverleibung des Gebiets der DDR in die Europäische Gemeinschaft ein. Bereits Anfang Januar 1990 erklärte er in einem Interview, dass Ostdeutschland, sobald es «eine pluralistische Demokratie mit einer offenen Marktwirtschaft wird», seinen Platz in der Gemeinschaft erhalten sollte.[137] Wenig später bezeichnete er in einer Rede vor dem Europäischen Parlament Ostdeutschland als einen «Sonderfall».[138] Damit wurde die bisherige Politik, die der Vertiefung und Integration der Gemeinschaft vor ihrer Erweiterung zunächst den Vorrang gab und nach der keine neuen Mitglieder vor Ende 1992 aufgenommen werden sollten, verändert. Gleichzeitig versuchte er – unterstützt vom deutschen Vizepräsidenten *Martin Bangemann* – die Sorge seiner Kommissionsmitglieder vor einer deutschen Hegemonialstellung in Europa auszuräumen. Bereits am 13. März 1990, noch vor den Volkskammerwahlen, wurde ein Handels- und Kooperationsabkommen zwischen der Europäischen Gemeinschaft und der DDR paraphiert und am 8. Mai unterzeichnet. Zu diesem Zeitpunkt – wenige Tage vor der am 18. Mai erfolgten Unterzeichnung des Vertrages über die Schaffung einer Währungs-, Wirtschafts- und Sozialunion zwischen der Bundesrepublik und der DDR zum 1. Juli 1990 – war der Vertrag bereits überholt. Da die Europäische Gemeinschaft wie die Bundesregierung den Beitritt der DDR nach Artikel 23 favorisierte, ging man in Brüssel davon aus, dass es zu keinen formellen Beitrittsverhandlungen kommen würde, sondern das Gebiet der DDR über die vereinigte Bundesrepublik in die Europäische Gemeinschaft einbezogen würde. Eine Einigung über Artikel 146 hätte wahrscheinlich äußerst schwierige und langwierige neue Beitragsverhandlungen mit einem vereinigten Deutschland nötig gemacht, deren Vermeidung im Interesse der Bundesregierung, aber auch der DDR lag. Allerdings machte auch der Beitritt nach Artikel 23 zahlreiche Übergangsregelungen notwendig, deren Ausgestaltung in enger Zusammenarbeit mit den Bonner Ministerien, aber auch der Regierung in Ostberlin, der Europäischen Kommission, die damit eine Profilierungschance erhielt, und dem Europäischen Rat übertragen wurde.[139]

Bei der Tagung eines Sondergipfels der Staats- und Regierungschefs der Europäischen Gemeinschaft in Dublin am 28.4.1990 wurde in einem Schlussdokument die Vereinigung Deutschlands «in hohem Maße» begrüßt und die Zuversicht geäußert, dass die Vereinigung ein «positiver Faktor in der Entwicklung Europas im Allgemeinen und der Gemeinschaft im Besonderen wird». Allerdings erhob die EG auch den Anspruch, über alle wichtigen Maßnahmen der beiden deutschen Regierungen auf Angleichung von Politik und Gesetzgebung unterrichtet und «in vollem Umfange in diese Erörterungen» einbezogen zu werden.[140]

Auf der gleichen Konferenz erfolgte die Absegnung einer deutsch-französischen Initiative, gleichzeitig mit der geplanten Regierungskonferenz zur Europäischen Währungsunion eine weitere Regierungskonferenz zur Verwirklichung einer politischen Union Europas einzuberufen.

Damit wurde das von *Kohl* ständig betonte Junktim zwischen deutscher Einheit und europäischer Einigung bekräftigt. Die Initiative beruhte auf einem Kompromiss zwischen der französischen Regierung, der es vor allem um die schnelle Verwirklichung der europäischen Wirtschafts- und Währungsunion ging, und der deutschen Position, die die Stärkung der demokratischen Legitimation der Gemeinschaft durch Erweiterung der Kompetenzen des Europäischen Parlaments und das Ziel der Entwicklung einer gemeinsamen Außen- und Sicherheitspolitik in den Vordergrund rücken wollte. Die vielfach vertretene These, dass Bundeskanzler *Kohl* die Zustimmung zur Europäischen Währungs- und Wirtschaftsunion gewissermaßen als Preis für die Akzeptierung der deutschen Einheit durch *Mitterrand* gezahlt habe, entspricht *nicht* den Tatsachen, da *Kohl* seine grundsätzliche Zustimmung zur Währungsunion schon 1988 gegeben und diese 1990 nur bekräftigt hatte.[141] Richtig ist allerdings, dass sich der Zeitplan verschoben hatte. Die ursprüngliche deutsche Position sah eine Währungsunion gleichsam als Krönung nach der politischen Integration vor. Jetzt wurde es immer deutlicher, dass eine politische Union, die mit erheblichem Widerstand von britischer Seite rechnen musste, nicht *vor* einer Währungsunion durchgesetzt werden würde und nicht etwa als Bedingung an diese geknüpft werden könne.

Bei der Einbeziehung der DDR ergaben sich über die Übergangsregelungen hinaus eine Reihe grundsätzlicher Probleme. Wenn die DDR in das Zollgebiet der EG schon mit der deutsch-deutschen Währungsunion vom 1. Juli 1990 einbezogen würde, wie könnte man dann gewährleisten, dass sie einerseits, wie Bonn und Ostberlin im Interesse der Aufrechterhaltung des Osthandels aber auch als Entgegenkommen gegenüber den ostmitteleuropäischen Ländern und der Sowjetunion wünschten, ihre Handelsverträge mit den RGW-Staaten einhielten, andererseits aber die EG nicht mit Waren aus dem Osten überschwemmt würde? Wie vertrugen sich die nationalen Beihilfen, die die Bundesrepublik in großem Umfang, etwa für die ostdeutsche Landwirtschaft, aber auch in anderen Wirtschaftsbereichen zur Unterstützung der Transformation von der Plan- zur Marktwirtschaft leistete, mit dem Wettbewerbsrecht der EG? All diese Fragen konnten in enger Zusammenarbeit mit der Europäischen Kommission , die an den Verhandlungen zum Staatsvertrag erst kurz vor dem Abschluss, an denen zum Einigungsvertrag von Anfang an beteiligt wurde, gelöst werden.[142]

Ein besonders schwieriges Problem ergab sich aus dem Wunsch der EG-Kommission, der DDR eine Solidarhilfe der Europäischen Gemeinschaft zunächst vor dem Beitritt zur Bundesrepublik und danach in Form eines Sonderstrukturfonds für die neuen Bundesländer zu gewähren. Bundeskanzler *Kohl* hat sich mit Nachdruck dagegen gewandt, da er aus außenpolitischen Gründen unbedingt den Eindruck vermeiden wollte, dass die deutsche Einheit zu Lasten der schwächeren Mitgliedstaaten der EG erfolgte. Andererseits lehnte er wegen innenpolitischer Gründe – der nie verstummenden Kritik in der Bundesrepublik an der Höhe deutscher Nettozahlungen an die EG – eine Erhöhung der Leistungen der EG-Mitgliedstaaten oder speziell der Bundesrepublik an die EG ab. Schließlich akzeptierte er jedoch eine Regelung, nach der die neuen Bundesländer für die drei Jahre von 1991 bis 1993 jährlich je eine Milliarde ECU aus Mitteln der EG erhielten, ohne dass die Geldmittel der EG erhöht wurden oder die Mittel für die bisherigen Förderregionen reduziert wurden.[143]

Die internationalen Hauptakteure im Prozess der deutschen Einheit waren jedoch die Sowjetunion, die Vereinigten Staaten und die Bundesrepublik. Die DDR, die im inneren Einigungsprozess eine vielfach unterschätzte Rolle spielte und wenigstens einen Teil ihrer Interessen im Staatsvertrag und im Einigungsvertrag durchsetzen konnte, hatte auf die Gestaltung der äußeren Bedingungen der deutschen Einheit, wenn wir von der Einbringung ihrer Interessen bei den Verhandlungen mit der EG über Übergangsregelungen absehen, wegen der mangelnden Professionalität und der Isolierung ihrer Vertreter bei den Zwei-plus-Vier-Verhandlungen faktisch keinen nennenswerten Einfluss. Großbritannien und Frankreich haben im Gefolge der Vereinigten Staaten bei der konkreten Ausarbeitung des abschließenden Vertrages vom 12. September mitgewirkt, waren aber an den wesentlichen Entscheidungen nicht beteiligt worden. Die Europäische Gemeinschaft und besonders die Europäische Kommission hat den Einigungsprozess seit Januar 1990 außerordentlich konstruktiv unterstützt und damit zu einem gewissen Grad auch die kleineren Mitgliedstaaten der Europäischen Gemeinschaft in diesen eingebunden.

In Deutschland war der Hauptakteur das Volk der DDR. Die Abschüttelung der SED-Herrschaft war durch das Vorbild der Reformbewegung in Polen, in der die Solidarnosc zum Träger der Hoffnungen der Menschen auf Freiheit und Demokratie nicht nur in Polen sondern im gesamten sowjetischen Einflussbereich in Europa wurde, aber auch der Entwicklungen in der Tschechoslowakei und in Ungarn, das noch vor dem Fall der Mauer seine Grenzen zum Westen öffnete, entscheidend angeregt worden. In der Opposition in der DDR spielte die Bürgerrechtsbewegung, die sich vielfach des schützenden Dachs der evangelischen Kirche für Dissidenten bediente, zunächst die wesentliche Rolle. Sie zielte auf Freiheit und demokratische Reformen, aber – mit einigen Ausnahmen – *nicht* auf die Abschaffung der DDR. Sie wurde jedoch durch das Aufkommen einer elementaren Stimmung in der breiten Bevölkerung, die auf die Beseitigung der DDR und die deutsche Einigung abzielte, ins Abseits gedrängt. Die Bundesregierung und die in der DDR neu entstehenden Parteien, die massiv von den Parteien der Bundesrepublik unterstützt wurden, haben die Bewegung politisch zu kanalisieren versucht.

Dabei war es von wesentlicher Bedeutung, dass der Einigungsprozess in das Jahr der für Ende 1990 anstehenden Bundestagswahl fiel. Es war bald klar, dass die Deutschlandpolitik das entscheidende Thema des Wahlkampfes sein würde. Das galt bereits für die Volkskammerwahlen, deren Ergebnis zu Recht als ein Plebiszit für die Wiedervereinigung angesehen wurde, wie auch für die spätere Bundestagswahl.

Das hatte zur Folge, dass parteipolitische Profilierung notwendig mit der Wiedervereinigungspolitik verkoppelt war. Das führte dazu, dass eine Allparteien-Koalition oder eine Große Koalition in deutschlandpolitischen Fragen nicht nur wegen unterschiedlicher Akzentsetzungen zu Inhalt und Timing der Politik, sondern auch wegen der vermuteten Auswirkungen auf die Wahlchancen weder von den Parteien der Regierungskoalition noch von der Opposition gewünscht wurde. Das schloss allerdings die schließliche Zustimmung der Sozialdemokratie zum Staatsvertrag und zum Einigungsvertrag nicht aus. Die Regierung hatte letztlich das Heft des Handelns in der Hand. Das ist von Bundeskanzler *Kohl*, insbesondere mit seinen zehn Punkten von Ende November 1989 und seinem Angebot der Währungsunion Anfang Februar 1990, sehr geschickt ausgenützt worden. *Kohl* wurde zudem die dominierende Figur der deutschen Politik bei der internationalen Absicherung der deutschen Einheit. Er wurde dabei vom Bundeskanzleramt und hier besonders von seinem engsten Mitarbeiter auf außenpolitischem Gebiet *Horst Teltschik* sehr effektiv und loyal unterstützt. *Kohls* bundesdeutscher Gegen- und Mitspieler in der Außenpolitik der Wiedervereinigung war Außenminister *Hans-Dietrich Genscher* und das Auswärtige Amt.[144] Gemeinsam war beiden das Ziel einer deutschen Vereinigung unter Aufrechterhaltung der Westbindung der Bundesrepublik. Allerdings gab es unterschiedliche Akzentsetzungen zwischen *Kohl* und *Genscher*. So war *Genscher* bereit, den Wünschen der Polen nach endgültiger Bestätigung der polnischen Westgrenze eher und klarer entgegenzukommen als *Kohl*. Auch ist

Genscher – wie zunächst auch sein amerikanischer Kollege *Baker* – zunächst bereit gewesen, den ehemaligen Gebieten der DDR im stärkeren Maße, als das schließlich im Vertag vom 12. September 1990 geschah, einen militärischen Sonderstatus zuzubilligen und eine stärkere Reduzierung deutscher Streitkräfte nach der Vereinigung zu akzeptieren. Auch hat er zur Auslotung der sowjetischen Position die Vorschläge aus Moskau stärker als *Kohl* in Erwägung gezogen. *Genscher* ging es neben sachlichen Differenzen als dem führenden Politiker der FDP auch um parteipolitische Profilierung durch die öffentlichkeitswirksame Darstellung seines wesentlichen Anteils an der Wiedervereinigungspolitik.[145]

Typisch für *Kohls* Stil der Politik war es, in unzähligen Telefongesprächen, halb-persönlichen Briefen und direkten Gesprächen mit ausländischen Staats- und Regierungschefs Vertrauen aufzubauen. Dabei suchte er bewusst einen pseudo-privaten Kontakt in einer «Männerfreundschaft», um entscheidende politische Durchbrüche zu erzielen. Kennzeichnend dafür sind seine Begegnungen mit *Gorbatschow*, in denen er das ursprünglich durch seinen unpassenden Vergleich von *Gorbatschow* und *Goebbels*[146] belastete Verhältnis reparieren konnte. Der persönliche Charakter der Beziehungen wurde besonders deutlich beim Spaziergang der beiden Staatsmänner zum Rheinufer während *Gorbatschows* Besuch in Bonn im Juni 1989, bei dem sie Jugenderinnerungen austauschten. *Kohl* brachte dabei seine Überzeugung von der schließlichen Vereinigung Deutschlands unter Hinweis auf den Rhein zum Ausdruck. Das Wasser des Flusses gehe zum Meer «und wenn Sie den Fluss stauen, geht er über das Ufer und zerstört das Ufer, aber das Wasser geht zum Meer und so ist es auch mit der deutschen Einigung».[147] Einen privaten Anstrich hatte auch die Einladung *Kohls* in *Gorbatschows* Datscha in Archys, einem Dorf im Kaukasus, Mitte Juli 1990 nach seiner Zustimmung zur NATO-Mitgliedschaft eines vereinigten Deutschlands in Moskau. Auch zum amerikanischen Präsidenten *Bush*, den er immer wieder in Washington und Camp David besuchte, konnte er ein enges persönliches Vertrauensverhältnis und eine Duzfreundschaft aufbauen. Die anfänglichen Spannungen mit Frankreich in der Frage der deutschen Wiedervereinigung wurden durch Briefe und Begegnungen *Kohls* mit *Mitterrand*, den er ebenfalls mit Vornamen anredete, abgemildert. Nur das Verhältnis *Kohls* zu *Thatcher* blieb sachlich unterkühlt und durch Misstrauen der britischen Premierministerin gegen ihn belastet.

In anderer Art hatte auch Außenminister *Genscher* eine stark persönlich geprägte Diplomatie verfolgt. Vor allem zu seinem sowjetischen Kollegen *Schewardnadse* konnte er ein enges Vertrauensverhältnis aufbauen. Einen besonders emotionalen Charakter hatte ihr Treffen in Brest, einem Ort, in dem der ältere Bruder von *Schewardnadse* in den ersten Tagen des deutschen Angriffs auf die Sowjetunion 1941 gefallen war. Der gemeinsame Besuch des Friedhofs, auf dem der Bruder begraben war, war Ausdruck einer auch politisch bedeutsamen engeren Freundschaft.[148]

Schließlich spielt auch der Zeitfaktor in der deutschen Einigung eine Rolle. In einem Gespräch mit Präsident *Bush* am 17. Mai in Washington hat *Kohl* seine Situation mit der eines Bauern verglichen, «der vorsorglich, weil möglicherweise ein Gewitter droht, die Heuernte einbringen möchte».[149] Auch *Genscher* war der Auffassung, dass ein «Damokles-Schwert an seidenem Faden» über ihnen schwebe und durch unvorhergesehene Umstände der Einigungsprozess gestoppt oder sogar umgekehrt werden könne.[150] Die Vorstellung, dass das Zeitfenster eng begrenzt war, beruhte vor allem auf der Furcht, dass *Gorbatschow* bei einem Attentat erschossen oder von seinen innenpolitischen Gegnern in der Sowjetunion gestürzt werden könnte und es zu einer Militärdiktatur kommen würde, die jeden Anschein von Konzessionen gegenüber dem Westen ablehnen oder sogar versuchen würde, die Demokratisierungsbewegung in Osteuropa und die deutsche Einigung mit Gewalt zu unterdrücken. Die Sorge über die Stellung *Gorbatschows* wirkte in zwei entgegengesetzten Richtungen. Sie diente *Thatcher* und *Mitterrand* zunächst als Argument für eine Abbremsung wenn nicht Verhinderung des Einigungsprozesses. Man konnte aber auch aus der prekären Stellung *Gorbatschows* die gegenteilige Konsequenz ziehen, dass es darauf ankäme, möglichst schnell mit der deutschen Einigung vollendete und nicht mehr umkehrbare Tatsachen zu schaffen.

Teltschik hat schließlich die Frage gestellt, was geschehen wäre, wenn der Einmarsch Iraks in Kuwait und damit die Auslösung des Golfkrieges nicht Anfang August sondern zwei Monate vorher erfolgt wäre.[151] Durch diesen wurde die amerikanische Aufmerksamkeit in den folgenden Monaten voll in Anspruch genommen und wurden die Vereinigten Staaten zudem zur verstärkten Rücksichtnahme auf die Sowjetunion veranlasst. Der innere Prozess der deutschen Einigung wäre Anfang Juni wohl nicht mehr aufzuhalten gewesen. Es ist aber höchst fraglich, ob der parallele Prozess der Verhandlungen über die äußeren Aspekte der Einigung und die Aufgabe der alliierten Rechte in Deutschland dann zu einem erfolgreichen Abschluss gekommen wäre. Die Ausnutzung der Chance zur deutschen Einigung in einem engen Zeitfenster stellte zweifellos eine staatsmännische Leistung dar. Dabei handelte es sich auf deutscher Seite nicht um eine geplante Steuerung des Prozesses von oben, sondern um ein flexibles, instinktsicheres Reagieren auf die sich ständig wandelnden Verhältnisse, deren entscheidende Triebkraft, vor allem im Bereich der inneren Einheit, die Menschen in der DDR waren.

1.2 Regierung und Opposition 1991–1994

1.2.1 Koalitionsvereinbarung und Regierungserklärung Mit der Bundestagswahl vom 2. Dezember 1990 war nach dem dramatischen Einigungsprozess des vergangenen Jahres die Konstituierung der vereinigten Bundesrepublik abgeschlossen. In Ostdeutschland hatten die Etablierung einer neuen Verwaltung auf der Ebene der Länder, die Reform von Kommunalverfassung und Kommunalverwaltung, die Neuordnung des Rechtswesens sowie der Umbau des Systems der sozialen Sicherung und der Aufbau autonomer Arbeitsbeziehungen begonnen. Der tiefe Einbruch auf dem Arbeitsmarkt durch den Umbau von der zentralistischen Planwirtschaft zur Sozialen Marktwirtschaft war bereits deutlich zu erkennen. Die zentrale Aufgabe der Innenpolitik der kommenden Jahre musste es sein, den gewaltigen Transformationsprozess in den neuen Bundesländern sozialverträglich zu steuern und die innere Einheit zu fördern.

Mit der Übernahme des Grundgesetzes der Bundesrepublik als Verfassung des gesamtdeutschen Staates wurde der rechtliche Rahmen der Politik kaum verändert. Neben dem Bundestag, dessen Mandatszahl von 497 bei der Wahl von 1987[152] auf 662 bei der Wahl von 1990 angestiegen war, war auch der Bundesrat vergrößert worden. Die vier Länder mit mehr als sieben Millionen Einwohnern – das waren Nordrhein-Westfalen, Bayern, Baden-Württemberg und Niedersachsen – erhielten aufgrund des Einigungsvertrages jeweils eine zusätzliche sechste Stimme.[153] Insgesamt 19 weitere Stimmen – je vier für Sachsen, Sachsen-Anhalt, Thüringen und Brandenburg und drei für Mecklenburg-Vorpommern – entfielen auf die fünf neuen Bundesländer, so dass es nun im Bundesrat 68 Stimmen gab. Im erweiterten Bundestag dominierten eindeutig die Parteien der alten Bundesrepublik, neben deren insgesamt 637 Abgeordneten die Vertreter der «Ostparteien» – die 17 Abgeordneten der PDS und die 8 Abgeordneten von Bündnis 90/GRÜNE (Ost) – nur eine kleine Minderheit bildeten, der man keine politische Zukunft gab. Kennzeichnend war zudem, dass zwar Repräsentanten der neuen Länder in die Führungsgremien der vereinigten Parteien aufgenommen wurden, der innerparteiliche Willensbildungs- und Entscheidungsprozess auf Bundesebene aber weiterhin von den alten Führungszirkeln aus dem Westen dominiert wurde.

Die CDU/CSU war nach der Wahl in der Bundespolitik in einer sehr günstigen strategischen Position. Da im Unterschied zur vorangegangenen Legislaturperiode eine Ampelkoalition aus SPD, FDP und GRÜNEN wegen des Scheiterns der GRÜNEN im Westen über keine Mehrheit im Bundestag verfügt hätte und eine Koalitionsbildung unter Einschluss der PDS noch undenkbar war, blieb eine Große Koalition von CDU/CSU und SPD die einzig mögliche Alternative zur Fortsetzung der bisherigen Regierung. Diese starke Stellung der CDU/CSU – trotz der erheblichen Stimmen- und Mandatsgewinne der FDP – fand ihren Niederschlag in der nach langwierigen Verhandlungen am 16. Januar 1991 unterzeichneten, detaillierten Koalitionsvereinbarung von CDU, CSU und FDP.[154] Die generellen Aussagen zur Wirtschaftspolitik lagen mit ihrer Betonung von Wettbewerb, Deregulierung, Privatisierung, Marktöffnung, finanzieller Konsolidierung und weiterer Zurücknahme des Staates auf der Linie der Regierungspolitik der letzten acht Jahre. Tatsächlich bestand aber die Notwendigkeit massiver staatlicher Interventionen, um den gleichfalls geforderten Aufbau einer adäquaten Infrastruktur und die Regionalförderung im Osten zu bewältigen. Scharfe Auseinandersetzungen hatte es über die schließlich vor allem am Widerstand des Finanzministeriums und der CSU[155] gescheiterte Forderung der FDP gegeben, in den neuen Bundesländern ein Niedrigsteuergebiet zu schaffen, um Investitionen aus Westdeutschland und dem Ausland zur Neugründung von Unternehmungen im Osten zu ermutigen.[156] Obwohl die starke Belastung durch die finanziellen Kosten der deutschen Einheit bereits deutlich zu erkennen war, wurden Steuererhöhungen als investitionsfeindlich ausdrücklich abgelehnt. Statt dessen sah man die Abschaffung der Gewerbekapitalsteuer und der Vermögenssteuer zur Sicherung der Standortbedingungen der deutschen Wirtschaft in dem am 1. Januar 1993 einsetzenden Europäischen Binnenmarkt vor.[157]

Für den Bereich der Sozialpolitik wurden bei den Koalitionsverhandlungen drei Unterkommissionen, davon eine über «Soziales allgemein», eine Unterkommission zum Thema «Pflege» und eine von *Rita Süssmuth* für die CDU/CSU betreute Arbeitsgruppe über «Familie und Frauen» gebildet. Nach *Blüm* stand die Union in der Sozialpolitik vor zwei zentralen Aufgaben, einmal der Einebnung des Gefälles zwischen den alten und den neuen Bundesländern zur Schaffung des gesamtdeutschen Sozialstaates, zum anderen der Notwendigkeit, das soziale Profil der Union in der Auseinandersetzung mit der FDP in der Familienpolitik und besonders bei der Einführung der Pflegeversicherung zu schärfen: Die FDP «treibt uns in der Steuerpolitik, lasst uns die mal in der Familien- und Sozialpolitik auch treiben».[158] Nicht zuletzt die Sozialpolitik, so beschwor er die Abgeordneten der Fraktion, würde über den Ausgang der nächsten Bundestagswahl entscheiden.[159] *Blüm* fand mit seinem massiven Eintreten für die Pflegeversicherung die Unterstützung *Kohls*, der allerdings eine breite Diskussion über die Form der Versicherung in der Partei für notwendig hielt.[160]

Tatsächlich war die Absicherung des Pflegerisikos in den Koalitionsverhandlungen außerordentlich umstritten. Die von Bundesarbeitsminister *Blüm* gewünschte Festlegung auf eine gesetzliche Pflegeversicherung wurde von der FDP, die auf private Versicherungen setzte, abgelehnt. Die Absprache, «dem Deutschen Bundestag bis zum 1. Juni 1992 einen Gesetzentwurf zur Absicherung bei Pflegebedürftigkeit» vorzulegen,[161] hat die Differenzen in der Koalition über diese Frage nicht gelöst, sondern nur vertagt und verschleiert.

Die weiteren sozialpolitischen Vereinbarungen beinhalteten u.a. die Fortsetzung der aktiven Arbeitsmarktpolitik auf hohem Niveau mit Sonderregelungen für den Osten, Bemühungen zur weiteren Flexibilisierung der Arbeitszeit, die Bekämpfung des Missbrauchs bestehender Hilfen und Vergütungen bei Arbeitslosigkeit, den Ausbau des Familien- und Kinderlastenausgleichs sowie die Reform der Organisation und Finanzstruktur der gesetzlichen Krankenversicherung durch eine Erweiterung der Wahlfreiheit der Versicherten zwischen den Kassen und die Reduzierung strukturell bedingter Unterschiede in den Beitragssätzen.

Eine entscheidende Weichenstellung zur Finanzierung der Einheit, mit großer Bedeutung für die Sozialpolitik, war der Beschluss, die Beitragssätze der Arbeitslosenversicherung zum 1. April 1991 um 2,5 Prozentpunkte auf insgesamt 6,8 Prozent stark anzuheben.[162] Gleichzeitig wurden die Beitragssätze der Rentenversicherung um einen Prozentpunkt gesenkt. Langfristig noch wichtiger aber war die Entscheidung, die Rentenversicherung der Arbeiter und der Angestellten in den neuen Bundesländern ab 1. Januar 1992 in einem gesamtdeutschen Finanzverbund mit der Rentenversicherung im Westen zu vereinen. Ein derartiger Finanzverbund bestand bereits in der Arbeitslosenversicherung. Faktisch bedeutete das, dass die vorhersehbaren hohen Transferleistungen in den Osten zur Finanzierung der Renten, des Arbeitslosengeldes und zur Eindämmung der Massenarbeitslosigkeit durch eine stark expandierende aktive Arbeitsmarktpolitik nicht vom Steuerzahler, sondern einseitig von den Solidargemeinschaften der Versicherten getragen werden mussten. Wie der DGB und die sozialdemokratische Opposition kritisierten, lief das auf eine erhöhte Belastung der Unternehmer mit Lohnnebenkosten und auf eine verkappte Steuererhöhung für die Arbeitnehmer hinaus.[163]

Dagegen scheiterte der Plan des BMF, die knappschaftliche Rentenversicherung, für die eine Defizithaftung des Bundes bestand, in den Finanzverbund der Rentenversicherung von Arbeitern und Angestellten einzubeziehen, was 1991 zu einer Haushaltsentlastung des Bundes von 5,3 Milliarden DM geführt hätte, am Widerstand des BMA.

Bei der Kabinettsbildung fiel neben der Besetzung des Wirtschaftsministeriums durch *Jürgen Möllemann* (FDP) die Aufteilung des Ministeriums für Jugend, Familie, Frauen und Gesundheit in drei separate Ministerien, die von Frauen geleitet wurden, auf. *Hannelore Rönsch* (CDU) wurde Ministerin für Familie und Senioren, *Angela Merkel* (CDU) aus den neuen Bundesländern übernahm das Ministerium für Frauen und Jugend und *Gerda Hasselfeldt* (CSU) kam an die Spitze eines Ministeriums für Gesundheit, dem die wichtige Abteilung für Gesundheit und Krankenversicherung aus dem BMA zugeschlagen wurde. Dagegen erhielt das BMA unter *Blüm* mit der Zuständigkeit für die Schaffung der Pflegeversicherung die Verantwortung für das wichtigste neue sozialpolitische Reformvorhaben der Legislaturperiode.

In seiner Regierungserklärung vom 30. Januar 1991[164] bezeichnete Bundeskanzler *Kohl* das Ziel, «gleiche Lebensverhältnisse für die Menschen in ganz Deutschland» herbeizuführen, als «absolute Priorität». Besonders brisant waren seine Ausführungen zur Finanzpolitik, in denen er eine Neuordnung der Bund-Länder-Finanzbeziehungen und eine Rückführung des stark gestiegenen Kreditbedarfs der öffentlichen Haushalte in Aussicht stellte und – abweichend von den Wahlversprechungen der Regierungsparteien und dem Koalitionsvertrag – Einnahmeverbesserungen durch Steuererhöhungen ankündigte. Diese wurden allerdings nicht mit den Kosten der Einheit, sondern mit den Belastungen durch den Golfkrieg, in dem Deutschland seine Partner und Verbündeten unterstützen müsse, begründet. In den sozialpolitischen Passagen folgte die Regierungserklärung weitgehend den Vorgaben der Koalitionsvereinbarung. Besondere Akzente wurden durch die Betonung der wesentlichen Mitverantwortung der Tarifparteien für die Erhaltung von Arbeitsplätzen und für die Unterstützung des Strukturwandels im Osten sowie durch den Appell, in der Absicherung des Pflegerisikos zu einem breiten politischen Konsens zu kommen, gesetzt. Die Belastungen für den Wirtschaftsstandort Deutschland durch den weitgehenden Zusammenbruch großer Teile der Industrie in den neuen Bundesländern und die Verschärfung des internationalen Wettbewerbs mit dem Übergang der ostmitteleuropäischen Staaten zur Marktwirtschaft waren zwar bereits erkennbar, wurden aber – auch unter dem Eindruck des einigungsbedingten konjunkturellen Zwischenhochs in Westdeutschland – nicht angesprochen.

In der Aussprache am folgenden Tag warf *Hans-Jochen Vogel* als Sprecher der sozialdemokratischen Opposition *Kohl* den Bruch des Wahlversprechens, keine Steuern zu erhöhen, vor und bemängelte das Fehlen eines schlüssigen Konzepts für die gesellschaftliche Einigung Deutschlands, für die er ein aus acht Elementen bestehendes sozialdemokratisches Konzept vorstellte.[165] *Kohl* habe die Größe der Aufgabe in den neuen Bundesländern verschleiert und «beschönigt», statt an die «solidarischen Kräfte» des Volkes zu appellieren und damit einen «kardinalen Fehler» begangen. Besonders scharf kritisierte *Vogel* die starke Erhöhung des Beitrages zur Arbeitslosenversicherung, durch die allein Arbeitgeber und Arbeitnehmer, nicht aber auch die Selbständigen, die Beamten und die Besitzer großer Vermögen zur Finanzierung der Gemeinschaftsaufgabe der Milderung und Überwindung der Arbeitslosigkeit im Osten herangezogen würden. Die Einladung zu Diskussionen über die Pflegeproblematik nahm *Vogel* an.

Die Aussagen in der Regierungserklärung über die Sozialpolitik wurden vom sozialpolitischen Sprecher der SPD, *Rudolf Dreßler*, scharf angegriffen. Über die Pflegeversicherung habe sich die Koalition trotz des Wahlversprechens von *Blüm* nicht einigen können, das Gesundheits-Reformgesetz 1989 sei gescheitert und die Erhöhung der Beiträge zur Arbeitslosenversicherung sei der Bruch eines zentralen Wahlkampfversprechens, nach dem der Aufbau des Systems der sozialen Sicherung im Osten als gesamtstaatliche Aufgabe nicht den Beitragszahlern in Westdeutschland aufgebürdet werden sollte. Die Koalition betreibe eine Umverteilung von unten nach oben und verletze den obersten Grundsatz eines jeden Sozialstaates, das «Gebot der gesamtgesellschaftlichen Solidarität». Sie verzichte zudem mit dem bloßen Hinnehmen der Ergebnisse einer konzeptionslosen Wirtschafts- und Finanzpolitik auf einen eigenen Gestaltungsanspruch in der Sozialpolitik.

Während so Regierung und Opposition die Fronten der sozialpolitischen Auseinandersetzungen der nächsten Jahre absteckten, wurden die unterschiedlichen Auffassungen innerhalb der Koalition nur in wenigen Punkten deutlich. So unterstrich *Hermann Otto Solms* als Fraktionsvorsitzender der FDP, dass die FDP trotz der «erzwungenen Vereinbarung im Einigungsvertrag» nicht bereit sei, «die Enteignungen in den Jahren vor 1949 als rechtmäßig zu akzeptieren», und vertrat das Konzept des von der CDU/CSU abgelehnten Niedrigsteuergebiets. Der sozialpolitische Sprecher der Liberalen, *Dieter-Julius Cronenberg*,[166] kritisierte die Übernahme des hoch spezialisierten bundesdeutschen Arbeitsrechts, insbesondere der Sozialplanregelungen, in den neuen Bundesländern und lehnte zusätzliche Belastungen durch Pflichtbeiträge in der gesetzlichen Sozialversicherung zur Abdeckung des Pflegerisikos als unverantwortlich ab.

1.2.2 Der Kampf um die Kontrolle des Bundesrates Der Handlungsspielraum der Regierung wurde bereits wenige Wochen nach der Bundestagswahl durch den Verlust ihrer Mehrheit im Bundesrat eingeengt und die Position der Sozialdemokratie, die damit allerdings auch mehr in die politische Mitverantwortung eingebunden wurde, verstärkt. In Hessen wurde nach den Landtagswahlen vom 20. Januar 1991 die CDU/FDP-Koalition durch eine Regierung aus SPD und GRÜNEN abgelöst. Noch dramatischer war der Machtwechsel in Rheinland-Pfalz, wo die CDU seit der ersten Landtagswahl von 1947 die Politik des Landes dominiert und regelmäßig den Ministerpräsidenten gestellt hatte. Nach einem harten Wahlkampf, in dem die als «Steuerlüge» gebrandmarkten Vorschläge der Bundesregierung zur Steuererhöhung in den Mittelpunkt rückten, konnte die SPD mit Stimmengewinnen von sechs Prozentpunkten in der Landtagswahl vom 21. April 1991 zusammen mit der FDP unter *Rudolf Scharping* als Ministerpräsidenten die Regierung des Landes bilden.[167] Damit verfügten die von der SPD geführten Länder, darunter allerdings drei Länder, in denen die FDP an der Regierung beteiligt war, nun über 37 der 68 Stimmen des Bundesrates.

Die Position der SPD wurde weiter verstärkt, als nach den Landtagswahlen in Hamburg vom 2. Juni 1991 die bisher regierende Koalition von SPD und FDP durch eine Alleinregierung der SPD ersetzt wurde. Trotz ihrer Wahlerfolge konnte jedoch die SPD die Mehrheitsbildung im Bundesrat zwar blockieren, aber nicht beherrschen. Allein oder zusammen mit den GRÜNEN verfügte sie nun über 29 Stimmen. In Rheinland-Pfalz und in Brandenburg mit zusammen 8 Stimmen war dagegen die FDP, die auf ihre Koalitionspartner in Bonn Rücksicht nehmen musste, an den Landesregierungen beteiligt und konnte bei der Festlegung des Abstimmungsverhaltens des Landes im Bundesrat nicht einfach majorisiert werden. Umgekehrt musste allerdings auch der von der CDU geführte Senat von Berlin mit seinen 4 Stimmen auf die Haltung des Koalitionspartners SPD bei Abstimmungen im Bundesrat Rücksicht nehmen.

Die Koalitionsvereinbarungen der Länder, an deren Regierungen sowohl Parteien der Bonner Koalition wie auch der Opposition vertreten waren, sahen daher meist die Stimmenthaltung bei kontroversen bundespolitischen Fragen oder eine Entscheidung von Fall zu Fall, je nach den Interessen des Landes, vor. Bei zustimmungspflichtigen Gesetzen[168] wirkte sich eine Enthaltung wie eine Ablehnung aus, da die absolute Mehrheit von mindestens 35 Stimmen im Bundesrat für deren Annahme erforderlich war. Damit war die Gefahr der Blockierung von wichtigen Reformen gegeben. Die Regierung hat versucht, durch die Abtrennung nicht zustimmungspflichtiger Teile von Gesetzen in gesonderten Vorlagen die antizipierte Opposition des Bundesrates zu umgehen. Dieser Politik waren jedoch enge Grenzen gesetzt. Letztlich musste bei fast allen wesentlichen Vorhaben ein Kompromiss mit der Opposition gesucht werden. Diese konnte ihrerseits eine reine Verweigerungshaltung aus Furcht vor der Kritik in den Medien, dem Votum der Wähler und der Gefährdung der Interessen der von ihr geführten Landesregierungen nicht auf Dauer durchhalten. In der sehr viel häufigeren Einschaltung des Vermittlungsausschusses,[169] vor allem aber in direkten Verhandlungen führender Vertreter der Parteien, wurden schließlich immer wieder einvernehmliche Lösungen mit der Opposition gefunden. Das bedeutete eine Belastung der Koalition, da gerade in zentralen sozialpolitischen Fragen, wie der Einführung der Pflegeversicherung oder einer Gesundheitsstrukturreform, die Positionen der CDU/CSU denen der SPD näher lagen als denen der FDP. Diese geriet damit unter erheblichen Druck, musste aber letztlich in jeden Kompromiss eingebunden werden, um nicht den Bruch der Koalition zu provozieren.

Allerdings wurde die Haltung des Bundesrates nicht nur von der parteipolitischen Zusammensetzung der Landesregierungen bestimmt. Besonders in Finanzfragen gab es gemeinsame Interessen der Länder gegenüber dem Bund. Es gab Differenzen zwischen Ost- und Westländern, zwischen Stadt- und Flächenstaaten sowie zwischen armen und reichen Ländern, die die Entscheidung der Länderkammer beeinflussen konnten. So gelang es der Bundesregierung, im Februar 1992 gegen den Widerstand der SPD eine Erhöhung der Mehrwertsteuer von 14 auf 15 Prozent im Bundesrat durchzusetzen, da die von der SPD geführte Regierung Brandenburgs[170], die dringend mehr Finanzmittel für den Aufbau des Landes benötigte, aus der Abwehrfront der sozialdemokratischen Länder ausbrach. Unter Hinweis auf die Haltung Brandenburgs akzeptierte schließlich auch das von einer Großen Koalition aus SPD und CDU regierte Berlin den Vorschlag.[171]

Auch einige der folgenden Landtagswahlen hatten Auswirkungen auf die Mehrheitsverhältnisse im Bundesrat. So verlor die SPD bei den Bürgerschaftswahlen am 29.9.1991 ihre absolute Mehrheit in Bremen und musste eine Ampelkoalition mit den GRÜNEN und der FDP eingehen. In Baden-Württemberg trat nach einer schweren Wahlniederlage der CDU am 5. April 1992 an die Stelle einer Alleinregierung der CDU eine Große Koalition aus CDU und SPD. Kennzeichnend war dabei, dass die SPD hier, wie auch bei den gleichzeitigen Landtagswahlen in Schleswig-Holstein, von den Verlusten der CDU nicht profitieren konnte und dass rechtsradikale Parteien, wie die DVU in Bremen und Schleswig-Holstein bzw. die Republikaner in Baden-Württemberg, in die Länderkammern eindrangen.[172]

1.2.3 Die Veränderungen des Parteiensystems und die Bundestagswahl vom 16.Oktober 1994 Die nachlassende Bindungsfähigkeit der beiden großen Volksparteien CDU und SPD wie auch der starke Rückgang der Wahlbeteiligung bei den Landtagswahlen seit 1991 wurde von vielen zeitgenössischen Beobachtern – Politikwissenschaftlern, Soziologen und Journalisten – als Zeichen einer allgemeinen Krise des deutschen Parteiensystems, als Anfang vom Ende der Volksparteien und als Ausdruck der Politikverdrossenheit der Bürger angesehen.[173]

Die Regierungskoalition wirkte politisch kraftlos, verbraucht und durch den freiwilligen Rücktritt von *Hans Dietrich Genscher* sowie den durch politische Affären bewirkten Sturz der Minister *Gerhard Stoltenberg* (CDU), *Jürgen Möllemann* (FDP) und *Günther Krause* (CDU) auch personell verschlissen. Ihr kam jedoch zugute, dass die SPD keinen überzeugenden Kanzlerkandidaten präsentieren konnte. Der als Nachfolger *Oskar Lafontaine*s gewählte *Björn Engholm* musste wegen seiner Verstrickung in eine politische Intrige sein Amt als Ministerpräsident von Schleswig-Holstein aufgeben und von der Kanzlerkandidatur zurücktreten. Der nach einer Urwahl der Parteimitglieder gegen die Kandidaten *Gerhard Schröder* und *Heidemarie Wieczorek-Zeul* auf den Schild gehobene rheinland-pfälzische Ministerpräsident *Rudolf Scharping* hatte die Partei nicht geschlossen hinter sich, ließ persönliches Charisma vermissen und schien *Kohl* als Wahlkämpfer nicht gewachsen zu sein. Mit nur etwa 27 000 Mitgliedern – weniger als im Parteibezirk Weser-Ems – war die Organisation der Sozialdemokraten in den fünf neuen Bundesländern völlig unterentwickelt. Auch musste die nach dem Einbruch der Sozialdemokraten bei den Kommunalwahlen in Hessen vom 7. März 1993 immer schärfer werdende Agitation gegen die «soziale Kälte» der Regierung *Kohl* – wie überhaupt die einseitige Betonung des Sozialen – Wähler aus den Mittelschichten verschrecken.[174]

Für die Bundestagswahl vom 16. Oktober 1994 war zunächst nach der tiefen Rezession des Jahres 1993 nach Umfragen der Meinungsforscher eine klare Niederlage der Regierung erwartet worden.[175] Mit dem ersten Anzeichen eines wirtschaftlichen Aufschwungs im Frühjahr 1994[176] holte jedoch die CDU/CSU trotz der anhaltend hohen Arbeitslosigkeit den Vorsprung der SPD auf und überholte sie seit Juni 1994. Auch Kanzler *Kohl*, der zunächst weit hinter dem sozialdemokratischen Kanzlerkandidaten *Scharping* gelegen hatte, stach seinen Konkurrenten in der Gunst der Wähler seit Anfang Juni 1994 aus.[177] Die CDU lag so in der Europawahl vom 12. Juni 1994 wieder deutlich vor der Sozialdemokratie. Da aber gleichzeitig DIE GRÜNEN mit über 10 Prozent der Stimmen weit vor der FDP, die an der Fünf-Prozent-Hürde gescheitert war,[178] rangierten und die PDS im Osten stark an Boden gewann, schien eine Behauptung der Regierungsmehrheit im Bundestag keineswegs sicher zu sein.

Im Wahlkampf, der sehr viel stärker als der von 1990 von wirtschaftlichen und sozialen Fragen bestimmt wurde, präsentierten sich CDU und CSU in ihrem unter dem Titel «Wir sichern Deutschlands Zukunft» veröffentlichten gemeinsamen Regierungsprogramm[179] als die Parteien, die die Rezession von 1993 überwunden und mit ihrer Politik den «Zukunftsstandort» Deutschland gesichert hätten. Als besondere Leistungen wurden die Konsolidierung der Finanzen, die Einführung der Pflegeversicherung, die Festigung des Sozialstaates durch dessen Umbau und vor allem die Erfolge beim Aufbau einer leistungsfähigen Infrastruktur im Osten herausgestrichen. Im Kampf gegen die SPD, der man eine investitions- und leistungsfeindliche Steuerpolitik und die Ablehnung neuer Technologien vorwarf, spielte eine wesentliche Rolle, dass nach der Landtagswahl in Sachsen-Anhalt vom 26. Juni 1994 eine neu gebildete

Minderheitsregierung aus Sozialdemokratie und GRÜNEN von der PDS toleriert wurde. Mit der Kampagne gegen «Rote Socken» und dem von der CSU propagierten Slogan «Freiheit statt Volksfront»[180] versuchte man, die Wähler dagegen zu mobilisieren.

Die SPD präsentierte sich als Alternative zur abgewirtschafteten Regierung und versuchte mit ihrem Slogan «Freu' dich auf den Wechsel, Deutschland/SPD»[181] den Eindruck zu vermitteln, dass eine Ablösung der Regierung sicher sei. Mit ihrem Regierungsprogramm «Reformen für Deutschland»[182] stellte sie «Arbeit für alle», «soziale Gerechtigkeit» und «Schutz von Umwelt und Natur» in den Mittelpunkt. Gleichzeitig unterstrich sie ihre Seriosität, indem sie alle konkreten Maßnahmen ihres Regierungsprogramms, das u.a. die ersten Schritte zur «Einführung einer bedarfsgerechten sozialen Grundsicherung» vorsah, einem strikten «Finanzierungsvorbehalt» unterstellte.

Für die FDP stellte sich im Wahlkampf die Existenzfrage. Bei den letzten Landtagswahlen 1993/94 in Hamburg, Niedersachsen, Sachsen-Anhalt, Brandenburg, Sachsen und Bayern war sie – wie bei den Europawahlen – an der Fünf-Prozent-Hürde gescheitert[183] und damit aus den Landtagen dieser Länder und dem Europaparlament ausgeschieden. Mit dem Slogan «Diesmal geht's um alles. F.D.P./Die Liberalen»[184] und ihrer Wahlkampfführung versuchte sie nicht nur, die eigenen Wähler möglichst vollständig zu mobilisieren, sondern auch den Wählern der Unionsparteien zu suggerieren, dass sie der FDP ihre Zweitstimme geben sollten, um das Überleben der Partei im Bundestag und damit auch die Fortsetzung der Regierungskoalition zu sichern. Das unter dem Titel «Liberal denken. Leistung wählen» vorgelegte detaillierte Wahlprogramm[185] knüpfte dagegen an die traditionelle Profilierung der FDP als Wirtschaftspartei an und ging vor allem in den Aussagen zur Sozial-, Gesundheits- und Gesellschaftspolitik weit über die bisherigen Ansätze zum Umbau des Sozialstaates durch eine Reduzierung der Rolle des Staates und die Stärkung der Eigenvorsorge hinaus.

Die PDS dagegen thematisierte in ihrem Wahlprogramm «Opposition gegen Sozialabbau und Rechtsruck»[186] nicht nur die spezifischen Interessen der Ostdeutschen, sondern versuchte, sich mit beschäftigungs- und sozialpolitischen Reformvorschlägen, deren Gesamtkosten auf 300 Milliarden DM jährlich beziffert wurden, als die eigentliche Sozialstaatpartei zu profilieren.

Bündnis 90/DIE GRÜNEN stellten in ihrem Programm zur Bundestagswahl 1994[187] neben der Stärkung der Demokratie und der Minderhei-

Tabelle 4: *Die Bundestagswahlen vom 16.Oktober 1994 in den alten und neuen Bundesländern:*

1994	ABL einschl. Berlin-West		NBL und Berlin-Ost		Bundesrepublik insgesamt	
	Zweitst	Erstst.	Zweitst.	Erstst.	Zweitst.	Erstst.
Wahlberechtigte	74,6	74,6	76,5	76,5	75,0	–
Wahlbeteiligung	80,5	80,5	72,6	72,6	79,0	–
Ungültige Stimmen	1,3	1,6	1,4	1,7	1,3	–
Stimmen						
CDU/CSU	33,2/8,9	36,6/9,5	38,5	40,9	41,5	45,0
SPD	37,5	39,7	31,5	31,8	36,4	38,3
FDP	7,7	3,4	3,5	2,9	6,9	3,3
B 90/GRÜNE	7,9	7,1	4,3	3,8	7,3	6,5
PDS	1,0	0,4	19,8	20,5	4,4	4,1
REP	2,0	1,9	1,3	0,5	1,9	1,7
GRAUE	0,5	0,4	0,5	0,3	0,5	0,4
Sonstige	1,4	0,8	0,5	0,1	1,1	0,7

Mandate:	10 alte Bundesländer	5 neue Bundesländer	Berlin	Bundesrepublik
CDU	179(a)	56(c)	9	244
CSU	50			50
SPD	205(b)	38(d)	9	252
FDP	40	5	2	47
B 90/GRÜNE	42	4	3	49
PDS	5	21	4	30
insgesamt	521	124	27	672

(a) davon zwei Überhangmandate.
(b) davon ein Überhangmandat.
(c) davon zehn Überhangmandate.
(d) davon drei Überhangmandate.

Nach: Ritter/Niehuss: Wahlen 1990–1994, S. 38.

tenrechte in einer von ihnen angestrebten multikulturellen, toleranten Gesellschaft und dem ökologisch-solidarischen Umbau der Weltgesellschaft besonders die Forderung nach einer «feministischen Politik für eine emanzipierte Gesellschaft» in den Vordergrund. Die sozialpolitischen Forderungen waren präziser und weniger weitreichend als im Wahlprogramm von 1990. So wurden zwar weitere «Arbeitszeitverkürzungen in großen Schritten» vorgesehen, aber statt eines vollen wurde nur ein «sozial gestaffelter Lohnausgleich» gefordert und für die vom Bund zu finanzierende «bedarfsorientierte soziale Grundsicherung» als Ergänzung unzureichender Leistungsansprüche aus der Arbeitslosen- und der Rentenversicherung kein Sockelbetrag genannt. Die 1990 erhobene Forderung, dass Frauen mindestens 50 Prozent aller Ausbildungs- und Arbeitsplätze erhalten sollten, wurde nicht wieder aufgegriffen. Der Verzicht auf einige besonders radikale Forderungen sollte offenbar auch die Chancen eines Regierungsbündnisses mit der Sozialdemokratie verbessern.

Die Bundestagswahl erbrachte eine knappe Mehrheit der herrschenden Koalition, die insgesamt 341 der 672 Mandate, darunter 12 der insgesamt 16 Überhangmandate, gewann. Die Verluste der CDU/CSU (– 2,4 Prozentpunkte) wie auch die Gewinne der SPD (+ 2,9) hielten sich in relativ engen Grenzen. Der eigentliche Verlierer der Wahl war die FDP, die mit insgesamt 6,9 Prozent zwar die Fünf-Prozent-Marke klar überwandt, aber trotz der offensichtlichen Unterstützung durch Zweitstimmen von Anhängern der CDU und CSU im Westen[188] ein gutes Viertel, im Osten sogar fast drei Viertel ihres Stimmenanteils bei der Wahl von 1990 verlor. Bei den gleichzeitigen Landtagswahlen in den Bundesländern Saarland, Mecklenburg-Vorpommern und Thüringen blieb die FDP erheblich unter fünf Prozent. Gewinner waren Bündnis 90/DIE GRÜNEN und vor allem die PDS, die ihren Stimmenanteil gegenüber 1990 fast verdoppeln und durch die Eroberung von vier Direktmandaten in Ostberlin die jetzt für das gesamte Bundesgebiet geltende Fünf-Prozent-Hürde aushebeln und mit 30 Mandaten in den Bundestag einziehen konnte. Die kleinen Parteien blieben mit insgesamt 3,5 Prozent der Zweitstimmen ohne Bedeutung. Das Wahlergebnis zeigte so, dass die befürchtete Krise und Zersplitterung des deutschen Parteiwesens durch die Erosion der Volksparteien CDU, CSU und SPD nicht eingetreten war und auch der Anteil der Nichtwähler mit gut 20 Prozent im Vergleich demokratischer Staaten eher niedrig lag.

Das eigentliche Kennzeichen der Wahl war, dass der Trend zur Herausbildung unterschiedlicher Parteiensysteme im Osten und Westen Deutschlands, der sich bereits bei den Landtags- und Kommunalwahlen in den neuen Bundesländern seit Ende 1993 angedeutet hatte, bestätigt wurde. Während die PDS im Osten auf etwa 20 Prozent der Stimmen kam, blieben die FDP wie auch Bündnis 90/DIE GRÜNEN in den neuen

Bundesländern und Ostberlin weit hinter ihren Ergebnissen im Westen zurück und erreichten in keinem der fünf neuen Bundesländer die Fünf-Prozent-Marke. Auch bei den Landtagswahlen im Osten 1993/94 konnten sich nur Bündnis 90/DIE GRÜNEN mit 5,1 Prozent knapp im Landtag von Sachsen-Anhalt behaupten, aus dem sie ebenfalls bei der nächsten Landtagswahl 1998 herausfielen. In allen anderen Landtagen der neuen Länder waren sie wie die FDP nicht mehr vertreten. Statt des im Westen bestehenden Parteiensystems aus zwei großen Volksparteien (CDU/CSU, SPD) und zwei kleineren Parteien (Bündnis 90/DIE GRÜNEN und FDP), deren Existenz auf Landesebene – vor allem im Fall der FDP – immer wieder gefährdet war, gab es im Osten drei große Parteien, von denen eine – die PDS – eine ausgesprochene Regionalpartei war.

Aber nicht nur das Parteiensystem, auch der Charakter der Parteien im Osten weicht von dem der Parteien im Westen ab.[189] Die Parteien im Osten unterscheiden sich von denen im Westen durch ihre Herkunft entweder aus den Regimeparteien der DDR – wie PDS und erhebliche Teile von CDU und FDP – oder aus der Bürgerbewegung – wie SPD und Bündnis 90/ DIE GRÜNEN. Alle Parteien, mit Ausnahme der PDS, besonders aber die aus der Bürgerbewegung entstandenen Parteien, haben zudem – bezogen auf ihre Wähler – sehr viel weniger Mitglieder als die Westparteien und können daher bei Kommunalwahlen oft nicht mit eigenen Kandidaten auftreten. Elemente der direkten Demokratie spielen in den Parteien des Ostens eine größere Rolle. Der Zusammenhang zwischen Sozialstruktur und Parteiensystem ist hier weniger ausgeprägt als im Westen. So haben – wie schon bei den Volkskammerwahlen vom 18. März 1990 – auch bei der Bundestagswahl 1994 Arbeiter im Osten häufiger die CDU als die SPD und unterproportional die PDS gewählt.[190] Die Identifikation der Wähler mit einer bestimmten Partei ist weniger fest verwurzelt, so dass sie häufiger mit ihrer Stimmabgabe zwischen den Parteien wechseln. Ähnliche Tendenzen einer Entwicklung weg von den in bestimmten sozialen Schichten und den Konfessionen verankerten Volks-, Mitglieder- und Apparateparteien zu lockeren, stark von den Medien, einzelnen populären Politikern und den gerade akuten Problemen bestimmten Rahmenparteien lassen sich auch im Westen beobachten. Sie hängen mit dem Bedeutungsverlust der politischen und sozialen Großorganisationen, insbesondere den Gewerkschaften und den Kirchen, zusammen, sind aber dort noch weniger ausgeprägt.

In den neuen Bundesländern wurde die PDS,[191] deren völligen Zusammenbruch Ende 1990 viele erwartet hatten, zu einer dritten großen

Volkspartei mit allerdings bei der Bundestagswahl 1994 noch deutlichem Abstand hinter der CDU und der SPD. Ihre Behauptung und Expansion im Osten hängt mit ihrer relativ guten Organisation, vor allem aber auch damit zusammen, dass sie sich als Protestpartei gegen den Einfluss der «Wessis» und als Vertreterin der spezifischen, gerade auch sozialen Interessen der Menschen im Osten profilierte. Sie hat feste Wurzeln im lokalen Milieu besonders der größeren Städte. Eine ihrer Stärken liegt darin, dass sie den Menschen hilft, ihre Rechte im neuen Sozialsystem – etwa durch das Ausfüllen von Anträgen auf Renten, Sozialhilfe oder Wohngeld – wahrzunehmen.

Eine Ausdehnung in den Westen Deutschlands ist der PDS weder bei den Bundestagswahlen 1994 noch bei späteren Landtagswahlen bis 2005 oder den Bundestagswahlen von 1998 oder 2002 gelungen. Offenbar war die Partei in ihrer politischen Ausrichtung und Führung sowie in der sozialen Zusammensetzung ihrer Mitglieder und Wähler zu heterogen und zu stark als Nachfolgepartei der SED belastet, um auch im Westen nicht nur als Partei kleiner kommunistischer und linkssozialistischer Zirkel und Gruppen, sondern als Partei der sozialen Gerechtigkeit und des Sozialstaates akzeptiert zu werden. Sie wird aber weiterhin versuchen, in ein politisches Terrain einzudringen, in dem sie der SPD, die sich zur Gewinnung einer Mehrheit der Wähler notwendig zur Mitte hin orientieren muss, und den GRÜNEN von links Konkurrenz machen kann. Bei der Bundestagswahl am 18. September 2005 hat die Nachfolgepartei der PDS unter dem Namen Die Linke/PDS durch das Zusammengehen mit der Wahlalternative Arbeit und Soziale Gerechtigkeit (WASG) und die Unterstützung einzelner Gewerkschafter und ehemaliger Mitglieder der SPD – vor allem des früheren Parteivorsitzenden *Lafontaine* – einen Achtungserfolg auch in den alten Bundesländern erreichen können. Inzwischen ist die Fusion von PDS und WASG zur Partei «Die Linke» erfolgt. Die Partei, deren Vorläufer in Berlin und in sechs der zehn alten Bundeländer bei der Bundestagswahl von 2005 über 5 Prozent der Zweitstimmen erhielt, versucht nun mit Macht, sich auch in der Landespolitik der westlichen Bundesländer als fünfte Partei zu etablieren. In Bremen ist ihr das bei der Landtagswahl 2007 gelungen.

In den fünf neuen Bundesländern hatte die PDS die Parteienlandschaft bereits bis 1994 wesentlich verändert. Während in Brandenburg die SPD und in Sachsen die CDU, nicht zuletzt wegen der Popularität ihrer Ministerpräsidenten *Manfred Stolpe* bzw. *Kurt Biedenkopf*, bei den Landtagswahlen klare absolute Mehrheiten erringen konnten, wurde die PDS in den übrigen neuen Bundesländern das Zünglein an der Waage. Große Koalitionen der Volksparteien, wie sie in Thüringen und Mecklenburg-Vorpommern gebildet wurden, waren die einzige realistische Alternative zu einer Zusammenarbeit mit der PDS, die damit ihre politische Isolierung überwinden würde. Da die letztere Option, die erstmals 1994 mit der Bildung einer von der PDS tolerierten Minderheitsregierung der Sozialdemokraten und der GRÜNEN in Sachsen-Anhalt, später mit der Bildung gemeinsamer Landesregierungen in Mecklenburg-Vorpommern und Berlin, gewählt wurde, zumindest kurz- und mittelfristig nur der SPD offen steht, wurde deren strategische Position gegenüber der CDU in Ostdeutschland und damit auch in der Bundesrepublik wesentlich gestärkt.

Die neue Konstellation im Osten spiegelte sich auch in der Zusammensetzung des Bundesrates wider. Nach den acht Landtagswahlen des Jahres 1994 verfügten CDU und CSU mit ihren Regierungen in Bayern bzw. Sachsen nur noch über zehn Stimmen im Bundesrat. Dagegen gab es keine Regierung mehr, die gemeinsam von CDU und FDP getragen wurde. Die SPD kontrollierte allein oder mit den GRÜNEN bzw. in Hamburg mit der STATT-Partei 34 und damit die Hälfte der 68 Stimmen des Bundesrates. In vier der von der CDU geführten Regierungen (Berlin, Baden-Württemberg, Mecklenburg-Vorpommern, Thüringen) mit insgesamt 17 Bundesratsstimmen waren die Sozialdemokraten als Juniorpartner beteiligt. Die restlichen sieben Stimmen entfielen auf Regierungen, die von der SPD geführt wurden, an denen aber die FDP entweder allein (Rheinland-Pfalz) oder mit den GRÜNEN (Bremen) beteiligt war.

Die politischen Rahmenbedingungen des föderalistischen Systems der Bundesrepublik haben also den Handlungsspielraum der Bundesregierung gerade auch in der Sozialpolitik entscheidend eingeengt. Die Option der SPD lag noch eindeutiger als in der Legislaturperiode von 1990 bis 1994 in den folgenden vier Jahren zwischen einer Politik der Konfrontation, die faktisch weiterführende Reformvorhaben blockieren musste, und einer Politik der Kooperation, die auf eine Große Koalition in allen die Interessen der Länder berührenden und damit von ihrer Zustimmung abhängigen Gesetzen hinauslief. Welcher Weg gewählt wurde, hing allerdings nicht nur von der Einigung in Sachfragen, die die FDP einbeziehen musste, sondern auch von politisch-taktischen Erwägungen der Regierung und vor allem der Opposition im Kampf um die Macht ab.

2. Die rechtlichen Rahmenbedingungen der deutschen Einheit und der Sozialpolitik

Das Gebot, die deutsche Wiedervereinigung anzustreben, war als Ziel staatlicher Politik in der Präambel des Grundgesetzes verankert worden. Es war dabei unlöslich mit dem völkerrechtlichen Selbstbestimmungsrecht verbunden. Das bedeutet aber, dass auch eine freie Entscheidung gegen eine Wiedervereinigung hingenommen werden musste. Das Bundesverfassungsgericht hat am Wiedervereinigungsgebot festgehalten – trotz entgegenstehender Bestrebungen nicht nur der DDR vor 1990, sondern auch erheblicher politischer Kräfte und Strömungen der öffentlichen Meinung und intellektueller Diskurse in der Bundesrepublik, die dafür plädierten, die Wiedervereinigung als sog. «Lebenslüge» der Bundesrepublik als Ziel aufzugeben und die deutsche Spaltung als dauerhaft anzuerkennen. Das Bundesverfassungsgericht hat darüber hinaus «die Verfassungsorgane der Bundesrepublik verpflichtet, auf die Wiederherstellung der staatlichen Einheit» hinzuwirken, «den Wiedervereinigungsanspruch im Innern wachzuhalten und nach außen beharrlich zu vertreten und alles zu unterlassen, was die Wiedervereinigung vereiteln würde».[1] Dazu gehörte auch das Festhalten an der einheitlichen deutschen Staatsbürgerschaft, das Übersiedlern aus der DDR die vollen Rechte der Bürger der Bundesrepublik gab.

Als Weg zur Vereinigung stand der Artikel 146, die Ausarbeitung einer gemeinsamen neuen vom Volk zu bestätigenden Verfassung oder der Beitritt zum Grundgesetz nach Artikel 23 offen. Es war letztlich die Entscheidung der frei gewählten Repräsentanten der DDR, den Weg über Artikel 23 zu wählen. Damit vermied man die Verzögerungen und Unwägbarkeiten, die mit der Schaffung einer neuen Verfassung notwendig verbunden gewesen wären und die man auch wegen des starken Zeitdrucks nicht riskieren wollte. Beim alternativen Weg der Schaffung einer neuen Verfassung hätte man sich auch über die Zusammensetzung der verfassunggebenden Versammlung, die entweder nach dem jeweiligen Bevölkerungsanteil oder aber auch nach dem Prinzip der Parität der beiden deutschen Staaten konstituiert werden konnte, und das Verfahren, etwa über die Mitwirkung der Länder, und nicht nur über deren Inhalt einigen müssen. Schließlich hätte man auch eine Vereinbarung über die Form der Annahme des ausgearbeiteten Verfassungsentwurfs – entweder durch eine Volksabstimmung im gemeinsamen neuen Staatsgebiet oder gesondert in den bisherigen zwei Staatsgebieten – treffen müssen. Natürlich spiegelt die Entscheidung für Artikel 23 auch die weitgehende Akzeptanz wider, die das Grundgesetz nicht nur in der alten Bundesrepublik, sondern auch bei wesentlichen Teilen der neuen politischen Eliten der DDR gefunden hatte.

Die Änderungen des Grundgesetzes wurden in Artikel 4 des Einigungsvertrages[2] auf ein Minimum begrenzt. In der Präambel wurde das Wiedervereinigungsgebot gestrichen und damit – wie auch mit der Aufhebung von Artikel 23 – zum Ausdruck gebracht, dass das vereinigte Deutschland seine endgültigen Grenzen erreicht hatte und keinen Anspruch auf die Wiedererlangung der 1945 verloren gegangenen Ostgebiete stellte. Die Zusammensetzung des Bundesrates wurde, wie bereits erwähnt, verändert. In einem neuen Artikel 143 wurden für die Zeit bis 31.12.1992 bzw. 31.12.1995 gewisse Abweichungen des Rechts der neuen Bundesländer vom Grundgesetz für eine Übergangszeit zugelassen, und dem Ausschluss der Rückgängigmachung der Enteignungen auf besatzungsrechtlicher und besatzungshoheitlicher Grundlage 1945–1949 war die verfassungsrechtliche Unbedenklichkeit bescheinigt worden. Die Verbindlichkeiten der DDR und ihrer Rechtsnachfolger wurden in einem neuen Absatz des Artikels 135a des Grundgesetzes geregelt. Der Artikel 131 des Grundgesetzes über das Beamtenrecht wurde mit Artikel 6 des Einigungsvertrages für die neuen Bundesländer unbefristet außer Kraft gesetzt[3] und damit den neuen Bundesländern auch die Möglichkeit gegeben, in viel geringerem Umfang als in den alten Bundesländern Beamte zur Erledigung öffentlicher Aufgaben einzusetzen.

Der neue Artikel 146 ließ die Schaffung einer neuen Verfassung weiter grundsätzlich offen. Faktisch war aber klar, dass als Konsequenz der Vereinigung es nur in relativ engem Rahmen Verfassungsänderungen geben würde, deren mögliche Gebiete in Artikel 5 des Einigungsvertrages umrissen werden.

Zu den für die Sozialpolitik grundlegenden Bestimmungen des Grundgesetzes gehörte das Sozialstaatsprinzip (Art. 20 Abs. 1; Art. 28 Abs. 1), das eng mit den Freiheitsrechten und dem Schutz der Menschenwürde verknüpft ist. Indem es dem Einzelnen ein menschenwürdiges Existenzminimum garantiert, sichert es die ökonomischen Voraussetzungen der Freiheit.[4] Dabei soll der Bedarf des Einzelnen und der Familie vor allem durch Teilnahme an der Wirtschaft in Form von Erwerbsarbeit gedeckt werden. Die Hilfe für die zur ausreichenden Selbsthilfe vorübergehend oder auf Dauer nicht fähigen Bedürftigen und Schwachen soll nur subsidiär durch größere Solidargemeinschaften und letztlich durch den Staat geleistet werden.

Der Gesetzgeber hat dabei durch das Grundgesetz einen weiten Gestaltungsraum zur Konkretisierung sozialer Staatsziele – Garantie des Existenzminimums, soziale Sicherung und größere Gleichheit für die Schwachen – erhalten. Insbesondere bleiben die Aussagen über die Wirtschaftsordnung, die der Verwirklichung dieser Ziele dienen soll, bewusst offen. Erst im Staatsvertrag über die Schaffung einer Währungs-, Wirtschafts- und Sozialunion von Bundesrepublik und DDR vom 18. Mai 1990 wurden die Prinzipien der sozialen Marktwirtschaft – Privateigentum, Leistungswettbewerb, freie Preisbildung und grundsätzlich volle Freizügigkeit von Arbeit, Kapital, Gütern und Dienstleistungen – als gemeinsame Wirtschaftsordnung definiert.[5] Es bleibt aber weiterhin offen, was den Inhalt einer gerechten Sozialordnung ausmacht. Das ist gerade in den neuen Bundesländern nach der Vereinigung oft auf Unverständnis gestoßen. Der berühmte Ausspruch der Bürgerrechtlerin *Bärbel Bohley*: «Wir haben Gerechtigkeit erwartet und den Rechtsstaat bekommen», soll offensichtlich ausdrücken, dass es eine solche, den Redlichen erkennbare Gerechtigkeit, die für alle verbindlich gemacht werden kann, gibt und dass der soziale Rechtsstaat mit seinem Gefüge von Institutionen, Verfahren und Normen als Ordnungsprinzip der Gesellschaft nicht ausreicht. Es lag nahe, dass Menschen, die in dem autoritären, teilweise sogar totalitären System der DDR in dem Glauben an eine gerechte Ordnung, die sich dann als zutiefst ungerecht entpuppte, erzogen wurden, nun von der neuen Demokratie eine solche «gerechte» Ordnung erwarteten.[6] Nur zögernd und widerstrebend mussten sie erkennen, dass es in einer offenen, pluralistischen Gesellschaft viele miteinander in Konkurrenz liegende Visionen einer gerechten Gesellschaft gibt, von denen keine allgemeine Verbindlichkeit beanspruchen kann.

Es ist daher auch kein Zufall, dass es starke Bestrebungen von Seiten der DDR und der neuen Bundesländer gab, gerade die sozialen Staatsziele und damit das Konzept einer gerechten Sozialordnung inhaltlich schärfer in der Verfassung zu präzisieren. Einen Niederschlag fanden diese Absichten in dem Entwurf einer Verfassung der DDR durch den Runden Tisch, der in die Diskussion und die Ausarbeitung einer neuen gemeinsamen Verfassung des gesamtdeutschen Staates als Beitrag der DDR-Bürger eingebracht werden sollte, in den Landesverfassungen der fünf neuen Bundesländer im Osten und in den Bestrebungen, das

Grundgesetz durch soziale Grundrechte, wie die Rechte auf Arbeit, Wohnung und soziale Sicherung, zu erweitern.

Im Ergebnis wurden jedoch die rechtlichen Rahmenbedingungen der Sozialpolitik durch die Vereinigung nicht entscheidend verändert. Das war natürlich in erster Linie eine Konsequenz der Entscheidung beider deutscher Staaten, den Weg zur Vereinigung nicht über Art. 146 des Grundgesetzes durch die Schaffung einer neuen, vom Volk beschlossenen Verfassung, sondern über Art. 23 durch Beitritt der inzwischen neu gebildeten Länder der DDR zur Bundesrepublik zu gehen[7] und außer den bereits erwähnten beitrittsbedingten Änderungen erst für die Zeit nach der Vereinigung weitere Änderungen oder Ergänzungen des Grundgesetzes zu prüfen.

Insgesamt war die Entwicklung des rechtlichen Rahmens der Sozialpolitik 1989/90–1994 durch gegenläufige Tendenzen gekennzeichnet. Einmal setzte sich die seit dem Ende der 1970er Jahre erkennbare Tendenz fort, den Staat nicht mit zu allgemeinen Aufgaben zur Förderung der Wohlfahrt und der «Lebensqualität» zu überlasten und die Bedeutung anderer Aufgaben – Schutz der inneren und äußeren Sicherheit und vor allem den 1994 neu ins Grundgesetz aufgenommenen Schutz der «natürlichen Lebensgrundlagen» (GG 20a) – stärker zu betonen. Andererseits wurde aber mit der Sozialunion die Übertragung der bundesrepublikanischen Sozialordnung auf die DDR durch Verträge, die Gesetzgebung und den Aufbau neuer Verwaltungen ein entscheidender Teil der Vereinigung. Auch der Bereich der gesamtgesellschaftlichen Verantwortung für das Soziale erweiterte und präzisierte sich durch die Einführung der Pflegeversicherung, die Garantie eines Kindergartenplatzes und die Rechtsprechung besonders des Bundesverfassungsgerichts.

Wesentliche Teile des bundesdeutschen Sozialrechts sind seit den 1970er Jahren im Sozialgesetzbuch zusammengefasst worden. Zum Zeitpunkt der deutschen Einheit war die Arbeit an der Kodifikation des Sozialrechts allerdings noch nicht abgeschlossen. Neben den Allgemeinen Teilen, die ihren Niederschlag in den Büchern I (1975), IV (1976) und X (1980, 1982) gefunden hatten, waren in den Besonderen Teilen bis 1990 nach dem Gesundheits-Reformgesetz 1989 nur die gesetzliche Krankenversicherung (Buch V), nach der Rentenreform Ende 1989 die gesetzliche Rentenversicherung (Buch VI) und nach einem Gesetz vom Juni 1990 das Kinder- und Jugendhilferecht (Buch VIII) systematisch zusammengefasst worden. Für die deutsche Einigung war die Existenz des Sozialgesetzbuches trotz seiner Lücken, seines großen Umfangs, seiner

Zergliederung und seiner Komplexität ein Aktivposten. Das zeigt sich vor allem im Vergleich mit dem Arbeitsrecht, dessen ebenfalls vorgesehene Kodifizierung trotz einiger Vorarbeiten letztlich am Widerstand der betroffenen Interessen – sowohl der Arbeitgeber wie auch der Gewerkschaften – scheiterte. Zudem ist das bundesdeutsche Arbeitsrecht nicht nur in unterschiedlichen Gesetzen niedergelegt; in weiten Bereichen kann es nur aus dem Richterrecht erschlossen werden. Im Vergleich zum Arbeitsgesetzbuch der DDR von 1977, das das Arbeits- und Sozialrecht einheitlich regelte, wurde so der Zugang der Bürger zum Arbeitsrecht der Bundesrepublik außerordentlich erschwert. Das traf in der DDR auf weitgehendes Unverständnis und wurde als eine Art von Rechtsverweigerung angesehen.[8] Auch die im Einigungsvertrag Artikel 30 Absatz 1 erfolgte Auflage, das Arbeitsvertragsrecht, das öffentlich-rechtliche Arbeitszeitrecht, den besonderen Frauenarbeitsschutz «einheitlich neu zu kodifizieren» und das Arbeitsschutzrecht «zeitgemäß neu zu regeln»,[9] wurde nur zum Teil erfüllt und konnte das Fehlen einer Kodifikation des gesamten Arbeitsrechts, zu dem z. B. auch das Arbeitskampfrecht gehören würde, nicht ersetzen.

Auch das bundesdeutsche Sozialrecht, das mit dem Einigungsvertrag auf die neuen Bundesländer übertragen worden war, war viel komplexer als die entsprechenden Regelungen der DDR. So enthält das Rentenrecht der DDR etwa 120 Paragrafen, während das der gesetzlichen Rentenversicherung gewidmete VI. Buch des Sozialgesetzbuches etwa 320 Paragrafen umfasst. Allerdings waren in der DDR viele Regelungen mit Normencharakter in Durchführungsbestimmungen und Erlassen enthalten, was nicht nur mit rechtsstaatlichen Grundsätzen unvereinbar war, sondern auch dem Bürger durch die notwendige Berücksichtigung verschiedener Rechtsquellen den Zugang erschwerte.[10]

Durch den Einigungsvertrag und insbesondere durch das Rentenüberleitungsgesetz vom 25. Juli 1991[11] wurde das Sozialleistungsrecht erheblich verändert, ohne dass eine generelle explizite Klärung erfolgte, inwieweit diese Regelungen das Sozialgesetzbuch betrafen.[12]

In den weiteren Arbeiten am Sozialgesetzbuch trat durch den Einigungsprozess, der alle politischen, legislativen und administrativen Kräfte zeitweise völlig in Anspruch nahm, eine Pause ein. Eine erneute Erweiterung erfolgte dann aber noch in der Legislaturperiode 1990–1994 durch die Schaffung des neuen Leistungszweigs der Sozialen Pflegeversicherung, die 1994 im XI. Buch des Sozialgesetzbuches geregelt wurde.

2.1 Das Ende der sozialistischen Verfassung der DDR

Der DDR standen nach dem Fall der Mauer und dem Beginn des Prozesses der inneren Reformen grundsätzlich mehrere Möglichkeiten des verfassungsrechtlichen Übergangs von einer sozialistischen, vom Machtmonopol der SED bestimmten Diktatur zu einer freiheitlichen, rechtsstaatlichen Demokratie offen. Für den schnellsten Weg, den sofortigen Beitritt zur Bundesrepublik und damit die Übernahme des Grundgesetzes als neuer Verfassungsordnung, fehlten zunächst die erst durch die Zwei-Plus-Vier-Verhandlungen und die Gespräche der Bundesrepublik mit der Sowjetunion erreichten außenpolitischen Voraussetzungen. Auch wären die DDR und ihre Bürger, die im Staatsvertrag vom 18. Mai 1990 und dem Einigungsvertrag vom 31. August 1990 ihre eigenen Interessen einbrachten, zu einem bloßen Objekt des Einigungsprozesses und der bundesrepublikanischen Gesetzgebung geworden. Die zweite Möglichkeit wäre die Wiedereinführung der teilweise an die Weimarer Verfassung von 1919 angelehnten Verfassung der DDR von 1949 gewesen, die in ihrem von der SED allerdings faktisch ignorierten Wortlaut ein parlamentarisch-demokratisches System mit rechtsstaatlichen und föderalistischen Elementen vorsah. Das hätte wesentliche Modifikationen der bestehenden politisch-rechtlichen Institutionen, etwa die Schaffung einer Länderkammer, notwendig gemacht und wurde trotz vereinzelter Vorschläge[13] nicht intensiv verfolgt. Eine dritte Möglichkeit war die Schaffung einer neuen Verfassung der DDR, deren Ausarbeitung vom «Runden Tisch» auch sofort nach dessen konstituierender Sitzung am 7. Dezember 1989 in Angriff genommen wurde. Eine solche Verfassung konnte als Grundordnung einer auf Dauer selbständigen demokratischen DDR, als Ordnung einer längeren Übergangszeit bis zur Vereinigung oder auch als eine wesentliche Grundlage für eine neue, nach Art. 146 des GG geschaffene Verfassungsordnung der vereinigten Bundesrepublik gedacht werden. In jedem Fall blieb jedoch das Problem, wie bis zur Beendigung der Ausarbeitung dieser Verfassung der DDR und ihrer Bestätigung in einer Volksabstimmung die notwendigen Reformen von Staat, Wirtschaft und Gesellschaft beim Übergang zur Demokratie, zum Rechtsstaat und zur Marktwirtschaft verfassungsrechtlich abgesichert werden konnten.

Die Regierungen *Modrow* und *de Maizière* und die Volkskammer der DDR haben eine vierte Möglichkeit gewählt, nämlich die Änderung der bestehenden Verfassung der DDR von 1968/74 durch verfassungsändernde Einzelgesetze und dann durch ein Verfassungsgrundsätzegesetz. Schon die ersten Verfassungsänderungen brachten noch während der Zeit der Regierung *Modrow* das Ende des Führungsmonopols der SED, die Möglichkeit der Einführung des Privateigentums in Wirtschaftsbereichen, die bisher nur das «Volkseigentum» zuließen, und die verfassungsmäßigen Voraussetzungen für freie Wahlen.[14] Weiter wurden durch Gesetze, die zwar im klaren Gegensatz zur bisherigen Praxis der DDR standen, aber den Wortlaut der Verfassung nicht zu verändern brauchten, die Versammlungs-, Meinungs-, Informations- und Medienfreiheit durchgesetzt.[15]

Die Entscheidung über das weitere Vorgehen in Verfassungsfragen fiel nach der Volkskammerwahl vom 18. März 1990 bei der Bildung der Regierung *de Maizière*. Die vom Runden Tisch eingesetzte Arbeitsgruppe «Neue Verfassung» hatte bis zur letzten Sitzung des Runden Tisches am 12. März 1990 ihre Arbeiten an der Verfassung nicht beenden können. Neben «Gesichtspunkten für eine neue Verfassung» wurden dem Runden Tisch von vier Untergruppen erarbeitete «Materialien» vorgelegt, die noch redaktionell überarbeitet, ergänzt und zu einem Gesamtentwurf zusammengefasst werden mussten.[16] Der «Runde Tisch» beschloss gegen die Stimmen von CDU, SPD und DA bei Enthaltung der LDP, dass die von ihm eingesetzte Arbeitsgruppe «Neue Verfassung» die vorgelegten und in Arbeit befindlichen Teile des Entwurfs zu einem Gesamtentwurf verarbeiten und der Öffentlichkeit zur Diskussion vorlegen sollte und dass die Arbeitsgruppe an der Tätigkeit des Verfassungsausschusses der Volkskammer beteiligt werden sollte. Ferner sollte die Volkskammer für den 17. Juni 1990 einen Volksentscheid über die Verfassung der DDR und ein Ländererrichtungsgesetz ausschreiben. Der Verfassungsentwurf des Runden Tisches sollte zudem in die Debatten über eine neue deutsche Verfassung nach Art. 146 des Grundgesetzes einbezogen werden.[17]

Der am 4. April von der Arbeitsgruppe verabschiedete und an die Volkskammer übersandte Verfassungsentwurf[18] fand in der Koalitionsvereinbarung vom 12. April 1990 in der Aussage Erwähnung, dass die Koalition «bei der weiteren Gestaltung der Verfassung für Übergangsregelungen» eintritt, «die sowohl die Verfassung von 1949 als auch den Verfassungsentwurf des Runden Tisches berücksichtigen».[19] Die Regierungserklärung *de Maizières* vom 19. April 1990 ging auf Verfassungsfragen nicht ein. Aber der Verfassungsentwurf des Runden Tisches wurde anschließend von *Gerd Poppe* vom Bündnis 90/GRÜNE, Minister in

Modrows «Regierung der nationalen Verantwortung» und wichtigster Promotor der Arbeitsgruppe «Neue Verfassung», vorgestellt und in einer «aktuellen Stunde» diskutiert.[20] Dabei wurde die Ablehnung dieser Verfassung durch CDU, DSU und DA, die darin ein Hindernis für eine schnelle deutsche Einheit sahen, die Reserve der Liberalen und die Bereitschaft der Sozialdemokratie zur Auseinandersetzung mit dem Entwurf[21] deutlich. Am 26. April lehnte schließlich die Volkskammer den Antrag der Fraktion Bündnis 90/GRÜNE, den Entwurf als neue Verfassung der DDR vorzusehen und eine Volksabstimmung darüber einzuleiten, mehrheitlich ab; selbst eine Überweisung an die zuständigen Ausschüsse zur Beratung wurde mit 179 gegen 167 Stimmen bei vier Enthaltungen verweigert. Auch der Verfassungsentwurf einer Kommission, die im Auftrag *de Maizières* vom Justizminister der DDR, *Kurt Wünsche*, eingesetzt wurde, blieb folgenlos. Er gelangte nicht in die parlamentarischen Beratungen und wurde auch nicht veröffentlicht.[22]

Die weiteren entscheidenden Veränderungen der Verfassung der DDR beruhten vor allem auf dem nach kontroversen Debatten am 17. Juni 1990 mit verfassungsändernder Mehrheit verabschiedeten Verfassungsgrundsätzegesetz,[23] in dem sich die DDR zum freiheitlichen, demokratischen, föderativen, sozialen und ökologisch orientierten Rechtsstaat bekannte. Das Privateigentum, die wirtschaftliche Handlungsfreiheit, die Tarifautonomie, die Eröffnung des Rechtsweges gegenüber Rechtsverletzungen durch die öffentliche Gewalt und die Unabhängigkeit der Rechtsprechung wurden nach diesen «Grundsätzen» gewährleistet. Weiter legte dieses Gesetz, das bis zur Inkraftsetzung eines Grundgesetzes gültig bleiben sollte, fest, dass entgegenstehende Verfassungsgrundsätze ihre Rechtsgültigkeit verlören und die alte DDR-Verfassung wie die gesamte Rechtsordnung der DDR nach dem Verfassungsgrundsätzegesetz interpretiert und angewendet werden sollten. Besonders weitgehend war die Bestimmung, dass – im Gegensatz zur bisherigen Regelung – die Verfassung auch ohne ausdrückliche Veränderung ihres Wortlauts durch mit Zweidrittelmehrheit verabschiedete «Verfassungsgesetze» verändert werden konnte.[24] Unter den später verabschiedeten Verfassungsgesetzen war das Ländereinführungsgesetz vom 22. Juli 1990,[25] mit dem die Bildung der neuen Länder Mecklenburg-Vorpommern, Brandenburg, Sachsen-Anhalt, Sachsen und Thüringen vorbereitet wurde, von besonderer Bedeutung.

2.2 Die Diskussion über die Verankerung sozialer Grundrechte in der Verfassung

Das Verfassungsgrundsätzegesetz ging mit der Verankerung des Schutzes der natürlichen Umwelt und des Schutzes der Arbeit als Aufgaben des Staates über das Grundgesetz der alten Bundesrepublik hinaus. Insbesondere die Bestimmung des Art. 7, dass der Staat die Arbeitskraft schützen und das Recht des Einzelnen, «durch Arbeit ein menschenwürdiges Leben in sozialer Gerechtigkeit und wirtschaftlicher Freiheit zu führen», fördern sowie «die dazu notwendigen Rahmenbedingungen» schaffen solle, zeigt, dass man versuchte, soziale Grundrechte, vor allem das in der Verfassung der DDR enthaltene, bei der Bevölkerung der DDR sehr populäre[26] «Recht auf Arbeit», in die neue Ordnung zu übernehmen.

Im Verfassungsentwurf des Runden Tisches, der sehr viel stärker als das Grundgesetz den Charakter einer über eine Staatsverfassung hinausgehenden Gesellschaftsverfassung hatte, spielten – neben pazifistischen, ökologischen, basisdemokratischen und plebiszitären Elementen – soziale Forderungen eine herausragende Rolle. Zu diesen zählten die Verpflichtung des Staates, auf die Gewährleistung der Gleichberechtigung der Frauen hinzuwirken, die staatliche Finanzierung und Förderung von Kindergärten und Kinderkrippen, das Recht der Bürger auf angemessenen Wohnraum, das Recht auf Arbeit und Arbeitsförderung sowie ein stark erweiterter Kündigungsschutz für Behinderte, Schwangere und Alleinerziehende. In einigen Bestimmungen, wie der Begrenzung der Eigentumsentschädigung bei einer Vergesellschaftung von Produktivvermögen und dem Ausschluss des Privateigentums bei Landwirtschaftsbetrieben mit einer Größe von über 100 ha, blieb die Verfassung zudem sozialistischen Vorstellungen verpflichtet.[27] Die «sozialen Errungenschaften» der DDR, die natürlich eng mit dem planwirtschaftlichen Wirtschaftssystem verbunden waren, sollten so in der neuen Demokratie bewahrt bleiben. Auch die Koalitionsvereinbarung sah vor, dass, falls es nicht zu einer neuen Verfassung der DDR käme, «soziale Sicherungsrechte», vornehmlich das «Recht auf Arbeit, Wohnung und Bildung», zwar nicht als einklagbare Individualrechte, aber doch als Staatszielbestimmungen in ein verändertes Grundgesetz eingebracht werden sollten.[28]

Diese von den westdeutschen Sozialdemokraten unterstützten Bestrebungen fanden Eingang in Art. 5 des Einigungsvertrages, der zum Thema Verfassungsänderungen, mit denen sich «die gesetzgebenden Körperschaften des vereinten Deutschland» nach den Empfehlungen der

Regierungen der Bundesrepublik und der DDR befassen sollten, auch relativ vage «Überlegungen zur Aufnahme von Staatszielbestimmungen in das Grundgesetz» aufführt.[29] Trotz deren intensiver Beratung durch eine Gemeinsame Verfassungskommission von Bundesrat und Bundestag[30] kamen die notwendigen Zweidrittelmehrheiten für die Einführung eines Rechts auf Arbeit, auf Wohnung und soziale Sicherung nicht zustande. Neu in das Grundgesetz aufgenommen wurden dagegen durch Verfassungsänderungen vom 27. Oktober 1994 u. a. das Staatsziel «Schutz der natürlichen Lebensgrundlagen im Rahmen der verfassungsmäßigen Ordnung» (Art. 20 a), das Verbot der Benachteiligung wegen «Behinderung» (Art. 3 Abs. 3 Satz 2)[31] und die Bestimmung, dass der Staat die «tatsächliche Durchsetzung der Gleichberechtigung von Frauen und Männern» fördert und «auf die Beseitigung bestehender Nachteile» hinwirkt (Art. 3 Abs. 2 Satz 2).[32] Neben der Erweiterung gewisser Grundrechte war es, um die stark steigende Zahl von Asylbewerbern zu reduzieren, auch im «Asylkompromiss» von CDU/CSU und SPD durch ein verfassungsänderndes Gesetz vom 28. Juni 1993 zu einer weitgehenden Beschränkung des Rechts auf politisches Asyl gekommen.[33] Die mangelnde Bereitschaft, wünschenswerte, aber vom Staat nicht zu garantierende weitreichende soziale Staatsziele in das Grundgesetz aufzunehmen, hängt mit der Furcht zusammen, mit der Formulierung solcher Ziele beim Bürger unerfüllbare Erwartungen zu wecken und dazu beizutragen, dass die Grundrechte nicht mehr – wie in der Bundesrepublik – unmittelbar geltendes Recht sind, sondern, wie das faktisch bei dem nicht einklagbaren, umfangreichen Katalog sozialer Rechte in der Weimarer Verfassung der Fall war, zur bloßen «Verfassungslyrik» absinken.

Im Unterschied zum Grundgesetz haben soziale Rechte einen starken Niederschlag in den Verfassungen der neuen Bundesländer[34] gefunden. Dabei wird teilweise nicht klar zwischen programmatischen Staatszielen, aus denen vom Einzelnen keine unmittelbaren Ansprüche abgeleitet werden können, und den vor Gericht einklagbaren Grundrechten unterschieden.[35] So heißt es in der Verfassung von Brandenburg, dass das Land verpflichtet sei, «im Rahmen seiner Kräfte durch eine Politik der Vollbeschäftigung und Arbeitsförderung für die Verwirklichung des Rechts auf Arbeit zu sorgen» (Art. 48 Abs. 1). Weiter wird dem Land auferlegt, «im Rahmen seiner Kräfte für die Verwirklichung des Rechts auf eine angemessene Wohnung zu sorgen, insbesondere durch Förderung von Wohnungseigentum, durch Maßnahmen des sozialen Wohnungsbaus, durch Mieterschutz und Mietzuschüsse» (Art. 47 Abs. 1). Nach der

Verfassung des Landes Sachsen-Anhalt wirkt das Land «im Rahmen seiner Zuständigkeit darauf hin, dass sinnvolle und dauerhafte Arbeit für alle geschaffen wird» (Art. 39 Abs. 2). Ferner sollen Land und Kommunen «durch die Unterstützung des Wohnungsbaus, die Erhaltung vorhandenen Wohnraums und durch andere geeignete Maßnahmen die Bereitstellung ausreichenden, menschenwürdigen Wohnraums zu angemessenen Bedingungen für alle» fördern (Art. 40 Abs. 1). In der Verfassung von Mecklenburg-Vorpommern wird angeführt, dass das Land «zur Erhaltung und Schaffung von Arbeitsplätzen» beiträgt. «Es sichert im Rahmen des gesamtwirtschaftlichen Gleichgewichts einen hohen Beschäftigungsstand» und soll zusammen mit den Gemeinden und Kreisen darauf hinwirken, dass jedem angemessener Wohnraum zu sozial tragbaren Bedingungen zur Verfügung steht (Art. 17 Abs. 1 und 3). Nach der Verfassung von Thüringen ist es die «ständige Aufgabe des Freistaats, jedem die Möglichkeit zu schaffen, seinen Lebensunterhalt durch freigewählte und dauerhafte Arbeit zu verdienen» (Art. 36) und darauf hinzuwirken, «daß in ausreichendem Maße angemessener Wohnraum zur Verfügung steht» (Art. 15). Nach der Verfassung von Sachsen erkennt das Land «das Recht eines jeden Menschen auf ein menschenwürdiges Dasein, insbesondere auf Arbeit, auf angemessenen Wohnraum, auf angemessenen Lebensunterhalt, auf soziale Sicherung und auf Bildung als Staatszweck», an (Art. 7 Abs. 1).

Das Recht auf Arbeit und das Recht auf Wohnung, so eindeutig sie in den Landesverfassungen der ostdeutschen Länder festgelegt sind, haben jedoch als subjektive Individualrechte, die eingeklagt werden können, keine Relevanz erlangt.[36] Auch die Vorgaben an die Gesetzgebung und die Regierungen der Länder, für einen hohen Beschäftigungsstand und für angemessenen Wohnraum zu sorgen, waren nur von begrenzter Bedeutung, da sie den eigentlichen Adressaten, den bundesdeutschen Gesetzgeber und die Bundesregierung, nicht verpflichten konnten.

2.3 Die Sozialpolitik und Probleme der Einheit in der Rechtsprechung des Bundesverfassungsgerichts und der Arbeits- und Sozialgerichte

Von großer Bedeutung für die bundesdeutsche Sozialpolitik waren dagegen die Interpretationen der Grundrechte, aber auch die konkreten Auflagen an den Gesetzgeber, die sich aus der Rechtsprechung vor allem des Bundesverfassungsgerichts zum Sozialrecht[37] ergaben. So hatten

Entscheidungen des Bundesverfassungsgerichts vom 28. Februar 1980 und 1. Juli 1981[38] festgestellt, dass die Eigentumsgarantie des Art. 14 des Grundgesetzes sich auch auf die Versichertenrenten und auf die Anwartschaften aus der gesetzlichen Rentenversicherung erstreckt. Allerdings war damit kein verfassungsrechtlicher Bestandsschutz des bestehenden Rentensystems, das vielmehr nach einem Urteil des Bundesverfassungsgerichts vom 28. April 1999 «vom Gesetzgeber auf andere Grundlagen gestellt werden» kann, verbunden.[39] Faktisch ist aber der Handlungsspielraum des Gesetzgebers bei allen Änderungen dadurch eingeengt, dass erworbene Rechte berücksichtigt und beim Übergang zu neuen Regelungen lange Übergangsfristen vorgesehen werden müssen. Sehr intensiv haben sich die Sozialgerichte und auch das Bundesverfassungsgericht mit den Regelungen des Staatsvertrages, des Einigungsvertrages und des Rentenüberleitungsgesetzes von 1991 zur Überführung der in der DDR bestehenden Zusatz- und Sonderversorgungssysteme in die gesetzliche Rentenversicherung und mit der dabei vorgesehenen Überprüfung «ungerechtfertigter» und «überhöhter» Leistungen befasst. Die langwierigen Auseinandersetzungen über die von den Betroffenen als «Rentenstrafrecht» angesehenen Bestimmungen, die mehrfach zu Novellierungen des Rentenüberleitungsgesetzes führten, können hier nicht im Einzelnen verfolgt werden.[40] In vier Urteilen vom 28. April 1999[41] hat das Bundesverfassungsgericht schließlich die grundsätzliche Entscheidung zur Überführung der Systeme in die gesetzliche Rentenversicherung und damit auch zur hier gegebenen Begrenzung der Leistungen und Ansprüche aufgrund der Beitragsbemessungsgrenze gebilligt. Es hat aber auch klargestellt, dass die in diesen Zusatz- und Sonderversorgungssystemen erworbenen Anwartschaften dem Schutz der Eigentumsgarantie unterliegen, die bisherige Begrenzung der Leistungen auf höchstens 2700 Mark monatlich entfällt und Rentenansprüche, die bereits am 3. Oktober 1990 bestanden, dynamisiert werden müssen. Das bedeutete für viele der Betroffenen,[42] unter ihnen die meisten der bei der Wiedervereinigung bereits rentenberechtigten DDR-Professoren, eine erhebliche Anhebung ihrer Renten, die allerdings noch immer beträchtlich hinter denen vergleichbarer Personen im Westen, die in anderen Alterssicherungssystemen Beamtenpensionen erhielten, zurückbleiben.

Im unmittelbaren Zusammenhang mit der Wiedervereinigung stand das Urteil des Bundesverfassungsgerichts vom 24. April 1991 zu der sog. «Warteschleife». Die Bestimmung des Einigungsvertrages, nach der Arbeitsverhältnisse von Beschäftigten bei öffentlichen Einrichtungen, die «abgewickelt» wurden, zum Ruhen gebracht und befristet wurden, wurde als mit dem Grundgesetz grundsätzlich vereinbar erklärt. Das Gericht beanstandete aber, dass Kündigungsvorschriften nach dem Mutterschutzrecht durchbrochen worden waren, und forderte die Berücksichtigung der «besondere[n] Lage von Schwerbehinderten, älteren Arbeitnehmern, Alleinerziehenden und anderen in ähnlicher Weise Betroffenen [...] bei der Besetzung von Stellen im öffentlichen Dienst».[43]

Auch in anderen Fragen hat das Bundesverfassungsgericht zu Problemen der Einigung Stellung genommen. Allein im Zeitraum von September 1990 bis Mai 1994 liegen zu innerdeutschen Verfassungsfragen 63 Urteile und Beschlüsse des Bundesverfassungsgerichts vor.[44] Dazu gehören die Ordnung der Justiz, z.B. die Übernahme von DDR-Richtern in den Justizdienst oder die Möglichkeit des Widerrufs der Zulassung von DDR-Juristen zur Rechtsanwaltschaft. Im Strafrecht wird das allgemeine Rückwirkungsverbot des Rechts aufgehoben, wenn schwerste kriminelle Akte etwa von Mauerschützen und ihrer Befehlsgeber, die nach DDR-Recht straffrei waren, trotzdem als Verstoß gegen allgemein anerkannte Menschenrechte geahndet werden konnten. Dagegen wurde festgestellt, dass Spionagedelikte, die von der DDR aus gegen die Bundesrepublik begangen wurden, nicht strafrechtlich verfolgt werden sollten. Eine wichtige, die vertragliche Regelung der Einheit bestätigende Entscheidung des Bundesverfassungsgerichts war die faktische Akzeptierung des Verzichts auf die Rückgängigmachung der durch die sowjetische Besatzungsmacht vorgenommenen Enteignungen zwischen 1945 und 1949.[45] In der Rechtsprechung des Bundesverfassungsgerichts zu Problemen der Wiedervereinigung wurden immer wieder die Topoi von der «historischen Einmaligkeit der zu bewältigenden Aufgaben» und «der singulären rechtlichen Situation» verwendet.[46]

Bereits 1980 hatte das Bundesverfassungsgericht die unterschiedliche Besteuerung von Alterseinkünften aus Renten und Pensionen kritisiert und eine Änderung angemahnt. Auch eine zweite Beanstandung 1992 führte zunächst zu keinen gesetzgeberischen Konsequenzen, die schließlich erst nach der Jahrtausendwende erfolgten.[47] Wesentlichen Einfluss auf die Praxis der Frühverrentung im Alter von 60 Jahren nach vorheriger Arbeitslosigkeit hatte ein Urteil des Bundesverfassungsgerichts vom 23. Januar 1990[48] zu §128 des AFG, in dem die Erstattungspflicht der Arbeitgeber an die Rentenversicherung und die Arbeitslosenversicherung bei der Frühverrentung von älteren Arbeitnehmern geregelt wurde. Der darin vorgesehene Grundsatz der Erstattung von Arbeitslosengeldern wurde zwar gebilligt, gleichzeitig aber ein Verstoß gegen das Grundgesetz (Art. 12 Abs. 1) festgestellt, wenn die Arbeitnehmer die Voraussetzungen für andere Sozialleistungen – etwa aus der Kranken-, Unfall- oder Rentenversicherung – erfüllen, die einen Anspruch auf Arbeitslosengeld und Arbeitslosenhilfe ganz oder teilweise ruhen oder entfallen lassen. Auch sei eine Erstattungspflicht und damit die Belastung des Arbeitgebers mit den sozialen Folgekosten der Arbeitslosigkeit nicht zu rechtfertigen, wenn diesen keine besondere Verantwortung für den Eintritt der Arbeitslosigkeit treffe. So sei in aller Regel ein wichtiger Grund zur fristlosen Kündigung und damit keine Erstattungspflicht gegeben, wenn der Arbeitnehmer wegen gesundheitlicher Einschränkungen die von ihm vertraglich übernommene Arbeit auf Dauer nicht mehr verrichten könne. Faktisch bedeutete dieses Urteil eine so weitgehende Durchlöcherung des Grundsatzes der Erstattungspflicht, dass §128 aufgehoben wurde.[49] Im Rahmen eines Gesetzes zur Änderung des AFG und anderer Gesetze vom 18. Dezember 1992[50] wurde eine Pflicht der Arbeitgeber zur Erstattung von Arbeitslosengeld bei der Frühverrentung älterer Arbeitnehmer grundsätzlich wieder eingeführt. Weiterhin war vorgesehen, dass Abfindungen bei der Arbeitsaufgabe ohne wichtigen Grund teilweise auf das Arbeitslosengeld angerechnet werden können. Dennoch war das Gesetz mit so vielen Ausnahmen versehen – u.a. dem Verzicht auf die Einbeziehung kleinerer Betriebe mit nicht mehr als 20 Arbeitnehmern –, dass es kein effektives Instrument zur Eindämmung der Frühverrentungen und der mit diesen verbundenen Belastungen der Sozialversicherung darstellte.

Von erheblicher politischer Brisanz war die Entscheidung des Bundesverfassungsgerichts vom 4. Juli 1995[51] zur Verfassungsmäßigkeit des Art. 116 Abs. 3 des AFG, der nach erbitterten parlamentarischen und außerparlamentarischen Auseinandersetzungen durch ein Gesetz vom 15. Mai 1986 eingeführt worden war. Die neue Bestimmung sah vor, dass der Anspruch auf den Bezug von Arbeitslosengeld ruht, wenn der durch einen Arbeitskampf arbeitslos gewordene Arbeitnehmer zuletzt bei einem Betrieb beschäftigt war, der aufgrund seines räumlichen oder faktischen Geltungsbereichs dem umkämpften Tarifvertrag zuzuordnen ist, oder, wenn das nicht der Fall ist, er am Erfolg des Arbeitskampfes in (annähernd) gleicher Weise wie die streikenden Arbeitnehmer interessiert ist.[52] Mit dieser Ausweitung des vollen Risikos des Lohnausfalls auch auf die von einem Arbeitskampf mittelbar betroffenen Arbeitnehmer wurde der Taktik der Gewerkschaften, sich bei Streiks auf einzelne Schlüsselbetriebe zu konzentrieren und damit die von ihnen zu tragenden Streikkosten zu begrenzen, der Boden entzogen. Die Gewerkschaften sahen die Neuregelung als eine Bedrohung ihrer Kampffähigkeit und damit als Gefährdung der Tarifautonomie an. Die von der IG Metall eingelegte Verfassungsbeschwerde und die Normenkontrollanträge verschiedener sozialdemokratischer Länder wurden jedoch vom Bundesverfassungsgericht zurückgewiesen. Das ungefähre Kampfgleichgewicht (Parität) der Tarifparteien und damit die Tarifautonomie sei durch die Neuregelung (noch) nicht gefährdet. Die grundsätzliche Bedeutung des Urteils liegt darin, dass sie dem Staat die Verantwortung für das strukturelle Gleichgewicht der Tarifvertragsparteien aufzuerlegen scheint und man aus dem Urteil die Verpflichtung ableiten kann, bei einem Übergewicht einer Seite durch die Gesetzgebung oder die Rechtsprechung gegenzusteuern.[53]

Besonders weitgehend waren die Auswirkungen der Rechtsprechung des Bundesverfassungsgerichts auf den aus Art. 6 Abs. 1 des GG über den besonderen Schutz der Ehe und Familie abgeleiteten Ausbau des Familienlastenausgleichs. Mit einem Urteil vom 29. Mai 1990[54] wurde verlangt, «daß bei der Besteuerung einer Familie das Existenzminimum sämtlicher Familienmitglieder steuerfrei bleiben muss».[55] Damit wurde die Pflicht des Staates unterstrichen, der Minderung der Leistungsfähigkeit von Steuerzahlern durch den Unterhalt von Kindern Rechnung zu tragen. In einem Urteil vom 7. Juli 1992 hat das Bundesverfassungsgericht zudem grundsätzliche Ausführungen zum unzureichenden Familienlastenausgleich in der Bundesrepublik gemacht und insbesondere eine Reform der deutschen Rentenversicherung, die zu einer schweren Benachteiligung der Eltern geführt habe, angemahnt.[56] Die Fortführung der bereits begonnenen Anrechnung von Kindererziehungszeiten im Rentenrecht, die Berücksichtigung der Dauer der Ehe und der Pflegeleistungen in der Familie für den überlebenden Ehepartner bei den Witwer- und Witwenrenten werden als mögliche Wege angedeutet, in der ein Familienlastenausgleich in die Alterssicherung eingebaut werden kann. «Der Schutz der Rentenanwartschaften durch §14 Abs.1 GG steht einer maßvollen Umverteilung innerhalb der gesetzlichen Rentenversicherung zu Lasten kinderloser und kinderarmer Personen nicht entgegen [...] Unabhängig davon, auf welche Weise die Mittel für den Ausgleich aufgebracht werden, ist jedenfalls sicherzustellen, dass sich mit jedem Reformschritt die Benachteiligung der Familie tatsächlich verringert. Dem muss der an den Verfassungsauftrag gebundene Gesetzgeber erkennbar Rechnung tragen».[57] Mit seinen immer dringender werdenden Forderungen zu einem verbesserten Familienlastenausgleich zog das Bundesverfassungsgericht offensichtlich die Konsequenz aus seiner Auffassung, dass die Politik auf diesem Felde bisher versagt habe und dass angesichts der Bevölkerungsentwicklung der letzten Jahrzehnte nur durch grundlegende Reformen eine Krise von Wirtschaft und Gesellschaft, besonders aber des Systems der sozialen Sicherung, verhindert werden könne.

Ganz auf der Linie dieser Forderungen zum Familienlastenausgleich liegen auch die Urteile des Bundesverfassungsgerichts vom 10. November 1998,[58] nach denen das Kindergeld mindestens dem Beitrag entsprechen müsse, der sich bei einem Spitzensteuersatz aufgrund der Steuerfreiheit des Kinderexistenzminimums als Steuerermäßigung ergibt. Zudem sollte allen Eltern ermöglicht werden, über das Existenzminimum hinaus Kinderbetreuungskosten bis zu einer gewissen Höhe vom steuerpflichtigen Einkommen abzusetzen. Typisch für die Rechtsprechung des Bundesverfassungsgerichts zum Familienlastenausgleich ist die enge Verknüpfung von Einkommensteuerrecht, Sozialhilferecht und Rentenrecht. Die spektakuläre Rechtsprechung des Bundesverfassungsgerichts zum Familienlastenausgleich in den 1990er Jahren fiel zusammen mit dem stark wachsenden Bewusstsein der sich aus der Alterung der Bevölkerung ergebenden wirtschaftlichen und sozialen Probleme sowie der steigenden Bedeutung der Familienpolitik in den Wahlkämpfen der Zeit. Das führte, trotz der generellen Bestrebungen zur Eindämmung des Wachstums der Sozialausgaben, zu einer erheblichen Zunahme der staatlichen Leistungen, einschließlich der Steuervergünstigungen, für Familien mit Kindern um etwa 30 Prozent zwischen 1992 und 1999 von 224 auf 292 Milliarden DM. Damit stieg auch ihr Anteil am Bruttoinlandsprodukt von 7,1 auf 7,6 Prozent an.[59]

Natürlich wurde der rechtliche Rahmen der Sozialpolitik ganz wesentlich auch von der Rechtsprechung der Arbeitsgerichte, die weite Bereiche des weder durch die Verfassung noch die Gesetzgebung geregelten Arbeitsrechts, insbesondere auch das Arbeitskampfrecht, gestalten, sowie von den Sozialgerichten gesetzt. So hat das Bundessozialgericht insbesondere bei der Korrektur der ursprünglich vorgesehenen Regelungen zur Überleitung der Zusatz- und Sonderversorgungssysteme der DDR in die gesetzliche Rentenversicherung, vor allem vor den erwähnten Urteilen des Bundesverfassungsgerichts vom 28. April 1999, eine wesentliche Rolle gespielt.[60] Von außerordentlicher Bedeutung war auch die Entscheidung des Bundessozialgerichts vom 29. Januar 1998, dass die wesentliche Beteiligung der Versicherten im Westen an der Finanzierung der Ostrenten nicht wegen einer versicherungsfremden Leistung, wie der Herstellung der Deutschen Einheit, als verfassungswidrig zu beanstanden sei.[61]

2.4 Die europäische Dimension der Sozialpolitik und die Rechtsprechung des Europäischen Gerichtshofes

Eine zunehmende Bedeutung für die Sozialpolitik der Bundesrepublik erlangte die Europäische Gemeinschaft und die Rechtsprechung des Europäischen Gerichtshofes. Obwohl bereits im Gründungsvertrag der Europäischen Wirtschaftsgemeinschaft – der wichtigsten Vorläuferin der Europäischen Gemeinschaft – ausdrücklich die «Verbesserung der Lebens- und Arbeitsbedingungen der Arbeitskräfte» und die «Hebung der Lebenshaltung» sowie die Schaffung eines Europäischen Sozialfonds zur Förderung dieser Ziele fixiert wurden,[62] konzentrierte sich die europäische Sozialpolitik zunächst vor allem darauf, dass für Arbeitnehmer, die unter Ausübung des grundlegenden Prinzips der Freizügigkeit von einem Land der Gemeinschaft in ein anderes zur Arbeitsaufnahme wanderten, die innerstaatlichen Regelungen für soziale Sicherung galten.[63] Eine darüber hinausgehende Harmonisierung des Sozial- und Arbeitsrechts wurde angesichts der erheblichen Unterschiede der wirtschaftlichen Leistungsfähigkeit der Mitgliedsstaaten und ihrer historisch herausgebildeten nationalen Systeme der sozialen Sicherung bis heute nicht angestrebt. Dagegen kann man eine zunehmende Koordinierung des Sozialrechts wie auch Versuche beobachten, Wohlfahrtsunterschiede durch Strukturfonds zu vermindern und – etwa in der Arbeitsmarktpolitik – durch gemeinsames Vorgehen bei gleichartig gelagerten Problemen eine gewisse Konvergenz zu fördern.[64] Von erheblicher Bedeutung war schließlich, dass die Einheitliche Europäische Akte von 1986/87, die «Gemeinschaftscharta der sozialen Grundrechte der Arbeitnehmer» 1989, der Vertrag von Maastricht 1992/93, durch den die Europäische Gemeinschaft mit der völkerrechtlichen Gemeinschaft der Europäischen Union ummantelt wurde, sowie der Vertrag von Amsterdam 1997 die Möglichkeiten der Europäischen Union und der Europäischen Gemeinschaft, sozialpolitisch aktiv zu werden, deutlich erweiterten. Dabei bestätigte der Maastrichter Vertrag die deutsche Position, die von einem Sockel von gemeinschaftsweit verbindlichen Festlegungen von Mindeststandards als Ziel der europäischen Sozialpolitik ausgeht.[65] Diese gelten inzwischen vor allem für den Bereich des Arbeits- und Gesundheitsschutzes und die

Chancengleichheit von Männern und Frauen auf dem Arbeitsmarkt und ihre Gleichbehandlung am Arbeitsplatz.

Diese Entwicklung von Normen eines europäischen Sozialrechts ist vom Europäischen Gerichtshof, der sich besonders gegen eine Diskriminierung von Frauen wandte und die Differenzierung sozialer Berechtigungen auf der Grundlage der Staatsangehörigkeit eines Staates verbot, vorangetrieben worden.[66] Grundlegend war auch die vielfach als zu kostenträchtig kritisierte Rechtsprechung des Europäischen Gerichtshofes zum Export von Sozialleistungen.[67] Geldleistungen aus beitragsfinanzierten Systemen der sozialen Sicherung – auch die Lohnfortzahlung im Krankheitsfall – müssen, mit Ausnahme der Leistungen bei Arbeitslosigkeit, für deren Inanspruchnahme die Arbeitnehmer dem Arbeitsmarkt des (letzten) Beschäftigungsstaates zur Verfügung stehen sollen,[68] demnach auch in andere Länder exportiert werden. Da das, im Unterschied zur Sozialhilfe und zur Kriegsopferversorgung, wohl auch für eine im Rentensystem verankerte Mindestsicherung gegenüber Armut gelten würde, war das für Arbeitsminister *Blüm* ein wesentliches Motiv für deren Ablehnung.[69] Inzwischen können, als Konsequenz des freien Waren- und Dienstleistungsverkehrs im Europäischen Binnenmarkt, auswärtige Anbieter soziale Leistungen – wie z. B. Gesundheitsleistungen – in Deutschland erbringen, und es können auch nicht durch akute Krankheiten bedingte Sachleistungen der Sozialversicherung – etwa eine Zahnbehandlung, ein Brillenkauf oder Pflegeleistungen – im Ausland in Anspruch genommen werden. Aus der Freizügigkeit der Arbeitnehmer wurde eine Freizügigkeit der Bürger der Europäischen Union. Selbst die Wanderung von Bürgern der Europäischen Union in die Sozialhilfesysteme eines anderen Landes ist nach der neuesten Rechtsprechung des EuGH in der Zukunft keineswegs mehr ausgeschlossen.[70]

Im Unterschied zu ihrer Kritik an der ihrer Meinung nach ungerechtfertigten Ausdehnung der Kompetenzen der Europäischen Gemeinschaft durch die Entscheidungen des Europäischen Gerichtshofes über den Export von Sozialleistungen hat die deutsche Politik sich für die Erweiterung der Mitbestimmungsrechte der Arbeitnehmer eingesetzt und nach langwierigen Verhandlungen erreicht, dass europäische Betriebsräte in multinationalen Unternehmen eingerichtet wurden.

Die europäische Dimension der Sozialpolitik ist also durch die Erweiterung der Richtlinienkompetenz der Europäischen Gemeinschaft und die Rechtsprechung des Europäischen Gerichtshofes bereits erheblich ausgedehnt und der Handlungsspielraum der nationalen Sozialpolitik damit eingeengt worden. Vieles spricht dafür, dass sich diese Entwicklung fortsetzen wird. Noch immer fällt allerdings die Sozialpolitik in viel stärkerem Maße als die Wirtschafts- und Finanzpolitik überwiegend in die jeweilige Kompetenz der Mitgliedstaaten der Europäischen Union. Ein «Sozialstaat Europa» ist noch kaum denkbar und nicht wünschenswert ohne eine stärkere demokratische Fundierung, die wohl nur durch eine «politische Union» zu erreichen wäre.[71]

3. Die deutsche Wirtschaft im Einigungsprozess

3.1 Veränderungen der Wirtschafts- und Sozialverfassung

Die bundesdeutsche Wirtschafts- und Sozialverfassung, die auf den Prinzipien der Sozialen Marktwirtschaft und sozialpartnerschaftlicher Arbeitsbeziehungen beruht, blieb nach 1989 ohne wesentliche Änderungen erhalten. Durch die Vereinigung wurde ihr Geltungsbereich auf das Gebiet der früheren DDR ausgedehnt. Wie wir gesehen haben, wurde im Staatsvertrag vom 18. Mai 1990 die Soziale Marktwirtschaft definiert und ihre enge Verbindung mit der auf Koalitionsfreiheit, Tarifautonomie, Mitbestimmung und Kündigungsschutz beruhenden Arbeitsrechtsordnung und dem umfassenden System der sozialen Sicherung unterstrichen.[1] Die Träger der Sozialpartnerschaft – freie Gewerkschaften und Arbeitgeberverbände – etablierten sich in den neuen Bundesländern; Sozialversicherungsträger, freie Wohlfahrtsverbände sowie wirtschafts- und sozialpolitische Interessenverbände wurden geschaffen und Wirtschafts- und Sozialverwaltungen als Instrumente zur Implementierung der Wirtschafts- und Sozialpolitik errichtet. Viele sahen in der schnellen und erfolgreichen Übertragung der Normen, Institutionen, Akteure und Leistungen der Sozialen Marktwirtschaft und des westdeutschen Sozialstaates eine Bestätigung der Vitalität und der Leistungsfähigkeit des bundesdeutschen Systems.

Daneben gab es aber auch zunehmend pessimistische Stimmen, die den Zusammenbruch weiter Teile der Industrie Ostdeutschlands sowie den starken Anstieg der Arbeitslosigkeit auch im früheren Bundesgebiet seit Herbst 1992 zum Anlass nahmen, sich kritisch mit dem «Modell Deutschland»[2] auseinander zu setzen. Darunter wird die sozialverträgliche Gestaltung des Wandels von der Industriegesellschaft zur modernen Informations- und Dienstleistungsgesellschaft durch enge Zusammenarbeit von Staat und Sozialpartnern wie auch die Absicherung der sozialen

Folgekosten dieses Prozesses durch großzügige Sozialleistungen verstanden. Einige hielten eine radikale Reform dieses Modells für nötig.

Die Gewichte innerhalb des Wirtschaftssystems hatten sich durch die Vereinigung verschoben. Die Rolle des Staates war wesentlich verstärkt worden. Er war nicht nur für den Ausbau der in der DDR völlig vernachlässigten Infrastruktur verantwortlich, sondern hatte über die Treuhandanstalt, die zugleich «Auktionsbörse und Industrieministerium»[3] war, auch einen entscheidenden Einfluss auf die Umwandlung der Wirtschaft. Dabei schwankten die politischen Prioritäten zwischen einer schnellen Privatisierung, der Sanierung von Betrieben, die mittelfristig als erhaltensfähig galten, und dem Versuch, bestimmte industrielle Kerne der traditionellen Industriestandorte Ostdeutschlands auf Dauer zu sichern und damit einer wirtschaftlichen Verödung ganzer Regionen entgegenzuwirken. Die aktive Arbeitsmarktpolitik der Bundesanstalt für Arbeit wurde in einem vorher kaum vorstellbaren Maße ausgebaut und durch die Schaffung neuer Instrumente in ihrem Charakter verändert. Die Expansion des Staates fand ihren Niederschlag in gewaltigen Transferleistungen in den Osten und vor allem in der damit verbundenen dramatischen Zunahme der Staatsverschuldung, die schließlich die Handlungsfähigkeit des Staates einengte.

Wesentliche Veränderungen ergaben sich auch im System der Arbeitsbeziehungen. Zwar wurden freie Gewerkschaften und Arbeitgeberverbände schnell aufgebaut und Tarifverträge abgeschlossen. Problematisch war jedoch, dass es überwiegend westdeutsche Organisationen und Funktionäre waren, die diese neuen Verbände dominierten. Einer der abgelehnten Vorschläge war die Schaffung eines Niedriglohngebietes im Osten. Das hätte allerdings – wie alle Wirtschafts-Sondergebiete – zahlreiche Probleme aufgeworfen und – zur Verhinderung des Missbrauchs – umfangreiche Kontrollen sowie massive Eingriffe in die Tarifautonomie erforderlich gemacht. Ein Niedriglohngebiet, das den Interessen ostdeutscher Unternehmen entgegen gekommen wäre,[4] hätte die Konkurrenz für westdeutsche Unternehmen verschärft, hätte aber auch eine verstärkte Abwanderungswelle von qualifizierten Arbeitskräften vom Osten in den Westen provozieren können. Die Steuerzahler und die Solidargemeinschaften der Versicherten wurden weitere unsichtbare Partner bei den Tarifverhandlungen.[5] Der Staat musste entweder direkt, etwa durch die Finanzierung von Sozialplänen für freigesetzte Arbeitnehmer von Treuhandbetrieben und Zuschüsse für die Bundesanstalt für Arbeit, oder indirekt über Steuerausfälle, Sozialhilfe und Wohngeld einspringen; die Solidargemeinschaften der Versicherten mussten durch gestiegene Beiträge zur Arbeitslosen- und Rentenversicherung die Vorruhestandsregelungen und die Wegrationalisierung von Arbeitsplätzen aufgrund überhöhter Tarifabschlüsse tragen. Typisch für die Entwicklung des Systems der Arbeitsbeziehungen war die Erosion der Organisationen der Tarifparteien, vor allem der Arbeitgeberverbände, und die Ignorierung der ausgehandelten Tarifverträge.[6] Die für das deutsche System so typischen Flächentarifverträge einzelner Branchen mussten zunehmend durch Verträge für einzelne Betriebe ersetzt oder ergänzt werden.

Größere Flexibilität und Deregulierung, z. B. die Zulassung privater Arbeitsvermittlung neben der der BA, wurden zu Forderungen der Zeit. Es stellte sich aber auch grundsätzlich die Frage, ob es richtig war, das bundesdeutsche Modell einer auf hohen Löhnen, hoher Produktivität, stabilen überbetrieblichen und betrieblichen Arbeitsbeziehungen und hohen Sozialleistungen beruhenden Sozialen Marktwirtschaft auf die marode, nicht an den Bedingungen der Weltwirtschaft orientierte, von schweren Transformationsproblemen erschütterte ostdeutsche Wirtschaft mit ihrer sehr viel niedrigeren Produktivität zu übertragen.[7] Mussten die rigiden Bestimmungen des Arbeitsrechts, die detaillierten Auflagen zum Schutze der Umwelt und die allerdings durch zahlreiche, hohe Abschreibungsmöglichkeiten für die Wirtschaft relativierten hohen Steuern nicht den Umwandlungsprozess bremsen und die Krise der Wirtschaft im Osten Deutschlands verschärfen? Was jedoch war die Alternative? Eine stufenweise, verzögerte Übertragung des bundesdeutschen Rechts hätte eine Fülle von Übergangsregelungen erforderlich gemacht, wobei eine Ausnahme wohl die nächste nach sich gezogen hätte. Die unklaren Rechtsverhältnisse hätten, wie das bei den noch ungeklärten Eigentumsverhältnissen der Fall war, auch Investitionen erschwert.

Auch die überragende Rolle der Sozialversicherung im Rahmen des deutschen Systems der sozialen Sicherung, ihre Struktur und ihre Finanzierung gerieten ins Visier einer grundsätzlichen Kritik. Die relative Bedeutung der Sozialversicherung war in den frühen 1990er Jahren noch gestiegen. Neben der Einführung eines fünften großen Versicherungszweiges mit der Pflegeversicherung und der weitgehenden Finanzierung der Frühverrentung zur Entlastung des Arbeitsmarktes musste sie auch einen wesentlichen Teil der Kosten der deutschen Einigung durch die soziale Absicherung des Umwandlungsprozesses im Rahmen der Renten- und Arbeitslosenversicherung[8] tragen. Gleichzeitig war aber ihre vor allem auf der dauerhaften Vollerwerbstätigkeit der abhängigen Arbeitnehmer beruhende soziale Basis durch Veränderungen der Arbeitswelt[9] immer brüchiger geworden. Immer schärfer stellte sich die Frage, ob nicht der «Sozialversicherungsstaat» überlastet worden war und ob nicht der Anstieg der Sozialversicherungsbeiträge, der die Arbeitskosten in die Höhe trieb, eine der Ursachen für den niedrigen Beschäftigungsstand und die hohe Arbeitslosigkeit war.

Gegenläufige Tendenzen prägten somit die Wirtschafts- und Sozialverfassung der Zeit: die Übertragung der Sozialen Marktwirtschaft auf die neuen Bundesländer, aber auch ihre zunehmende Infragestellung als effektives Instrument zur Bewältigung des wirtschaftlichen Wandels; die Ausdehnung der Staatsinterventionen, vor allem zur Steuerung des Transformationsprozesses in Ostdeutschland, andererseits die Stärkung der Marktkräfte, etwa durch die Privatisierung von Staatsunternehmen; die Liberalisierung der Arbeitsvermittlung und die Tendenzen zur Deregulierung des Arbeitsrechts; die Einführung des bundesdeutschen Systems der Arbeitsbeziehungen in den neuen Bundesländern, aber auch dessen mangelnde Effizienz bei der Suche nach einem Interessenausgleich und einer den wirtschaftlichen Erfordernissen entsprechenden Lohnpolitik; der weitere Ausbau der Sozialversicherung und ihrer Aufgaben auf der Grundlage ihrer traditionellen Institutionen und Prinzipien, daneben starke Bestrebungen, den Sozialversicherungsstaat einzuschränken, die Abhängigkeit seiner Finanzierung von der Erwerbstätigkeit zurückzuführen und die Eigenvorsorge zu stärken.

In der alten Bundesrepublik blieb trotz ihrer zunehmenden Anfechtung die Kontinuität der Normen, Institutionen und der wirtschafts- und sozialpolitischen Akteure erhalten. Für die neuen Bundesländer bedeutete die Übernahme des bundesdeutschen Systems aber eine extreme Diskontinuität, einen völligen Bruch mit ihrer bisherigen Wirtschafts- und Sozialverfassung. Die dadurch bewirkten Fehlentwicklungen und Belastungen wie auch die unterschiedlichen Reaktionen der Menschen darauf gingen jedoch in den gemeinsamen Staat ein, der von daher, aber auch aufgrund des demographischen Wandels, der Veränderung der Arbeitswelt, der Entwicklungen in der Europäischen Union und in der Weltwirtschaft vor grundlegend neuen Problemen stand.

3.2 Die Europäisierung der Wirtschafts- und Finanzpolitik und die Auswirkungen der verstärkten Globalisierung

Die westeuropäischen Gesellschaften des späten 20. Jahrhunderts weisen – etwa im Kontrast zu den Vereinigten Staaten, Japan, der früheren Sowjetunion und Ländern der Dritten Welt – gewisse Gemeinsamkeiten auf.[10] Zu diesen gehören die relativ große Rolle der Industrie in der Struktur der Erwerbstätigkeit, die weniger krassen Unterschiede zwischen Arm und Reich und die Herausbildung von Sozial- und Wohlfahrtsstaaten, in denen bei allen Unterschieden in deren spezifischer nationaler Ausprägung doch die Arbeitsverhältnisse durch das Arbeitsrecht stärker reguliert sind und die staatlichen Systeme der sozialen Sicherung nicht nur früher entstanden, sondern auch einen signifikant höheren Anteil des Bruttoinlandsprodukts in Anspruch nehmen.[11] Wir haben gesehen[12], dass auch in der Europäischen Gemeinschaft die Sozialpolitik der Mitgliedsstaaten in zunehmendem Umfang koordiniert wird. Trotzdem liegt das Schwergewicht der Sozialpolitik weiter im Rahmen der einzelnen Nationalstaaten. Wichtiger als die konkreten Eingriffe in die deutsche Sozialpolitik durch Institutionen und Normen der Europäischen Gemeinschaft war jedoch, dass die Wirtschafts- und Finanzpolitik – vor allem nach der Schaffung des Europäischen Binnenmarktes und der Währungsunion – den nationalen Kompetenzen immer stärker entzogen wurde, und vor allem, dass die Veränderung der wirtschaftlichen Rahmenbedingungen durch die Europäisierung der Märkte – so auch der Arbeitsmärkte – den Spielraum nationaler Sozialpolitik einengte.

Eine noch stärkere Bedeutung für die Veränderung der Rahmenbedingungen der nationalen Sozialpolitik hatte der Prozess der Globalisierung, für dessen Steuerung es bisher keine effektiven Institutionen und Regeln gibt. Der internationale Wettbewerb vor allem auf den Gütermärkten ist natürlich keine neue Erscheinung. Gerade die ersten Jahrzehnte nach dem Zweiten Weltkrieg waren gekennzeichnet durch die Ausdehnung des Freihandels. Dieser Prozess war bis zur Wirtschaftskrise 1973/74 mit einem massiven Ausbau des Sozialstaates verbunden. Gerade die Programme zur Stabilisierung der Einkommen durch sozialstaatliche Leistungen erleichterten die Abkehr vom wirtschaftlichen Protektionismus und reduzierten Widerstände gegen den Wandel der ökonomischen Strukturen.[13]

Gegen diese Tendenzen zur Zivilisierung der kapitalistischen Ökonomie in einer betont sozialen Marktwirtschaft gab es starke Gegenbewegungen, die in den 1980er Jahren mit den Regierungen von *Ronald Reagan* in den Vereinigten Staaten und *Margaret Thatcher* in Großbritannien als Speerspitze[14] die reine Marktwirtschaft auf ihre Fahnen schrieben. Insbesondere traten sie für eine größere Flexibilität der Arbeitsmärkte durch Zurückdrängung der Gewerkschaften, Deregulierung der Arbeitsbedingungen und Reduzierung sozialstaatlicher Leistungen ein.

Diese Versuche zum Abbau des Sozialstaates und der sozialpartnerschaftlichen Formen des ökonomischen und sozialen Interessenausgleichs zugunsten der Marktkräfte sind vor dem Hintergrund der Veränderungen der weltwirtschaftlichen Rahmenbedingungen[15] zu sehen. Es bestand die Gefahr, dass mit der Besteuerung von Kapitaleinkünften oder der Senkung von Zinsen durch die nationalen Notenbanken zur Förderung der Beschäftigung das international mobile Kapital hätte vertrieben werden können. Der Abbau von Hemmnissen des freien internationalen Austausches auf den Gütermärkten setzte sich fort. Die Arbeitskosten und damit der Sozialstaat gerieten durch die immer weitergehende Europäisierung des Arbeitsmarktes, aber auch durch den Zuzug von Arbeitskräften aus Niedriglohngebieten außerhalb der Europäischen Gemeinschaft unter Druck. Noch wichtiger aber war der verschärfte Kampf um Produktionsstandorte. Immer mehr Unternehmen gingen dazu über, einen zunehmenden Teil ihrer Produktion in Länder zu verlegen, in denen die Steuern und Arbeitskosten niedriger waren, die Genehmigungsverfahren zum Bau und zum Betrieb industrieller Anlagen nicht so lange dauerten und es keine oder nur geringe Auflagen zum Schutz der Umwelt gab.

Produktionsverlagerungen in das Ausland konnten natürlich auch zur Öffnung oder Verbesserung des Marktzugangs notwendig sein und waren keineswegs allein vom Preis der Arbeit abhängig. Natürlich spielten auch die Qualität der Arbeitskräfte, die Aussicht auf kooperative Arbeitsbeziehungen, der Grad des Ausbaus der öffentlichen Infrastruktur, der Zugriff auf hochqualifizierte Dienstleistungen wie auch die politische und soziale Stabilität des Umfelds der Produktionsstandorte eine wesentliche Rolle.

Die Tendenzen zur Globalisierung sind durch die steigende Bedeutung multinationaler Unternehmungen, den wirtschaftlichen Aufschwung der asiatischen Schwellenländer und durch den Zusammenbruch des Ostblocks wesentlich verstärkt worden. Insbesondere die ostmitteleuropäischen Länder mit ihren Ressourcen an qualifizierten Arbeitskräften, ihren günstigen Wechselkursen und niedrigen Arbeitskosten stellten nach ihrem Übergang von der Plan- zur Marktwirtschaft und ihrem Eintritt in die Weltwirtschaft eine starke Konkurrenz der deutschen Wirtschaft im Wettbewerb um Kapitalinvestitionen, Produktionsstandorte und Absatzmärkte dar.

Die gesamte Entwicklung lief auf eine Schwächung des Produktionsfaktors Arbeit zugunsten des Faktors Kapital, aber auch zugunsten der Faktoren Management und Wissen hinaus, die in der modernen, stark von der Forschung abhängigen Entwicklung neuer Technologien und im Angebot hoch qualifizierter Dienstleistungen in der Beratung und Finanzierung von Unternehmen eine immer stärkere Bedeutung erlangten. Während das Kapital sich zunehmend der Beteiligung an den Kosten des Gemeinwesens durch das Ausweichen in andere Länder oder die Drohung damit entziehen konnte, wurde der Faktor Arbeit zum «Lastesel»,[16] dem man insbesondere einen immer größeren Anteil an der Finanzierung der sozialen Sicherung auferlegte.

3.3 Die Belastung des Sozialstaates durch die Transformation der ostdeutschen Wirtschaft

3.3.1 Die Schwächen der DDR-Wirtschaft. In den frühen 1990er Jahren ergaben sich die größten Herausforderungen der Wirtschaft und des Sozialstaates in Deutschland aus der Transformationskrise der ostdeutschen Wirtschaft.

Der Zusammenbruch der DDR 1989/90 war zu einem wesentlichen Teil eine Konsequenz ihrer geringen wirtschaftlichen Leistungsfähigkeit,[17] vor allem in dem von der Führung und der Bevölkerung ständig unternommenen Vergleich mit der Bundesrepublik. Die Wirtschaft der DDR hatte wegen der umfangreichen Demontagen und der hohen laufenden Reparationen nach Kriegsende eine schlechtere Ausgangsposition[18] als die der Bundesrepublik. Die Abwanderung von Firmen, vor allem aber der Verlust von qualifizierten und im Durchschnitt jungen Arbeitskräften durch die Massenflucht in die Bundesrepublik bis zum Mauerbau,[19] die auch durch die höhere Erwerbsquote der Frauen der DDR[20] nicht voll ausgeglichen werden konnte, haben diesen Rückstand gegenüber der Bundesrepublik noch vergrößert.

Mittel- und langfristig lagen jedoch die Hauptschwächen der DDR-Wirtschaft in ihrer Abkoppelung vom Markt und ihrer Steuerung durch eine zentralistische, von politischen Vorgaben abhängige, inflexible Planungsbürokratie. Der Verzicht auf Wettbewerb hat dazu geführt, dass die Unternehmen keinem starken Druck zur Senkung der Kosten und zur Steigerung der Produktivität ausgesetzt wurden. Dazu kam die Vergeudung an wirtschaftlichen Ressourcen durch die hohen Subventionen für Grundnahrungsmittel, Mieten, öffentlichen Verkehr, Kinderkleidung und Energie, die – nach dem Gießkannenprinzip über Arm und Reich verteilt – 1989 fast ein Viertel der geplanten Staatsausgaben ausmachten[21] und die für notwendige Investitionen fehlten. Dabei beschränkte sich die Subventionierung nicht nur auf Artikel des Massenverbrauchs. Auch Energie und Rohstoffe wurden in einer irrationalen Preispolitik subventioniert. Es gab schließlich sogar Subventionen für Bungalows, Fertighäuser, Zement, Dachziegel, Fliesen, Fenster, Türen, Bauholz, Segel-, Ruder- und Faltbote, für Klaviere und Flügel, Blumen, Zierpflanzen, Pilze, Wildfleisch und vieles andere. Dadurch wurden die Preise vollkommen verzerrt. Ein Züchter, der ein Kaninchen ablieferte, erhielt dafür 60 Mark. Kaufte er das geschlachtete Tier als Kaninchenfleisch zurück, musste er – trotz der aufgewendeten Arbeit – nur 15 Mark bezahlen.[22] Das Beispiel dieser skurrilen Preispolitik zeigt das Versagen der Steuerungsinstrumente, die als Konsequenz des Verzichts auf die Steuerung durch Märkte eintraten. Es kam hinzu, dass die für die DDR typische starke Nivellierung der Löhne und Gehälter den Anreiz zur Leistungssteigerung reduzierte.

Grundlegende politische Fehlentscheidungen haben zudem die Wirtschaft in falsche Bahnen gelenkt. Dazu zählten der nach 1945 forcierte Aufbau einer auf dem Gebiet der DDR bis 1945 weitgehend fehlenden Grundstoff- und Schwerindustrie unter Vernachlässigung der Konsumgüterindustrie, des Dienstleistungssektors sowie der bis dahin stark entwickelten feinmechanischen und optischen Industrie. Auch in der weiteren Entwicklung wurde eine an falschen, überholten Leitbildern ausgerichtete sektorale Wirtschaftsstruktur konserviert.[23] Das hing mit der weitgehenden Abschottung der DDR-Wirtschaft von der weltwirtschaftlichen Arbeitsteilung und ihrer Ausrichtung an den Interessen der im RGW zusammengeschlossenen sozialistischen Länder – vor allem der Sowjetunion – zusammen.

Während der Dienstleistungssektor vernachlässigt wurde, wiesen sowohl die Landwirtschaft als auch innerhalb der Industrie die in den westlichen Industriestaaten stark schrumpfenden Bereiche der Metallerzeugung, des Schiffbaus, des Bekleidungsgewerbes und der Textilindustrie eine viel zu hohe Zahl von Beschäftigten auf. Charakteristisch für die DDR war dabei, dass das Wirtschafts- und Sozialsystem den intersektoralen Strukturwandel[24] wie auch die Fluktuation von Arbeitskräften zwischen den Betrieben erschwerte. Das Recht auf Arbeit machte Entlassungen gegen den Willen der Betreffenden fast unmöglich. Noch wichtiger war, dass die Arbeitnehmer in den größeren Betrieben eine «Rundumversorgung»[25] von der ärztlichen Ambulanz bis zur Rentnerbetreuung, von Kindergärten über die Wohnungszuteilung bis zur Bereitstellung von Ferienplätzen erhielten und, da auch das Prämiensystem ganz auf den Betrieb zugeschnitten war, meist das Risiko eines Betriebswechsels scheuten. So lag der Anteil der Betriebswechsler in der Bundesrepublik 1986 bei 20,5 Prozent, in der DDR dagegen bei nur 7,4 Prozent.[26] Die Betriebe tendierten dazu, Arbeitskräfte, deren Kosten sie ohne größere Schwierigkeiten über die Preise abwälzen konnten, zu horten, um gegen den Arbeitsausfall von Mitarbeitern durch Krankheit, Schwangerschaft oder Kinderbetreuung geschützt zu sein und die ständigen Forderungen auf Steigerung der Produktion besser erfüllen zu können. Eine Überbesetzung der Unternehmen und ein hohes Maß von verdeckter Arbeitslosigkeit[27] waren die Konsequenzen eines Verhaltens, das aus der Interessenlage der Unternehmen und ihrer Manager durchaus rational war, aber in einer wettbewerbsorientierten Marktwirtschaft verhängnisvoll gewesen wäre.

Wie der wirtschaftliche Strukturwandel, so wurden auch der Anschluss an die internationale Forschung und die moderne technologische Entwicklung weitgehend verpasst. So konnte trotz des forcierten Aufbaus der Mikroelektronik in den 1970er und 1980er Jahren der Weltstandard auch nicht annähernd erreicht werden. Die ersten in der DDR hergestellten 256-Kilobyte-Chips kosteten in der Produktion 536 Mark das Stück, während der Weltmarktpreis bei 8 Mark lag.[28]

Der Rückstand der Arbeitsproduktivität der DDR gegenüber der der Bundesrepublik wurde zunächst auch wegen der bewussten Verschleierung der realen Situation durch die DDR-Statistiken weit unterschätzt. In der DDR selbst ging die Planungskommission 1989 intern von einem Rückstand von 30 Prozent aus, während die genaueste westliche Untersuchung vor dem Fall der Mauer – eine Analyse des Deutschen Instituts für Wirtschaftsforschung – für die Industrie der DDR 1987 einen Rückstand von 50 Prozent ermittelte.[29] Tatsächlich lag die durchschnittliche Produktivität der DDR am Ende der 1980er Jahre aber noch unter 30 Prozent des Niveaus in der Bundesrepublik.[30]

Kennzeichnend für die DDR war neben der mangelnden Innovationsfähigkeit die Überalterung des Kapitalstocks, die starke Belastung der Umwelt mit Luftschadstoffen sowie der weitgehende Verzicht auf notwendige Investitionen zur Erhaltung und Verbesserung der Infrastruktur. Das Post- und Fernmeldewesen war völlig unterentwickelt; so entfielen auf 100 Haushalte nur 17 Fernsprechanschlüsse.[31] Eine moderne Datenkommunikation war faktisch nicht vorhanden. Koordinationsmängel der zentralen Planungsbürokratie führten dazu, dass die großen Kombinate, deren Anteil an der industriellen Warenproduktion der DDR 1982 bei über 90 Prozent lag,[32] das Problem unzureichender Zulieferungen und Bauleistungen durch die Eigenanfertigung von Vorprodukten und Bauten zu lösen versuchten. Sie wurden dadurch unter Vernachlässigung der Spezialisierung und Arbeitsteilung zu Konzernen mit einer hohen Fertigungstiefe und deutlichen Autarkiebestrebungen. Die mit ihrer Gründung beabsichtigte Förderung von Produkt- und Verfahrensinnovationen durch eigenverantwortliche Forschung und Entwicklung trat jedoch nicht nur wegen der unzureichenden Ausstattung mit modernen Forschungsgeräten nicht ein. Wesentlich war außerdem, dass sie unter keinem Wettbewerbs- und Innovationsdruck standen, da die von ihnen hergestellten Waren ohne Schwierigkeiten abgesetzt werden konnten. Die mit hohen Kosten und hohem Erfolgsrisiko verbundenen Innovationen hätten zudem leicht in Konkurrenz zum Primat der Planerfüllung durch Steigerung der Masse der hergestellten Güter treten können. Typisch für die DDR war die Tonnenideologie – die Konzentration auf die Masse, nicht die Qualität der erzeugten Güter. Es ist verständlich, dass unter diesen Bedingungen die Entwicklung von auf dem Weltmarkt wettbewerbsfähigen Produkten wie auch das Marketing völlig zurückgeblieben waren.

Zur Beschaffung der für Importe dringend benötigten Devisen in westlicher Währung wurden eigene Waren zu Dumpingpreisen abgesetzt. Das gewaltige Defizit im Handel mit nicht-sozialistischen Ländern führte schließlich zu einer hohen Verschuldung.[33] Nach einer wohl zu pessimistischen Analyse des Vorsitzenden der Staatlichen Plankommission des Politbüros der SED, *Gerhard Schürer*, vom 30. Oktober 1989[34] stand die DDR kurz vor der Zahlungsunfähigkeit. Ein Abstoppen der weiteren Verschuldung hätte nach seiner Auffassung 1990 eine Senkung des Lebensstandards um 25–30 Prozent erfordert und der DDR jede Legitimation bei der Bevölkerung entzogen. Letztlich führte kein Weg an der Ersetzung der Planwirtschaft durch eine Marktwirtschaft und an der Orientierung am Weltmarkt vorbei, wenn man die Schwächen der DDR-Wirtschaft überwinden wollte. Eine selbständige DDR hätte diesen Übergang sicher weniger abrupt vollzogen, hätte aber soziale Härten und Massenarbeitslosigkeit nicht verhindern können.

3.3.2 Vor- und Nachteile der DDR im Transformationsprozess im Vergleich mit den ostmitteleuropäischen Staaten Einen Vergleich der DDR mit den anderen ehemals sozialistischen Transformationsländern in Ostmitteleuropa[35] macht die besondere Situation der DDR deutlich:

1. Die DDR hatte den Vorteil, dass sie mit dem Rechts-, Wirtschafts- und Sozialsystem der Bundesrepublik ein differenziertes, über Jahrzehnte entwickeltes und erprobtes Modell übernehmen und nicht in einem langwierigen, notwendig politisch kontroversen Prozess selbst entwickeln musste. Sie hatte den Nachteil, dass sie die neue Ordnung nicht an die spezifischen Bedürfnisse der DDR anpassen konnte.
2. Die Währungsunion war eine Schocktherapie. Die Übernahme der D-Mark und die Umstellung der Löhne und Gehälter im Verhältnis 1:1 entsprachen angesichts des geheim gehaltenen Umrechnungskurses der DDR für Exporterlöse von 4,4:1 einer schlagartigen Aufwertung um 340 Prozent.[36] Die DDR war damit gleichsam zu einem «Kaltstart»[37] gezwungen und konnte nicht, wie die Wirtschaften der ostmitteleuropäischen Länder, ihre internationale Wettbewerbsfähigkeit durch niedrige Wechselkurse und niedrige Löhne verbessern. Der Übergang in die Weltwirtschaft und in die scharfe Konkurrenzsituation durch Anbieter aus den alten Bundesländern und dem Ausland war in der DDR viel abrupter als in den ostmitteleuropäischen Staaten, die auch durch ihre nationale Außenwirtschaftspolitik den Umstellungsprozess über einen längeren Zeitraum strecken konnten.
3. Die DDR bzw. die neuen Bundesländer hatten den Vorzug, dass sie im Unterschied zu der nur begrenzten Unterstützung der ostmitteleuropäischen Staaten von außen in großem Umfang finanzielle und administrative Hilfe von der alten Bundesrepublik bzw. aus Westdeutschland erhielten. Das ist vor allem der Verbesserung der Infrastruktur, dem Neuaufbau der Verwaltung der ostdeutschen Länder und der Anpassung der Kommunalverwaltungen an neue Aufgaben,[38] der Wirtschaftsförderung und nicht zuletzt auch der sozialpolitischen Absicherung des Umbruchs durch eine stark ausgebaute aktive Arbeitsmarktpolitik und großzügige Leistungen in einem differenzierten System der sozialen Sicherung zugute gekommen. Allerdings konnte bei den Ostdeutschen durch diese Hilfe, besonders die Entsendung westdeutscher Führungskräfte, auch das Gefühl aufkommen, von außen fremdbestimmt zu sein.
4. Während die ostmitteleuropäischen Staaten ihre Binnenmärkte durch nationale Wirtschaftspolitik wenigstens teilweise abschotten konnten,

schuf der Wegfall der innerdeutschen Grenze einen gesamtdeutschen Markt, in dem es schwierig war, ein stark unterschiedliches Niveau der Löhne, Gehälter und Sozialleistungen im Osten und Westen für längere Zeit aufrechtzuerhalten. Die Hoffnung westdeutscher Wirtschaftsexperten, dass Löhne und Gehälter im Osten nur im Einklang mit der Steigerung der Produktivität anziehen würden, entpuppte sich als Illusion. Die Gewerkschaften und zunächst auch die Arbeitgeber hatten kein Interesse an der Entwicklung eines Niedriglohngebietes im Osten, das eine Konkurrenz der westdeutschen Wirtschaft dargestellt und Druck auf die Arbeitsbedingungen und Löhne im Westen ausgeübt hätte.[39] Es kam so zu einer relativ schnellen Annäherung von Löhnen und Gehältern. Die durchschnittliche tarifliche Grundentlohnung stieg von rund 35 Prozent zum Zeitpunkt der Währungsunion am 1. Juli 1990 bereits bis Ende 1991 mit allerdings starken Unterschieden in den einzelnen Branchen auf 60 Prozent an und erreichte nach einer Abflachung der Steigerungsraten seit 1993 Ende 1994 84 Prozent.[40] Die Effektivlöhne lagen allerdings erheblich niedriger, da im Osten für viele Unternehmen keine Tarifbindung bestand und im Unterschied zum Westen nur wenige Arbeitnehmer eine übertarifliche Bezahlung erhielten; zudem wurden im Westen übliche Zusatzzahlungen wie Urlaubsgeld, ein 13. Monatsgehalt oder vermögenswirksame Leistungen im Osten nur selten gewährt. Die Effektivlöhne lagen im Durchschnitt der Gesamtwirtschaft der neuen Bundesländer 1991 bei 46,7 Prozent und 1994 bei 70,5 Prozent des westdeutschen Niveaus, während die Produktivität im gleichen Zeitraum von 31 Prozent auf 56 Prozent stieg. Die Lohnstückkosten, also die Lohnkosten für die Herstellung eines Produkts, lagen 1991 um 50,6 Prozent, 1994 noch immer um 26 Prozent über denen im Westen[41] und bildeten damit einen wesentlichen Standortnachteil für die ostdeutschen Länder. Selbst 2000 lag die Produktivität in Ostdeutschland noch immer bei nur knapp 70 Prozent des westdeutschen Niveaus, während die realen Lohnkosten je Arbeitnehmer bei knapp 80 Prozent lagen und damit einen massiven Druck auf die Unternehmer zum Abbau von Beschäftigung ausübten.[42]

5. Ein wesentlicher Unterschied zwischen den neuen Ländern und den ostmitteleuropäischen Reformstaaten lag in der Haltung der Bevölkerung zu den Veränderungen ihrer materiellen Lage. Während man in Ostdeutschland überwiegend eine baldige Angleichung der Lebensverhältnisse an diejenigen Westdeutschlands erwartete und – gemessen

iesem Ziel – trotz der meist erheblichen Erhöhung der Einkom-
ein Defizit beklagte, verglichen die Bürger der postsozialistischen Staaten Ostmitteleuropas ihre neue Situation mit der vor dem Zusammenbruch der kommunistischen Regime und waren bereit, auch kleinere Verbesserungen als Erfolg zu akzeptieren.[43]

3.3.3 Der Zusammenbruch des Osthandels und die Erschwerung von Investitionen durch die Regelung der Vermögensverhältnisse Die Situation der ostdeutschen Wirtschaft wurde durch den Zusammenbruch ihrer Märkte in Osteuropa verschärft. In den deutsch-sowjetischen Verhandlungen im Frühjahr und Sommer 1990 spielte die Frage der Einhaltung der Zahlungs- und Lieferverpflichtungen der DDR an die Sowjetunion und der Exporte der Sowjetunion an die DDR nach den zwischen den beiden Ländern bestehenden Verträgen eine erhebliche Rolle. Der Handel mit der DDR machte etwa 10–12 Prozent des Außenhandels der Sowjetunion aus. Ein großer Teil des Handels entfiel auf relativ hochwertige Industrieerzeugnisse der DDR, mit denen die Sowjetunion auch einen indirekten Zugang zur westlichen Technologie und damit eine wichtige Hilfe zur Sanierung ihrer morschen Wirtschaft erhielt. Die Sowjetunion dagegen leistete einen wichtigen Beitrag vor allem zur Rohstoff- und Energieversorgung der DDR. Der Anteil der Sowjetunion am Außenhandel der DDR betrug zwischen 36 und 39 Prozent und fast eine halbe Million Arbeitsplätze[44] hingen direkt oder indirekt von diesem Handel ab.

Schon vor der Währungsreform gerieten viele DDR-Unternehmen durch Produktionsausfälle, Streiks und Zuliefererprobleme in Liefer- und Zahlungsschwierigkeiten. Es kam hinzu, dass Handel und Industrie in der DDR inzwischen ihren Haupthandelspartner in Westdeutschland, das mit der begehrten DM zahlte, sahen. Zur gleichen Zeit verdrängten westliche Produkte nicht nur viele der einheimischen Waren der DDR, sondern auch Produkte der Sowjetunion und anderer Länder des Ostblocks. Schließlich konnte die UdSSR auch ihre Lieferverpflichtungen, besonders beim Erdöl, nicht einhalten.

Nach der Währungsunion am 1. Juli befürchtete die Sowjetunion, dass der gesamte DDR-Markt mit verheerenden Folgen für die Wirtschaft des Landes und die Reformpolitik *Gorbatschows* wegbrechen würde. Insbesondere Erzeugnisse der sowjetischen Rüstungsproduktion, die bisher bei den Importen der DDR eine erhebliche Rolle gespielt hatten, waren für die DDR völlig uninteressant geworden. Schon am 19. April 1990, vor dem Start der Verhandlungen zwischen Bundesrepublik und DDR über die deutsche Währungsunion, forderte die Sowjetunion von der DDR, gegebenenfalls mit Hilfe der Bundesrepublik dafür zu sorgen, dass sie ihren wirtschaftlichen Verpflichtungen gegenüber der Sowjetunion nachkomme.[45] Das warf natürlich auch die Frage auf, ob die Sowjetunion in der Lage sein werde, die dafür nun nötigen Devisen in harter Westwährung aufzubringen. Nach sowjetischen Vorstellungen sollte der Außenhandel der DDR bzw. später der neuen Bundesländer jährlich mit Milliardenbeträgen subventioniert werden.[46] Für die «gewachsenen außenwirtschaftlichen Beziehungen» der DDR gegenüber den Handelspartnern in Osteuropa, die fortentwickelt und ausgebaut werden sollten, wurde im Staatsvertrag über die Währungsunion auch für die Zeit nach dem 1. Juli grundsätzlich «Vertrauensschutz» gewährt, wobei aber ausdrücklich auch auf marktwirtschaftliche Grundsätze verwiesen wurde.[47] Der nicht näher definierte «Vertrauensschutz» war jedoch letztlich nur eine unverbindliche Zusicherung und eine Geste guten Willens und keine Bestandsgarantie für den Handel.

Bei neuen Verhandlungen mit der Sowjetunion im August 1990 zeigte sich, dass durch die Steigerung der weitgehend staatlich unterstützten Exporte der DDR in die Sowjetunion diese angesichts des gleichzeitigen Rückgangs von Importen aus der UdSSR einen gewaltigen Schuldenberg aufgehäuft hatte, dessen Streichung von der Sowjetunion vergeblich gefordert wurde.[48] Diese schwierige Situation musste sich mit dem Austritt der DDR aus dem RGW (Rat für gegenseitige Wirtschaftshilfe) und ihrer Integration in die Europäische Gemeinschaft und den damit verbundenen Handelshemmnissen gegenüber der UdSSR noch verschärfen. Statt der von *Gorbatschow* erhofften Ausweitung des Handels mit einem vereinigten Deutschland trat das Gegenteil ein.

Die Bundesrepublik hatte allerdings nicht nur aus außenpolitischen, sondern auch aus wirtschaftspolitischen Gründen ein starkes Interesse an der Aufrechterhaltung des Handels des Gebietes der ehemaligen DDR mit der Sowjetunion und anderen Ländern des Ostblocks. Sie sah darin die Chance, für die deutsche Wirtschaft in der Zukunft neue Märkte im Osten erobern zu können und hoffte zudem, dass die Weiterführung und der Ausbau des Osthandels die Existenz von vielen Betrieben in Ostdeutschland sichern und damit die befürchtete Massenarbeitslosigkeit dämpfen würde. Sie konnte die Betriebe der DDR aber nicht zur Weiterführung der Handelsbeziehungen zwingen und war auch nicht bereit, den Handel auf Dauer mit Milliardenbeträgen zu subventionieren und damit indirekt auch die Transformation von einer Plan- zu einer Marktwirtschaft in den neuen Bundesländern zu verzögern.

Allerdings hat sie allein im zweiten Halbjahr 1990 Exportsubventionen an DDR-Betriebe in Höhe von etwa fünf Milliarden DM geleistet.[49] Weiterhin verpflichtete sie sich im deutsch-sowjetischen «Vertrag über die Entwicklung einer umfassenden Zusammenarbeit auf dem Gebiet der Wirtschaft, Industrie, Wissenschaft und Technik»[50] vom November 1990 letztlich unverbindlich, den deutsch-sowjetischen Handel weiterzuentwickeln und durch «geeignete Maßnahmen» die Einhaltung bereits geschlossener Übereinkünfte über Warenlieferungen und die Erbringung von Dienstleistungen zu unterstützen und sich in der Europäischen Gemeinschaft für Übergangsregelungen, die die Interessen der UdSSR berücksichtigten, einzusetzen. Auch wurde der Handel in beschränktem Umfang weiter subventioniert. Der tiefe Einbruch des Handels und damit auch der Wegfall der von diesem Handel abhängigen Arbeitsplätze in Ostdeutschland konnte aber nicht verhindert werden.

Neben dem Zusammenbruch des Osthandels sind die ungenügenden Investitionen vor allem aus Westdeutschland, aber auch aus anderen westlichen Industrieländern einer der Gründe, die für die schwere Krise der Wirtschaft in den neuen Bundesländern besonders verantwortlich gemacht werden. Die mangelnde Bereitschaft, in Ostdeutschland in größerem Umfang zu investieren, war neben dem zunächst unzureichenden Ausbau der Infrastruktur auch eine Folge der Tatsache, dass in vielen Bereichen der Wirtschaft die westdeutschen Firmen den Markt in Ostdeutschland mit ihren im Westen bestehenden Produktionsstätten bedienen konnten. Sie hing aber auch mit den noch unklaren Besitzverhältnissen in Ostdeutschland zusammen.

Die Regelung der so genannten «offenen Vermögensfragen» in der DDR war eine der kompliziertesten Fragen, die äußerst kontrovers zwischen den verschiedenen Bundesministerien, den Parteien der Bundesrepublik und zwischen der Bundesregierung und der Regierung der DDR – mit ständigen Interventionen auch der Sowjetunion – verhandelt wurde.

Bereits die Regierung *Modrow* hatte in einer Erklärung vom 1. März 1990 zu den Eigentumsverhältnissen in der DDR[51] gefordert, dass der bestehende Besitzstand, wie er aufgrund der von der sowjetischen Besatzungsmacht verfügten Enteignungen von landwirtschaftlichen Gütern, Handels- und Industrieunternehmen zwischen 1945 und 1949, aber auch der späteren Enteignungen der DDR sich herausgebildet hatte, im Wesentlichen unangetastet bleiben sollte. Dabei handelte es sich für den Zeitraum nach 1949 vor allem um Grundstücke und Mietshäuser, die gegen minimale Entschädigung enteignet wurden, um den Zugriff auf das Vermögen der so genannten Republikflüchtigen, sowie um den Besitz von Bürgern der Bundesrepublik, der meist nicht enteignet, aber unter staatliche Verwaltung gestellt wurde und gegebenenfalls ohne Genehmigung der Eigentümer verkauft werden konnte. Schließlich handelte es sich um die Enteignung kleinerer und mittlerer privater oder halbstaatlicher Betriebe, die aufgrund eines Ministerratsbeschlusses der DDR vom 9.2.1972 gegen eine minimale Abfindung in «Volkseigentum» überführt worden waren. Allenfalls diese letzteren Betriebe sollten auf Antrag zurückgegeben werden können.[52] Insgesamt fielen unter offene Vermögensfragen etwa vierzig bis fünfzig Prozent der gewerblichen Anlagen, fünfzig bis sechzig Prozent der landwirtschaftlichen Fläche[53] sowie viele Häuser und Grundstücke. Die Position der Regierung *Modrow* wurde dabei von der Sowjetunion geteilt. Insbesondere betonte sie, dass die zwischen 1945 und 1949 von der sowjetischen Militäradministration verfügten Maßnahmen gesetzmäßig waren.[54] Für die Bundesrepublik, die die Interessen der vielen DDR-Flüchtlinge, aber auch die Eigentumsgarantie nach Art. 14 des GG[55] mitberücksichtigen musste, war die Haltung der *Modrow*-Regierung unakzeptabel. Andererseits war sie sich klar, dass auch angesichts der Widerstände in der DDR-Bevölkerung gegen die Ansprüche von Westdeutschen die Eigentumsverhältnisse «nicht ohne weiteres rückgängig gemacht werden können» und dass «sozial verträgliche Kompromisse» gefunden werden müssten.[56]

Die Haltung der Regierung *de Mazière* unterschied sich zunächst nur in Nuancen von der der Regierung *Modrow*. Bei den Enteignungen nach sowjetischem Besatzungsrecht vor 1949 habe die Regierung nach einem Gespräch von *de Mazière* mit Bundesjustizminister *Klaus Kinkel* vom 3. Mai 1990 überhaupt keinen Spielraum; bei den späteren Enteignungen deutete er sehr vorsichtig die Bereitschaft zur Rückgabe an, falls dies möglich sei. In vielen Fällen sei das aber nicht möglich, da Nutzungsänderungen, etwa die Verwendung von Grundstücken und Häusern für öffentliche Zwecke, eingetreten seien oder DDR-Bürger nach DDR-Recht Nutzungsrechte oder Eigentum aus enteigneten Vermögen «redlich» erworben hätten.[57] Die Position der Sowjetunion wurde in einem der deutschen Botschaft in Moskau überreichten Memorandum vom 28. April 1990 noch einmal mit einer unmissverständlichen Warnung unterstrichen: «Nichts im Vertragsentwurf zwischen der BRD und der DDR darf dazu berechtigen, die Gesetzlichkeit der Maßnahmen und Verordnungen in Frage zu stellen, die die Vier Mächte in Fragen der Entnazifizierung, der Demilitarisierung und der Demokratisierung gemeinsam oder jede in ihrer ehemaligen Besatzungszone ergriffen haben. Die Rechtmäßigkeit dieser Beschlüsse, vor allem in Besitz- und Bodenfragen, unterliegt keiner neuerlichen Prüfung oder Revision durch deutsche Gerichte oder andere Staatsorgane.»[58] Nach sehr schwierigen Verhandlungen wurde schließlich am 15. Juni 1990 eine gemeinsame Erklärung von Bundesregierung und DDR veröffentlicht, nach der die Enteignungen auf besatzungsrechtlicher Grundlage «nicht mehr rückgängig zu machen» seien und dass diese Auffassung der Regierungen der Sowjetunion und der DDR von der Bundesrepublik Deutschland «im Hinblick auf die historische Entwicklung zur Kenntnis» genommen werde.[59] Allerdings bliebe es dem künftigen gesamtdeutschen Parlament vorbehalten, etwaige «staatliche Ausgleichsleistungen» an die früheren Eigner zu leisten. Das Wort «Entschädigung» wurde dabei bewusst vermieden, um höhere, über die Leistungen nach dem Lastenausgleich in der alten Bundesrepublik hinausgehende Zahlungen auszuschließen.[60]

Für die Enteignungen nach 1949 galt, dass sie grundsätzlich dem ursprünglichen Eigentümer zurückgegeben werden sollten. Wenn das in der Sache nicht möglich war, weil die Gründstücke oder Gebäude «dem Gemeingebrauch gewidmet, im komplexen Wohnungs- und Siedlungsbau verwendet, der gewerblichen Nutzung zugeführt oder in eine neue Unternehmenseinheit einbezogen wurden», sollte eine Entschädigung geleistet werden. Sofern Bürger der DDR «an zurückzuübereignenden Immobilien Eigentum oder dingliche Nutzungsrechte in redlicher Weise erworben» hätten, sollte «ein sozial verträglicher Ausgleich an die ehemaligen Eigentümer durch Austausch von Grundstücken mit vergleichbarem Wert», was faktisch kaum möglich war, oder auch durch Entschädigung hergestellt werden.

Die ausdrückliche Anerkennung der Enteignungen unter der Besatzungsmacht ist von der Sowjetunion in der Endphase der Verhandlungen über den «Zwei-plus-Vier-Vertrag» noch einmal aufgeworfen worden. Erst als die beiden deutschen Außenminister *Genscher* und *de Mazière*, der inzwischen *Meckel* als Außenminister abgelöst hatte, sich bereit fanden, in einem «Gemeinsamen Brief» an die vier Außenminister der Siegermächte unter Verweis auf die Erklärung vom 15. Juni 1990 die Rechtmäßigkeit der sowjetischen Maßnahmen anzuerkennen, verzichtete Moskau darauf, diese Frage im Zwei-plus-Vier-Vertrag selbst zu regeln.[61]

Der Ausschluss der Restitution von Enteignungen aus der Zeit 1945–1949 ist von der FDP, aber auch von Teilen der CDU/CSU-Fraktion, nur mit größten, vor allem verfassungsrechtlichen Bedenken hingenommen worden[62] und hat auch später zur heftigen Kritik in der Öffentlichkeit, bei den Betroffenen und auch in der Forschung[63] geführt. Die Kritik berief sich dabei auch auf eine Äußerung von *Gorbatschow* vom 5. Juli 1994 gegenüber dem britischen Historiker *Lawrence Stone*, dass die Frage auf seiner Ebene als Präsident der UdSSR nicht erörtert wurde und dass von einer Alternative «entweder ein Verbot für Restitutionen oder der Große Vertrag» keine Rede sein könne. Allerdings erklärte *Gorbatschow* davon abweichend am 5. September gegenüber dem «Spiegel», dass der Position der Sowjetunion in der gemeinsamen Erklärung der beiden deutschen Regierungen vom 15.6.1990 Rechnung getragen wurde, in der es hieß, dass «die Enteignungen auf besatzungsrechtlicher bzw. besatzungshoheitlicher Grundlage (1945 bis 1949) nicht mehr rückgängig zu machen» seien.[64] Wie immer man die Zwangslage der Bundesrepublik gegenüber der Sowjetunion, die mehrfach auf diese Frage in den Verhandlungen zurückkam, beurteilen mag: Es ist in jedem Fall nicht anzunehmen, dass ohne Restitutionsverzicht für Enteignungen vor 1949 sich in der Volkskammer der DDR eine Zweidrittelmehrheit für den ersten Staatsvertrag und den Einigungsvertrag gefunden hätte.

Die Position der Bundesregierung ist später vom Bundesverfassungsgericht – auch unter Berücksichtigung der späteren Äußerungen von *Gorbatschow* – in Urteilen vom 23.4.1991 und 18.4.1996 bestätigt worden.[65] Allerdings hätte die Bundesrepublik den Betroffenen eine großzügigere Entschädigung leisten können. Das erst nach zwei Vermittlungsverfahren zustande gekommene «Entschädigungs- und Ausgleichsleistungsgesetz» vom 27.9.1994[66] sah relativ niedrige Entschädigungszahlungen für Vermögensschäden nach 1949 und Ausgleichszahlungen für Vermögensschädigungen bis 1949 vor. Die Wiedergutmachungsleistungen betrugen dabei bei mittleren Ansprüchen etwa 25 Prozent des Restitutionswertes. Bei höheren Ansprüchen waren sie weit geringer.[67]

Für die Wirtschaft der DDR war die Grundsatzentscheidung, dass «Rückgabe vor Entschädigung» zu gehen habe, von sehr viel größerer Bedeutung als der Restitutionsausschluss von Enteignungen zwischen 1945 und 1949. Die westdeutsche Sozialdemokratie und unter ihrem Einfluss die SPD-geführten Bundesländer[68] haben in der Endphase der Verhandlungen zum Einigungsvertrag mit Nachdruck eine Umkehrung des Grundsatzes gefordert. Insbesondere der SPD-Vorsitzende *Hans-Jo-*

en Vogel hat argumentiert, dass nur so der soziale Frieden gesichert und die Rechtssicherheit für Investitionen gewährleistet sein würde.[69] Die Forderung, dass Entschädigung vor Rückgabe zu gelten habe, wurde nun auch von der Regierung der DDR übernommen. Die beiden deutschen Regierungen einigten sich schließlich im Einigungsvertrag darauf, dass eine «Rückübertragung von Eigentumsrechten an Grundstücken oder Gebäuden» nicht stattfinden solle, «wenn das betroffene Grundstück oder Gebäude für dringende, näher festzulegende Investitionszwecke benötigt wird, insbesondere der Errichtung einer gewerblichen Betriebsstätte dient und die Verwirklichung dieser Investitionsentscheidung volkswirtschaftlich förderungswürdig ist, vor allem Arbeitsplätze schafft oder sichert.»[70]

Dies wurde in einem Gesetz gesondert geregelt. Da dieses Gesetz aber nur Grundstücke und Gebäude, nicht auch Betriebe betraf, erhielt es keine größere Bedeutung. Später wurde der Grundsatz der «Rückgabe vor Entschädigung» durch ein Hemmnisbeseitigungsgesetz vom 22. März 1991[71] und das Investitionsvorranggesetz vom Juli 1992 noch weiter gelockert. Ob der Grundsatz der Restitution ein wesentliches Investitionshemmnis in den ersten Jahren darstellte, ist in der Forschung kontrovers diskutiert worden.[72] Die Gegner des Restitutionsvorrangs behaupten, dass die Furcht vor Restitutionsansprüchen Privatisierungen und Sanierungen verzögert und mögliche Investoren abgeschreckt hätte. Die Befürworter des Prinzips argumentieren, dass die Korrektur des Unrechts der Enteignung und das Privateigentum an Produktionsmitteln eine unbedingte Voraussetzung einer Marktwirtschaft wären und dass die Alteigentümer damit am Wiederaufbau der Wirtschaft beteiligt wurden. Auch hätte nicht die Restitution selbst, sondern die Verzögerung der Klärung der Eigentumsverhältnisse durch eine säumige Verwaltung Investitionen verhindert. Sicher ist m.E. jedoch, dass neben ungeklärten Eigentumsverhältnissen auch die Furcht, mit Betrieben eine viel zu große Belegschaft übernehmen zu müssen, Investoren vor einem großzügigeren Engagement in Ostdeutschland zurückschrecken ließ. Zweifellos haben aber auch die staatliche Politik, die weit überhöhte Subventionen in den Immobiliensektor lenkte und damit einen bald geplatzten Bauboom provozierte, wie der viel zu große Anteil der staatlichen Transferleistungen, die in den Konsum statt in Investitionen gingen, zum Niedergang der DDR-Wirtschaft beigetragen.

3.3.4 Die Krise der ostdeutschen Wirtschaft und die Entwicklung des Arbeitsmarktes Eine Konsequenz des dramatischen Umbruchs von der Plan- zur Marktwirtschaft und der Schocktherapie der Währungsunion war ein massiver Rückgang der Produktion und ein Verlust von ca. vier Millionen Arbeitsplätzen, vor allem in Industrie und Landwirtschaft.[73] Ein Teil dieser Verluste konnte durch den erleichterten Übergang von etwa 800 000 Personen im Alter von über 55 Jahren in den vorzeitigen Ruhestand, durch Hunderttausende von Pendlern, die ohne Wechsel ihres Wohnsitzes im Osten eine Arbeit in Westberlin oder Westdeutschland antraten, durch die dauerhafte Übersiedlung in die alten Bundesländer,[74] vor allem aber durch den Ausbau der aktiven Arbeitsmarktpolitik, die zeitweise über zwei Millionen Erwerbstätige erfasste, aufgefangen werden.[75] Trotzdem stieg die Zahl der offiziell ausgewiesenen Arbeitslosen in den neuen Bundesländern bereits im ersten Quartal 1991 auf über 800 000 und lag ein Jahr später bei über 1,2 Millionen.[76] Die Arbeitslosenquote lag im Jahresdurchschnitt 1992 bei 14,8 Prozent und war damit mehr als doppelt so hoch wie in den alten Bundesländern (6,6 Prozent). Nachdem sie im Februar 1994 mit 18,3 Prozent einen vorläufigen Höchststand erreicht hatte, fiel sie seit August 1994 unter die Quote des Vorjahres zurück, erreichte aber im Jahresdurchschnitt noch immer 16 Prozent.

Die Tabelle über die Arbeitsmarktbilanz[77] in Ostdeutschland macht erst das Ausmaß der Beschäftigungskrise und des Mangels an regulären Arbeitsplätzen auf dem ersten, nicht aus öffentlichen Mitteln unterstützten Arbeitsmarkt deutlich. Sie zeigt, dass die Unterbeschäftigungsquote – also die offene und verdeckte Arbeitslosigkeit – mehr als das Doppelte über der Arbeitslosenquote lag und zeitweise mehr als ein Drittel des Erwerbspersonenpotentials ausmachte.

Besonders ausgeprägt war die Arbeitslosigkeit der Frauen, die mit 21,5 Prozent im Jahresdurchschnitt 1994 doppelt so hoch war wie die der Männer (10,9 Prozent). Dafür gab es mehrere Gründe. Frauen waren in der DDR überproportional in der Landwirtschaft und in Industriebereichen beschäftigt gewesen, die – wie die Textil- und Bekleidungsindustrie, die Nahrungs- und Genussmittelindustrie, die chemische Industrie und die Leichtindustrie – besonders starke Einbrüche erlitten, während die zunächst boomende Bauindustrie eine ausgesprochene Männerdomäne war. Frauen stellten auch einen relativ hohen Anteil der geringer qualifizierten Arbeitskräfte, die durch die Umstrukturierung der Wirtschaft und die Wegrationalisierung von Arbeitsplätzen besonders gefährdet waren.[78] Sie erwiesen sich aufgrund familiärer Bindungen zudem viel-

Tabelle 5: *Arbeitsmarktbilanz in Ostdeutschland 1990–1995 (in 1000)*

Arbeitskräfteangebot	1990	1991	1992	1993	1994	1995
Erwerbspersonen	9060	8234	7556	7354	7445	7453
°Erwerbstätige (a)	8820	7321	6386	6205	6303	6406
°Registrierte Arbeitslose	240	913	1170	1149	1142	1047
°Stille Reserve (b)	0	727	1272	1336	1085	933
Erwerbspersonenpotential	9060	8961	8828	8690	8530	8386
Arbeitslosigkeit						
Registrierte Arbeitslose	240	913	1170	1149	1142	1047
Beschäftigte in arbeitsmarktpolitischen Maßnahmen (c)	543	1881	1984	1672	1335	1105
°Arbeitsplatzbeschaffung (d)	5	257	543	365	379	419
°Kurzarbeit (e)	341	900	197	97	52	51
°Fortbildung,Umschulung (f)	7	170	432	356	252	254
°Frührente (g)	190	554	812	854	652	381
Stille Reserve	0	0	20	113	155	266
Unterbeschäftigung	783	2794	3174	2934	2632	2418
Arbeitslosenquote (Prozent) (h)	2,7	11,1	15,6	15,6	15,3	14,0
Unterbeschäftigtenquote (Prozent) (i)	8,6	31,2	36,0	33,8	30,9	28,8
AFG-Förderquote (Prozent) (j)	6,0	22,8	26,3	22,7	17,9	14,8

(a) Einschließlich der Beschäftigten in Kurzarbeit und AB-Maßnahmen. (b) Einschließlich Nicht-Erwerbstätige in arbeitsmarktpolitischen Maßnahmen (Fortbildung, Umschulung, Frührente). (c) Es handelt sich um Beschäftigtenäquivalente. Die Zahl der Kurzarbeiter, von denen allerdings 1991/92 über die Hälfte einen Arbeitsausfall von über 50 Prozent hatten, war z. B. erheblich höher. (d) ABM, Förderung nach § 249h AFG. (e) Kurzarbeit einschließlich Schlechtwettergeld. (f) Einschließlich berufliche Rehabilitation und Sprachlehrgänge. (g) Einschließlich Altersübergangsgeld und ältere Arbeitslose nach § 105c AFG. (h) Registrierte Arbeitslose in Prozent der Erwerbspersonen. (i) Unterbeschäftigung in Prozent des Erwerbspersonenpotentials. (j) Beschäftigte in arbeitsmarktpolitischen Maßnahmen in Prozent der Erwerbspersonen.

Quelle: Vereinfachte Tabelle nach den Angaben in: Vogler, Kurt Ludwig: Arbeitsmarkt Ost. In: Wiedervereinigung, S. 235.

fach als weniger mobil als Männer. Aufgrund des Wegfalls der in der DDR gewährten Vergünstigungen für allein erziehende Frauen und Ehefrauen mit kleinen Kindern waren Beruf und Familie nun schwerer zu vereinbaren, und die Betriebe zeigten sich angesichts des Überangebots an Arbeitskräften weniger bereit, auf die besondere Situation von Frauen mit kleinen Kindern Rücksicht zu nehmen. Angesichts solcher strukturellen Schwierigkeiten war der Anteil der Frauen an den Langzeitarbeitslosen mit einer Arbeitslosigkeit von über einem Jahr mit 68,9 Prozent Ende September 1992 und sogar 76,7 Prozent drei Jahre später besonders hoch.[79] Während ein großer Teil der über 55jährigen Frauen dauerhaft aus dem Arbeitsprozess ausschied – zwischen 1989 und 1991 schrumpfte der Anteil der erwerbstätigen Frauen im Alter von 55 bis 59 Jahren von 77,8 Prozent auf 36,6 Prozent, der der 60- bis 64jährigen von 29,7 Prozent auf 8,1 Prozent[80] –, blieb die Erwerbsneigung der Frauen im Osten insgesamt weiterhin sehr hoch.[81]

Das Ausmaß des wirtschaftlichen Umbruchs, den die Erwerbstätigen im Osten zu verkraften hatten, spiegelt sich aber nicht nur in der hohen Zahl der Arbeitslosen und der massenhaften Frühverrentung älterer Arbeitskräfte wider, sondern auch im Verlust der in der DDR so engen Bindung an den ursprünglichen Betrieb. Zum Jahresende 1993 waren nur noch 29 Prozent der im November 1989 Erwerbstätigen ununterbrochen im selben Betrieb tätig.[82] Zwischen November 1989 und November 1994 hatten 57 Prozent der Ostdeutschen im erwerbsfähigen Alter (teils mehrfach) an arbeitsmarktpolitischen Maßnahmen teilgenommen.[83]

3.3.5 Wirtschaftsentwicklung und Wirtschaftsstrukturen Die wirtschaftliche Entwicklung im Osten und Westen Deutschlands verlief zunächst diametral entgegengesetzt. Während das Bruttoinlandsprodukt in der DDR bzw. den neuen Bundesländern von 336 Milliarden Mark der DDR im Jahre 1989 auf 234 Milliarden DM 1991 um über 30 Prozent sank[84] und erst danach eine Steigerung einsetzte, gab es in der westdeutschen Wirtschaft durch die neuen Absatzchancen im Osten Deutschlands einen ausgesprochenen Einigungsboom. Das Bruttoinlandsprodukt nahm 1990 real um 5,7 und 1991 um 5,0 Prozent stark zu.[85] Die Zahl der Beschäftigten stieg in den zwei Jahren nach 1989 um 1,2 Millionen auf knapp 29 Millionen und die Quote der Arbeitslosen ging von 7,9 auf 6,3 Prozent signifikant zurück.[86]

1992 wurde jedoch auch Westdeutschland von der weltwirtschaftlichen Rezession voll erfasst. Das Bruttoinlandsprodukt, das 1992 noch gering um 1,8 Prozent stieg, sank 1993 in Westdeutschland real um zwei Prozent. Das war der größte Rückgang in der Geschichte der Bundesrepublik, in der es vorher nur 1967, 1975 und 1982 ein negatives Wirtschaftswachstum gegeben hatte.[87] Wenn auch die wirtschaftliche Konjunktur seit Frühjahr 1994 – gerade rechtzeitig zur Bundestagswahl – wieder anzog und das Bruttoinlandsprodukt im Jahresdurchschnitt 1994 im früheren Bundesgebiet um 2,1 Prozent stieg, hat das jedoch den Abbau der Beschäftigung in Gesamtdeutschland von 1991 bis 1994 um fast 1,6 Millionen auf knapp 35 Millionen nicht umkehren können.[88] Die Arbeitslosenquote im früheren Bundesgebiet nahm zwischen 1991 und 1994 von 6,3 Prozent auf 9,2 Prozent im Jahresdurchschnitt stark zu.[89]

Im Osten Deutschlands ist – abweichend von der Entwicklung in Westdeutschland – von dem allerdings sehr niedrigen Niveau von 1991 ausgehend das Bruttoinlandsprodukt in den Jahren 1992, 1993, 1994 und 1995 um nominal 27,6 Prozent, 22,4 Prozent, 14,8 Prozent bzw. 6,6 Prozent stark gestiegen. Es entstand jedoch kein selbsttragender Aufschwung. Der Aufholprozess des Ostens geriet vor allem durch den Rückgang der Baukonjunktur wieder ins Stocken und die Zunahme des realen Bruttoinlandsprodukts glich sich danach der des Westens an und lag seit 1997 meist sogar darunter. Auch die Arbeitslosigkeit nahm gerade in Ostdeutschland von 14,9 Prozent 1995 auf 19,5 Prozent 1997 wieder stark zu.[90]

Wir müssen also feststellen, dass der tiefe Einbruch der Beschäftigung in Ostdeutschland von 1990 bis 1992 nicht rückgängig gemacht wurde, die Arbeitslosigkeit im Osten auf hohem Niveau verharrte und die Produktivität mit 56 Prozent 1994 und 60,4 Prozent 1997 weit hinter der Westdeutschlands zurückblieb.[91] Kennzeichnend ist auch die Exportschwäche der ostdeutschen Industrie, die 1997 bei einem Bevölkerungsanteil von 18,8 Prozent und einem Anteil am Bruttoinlandsprodukt von 9,3 Prozent am Export der deutschen Unternehmen mit nur 5,4 Prozent beteiligt war.[92]

Fragen wir schließlich, ob es gelang, die Wirtschaftsstruktur des Ostens zu modernisieren, und inwieweit sie sich der westdeutschen Struktur annäherte. Auch die westdeutsche Wirtschaft war seit Jahrzehnten von einem schwierigen Strukturwandel erfasst worden.[93] Seit den 1950er Jahren schrumpfte die Landwirtschaft, aber auch im Industriesektor gingen z. B. im Bergbau, in der Werftindustrie, der Textilindustrie, der Holzverarbeitung, der chemischen und der Eisen schaffenden Industrie Arbeitsplätze verloren. Als Wachstumsbereiche konnten sich dagegen die Elektrotechnik, insbesondere durch die Produktion von Datenverarbeitungsgeräten, die Kunststoffwarenherstellung, die Automobilindustrie und der Maschinenbau behaupten. Kennzeichnend war die Breite der Spezialisierung und die starke Exportorientierung in qualitativ hochwertigen, preissensiblen Marktsegmenten.[94] Allerdings gab es Innovationsrückstände im internationalen Vergleich, etwa in der Mikroelektronik, der Informations- und Kommunikationstechnologie sowie der Bio- und Gentechnologie, also Zweigen der Spitzentechnologie,[95] die durch einen besonders hohen Aufwand für Forschung und Entwicklung gekennzeichnet sind. Während die Industrie, wenn auch mit starken Unterschieden in den einzelnen Branchen, insgesamt hinsichtlich des Anteils an der Wertschöpfung und der Erwerbstätigkeit seit der Wirtschaftskrise 1973/74 zurückging, expandierte der tertiäre Sektor[96] und in diesem insbesondere die Dienstleistungen im engeren Sinn.

Im internationalen Vergleich mit modernen westlichen Gesellschaften blieb jedoch die Bundesrepublik auf dem Weg zur Dienstleistungsgesellschaft zurück. Der Anteil des industriellen Sektors lag 1987 mit 40,5 Prozent höher als in jedem anderen OECD-Staat, während der Anteil der im tertiären Sektor Beschäftigten mit 54,3 Prozent aller zivilen Erwerbstätigen weit unter dem entsprechenden Anteil in den Vereinigten Staaten (69,9 Prozent) lag.[97] Allerdings ist diese Differenz auch mit der unterschiedlichen statistischen Erfassung, nach der in der Bundesrepublik unternehmensbezogene Dienstleistungen teilweise dem Industriesektor zugerechnet werden, zu erklären. Der Einzelhandel allerdings war – wohl vor allem wegen der erheblich höheren Lohn- und Lohnnebenkosten in Deutschland – im Vergleich zu den USA unterbesetzt.[98]

Im Osten hat der Systemwechsel den Strukturwandel der Wirtschaft vorangetrieben.

Wie Tabelle 6 zeigt, war von dem Einbruch der Beschäftigung die Landwirtschaft, deren Anteil an allen Erwerbstätigen zwischen 1990 und 1993 von 10,8 Prozent auf 4,2 Prozent[99] und damit um über 60 Prozent zurückging, besonders betroffen. Das Gleiche gilt für die verarbeitende Industrie. In einzelnen Beschäftigungszweigen, wie der Textilindustrie, dem Bekleidungsgewerbe und der Ledererzeugung und Lederverarbeitung, gingen über 90 Prozent, im Maschinenbau 75 Prozent der Arbeitsplätze verloren.[100] Dagegen konnten die Bauwirtschaft, die Banken und Versicherungen und auch die persönlichen Dienstleistungen – dazu zählte vor allem das in der DDR unterentwickelte Hotel- und Gaststättengewerbe – eine erhebliche Zunahme der Beschäftigten erreichen.[101]

Tabelle 6:
Die Beschäftigungsentwicklung 1989–1993 in der DDR bzw. den neuen Bundesländern nach Wirtschaftsbereichen

Jahresdurchschnitt (1989 = 100) einschließlich «maßnahmengestützte Beschäftigung»

Wirtschaftsbereich	1990	1991	1992	1993
Land- und Forstwirtschaft	80,2	46,5	30,0	24,8
Verarb.Gewerbe/Energie/Bergbau	88,2	60,7	40,1	34,0
Baugewerbe	100,0	108,0	123,6	138,4
Handel	91,2	82,6	79,3	80,1
Verkehr und Nachrichten	95,0	81,4	72,6	67,8
Kredit und Versicherung	119,3	141,9	159,0	165,8
Bildung und Wissenschaft	89,0	82,7	78,5	67,6
Gesundheitswesen	98,9	98,9	96,9	93,9
Gebietskörperschaft, Soz.Versicherung	94,8	92,8	102,0	108,3
Persönliche Dienste	112,4	130,3	140,0	150,1
Sonstige Dienstleistungen	80,8	67,8	73,8	80,5

Quelle: Arbeit, Arbeitsmarkt und Betriebe, S. 71.

Im Baugewerbe handelte es sich allerdings um einen kurzfristigen, vor allem durch öffentliche Investitionen in den Ausbau der Infrastruktur und die Sanierung der Bausubstanz der Städte bedingten Boom, der zu einer Überbesetzung führte. Deren Abbau war seit Mitte der 1990er Jahre eine der wesentlichen Ursachen für die Wachstumsschwäche der ostdeutschen Wirtschaft.

Im Vergleich zur westdeutschen Wirtschaftsstruktur gab es jedoch weiterhin signifikante Unterschiede. Die Landwirtschaft, in der im Westen der bäuerliche Familienbetrieb vorherrschte, war im Osten von Großbetrieben geprägt. Betriebe mit einer Größe von über 100 ha bewirtschafteten 1995 im Osten 93,5 Prozent, im Westen 15,4 Prozent der landwirtschaftlichen Nutzfläche.[102] Dabei handelte es sich bei mehr als der Hälfte der Agrarfläche um von Managern geleitete Nachfolgebetriebe der früheren Landwirtschaftlichen Produktionsgenossenschaften, die ausschließlich Lohnarbeiter beschäftigten und sich – im Unterschied zu den von Eigentümern oder Pächtern überwiegend mit Familienangehörigen bewirtschafteten

Einzelbetrieben und den Betriebspartnerschaften – zunächst als ökonomisch wenig leistungsfähig erwiesen.[103] Auch von der ostdeutschen Industrie kann man nicht sagen, dass sie sich gesundgeschrumpft habe. Natürlich gab es bereits 1994 Betriebe, die, mit modernen Maschinen ausgerüstet, im Preis und in der Qualität ihrer Produkte die Konkurrenz mit westdeutschen Betrieben nicht zu scheuen brauchten. Für die Masse der Unternehmen aber, die in ihrer Produktivität und trotz hoher öffentlicher und privater Investitionen[104] auch in ihrer Kapitalausstattung meist weit hinter Unternehmen im Westen zurücklagen und oft große Schwierigkeiten mit modernen marktorientierten Formen des Managements hatten,[105] traf das nicht zu. Auch ist es kennzeichnend, dass nur wenige große, global operierende deutsche Unternehmen, wie die Jenoptik AG, ihren Hauptsitz in den neuen Bundesländern genommen haben.

In den Bereichen Handel und Verkehr ging die Zahl der Beschäftigten zwischen 1989 und 1994 von 1,5 auf 1,1 Millionen, im öffentlichen Dienst von 2,3 auf 1,5 Millionen zurück.[106] Der öffentliche Dienst war damit im Vergleich zu Westdeutschland aber noch immer überbesetzt. So hatten ostdeutsche Gemeinden – trotz des Abbaus von knapp 200 000 Stellen – mit 30,7 Beschäftigten pro 1000 Einwohner 1994 einen um die Hälfte höheren Personalbestand als der Durchschnitt der westdeutschen Gemeinden (20,2).[107]

Bei den Dienstleistungen nahm dagegen die Beschäftigung von 1989 bis 1994 von 619 000 auf 1,22 Millionen auf etwa das Doppelte zu.[108] Der Ausbau der Dienstleistungen hat jedoch den Zusammenbruch großer Teile der Industrie nicht kompensieren können: Die Zahl der Beschäftigten des produzierenden Gewerbes fiel im gleichen Zeitraum von 4,39 auf 2,19 Millionen.[109] Wenn man von einigen aufblühenden Erholungsgebieten und den großstädtischen Dienstleistungszentren absieht, ist auch die Sicherung und der weitere Ausbau des Dienstleistungssektors von dem der Industrie nicht abzukoppeln.[110]

Die Entwicklung der Wirtschaftsbereiche in Ostdeutschland von 1991 bzw. 1989 bis 1996 und die Unterschiede und Gemeinsamkeiten der Wirtschaftsstruktur machen die folgenden Tabellen 7 und 8 über die Bruttowertschöpfung im Osten und die Erwerbstätigkeit in Ost- und Westdeutschland deutlich.

Tabelle 7: *Die Bruttowertschöpfung nach Wirtschaftsbereichen in Ostdeutschland 1991–1996 (in Preisen von 1991)*

in Mrd. DM	**1991**	**1992**	**1993**	**1994**	**1995**	**1996**
insgesamt	208,41	224,35	242,83	265,60	279,60	286,07
Land- und Forstwirtschaft	6,95	6,70	7,46	7,30	7,50	8
Produzierendes Gewerbe:						
°zusammen	75,17	81,64	90,56	104,06	110,0	111,5
°darunter verarb. Gewerbe	34,98	36,79	41,10	47,45	50,61	53,5
°Baugewerbe	24,28	31,79	35,72	44,48	48,21	47
Handel u. Verkehr (1)	29,37	30,70	34,41	36,92	38,47	39
Dienstleistungssektor (2)	45,62	54,34	57,87	62,87	67,60	71,5
Staat, priv. Haushalte (3)	51,30	50,97	52,53	54,43	55,97	57

Anteil in Prozent (4)	**1991**	**1992**	**1993**	**1994**	**1995**	**1996**	**1996 (5)**
insgesamt	100	100	100	100	100	100	100
Land- und Forstwirtschaft	3,3	3,0	3,1	2,7	2,7	2,7	1,3
Produzier. Gewerbe:							
°zusammen	36,1	36,4	37,3	39,2	39,3	38,9	34,1
°darunter verarb. Gewerbe	16,8	16,4	16,9	17,9	18,1	18,6	26,5
°Baugewerbe	11,7	14,1	14,7	16,7	17,2	16,4	4,7
Handel u. Verkehr (1)	14,1	13,7	14,2	13,9	13,8	13,7	15,0
Dienstleistungssektor (2)	21,9	24,2	23,8	23,7	24,2	25,0	36,4
Staat, private Haushalte (3)	24,6	22,7	21,6	20,5	20,0	19,8	13,2

(1) Einschließlich Nachrichtenübermittlung. (2) Kreditinstitute, Versicherungsunternehmen, Wohnungsvermietung (einschl. Eigennutzung durch Eigentümer), sonstige Dienstleistungen. (3) Einschließlich privater Organisationen ohne Erwerbszweck. (4) Anteil an der unbereinigten Bruttowertschöpfung. (5) Nachrichtlich: Früheres Bundesgebiet.

Quelle: Jahresgutachten 1996/97 des Sachverständigenrates zur Begutachtung der gesamtwirtschaftlichen Entwicklung: «Reformen voran bringen», BT-Drs. 13/6200 v. 18.11.1996, S. 72.

Tabelle 8: *Erwerbstätige (im Inland) nach Wirtschaftsbereichen 1989–1996 (in 1000)*

Früheres Bundesgebiet

	1989	1990	1991	1992	1993	1994	1995	1996
Erwerbstätige								
insgesamt (1), davon:	27658	28479	29189	29457	29002	28656	28464	28156
°Land-u. Forstwirtschaft, Fischerei	1028	995	970	930	882	840	801	751
°Produzierendes Gewerbe	10997	11309	11450	11306	10766	10341	10135	9784
°Handel, Verkehr, Nachrichtenübermittlung	5158	5314	5547	5658	5611	5534	5446	5367
°Dienstleistungen	4992	5294	5592	5853	6022	6200	6366	6536
°Staat u.a. Bereiche (1)	5483	5567	5630	5710	5721	5741	5716	5718

Anteil in Prozent	1989	1990	1991	1992	1993	1994	1995	1996
Erwerbstät. insges.	100	100	100	100	100	100	100	100
Land-u. Forstwirtsch., Fischerei	3,7	3,5	3,3	3,2	3,0	2,9	2,8	2,7
Produz. Gewerbe	39,8	39,7	39,2	38,4	37,1	36,1	35,6	34,7
Handel, Verkehr, Nachrichtenüberm.	18,6	18,7	19,0	19,2	19,3	19,3	19,1	19,1
Dienstleistungen	18,0	18,6	19,1	19,9	20,8	21,6	22,4	23,2
Staat u.a. Bereiche	19,8	19,5	19,3	19,4	19,7	20,0	20,1	20,3

Neue Länder u. Berlin-Ost

	1989	1990	1991	1992	1993	1994	1995	1996
Erwerbstätige								
insgesamt (1), davon:	9747	8820	7321	6387	6219	6330	6396	6259
°Land-u. Forstwirtschaft, Fischerei	976	781	454	282	233	227	224	213
°Produzierendes Gewerbe	4386	3944	2987	2282	2171	2207	2235	2143
°Handel, Verkehr, Nachrichtenübermittlung	1513	1405	1241	1146	1129	1135	1121	1096
°Dienstleistungen	619	684	932	1011	1111	1223	1306	1338
°Staat u.a. Bereiche (1)	2255	2007	1707	1666	1575	1538	1510	1469

Tabelle 8: *(Fortsetzung)*

Anteil in Prozent	**1989**	**1990**	**1991**	**1992**	**1993**	**1994**	**1995**	**1996**
Erwerbstät. insges.	100	100	100	100	100	100	100	100
Land-u.Forstwirtsch., Fischerei	10,0	8,9	6,2	4,4	3,7	3,6	3,5	3,4
Produz. Gewerbe	45,0	44,7	40,8	35,7	34,9	34,9	34,9	34,2
Handel, Verkehr, Nachrichtenüberm.	15,5	15,9	17,0	17,9	18,2	17,9	17,5	17,5
Dienstleistungen	6,4	7,8	12,7	15,8	17,9	19,3	20,4	21,4
Staat u.a. Bereiche	23,1	22,8	23,3	26,1	25,3	27,3	23,6	23,5

(1) Einschließlich Soldaten.

Quelle: Für 1989 und 1990: Statistisches Bundesamt, Tabellensammlung 3/97, S. 13–18; für 1991–1996: Statistische Übersichten, Band West, Tab. 80. Es handelt sich um Erwerbstätige am Arbeitsort.

Auffällig sind der weit überhöhte Anteil des Baugewerbes im Osten, dessen Rückgang seit 1996[111] die Arbeitslosigkeit in den neuen Bundesländern verschärfte, sowie die Defizite im Vergleich zum Westen in der verarbeitenden Industrie und bei den Dienstleistungen. Auch ein Vergleich der Beschäftigtenanteile der einzelnen Zweige des verarbeitenden Gewerbes[112] zeigt, dass insgesamt die Wirtschaftsstruktur des Ostens sich der des Westens angenähert hat, aber 1996 noch immer wesentliche Unterschiede bestanden.

Das Gleiche gilt für die Berufsstruktur der Beschäftigten.[113] Der Anteil der Selbständigen stieg im Osten von etwa 2,2 Prozent 1989 auf 7 Prozent 1994 und näherte sich damit den Werten im Westen (9,6 Prozent) an. Dagegen gab es auch 1994 im Osten mit 0,2 Prozent (Westen: 1,6 Prozent) kaum mithelfende Familienangehörige. Der Anteil der Angestellten übertraf 1994 in den neuen Ländern mit 49 Prozent deutlich den der Arbeiter (41,5 Prozent). Beide Berufsgruppen zusammen (90,5 Prozent) stellten einen erheblich höheren Anteil der Erwerbstätigen als in Westdeutschland (80,9 Prozent, davon Angestellte 46,2 Prozent, Arbeiter 34,7 Prozent). Dagegen blieb wegen der zurückhaltenden Verbeamtungspraxis der Länder und Kommunen im Osten nach 1989 der Anteil der Beamten, die es in der DDR nicht gab, mit 2,3 Prozent im Jahre 1994 weit hinter dem Beamtenanteil in Westdeutschland (7,9 Prozent) zurück.

3.3.6 Die Transferleistungen für Ostdeutschland und ihre Konsequenzen Die Nachfrage nach Gütern und Dienstleistungen im Osten lag 1991 mit 358 Milliarden mehr als 50 Prozent über dem Bruttoinlandsprodukt von 234 Milliarden. Bei einem inzwischen auf 442 Milliarden gestiegenen Bruttoinlandsprodukt bei einer Nachfrage von 610 Milliarden klaffte 1995 noch immer eine Lücke von fast 40 Prozent zwischen Produktion und Verbrauch,[114] die durch private und öffentliche Mittel von außen überbrückt werden musste.

Den wesentlichen Anteil trugen öffentliche Transferleistungen, die in den Jahren 1991 bis 1995 zusammen netto 615 Milliarden DM oder im Jahresdurchschnitt 4¼ Prozent des westdeutschen Bruttosozialprodukts ausmachten. Nach neuen Berechnungen sind von 1991 bis 2003 brutto fast 1,4 und netto – also nach Abzug der ostdeutschen Steuereinnahmen und Sozialversicherungsbeiträge – etwa eine Billion Euro vom Westen in den Osten Deutschlands transferiert worden. 2003 machte der Nettotransfer 83 Milliarden Euro oder etwa ein Drittel des ostdeutschen Bruttoinlandsprodukts – oder fast 4,5 Prozent der westdeutschen Wirtschaftsleistung – aus.[115] Nach einer Äußerung des Präsidenten der deutschen Bundesbank *Axel A. Weber* vom September 2005 waren etwa zwei Drittel der mangelnden Leistung (underperformance) Deutschlands im Jahrzehnt nach 1995 durch die Kosten der Einigung bedingt.[116] Ökonomisch besonders bedenklich war und ist, dass ein großer Teil der Transfers nicht auf Investitionen, sondern auf allgemeine Finanzzuweisungen, auf Subventionen und vor allem auf Sozialleistungen entfiel. Die hohen Sozialleistungen zeigen, welch große Bedeutung die soziale Abfederung des Umbruchs hatte. Die Tabelle 10, die nicht alle Sozialleistungen erfasst, macht die Aufteilung der Finanztransfers im Rahmen des sozialen Sicherungssystems deutlich.

Dabei ist bemerkenswert, dass ein erheblicher Teil der Ausgaben – von 1991 bis 1995 140 Milliarden oder 23 Prozent – durch Transfers innerhalb der Renten- und Arbeitslosenversicherung von den westdeutschen Beitragszahlern getragen wurde. Eine Konsequenz der hohen Sozialausgaben im Osten, aber auch der Rezession 1993 war der starke Anstieg der Sozialleistungsquote, also des Anteils des Sozialbudgets am Bruttoinlandsprodukt.

Tabelle 9: *Öffentliche Leistungen für die neuen Bundesländer 1991–1995 (ohne Treuhandanstalt)*

in Mrd. DM	**1991**	**1992**	**1993**	**1994**	**1995**	**insgesamt**
Bruttoleistungen						
°Bund	75	88	114	114	135	526
°Westdt. Länder und Gemeinden	5	5	10	14	10	44
°Fonds «Deutsche Einheit»	31	24	15	5	-	75
°EG-Haushalt	4	5	5	6	7	27
°Bundesanstalt für Arbeit	24	25	15	17	16	97
°Gesetzl. Rentenversicherung	-	5	9	12	17	43
Zusammen, davon:	**139**	**152**	**168**	**168**	**185**	**812**
°°Sozialleistungen	56	69	78	73	79	355
°°Subventionen	8	10	11	17	18	64
°°Investitionen	22	23	26	26	34	131
°°allgem. Finanzzuweisungen, nicht aufteilbar	53	50	53	52	54	262
Einnahmen des Bundes in Ostdeutschland						
°Steuereinnahmen	-31	-35	-37	-41	-43	-187
°Verwaltungseinnahmen	-2	-2	-2	-2	-2	-10
Zusammen	**-33**	**-37**	**-39**	**-43**	**-45**	**-197**
Nettoleistungen insgesamt	**106**	**115**	**129**	**125**	**140**	**615**

Quelle: Deutsche Bundesbank, Monatsbericht Oktober 1996, Jg. 48, S.19. In die Transferleistungen nicht aufgenommen wurden die Steuerausfälle, die durch Sonderabschreibungen für private Investitionen im Osten entstanden sind, sowie die Hilfen, die die Treuhand ihren Unternehmen gewährte.

Die Sozialleistungsquote war als Folge der Politik der finanziellen Konsolidierung, aber auch der Verbesserung der wirtschaftlichen Konjunktur in der Bundesrepublik von 1982 bis 1990 von 30,0 Prozent auf 26,9 Prozent signifikant gefallen. Bis 1996 stieg sie dann – vor allem auf Grund der im Verhältnis zum BIP sehr hohen Sozialleistungen im Osten – auf 31,4 Prozent an.

Tabelle 10: *Finanztransfers im Rahmen des sozialen Sicherungssystems 1991–1994 (in Mrd. DM)*

Finanztransfers	**1991**	**1992**	**1993**	**1994**	**insges.**
1. Alterssicherung					
insgesamt, davon:	8,2	14,7	19,9	27,5	70,3
°Rentenversicherung (RV) (a)	-	4,5	8,8	12,5	25,8
°BMA-Haushalt (Bundeszuschuss u.a.)	8,2	10,2	11,1	15,0	44,5
2. Arbeitsmarktpolitik u. Arbeitslosenversicherung					
insgesamt, davon:	31,5	45,1	48,7	40,7	166,0
°Bundesanstalt für Arbeit (BA) (b)	23,6	24,6	15,1	17,4	80,7
°BMA-Haushalt (Bundeszuschuss, Vorruhestand u.a.)	7,9	20,5	33,6	23,3	85,3
3. Kriegsopfer (BMA-Haushalt)	0,3	0,9	1,7	1,4	4,3
4. Insgesamt, davon:	**40,0**	**60,7**	**70,3**	**69,6**	**240,6**
°Sozialversicherung	23,6	29,1	23,9	29,9	106,5
°BMA-Haushalt	16,4	31,6	46,4	39,7	134,1

(a) Stand: Rentenversicherungsbericht 1994.
(b) Ohne Bundeszuschuss.

Quelle: In Anlehnung an: Unterrichtung durch die Bundesregierung. BT-Drs. 13/2280 v. 8.9.1995, S.116.

Die enormen Transferleistungen und der starke Anstieg der Sozialleistungsquote bedeuteten natürlich das Ende der Politik der finanziellen Konsolidierung. Die Staatsquote (die Staatsausgaben in Prozent des BIP in jeweiligen Preisen), die von 1982 bis 1989 von 50,1 Prozent auf 45,8 Prozent gefallen war, stieg bis 1993 wieder auf 50,0 Prozent an.[117] Noch dramatischer war die Zunahme der Staatsverschuldung von 929 Milliarden DM im Jahr 1989 auf mehr als das Doppelte, auf 1996 Milliarden DM 1995.[118] In der Leistungsbilanz der Außenwirtschaft wurde ein Überschuss von 107 Milliarden DM in der alten Bundesrepublik 1989 durch ein Defizit von insgesamt 125 Milliarden DM in den Jahren 1991 bis 1994 abgelöst.[119] Das Nettoauslandsvermögen der Bundesrepublik in Höhe von knapp 460 Milliarden DM Ende 1989 erwies sich dabei als ein

Tabelle 11: *Das Sozialbudget der Bundesrepublik Deutschland 1991–1996.*

Kennziffern des Sozialbudgets (in jeweiligen Preisen)

– Bundesrepublik Deutschland –

Jahr	Sozialleistungen insgesamt					Bruttoinlandsprodukt	
	Mrd. €	darunter: direkte Leistungen Mrd. €	Veränderung in Prozent (a)	Sozialleistungsquote in Prozent	pro Kopf Einwohner €	Mrd. €	Veränderung in Prozent (a)
1991	427,0	399,7	–	27,8	5338	1534,6	–
1992	484,2	453,4	13,4	29,4	6008	1646,6	7,3
1993	508,9	476,6	5,1	30,0	6269	1694,4	2,9
1994	531,2	497,7	4,4	29,8	6524	1780,8	5,1
1995	562,5	525,6	5,9	30,4	6889	1848,5	3,8
1996	588,5	532,9	4,6	31,4	7186	1876,2	1,5

Quelle für diese und die folgenden Zahlen: Sozialbericht 2005, S. 192f. Die in früheren Sozialberichten enthaltenen Angaben über die Sozialleistungsquote wurden durch die am 28.4.2005 vom Statistischen Bundesamt vorgestellten revidierten Daten der volkswirtschaftlichen Gesamtrechnung erheblich nach unten korrigiert. Das ergab sich aus dem Anstieg des nominalen Bruttoinlandsprodukts.

Kennziffern des Sozialbudgets (in jeweiligen Preisen)

– Westdeutschland –

Jahr	Sozialleistungen insgesamt					Bruttoinlandsprodukt	
	Mrd. €	darunter: direkte Leistungen Mrd. €	Veränderung in Prozent (a)	Sozialleistungsquote in Prozent (b)	pro Kopf Einwohner €	Mrd. €	Veränderung in Prozent (a)
1991	370,5	344,9	–	26,2	5781	1416,3	–
1992	402,3	374,0	8,6	26,9	6202	1495,7	5,6
1993	419,0	389,6	4,2	27,8	6394	1509,6	0,9
1994	437,0	406,7	4,3	27,9	6636	1588,7	3,9
1995	461,5	428,6	5,6	28,4	6975	1622,4	3,4
1996	481,9	433,4	4,4	29,3	7252	1642,5	1,2

(a) Veränderungen gegenüber dem Vorjahr in Prozent.
(b) Sozialleistungen im Verhältnis zum Bruttoinlandsprodukt in Prozent.

Tabelle 11: *(Fortsetzung)*

Kennziffern des Sozialbudgets (in jeweiligen Preisen)

– Ostdeutschland –

Jahr	Sozialleistungen insgesamt					Bruttoinlandsprodukt	
	Mrd. €	darunter: direkte Leistungen Mrd. €	Veränderung in Prozent (a)	Sozialleistungsquote in Prozent (b)	pro Kopf Einwohner €	Mrd. €	Veränderung in Prozent (a)
1991	56,5	54,9	–	47,8	3553	118,3	–
1992	81,9	79,4	45,0	54,3	5207	150,9	27,6
1993	89,9	87,1	9,8	48,7	5746	184,7	22,4
1994	94,1	91,0	4,7	44,4	6049	212,1	14,8
1995	101,1	97,0	7,4	44,7	6520	226,0	6,6
1996	106,6	99,4	5,5	45,6	6904	233,7	3,4

(a) Veränderungen gegenüber dem Vorjahr in Prozent.
(b) Sozialleistungen im Verhältnis zum Bruttoinlandsprodukt in Prozent.

Polster, aus dem die außenwirtschaftliche Belastung der deutschen Vereinigung getragen werden konnte.

Die steigenden Sozialleistungen trieben die Lohnnebenkosten in die Höhe. Allein die Beiträge der Arbeitgeber und Arbeitnehmer für die Sozialversicherung – ohne Unfallversicherung – stiegen in den alten Bundesländern von 35,5 Prozent des Bruttoentgelts der Arbeitnehmer im Jahr 1990 auf 39,1 Prozent im Jahr 1994 und 42,1 Prozent 1997.[120] Allerdings wird bei der Kritik an den hohen Lohnnebenkosten oft übersehen, dass mit etwa 45 Prozent diese nur zum geringeren Teil auf Sozialversicherungsbeiträge und andere gesetzlich vorgeschriebene Sozialleistungen der Arbeitgeber (bezahlte Feiertage, Entgeltfortzahlung im Krankheitsfall) zurückgehen, zu ca. 55 Prozent aber auf tarifliche und betriebliche Personalzusatzkosten entfallen.[121] Typisch für Deutschland war, dass öffentliche Zuweisungen nur einen relativ geringen, von 1960 bis 1990 zudem von 38,0 Prozent auf 29,1 Prozent gesunkenen, bis 1994 allerdings wieder auf 32 Prozent gestiegenen Anteil der Gesamtausgaben des Sozialbudgets ausmachten.[122]

Angesichts der Höhe der Sozialleistungen und ihrer überwiegenden Finanzierung durch Beiträge der Versicherten (1990: 28,8 Prozent; 1994: 30,0 Prozent) und der Arbeitgeber (1990: 38,7 Prozent; 1994: 35,6 Prozent[123]) stellt sich die Frage, ob nicht in der Bundesrepublik ein direkter Zusammenhang zwischen den hohen und zudem steigenden Sozialausgaben sowie der rückläufigen Beschäftigung und der mit ihr verbundenen Massenarbeitslosigkeit besteht. Das scheint um so näher zu liegen, wenn man es mit dem Jobwunder in den Vereinigten Staaten vergleicht, wo von 1991 bis 1999 20,3 Millionen Arbeitsplätze, vornehmlich im Dienstleistungsbereich, geschaffen wurden und die Arbeitslosenquote von 7,5 auf 4,3 Prozent sank.[124] Vor allem *Fritz W. Scharpf* ist in detaillierten, vergleichenden Untersuchungen über die Zusammenhänge von Wohlfahrtsstaat und Beschäftigung und über die Leistungsfähigkeit der Wohlfahrtsstaaten im Zeitalter zunehmender Globalisierung dieser Frage nachgegangen.[125] Er unterscheidet dabei zwischen den dem internationalen Wettbewerb besonders ausgesetzten Teilen der Wirtschaft – vor allem der Exportindustrie, der Landwirtschaft, dem transnationalen Verkehr und den unternehmensbezogenen Dienstleistungen – und den gegen den internationalen Wettbewerb geschützten, auf die lokalen Märkte ausgerichteten Wirtschaftsbereichen – wie etwa dem Einzelhandel, dem Hotel- und Gaststättengewerbe, den privaten Haushalten, dem Bildungs- und Gesundheitswesen und den sozialen Diensten. Der Anteil der Beschäftigten in den international exponierten Wirtschaftszweigen ist in der Bundesrepublik besonders hoch.[126] Die Bundesrepublik hat sich, wie die steigenden Exportziffern zeigen, trotz ihrer hohen Arbeitskosten, vor allem durch die Steigerung der Produktivität im internationalen Wettbewerb mit einem allerdings deutlich sinkenden Anteil an den Exporten der Welt[127] behaupten können. Für die Beschäftigten aber bedeutete die notwendige Anpassung an die raschen Veränderungen der internationalen Märkte weniger stabile Arbeitsverhältnisse, die Umstellung auf rasch sich wandelnde Qualifikationserfordernisse im Umgang mit neuen Techniken und Kommunikationssystemen sowie bei geringerer Qualifikation die Gefahr des Verlustes ihrer Arbeitsplätze.

Insgesamt geht jedoch die Bedeutung dieses in Deutschland sehr stark entwickelten Sektors für die Beschäftigung in allen modernen westlichen Gesellschaften zurück. Ein starkes Beschäftigungswachstum findet dagegen in den von der internationalen Konkurrenz abgeschirmten Bereichen der Wirtschaft statt. Die Bundesrepublik weist aber in diesen Bereichen im internationalen Vergleich nur sehr niedrige Beschäftigtenanteile auf.[128] Sie unterscheidet sich damit etwa von den skandinavischen Ländern, in denen vom Staat finanzierte, beschäftigungswirksame soziale Dienstleistungen im öffentlichen Sektor eine sehr viel größere Rolle spielen, aber auch von den Vereinigten Staaten, in denen in den letzten Jahrzehnten viele Millionen niedriger bezahlter Arbeitsplätze für einfache soziale Dienstleistungen im privaten Sektor geschaffen wurden. Dem Ausbau des öffentlichen Dienstleistungssektors sind in der Bundesrepublik aus finanziellen Gründen angesichts der hohen Staatsverschuldung und der Gefährdung der internationalen Wettbewerbsfähigkeit der deutschen Unternehmen bei Steuererhöhungen enge Grenzen gesetzt. Die Lücke in Deutschland bei den personenbezogenen Dienstleistungen im privaten Bereich, deren Arbeitsproduktivität kaum gesteigert werden kann, hängt dagegen mit dem Charakter, den Kosten und der Art der Finanzierung des deutschen Sozialstaates eng zusammen.

Sozialversicherungspflichtige Arbeitsplätze sind für die Arbeitnehmer nicht attraktiv, solange die Nettolöhne nicht deutlich über den Sätzen der Arbeitslosenhilfe bzw. später Arbeitslosengeld II oder der Sozialhilfe liegen. Für den privaten Arbeitgeber, der personenbezogene Dienstleistungen sucht, sind sie dagegen dann meist zu teuer. Die Gewährung von staatlich finanzierten Einkommenszuschüssen – etwa als negative Einkommenssteuer oder «Bürgergeld» – oder die Senkung der Sozialversicherungsbeiträge für Arbeitnehmer in gering entlohnten Beschäftigungsverhältnissen[129] sind Vorschläge zur Lösung dieses Dilemmas, die aber bisher aus ordnungspolitischen und finanziellen Gründen gescheitert sind. Die vom Deutschen Bundestag Ende 1992 eingesetzte Enquetekommission «Demographischer Wandel» hat geschätzt, dass es, im Vergleich zu den USA, aber auch zu Staaten der Europäischen Union, in Deutschland noch ein unausgeschöpftes Potential von fünf bis sieben Millionen Dienstleistungsarbeitsplätzen, vor allem für einfache Arbeiten mit geringen Qualifikationsanforderungen, gibt.[130]

Die niedrige Beschäftigung war wesentlich mitverursacht durch die hohen Sozialversicherungsbeiträge und die relativ großzügigen sozialen Transferleistungen. Gleichzeitig trieb der hohe Anteil der nichterwerbstätigen Bevölkerung die Kosten des Sozialversicherungsstaates, vor allem über die Finanzierung der Arbeitslosigkeit und der Frühverrentung, weiter in die Höhe. Die Teufelsspirale, dass hohe Sozialabgaben zu einer steigenden Arbeitslosigkeit führen, die dann ihrerseits den Sozialstaat belastet, hängt mit der im internationalen Vergleich besonders engen Bindung des deutschen Systems der sozialen Sicherung an die Erwerbstätigkeit zusammen. Sie wurde aber durch die «Vereinigungskrise», die den Sozialversicherungen neue schwere Lasten auferlegte, und durch die Erosion der Organisation der Tarifparteien, die das System der Arbeitsbeziehungen in Ostdeutschland unterminierte, ganz wesentlich verschärft.[131] Das von der Sozialdemokratie im Wahlkampf 1976 propagierte «Modell Deutschland», das zunächst international als Synonym für die relativ reibungslose Bewältigung der Probleme des wirtschaftlichen Strukturwandels durch die Einbindung von Gewerkschaften und Wirtschaftsverbänden in ein neokorporatistisches System der Interessenvermittlung viel Anerkennung fand, geriet schon vor 1990, u.a. durch strukturelle Arbeitslosigkeit, die Alterung der Bevölkerung und die immer weitergehende Globalisierung der Märkte, unter Druck. Seine schwere Krise seit Anfang der 1990er Jahre war jedoch wesentlich eine Folge der deutschen Vereinigung.

3.4 Lebensverhältnisse in Ost- und Westdeutschland im Vergleich

Die hohen Transferleistungen, die in den Jahren 1991–1994 jährlich im Durchschnitt bei etwa 7 000–8 000 DM je Einwohner in Ostdeutschland lagen, haben wesentlich zu einer Verbesserung der Lebensverhältnisse in den neuen Bundesländern beigetragen. Es blieb aber 1994 – wie auch noch in unserer Gegenwart – ein erheblicher Rückstand der Ostdeutschen gegenüber den Westdeutschen. Die Nettolohn- und Gehaltssumme pro beschäftigten Arbeitnehmer stieg in Ostdeutschland von 1991 bis 1994 von 16 728 auf 25 182 DM und damit von 55,7 Prozent auf 78 Prozent des entsprechenden Einkommens eines westdeutschen Arbeitnehmers an.[132] Noch deutlicher war der Zuwachs beim verfügbaren Durchschnittseinkommen der privaten Haushalte im Osten, das im gleichen Zeitraum von 1765 auf 3196 DM monatlich und damit von 47,7 Prozent auf 78 Prozent des Einkommens im Westen kletterte.[133]

Kennzeichnend ist, dass die Spreizung der Einkommen im Osten zwischen 1990 und 1994 zunahm, aber weiter erheblich unter der im Westen lag. Hatten 1990 nur 3,4 Prozent aller Ostdeutschen über weniger als 50 Prozent und 1,1 Prozent über mehr als 200 Prozent des Durchschnittseinkommens verfügt, so waren diese Werte 1994 auf 8,5 Prozent bzw. 2,2 Prozent gestiegen und rückten damit näher an die Westdeutschlands (1994: 11,4 Prozent unter 50 Prozent und 5,1 Prozent über 200 Prozent) heran.[134] Die tarifliche Wochenarbeitszeit der Arbeiter ging im Osten von 1991 bis 1994 um 0,6 Stunden auf 39,6 Stunden zurück, lag aber damit noch um zwei Stunden höher als im Westen.[135] Auch der

Jahresurlaub war im Durchschnitt 1990 um fünf, 1994 noch um zweieinhalb Tage kürzer als der im Westen.[136]

Die Größe der Wohnungen im Osten war 1993 mit durchschnittlich 64,4 qm gegenüber 86,8 qm im Westen deutlich geringer, ihre technische Ausstattung eher schlechter. So hatten nur 87,8 Prozent der Wohnungen ein Innen-WC (im Westen 98,6 Prozent) und 57,3 Prozent ein modernes Heizungssystem (im Westen 91,1 Prozent).[137] Dafür waren allerdings auch die Mieten im Osten erheblich niedriger. So gaben Rentner 1994 im Osten 15,4 Prozent und Arbeitnehmer 11,0 Prozent ihres ausgabefähigen Einkommens für Mieten aus; im Westen waren es dagegen 23,9 Prozent bzw. 17,7 Prozent.[138]

Eine starke Ungleichheit zwischen Ost- und Westdeutschland bestand im Vermögensbesitz. Das durchschnittliche Nettogeldvermögen der Privathaushalte im Westen lag 1993 mit 53 800 DM mehr als dreimal so hoch wie das der Privathaushalte im Osten, die nur 15 300 DM besaßen.[139] Auch verfügten 1993 in Ostdeutschland nur 27,7 Prozent der Haushalte über eigenen Haus- und Grundbesitz (gegenüber 50,5 Prozent im Westen).[140] Beim Produktivvermögen ist die Verteilung zwischen Ost und West noch weniger ausgeglichen. Ein erheblicher Teil der von der Treuhandanstalt verkauften ca. 14 000 ehemals volkseigenen Unternehmen sind wegen des Mangels an verfügbarem Kapital in Ostdeutschland an westdeutsche oder an ausländische Firmen und Eigentümer übergegangen. Ostdeutsche kamen vor allem dann zum Zuge, wenn Unternehmen von leitenden Mitarbeitern oder Teilen der Belegschaft übernommen wurden. Vielfach handelte es sich dabei um kleine mittelständische Unternehmen im tertiären Sektor. Insgesamt kann man jedoch sagen, dass Ostdeutschland in erheblichem Umfang «westdeutsch kapitalisiert» wurde.[141]

Innerhalb der ostdeutschen Gesellschaft, aber auch im Vergleich mit Westdeutschland, ist die materielle Lage älterer Menschen nach der Vereinigung besonders stark angehoben worden. Die durchschnittlichen Renten waren mit 37,7 Prozent des Bruttoarbeitseinkommens (1988) – gemessen an westdeutschen Standards – in der DDR außerordentlich niedrig.[142] Durch mehrfache, in relativ kurzen Abständen folgende Erhöhungen stieg die «Eckrente» (Altersrente eines Durchschnittsverdieners mit 45 Versicherungsjahren) nach der ersten großen Erhöhung mit dem Beginn der Währungsunion am 1. Juli 1990 bis 1994 auf mehr als das Doppelte und erreichte 1994 75,2 Prozent der Eckrente im Westen.[143] Die *durchschnittlichen* Versichertenrenten der Männer lagen 1994 bereits bei 88,5 Prozent, die der Frauen, die meist eine sehr viel längere Erwerbstätigkeit als die Frauen im Westen nachweisen konnten, sogar bei 128 Prozent der Westrenten.[144] Allerdings muss man zur Interpretation dieser Zahlen auch berücksichtigen, dass die ostdeutschen Durchschnittsrenten Ärzte, Apotheker, Richter, Professoren etc., also die sog. «Besserverdienenden», einschließen, deren Alterssicherung im Westen vor allem auf berufsständischen Alterssicherungssystemen oder Beamtenpensionen beruht. Auch darf man nicht vergessen, dass im Osten die älteren Menschen fast ausschließlich auf die Einkünfte aus der gesetzlichen Rentenversicherung angewiesen sind, während im Westen sehr viel mehr Rentner im Alter über ein zusätzliches Einkommen aus der Zusatzversorgung des öffentlichen Dienstes, Betriebspensionen, privaten Lebensversicherungen oder eigenem Vermögen verfügen und ein Haus oder eine Eigentumswohnung besitzen. Trotz der etwa gleichen Renten lagen die Nettoeinnahmen der Haushalte, deren Bezugsperson 65 Jahre und älter ist, bei allen Haushaltstypen – Verheiratete, allein stehende Männer, Witwen, geschiedene und ledige Frauen – 1995 erheblich unter den Einnahmen vergleichbarer Haushalte im Westen.[145] Noch 1999 bezogen Ehepaare über 65 Jahre im Westen 56 Prozent, im Osten 91 Prozent ihres Bruttoeinkommens aus der gesetzlichen Rentenversicherung. Damit lagen die durchschnittlichen Alterseinkünfte von älteren Ehepaaren im Westen (1997 €) noch immer deutlich über den von älteren Ehepaaren im Osten (1783 €).[146] Wenn wir aber die gesetzliche Rentenversicherung allein betrachten, so lagen die Durchschnittsrenten 2002 bei Männern mit 1085 € gegenüber 997 € und vor allem bei Frauen mit 654 € gegenüber 466 € deutlich über denen im Westen.[147]

Im Vergleich zu anderen sozialen Gruppen hat sich die Position der über 60jährigen im Osten wesentlich verbessert. 1990 hatten noch 46,3 Prozent der über 60jährigen ein Einkommen von unter 75 Prozent der Durchschnittseinkommen und nur 25,3 Prozent von über 100 Prozent. 1994 lagen dagegen nur noch 11,9 Prozent mit ihrem Einkommen unter 75 Prozent und 54,4 Prozent hatten mehr als 100 Prozent der Durchschnittseinkommen.[148] Wir können also einen deutlichen sozialen Aufstieg der Älteren feststellen. Zu den Verlierern der Einheit zählten allein erziehende Frauen. Sie waren dem Risiko der Arbeitslosigkeit besonders stark ausgesetzt und verloren mit ihrem Arbeitsplatz auch die für die DDR typische soziale Integration über die Betriebe. Viele der ihnen in der DDR gewährten Vergünstigungen – etwa die bevorzugte Zuteilung von Wohnungen oder die lange Freistellung von der Arbeit für die Pflege erkrankter Kinder – wurden bedeutungslos oder entfielen.

Weitere Verlierer im Prozess der deutschen Vereinigung waren junge Familien. Viele junge Menschen hatten sich in der DDR mit ihrer betont pronatalen Sozialpolitik für ein staatlich hoch subventioniertes Zusammenleben entschlossen. Für sie kumulierten sich unter bundesrepublikanischen Verhältnissen die negativen Effekte. Junge Frauen im gebärfähigen Alter und Frauen mit (mehreren) Kindern waren besonders stark von der Arbeitslosigkeit und vom Abbau der außerschulischen Erziehungseinrichtungen wie Kinderkrippen, Kindergärten und Kinderhorten oder den steigenden Kosten ihrer in der DDR unentgeltlichen Nutzung betroffen. Es kam hinzu, dass die Verteuerung der Wohnungsmieten und der Wegfall der Subventionierung der Nahrungsmittel, der Energiekosten und der Kinderkleidung für diese Familien zu einer überproportionalen Steigerung der Lebenshaltungskosten führte. Gleichzeitig lag der Zuwachs des Einkommens in größeren Haushalten signifikant unter dem von 2-Personen-Haushalten. [149]

Die relative Einkommensarmut, definiert als ein Einkommen, das weniger als 50 Prozent des Durchschnittseinkommens in Ost- bzw. Westdeutschland ausmacht, betraf in Ostdeutschland 1990 3,4 Prozent und 1994 8,5 Prozent der Einwohner, blieb aber auch 1994 noch immer deutlich hinter den sich nur wenig verändernden Werten in Westdeutschland (1990: 10,9 Prozent; 1994: 11,4 Prozent)[150] zurück. Auch der Anteil der Empfänger von laufender Hilfe zum Lebensunterhalt stieg in Ostdeutschland seit 1990 an, war aber 1996 mit 1,9 Prozent der Deutschen und 5,7 Prozent der Ausländer klar niedriger als im Westen, wo drei Prozent der Deutschen und 8,6 Prozent der Ausländer diese Form der Sozialhilfe erhielten.[151]

Die hier wiedergegebenen Zahlen über die Entwicklung der sozialen Verhältnisse zeigen, dass sich die Gesellschaft Ostdeutschlands der Westdeutschlands mit ihrer größeren Differenzierung der Lebenslagen annäherte, dass aber insgesamt, als Nachwirkung der stärkeren Nivellierung der Einkommen und Vermögen in der DDR, die Unterschiede zwischen Arm und Reich noch immer weniger scharf ausgeprägt waren. Auch bestand 1994, trotz der Aufholungstendenzen im Osten, noch immer ein erhebliches Wohlstandsgefälle zwischen den alten und neuen Bundesländern.

3.5 Die Veränderungen der Arbeitswelt

Neben der deutschen Einigung bedeutete auch die Veränderung der Arbeitswelt eine Herausforderung für den deutschen Sozialstaat und insbesondere das traditionelle System der sozialen Sicherung. Dieses beruht in Deutschland im internationalen Vergleich in besonders starkem Maße auf Beiträgen von Arbeitnehmern und Arbeitgebern und damit auf der Erwerbstätigkeit. Eine befriedigende soziale Sicherung vor allem bei Alter und Invalidität setzt für den typischen Fall des abhängigen Arbeitnehmers die langfristige Vollerwerbstätigkeit in einem sozialversicherungspflichtigen und arbeitsrechtlich z.B. durch den Kündigungsschutz abgesicherten Normalarbeitsverhältnis voraus. Dieses Normalarbeitsverhältnis, das sich mit der Entfaltung der Industrialisierung in westlichen Ländern immer mehr durchsetzte, ist seit den 1970er Jahren in die Krise geraten und droht immer mehr zu erodieren.[152] Die Gründe dafür sind vielfältig. Der Strukturwandel der Wirtschaft ließ erlernte Qualifikationen an Bedeutung verlieren und führte zur Verdrängung der Unterqualifizierten und nicht genügend Anpassungsfähigen aus dem Arbeitsmarkt. Es entstand eine strukturelle Arbeitslosigkeit mit einem Grundstock von, auch in Zeiten der Konjunktur, kaum zu vermittelnden Langzeitarbeitslosen. An der Zunahme der Arbeitslosigkeit, der wachsenden Bedeutung des auf der aktiven und passiven Beschäftigungspolitik des Staates beruhenden zweiten Arbeitsmarktes, dem von Politik und Wirtschaft geförderten frühzeitigen Ausscheiden von Frührentnern und Frühinvaliden aus dem Erwerbspersonenpotential sowie der «stillen Reserve» von Personen, die unter anderen Arbeitsmarktbedingungen erwerbstätig werden würden, zeigte sich die Krise der Arbeitsgesellschaft.

Die zunehmende Erwerbsneigung der Frauen steigerte zudem das Angebot an Arbeitskräften, ließ aber auch den Wunsch nach einer stärker individualisierten Form der Arbeit, die eine bessere Vereinbarkeit von Familie und Beruf ermöglichen sollte, aufkommen. Auch bei Männern wirkten Konsum- und Freizeitbedürfnisse in die gleiche Richtung; vor allem aber wurde die Tendenz zur Individualisierung der Arbeitsverhältnisse von technischen Entwicklungen und dem Bestreben vieler Arbeitgeber, das mit gesetzlichen Vorschriften umhegte Normalarbeitsverhältnis zu umgehen, angestoßen. Es entstanden verschiedene Formen der Scheinselbständigkeit, bei der die Arbeitgeber Ausgaben für Sozialversicherung einsparen konnten. Die mangelnde Aufnahmefähigkeit des normalen Arbeitsmarktes hat aber auch die Bereitschaft, sich selbständig zu machen, wieder verstärkt. Daneben erhielten die befristete Beschäftigung, die von vielen Frauen gewünschte Teilzeitarbeit, die Leiharbeit, die Heimarbeit, die geringfügige Beschäftigung, aber auch die Schwarzarbeit, eine zunehmende Bedeutung. Alle diese Arbeitsformen – wie auch die Telearbeit oder die Kumulation von mehreren Teilzeitbeschäftigungen – lockerten die enge Bindung der Arbeitnehmer an einen bestimmten Betrieb und einen von diesem gestellten Arbeitsplatz.

Nach einer Schätzung der Kommission für Zukunftsfragen der Freistaaten Bayern und Sachsen ist der Anteil der Personen in einem Normalarbeitsverhältnis an allen abhängig Beschäftigten in den alten Bundesländern von 80 Prozent im Jahr 1985 auf 68 Prozent im Jahr 1995 gesunken.[153] Eine Tabelle über Erwerbsformen in Berlin zeigt, dass der Anteil der vollbeschäftigten Arbeiter und Angestellten in einem unbefristeten «Normalarbeitsverhältnis» zwischen 1991 und 1998 von 44,7 auf 32,3 Prozent der erwerbsfähigen Wohnbevölkerung zurückgegangen ist.[154] Nach einer Untersuchung der Deutschen Bundesbank von 2005[155] fiel der Bestand an Vollzeit arbeitenden Arbeitnehmern zwischen 1991 und 2004 um ein Fünftel von 29,5 Millionen auf 23,75 Millionen. Der Rückgang betrifft besonders stark die inzwischen nur noch knapp 27 Millionen sozialversicherungspflichtig Beschäftigten, von denen 4,25 Millionen eine eingeschränkte Arbeitszeit haben. Die Zahl der vollbeschäftigten sozialversicherungspflichtigen Erwerbstätigen ging von 1993 bis 2004 um 3,25 Millionen zurück, während die Teilzeitarbeit besonders von Frauen um eine Million zunahm. In den neuen Bundesländern nahm die Teilzeitarbeit sogar um 60 Prozent zu. Der Anteil an allen sozialversicherungspflichtigen weiblichen Arbeitnehmern blieb aber trotzdem mit einem Viertel deutlich niedriger als in den alten Bundesländern mit knapp einem Drittel. Die Mehrzahl der Frauen im Osten übernahm eine Teilzeitarbeit nur, weil sie keine Vollzeitbeschäftigung fanden, während im Westen 93,5 Prozent der teilzeitbeschäftigten Frauen bewusst eine Begrenzung ihrer Arbeitszeit wünschten. Mitte 2004 waren 4,75 Millionen Erwerbstätige geringfügig beschäftigt. Das war fast eine Verdopplung gegenüber den knapp 2,5 Millionen im Jahre 1991. Etwa 2,5 Millionen der Erwerbstätigen waren 2004 befristet beschäftigt; die Zahl der Leiharbeiter betrug 2004 rund 400 000. Die Zahl der Selbständigen – einschließlich der mithelfenden Familienangehörigen – stieg von 1991 bis 2004 um ein Fünftel auf zuletzt 4,25 Millionen. Die Verringerung der sozialversicherungspflichtigen Vollerwerbstätigkeit, die sich in diesen Zahlen widerspiegelt, bedeutet, dass eine immer größere Anzahl der Erwerbstätigen nur noch eine ungenügende Absicherung über die gesetzliche Rentenversicherung hat.

Die Diversifikation und Deformalisierung der Erwerbsarbeit ist mit den alten, am Typus des Normalarbeitsverhältnisses des abhängigen Arbeitnehmers ausgerichteten Kategorien des Arbeits- und Sozialrechts nicht mehr adäquat einzufangen. Neben dem Wandel der Erwerbsarbeit ist auch die Bedeutung der unbezahlten Familienarbeit[156] und der ehrenamtlichen Tätigkeit stärker ins Bewusstsein der Öffentlichkeit getreten. Es wird immer klarer, dass die überkommene scharfe Entgegensetzung von Normalarbeitsverhältnis des abhängigen Arbeitnehmers und anderen Formen der Erwerbsarbeit, aber auch die von Erwerbsarbeit und Nicht-Erwerbsarbeit, überholt ist.

Die schleichende Erosion des Normalarbeitsverhältnisses, die in den Forderungen nach Deregulierung und Flexibilisierung des Arbeitsrechts zum Ausdruck kommt, ist durch den verschärften Wettbewerb um Produktionsstandorte im Zeichen der Globalisierung gefördert worden. Er hat wie jene die Position des Faktors Arbeit gegenüber den Faktoren Kapital und Wissen geschwächt. Das spiegelt sich auch im Machtverlust der Gewerkschaften wider, denen es bisher kaum gelungen ist, die in den neuen Arbeitsformen beschäftigten Personen in ihre Organisationen und die von ihnen ausgehandelten Tarifverträge einzubinden.

Der Wandel der Arbeitswelt und die Krise der Arbeit, insbesondere die offene und verdeckte Massenarbeitslosigkeit, werfen die Frage auf, ob die im internationalen Vergleich besonders enge Bindung des deutschen Systems sozialer Sicherung an die Erwerbstätigkeit vor allem im Rahmen eines Normalarbeitsverhältnisses nicht mittelfristig aufgehoben oder doch zumindest gelockert werden muss, um den Zusammenbruch des Sozialversicherungssystems durch eine Überlastung des tendenziell immer kleiner werdenden Kreises der dauerhaften Beitragszahler zu verhindern.

4. Die Sozialstruktur und die Erwartungen an die Sozialpolitik

4.1 Der demographische Wandel und seine Konsequenzen

Die großen Probleme, die sich aus dem dramatischen Rückgang der Geburten und der zunehmenden Alterung der Bevölkerung für die Gesellschaft, die Wirtschaft, den Arbeitsmarkt und besonders auch für die sozialen Sicherungssysteme ergaben, sind von der Politik in der Bundesrepublik lange Zeit ignoriert worden. Das änderte sich allmählich am Anfang der 1990er Jahre. Im Herbst 1992 setzte der Deutsche Bundestag eine Enquete-Kommission aus Abgeordneten und Sachverständigen über den «Demographischen Wandel» ein, die den Auftrag erhielt, «gesellschaftliche Rahmendaten im Zusammenhang mit dem demographischen Wandel aufzuarbeiten». Darüber hinaus sollte sie bewerten, «welche gesellschaftlichen, ökonomischen und sozialen Auswirkungen für alle Generationen sich aus dem demographischen Wandel ergeben», den «absehbaren Handlungsbedarf» feststellen und Empfehlungen für «notwendige politische Entscheidungen», die damit zunächst vertagt wurden, geben.[1] Die Kommission hat zwei Zwischenberichte, im Juni 1994 und im Oktober 1998, sowie einen Schlussbericht im Mai 2002 vorgelegt, die zusammen mit der Bevölkerungsvorausberechnung des Statistischen Bundesamtes vom Juni 2003[2] die wesentliche Grundlage der folgenden Ausführungen bilden.

Das Grundproblem war die Alterung der Gesellschaft durch die steigende Lebenserwartung bei einer gleichzeitig konstant niedrigen Geburtenrate. Lag der Anteil der über 60jährigen 1990 noch bei 21 Prozent der Bevölkerung, wurde bis zum Jahre 2030 ein Anstieg auf über 30 Prozent erwartet.[3] Die Nettoreproduktionsziffer, die auf der Zahl der weiblichen Geburten basiert und angibt, inwieweit die für einen bestimmten Zeitraum ermittelte, altersspezifische Fruchtbarkeitsrate ausreicht, um langfristig den Bestand einer Bevölkerung zu sichern, war bereits 1970 in der alten Bundesrepublik auf unter eins gefallen und lag seit der Mitte der 1970er Jahre zwischen 0,60–0,69.[4] Das bedeutete, dass 100 Frauen nur 60–69 Mädchen zur Welt brachten, die das gebärfähige Alter erreichen werden. Der Geburtenrückgang beruhte dabei nicht nur auf dem Übergang zu Zweikind- und Einkind-Familien, sondern auch auf der Zunahme der Kinderlosigkeit. So stieg der Anteil von kinderlosen Frauen in der alten Bundesrepublik von 9,2 Prozent im Jahrgang 1935 auf voraussichtlich 23 Prozent im Jahrgang 1960.[5] Der Anteil der zeitlebens kinderlosen Frauen und Männer ist inzwischen weiter auf ein Drittel angestiegen und ist damit der weltweit höchste.[6]

Auch in der DDR gab es seit Ende der 1960er Jahre einen starken Rückgang der Geburten und einen Fall der Nettoreproduktionsrate.[7] Wahrscheinlich als Folge der umfangreichen bevölkerungs-, sozial- und familienpolitischen Maßnahmen des Staates lag die Geburtenrate jedoch seit Ende der 1970er Jahre auf einem deutlich höheren Niveau als in Westdeutschland.[8] Mit der Einigung trat im Osten eine dramatische Wende ein. Die Zahl der Geburten fiel schlagartig von fast 200000 1989 auf 108000 1991 und knapp 79000 1994 und lag trotz des wiedereinsetzenden Anstiegs auch 1997 mit 98500 noch weit unter der Hälfte der Geburten in den 1980er Jahren.[9] Die Gründe dafür waren offenbar in der Zurückstellung des Kinderwunsches zu suchen, vielleicht aber auch im dauernden Verzicht auf Nachwuchs aufgrund des wirtschaftlichen Umbruchs und der Massenarbeitslosigkeit. Gerade Frauen mit kleinen Kindern mussten befürchten, dass sie schlechte Chancen auf dem ohnehin schrumpfenden Arbeitsmarkt hatten. Zudem liefen die familienpolitischen Unterstützungsmaßnahmen der DDR – u.a. die bevorzugte Zuteilung von Wohnungen – aus, und mit der Schließung von vielen Kinderbetreuungsstätten wurde die Vereinbarkeit von Erwerbstätigkeit und Kindererziehung erschwert.[10]

Die Alterung der Bevölkerung hat wesentliche Konsequenzen für den Arbeitsmarkt, die Innovationsfähigkeit der Wirtschaft und das System der sozialen Sicherung. In allen westeuropäischen Staaten ist außerdem eine «Entberuflichung» des Alters[11] – selbst im expandierenden Dienstleistungssektor – zu beobachten, die im Widerspruch zur hohen und zudem ansteigenden Lebenserwartung steht. In den alten Bundesländern ging zwischen 1960 und 1990 die Erwerbsquote von Männern im Alter von 55–60 Jahren von 94 Prozent auf 81 Prozent, die der 60–65jährigen sogar von 67 Prozent auf 35 Prozent zurück. In Gesamtdeutschland fiel die Erwerbsquote bei diesen beiden Altersgruppen 1996 weiter auf 76 Prozent bzw. 30 Prozent.[12] Im Vergleich der Staaten der Europäischen Union lag die Erwerbsquote älterer Arbeitnehmerinnen und Arbeitnehmer zwischen 55 und unter 65 Jahren mit 37,8 Prozent in Deutschland im Jahr 1999 allerdings bei einem Mittelwert, weit über der Erwerbsquote in Frankreich, Italien oder Belgien, aber deutlich unter der in Dänemark, Schweden und dem Vereinigten Königreich Großbritannien und Nordirland.[13] Das durchschnittliche Rentenzugangsalter bei Männern sank in den zwei Jahrzehnten vor 1993 von 61,5 auf 59,5 Jahre.[14] Die Frühverrentung wurde zur Regel. Damit setzte sich das Interesse der Betriebe an einem sozialverträglichen Abbau älterer Arbeitnehmer gegenüber dem Interesse der Gesamtgesellschaft und der Träger der Sozialversicherung an einem hohen Beschäftigungsgrad auch älterer Menschen durch. In der Regel erfolgte die Frühverrentung unter Vereinbarung eines Sozialplans, der in der Kombination von Sozialplanleistung und Arbeitslosengeld, bzw. Arbeitslosenhilfe den Betroffenen ein Nettoeinkommen von rund 90 Prozent garantierte und schließlich mit dem 60. Lebensjahr in die Rente wegen Arbeitslosigkeit führte. Die damit zu Lasten der Arbeitslosen- und Rentenversicherung aus den Betrieben externalisierten Kosten waren immens. Als Faustformel galt, dass 100 000 Bezieher von Arbeitslosengeld die Bundesanstalt für Arbeit rund 2,4 Milliarden DM jährlich kosteten, während ein kompletter Jahrgang von vorzeitig in die Rente gegangenen Personen der Rentenversicherung rund 12 Milliarden DM an Mehrausgaben verursachte.[15] Etwa drei Viertel der Rentenzugänge 1996, ca. 70 Prozent im Westen und 95 Prozent im Osten, fielen auf Beschäftigte, die vor dem 65. Lebensjahr aus dem Erwerbsleben ausschieden.[16] Bei den ledigen Frauen zwischen 60 und 65 Jahren hat sich in der alten Bundesrepublik die Erwerbsquote 1960–1990 mit einem Rückgang von 39 Prozent auf 21 Prozent fast halbiert und fiel in Gesamtdeutschland 1992 weiter auf 14 Prozent. Besonders stark war der durch Vorruhestandsregelungen und die Gewährung von Altersübergangsgeld unterstützte Einbruch der Erwerbsquote der älteren Personen im Osten auf 1992 44 Prozent bzw. 16 Prozent bei den Männern und Werte um 26 Prozent bzw. unter 3 Prozent bei den Frauen im Alter von 55–60 bzw. 60–65 Jahren.[17] Die tatsächliche Erwerbstätigkeit der älteren Personen war noch erheblich niedriger, da die Erwerbsquote die gerade bei älteren Personen besonders hohe Zahl der Arbeitslosen, vor allem auch der Langzeitarbeitslosen, mit erfasst.[18] Die Gesetzgebung der letzten Jahre zielt auf die Erhöhung der Erwerbstätigenquote durch die Erschwerung der Frühverrentung, die zudem mit erheblichen Abschlägen bei der gesetzlichen Rente verbunden ist. Langfristig ist auch die Erhöhung des Eintrittsalters in die gesetzliche Rentenversicherung von 65 auf 67 Jahre von der im November 2005 gebildeten Großen Koalition vorgesehen worden.[19] Die staatlichen Maßnahmen haben den Trend zur Frühverrentung gestoppt und sogar zu einer leichten Erhöhung des Rentenzugangsalters und der Erwerbstätigenquote der Arbeitnehmer über 55 Jahre geführt. Grundlegende Änderungen scheiterten aber bisher an dem Fehlen einer ausreichenden Zahl von geeigneten Arbeitsplätzen für ältere Arbeitnehmer.[20]

Die Enquete-Kommission prognostizierte in ihrem ersten Zwischenbericht 1994, dass nach einer Stagnation bzw. einem leichten Anstieg des Erwerbspersonenpotentials bis etwa 2010 dieses danach erheblich sinken und eine demographisch bedingte Alterung der Erwerbspersonen stattfinden wird.[21] Die Politik müsse daher für gegensätzliche Probleme – die hohe, wenn auch langsam abnehmende Arbeitslosigkeit bis 2010 und den wahrscheinlichen Mangel an Arbeitskräften nach 2010 – Lösungen finden. Zur Vorbereitung auf die Situation nach 2010 müsse u. a. die Tendenz zur Verjüngung der Belegschaften umgekehrt und die Erwerbsquote der Frauen deutlich erhöht werden.[22]

Der zweite Bericht von 1998 ist weniger eindeutig in seinen Prognosen über die Entwicklung des Arbeitsmarktes. Zwar würde der Arbeitsmarkt von der Angebotsseite her durch die sich verändernde Altersstruktur der Bevölkerung, die die Wirkungen des Anstiegs der Frauenerwerbstätigkeit übertreffe, entlastet. Die von der Kommission angeforderten Expertisen gingen jedoch von einer weiterhin hohen bzw. bis 2010 noch steigenden Arbeitslosigkeit aus; erst danach sei mit einer Entspannung auf dem Arbeitsmarkt zu rechnen, wobei allerdings nach den meisten Prognosen erst nach 2015 ein stärkerer, aber keineswegs vollständiger Abbau der Arbeitslosigkeit zu erwarten sei.[23] Im Schlussbericht von 2002 wird schließlich nur noch ausgeführt, dass eine «deutliche Entlastung des Arbeitsmarktes von der Angebotsseite [...] aufgrund des Arbeitskräfterückgangs langfristig absehbar» sei.[24] Alle diese Prognosen beruhen auf sehr unsicheren Modellrechnungen, die entscheidende Faktoren wie die wirtschaftliche Konjunktur, die Produktivitätsentwicklung, die Arbeitszeitpolitik, die Gesetzgebung über den Zugang zu den Renten für ältere Arbeitnehmer, die Erwerbsbeteiligung der Frauen, den Umfang der Zuwanderung, die inländische und ausländische Nachfrage und die Bereitschaft der Betriebe, ältere Arbeitskräfte einzustellen, gar nicht oder nur mit großen Fehlerquoten berücksichtigen können.

Für die Finanzierung der sozialen Sicherungssysteme ist besonders die Entwicklung des Jugend- und Altersquotienten von Bedeutung. Der Jugendquotient bezeichnet den Anteil der 0–20jährigen, der Altersquotient den der über 60jährigen zu dem der mittleren, vor allem erwerbsfähigen Generation der 21–59jährigen Personen. Beide Ziffern zusammen ergeben den Gesamtquotienten der Belastung der erwerbstätigen Generation. Der Jugendquotient fiel in der Bundesrepublik zwischen 1950 und 1990 von 59,3 Prozent auf 39,0 Prozent, während der Altersquotient von 26,0 Prozent auf 36,5 Prozent anstieg.[25] In der DDR fiel der Jugendquotient sehr viel weniger stark, von 60,2 Prozent auf 48,6 Prozent, während der Altersquotient von 30,9 Prozent auf nur 34,5 Prozent stieg. In beiden Teilen Deutschlands hat also die Gesamtbelastung, vor allem seit 1970, durch den Rückgang der Geburten erheblich abgenommen. Nach 1990 ist der Altersquotient im vereinigten Deutschland bis 2001 weiter auf 43,9 Prozent gestiegen. Bei mittleren Annahmen über die Zunahme der durchschnittlichen Lebenserwartung und der Zuwanderung wird er nach den Vorausberechnungen des Statistischen Bundesamtes 2020 bei 54,8 und 2050 bei 77,8 Prozent liegen.[26]

Die Zunahme des Anteils der Alten, insbesondere der hochbetagten Menschen im Alter von über 80 Jahren,[27] hat starke Auswirkungen auf den Arbeitsmarkt, den Konsum, den notwendigen Ausbau altersspezifischer Dienstleistungen, das Gesundheitswesen, die Krankenversicherung, die Pflege und die Pflegeversicherung und natürlich auch auf die Rentenversicherung. Als Kompensation für den Rückgang des Erwerbspersonenpotentials, aber auch zur Sanierung der Sozialversicherung, werden in der öffentlichen Diskussion neben der weiteren Steigerung der Arbeitsproduktivität vor allem die Erhöhung der Lebensarbeitszeit, die Anhebung der in Deutschland weit hinter den skandinavischen Ländern, aber auch Großbritannien liegenden Frauenerwerbsquote[28] und eine gezielte, integrationsfördernde Einwanderungspolitik vorgeschlagen.[29] Allerdings darf man von einer möglichen Steigerung der Einwanderung nach Deutschland nicht zu viel erwarten. Selbst bei einem durchschnittlichen positiven jährlichen Wanderungssaldo von 200 000 Personen, was angesichts der hohen Zahl der Fortzüge eine sehr viel größere Zahl von Zuwanderern erforderte, würde von 2001 bis 2050 die Zahl der 20–65jährigen um etwa 10,3 Millionen von 51,1 auf 40,8 Millionen schrumpfen, die der über 65jährigen um etwa 8,1 Millionen von 14,1 auf 22,2 Millionen zunehmen.[30]

Neben der Entwicklung des Arbeitsmarktes sind vor allem die Auswirkungen der Alterung auf die mittel- und langfristigen Perspektiven der Alterssicherung erörtert worden. Diese steht im Spannungsfeld unterschiedlicher Zielsetzungen und Interessen. So kann eine Erhaltung des im Berufsleben erreichten individuellen Lebensstandards im Alter oder die Vermeidung von Altersarmut bei der Gesamtbevölkerung Priorität haben. Auch werden die Belastbarkeit der erwerbstätigen Generation für den Unterhalt der Alten, die Einbeziehung familienpolitischer Ziele, wie z.B. die Anerkennung von Kindererziehungszeiten in der Rentenversicherung, die Entlastung der Arbeitsmärkte über die Frühverrentung oder die Forderung, die Wettbewerbsfähigkeit der Wirtschaft durch eine Senkung oder zumindest keine weitere Erhöhung der Beitragssätze zur Sozialversicherung zu steigern, durchaus kontrovers diskutiert, zumal die damit verfolgten Absichten z.T. im Konflikt miteinander stehen. Von den verschiedenen Reformvorschlägen seien hier nur einige genannt: der mit der sog. *Riester*-Rente begonnene und durch den Koalitionsvertrag vom 11.11.2005 vorgesehene weitere Ausbau der betrieblichen und privaten Altersvorsorge,[31] der teilweise oder völlige Übergang vom Umlage- zum Kapitaldeckungsverfahren, die Einführung einer steuerfinanzierten Grundsicherung aller Staatsbürger, die durch Betriebspensionen und Eigenvorsorge ergänzt werden könnte, die Garantie einer Mindestsicherung im Rahmen der gesetzlichen Rentenversicherung; die Einführung einer Bürgerversicherung oder einer – für niedrige Einkommen und die Versicherung der Kinder durch staatliche Leistungen ergänzten – Pro-Kopf-Pauschale in der Krankenversicherung,[32] eine Ausdehnung der Beitragspflicht auf alle Erwerbseinkommen oder sämtliche auch nichter-werbstätigen Erwachsenen; die Erhöhung des Renteneintrittsalters, die Forderung nach einer Wertschöpfungsabgabe der Unternehmen, die Einschränkung der Hinterbliebenenversorgung, der Aufbau einer eigenständigen Alterssicherung auch der nicht-erwerbstätigen Frauen, die Schaffung einer Elternrente oder die Staffelung der Beitragssätze nach der Kinderzahl.[33] Fast alle Vorschläge zielen darauf ab, die Koppelung der gesetzlichen Rentenversicherung an die Erwerbstätigkeit aufzuheben oder doch wenigstens zu lockern, die Rentenpolitik und die Alterssicherungspolitik stärker miteinander zu verknüpfen und den Veränderungen der Arbeitswelt und der Altersstruktur der Bevölkerung Rechnung zu tragen.

Natürlich sind auch die gesetzliche und die private Krankenversicherung wegen der im Durchschnitt sehr viel höheren Krankheitsanfälligkeit älterer Menschen und die Pflegeversicherung wegen des stark ansteigenden Bedarfs an Pflegeleistungen besonders der hochbetagten Menschen von der Alterung stark betroffen.[34] Inwieweit eine verstärkte Zuwanderung nach Deutschland die sozialen Sicherungssysteme entlasten kann, hängt entscheidend von der Absorptionsfähigkeit des Arbeitsmarktes, von der Qualifikations-, Alters- und Familienstruktur der Zuwandernden, dem Zeitpunkt ihres invaliditäts- oder altersbedingten Ausscheidens aus dem Erwerbsleben und ihrer Lebenserwartung ab.[35] Die Zuwanderung wird die Probleme der sozialen Sicherungssysteme, selbst bei günstigen Annahmen, nur mildern, nicht aber lösen können.

Wie die Alterung der Bevölkerung, so ist auch der Wandel der Familienstruktur ein zentrales Kennzeichen der demographischen Entwicklung der letzten Jahrzehnte in Deutschland. Zwar waren am Anfang der 1990er Jahre Familien mit verheirateten Eltern bei einem Anteil von 83 Prozent aller Familien mit Kindern noch immer die vorherrschende Familienform,[36] aber besonders in der jüngeren Generation verliert die «bürgerliche» Ehe und Familie ihre Allgemeinverbindlichkeit als Lebensmuster. Nichteheliche Gemeinschaften mit und ohne Kinder, Alleinerziehende und Ein-Personen-Haushalte erlangten eine wachsende Bedeutung. Die Heiratsneigung ging stark zurück. Die individuelle Wahrscheinlichkeit, zumindest einmal im Leben eine Ehe einzugehen, die so genannte Erstheiratsziffer, sank gleichermaßen für Männer wie für Frauen in beiden Teilen Deutschlands zwischen 1960 und 1990 von nahezu 100 Prozent auf ca. 60 Prozent.[37]

Nach der Einigung ist die Zahl der Eheschließungen in Ostdeutschland abrupt auf unter die Hälfte zurückgegangen. Gleichzeitig fiel in den neuen Bundesländern die in der DDR besonders hohe Zahl der Ehescheidungen von 1989 bis 1991 auf weniger als ein Fünftel.[38] Wahrscheinlich war das nicht nur eine Konsequenz des neuen Eherechts, sondern auch des gestiegenen Bedürfnisses nach familiärer Geborgenheit, ein Gegengewicht zu den radikalen Umbrüchen in Gesellschaft, Staat und besonders im Berufsleben. Auch 1996 erreichten die Scheidungen im Osten nur zwei Fünftel des Durchschnitts der späten 1980er Jahre.[39]

In West- und Ostdeutschland hat die Zahl nichtehelicher Lebensgemeinschaften besonders bei der jüngeren Generation stark zugenommen. Der Anteil der in solchen Gemeinschaften lebenden Menschen an der Gesamtbevölkerung ist in den alten Bundesländern nach Schätzungen des Statistischen Bundesamtes von 0,4 Prozent im Jahre 1972 auf 3,5 Prozent1992 angestiegen,[40] dürfte aber noch erheblich höher liegen, da Partner, die zwar formell getrennte Haushalte haben, aber tatsächlich überwiegend in einem Haushalt leben, nicht erfasst wurden. In den neuen Bundesländern lebten 4,3 Prozent der Bevölkerung in nichtehelichen Lebensgemeinschaften. Ein wirklich signifikanter Unterschied zwischen Ost- und Westdeutschland liegt darin, dass 1991 im Westen nur 18,5 Prozent, im Osten aber 55 Prozent dieser Gemeinschaften mit Kindern zusammenlebten.[41] Die nichteheliche Partnerschaft scheint also im Westen sehr viel häufiger eine Vorstufe zur Ehe zu sein als im Osten. Ein signifikanter Unterschied zwischen der Bundesrepublik und der DDR bestand im Anteil unehelicher Geburten, der vor der Vereinigung in der DDR bei 33,6, Prozent, in der Bundesrepublik dagegen bei nur 10,5 Prozent lag. Bis 1998 stieg der Anteil der unehelichen Geburten in den alten Bundesländern auf 15,9 Prozent, in Ostdeutschland auf 47,1 Prozent an.[42] Der hohe Anteil der unehelichen Geburten in der DDR war wohl vor allem eine allerdings unbeabsichtigte Folge der Sozialpolitik der DDR, die nicht verheirateten Müttern eine bezahlte Freistellung von der Erwerbsarbeit schon beim ersten Kind von bis zu drei Jahren ermöglichte, im Krankheitsfalle des ersten Kindes eine längere Unterbrechung der Berufstätigkeit bei Lohnfortzahlung in Höhe des Krankengeldes erlaubte und sie zudem bei der Vergabe von Krippen- und Kindergartenplätzen bevorzugte. Auch wurden die Chancen unverheirateter Personen und Paare, eine Wohnung zugeteilt zu bekommen, wenn sie ein Kind bekamen, immer besser. Nach der Geburt des zweiten Kindes wurde häufig geheiratet, da die relativen Vorteile der Ehelosigkeit für die Eltern wegfielen.[43]

Die Zahl der Alleinerziehenden, unter ihnen in den alten Bundesländern 1991 83,5 Prozent, in den neuen Bundesländern 87 Prozent Frauen, hat sich in allen Altersgruppen – vor allem aber bei den Jüngeren – stark erhöht. 1997 gab es 2,8 Millionen Haushalte mit insgesamt 3,8 Millionen Kindern.[44] Die Alleinerziehenden bilden in beiden Teilen Deutschlands eine Gruppe mit besonders ausgeprägten sozialen Problemen. Die weit überwiegende Mehrheit der Alleinerziehenden war in der DDR – im Unterschied zur Bundesrepublik – erwerbstätig. Auch 1995 strebten noch 73 Prozent eine volle Erwerbstätigkeit trotz der Mehrfachbelastung durch Haushalt, Kindererziehung und Beruf an, während 15 Prozent eine Teilzeitstelle wünschten. Nur 29 Prozent waren aber tatsächlich erwerbstätig.[45] Das Bestreben der Alleinerziehenden im Osten, sich selbst zu helfen und nicht von der Sozialhilfe abhängig zu werden, zeigt sich auch darin, dass 29,7 Prozent der sehr viel weniger erwerbsorientierten Alleinerziehenden in Westdeutschland, aber nur 12,5 Prozent in Ostdeutschland Ende 1995 Sozialhilfe (Hilfe zum Lebensunterhalt) bezogen.[46] Kennzeichnend ist weiter, dass die Alleinerziehenden in den neuen Bundesländern im Unterschied zu vielen Alleinerziehenden im Westen kein Single-Bewusstsein haben, sondern in ihrer weit überwiegenden Mehrheit eine Partnerschaft suchen.[47]

Kinderreichtum führte in Deutschland zunehmend zu einem Armutsrisiko. Während der Anteil der Älteren bei den Beziehern von Sozialhilfe rückläufig war, wurden Kinder und Jugendliche zunehmend zu einer Hauptempfängergruppe. Ende 1996 bezogen über eine Million Kinder und Jugendliche unter 18 Jahren – das waren etwa 38 Prozent aller Empfänger von Hilfe zum Lebensunterhalt – Sozialhilfe. Fast die Hälfte davon waren die Kinder von allein erziehenden Frauen.[48] Das besonders hohe Sozialhilferisiko von Kindern im Alter von unter sieben Jahren hatte sich dabei von 1980 bis 1996 nahezu vervierfacht.[49]

Typisch für den langfristigen Wandel der Sozialstruktur ist schließlich die Zunahme der Ein-Personen-Haushalte. Nur ein Teil davon sind bewusst allein lebende Erwachsene. Bei vielen handelt es sich um Witwen und Witwer, um Studenten oder Auszubildende und junge Erwerbstätige, die vor einer Familiengründung stehen, oder auch um Geschiedene, die einen neuen Partner suchen. Kennzeichnend ist aber, dass sie aufgrund des gestiegenen Wohlstandes einen eigenen Haushalt führen können und nicht als Untermieter bei Fremden leben oder von Verwandten in deren Haushalt aufgenommen werden müssen.

Der Anteil der Privathaushalte mit nur einer Person an allen Haushalten ist in den alten Bundesländern von 19,4 Prozent im Jahre 1950 auf fast das Doppelte, nämlich 36,3 Prozent 1997 gestiegen. In den neuen Bundesländern und Ostberlin lag er 1997 mit 31,2 Prozent etwas niedriger. In Großstädten mit über 100 000 Einwohnern, in denen die Zeittendenz zur Individualisierung der Lebensweise besonders ausgeprägt ist, machten die Ein-Personen-Haushalte 1996 bereits 44,3 Prozent aller Haushalte aus; in einigen Städten wie München bildeten sie die absolute Mehrheit[50] der Haushalte. Auch der Anteil der Zwei-Personen-Haushalte und der in ihnen lebenden Personen nahm erheblich zu, während der Anteil der größeren Haushalte stark zurückging. 1950 hatten in der alten Bundesrepublik noch 16,1 Prozent, 1997 nur noch 4,9 Prozent, in den neuen Bundesländern 3,3 Prozent der Haushalte fünf und mehr Personen.[51]

Der Rückgang der Geburten, die zunehmende Zahl der Alleinerziehenden, der kinderlosen Ehen und der Familien und Lebensgemeinschaften mit nur einem Kind bedeuten natürlich, dass viele Menschen ohne Ehe- oder Lebenspartner, ohne Kinder und Enkel und ohne Geschwister leben. Die Verwandtschaftsnetze werden kleiner. Gleichzeitig erhöht sich mit der steigenden Lebenserwartung der Anteil der Alleinstehenden besonders unter älteren Frauen. Mit der Alterung der Gesellschaft, vor allem der Zunahme der über 80jährigen, steigt das Risiko der Pflegebedürftigkeit. Die Möglichkeit, in einem derartigen Fall auf die Hilfe des Ehepartners oder der eigenen Kinder und Geschwister zurückgreifen zu können, ist dagegen wegen des Fehlens von nahen Angehörigen, aber auch der zunehmenden Berufstätigkeit der Frauen, die die Pflegeleistung vor allem erbrachten, immer weniger gegeben. Die Menschen sind also in viel stärkerem Maße gezwungen, sich außerhalb der Familie und Verwandtschaft ihre eigenen sozialen Netzwerke aufzubauen, um ihre Vereinsamung, besonders im Alter, zu verhindern. Gleichzeitig steigt die Nachfrage nach einem differenzierten Angebot an Dienstleistungen gerade auch im sozialen Bereich. Die Einführung der Pflegeversicherung entsprach somit Bedürfnissen, die durch die Alterung der Gesellschaft, die Veränderung der Familienstruktur, die Pluralisierung und Individualisierung der Lebensformen und die zunehmende Erwerbstätigkeit von Frauen eine immer größere Bedeutung für die Gesellschaft erlangten.

4.2 Die soziale Schichtung der Gesellschaft in West- und Ostdeutschland

Die frühere Bundesrepublik verstand sich weitgehend als eine «offene Mittelstandsgesellschaft» mit einem erheblichen Grad an sozialer Mobilität. Das gilt weiterhin für die alten Bundesländer. In der Realität gibt es erhebliche Unterschiede im sozialen Status, in der sozialen Lage und im Lebensstil der Familien und Einzelpersonen. Der soziale Rang wird dabei vor allem vom Beruf sowie der Stellung im Beruf bestimmt. So haben etwa Ärzte und Professoren ein hohes Sozialprestige. Das deutet darauf hin, dass neben dem Vermögen und dem Haushaltseinkommen, das stark von der Zahl der Verdiener in einem Haushalt abhängt, der Ausbildungsstand für die soziale Rangordnung eine wichtige Rolle spielt. Akademiker rangieren im Allgemeinen vor Absolventen einer höheren Schule, die ihrerseits in der allgemeinen Einschätzung vor Personen liegen, die «nur» eine Grundschule mit oder ohne Hauptschulabschluss besucht haben. Handwerker, Facharbeiter und Angestellte mit einer abgeschlossenen Lehre werden höher als unqualifizierte Arbeitskräfte eingestuft. Die soziale Lage hängt weiterhin von den Wohnverhältnissen, der (bei den Beamten und Angestellten des öffentlichen Dienstes besonders großen) Sicherheit des Arbeitsplatzes und vom Gesundheitszustand ab.

Die gleichen Maßstäbe der Bewertung gelten für Ostdeutschland, wo durch den politischen und wirtschaftlichen Umbruch und den damit verbundenen Austausch eines Teils der Eliten,[52] die besonders eng mit dem alten Regime verbunden waren, sehr viel mehr soziale Auf- und Abstiegsprozesse stattgefunden haben und die Sicherheit des Arbeitsplatzes einen noch größeren Stellenwert einnimmt. Ebenfalls spielen im Osten das Ausbildungsniveau und die vor der Vereinigung erworbenen Qualifikationen eine wesentliche Rolle. Die Erwerbschancen und das Risiko der Arbeitslosigkeit bzw. des Status- und Qualifikationsverlustes hingen zudem stark von der Branche ab, zu der der letzte Arbeitsplatz vor der Vereinigung gehört hatte. Formale Qualifikationen und die damit verbundene Stellung im Betrieb, technisches Wissen sowie Erfahrungen und Kompetenzen aus dem bisherigen Berufsleben erwiesen sich als Ressourcen, die zur Bewältigung der neuen Situation eingesetzt werden konnten.[53] Auch Prägungen aus der DDR-Zeit wie die hohe Erwerbsorientierung der Frauen, die Technik- und Betriebszentrierung der Führungskräfte der Wirtschaft, denen es oft schwer fällt, die Bedeutung schneller Marktintegration zu begreifen, die Auffassung, dass der Betrieb und sein Management ihrer sozialen Verantwortung gegenüber den Beschäftigten gerecht werden sollten und die starke Identifizierung der Beschäftigten mit «ihrem» Betrieb, wirken nach.[54]

Im Westen und im Osten Deutschlands gibt es ähnliche Problemgruppen. Zu ihnen gehören, neben den bereits erwähnten kinderreichen Familien und den allein erziehenden Frauen, die Langzeitarbeitslosen, Arbeitskräfte ohne beruflichen Ausbildungsabschluss, Ausländer, die unter den Sozialhilfeempfängern weit überproportional vertreten sind,[55] sowie Behinderte und Pflegebedürftige. Nicht selten gibt es eine Kumulation von Problemlagen – etwa die der mangelnden Qualifikation und der Arbeitslosigkeit.

Es besteht in der Bundesrepublik ein großer Bedarf an sozialer Absicherung, um den sozialen Status bei Arbeitslosigkeit, Krankheit, Invalidität, Pflegebedürftigkeit und Alter zu bewahren und eine Verarmung und Marginalisierung der Problemgruppen zu verhindern. Zu den von der Gesellschaft nur ungenügend integrierten, von der Sozialpolitik kaum erreichten Gruppen zählen im Westen die Obdachlosen, im Osten ein erheblicher Teil der Jugendlichen, deren Frustration angesichts der bestehenden Verhältnisse sich z. B. in einer im Vergleich zu westlichen Jugendlichen deutlich höheren Gewaltbereitschaft und Ausländerfeindlichkeit niederschlägt.[56]

Wie wir bereits gesehen haben,[57] hat sich die Sozialstruktur der Gesellschaft im Osten der des Westens seit der Vereinigung angenähert, wenn auch noch immer erhebliche Unterschiede in der Berufsstruktur, dem Haushaltseinkommen, den Wohnverhältnissen und vor allem dem Vermögen bestehen. Das Maß an sozialer Ungleichheit hat im Osten zugenommen, bleibt aber weiter deutlich geringer als im Westen Deutschlands. Sehr aufschlussreich ist, wie unterschiedlich sich die Menschen im Osten und im Westen Deutschlands in einer vorgegebenen Rangordnung sozialer Schichten einordnen. In Westdeutschland zählten sich im Jahre 1993 29 Prozent der Befragten zur Unter- und Arbeiterschicht, 14 Prozent zur oberen Mittel- und Oberschicht und die klare Mehrheit von 58 Prozent zur Mittelschicht. Im Osten rechneten sich dagegen 59 Prozent zur Unter- und Arbeiterschicht, 40 Prozent zur Mittelschicht und nur zwei Prozent zur oberen Mittel- und Oberschicht.[58] Die pyramidenförmige Schichtstruktur mit einer breiten sozialen Basis, wie sie sich in Ostdeutschland darstellt, ist für Arbeitergesellschaften kennzeichnend. Dagegen spiegelt die Zwiebelform mit dem großen Mittelstandsbauch das Selbstverständnis als Mittelstandsgesellschaft in Westdeutschland wider. Die deutlich niedrigere Selbsteinschätzung der Ostdeutschen überzeichnet die realen Unterschiede und ist offenbar eine der Nachwirkungen der Hochschätzung der Arbeiterschaft in der offiziellen Ideologie der DDR. Sie ist aber auch ein Ausdruck des Gefühls, im Vergleich mit der westdeutschen Bevölkerung unterprivilegiert zu sein.

4.3 Der Zeitgeist und die Sozialpolitik in West- und Ostdeutschland im Spiegel von Umfragen

Was war der sozialkulturelle Rahmen der Sozialpolitik der frühen 1990er Jahre? Was hat die Menschen beschäftigt, was hat ihre Vorstellungen geprägt und damit zumindest indirekt auch politisches Handeln beeinflusst? Diese Fragen sind schwer – vor allem auch quantifizierend – zu beantworten. Die besten Hinweise geben repräsentative Bevölkerungsumfragen, die von verschiedenen Institutionen erhoben wurden und dem Folgenden vor allem zugrunde liegen.[59] Dabei wird vor allem untersucht, ob es signifikante Unterschiede zwischen Ost- und Westdeutschland gab. Wie verkrafteten die Menschen im Osten die Übernahme eines völlig neuen politischen, ökonomischen und sozialen Systems, das ihre bisherigen Erfahrungen und Kenntnisse zu entwerten schien, ihre Qualifikationen in Frage stellte und sie sehr häufig einen zentralen Bezugspunkt ihres Lebens in der DDR – den Betrieb – verlieren ließ? Was erwarteten sie von der neuen Ordnung und wie wurden diese Erwartungen erfüllt oder enttäuscht?

Der wohl wichtigste Unterschied zwischen Ost- und Westdeutschland liegt in der anderen Einschätzung der Bedeutung der Arbeit. Die DDR war eine Arbeitsgesellschaft, und vor allem über die Arbeit und den Betrieb wurde der Mensch in die Gesellschaft integriert. Der Verlust der Arbeit wurde daher nicht nur wegen der Einbuße an Einkommen gefürchtet, sondern konnte zu einem starken Einbruch des Selbstwertgefühls führen. Für die Ostdeutschen war nach einer Umfrage vom November 1990 die Arbeitslosigkeit das mit Abstand größte Problem und auch noch 1993 ihre größte Sorge.[60] Im Westen standen dagegen Ende 1990 die Probleme der Einheit – und darunter wurde vor allem deren

Finanzierung verstanden – im Vordergrund; die Arbeitslosigkeit spielte dagegen kaum eine Rolle. Das hatte sich 1993 im Zeichen der wirtschaftlichen Rezession zwar geändert, aber die Sorge um Arbeitslosigkeit war noch immer erheblich geringer als im Osten und lag nur wenig höher als die Sorgen um Kriminalität, den Zustrom von Asylbewerbern, die Erhaltung des Friedens und die Kosten der Einheit. Die Befürchtung, selbst arbeitslos zu werden, war im Osten verständlicherweise viel stärker als im Westen.[61] Auch wurde die finanzielle Absicherung der Arbeitslosigkeit 1993 von 58 Prozent der Befragten im Osten, aber nur von 24 Prozent im Westen als unzureichend angesehen.[62]

Sehr signifikant war das unterschiedliche Gewicht, das dem Lebensbereich Arbeit im Osten und im Westen zugemessen wurde. Im Westen wurde er 1993 nur von 37 Prozent der Befragten als «sehr wichtig» angesehen und rangierte damit weit hinter dem Schutz der Umwelt (57 Prozent) und nur knapp vor der Freizeit (32 Prozent). Im Osten dagegen sahen 58 Prozent die Arbeit und nur 41 Prozent die Umwelt und 24 Prozent Freizeit als «sehr wichtig» an.[63] Immerhin 30 Prozent im Westen, aber nur 11 Prozent im Osten hielten die Freizeit für wichtiger als den Beruf.[64] Hedonistische Einstellungen, die im Westen vor allem unter jungen Menschen stark verbreitet waren, trafen im Osten auf wenig Verständnis.[65] In den späten 1970er und den 1980er Jahren hat man in der Bundesrepublik ein Vordrängen postmaterialistischer Auffassungen registriert und damit unter anderem die Wahlerfolge der GRÜNEN erklärt.[66] Vor allem bei der jungen Generation und den Akademikern dominierten Werte wie Freizeit, individuelle Selbstverwirklichung und Schutz der Umwelt vor Arbeit, materiellem Wohlstand, Ruhe und Ordnung sowie anderen Pflicht- und Akzeptanzwerten. Im Osten gab es unter den Trägern der oppositionellen Gruppen der ersten Stunde viele Postmaterialisten, während diese Haltung in der breiten Bevölkerung weniger vertreten war. Auch der Schutz der Umwelt spielte eine geringere Rolle.[67] Mit der ökonomischen Krise seit 1992/93 verloren auch im Westen postmaterialistische Werte an Boden und gerieten in die Defensive.[68] Das vereinte Deutschland ist materialistischer ausgerichtet als die alte Bundesrepublik. Die Individualisierung der Lebensstile erfasste auch den Osten, in dem allerdings die Solidarität und die Pflichten gegenüber der Gemeinschaft stärker betont werden.

Die Frauen im Osten waren in besonders starkem Maße vom Umbruch der Wirtschaft und von der Massenarbeitslosigkeit betroffen. Zwar waren auch in der DDR Emanzipation und Gleichberechtigung der Frauen mehr Programm als Wirklichkeit. Auch hier blieben die Führungspositionen in Partei, Staat und Wirtschaft vor allem für Männer reserviert, und die Frauen behielten nach der überkommenen Rollenverteilung die Bürde der Verantwortung für Haushalt und Kinder.[69] Aber im Unterschied zu Westdeutschland waren fast alle Frauen, auch die mit kleinen Kindern, voll erwerbstätig.[70] Dem entsprach eine unterschiedliche Lebensplanung der Frauen. In Westdeutschland überwog noch immer die traditionelle Aufeinanderfolge unterschiedlicher Phasen im Leben der Frau – der Berufsarbeit bis zur Ehe oder zur Geburt des ersten Kindes, der Familienarbeit bis zum Schuleintritt des jüngsten Kindes und dem, allerdings nur von einem Teil der Frauen vielfach als Teilzeitarbeit gesuchten, Wiedereintritt ins Berufsleben nach der nun reduzierten Familienarbeit. In Ostdeutschland dagegen waren, unterstützt durch den großzügigen Ausbau von Kinderbetreuungsstätten, Berufs- und Familienarbeit miteinander synchronisiert.[71] Die vielfach zunächst im Westen Deutschlands bestehende Erwartung, dass die angeblich «überhöhte» Erwerbstätigkeit der Frauen auf den im Westen erreichten «Normalzustand» zurückgehen würde,[72] erwies sich als falsch. Während Frauen von der Arbeitslosigkeit besonders hart getroffen wurden und es sehr viel schwieriger als früher fanden, Beruf und Familie miteinander zu verbinden, blieb ihre Erwerbsneigung aus ökonomischen Gründen, aber auch aus Furcht vor dem Verlust der mit dem Beruf verbundenen sozialen Kontakte und Anregungen weiter sehr hoch. So hatten 1993 von den nicht-erwerbstätigen Frauen im Alter von 18–63 Jahren 76 Prozent in Ostdeutschland, aber nur 23 Prozent in Westdeutschland den Wunsch, berufstätig zu sein.[73]

Die Prägungen aus der DDR waren also in der vereinigten Bundesrepublik weiter wirksam und führten zu entsprechenden Erwartungen an den Staat. So wurde vom Ministerium für Arbeit, Soziales, Gesundheit und Frauen im Land Brandenburg in einem Arbeitspapier vom 8. Februar 1991 als diskriminierend und bevormundend kritisiert, dass Mütter – im Unterschied zu Vätern – bei der Stellenvermittlung nachweisen mussten, dass ihre Kinder während der Beschäftigung versorgt sind. Die Weiterführung der Kindertagesbetreuung, Angebote zur Weiterbildung und spezielle Beschäftigungsprogramme für Frauen über 45 Jahren wurden gefordert, um u.a. den Verlust an Selbstwertgefühl der Frauen bei Arbeitslosigkeit zu verhindern.[74]

Diese Forderungen richteten sich in erster Linie an den Staat und die staatlichen Arbeitsämter. In der DDR war der Staat die zentrale Instanz zur Lösung sozialer Probleme gewesen. In Westdeutschland gab es dagegen, vor allem bei den wirtschaftlichen und einem Teil der politischen Eliten, die auch von der Regierung *Kohl* seit 1982 vertretene Auffassung, dass der Staat zugunsten des Marktes zurückgedrängt, die Arbeitswelt dereguliert und im Bereich der sozialen Sicherung die Eigenvorsorge ausgebaut werden sollte.[75] Das schlug sich dann ab 1992 in der Diskussion über den Wirtschaftsstandort Deutschland und Programmen und Gesetzen zur Eindämmung von Sozialabgaben und zur Förderung der Wettbewerbsfähigkeit und der Beschäftigung nieder.

In der Bevölkerung lässt sich jedoch, trotz der durchaus positiven Beurteilung und der zunehmenden Bedeutung von Selbsthilfegruppen gerade auch im sozialen Bereich, der Wunsch nach einer Reduzierung der Rolle des Staates nicht nachweisen. Nach einer Umfrage von 1990, die sich auf neun, vor allem soziale Aufgabenbereiche bezog, waren die Befragten in West- und Ostdeutschland fast einmütig der Meinung, dass der Staat für die gesundheitliche Versorgung und die Alterssicherung zuständig sei. Eine Mehrheit zwischen 70 und 80 Prozent im Westen und z.T. weit über 90 Prozent im Osten war zudem der Meinung, dass er auch für eine angemessene Wohnung für finanziell schwächer Gestellte zu sorgen habe, den Arbeitsplatz garantieren, einen angemessenen Lebensstandard für Arbeitslose sichern und die Preise kontrollieren sollte. Auch der Abbau der Einkommensunterschiede bzw. die Sicherung des Wachstums wurden immerhin noch von 64 bzw. 52 Prozent im Westen und von 84 bzw. 80 Prozent im Osten als Aufgaben des Staates angesehen.[76] Die Fixierung auf den Staat als den Verantwortlichen für soziale Leistungen, aber auch für die wirtschaftliche Lage, war also in beiden Teilen Deutschlands ausgeprägt, wurde jedoch durch die Vereinigung noch verstärkt. So waren in Ostdeutschland im Oktober 1991 66 Prozent der Meinung, dass der Staat den Betrieben Kredite geben solle, und 39 Prozent erwarteten vom Staat, den Betrieben die Abnahme ihrer Produkte zu garantieren.[77] Nicht nur bei der breiten Bevölkerung, auch bei den neuen Eliten waren die Erwartungen an den Staat zur Lösung wirtschaftlicher Probleme im Osten – anders als im Westen – auch nach der Vereinigung sehr hoch.[78] Die noch stärkere Orientierung am Staat ist natürlich nicht nur durch die Sozialisation in der DDR, sondern auch durch die sehr viel stärkere Krise im Osten zu erklären.

In West- und Ostdeutschland trifft die dominierende Rolle des Staates in der Sozialpolitik auf breite Akzeptanz. Eine Untersuchung zur gesetzlichen Krankenversicherung von 1994[79] hat gezeigt, dass ein hoher Grad der Zufriedenheit mit den Leistungen der Krankenversicherung besteht und nicht so sehr die hohen Beitragssätze, deren Senkung das zentrale Ziel aller Gesundheitsreformen seit der zweiten Hälfte der 1970er Jahre war, als vielmehr die Kürzungen von Leistungen kritisch beurteilt werden. Dem entspricht eine sehr hohe Wertschätzung der eigenen Gesundheit, ein großes Sicherheitsbedürfnis, aber auch die Bereitschaft, im Rahmen der Solidargemeinschaft der gesetzlichen Krankenversicherung die interpersonelle Umverteilung zwischen Gesunden und Kranken, Jungen und Alten, zwischen Einzelpersonen und Familien zu akzeptieren.

Der Begriff des Sozialstaates ist in der Bundesrepublik nach einer Untersuchung über die Zeit von der Mitte der 1970er bis Ende der 1980er Jahre im Unterschied zum Begriff des Wohlfahrtsstaates, der mit einem extensiven Umfang der Leistungen und der Dominanz des Versorgungs- und Fürsorgeprinzips identifiziert wird, positiv besetzt.[80] Besonders die Einkommenssicherung bei Alter, Invalidität, Krankheit und Arbeitslosigkeit wurde als soziale Errungenschaft begrüßt. Kritik an einem zu großen Umfang der Leistungen wurde kaum geäußert, während Probleme vor allem bei der Finanzierung und ungenügenden Leistungserfüllung in einzelnen Bereichen gesehen wurden. Die Kritik eines Teils der westdeutschen Eliten an einem zu großen Umfang des Sozialstaates wurde so von der Masse der Bevölkerung, die eher eine Ergänzung der Staatsaktivitäten und einen weiteren Ausbau der Leistungen wünschte, nicht geteilt.[81]

Entsprechend kritisch war auch die Beurteilung der seit 1993 verstärkt erfolgten Kürzungen sozialstaatlicher Leistungen, die neben der Übertragung des westdeutschen Systems auf den Osten und dem Ausbau der Sozialversicherung durch die Einführung der Pflegeversicherung die sozialpolitische Diskussion der frühen 1990er Jahre bestimmten. Dabei ergaben sich allerdings deutliche Unterschiede zwischen den alten und den neuen Bundesländern. Nach einer Umfrage von 1994 waren in Westdeutschland 60 Prozent der Meinung, dass die Sozialleistungen in der bisherigen Höhe bleiben sollten, 28 Prozent traten für ihre Ausdehnung und 12 Prozent für eine Kürzung ein. In Ostdeutschland waren nur 28 Prozent für die Beibehaltung, dagegen 71 Prozent für eine Ausdehnung und ein Prozent für eine Kürzung der Leistungen.[82]

Hinter diesen Differenzen verbargen sich unterschiedliche Modellvorstellungen einer richtigen Sozialpolitik. Die Deutschen in den neuen Bundesländern sind stärker an dem sozialistischen Modell orientiert, das die Allzuständigkeit des Staates und die Ergebnisgleichheit betont – die Westdeutschen mehr an der Sozialstaatskultur der Sozialen Marktwirtschaft, die neben dem von ihnen als primär verantwortlich angesehenen Staat auch der Eigenvorsorge und anderen gesellschaftlichen Kräften eine ergänzende Rolle in der Sozialpolitik zuschreibt und die Chancengleichheit betont. Die Dominanz des Leistungsprinzips gegenüber dem Bedürfnisprinzip wird dagegen im Osten und Westen von einer Mehrheit akzeptiert, wenn auch die Zustimmung dazu zwischen 1991 und 1995 besonders im Osten abnahm.[83] Die Ostdeutschen stellten deutlich höhere Ansprüche an die Extensität und die Intensität der Sozialpolitik und waren mit deren Ergebnis unzufrieden. Während in Westdeutschland die sozialpolitische Orientierung der Befragten erheblich von ihrer ökonomischen Lage beeinflusst wurde, hatte diese in Ostdeutschland nur eine marginale Bedeutung. Wir können also eine Prägung durch die Sozialisation in der DDR, genauer gesagt ein Erbe der sozialistischen Sozialpolitik feststellen,[84] deren Defizite – etwa im niedrigen Niveau der Renten – kaum noch thematisiert wurden. So wurde in einer repräsentativen Umfrage von 1994 von 60 Prozent der Ostdeutschen die soziale Sicherung in der Bundesrepublik im Vergleich zu der DDR als schlechter und nur von 21 Prozent als besser angesehen.[85] Eine neuere Untersuchung über die Entwicklung der politischen Einstellungen in Ost- und Westdeutschland zeigt, dass die Auffassung, dass in der DDR die soziale Sicherheit besser gewesen wäre, noch an Anhängern gewonnen hat.[86] Allerdings wird man die Einflüsse der Sozialisation kaum von der subjektiven Verarbeitung der Folgen der Vereinigung,[87] etwa der wirtschaftlichen Krise und der Massenarbeitslosigkeit, trennen können.

Sehr kennzeichnend für Ostdeutschland sind das Auseinanderfallen zwischen der Einschätzung der weit überwiegenden Mehrheit der Menschen, dass sich ihre persönlichen Lebensbedingungen seit 1990 verbessert haben, auf der einen Seite und der überwiegend negativen Bewertung der Entwicklung der Gesellschaft auf der anderen Seite, die meist auch für diejenigen zutrifft, die ihren Arbeitsplatz nicht verloren haben, beruflich aufsteigen konnten und ihre Einkommenssituation überdurchschnittlich verbesserten.[88]

In sehr viel stärkerem Maße als in Westdeutschland wird in Ostdeutschland soziale Sicherung als essentieller Teil der Demokratie angesehen. Andererseits wurde der Verlust der positiv eingeschätzten «sozialpolitischen Errungenschaften» der DDR[89] nicht zum zentralen Maßstab für die Beurteilung der Realität der Demokratie in der Bundesrepublik gemacht. Die Beurteilung des politischen und wirtschaftlichen Systems der vereinigten Bundesrepublik ist stark differenziert. Das Bekenntnis zu den Grundwerten der Demokratie – Opposition, Mehrparteiensystem, freie Meinungsäußerung und Demonstrationsrecht – liegt in Ost- und Westdeutschland mit über 90 Prozent sehr hoch.[90] Der Anteil derer, die im Osten die Übernahme einer politischen Ordnung nach westlichem Vorbild für richtig hielten, ist zwischen Mai 1992 und Oktober 1995 von 68 auf 77 Prozent gestiegen und der Anteil derer, die das für falsch hielten, von 31 auf 17 Prozent gefallen.[91] Mit der Realität der Demokratie der Bundesrepublik und ihrem Funktionieren sind jedoch die Ostdeutschen sehr viel unzufriedener als die Westdeutschen.[92] Im Osten Deutschlands werden politische Institutionen stärker als im Westen vor allem nach ihren Ergebnissen beurteilt. Viele Bürger in den neuen Bundesländern haben ein relativ kritisches Verhältnis zum Verfahren der Demokratie und zum Rechtsstaat.[93]

Besonders groß ist in Ostdeutschland die Enttäuschung über die Marktwirtschaft. Im Februar und März 1990, also zum Zeitpunkt der Volkskammerwahl, hatten 77 Prozent, im August 1994, kurz vor der Bundestagswahl, nur noch 38 Prozent eine gute Meinung vom Wirtschaftssystem der Bundesrepublik, während der Anteil der Kritiker von fünf auf 33 Prozent und der der Unentschiedenen von 18 auf 29 Prozent angestiegen war.[94] Die Ostdeutschen beklagten vor allem die Defizite bei Chancengleichheit, sozialer Gerechtigkeit, Gleichberechtigung, Sicherheit vor Kriminalität und sozialer Sicherheit.[95] Kennzeichnend ist, dass eine klare und wachsende Mehrheit in Ostdeutschland den Sozialismus für eine gute Idee hielt, die nur schlecht ausgeführt wurde. Der Anteil derer, die diese Auffassung vertraten, stieg zwischen 1991 und 1994 von 69 auf 78 Prozent, während er im Westen in diesen Jahren unter 40 Prozent lag.[96] Der Anteil derer, die den Sozialismus im Grunde für eine gute Idee halten, ist bei den Ostdeutschen von 1994 bis 2002 nur marginal geringer geworden und die dramatische Kluft zu den Westdeutschen ist geblieben.[97] Die Hochschätzung des Sozialismus als Idee und die Kritik an der Realität des politischen, wirtschaftlichen und sozialen Systems der Bundesrepublik im Osten bedeutet allerdings nicht, dass die Menschen in den neuen Bundesländern der DDR nachtrauern oder sogar die Vereinigung rückgängig machen wollen. Zu klar werden die Defizite der DDR – der Mangel an politischer Freiheit und an Reisefreiheit, die Bespitzelung des Einzelnen sowie das mangelnde Angebot an hochwertigen Konsumwaren – gesehen.

Es hat sich aber im Rahmen der Bundesrepublik eine spezifische Identität und Mentalität der Ostdeutschen herausgebildet,[98] die gerade auch in der Sozialpolitik mit der stärkeren Betonung der Verantwortung des Staates für die Wirtschaft und die soziale Sicherung, der Prominenz der Ideen von Gleichheit und sozialer Gerechtigkeit und der allerdings auch im Westen zunehmenden Skepsis gegenüber den Großorganisationen Kirchen, Gewerkschaften, Arbeitgeberverbänden und Parteien zu eigenen Akzentsetzungen geführt hat. Das hängt sicher mit weiterwirkenden Prägungen aus der DDR-Zeit zusammen, ist aber vor allem eine Konsequenz der existentiellen Unsicherheit angesichts der anhaltenden Wirtschaftskrise und Massenarbeitslosigkeit und des Gefühls, wegen des Wohlstandsgefälles, aber auch des Einflusses westdeutscher Eliten in Ostdeutschland, im gemeinsamen Staat gegenüber den Westdeutschen unterprivilegiert zu sein.[99]

Das wirkt sich auch auf konkrete Probleme aus. So sind sich die Ökonomen einig, dass die rasche Erhöhung der Löhne im Osten und ihre weitgehende, wenn auch nicht völlige Annäherung an das westliche Lohnniveau vor einer entsprechenden Steigerung der Produktivität ein Fehler war, der wesentlich zur mangelnden Wettbewerbsfähigkeit und damit zum Zusammenbruch großer Teile der ostdeutschen Industrie beigetragen hat. Die Ostdeutschen haben das aber mehrheitlich nicht als Frage der wirtschaftlichen Rationalität, sondern zunehmend als Problem der Gerechtigkeit angesehen. Während im Juli/August 1990 noch 55 Prozent der Befragten den Zusammenhang zwischen der Höhe der Löhne und der Produktivität akzeptierten und nur 36 Prozent eine schnelle Anpassung der Löhne forderten, waren im Oktober 1991 nur noch 22 Prozent bereit, auf einen Anstieg der Produktivität, als Voraussetzung für die Angleichung der Löhne, zu warten. 64 Prozent meinten, dass der Grundsatz des gleichen Lohns für gleiche Arbeit eine möglichst schnelle Erhöhung der Löhne auf Westniveau erfordere.[100] Gewiss ist das keine Rechtfertigung der verfehlten Tarifpolitik von Gewerkschaften und Arbeitgeberorganisationen zwischen 1990 und 1992. Es zeigt aber, dass jede andere Lohnpolitik im Widerspruch zum Zeitgeist im Osten Deutschlands gestanden hätte.

II.

Die Entstehung der Sozialunion

5. Grundzüge der Sozialunion und Vergleich der Sozialsysteme der Bundesrepublik und der DDR

Der Fall der Mauer und die deutsche Vereinigung führten zu einer Veränderung der Prioritäten in der bundesdeutschen Sozialpolitik. Im Sozialbericht 1990 des BMA wurde die vorangegangene 11. Legislaturperiode 1987–1990 im Zusammenhang mit zehn Prinzipien und Zielen des Umbaus des Sozialstaates als sozialpolitische Erfolgsstory dargestellt.[1] Insbesondere die Verbesserung der finanziellen Situation der Renten- und Krankenversicherung, wie überhaupt die finanzielle Konsolidierung des Systems der sozialen Sicherung, aber auch die Zunahme der Beschäftigung wurden als Beweise dafür angesehen, dass der deutsche Sozialstaat die Herausforderungen der Zeit erfolgreich angenommen habe und sich als anpassungs- und entwicklungsfähig gezeigt habe. Die Aufgaben der Zukunft wurden in der «Stärkung der Selbsthilfe» und der Ergänzung der «solidarischen sozialen Sicherungssysteme durch Nachbarschaftshilfe, kleine Netze und Selbsthilfegruppen» gesehen.

Mit dem Hinweis auf die «große Herausforderung» der gemeinsamen Gestaltung des Sozialstaats des vereinigten Deutschlands wurde aber auch deutlich gemacht, dass die Sozialpolitik nach der Konsolidierungspolitik der vergangenen Jahre vor einer völlig neuen zentralen Aufgabe stehe. Die Sozialpolitik der Regierungskoalition ließ sich dabei von zwei Grundsätzen leiten.

1. Der soziale Ausgleich und die soziale Absicherung sind zentrale Elemente der Sozialen Marktwirtschaft. Eine Währungs- und Wirtschaftsunion mit der DDR müsse daher notwendig mit einer Sozialunion verbunden werden. Diese Auffassung wurde von der Regierung und den politischen und sozialen Kräften in der DDR, der sozialdemokratischen Opposition und den Gewerkschaften in der Bundesrepublik geteilt. Sie setzte sich auch gegen die von Teilen der Bundesregierung unterstützten Tendenzen in Wirtschafts- und Finanzkreisen durch, zur Erleichterung des Übergangs von der Plan- zur Marktwirtschaft und zur Verbesserung der Wettbewerbschancen der ostdeutschen Wirtschaft erhebliche Abstriche an der Regulierung der Arbeitsverhält-

nisse und den sozialen Leistungen im Osten Deutschlands zuzulassen. Gegen diese Tendenzen sprach die Notwendigkeit, den Umbruch sozial abzufedern, um die Akzeptanz der neuen Ordnung im Osten zu sichern, aber auch die Furcht, damit Präzedenzfälle für den Abbau des Sozialstaates in Gesamtdeutschland zu schaffen.

2. Der westdeutsche Sozialstaat und seine detaillierten Normen, seine Institutionen und Akteure sollten – von notwendigen Übergangsregelungen abgesehen – möglichst vollständig und möglichst schnell auf den Osten Deutschlands übertragen werden.[2] Damit wurde eine Vermischung der beiden Systeme und die Idee, einzelne von vielen als positiv angesehene Elemente des ostdeutschen Sozialsystems in einen neuen gemeinsamen Sozialstaat zu übernehmen, abgelehnt. Diese Entscheidung richtete sich gegen die Bestrebungen der DDR-Regierung, die «sozialen Errungenschaften» der DDR zu behaupten und auszubauen. Sie richtete sich aber auch gegen Tendenzen der westdeutschen Sozialdemokraten und Gewerkschaften, die Vereinigung mit der DDR zum Anlass zu nehmen, den gesamtdeutschen Sozialstaat in ihrem Sinne zu reformieren oder doch zumindest durch die Beibehaltung bestimmter Elemente des ostdeutschen Systems Vorbilder für spätere Reformen auch im Westen zu schaffen. Die Hauptgründe dagegen waren der Zeitdruck und die Furcht, die Pandorabüchse kontroverser politischer Diskussionen und sozialer Konfrontationen zu öffnen. Daneben war aber auch die überwiegende Mehrheit der sozialpolitischen Akteure der Auffassung, dass das bundesdeutsche Sozialsystem sich insgesamt bewährt habe und dass eine Mischung von beiden Systemen deren grundsätzliche Unvereinbarkeit erweisen würde und zum Scheitern verurteilt sei. Schließlich wirkten auch die Beharrungskraft der westdeutschen Institutionen und Traditionen sowie die Sorge, den Prozess der Anpassung der ostdeutschen Wirtschaft an die Bedingungen eines freien Marktes zu erschweren und Staat und Wirtschaft in Gesamtdeutschland zu überlasten, wenn man die «sozialen Errungenschaften» der DDR auf die ohnehin hohen Leistungen des westdeutschen Sozialstaates draufsattelte.

Die ungeheuren Schwierigkeiten, die die Übertragung des westdeutschen Wirtschafts- und Sozialsystems auf den Osten Deutschlands mit sich bringen würde, wurden allerdings eindeutig unterschätzt. Auch hatte man zunächst keine Vorstellung davon, was es bedeutete, dass die Menschen im Osten gleichsam über Nacht den Übergang von einem relativ einfachen zu einem ungewöhnlich komplizierten System bewältigen mussten, in dem auch viele Westdeutsche nicht genau über ihre Rechte etwa im Steuer- und Sozialbereich Bescheid wissen. Das Sozialsystem des Ostens war mit etwa zehn Prozent des Normenbestandes der alten Bundesrepublik ausgekommen[3] und hatte daher – außerhalb der Betriebe – auch weniger und geringer qualifiziertes Personal gehabt.

Die Verhandlungen über die rechtlichen Grundlagen der Sozialunion, die Übertragung der Normen, Institutionen, Leistungen und Akteure des westdeutschen Sozialstaates auf die DDR bzw. die neuen Bundesländer sowie die Eindämmung und soziale Abfederung der Massenarbeitslosigkeit standen eindeutig im Mittelpunkt der Sozialpolitik der frühen 1990er Jahre.

Der Sozialbericht 1993, der ausdrücklich das soziale Sicherungssystem Deutschlands als eines der «leistungsfähigsten der Welt» bezeichnete,[4] machte aber auch deutlich, dass die finanziellen Lasten der deutschen Einheit eine «Umsteuerung bei allen öffentlichen Leistungen» verlange,[5] der sich auch die Sozialpolitik nicht entziehen könne. Die Bemühungen um Einsparungen bei sozialen Leistungen zur Förderung von wirtschaftlichem Wachstum und Beschäftigung, die intensiven Auseinandersetzungen über die Neuregelung der Finanzordnung der Bundesrepublik im föderalen Konsolidierungsprogramm, aber auch die Debatten über die Verbesserung der Standortbedingungen der deutschen Wirtschaft waren letztlich Konsequenzen der Veränderungen in den finanziellen und wirtschaftlichen Rahmenbedingungen. Die Fragen nach den finanziellen Grenzen des Sozialstaates, der richtigen Balance zwischen Wettbewerbsfähigkeit und sozialer Sicherung, erhielten – wie in den 1980er Jahren – erneut einen zentralen Stellenwert.

Gleichzeitig wurden im Rahmen der alten Institutionen neue Wege zur Lösung sozialer Probleme gesucht und gefunden. So kennzeichnete das Gesundheitsstrukturgesetz vom 21.12.1992 den Versuch, den Einfluss der Anbieter gesundheitlicher Leistungen zugunsten der Empfänger von Leistungen einzudämmen sowie die Flexibilität und Effizienz des Gesundheitswesens durch Stärkung der Wettbewerbselemente zu verbessern. Bei der Einführung der Pflegeversicherung hielt man gegen die scharfe Kritik vor allem von Seiten der FDP und der Wirtschaft am Prinzip einer Sozialpflichtversicherung für die weit überwiegende Mehrheit der Bevölkerung fest; dagegen wurde mit der Gewährung einer Kompensation für den Arbeitgeberbeitrag zur Pflegeversicherung durch

Wegfall eines Feiertages faktisch von der paritätischen Finanzierung der Sozialversicherung durch Arbeitgeber und Arbeitnehmer abgewichen und mit dem Budgetprinzip, das die Ausgaben an die Einnahmen band, noch eindeutiger als im Gesundheitswesen das traditionelle Prinzip der Orientierung der Beiträge an der Deckung des Bedarfs aufgegeben.

Kennzeichnend für die Diskussionen und Entscheidungen der Sozialpolitik der 1990er Jahre war aber, dass Vorschläge, die auf eine grundsätzliche Änderung des deutschen Sozialstaates und der ihn tragenden Institutionen – vor allem der Sozialversicherung – abzielten, keine echte Chance auf Realisierung hatten und bei aller Flexibilität im Einzelnen Reformen nur pfadabhängig im Rahmen des bestehenden Systems durchgesetzt werden konnten. Dabei war der Einfluss der politischen und sozialen Akteure und Vetospieler stark vom jeweiligen Sachbereich der Sozialpolitik, vom Grad ihrer notwendigen aktiven Mitarbeit bei der Umsetzung von Gesetzen und Verordnungen und natürlich auch von den bereits skizzierten politischen, wirtschaftlichen, rechtlichen und sozialen Rahmenbedingungen abhängig.

Während 1990, im Jahr der deutschen Vereinigung, im Westen die Bundesregierung aufgrund der Dynamik des Einigungsprozesses, ihrer Rolle als Träger der Verhandlungen mit der DDR und den alliierten Siegermächten sowie der Komplexität der Probleme klar dominierte, musste die Opposition in die sozialpolitischen Grundsatzentscheidungen vor allem der Gesetzgebung der Jahre 1991–1994 wegen ihrer starken Stellung im Bundesrat eingebunden werden. Bis zur Vereinigung im Herbst 1990 waren die Regierung der DDR und die hinter ihr stehenden politischen Kräfte wichtige, wenn auch aufgrund der inneren Auflösung der DDR und des Fehlens einer realistischen Alternative zur Wiedervereinigung an Einfluss verlierende Akteure bei der rechtlichen Grundlegung und Umsetzung der Sozialunion zwischen den beiden Teilen Deutschlands. Um deren Positionen richtig zu verstehen, müssen wir kurz auf die wesentlichen Unterschiede zwischen den Sozialsystemen der DDR[6] und der Bundesrepublik und einige der sich daraus ergebenden Probleme eingehen.

In der DDR wurde die ursprüngliche Abwehrhaltung der SED, die der Sozialpolitik als einer Art «Lazarettstation» des Kapitalismus in einem *sozialistischen* Staat nur eine marginale und zudem ständig abnehmende Bedeutung zuerkennen wollte, seit der Mitte der 1960er Jahre aufgegeben. Seitdem wurde einer spezifisch sozialistischen Sozialpolitik in der Konkurrenz mit der Bundesrepublik, aber auch zur Legitimierung des eigenen Staates eine große Rolle beigemessen.[7] Mit der vom IX. Parteitag der SED 1976 verkündeten «Einheit von Wirtschafts- und Sozialpolitik» sollten ökonomische Effizienz und soziale Sicherung in einer von oben gesteuerten politischen Strategie vereinigt und die Hebung des Lebensstandards vom Fortschritt der Produktivität abhängig gemacht werden. Das geschah zu einer Zeit, in der der Wohlfahrtsstaat, der in den westlichen Industrieländern in den ersten Nachkriegsjahrzehnten so rapide ausgebaut worden war, seit der schweren Wirtschaftskrise 1973/74 zunehmend auf den Prüfstand geriet und die Krise und der notwendige Umbau des Sozialstaates zu Themen intensiver wirtschaftlicher und politischer Diskussionen geworden waren. Die Hoffnung der DDR, mit einem Ausbau sozialer Leistungen die Arbeitsbereitschaft und Arbeitsintensität und damit auch die Wirtschaftskraft des Landes zu steigern, wurde jedoch enttäuscht. Vor allem die den Konsum fördernden hohen Subventionen für Güter des Grundbedarfs und die Arbeitsplatzgarantie, die zur Überbesetzung von Betrieben und Verwaltungen und zur Hortung von Arbeitskräften führte, haben – ebenso wie Fehler der Planung, eine überdimensionierte Bürokratie und die Kosten des flächendeckend ausgebauten Repressionsapparates – die Wirtschaft überfordert und notwendige Investitionen verhindert.

Die Überlastung der DDR-Wirtschaft zeigte sich besonders in den Betrieben, die im Zentrum der Sozialpolitik standen. Während in der kapitalistischen Marktwirtschaft der Bundesrepublik die Sozialbindung der Arbeit in den Betrieben vor allem auf dem Austausch von Arbeitsleistung gegen Lohn beruht, die sozialen Neben- und Folgekosten der Arbeit – etwa durch Krankheit, Invalidität, Alter, Arbeitslosigkeit und Mutterschaft – aber weitgehend auf außerbetriebliche allgemeine Systeme der sozialen Sicherung verlagert, in der sozialrechtlichen Fachsprache «externalisiert» werden, sind derartige Kosten in der DDR in erheblichem Umfang in die Betriebe zurückverlagert, also «internalisiert» worden.[8] Dazu gehörte vor allem, dass die Betriebe in erster Linie das Arbeitsplatzrisiko zu tragen hatten und faktisch, wenn auch nicht rechtlich, unkündbare Arbeitnehmer oft aus sozialen Gründen mitzuschleppen hatten. Den Betrieben wurden zudem mit dem Aufbau eines betrieblichen Gesundheitswesens, der Finanzierung von Kuren, der Unterhaltung von betriebseigenen Kinderbetreuungsstätten (von Krippen über Kindergärten zu Horten), dem Bau und dem Unterhalt von Betriebswohnungen, Ferienheimen, Kulturhäusern und Sportstätten sowie der Betreuung der aus dem Betrieb ausgeschiedenen Rentner erhebliche zusätzliche Belastungen aufgebürdet. Die Betriebe und die Arbeitsbrigaden, die auch als Kommunikationszentren und Orte gemeinschaftlicher Erlebnisse fungierten, übernahmen so Aufgaben der Gesellschaft, die die Rentabilität der Unternehmen beeinträchtigen mussten und die Orientierung ihrer Entscheidungen am Grundsatz der wirtschaftlichen Rationalität außerordentlich erschwerten. Der rigorose Abbau dieser betrieblichen Einrichtungen nach dem Übergang zur Marktwirtschaft wurde nur widerstrebend akzeptiert und von vielen als Verlust an Lebensqualität und sozialer Geborgenheit empfunden.

Die DDR-Sozialpolitik wurde einschließlich der Löhne und Preise einseitig vom zentralistischen Staat und von der diesen dominierenden Staatspartei SED gesteuert, während in der Bundesrepublik – neben den Akteuren des politischen Systems des Bundes – der Markt, die autonomen Tarifpartner, die Träger der Sozialversicherung, die Sozialverbände, Kirchen, freien Wohlfahrtsverbände, aber auch die Länder und Kommunen im Rahmen der staatlichen Sozialpolitik eine erhebliche Rolle spielen. Das hatte zur Folge, dass die Anpassungselastizität in der DDR geringer war und zudem Unzufriedenheit mit dem sozialen System und Verteilungskonflikte, die in der Bundesrepublik bis zu einem gewissen Grad vom politischen System abgeschirmt werden, sich in der DDR unmittelbar gegen die Staats- und Parteiführung richteten und so zu einer Krise des Gesamtsystems führen konnten.[9] Die rechtliche Verankerung des Sozialstaates war in der DDR sehr viel schwächer ausgeprägt als in der Bundesrepublik. So gab es keine eigenständigen, unabhängigen Arbeits- und Sozialgerichte und kein Verfassungsgericht, das der Sozialpolitik bestimmte Ziele vorgab. Betrachten wir als nächstes die wichtigsten Teilbereiche der Sozialpolitik der DDR.

Das Prunkstück der Sozialpolitik der DDR war das Recht auf Arbeit, das unter den «sozialen Errungenschaften» auch von der Bevölkerung, vor allem nach der Wende, besonders positiv beurteilt wurde.[10] Es trug jedoch wesentlich zur Überforderung der Betriebe und zur mangelnden Leistungsfähigkeit der Wirtschaft bei. Tatsächlich ist es der DDR, im Unterschied zur Bundesrepublik, die seit der Krise 1973/74 eine auch in Phasen guter Konjunktur nur leicht zurückgehende Arbeitslosigkeit hatte, gelungen, offene Arbeitslosigkeit zu verhindern. Dem entsprach 1978 die formelle Abschaffung der schon vorher bedeutungslos gewordenen Arbeitslosenversicherung. Dem Recht auf Arbeit entsprach allerdings die Pflicht zur Arbeit und die «sozialistische Arbeitsdisziplin», die ihrerseits eng mit dem Repressionssystem des Staates, insbesondere der Verfolgung der so genannten «Asozialen»[11], verbunden war. Die Vollbeschäftigung wurde mit einer ökonomisch unsinnigen Überbeschäftigung vieler Betriebe und Verwaltungen und damit einer Fehlallokation von Humankapital erkauft. Weitere Konsequenzen der faktischen Unkündbarkeit waren häufig eine geringe Arbeitsmotivation und fast unüberwindliche Hindernisse für die Anpassung der Betriebe an veränderte Produktions- und Marktbedingungen.

Das hing auch mit der Vielzahl praktischer Probleme[12] bei der Umsetzung des Rechts auf Arbeit zusammen. Das Recht auf Arbeit wurde zum Ärger der SED-Führung als ein Recht auf einen bestimmten Arbeitsplatz, eine Arbeit entsprechend der eigenen Qualifikation und als Schutz vor der Zumutung eines Ortswechsels verstanden. Durch die damit bewirkte Verkrustung des Arbeitsmarktes wurde der notwendige Wandel der Wirtschaftsstruktur entscheidend erschwert. Es gab daher auch viele offene Stellen, vor allem bei den Hochqualifizierten, aber auch bei angelernter und ungelernter Tätigkeit.

Das Arbeitsrecht war klarer und übersichtlicher als das der Bundesrepublik. Es war aber hochgradig politisiert und im Falle des Konflikts mit zentralen Interessen der SED nicht vor Gericht einklagbar. In der DDR bestand, nach den Vorstufen im Gesetzbuch der Arbeit vom 12.4.1961,[13] seit 1977 ein Arbeitsgesetzbuch, mit dem das gesamte Arbeitsrecht zusammen mit dem Sozialrecht kodifiziert worden war.[14] In der Bundesrepublik war dagegen, wie schon erwähnt,[15] nur das Sozialrecht sukzessive in den verschiedenen Bänden des Sozialgesetzbuches kodifiziert worden. Das Arbeitsrecht war dagegen in eine Fülle von Gesetzen und als Richterrecht in Rechtsentscheidungen zersplittert, in der nicht mehr zeitgemäßen Unterscheidung zwischen Arbeitern und Angestellten überholt und zudem höchst lückenhaft. Die Versuche der DDR, das – durch die Beseitigung dirigistischer Regelungen zugunsten einer freieren Gestaltung der Arbeitsbeziehungen und durch den Wegfall der Orientierung an Prinzipien der sozialistischen Planwirtschaft – entschlackte Arbeitsgesetzbuch[16] bei der Vereinigung zu erhalten, sind jedoch gescheitert.

Der Einfluss der Arbeitnehmer auf die Löhne und Gehälter und die Arbeitsbedingungen war in der DDR erheblich geringer als in der Bundesrepublik. Das war vor allem eine Folge des Fehlens freier Gewerkschaften und autonom ausgehandelter Tarifverträge. Es gab in der DDR auch kein Äquivalent zu den gewählten Betriebsräten als Organen der betrieblichen Mitbestimmung der Arbeitnehmer vor allem im sozialen Bereich. Die Betriebsgewerkschaftsleitungen konnten zwar soziale Probleme in den Betrieben aufgreifen, sie fungierten aber in erster Linie als Instrumente zur Durchsetzung der Vorgaben von Staat und SED. Die unmittelbaren Interessen der Beschäftigten am Arbeitsplatz konnten in der DDR noch am ehesten über die Arbeitsbrigaden zur Geltung gebracht werden.[17] «Meckern» am Arbeitsplatz war gang und gäbe und wegen der fehlenden Sanktion der Entlassung meist weniger riskant als nach der Vereinigung.

Nach der «Wende» wurde die Aufwertung der Gewerkschaften und ihre Befreiung von der Bevormundung durch eine mit dem Monopol der Macht ausgestattete Staatspartei allgemein akzeptiert. Kontrovers war jedoch, ob der FDGB und die bestehenden Gewerkschaften im Osten in freie Gewerkschaften umgewandelt oder durch neue Gewerkschaften ersetzt werden sollten und ob Betriebsräte oder reformierte Betriebsgewerkschaftsleitungen die führende Rolle bei der betrieblichen Mitbestimmung der Arbeitnehmer spielen sollten. Auch fehlte es zunächst vielfach an Verständnis dafür, dass Tarifautonomie auch starke, bindungsfähige Arbeitgeberorganisationen und ein ungefähres Gleichgewicht zwischen den Tarifvertragsparteien erfordert und dass ein «Gewerkschaftsstaat» keine wünschenswerte Alternative zur SED-Diktatur sei.

Den Kern des Systems der sozialen Sicherung bildete in der DDR – wie in der Bundesrepublik – die Sozialversicherung. Im Einzelnen gab es aber entscheidende Unterschiede. Mit dem Beamtenstatus fehlten in der DDR Beamtenpensionen. Trotz der großen Rolle der Betriebe in der Sozialpolitik wurden alle bestehenden Betriebspensionen in der DDR abgeschafft und keine neuen zugelassen.[18] Die Sozialhilfe, die in der Bundesrepublik die weiterhin wichtige unterste Stufe des sozialen Netzes bildet, spielte als Sozialfürsorge in den ersten Jahrzehnten der DDR noch eine wesentliche Rolle,[19] wurde aber als Relikt des Kapitalismus angesehen und schließlich völlig marginalisiert; 1989 gab es nur noch 5553 Empfänger laufender Unterstützungen.[20] In der Unfallversicherung entfielen die Gliederung nach Branchen und die Berufsgenossenschaften als Träger der Versicherung.[21]

Die nach Risiken und Berufsgruppen gegliederte deutsche Sozialversicherung wurde – ältere Forderungen der deutschen Arbeiterbewegung aufnehmend – durch eine Einheitsversicherung der Arbeiter und Angestellten abgelöst, die 1956 dem FDGB als eine, allerdings von den Weisungen der SED abhängige, reine Versichertenverwaltung unterstellt wurde.[22] Die daneben bestehende Staatliche Versicherung für Genossenschaftsmitglieder und die wenigen Selbständigen erfasste mit den Angehörigen 1989 nur knapp 9 Prozent der Wohnbevölkerung.[23]

Die an die deutsche Tradition anknüpfenden Versicherungselemente wurden zugunsten des Fürsorge- und Versorgungsprinzips immer mehr zurückgedrängt. Das hing auch damit zusammen, dass man sich scheute, die einmal fixierte Beitragsbemessungsgrenze von monatlich 600 Mark, die erheblich unter den späteren Durchschnittslöhnen und -gehältern lag, anzuheben. Daher mussten auch die staatlichen Zuschüsse immer mehr ausgeweitet und schließlich 1989 auf über 48 Prozent der Gesamtausgaben der Sozialversicherung angehoben werden.[24]

Die Achillesverse der Sozialpolitik der DDR war die ungenügende Sicherung bei Alter und Invalidität und die unzureichende Unterstützung von Hinterbliebenen. Das war eine Konsequenz der einseitigen Produktionsorientierung des SED-Sozialsystems. Während man die Frauenerwerbsquote steigerte, wurden die für den Arbeitsprozess nicht mehr benötigten Alten, Invaliden, Kriegsopfer und Behinderten im sozialen Sicherungssystem marginalisiert. Die Alten- und Invalidenrenten aus der Pflichtversicherung boten nicht mehr als eine weitgehend nivellierte Grundversorgung auf sehr niedrigem Niveau, die nur wegen der hohen Subventionierung der Güter des Grundbedarfs nicht zur völligen Verarmung führte.

Die Durchschnittshöhe der Renten in der Einheitsversicherung der Arbeiter und Angestellten betrug 1971 nur 26,7 und 1988 37,3 Prozent der nach westdeutschen Maßstäben ohnehin niedrigen Bruttoeinkommen.[25] 1970 lebten 65 Prozent, 1988 noch immer 45 Prozent der Rentnerhaushalte an oder unterhalb der Armutsgrenze. Besonders hoch war die Zahl der Rentnerhaushalte allein stehender Frauen, die unter der Armutsgrenze lagen.[26] Die Renten wurden – im Unterschied zur Bundesrepublik – nicht dynamisiert, so dass die Rentner am Wirtschaftswachstum und der steigenden Produktivität nicht beteiligt wurden; auch wurden sie nicht regelmäßig den gestiegenen Lebenshaltungskosten angepasst. Lediglich von Zeit zu Zeit wurden die Renten durch Beschlüsse der Führungsorgane von Partei und Staat angehoben.

Die nach einer erheblichen Rentenerhöhung zum 1.12.1989[27] festgelegten, nach der Dauer der Versicherungszeit gestaffelten Mindestrenten lagen zwischen 330 und 470 Mark monatlich und konnten selbst bei einer 50-jährigen Versicherungszeit, in der immer die Höchstbeiträge gezahlt wurden, nur auf 510 Mark erhöht werden. Im Unterschied dazu war das westdeutsche Rentensystem trotz einiger Elemente des sozialen

Ausgleichs im Kern einkommens- und leistungsbezogen und ermöglichte bei einer langfristigen versicherungspflichtigen Vollerwerbstätigkeit wenigstens eine annähernde Beibehaltung des erzielten Lebensstandards bei Alter und Invalidität.

Die Schwächen des DDR-Systems führten dazu, dass nach ersten Ansätzen 1968 im Jahre 1971 eine Freiwillige Zusatzrentenversicherung (FZR) auch zur Abschöpfung von Kaufkraft und damit zur Eindämmung inflationärer Tendenzen errichtet wurde. Durch zusätzliche freiwillige Beiträge, die durch gleich hohe Zahlungen der Unternehmen ergänzt wurden, konnten die Renten erhöht werden. Obwohl schließlich 70 bis 80 Prozent der Erwerbstätigen das massiv propagierte Angebot annahmen,[28] war wegen der langen Anwartschaftszeiten der Einfluss auf das durchschnittliche Niveau der Renten noch nicht sehr bedeutend. 1989 bezogen die Männer aus der Zusatzversicherung durchschnittlich 106, die Frauen 36 Mark an Renten.[29] Das durchschnittliche Haushaltsnettoeinkommen der ostdeutschen Rentner lag 1983 nominal bei nur einem Viertel, bei Berücksichtigung der Kaufkraftunterschiede bei etwa einem Drittel des westdeutschen Niveaus.[30]

Die Schaffung der FZR, die eine stärkere Individualisierung und Berücksichtigung des Leistungsprinzips bewirkte, war kennzeichnend für die Aufweichung des Grundsatzes der Einheitsversicherung. Dieser wurde aber schon vorher durch den 1950 begonnenen Aufbau eines immer mehr ausgeweiteten, schließlich kaum noch überschaubaren Geflechts von Zusatz- und Sonderversorgungssystemen durchbrochen.[31] Mit diesen sollte die Loyalität der Leistungsträger und der mit dem politischen und wirtschaftlichen System besonders eng verbundenen Personengruppen gesichert werden. Zum Zeitpunkt der deutschen Vereinigung verfügten etwa 350000 Personen über Leistungen und 1,6 Millionen oder knapp 10 Prozent der Bevölkerung über Anwartschaften aus den 27 Zusatz- und vier Sonderversorgungssystemen.[32]

Für die Rentenversicherung stellte sich das Problem, das Mindestsicherungssystem der DDR in das leistungsorientierte Versicherungssystem der Bundesrepublik umzuwandeln und dabei Bestands- und Vertrauensschutz zu gewährleisten.[33] Die Vorzüge des westdeutschen Rentensystems – das höhere Niveau und die Dynamisierung der Leistungen, aber auch die stärkere Bindung der Leistungen an die Höhe der Einkommen und Beiträge – wurden grundsätzlich als Fortschritt gegenüber dem DDR-System akzeptiert. Die DDR wünschte jedoch darüber hinausgehend die Beibehaltung von Mindestrenten, einen Ausgleich für den Wegfall der Subventionen, die Erhaltung der im Vergleich zur Bundesrepublik stärkere Berücksichtigung von Zurechnungszeiten im Rentensystem, z.B. für die Pflege von Angehörigen und die Kindererziehung, die Fortdauer der in der DDR sehr viel umfassenderen Sozialversicherungspflicht und die nur schrittweise Erhöhung der in ihrem System sehr viel niedrigeren Beitragssätze. Äußerst schwierige Probleme wurden zudem durch die Einbeziehung der Zusatz- und Sonderversorgungssysteme in die allgemeine Rentenpflichtversicherung aufgeworfen.

Schon vor der deutschen Vereinigung bestand die Notwendigkeit, eine Arbeitslosenversicherung einzuführen, um die durch den wirtschaftlichen Umbruch arbeitslos gewordenen Erwerbstätigen vor der Verarmung zu bewahren und eine leistungsfähige Arbeitsverwaltung zur Leitung der Versicherung, zur Berufsberatung, Fortbildung, Umschulung sowie zur Initiierung und Finanzierung von Arbeitsbeschaffungsmaßnahmen aufzubauen. Das geschah in enger Zusammenarbeit mit der Bundesrepublik und war nicht kontrovers.

Die Erwerbsorientierung der Sozialpolitik der DDR fand ihren wohl wichtigsten Niederschlag in der systematischen und erfolgreichen Förderung der Frauenerwerbstätigkeit. Diese hatte ihre Hauptursache im Mangel an Arbeitskräften; sie hing aber auch mit dem Anspruch des Regimes zusammen, die Menschen – hier die Frauen – restlos zu erfassen. Die Erwerbstätigkeit der Frauen wurde negativ durch die Verweigerung einer dauerhaften Unterstützung von arbeitsfähigen Witwen und das Ungenügen *einer* Rente für den Unterhalt eines Rentnerehepaars, positiv durch den großzügigen Ausbau von Kinderbetreuungsstätten und die verbesserte Berufsausbildung von Frauen vorangetrieben. Im engen Zusammenhang damit stand eine seit den 1970er Jahren stark ausgebaute Familienpolitik, die vor allem – zeitweise erfolgreich – dem Geburtenrückgang entgegenwirken sollte. So wurde ein Babyjahr – die bezahlte Freistellung von Müttern im Anschluss an eine Geburt bis zur Vollendung des ersten Lebensjahres eines Neugeborenen – eingeführt. Während dieses Babyjahr zunächst nur Mütter mit zwei oder mehr Kindern in Anspruch nehmen konnten, wurde 1986 ein Babyjahr auch bei der Geburt des ersten Kindes gewährt und die Freistellung für Mütter bei der Geburt eines dritten Kindes auf 18 Monate ausgedehnt.[34] Auch in der Rentenversicherung wurde die Erwerbstätigkeit von Frauen besonders honoriert. So erhielten Frauen als Ausgleich für die im Vergleich zu den Männern um fünf Jahre niedrigere Altersgrenze von 60 Jahren beim

Eintritt in die Rentenversicherung eine Zurechnungszeit von bis zu fünf Jahren. Die Zeiten der Kindererziehung wurden als rentenrelevante Jahre schon 15 Jahre eher als in der Bundesrepublik und zudem in größerem Umfang anerkannt.[35] So wurde bei drei und mehr Kindern pro Kind drei Jahre (in der Bundesrepublik für jedes Kind ab 1986 ein Jahr) angerechnet. Diese zusätzlichen Anrechnungen und Zurechnungsjahre machten bei Frauen im Durchschnitt sieben Jahre aus. Diese Erhöhung der Rentenzeit wirkte sich jedoch wegen der starken Bedeutung der Mindestsicherungselemente in der DDR sehr viel weniger aus, als dass das in der Bundesrepublik der Fall gewesen wäre. So konnte eine Rente durch die Anrechnung eines weiteren Versicherungsjahres monatlich um höchstens sechs Mark erhöht werden.

Die Stimulierung der Erwerbsbeteiligung der Frauen bewirkte, dass diese bei Frauen im arbeitsfähigen Alter von 44 Prozent im Jahre 1950 auf 81 Prozent 1989 um fast das Doppelte stieg und weit über der der Bundesrepublik lag. Besonders deutlich ist der Unterschied in der Berufstätigkeit von verheirateten Müttern. In der DDR waren 1988 74 Prozent der Ehefrauen mit zwei im Haushalt lebenden Kindern unter 18 Jahren vollzeit- und 17,5 Prozent teilzeitbeschäftigt; in der Bundesrepublik gingen nur knapp 16 bzw. 24 Prozent dieser Frauengruppe einer Voll- bzw. einer Teilzeiterwerbstätigkeit nach.[36]

Allerdings darf man auch die Schattenseiten der Frauen- und Familienpolitik der DDR nicht übersehen. Da sich am herkömmlichen Rollenverständnis der Geschlechter und der traditionellen häuslichen Arbeitsteilung faktisch nur wenig änderte, mussten die Frauen die Doppelbelastung durch Familie und Beruf tragen. Die Durchschnittseinkommen der Frauen lagen auch in der DDR mit 76 Prozent signifikant unter denen der Männer,[37] da für die typischen Frauenberufe – etwa im Sozial-, Bildungs- und Gesundheitswesen und der Textil- und Bekleidungsindustrie – erheblich weniger bezahlt wurde, Frauen geringere Aufstiegschancen hatten und häufiger als Männer unter ihrer beruflichen Qualifikation beschäftigt wurden.[38]

Grundlegende Unterschiede bestanden im Gesundheitswesen der beiden deutschen Staaten. In der Bundesrepublik wird einerseits das sehr komplexe, gegliederte Gesundheitssystem vor allem über die gesetzlichen Krankenversicherungen überwiegend öffentlich finanziert. Bei der Gesundheitsversorgung dominieren andererseits die privaten Anbieter von Gesundheitsleistungen. So liegt die ambulante Versorgung in der Hand freiberuflich praktizierender niedergelassener Ärzte, die Apotheken sind in Privatbesitz, und mit Optikern, Hörgeräteakustikern, Physiotherapeuten und Masseuren expandierten in den letzten Jahrzehnten Heilberufe, die von Selbständigen betrieben werden. Selbst in der stationären Versorgung spielen neben kommunalen Krankenhäusern Privatkliniken und Krankenhäuser in der Trägerschaft von Kirchen eine wichtige Rolle.

Das Gesundheitswesen der DDR knüpfte an Vorstellungen der Gesundheitspolitik der sozialistischen Arbeiterbewegung in der Weimarer Republik an.[39] Trotz der Erhaltung eines minimalen privaten Sektors[40] war es im Prinzip in allen Bereichen verstaatlicht. Das war auch eine Konsequenz des Kampfes gegen die «bürgerlichen» Grundlagen der Gesundheitsberufe. Der Einzelne hatte aufgrund seines Beitrages zur Sozialversicherung einen Anspruch auf medizinische Leistungen, so dass eine Grundversorgung der Bevölkerung sichergestellt war. Allerdings bildeten sich wie in der Alterssicherung auch im Gesundheitswesen neben dem allgemeinen territorial und betrieblich organisierten System 14 weitere Versorgungssysteme heraus[41], die für spezielle Bevölkerungsgruppen eine meist bessere medizinische Betreuung boten.

In der allgemeinen ambulanten Versorgung spielten neben dem Betriebsgesundheitswesen Polikliniken und Ambulatorien eine dominierende Rolle. Zu den auch von westlicher Seite anerkannten Vorzügen des Systems gehörte die enge Verzahnung von ambulanter und stationärer Versorgung, die Betonung der Prävention und Früherkennung von Krankheiten sowie die im so genannten Dispensaire-Prinzip, etwa bei der Betreuung von Schwangeren, zum Ausdruck kommende Einheit von Vorsorge, Behandlung und Nachsorge.[42] Auch gelang es, die Kosten sehr viel niedriger zu halten als in der Bundesrepublik.

Die Nachteile dieses ebenfalls sehr stark arbeitszentrierten Systems lagen in der relativen Vernachlässigung der aus dem Produktionsprozess ausgeschiedenen älteren Menschen bei Kuren, bei der Zuteilung der knappen Heil- und Hilfsmittel und bei der Prävention von typischen Alterskrankheiten.[43] Weitere Schwächen waren die veraltete Bausubstanz und die ungenügende Sanierung von medizinischen Einrichtungen, die schlechte Ausstattung mit modernen medizinischen Geräten und Mängel in der Versorgung mit Medikamenten.[44] Dazu kam die Unzufriedenheit der Ärzte, der Krankenschwestern und des weiteren medizinischen Personals mit ihrer schlechten Bezahlung. Wie schon in den Jahren vor dem Mauerbau, als etwa 7500 Ärzte, mehr als die Hälfte des Gesamtbestandes an Ärzten 1960, die DDR verließen,[45] kam es auch 1989 zu einem

Massenexodus von Ärzten in die Bundesrepublik.[46] In der DDR bestand im Jahre 1990 mit 69,8 Jahren für Männer und 75,9 Jahren für Frauen eine deutlich geringere Lebenserwartung als in der Bundesrepublik mit 72,6 Jahren für Männer und 79,0 Jahren für Frauen.[47] Die komplexen Ursachen dafür sind natürlich nicht nur im Gesundheitswesen, sondern auch in der hohen Umweltbelastung, in verhaltensbedingten gesundheitlichen Risikofaktoren und in der Abwanderung vor allem gesunder Bevölkerungsteile bis zum Mauerbau 1961 zu sehen.

Trotz der Schwächen des DDR-Systems war die Übernahme des westdeutschen Modells der ambulanten Versorgung durch niedergelassene Ärzte in Einzelpraxen und des «zergliederten» Systems miteinander scharf konkurrierender gesetzlicher Krankenkassen keineswegs selbstverständlich. Dass es angesichts der intensiven zeitgenössischen Diskussion über notwendige Reformen der westdeutschen Gesundheitsversorgung dennoch dazu kam,[48] hängt mit der Schlüsselposition der FDP in der Regierungskoalition zusammen, die vom Leitbild des selbständigen, niedergelassenen Arztes und der Kassenvielfalt ausging. Außerdem verfügten die maßgeblichen Kräfte des bundesdeutschen Gesundheitssektors über starke, öffentlichkeitswirksame Organisationen, die eine auch nur partielle Erhaltung des DDR-Systems, wie auch grundlegende Veränderungen des bundesdeutschen Systems im Zuge der Vereinigung, als Beeinträchtigung ihrer Interessen scharf ablehnten.

Die DDR-Gesellschaft wies durch die Tendenz zur weitgehenden Nivellierung der Einkommen und dem Abbau der Vermögensunterschiede ein sehr viel geringeres Maß an ökonomischer Ungleichheit auf als die Gesellschaft der Bundesrepublik oder gar die der Vereinigten Staaten. Dagegen war die politische Macht im Kontrast zu ihrer weiten Streuung in der Bundesrepublik auf eine kleine, «kastenähnliche Machtelite an der Spitze der bürokratischen Apparate» konzentriert.[49] Diese politische Machtelite war durch den Zugang zu Westwaren, zu Villen und Jagden, zu qualifizierten Dienstleistungen sowie durch die bessere Alters- und Gesundheitsversorgung auch sozial privilegiert. Diese Privilegierung, die nicht auf wirtschaftlichen Leistungen beruhte und dem Gleichheitsprinzip der marxistischen Ideologie widersprach, erregte starken Anstoß und trug in der Krise 1989/90 wesentlich zur Delegitimierung der Führungskader und damit auch des politischen Systems bei. Eine soziale Privilegierung gab es auch für die mittleren und unteren Mitglieder der Nomenklaturkader.[50] Kennzeichnend für dieses System der sozialen Differenzierung war jedoch, dass die gewährten sozialen Vorteile nicht eingeklagt sondern willkürlich gegeben und auch wieder entzogen werden konnten.

Bei der Vereinigung mit der Bundesrepublik hat die DDR neben dem politischen und wirtschaftlichen System auch im Bereich der Sozialpolitik das ungemein komplexe Geflecht der Institutionen und der ihre Arbeit regelnden Normen sowie die insgesamt hohen Standards der materiellen Leistungen der Bundesrepublik mit einigen Übergangsbestimmungen übernommen. Das hat die Transformation von einer bis ins Detail zentralistisch regulierten, weitgehend auf Staatsbetrieben und Zwangsgenossenschaften beruhenden, ökonomisch ineffizienten sozialistischen Planwirtschaft zu einer auf dem privaten Eigentum beruhenden kapitalistischen Marktwirtschaft sozial abgefedert. Trotz der mit dem Umbau verbundenen Massenarbeitslosigkeit wurden damit die rechtliche Stellung und – von einigen kleinen Gruppen abgesehen – auch die materielle Lage der betroffenen Menschen, wie insbesondere der Vergleich mit den ehemals kommunistisch beherrschten Transformationsländern in Ostmittel- und Osteuropa und den Problemen ihrer Sozialpolitik zeigt,[51] deutlich verbessert. Die sozialpolitische Abfederung hat auch dazu beigetragen, dass der Übergang von der Plan- zur Marktwirtschaft und von der Diktatur zur Demokratie ohne wirklich tief greifende politische und soziale Erschütterungen möglich wurde. Gleichwohl bedeutete die Übernahme der Normen und Sozialstandards der Bundesrepublik eine schwere, die ostdeutsche ökonomische Leistungsfähigkeit überfordernde Bürde. Zugleich belasteten die hohen Transferleistungen und der wesentlich dadurch mitbedingte drastische Anstieg der staatlichen Schulden und der Lohnnebenkosten die gesamtdeutsche Wirtschaft und den Staatshaushalt der Bundesrepublik. Auch für die Menschen in Ostdeutschland hat die abrupte Transformation oft eine bis in die Gegenwart reichende, tiefe Verunsicherung bewirkt.

Da zudem bereits seit Mitte der 1970er Jahre eine intensive wissenschaftliche und politische Diskussion über «Krise» und «Umbau» des deutschen Sozialstaates im Gange war und zumindest einige soziale Institutionen und soziale Leistungen der DDR auch von politischen Kräften und Experten der Bundesrepublik als mögliche Vorbilder notwendiger Reformen angesehen wurden, stellt sich die Frage, ob es eine Alternative zur Übertragung des bundesdeutschen Systems gegeben hat. Sie ist eine Leitfrage der folgenden detaillierten Darstellung und Analyse der sozialpolitischen Konsequenzen der Reformbestrebungen unter der Regierung *Modrow* nach der Öffnung der innerdeutschen Grenzen am 9. November 1989 und der intensiven Verhandlungen, die schließlich mit der Unterzeichnung und Ratifizierung des Staatsvertrages vom 18. Mai 1990 und des Einigungsvertrages vom 31. August 1990 zwischen der Bundesrepublik Deutschland und der DDR die rechtliche Basis für die Übernahme der westdeutschen Sozialordnung im Osten legten.

6. Die Sozialpolitik der Regierung Modrow

Die Sozialpolitik der Regierung *Modrow* ging nicht von einer neuen sozialpolitischen Grundkonzeption aus. So wurden in der Regierungserklärung des Ministerpräsidenten vom 17. November 1989 neben den Aussagen zum Ausbau der Zusammenarbeit mit der Bundesrepublik in einer Vertragsgemeinschaft, zur Wirtschaftsreform, zur Demokratisierung und zur Sicherung der Rechtsstaatlichkeit sozialpolitische Fragen nur am Rande berührt.[1] Die erhebliche Erhöhung der Renten zum 1. Dezember 1989 war bereits Ende November 1988 beschlossen und am 24. Oktober 1989, also wenige Tage nach dem Sturz *Honeckers* und noch vor der Bildung der Regierung *Modrow*, veröffentlicht worden.[2] Der zunächst vorgesehene Abbau der Subventionen zur Konsolidierung der Staatsfinanzen[3] wurde aus Furcht vor der Unpopularität derartiger Maßnahmen nicht in Angriff genommen.

Das ursprüngliche Konzept *Modrows* sah die Erhaltung einer demokratisierten und durch Marktelemente reformierten sozialistischen Gesellschafts- und Wirtschaftsordnung und die Eigenstaatlichkeit der DDR vor. Als er dieses Ziel angesichts des Verfalls der Autorität des Staates, der Krise der Wirtschaft und des Drucks der Bevölkerung der DDR auf die Vereinigung mit der Bundesrepublik aufgeben musste, sah er seine Hauptaufgabe darin, ein vor allem vom Runden Tisch ausgearbeitetes, umfangreiches sozialpolitisches Programm im Rahmen einer Sozialunion in den gemeinsamen neuen Staat einzubringen. Dabei sollte das hohe Niveau der Sozialleistungen der Bundesrepublik mit der Garantie der sozialen Besitzstände der DDR-Bürger verbunden und um sehr weitgehende Mitbestimmungsrechte der Arbeitnehmer ergänzt werden. In ihrer konkreten Sozialpolitik reagierte die Regierung jedoch vor allem auf Probleme, die sich aus der kritischen wirtschaftlichen und sozialen Situation des Landes ergaben.

6.1 Die Krise des Gesundheitswesens

Im Gesundheitswesen kam es zu einem Zusammenbruch der zentralistischen Leitung zugunsten einer zunehmenden Autonomie der Gesundheitseinrichtungen. Zahlreiche Leiter von Bezirks- und Kreisämtern wie auch eine Reihe von ärztlichen Direktoren von Gesundheitseinrichtungen mussten auf Druck der Basis oder der Mitarbeiter der Einrichtungen, die ein weitgehendes Mitspracherecht durchsetzen konnten, aus ihren Funktionen ausscheiden.[4]

Die Unzufriedenheit mit ihrer im Vergleich zur Bundesrepublik sehr viel schlechteren Bezahlung und ihren oft unzureichenden Arbeitsbedingungen führte dazu, dass 1989 ca. 10 000 Mitarbeiter des Gesundheits- und Sozialwesens, darunter ca. 4000 Ärzte und Zahnärzte sowie 4000 Krankenschwestern, die DDR verließen und damit die ohnehin kritische Situation des Gesundheitswesens verschärften. Kennzeichnend für die massive Kritik der Ärzte an dem «völlig verarmten staatlichen Gesundheitswesen» der DDR war der Brief der Chefärztin der Zentralen Röntgenabteilung des Städtischen Krankenhauses in Friedrichshain und Inhaberin des Lehrstuhls für Radiologie an der Akademie für ärztliche Fortbildung der DDR, Prof. Dr. *Helga Günther*, an *Modrow* und *Gysi* vom 10.1.1990. Als Kind von Antifaschisten und Opfern des Faschismus sei sie bisher den Idealen der SED, in die sie mit 17 Jahren eingetreten sei, treu geblieben. Fast alle «Genossen Chefärzte und Professoren» seien nach dem 7. Oktober aus der Partei ausgetreten. «Die katastrophale Situation, in die uns unsere führenden Genossen mit stalinistischen Methoden geführt haben, wird jetzt von den nach der Wende Verantwortung tragenden Genossen nicht nur zu langsam abgebaut, sondern restauriert.» Insbesondere kritisierte sie die Bevorzugung der Ärzte in den Regierungskrankenhäusern und in den Krankenhäusern des MfS. Es sei ihr nicht mehr möglich, Mitglied der Partei zu bleiben, «wenn sich nicht umgehend die wirkliche Wende vollzieht.»[5] Die Krise des Gesundheitswesens war schon vor dem Massenexodus von Ärzten und Pflegepersonal in einer Analyse der SED vom 11. August 1989 über die Sicherung der medizinischen und sozialen Betreuung der Bevölkerung herausgearbeitet worden.[6] Pro Bett seien in den Krankenhäusern zu wenig Arbeitskräfte tätig. Ca. 160 000 Anträge auf Aufnahme in Feierabend- und Pflegeheime – darunter 20 000 dringliche – könnten nicht berücksichtigt werden. Die «Funktionsfähigkeit» von Krankenhäusern, Kureinrichtungen und medizinischen Forschungsanstalten sei infolge «schadhafter

Dächer, havariegefährdeter Heizungsanlagen, verschlissener Wäschereien, Küchen und Sanitäranlagen gefährdet oder eingeschränkt». Mängel in der Bereitstellung von Arzneimitteln würden die medizinische Arbeit behindern. Der Abstand zur medizintechnischen Ausstattung im internationalen Vergleich sei größer geworden und nehme weiter zu. In zunehmendem Maße sei die DDR auf den Import moderner Medizintechnik, aber auch von medizinischem Verbrauchsmaterial aus dem nichtsozialistischen Wirtschaftsraum angewiesen. Die detaillierte Untersuchung einer in drei Untergruppen gegliederten Arbeitsgruppe «Sanierung von Einrichtungen des Gesundheits- und Sozialwesens» vom April 1990 kam zu dem Ergebnis, dass allein im Zeitraum 1991 bis 1995 Investitionen in Höhe von fast 21 Milliarden Mark zur Erhaltung der Funktionsfähigkeit der Gesundheits- und Sozialeinrichtungen und zur Angleichung des Niveaus an den Standard der Bundesrepublik in einem Teil der Einrichtungen erforderlich seien. Die notwendigen Mittel bis zum Jahr 2000 zur Anhebung des Niveaus und zur Deckung des Nachholbedarfes lägen noch erheblich höher. Eine schwerpunktmäßige Förderung wegen der besonders starken Vernachlässigung wurde für Einrichtungen der Psychiatrie, der Rehabilitation, die Mehrzahl der Krankenhäuser mit Altbausubstanz, die Pflegeheime und viele Einrichtungen der Universitätskliniken und medizinischen Akademien für notwendig gehalten.[7]

Die schwere Krise des Gesundheitswesens war auch Gegenstand dramatischer Brandbriefe des DDR-Ministers für Gesundheits- und Sozialwesen der Regierung *Modrow* in der Übergangszeit bis April 1990, Prof. Dr. *Klaus Thielmann,* an führende Repräsentanten des Staates und der SED.[8] In einem Schreiben an den Generalsekretär der SED *Egon Krenz* vom 7. November 1989[9] forderte er unter Hinweis auf die viel höhere Bezahlung in der Bundesrepublik erstens eine wesentliche Erhöhung der Gehälter der Ärzte, die mindestens eine Verdoppelung erwarteten, der Zahnärzte und der Mitarbeiter des Gesundheitswesens und zweitens eine wesentliche Aufstockung der materiellen und finanziellen Aufwendungen für das Gesundheitswesen. Diese seien mit fünf Prozent des Nationaleinkommens im Vergleich zu entwickelten Ländern, aber auch zur Sowjetunion viel zu niedrig. Der Brief blieb ohne Antwort. Am 20. November 1989 erneuerte er, nach einer Darstellung des sehr schlechten Zustandes wichtiger Teile des Gesundheits- und Sozialwesens der DDR und der im internationalen Vergleich niedrigen Lebenserwartung der DDR-Bürger, seine Forderungen in einem Brief an *Modrow* und bat ihn, «Veranlassungen zu treffen, um Aufwendungen für nationale Verteidigung und für Staatssicherheit in aller Öffentlichkeit und politischen Offensive zugunsten des Wirtschafts- und Sozialwesens umzuverteilen. Damit meine ich finanzielle Mittel im Sinne einer Umverteilung von Nationaleinkommen und auch Arbeitskräfte».[10] *Thielmann* erwartete von einer solchen Entscheidung die Schaffung von Vertrauen und eine Stabilisierung der Lage.

Zwei Monate später betonte er in einem fünfseitigen Brief an *Modrow*[11] die politische Brisanz der desolaten Lage im Gesundheits- und im Sozialwesen, die «unsere Regierung zum Aufgeben zwingen kann. Gerade am Gesundheits- und Sozialwesen zu scheitern, bedeutet jedoch, Glaubwürdigkeit für eine Politik, die dem Menschen dienen und ihn vor elementarsten Nöten schützen soll, zu verlieren. Es geht hier um einen Lebensnerv». Für den Fall des Scheiterns seiner erneuten Forderungen nach wesentlicher Anhebung der Gehälter im Gesundheits- und Sozialwesen drohte er persönliche Konsequenzen – also seinen Rücktritt – an. Tatsächlich sind auf Beschluss des Ministerrates und als Ergebnis von Tarifverhandlungen erhebliche Erhöhungen der Gehälter im Gesundheitswesen zum 1. März 1990 wirksam geworden.[12] *Thielmann* hielt zusätzliche Aufwendungen für das Gesundheitswesen auch deshalb für notwendig, um bei einer Vertragsgemeinschaft und «im Zusammenwirken und Zusammenwachsen der beiden deutschen Staaten Grundpositionen auf dem Gebiet der Gesundheits- und Sozialpolitik einbringen zu können, denen wir uns in der Entwicklung der DDR verschrieben hatten und die nicht verloren gehen dürfen. Gerade hiermit haben wir die Möglichkeit, Eigenständiges einzubringen. Die sozialen Prinzipien unseres Gesundheits- und Sozialwesens sind unbestritten. Der Ausschluss von Kommerzialisierung in diesem Bereich ist eine historische Errungenschaft.»[13]

Die Regierung *Modrow* hielt an der staatlichen Dominanz im Gesundheitswesen fest. Am 14. Februar 1990 hatte *Thielmann* den Bezirksärzten mitgeteilt,[14] dass bei der Entscheidung über Anträge auf Erteilung einer Niederlassungserlaubnis mit eigener Praxis gegenwärtig davon auszugehen sei, «daß in den Territorien auf allen Fachgebieten der ambulanten medizinischen Betreuung in der Regel ein begründeter Bedarf besteht» und dass jeder Arzt oder Zahnarzt frei darüber entscheiden könne, «ob er eine ärztliche Tätigkeit in einer Niederlassung in eigener Praxis ausüben will». Bei Vorlage der fachlichen Voraussetzung sei daher von den Kreisärzten die Niederlassungserlaubnis zu erteilen. Diese Konzession wurde jedoch aufgrund der Kritik u. a. der DDR-Gewerkschaft Gesundheit und

Sozialwesen wenigstens teilweise wieder zurückgenommen. In einem «erläuternden» und «präzisierenden» Brief vom 26. Februar 1990 an die Bezirksämter und einer Stellungnahme des Ministeriums vom selben Tag[15] wurde betont, dass die Entscheidung über die Niederlassung auf der kommunalen Ebene beim Kreisarzt liege, der die konkrete Betreuungssituation im Territorium zu berücksichtigen habe. Zudem sei für jede Entscheidung eine Abstimmung mit der Sozialversicherung vorzunehmen und die «größtmögliche Öffentlichkeit und demokratische Mitwirkung unter Einbeziehung von Arbeitsgruppen der örtlichen ‹Runden Tische› zu sichern». Ausdrücklich wurde hervorgehoben, dass das staatliche Gesundheitswesen das tragende Prinzip der medizinischen Betreuung in der DDR sei. Auch für den bevorstehenden Prozess des Zusammenwachsens beider deutscher Staaten sei «die Dominanz des staatlichen Gesundheits- und Sozialwesens in der DDR» ein «unbedingt erhaltenswertes Element.»[16] Weiter wandte sich *Thielmann* gegen die Tendenz in Betrieben, «Einrichtungen des Betriebsgesundheitswesens in Frage zu stellen und ihre Nutzung aufzukündigen.»[17] Es entsprach dieser Haltung, dass *Thielmann* in die Formulierung der Sozialcharta über das Gesundheitswesen ausdrücklich die Forderungen nach einem «starken staatlich-kommunalen Bereich unter Nutzung und Ausbau effizienter Polikliniken und Ambulatorien» und nach «Gewährleistung betriebsärztlicher Betreuung» aufgenommen wissen wollte.[18]

6.2 Beschäftigungspolitik und Arbeitsverwaltung

Sozialpolitischer Handlungsbedarf ergab sich neben dem Gesundheitswesen vor allem in der Beschäftigungspolitik. Die Öffnung der Grenzen und der Strom der Übersiedler bedeuteten, dass die DDR nach Einschätzung der Generaldirektion Wissenschaft des Europäischen Parlaments bis zur ersten Maiwoche 1990 etwa fünf Prozent aller Erwerbstätigen verlor,[19] darunter vorwiegend jüngere, gut ausgebildete Fachkräfte, die im Gesundheitswesen, aber auch in anderen Zweigen der Volkswirtschaft, wie dem Handwerk und dem Verkehrswesen, fehlten.

Auf die Dauer noch alarmierender war allerdings die zunehmende Arbeitslosigkeit durch den Abbau von Arbeitsplätzen in der Wirtschaft, bei den Blockparteien und den Gewerkschaften oder durch die Freisetzung von Angestellten des Staates, etwa nach der Auflösung eines Teils des umfangreichen Repressions- und Überwachungsapparates. Am 21. Dezember 1989 erschien eine Pressenotiz über die Bildung einer Arbeitsgruppe unter der Leitung des ehemaligen Staatssekretärs für Arbeit und Löhne, *Schmidt*, die für die Unterbringung der Arbeitslosen und die Sicherung des Rechts auf Arbeit sorgen sollte.[20] Insbesondere war an die Organisation von Umschulung und Weiterbildung und an die Zuweisung zumutbarer Arbeit durch Kommissionen unter Leitung der in der DDR auf Kreisebene bestehenden Ämter für Arbeit gedacht.

Es gab in der DDR keine geeigneten Instrumente für eine effektive Arbeitsmarktpolitik. Die mit den örtlichen Staatsorganen eng verbundenen Ämter für Arbeit waren vor allem bei der Zuweisung von Arbeitskräften an die Betriebe, als Institutionen der Arbeitskräftelenkung und der Durchsetzung der faktisch bestehenden Arbeitspflicht sowie in enger Zusammenarbeit mit den Kreisplankommissionen bei der «Vorbereitung und Durchführung der Volkswirtschaftspläne zur Entwicklung und Nutzung des gesellschaftlichen Arbeitsvermögens» tätig gewesen.[21] Auf Berufsberatung, die unter der Leitung des Ministeriums für Volksbildung bei den Abteilungen für Berufsbildung und Berufsberatung der Räte der Bezirke und Kreise lag, die Organisation von Weiterbildung und Umschulung und eine wirksame Arbeitsvermittlung zur Eindämmung der Arbeitslosigkeit waren sie nicht eingerichtet.

Die Probleme, die sich aus der Öffnung der innerdeutschen Grenze ergaben, waren Gegenstand von Gesprächen von leitenden Beamten des BMA und Vertretern des Ministeriums für Arbeit und Löhne der DDR in Ostberlin und Bonn im Januar und Februar 1990. Dabei ging es u.a. neben dem Problem der grenzüberschreitenden Beschäftigung von Pendlern aus der DDR in Westberlin und der Bundesrepublik um die Unterstützung durch die Bundesrepublik beim Aufbau und bei der Ausgestaltung einer Arbeitsverwaltung als Träger einer Arbeitslosenversicherung und einer aktiven Arbeitsmarktpolitik.[22]

Allerdings hat die DDR, die offenbar zunächst eine einseitige Abhängigkeit von der Bundesrepublik befürchtete, vom 9. bis 12. Januar 1990 eine Delegation des Ministeriums für Arbeit und Löhne nach Österreich gesandt. Diese sollte die Beschäftigungspolitik, insbesondere das Zusammenwirken des österreichischen Ministeriums für Arbeit und Soziales mit Unternehmerverbänden und Gewerkschaften bei der Ausarbeitung und Verwirklichung der Beschäftigungspolitik, die Aufgaben und die Struktur der Arbeitsämter sowie die Qualifikation ihrer Beschäftigten, die Arbeitsplatzvermittlung und andere Maßnahmen zur Einschränkung der Arbeitslosigkeit sowie die Gewährung von Arbeitslosengeld und Arbeitslosenhilfe intensiv studieren. In der Direktive für die Delegation, die auch auf die grundsätzlichen Übereinkünfte anlässlich eines Treffens von *Modrow* mit dem österreichischen Bundeskanzler am 24.11.1989 zum weiteren Ausbau der Zusammenarbeit der beiden Staaten hinwies, wurde ausdrücklich betont, dass alle «Versuche zur Einmischung in die inneren Angelegenheiten der DDR» zurückgewiesen werden.[23]

Als Konsequenz der steigenden Arbeitslosigkeit erließ der Ministerrat der DDR Anfang Februar 1990 drei Verordnungen «über die Gewährung staatlicher Unterstützung und betrieblicher Ausgleichszahlung an Bürger während der Zeit der Arbeitsvermittlung»,[24] die Einführung eines Vorruhestandsgeldes und über die «Umschulung von Bürgern zur Sicherung einer Berufstätigkeit». Obwohl man den Begriff der Arbeitslosigkeit in der ersten Verordnung peinlich vermied und zu suggerieren versuchte, dass es sich um eine bloße Übergangsphase handele und das Recht auf Arbeit grundsätzlich nicht angetastet werde, wurde doch gleichzeitig die Vorbereitung einer Arbeitslosenversicherung in Auftrag gegeben.[25] Die Unterstützungsleistungen waren relativ großzügig. So wurde der bisherige Nettodurchschnittslohn der Betroffenen aus Mitteln des Staatshaushalts bis zu einer Höchstgrenze von 500 Mark voll bezahlt. Die Differenz zwischen dieser Unterstützung und 70 Prozent des bisherigen Nettolohns, höchstens aber weitere 500 Mark, mussten von den Betrieben getragen werden.

Mit der Vorruhestandsregelung[26] sollte den Betrieben und Verwaltungen die Möglichkeit gegeben werden, sich durch den sozialverträglichen Abbau ihres älteren Personals zu entlasten. Das bis zur Gewährung einer Invaliden- oder Altersrente gezahlte Vorruhestandsgeld, das ab dem fünften Jahr vor Erreichung des Rentenalters – also bei Männern ab 60 und bei Frauen ab 55 Jahren – in Anspruch genommen werden konnte, betrug 70 Prozent des bisherigen Nettoverdienstes, mindestens aber 500 Mark, sofern nicht der bisherige Nettolohn darunter lag. Den Betrieben wurde auf Antrag die Hälfte des gezahlten Vorruhestandsgeldes aus dem Staatshaushalt erstattet. Mit den Umschulungsmaßnahmen[27] sollte der Veränderung des Arbeitsmarktes Rechnung getragen und Arbeitslosigkeit durch die Erwerbung neuer Qualifikationen verhindert werden.

Parallel zu diesen Verordnungen fasste der Ministerrat am 8. Februar 1990 einen Beschluss über «Maßnahmen zur Neugestaltung der Aufgaben der Ämter für Arbeit und ihrer Unterstellung zur Sicherung des Rechts auf Arbeit unter den Bedingungen des Übergangs zu einer sozialen Marktwirtschaft in der DDR».[28] Sie sahen die Herauslösung der Ämter für Arbeit und Löhne in den Bezirken und der Ämter für

Arbeit in den Kreisen aus den örtlichen Staatsorganen vor und leiteten mit der Betonung der Aufgaben der Berufs- und Arbeitsberatung, der Vermittlung von Arbeitsplätzen, der Organisation und Koordinierung von Umschulungs- und Qualifizierungsmaßnahmen, der Sicherstellung des Lebensunterhalts «während der Zeit der Arbeitsvermittlung» und der Unterstützung «gesundheitlich geschädigter Bürger» die Umwandlung dieser Ämter von Instrumenten zur Durchführung der zentralen Planwirtschaft zu Dienstleistungseinrichtungen der Bürger ein. Mit einer Verordnung vom 8. März 1990 wurde schließlich auch eine Zentrale Arbeitsverwaltung geschaffen.[29]

Die Arbeitsmarktverwaltung der DDR ist letztlich in enger Zusammenarbeit mit der Bundesanstalt für Arbeit (BA) nach westdeutschem Modell aufgebaut worden. Am 18. Februar 1990 war in der Hauptstelle der Bundesanstalt eine Arbeitsgruppe gebildet worden, die für die Koordination der Aktivitäten beim Um- und Neuaufbau der Arbeitsverwaltung der DDR zuständig war. Am 22. und 23. Februar verabredeten Staatssekretär *Bernhard Jagoda* aus dem Bundesarbeitsministerium und *Heinrich Franke* als Präsident der Bundesanstalt für Arbeit bei Gesprächen in Ostberlin den Aufbau von fünf Modellarbeitsämtern in Ostdeutschland, die Beratung der übrigen Arbeitsämter bei der Durchführung ihrer neuen Aufgaben und die Gewährung technischer Hilfen.[30] Anfang Mai 1990 beschloss der Vorstand der BA in Beratungen, an denen zeitweise die neue Ministerin für Arbeit und Soziales der DDR, *Regine Hildebrandt*, teilnahm, den Aufbau einer solidarischen, beitragsfinanzierten, selbstverwalteten Arbeitsmarktorganisation und die Schaffung leistungsfähiger, in Aufgaben und Struktur am westdeutschen Modell ausgerichteter Arbeitsämter in der DDR[31] als Grundlage einer späteren gesamtdeutschen Arbeitsverwaltung. *R. Hildebrandt* wies dabei darauf hin, dass die Bevölkerung der DDR auf die Arbeitslosigkeit psychisch nicht vorbereitet sei und dass daher «unter allen Umständen» die Arbeitslosigkeit «so klein wie möglich gehalten werden» müsse, um eine Akzeptanzkrise der Sozialen Marktwirtschaft zu verhindern.[32] Mit der bereits vor der Sitzung Anfang Mai einsetzenden massiven personellen und schließlich auch finanziellen Unterstützung der Bundesrepublik wurden in wenigen Monaten nach einem Organisationsplan der BA die in der DDR bestehenden 227 lokalen Arbeitsämter und 15 Bezirksarbeitsämter durch 38 Arbeitsämter mit 161 Nebenstellen ersetzt.[33] Zur Unterstützung des Aufbaus wurden den Landesarbeitsämtern der Bundesrepublik bestimmte Bezirke der DDR zugeordnet.[34] Mit dem Aufbau der Arbeitsverwaltung, die auch von dem SPD-Bundestagsabgeordneten und früheren Bundesarbeitsminister *Herbert Ehrenberg* als Berater der DDR-Regierung unterstützt wurde, waren die institutionellen Voraussetzungen für die Sicherstellung von Lohnersatzleistungen für Arbeitslose, vor allem aber für eine aktive Arbeitsmarktpolitik, die entscheidend zur sozialen Abfederung des wirtschaftlichen Umbruchs und zur Eindämmung der Massenarbeitslosigkeit beitrug, geschaffen worden.

Neben dem Umgang mit dem neuen Problem der Arbeitslosigkeit, in dem man sich schließlich immer stärker an der Bundesrepublik orientierte, wurde von der Regierung *Modrow* auch das Sozialfürsorgerecht als «Mindestabsicherung für Bürger ohne Anspruch auf Arbeitslosengeld»[35] in einer Verordnung vom 8. März 1990[36] reformiert. Die Bürger der DDR erhielten damit erstmals den in der Bundesrepublik bereits seit 1961 bestehenden Rechtsanspruch auf Sozialhilfe und Unterstützung bei Vorliegen entsprechender Voraussetzungen.

6.3 Mitbestimmung in Betrieben und Unternehmen

Die tastenden Versuche der Regierung, auch in der Frage der Mitbestimmung der Arbeitnehmer eigene Wege zu gehen, führten nur zu einigen, hier kurz zu erwähnenden Vorarbeiten, nicht aber zu spezifischen Gesetzen und Verordnungen über Mitbestimmung. Eine Ausnahme bildete die Verordnung vom 1. März 1990 «zur Umwandlung von volkseigenen Kombinaten, Betrieben und Einrichtungen in Kapitalgesellschaften», die in den neuen Unternehmungen eine etwa der Montan-Mitbestimmung in der Bundesrepublik entsprechende Regelung vorsah.[37] Nach einer Stellungnahme der Abteilung «Gesellschaftspolitik» des DGB für den Vorsitzenden *Ernst Breit* wurde mit der «Einführung der Montan-Mitbestimmung in allen Branchen und allen Großunternehmen» einer langjährigen, einmütigen Forderung der bundesdeutschen Gewerkschaften Rechnung getragen und ein «Markstein für die Weiterentwicklung des Mitbestimmungsrechts der Bundesrepublik, im später vereinigten Deutschland, in der Europäischen Gemeinschaft sowie ggf. auch in den Staaten Osteuropas gesetzt.» Kritisiert wurde allerdings, dass die Mitbestimmung als Mitbestimmung der Belegschaft, «nicht der Arbeitnehmer insgesamt», konstruiert und damit Interessenvertretung über externe Arbeitnehmervertreter «zunächst begrifflich ausgeblendet» werde und dass mit der Einbeziehung eines leitenden Mitarbeiters die vom DGB betonte Einheitlichkeit der Interessenvertretung der Arbeitnehmer gefährdet sei. Als positiv wurde unter anderem gewürdigt, dass mit der Entsendung der Arbeitnehmervertreter eine Anbindung an die Interessenvertretung der Arbeitnehmer im Betrieb sichergestellt sei, die Pattauflösung der Konstruktion der Montan-Mitbestimmung entspreche und dass – über die DGB-Forderungen hinausgehend – der Aufsichtsrat dem Verkauf von Anteilen des Unternehmens zustimmen müsse. Der DGB betonte ferner das «immense Problem der Schulung, Koordinierung und Beratung», das mit der Umwandlung von 5000 VEB und Kombinaten angesichts der neuen Aufgaben auf die Vertreter der Belegschaften, die sich verstärkt an die Gewerkschaften der Bundesrepublik wenden würden, zukomme.[38]

Der Bereich Arbeitsrecht der Humboldt-Universität Berlin hat im Auftrag der Regierung einen Vorschlag für eine Betriebsratsverordnung ausgearbeitet, nach der die Arbeitnehmer eines Betriebes durch Mehrheitsbeschluss entscheiden sollten, ob ihre Interessen durch Organe der Betriebsgewerkschaftsorganisation oder durch einen Betriebsrat vertreten werden sollten.[39] Bei einer Entscheidung für einen Betriebsrat, der dann sämtliche nach dem Arbeitsgesetzbuch von 1977 und anderen Rechtsvorschriften den Betriebsgewerkschaftsleitungen vorbehaltenen Mitwirkungsrechte der Arbeitnehmer wahrnehmen sollte, wäre das gewerkschaftliche Interessenvertretungsmonopol auf Betriebsebene gebrochen worden. Parallel dazu arbeitete eine vom Wirtschaftsministerium berufene Arbeitsgruppe unter Leitung des DDR-Wirtschaftsrechtlers Prof. Dr. *Rudolph Streich* einen «Normenvorschlag» für eine DDR-spezifische Mitbestimmung «gesellschaftlicher Aufsichtsräte» in Wirtschaftsunternehmen aus.[40] Bemerkenswert an diesem Entwurf ist vor allem, dass er eine drittelparitätische Besetzung der Aufsichtsräte durch Mitglieder der Belegschaften, Vertreter der Fonds- bzw. Kapitaleigner und der zuständigen Volksvertretung vorsah. Als zuständige Volksvertretungen galten die Volkskammer der DDR, die Bezirks- bzw. Länderparlamente und die kommunalen «Volksvertretungen». Als deren Vertreter konnten neben sachkundigen Mitgliedern der Volksvertretung, ihrer Ausschüsse oder der Kommunalverwaltung auch unabhängige Experten auf den Tätigkeitsgebieten des Unternehmens, Vertreter von Bürgerbewegungen, Interessenvereinigungen und Verbraucherverbänden sowie Vertreter der entsprechenden Branchengewerkschaften eingesetzt werden. Die Aufsichtsräte sollten nicht nur ein Mitbestimmungsorgan sein, sondern sehr weitgehende Entscheidungsbefugnisse haben. Für Fragen der «Sozialstrategie» wurde allerdings dem Betriebsrat ein Vetorecht zugebilligt. Offenbar wollte die Arbeitsgruppe mit der Einbindung gesellschaftlicher Kräfte in die Kontrolle der Unternehmen eine neue Form sozialistischer Wirtschaftsdemokratie schaffen.

Neben diesen gesonderten Vorschlägen für Betriebsräte und die Mitbestimmung auf Unternehmensebene legte eine ebenfalls vom Wirtschaftsministerium beauftragte Expertengruppe, an der neben Arbeits- und Wirtschaftsrechtlern, Richtern und Gewerkschaftsfunktionären der DDR zeitweise auch Experten des DGB teilnahmen,[41] den Entwurf eines «Gesetzes über die Interessenvertretung der Beschäftigten in Betrieben und Unternehmen»[42], also einen Versuch zur Kodifizierung des gesamten Mitbestimmungsrechts, vor. Der Gesetzesentwurf knüpfte an bundesdeutsche Regelungen an, erweiterte aber die Rechte der Gewerkschaften im Betrieb und die der Betriebsräte in wirtschaftlichen Angelegenheiten, verzichtete auf die Sonderstellung der leitenden Angestellten und die weitgehenden Regelungen des bundesdeutschen Rechts zum Schutz der Minderheiten bei der Wahl und Zusammensetzung von Betriebsräten. Auch dieser Entwurf, der als Diskussionsgrundlage für die in der Koalitionsvereinbarung der Regierung *de Maizière* vorgesehene Übernahme des Betriebsverfassungsgesetzes der Bundesrepublik «in angepasster Form» hätte dienen können, blieb ohne Wirkung.

6.4 Der FDGB und das Gewerkschaftsgesetz

Dagegen führten die Versuche des FDGB und der Einzelgewerkschaften der DDR, ihre Organisationen in den Betrieben gegen die Konkurrenz der Betriebsräte zu behaupten und im neuen Staat eine zentrale Machtposition zu erhalten, zu Verfassungsänderungen und zu einem Gesetz über die Rechte der Gewerkschaften in der DDR vom 6. März 1990, das jedoch nach der Volkskammerwahl vom 18. März 1990 ignoriert und im Staatsvertrag vom 18. Mai 1990 auch formell aufgehoben wurde.[43]

Im Gegensatz zur SED, die wenigstens einen Kern ihrer Organisation und einen Teil ihres Vermögens durch die PDS in den gesamtdeutschen Staat hinüberretten konnte, ist das weder der Spitzenorganisation des FDGB noch den Einzelgewerkschaften der DDR gelungen. Das hing entscheidend damit zusammen, dass sie das Vertrauen der gewerkschaftlichen Basis verloren hatten und die zaghaften Versuche zur Erneuerung nach der «Wende» schon in Ansätzen stecken blieben. Auf Betriebs- und Vertrauensleuteversammlungen wurde häufig den alten Führungskadern das Vertrauen entzogen, und in vielen Betrieben wurden «wilde» Betriebsräte spontan oder nach Wahlen gebildet.[44] Auch viele der Betriebsleiter, die um den Erhalt ihrer Unternehmen kämpften, distanzierten sich von den Gewerkschaften. Innerhalb der Gewerkschaftsbewegung kam es zu scharfen Spannungen zwischen der FDGB-Zentrale und den Einzelgewerkschaften, die den FDGB nach westdeutschem Modell von einer die Gewerkschaftsbewegung dominierenden Zentralorganisation mit einem umfangreichen Funktionärsapparat zu einer nur noch koordinierenden Dachorganisation autonomer Einzelgewerkschaften, die die Tarifautonomie und Finanzhoheit erhalten sollten, umwandeln wollten. Das bedeutete, dass der Apparat des FDGB radikal verkleinert und ihm die Verfügungsgewalt über die Mitgliedsbeiträge entzogen werden sollte.[45] Nach dem Rücktritt des Bundesvorstandes des FDGB am 9. Dezember 1989, der durch den Druck der Basis, aber auch der Zentralvorstände der Industriegewerkschaften erzwungen wurde, kam es zur Bildung eines Komitees aus 33 Personen zur Vorbereitung eines außerordentlichen Gewerkschaftskongresses, das faktisch die Leitung des FDGB übernahm.[46]

Das wichtigste Ergebnis der siebenwöchigen Arbeit des Komitees war der Entwurf eines Gewerkschaftsgesetzes und damit zusammenhängender Verfassungsänderungen, die auf dem Kongress vom 31. Januar bis zum 1. Februar 1990 diskutiert und als Vorschlag der Gewerkschaften angenommen wurden.[47] Der Gesetzesentwurf lief auf eine Bestandsgarantie der Gewerkschaften und ihres Funktionärsapparats und auf die Gewährleistung ihres Monopols in der Vertretung der Arbeitnehmerinteressen hinaus. Die Gewerkschaften wollten offenbar noch vor den demokratischen Neuwahlen zur Volkskammer vom 18. März 1990 das Fundament eines von ihnen eindeutig dominierten sozialistischen Gewerkschaftsstaates legen. Die – im Unterschied zur DDR – vom Staat und den Parteien unabhängigen Gewerkschaften sollten als Interessenvertretungen nicht nur ihrer Mitglieder, sondern aller «Werktätigen» gelten. Die gewerkschaftlichen Grundorganisationen in den Betrieben sollten über ihre Leitungen bei allen Personalentscheidungen in den Betrieben mitwirken und mitentscheiden. Bei allen «Fragen des betrieblichen Reproduktionsprozesses» wäre die gewerkschaftliche Grundorganisation von Anfang an in die Entscheidungsfindung einzubeziehen gewesen. So sollten alle Änderungen «des Produktionsprofils, der Einschränkung oder Einstellung der Produktion, der Änderung der Eigentums- oder Nutzungsformen, der Auflösung einer Betriebsabteilung oder eines Betriebes» von ihrer Zustimmung abhängig sein. Nach dem Entwurf erhielten die Gewerkschaften ferner das «Recht der Mitbestimmung, Mitentscheidung und Kontrolle bei der Verwendung aller betrieblichen Fonds der Arbeits- und Lebensbedingungen, die aus Kosten und Gewinn gebildet werden», und waren für den Abschluss von Betriebskollektivverträgen und anderen Vereinbarungen zuständig.[48] Während das Streikrecht, als «äußerstes Mittel» auch der Aufruf zum Generalstreik garantiert wurde, wurden Aussperrungen ausdrücklich verboten.

Die Betriebe, in denen Gewerkschaftsvertreter von der beruflichen Arbeit ohne Minderung des Arbeitseinkommens freigestellt werden sollten, wurden zudem verpflichtet, deren Bezahlung durch monatliche Beiträge in den Fonds der zuständigen Industriegewerkschaft zu sichern und die sachlichen Voraussetzungen für die Gewerkschaftsarbeit durch die Stellung von Schreibkräften, technischen Mitarbeitern, Schreib- und Rechentechnik, Räumlichkeiten und Fahrzeugen zu schaffen.[49] Damit sollte die Weiterbeschäftigung des gewerkschaftlichen Funktionärsapparats in den Betrieben gesichert werden. Besonders weitgehend waren auch die Bestimmungen, nach denen die Gewerkschaften – denen zudem das Recht des Zugangs zu allen Medien einzuräumen war – die Kompetenz zur Gesetzesinitiative erhalten und alle Gesetze und Rechtsvorschriften «zu den Arbeits- und Lebensbedingungen der Werktätigen, wie Entlohnung, Sozial- und Rentenrecht, Preise und Besteuerung, Arbeits- und Gesundheitsschutz, Umweltschutz» an ihre Zustimmung gebunden sein sollten.[50] Eine Durchsetzung dieser Forderungen hätte faktisch eine entscheidende Aushöhlung der parlamentarischen Gesetzgebungskompetenz bedeutet und die Gewerkschaften zur letztlich dominierenden vierten Gewalt neben Exekutive, Legislative und Rechtsprechung gemacht.

Nachdem ein Generalstreik angedroht worden war, nahm die Volkskammer das Gesetz und die vorgesehenen Verfassungsänderungen mit einigen Korrekturen, Streichungen und Ergänzungen an. Die Annahme der Verfassungsänderungen erfolgte bei 14 Gegenstimmen und 35 Enthaltungen, die des Gesetzes bei 6 Gegenstimmen und 53 Stimmenthaltungen.[51] Ergänzend zum Entwurf des Gewerkschaftskongresses sah das verabschiedete Gesetz vor, dass Schadensersatzansprüche gegen Gewerkschaften bei Arbeitskämpfen grundsätzlich ausgeschlossen waren und dass bei mittelbar durch einen Arbeitskampf bedingten Produktionsstörungen die Fortzahlung der Löhne der betroffenen Arbeitnehmer gesetzlich gewährleistet werden sollte. Eine Entschärfung des Gesetzentwurfes bedeutete, dass das Vetorecht – nicht aber das Initiativrecht – bei der

Gesetzgebung und das Recht zur Ausrufung eines Generalstreiks entfielen. Streiks sollten erst nach einem erfolglosen Schlichtungsverfahren zulässig sein und konnten von der Regierung ausgesetzt werden, wenn sie dem Gemeinwohl schadeten.

Selbst in der entschärften Fassung wurde das Gesetz, das den Legitimitätsverlust und Machtverfall der Gewerkschaften nicht aufhalten konnte, wegen des antipluralistischen Alleinvertretungsanspruchs der Gewerkschaften, der Usurpation parlamentarischer Funktionen, der Nichtberücksichtigung von Betriebsräten und der Absicherung des Funktionärsapparats der DDR-Gewerkschaften heftiger Kritik unterzogen. Vor allem die Unternehmer und das BMA verurteilten es als Überlebenshilfe einer sozialistischen Planwirtschaft, als «Investitionshemmnis erster Güte», als Blockierung jeder unternehmerischen Freiheit bei der Anpassung der Betriebe an die Marktwirtschaft und als Aufhebung jedes Gleichgewichts der Kräfte der Tarifparteien zugunsten der Gewerkschaften.[52]

6.5 Die Sozialcharta

Auf grundsätzliche Ablehnung in der Bundesrepublik stieß auch die Sozialcharta, die nach langwierigen Beratungen vom Runden Tisch ausgearbeitet, von der Regierung der DDR akzeptiert und am 7. März 1990 in der letzten Sitzung der alten Volkskammer vor den Neuwahlen vom 18. März bei drei Gegenstimmen und elf Enthaltungen angenommen wurde.[53] Die Sozialcharta sollte nach den Empfehlungen des Runden Tisches und dem Beschluss der Volkskammer als Standpunkt der DDR in die Verhandlungen über die Währungs-, Wirtschafts- und Sozialunion mit der Bundesrepublik und die Diskussion über die zukünftige Verfassung einbezogen werden. Der Adressat der Sozialcharta war also nicht mehr die Regierung *Modrow*, sondern die nach den Wahlen gebildete neue Regierung, die man mit der Sozialcharta auf die Vertretung eines umfassenden Programms sozialer Grundrechte sowie die Bewahrung und den Ausbau der «sozialen Besitzstände» der DDR-Bürger festlegen wollte. Indirekt war die Sozialcharta damit auch an die Bundesrepublik gerichtet, die das Programm als Grundlage des zu bildenden gemeinsamen Sozialstaates übernehmen und letztlich auch finanzieren sollte.

Modrow hatte bereits in einer Regierungserklärung vom 20. Februar 1990[54] über die Verhandlungen in Bonn am 13. und 14. Februar mit Nachdruck darauf hingewiesen, dass das «Prinzip der sozialen Gerechtigkeit» im Einigungsprozess auf beiden Seiten gewahrt und der Zusammenhang von Wirtschaftsunion, Währungsunion und sozialer Sicherung beachtet werden müsse. Er sah es deshalb als «eine bindende Verpflichtung jeder künftigen Regierung» an, «auch unter den Bedingungen sozialer Marktwirtschaft das Recht auf Arbeit zu verteidigen» und «soziale Absicherung für jung und alt sowie für die Familien zu erstreben». Das Angebot der Bundesregierung, die Währungsunion durch eine Arbeitslosenversicherung und eine Anpassung des Rentensystems zu flankieren, reiche nicht aus. «Braucht nicht auch das künftige Deutschland eine Sozialcharta, mit der unveräußerliche Werte gehalten und auch künftig festgeschrieben werden? Dabei geht es nicht zuletzt um die Erhaltung des sozialen Besitzstandes der Bürger, insbesondere des Rechts auf eigenen, angemessenen Wohnraum sowie die Sicherung der Spareinlagen und andere Ergebnisse der persönlichen Arbeit.» Dabei dachte *Modrow* an eine Umstellung des gesamten Geldvermögens der DDR zum Kurs 1:1. Die Bodenreform dürfe nicht in Frage gestellt, mit Volkseigentum müsse sorgfältig umgegangen werden, die aktuellen Vorgänge in der Wirtschaft sollten durch Gewerkschaften und Betriebsräte demokratisch kontrolliert werden und beim Abbau von Subventionen sollte «in jedem Fall ein Ausgleich» gezahlt werden.

In der von der Ministerin *Tatjana Böhm* vom Unabhängigen Frauen-Verband und Minister *Gerd Poppe* von der Initiative Frieden und Menschenrechte in der Volkskammer vorgestellten «Grundlinie einer Sozialcharta» und in den «Standpunkte[n] der Regierung der DDR zu sozialen Grundrechten im Sozialverbund»[55] mit der Bundesrepublik wurden die sozialen Wunschvorstellungen des Runden Tisches und der DDR-Regierung präzisiert. Das Streben nach Einheit der beiden deutschen Staaten müsse einen Sozialverbund einschließen, der zu einer Verbesserung der Lebens- und Beschäftigungsbedingungen führe und die Sicherung vorhandener sozialer Standards gewährleiste. Die Einheit sei auf dem «Wege eines wechselseitigen Reformprozesses beider deutscher sozialer Sicherungssysteme», die auf ein höheres soziales Sicherungsniveau zu führen seien, zu vollziehen. Die sozialen Besitzstände der Bürger der DDR sollten behauptet und ihr persönliches Eigentum rechtlich geschützt werden.

Im Einzelnen wurde die Bewahrung der Rechte auf Arbeit, Wohnung mit wirksamem Mieterschutz, unentgeltliche Aus- und Weiterbildung und gesundheitliche Betreuung gefordert. Die Tarifautonomie und das Streikrecht sollten gesichert, Aussperrungen verboten werden, und den Betrieben sollte auferlegt werden, für die Bereitstellung und

Finanzierung betrieblicher Gemeinschaftsverpflegung, die arbeitsmedizinische Betreuung, den Erhalt und die Erweiterung des betrieblichen Ferien- und Erholungswesens und der betrieblichen Kinderbetreuung zu sorgen. Ferner wurden die Demokratisierung und Humanisierung des Arbeitslebens, die Sicherung der Gleichstellung der Geschlechter im Erwerbs- und Familienleben, die Absicherung sozial Benachteiligter und der Erhalt und Ausbau eines einheitlichen, staatlich garantierten Sozialversicherungssystems mit einer Arbeitslosenversicherung, mit der dynamischen Anpassung der Renten an die Arbeitseinkommen und Preise sowie mit der Beibehaltung der Grundrenten und der Staatszuschüsse in mindestens dem bisherigen Umfang gefordert.

Mit der Sozialcharta sollten die «Eckpunkte für eine Sozialgesetzgebung gesetzt werden, die die Einführung einer wirklich *sozialen* Marktwirtschaft»[56] ermöglichen würde. Die Schwäche des Programms war, dass es keine Aussagen über die Finanzierungsmöglichkeiten machte und keine Rücksicht auf die schwere Krise der Wirtschaft und der Finanzen der DDR nahm. Faktisch erwartete man die Finanzierung des Programms, das die Sanierung der DDR-Wirtschaft erschwert und deren Kosten massiv erhöht hätte, von der Bundesrepublik. Entsprechend heftig war auch die Reaktion im Westen Deutschlands, wo man vor allem den Mangel an Realitätssinn monierte. Der Parlamentarische Staatssekretär beim BMA, *Horst Seehofer*, kritisierte in einem «Das faule Ei vom Runden Tisch» überschriebenen Artikel,[57] dass die Sozialcharta «sich in weiten Teilen noch in den Denkstrukturen sozialistischer Luftschlösser» bewege, dass sie von einer überdimensionierten Rolle des Staates ausgehe und kein Verständnis für die «Freiheit selbstverantwortlicher Unternehmer», für Sozialpartnerschaft und für den Vorrang des Leistungsprinzips im sozialen Sicherungssystem aufbringe. Besonders scharf wurden die Verbriefung des Rechts auf Arbeit und das Aussperrungsverbot attackiert.

Mit der Forderung nach einer Sozialcharta verbanden sich bei einigen ihrer profiliertesten Anhänger dagegen klare Auffassungen über den Weg zur deutschen Einheit und das Tempo des Einigungsprozesses. So lehnte Minister *Poppe* die von der FAZ in einem Resümee zur Sozialcharta als wünschenswert angesehene Vereinigung unter dem «Dach des Grundgesetzes» ausdrücklich ab und forderte, dass die Anhänger eines «Anschlusses» der DDR an die Bundesrepublik über Art. 23 des Grundgesetzes, wenn sie konsequent und ehrlich seien, die Zustimmung zur Sozialcharta verweigern sollten. Die Forderungen der Sozialcharta sollten in eine neue Verfassung der DDR eingehen, die der Ausarbeitung der gemeinsamen deutschen Verfassung durch eine verfassunggebende Versammlung von Vertretern beider deutscher Staaten vorangehen sollte. Nur diesen Weg sah *Poppe* «im Sinne der sozialen Sicherstellung und im Sinne einer sozialen Identität» der Gesellschaft der DDR und der «Würde der Bürgerinnen und Bürger» des Landes als gangbar an.[58]

Die nach der Volkskammerwahl gebildete Koalitionsregierung hat sich für den schnelleren und einfacheren Weg zur Einigung über Art. 23 entschieden, gleichzeitig aber versucht, über die Verhandlungen zum Staatsvertrag und zum Einigungsvertrag eine möglichst umfangreiche Sicherung gerade auch der sozialen Interessen der Bürger der DDR im neuen Staat durchzusetzen. Obwohl sie wesentliche Abstriche an den Maximalforderungen der Sozialcharta in Kauf nehmen musste, ist ihr das in erheblichem Umfang gelungen.

7. Der Staatsvertrag

7.1 Erste Kontakte zwischen den Arbeitsministerien der Bundesrepublik und der DDR nach der Maueröffnung

In den ersten Monaten nach der Öffnung der Mauer standen konkrete Probleme, die sich für die DDR aus der Destabilisierung ihrer Wirtschaft durch die massenhafte Übersiedlung von Arbeitskräften in den Westen Deutschlands und die Arbeit von Pendlern aus der DDR in Westberlin und in Grenzgebieten zur Bundesrepublik ergaben, im Vordergrund. Von Seiten der Bundesrepublik wurden in erster Linie die Zunahme der Schwarzarbeit, eine Überlastung des Arbeitsmarktes im Westen, der Anstieg der Sozialleistungen und deren möglicher Missbrauch durch Übersiedler und Pendler aus der DDR befürchtet. Die öffentliche Diskussion hatte vor allem der saarländische Ministerpräsident und spätere Kanzlerkandidat der SPD, *Oskar Lafontaine* angestoßen.[1] Konkret wurde vor allem diskutiert, das geregelte Aufnahmeverfahren für Übersiedler zu beenden und die für sie gezahlten Leistungen abzubauen.[2] Man wollte mit diesen Vorschlägen die Städte und Landgemeinden, die die Pflicht zur Unterbringung der Übersiedler hatten, entlasten und auch ein Signal zum Abstoppen der Wanderungsbewegung setzen. Die Vorschläge, die zunächst auch in weiten Kreisen der CDU Zustimmung fanden, wurden unter dem Einfluss von Bundesminister *Schäuble* von der Regierung und der Bundestagsfraktion der CDU/CSU abgelehnt. *Schäuble* hat später bei der Vorstellung eines Buches der Grünen-Politikerin *Antje Vollmer* enthüllt, dass er als Innenminister zurückgetreten wäre, wenn die Regierung das Aufnahmeverfahren für DDR-Bürger gestoppt und die Freizügigkeit eingeschränkt hätte.[3]

Die neuen Probleme nach der Öffnung der Mauer und vor allem die unerwünschte Sogwirkung, die von den sozialen Leistungen der Bundesrepublik ausging, wurden zunächst intern im Arbeitsministerium in der Projektgruppe «Sozialpolitische Aspekte des Wandels im deutsch-deutschen Verhältnis» und nach Vorbereitung durch die Abteilungen in einer Klausurtagung der Leitung des Hauses mit den Abteilungsleitern am 9./10. Dezember 1989 erörtert;[4] sodann nahm man Kontakte mit Behörden der DDR auf. Die durch eine Punktation vom 22. Dezember 1989 und weitere Unterlagen[5] vorbereiteten ersten Gespräche am 3. Januar 1990[6] in Ostberlin machten das gemeinsame Interesse an der Lösung der sich durch die Reisefreiheit und das Aufeinandertreffen der beiden Sozialsysteme ergebenden Probleme, aber auch unterschiedliche Standpunkte deutlich. So ging es der DDR vor allem um die Eindämmung des Weggangs von Arbeitskräften, die Abschöpfung von Devisen bei der Arbeit von DDR-Pendlern und den Aufbau einer leistungsfähigen Arbeitsverwaltung nach bundesdeutschem Muster als Träger der Arbeitslosenversicherung und einer aktiven Arbeitsmarktpolitik; die Bundesrepublik wollte dagegen vor allem den Missbrauch von Sozialleistungen verhindern. Auch die unterschiedliche Haltung in der Staatsbürgerfrage – die Behandlung der DDR-Bürger als Inländer in der Bundesrepublik im Gegensatz zur Behandlung der Bundesbürger als Ausländer in der DDR – zog sich wie ein roter Faden durch die Gespräche. Als erster Schritt wurde in Form eines Pilotprojektes ein Informationsaustausch vor allem über Pendlerarbeit in Berlin und in grenznahen Bereichen vereinbart.

Diese Gespräche über «grenzübergreifende Beschäftigung» zwischen den beiden Arbeitsministerien wurden in Bonn am 30. und 31. Januar und am 12. und 13. Februar 1990 in Ostberlin fortgesetzt. Als weitere Gesprächspunkte schlug die bundesdeutsche Seite Folgendes vor: Regelungen der Arbeits- und Sozialversicherungsbedingungen bei der Beschäftigung bundesdeutscher Arbeitnehmer in den von der Regierung *Modrow* vorgesehenen Joint-Venture-Unternehmen, sozialversicherungsrechtliche Fragen bei grenzübergreifender Beschäftigung, die Zusammenarbeit im Bereich des Arbeitsschutzes sowie Rahmenabsprachen über die Kooperation von Trägern sozialer Leistungen.[7] Aus einem Vermerk des BMA über das Verhandlungskonzept[8] ergibt sich, dass man der

DDR konkrete Hilfen beim Aufbau einer Arbeitslosenversicherung und der Entwicklung einer produktiven Arbeitsmarktpolitik, die Beteiligung an der Verbesserung der Ausstattung der DDR-Einrichtungen zur beruflichen und medizinischen Rehabilitation, Soforthilfen durch Lieferung von Material und Geräten im Gesundheitswesen sowie schließlich eine umfassende Beratung zum Umbau des Systems der Alterssicherung der DDR anbieten wollte. Diese sozialpolitischen Hilfen sollten die Menschen veranlassen, in der DDR zu bleiben.

In den Gesprächen am 12. und 13. Februar[9] – als bereits das Angebot der Währungsunion vorlag – lancierten die Vertreter der DDR die Idee eines «Sozialverbundes». Offenbar hatten sie sich inzwischen darauf eingestellt, bundesdeutsches Recht in einzelnen Bereichen in das Recht der DDR zu übernehmen. Allerdings hielten die Vertreter der DDR weiter daran fest, dass Bundesbürger Ausländer seien und lehnten daher auch einen völlig freien Zugang von westdeutschen Arbeitnehmern zum Arbeitsmarkt der DDR ab.

Das Festhalten an der Souveränität der DDR wurde jedoch durch die Entwicklung überholt. Während Bundeskanzler *Kohl* in seinem 10-Punkte-Programm vom 28. November 1989 die Schaffung eines deutschen Bundesstaates noch als Endziel eines langen, über die Entwicklung «konföderativer Strukturen» führenden Weges angesehen hatte, trat vor allem angesichts des Drucks der Menschen in der DDR, die in großen Demonstrationen die schleunige Wiedervereinigung und vor allem die Übernahme der D-Mark forderten, diese Zielvorgabe bereits nach wenigen Wochen auf die Tagesordnung.

Eine der Fragen war, welche Rolle dabei die Sozialpolitik spielen sollte. Bereits am 12. Dezember 1989 hatte Bundesarbeitsminister *Blüm* in einem Brief an den Bundeskanzler[10] auf die Probleme aufmerksam gemacht, die sich angesichts des bestehenden Gefälles im Lebensstandard zwischen den beiden deutschen Staaten aus der neuen Freizügigkeit ergaben. Nach Auffassung seines Ministeriums müsse es das Hauptziel sein, «die Reformen in der DDR voran zu bringen, damit die Menschen dort unter freiheitlichen und sozial erträglichen Bedingungen leben können». Mit den Reformen in der DDR würden sich Chancen für «die Überwindung der Teilung Europas und damit auch der Teilung Deutschlands» eröffnen, und die Sozialpolitik müsse einen Beitrag zum Zusammenwachsen Deutschlands leisten.

Am 9. Januar 1990 wurde in einem Brief des Parlamentarischen Staatssekretärs beim BMA, *Wolfgang Vogt*, an den Chef des Bundeskanzleramtes, *Rudolf Seiters*, vorgeschlagen, zur Unterstützung des «Zusammenwachsens der beiden deutschen Staaten», neben den bereits nach einem Gespräch *Kohls* mit *Modrow* am 19. November 1989 gebildeten Gemeinsamen Kommissionen für andere Politikbereiche, unter dem Vorsitz von *Blüm* auch eine «Gemeinsame Kommission Arbeit und Soziales» einzurichten, die außerdem gesundheitliche Aspekte einbeziehen sollte.[11] Diesem Vorschlag stimmte *Seiters* erst am 31. Januar, jedoch unter Hinweis auf die notwendige Klärung über die Einbeziehung der Gesundheitspolitik, zu.[12]

Unabhängig von diesem durch die deutschlandpolitische Entwicklung überholten Vorschlag war bereits am 23. Januar 1990 eine interministerielle und Koalitionsarbeitsgruppe «Leistungsgesetze» unter dem Vorsitz des Parlamentarischen Staatssekretärs beim BMA, *Horst Seehofer*, gebildet worden. Ihr gehörten neben dem Chef des Bundeskanzleramtes, Vertretern anderer Bundesministerien und einem Vertreter des Landes Baden-Württemberg auch einige sozial- und deutschlandpolitisch führende Bundestagsabgeordnete der Koalitionsfraktionen an. In dieser Arbeitsgruppe wurden die Möglichkeiten einer Einschränkung von Leistungen für Übersiedler, denen nach Meinung der Vertreter der Koalitionsparteien die Aussiedler gleichgestellt werden sollten, in den verschiedensten Bereichen der Sozialpolitik systematisch erörtert.[13]

Mit dem Angebot einer «Währungsunion mit Wirtschaftsreform» vom 7. Februar 1990 wurden jedoch die konkreten Probleme, die sich aus der Öffnung der innerdeutschen Grenze ergaben, durch die grundsätzliche Frage der Vereinigung der beiden deutschen Staaten überlagert. Das Angebot der D-Mark war die wohl riskanteste Entscheidung, die *Kohl* und die Regierungskoalition auf dem Weg zur deutschen Einheit trafen. Sie erfolgte letztlich aus politischen Gründen gegen die Auffassungen der Bundesbank, deren Präsident, *Karl-Otto Pöhl*, vor der Entscheidung nicht konsultiert und auch nicht informiert wurde, sie aber schließlich als politische Entscheidung akzeptierte, und gegen den geballten Sachverstand der Ökonomen, die die Währungsunion nur als Krönung eines längeren Prozesses der Annäherung der Wirtschaftssysteme von Bundesrepublik und DDR und eines allmählichen Übergangs zur reinen Konvertibilität der Ostmark für wirtschaftlich vertretbar hielten.[14] Ihre Auffassung, dass ein niedriger Wechselkurs der Ostmark der DDR-Wirtschaft, vor allem ihrer Industrie, erheblich bessere Überlebenschancen bot, war ökonomisch letztlich unwiderlegbar, zumal die Annahme der Experten der Regierung, dass das niedrige, etwa bei einem Drittel des westdeutschen liegende Lohnniveau nur im Einklang mit der steigenden Arbeitsproduktivität angehoben werden dürfe,[15] offensichtlich illusionär war.

Die scharfe Kritik an der Entscheidung der Bundesregierung durch *Pöhl* und führende Ökonomen der Bundesrepublik[16] wird jedoch der politischen Zwangslage der Bundesregierung, die ein Signal zum Bleiben setzen wollte, und der Dynamik des Einigungsprozesses nicht gerecht. Die Alternative einer Eindämmung des Übersiedlerstromes durch Zuzugs- und Arbeitsbeschränkungen für Ostdeutsche und die Entscheidung für einen mehrjährigen Stufenplan zur allmählichen Anpassung der Wirtschaft der beiden Staaten wären im Osten als Zurückweisung des Westens aufgefasst worden. Sie hätte zudem in Westdeutschland wegen der enormen Schwierigkeiten der Ostdeutschen, eine wettbewerbsfähige Wirtschaft aufzubauen, die Skepsis erhöht, ob die Einheit überhaupt erstrebenswert sei. Faktisch hätte das den Verzicht auf baldige Einheit und das Warten auf eine vielleicht nie eintretende europäische Lösung, wie sie *Lafontaine* vertrat, bedeutet.[17]

7.2 Die Ausarbeitung des Entwurfs des Staatsvertrages

Die Sozialunion war im ursprünglichen Angebot der Bundesrepublik an die DDR über eine «Währungsunion mit Wirtschaftsreform» nicht enthalten. Allerdings sah bereits der am gleichen Tag gebildete Kabinettsausschuss «Deutsche Einheit» eine Arbeitsgruppe «Angleichung der Arbeits- und Sozialordnung sowie der Bildung und Ausbildung» vor, die unter Federführung des BMA in den nächsten Wochen das konkrete Angebot an die DDR im Bereich der Sozialpolitik ausarbeiten sollte.

Hans Tietmeyer, langjähriger Staatssekretär im Bundesfinanzministerium, seit 1. Januar 1990 Mitglied des Direktoriums der Deutschen Bundesbank und Leiter der bundesdeutschen Delegation bei den Vertragsverhandlungen mit der DDR, bedauerte später, dass die Überlegungen, die Sozialunion zunächst noch zurückzustellen oder «wenigstens einige Teile des hochentwickelten bundesdeutschen Arbeits- und Sozialrechts für eine Übergangszeit nicht anzuwenden», um den Prozess der ökonomischen Transformation zu erleichtern, sich aus politischen Gründen nicht hatten durchsetzen lassen.[18] Neben dem Druck der DDR, die von vornherein die unauflösliche Verbindung von Währungs-, Wirtschafts- und Sozialunion betonte, machte er dafür vor allem Widerstände und Interventionen auf westlicher Seite verantwortlich. Tatsächlich haben nicht nur die sozialdemokratische Opposition und die bundesdeutschen Gewerkschaften, sondern auch das BMA die Notwendigkeit einer großzügigen sozialen Absicherung des Umbaus der Wirtschaft in der DDR immer hervorgehoben.

Kennzeichnend ist auch der weite Begriff der «Sozialunion». Da in der DDR das System der sozialen Sicherung im Arbeitsgesetzbuch kodifiziert war, Sozial- und Arbeitsrecht sehr viel stärker als in der Bundesrepublik miteinander verbunden waren und außerdem die Betriebe einen Großteil der vorgesehenen sozialen Leistungen erbrachten, erfasste die Sozialunion nicht nur das Sozial-, sondern auch das Arbeitsrecht.

Arbeitsminister *Blüm* trat von vornherein für eine Sozialunion zur «sozialen Gestaltung und Flankierung» der mit der Währungsreform verbundenen «tiefgreifenden ökonomischen Veränderungen» und eine weitreichende Unterstützung der DDR durch die Bundesrepublik ein.[19] Die Fragen an Ministerpräsident *Modrow*, die er am 9. Februar 1990 zur Vorbereitung der Verhandlungen mit der DDR-Delegation am 13. und 14. Februar in Bonn Bundeskanzler *Kohl* übersandte, verdeutlichen seine Position. Bei der Ausgestaltung und Annäherung der Systeme sozialer Sicherung sollte im Grundsatz von gleichartigen, das hieß konkret westdeutschen Gestaltungsprinzipien ausgegangen werden. Dazu zählten insbesondere: Beitragsfinanzierung durch Arbeitgeber und Arbeitnehmer, Generationenvertrag und Umlagefinanzierung, Orientierung der Rentenleistungen an Dauer und Höhe der Beitragsleistungen, Herauslösung der Sozialversicherung aus dem staatlichen Budget der DDR sowie Gestaltung ihres Haushaltes in weitgehender Verantwortung der Sozialpartner. Weiter wurde gefragt, ob *Modrow* dem Prinzip eines gegliederten Systems sozialer Sicherung statt einer Einheitsversicherung zustimme. *Blüm* betonte auch die Gewährleistung eines angemessenen Lebensunterhalts für Rentner. Im Hinblick auf die Bereitschaft der DDR, mit Unterstützung der Bundesrepublik ein System sozialer Sicherung bei Arbeitslosigkeit und zur beruflichen Weiterbildung aufzubauen, sollte *Modrow* gefragt werden, ob er als Grundlage dafür die Übernahme der Struktur und der Leistungen der bundesdeutschen Arbeitsverwaltung akzeptiere.

Zur Klärung der politischen Fragen einer Sozialunion wurde die Bildung eines gemeinsamen Ausschusses unter Vorsitz der Arbeitsminister beider Staaten vorgeschlagen. Dazu sollten Arbeitsgruppen für die zügige Umsetzung, insbesondere den Aufbau der Arbeitsverwaltung, eine aktive Arbeitsmarktpolitik und eine der bundesrepublikanischen Struktur entsprechende Rentenversicherung, treten. Bemerkenswert ist, dass *Modrow* auch Absprachen mit dem Bundesfinanzminister zur Finanzierung der Hilfen für soziale Sicherung, berufliche Weiterbildung und

Umschulung sowie zur Sicherung der Kaufkraft der Renten in Aussicht gestellt werden sollten.

Blüm hatte sein Konzept für einen «Sozialstaat Deutschland» noch vor dem Besuch *Modrows* auch der Öffentlichkeit in einem Gespräch mit dem «Handelsblatt» vorgestellt.[20] Danach sollten das Modell der bundesdeutschen Arbeitslosen- und Rentenversicherung wie auch die Instrumente der Arbeitsförderungspolitik auf die DDR übertragen und damit «die ganze Diskussion über die Höhe der Sozialleistungen für Übersiedler mit einem Schlag erledigt» werden. *Blüm* rechnete dabei mit einem durchschnittlichen Arbeitslosengeld von 750 DM und einer durchschnittlichen Rente von 840 DM, d. h. 63 Prozent bzw. 70 Prozent des durchschnittlichen Nettoverdienstes von 1200 Mark in der DDR. «Indem der Lebensstandard drüben wächst, die Löhne in die Höhe gehen, steigen auch die Sozialleistungen. Am Tage X sind sie in der Bundesrepublik und in der DDR identisch». Allerdings müssten die Beitragssätze zunächst unterschiedlich sein, und die Bundesrepublik müsse für eine Übergangsphase für eine Anschubfinanzierung aus der Bundeskasse aufkommen.

Blüm hatte vor seiner Stellungnahme ein präziser Vorschlag über die Angleichung der beiden Rentenversicherungssysteme des Geschäftsführers des VDR, *Rudolf Kolb*, und seines Stellvertreters, *Franz Ruland*, vorgelegen, der später auch als Basis zur öffentlichen Diskussion publiziert wurde.[21] Als Lösungsmöglichkeit für die Anpassung der beiden Systeme wurden die Übernahme des westdeutschen Rentenrechts in der DDR und damit die Neuorganisation der Verwaltung unter Auflösung der bisherigen Abhängigkeit vom FDGB sowie die Berechnung individueller Entgeltpunkte nach dem Arbeitseinkommen während des Erwerbslebens und die Ermittlung eines Dynamisierungsfaktors vorgeschlagen. Dadurch sollten die Rentenanwartschaften und die Renten wie in der Bundesrepublik auch in Ostdeutschland der Lohnentwicklung folgen, die Sicherung des Lebensstandards zum Ziel haben und somit den Rentnern «die nötige Perspektive bieten, die sie veranlasst, in ihrer Heimat zu bleiben».[22] Für die notwendige Rentenreform, in der selbstverständlich Vertrauensschutz gesichert sein müsse, wäre die DDR allerdings auf finanzielle Hilfe aus der Bundesrepublik angewiesen, die über einen möglichen «eng begrenzten Wanderungsausgleich» hinaus[23] als Aufgabe des Bundes aus Steuermitteln zu finanzieren sei. «Die Vereinigung der beiden deutschen Staaten ist nicht ‹zum Nulltarif› zu haben».[24] Der Vorschlag war vor allem deshalb bedeutsam, weil in ihm erstmals die schwierigen technischen Probleme der Umstellung des Rentensystems der DDR, allerdings mit Ausnahme der Zusatz- und Sonderversorgungssysteme der DDR, im Detail erörtert wurden.

Als Ergebnis des Besuches der DDR-Delegation in Bonn im Februar 1990 wurde eine Expertenkommission der beiden Staaten zur Vorbereitung einer Währungsunion und Wirtschaftsgemeinschaft gebildet; diese errichtete eine Arbeitsgruppe «Soziale Sicherung» unter dem Vorsitz des Staatssekretärs im Bundesarbeitsministerium und späteren Präsidenten der Bundesanstalt für Arbeit, *Bernhard Jagoda,* und dem Stellvertreter des Ministers für Arbeit und Löhne der DDR, *Ingolf Noack.*[25] Innerhalb des Arbeitsministeriums wurde ein «ad hoc-Arbeitsstab Angleichung der Arbeits- und Sozialordnung in Deutschland» unter der Leitung von Regierungsdirektor *Werner Sasdrich* gebildet, der die sozialpolitischen Auswirkungen der Entwicklung in der DDR analysieren und bewerten sowie in Zusammenarbeit mit den zuständigen Organisationseinheiten des BMA Vorschläge für eine Angleichung der Arbeits- und Sozialordnung erarbeiten sollte.[26] Am 2. März präzisierte *Blüm* in Kenntnis der Arbeit der Expertenkommission und der Ausarbeitungen im BMA seine Vorstellungen über eine «soziale Flankierung» der Währungsunion in einem Interview für DIE WELT. Die Prinzipien der Lohn- und Beitragsbezogenheit, der Lohn-Dynamisierung und der «Lebensstandardsicherung» sollten auf die DDR übertragen und die Renten im selben Verhältnis wie die Löhne umgestellt werden. «Eine gegebenenfalls notwendige Anschubfinanzierung durch den Bund» sollte «von vorneherein zeitlich befristet und degressiv gestaltet» werden. Die in der DDR sehr viel niedrigeren Beitragssätze sollten «stufenweise» auf das Niveau der Bundesrepublik angehoben werden.[27]

Der wenige Tage vor der Volkskammerwahl am 13. März vorgelegte Zwischenbericht[28] der Expertenkommission – einen weiteren Bericht hat es nicht mehr gegeben – stellte nach einer Bestandsaufnahme des DDR-Systems die weitgehende Übereinstimmung über die Einführung einer im Wesentlichen beitragsfinanzierten, gegliederten, durch Selbstverwaltung von Arbeitnehmern und Arbeitgebern unter Rechtsaufsicht des Staates getragenen Sozialversicherung mit separaten, vom Staatshaushalt getrennten Haushalten der Renten-, Kranken-, Unfall- und Arbeitslosenversicherung fest. Im Gegensatz zum bisherigen System der Alterspflichtversicherung der DDR, bei dem es sich im Wesentlichen um eine nach früheren Beiträgen nur gering abgestufte Staatsbürgergrundversorgung auf einem sehr niedrigen Niveau handelte, sollte nun das westdeutsche Versicherungsprinzip mit der starken Variation der

Leistungen nach Dauer und Höhe der Beiträge übernommen werden. Eine kurzfristige Umstellung der Renten der DDR, bei der nach dem Vorbild des bundesdeutschen Rentenrechts die Altersrente eines DDR-Durchschnittsverdieners mit 45 Versicherungsjahren ca. 70 Prozent des durchschnittlichen Nettoarbeitseinkommens eines Arbeitnehmers in der DDR erreichen würde und damit meist erheblich erhöht würde, erschien durchführbar. Allerdings wurde von Seiten der DDR betont, dass das bisherige System der Gewährung von Mindestrenten, die im bundesdeutschen Rentenrecht nicht vorgesehen sind, beibehalten werden sollte.

Aus den Unterlagen über die Besprechungen[29] wird deutlich, dass die Mindestrenten «die Funktion einer Leitgröße für die Mindestlebenssicherung» hatten, zumal ein System der Sozialhilfe anstelle der völlig marginalisierten Sozialfürsorge der DDR[30] erst neu aufgebaut werden musste. Weiterhin plante die DDR, nach dem Gießkannenprinzip Ausgleichsbeiträge für den Fortfall der Subventionierung von Lebensmitteln in Höhe von 150 Mark monatlich an jeden Einwohner der DDR zu zahlen und damit einen verhängnisvollen Fehler ihrer Wirtschaftspolitik faktisch fortzusetzen. Für weitere Fragen, wie die Übernahme des bundesdeutschen Arbeitsrechts mit den Eckpfeilern Koalitionsfreiheit und Tarifautonomie, Betriebsverfassung und Mitbestimmung sowie den Zusammenhang von Wirtschafts-, Währungs- und Sozialpolitik und die neue Abgrenzung von Zuständigkeiten und finanzieller Verantwortlichkeit im Gesundheits- und Sozialwesen, wurde eine vertiefte Erörterung in weiteren Gesprächen vorgesehen.

Die DDR war also offensichtlich schon in der Zeit der Regierung *Modrow* bereit, die Grundprinzipien des bundesdeutschen Systems der sozialen Sicherung, vor allem in der Arbeitslosen- und Rentenversicherung, zu übernehmen, wenn auch viele Details sowie der Umfang der erwarteten Unterstützung von westdeutscher Seite noch offen blieben.

Entscheidend war jedoch, welches Angebot von Seiten der Bundesrepublik gemacht wurde. Die Verhandlungen dafür in der zuständigen Arbeitsgruppe «Angleichung der Arbeits- und Sozialordnung» des Kabinettsausschusses «Deutsche Einheit» begannen nach sorgfältiger Vorbereitung in den Abteilungen des BMA am 14. Februar und endeten zunächst mit der Vorlage eines Berichts an den Kabinettsausschuss am 6. März 1990.[31] Dabei wurden wesentliche Differenzen der beteiligten Ressorts deutlich. Abweichend von der Position des BMA sollten in der Arbeitsrechtsordnung nach Auffassung der Bundesministerien für Wirtschaft und Finanzen das Kündigungsschutzrecht wie auch die Montan-mitbestimmung nicht sofort übernommen werden, um den notwendigen Strukturwandel nicht zu behindern. Weiter sollte nach Meinung dieser Ministerien der Aufbau der kostspieligen Arbeitsförderung gegenüber der vordringlichen Errichtung einer Arbeitslosenversicherung zurückgestellt und jedenfalls der DDR nicht die gesamte Palette der Leistungen des Arbeitsförderungsgesetzes der Bundesrepublik in Aussicht gestellt werden. Insbesondere lehnte das BMF für das Anlaufjahr die Gewährung von Kurzarbeitergeld wegen der «großen Gefahr» ab, dass damit «die Lösung der Anpassungsprobleme einzelner Wirtschaftszweige zeitlich hinausgeschoben und die Struktur konserviert» würde.[32]

In der Rentenversicherung vereinbarte man eine nur schrittweise Anhebung des Nettorentenniveaus der DDR auf ca. 70 Prozent der Nettoarbeitseinkommen bei 45 Versicherungsjahren. Der Vorschlag des Arbeitsministeriums, die Renten zum Ausgleich für den Wegfall der Preissubventionen parallel zu erhöhen und eine Anschubfinanzierung des Bundes vorzusehen, wurde nicht übernommen. Das BMF warnte vor einer zu schnellen und zu hohen Anhebung der Renten sowie vor der Beibehaltung von sozialen Errungenschaften der DDR (Mindestrente, Einbeziehung aller Erwerbstätigen in die Einheitsversicherung) und lehnte die Gewährung eines Bundeszuschusses für die Rentenversicherung im Osten ab.[33] Auch das BMWi wollte sichergestellt wissen, dass «keine Renten-, Lohn- und Preisspirale durch Anpassung bei den Sozialleistungen in Gang gesetzt wird».[34]

Ein grundsätzlicher Dissens, der auch im Kabinettsausschuss «Deutsche Einheit» nicht beigelegt werden konnte, ergab sich zwischen BMA und BMI über die Frage der Gleichbehandlung von Übersiedlern aus der DDR und volksdeutschen Aussiedlern aus Ost- und Südosteuropa im Fremdrentenrecht. Nach dem Fremdrentenrecht erhielten bis dahin Übersiedler aus der DDR und Aussiedler aus Osteuropa für die Erwerbstätigkeit im Land ihrer Herkunft eine Rente nach den sehr viel höheren Leistungsstandards des bundesdeutschen Rentenrechts. Dieses Integrationsprinzip war – wie das von der DDR bis zum Mauerfall scharf verurteilte Festhalten der Bundesrepublik an der gemeinsamen Staatsbürgerschaft der Deutschen in Ost und West – ein wesentliches materielles Element der deutschen Einheit gewesen. Es bestand nun Einvernehmen darüber, dass das Integrationsprinzip, das einen unerwünschten Sog auf die Rentner der DDR zur Abwanderung in die Bundesrepublik ausübte, nach einem Stichtag durch das Exportprinzip – die Berechnung der Renten nach den Kriterien des Herkunftsgebietes – ersetzt werden sollte.

Diese für die Rentner unter den zukünftigen Übersiedlern aus der DDR sehr viel ungünstigere Regelung sollte nach den Vorstellungen des BMA auch für die volksdeutschen Aussiedler aus Osteuropa und der Sowjetunion gelten, denen man ebenfalls keinen Anreiz zur Abwanderung geben wollte. Gegen eine Gleichbehandlung der Aussiedler, die zudem eine Kündigung oder Änderung des vom Integrationsprinzip ausgehenden Sozialversicherungsvertrages mit Polen erforderlich gemacht hätte, wandte sich aber das BMI,[35] das sich mit seinem Standpunkt schließlich durchsetzte.

In der Krankenversicherung war vor allem die Übertragung des bundesdeutschen Prinzips der Lohnfortzahlung im Krankheitsfall durch die Betriebe, anstelle der in der DDR bestehenden Praxis einer Fortzahlung von 90 Prozent des Nettolohnes durch die Krankenversicherung, kontrovers. Das BMWi war im Unterschied zum Arbeits- und Finanzministerium der Auffassung, dass es beim geltenden Recht der DDR bleiben müsse, um den Bestand der dortigen Betriebe nicht zu gefährden. Im Unterschied zum BMA, das eine schrittweise Erhöhung der Beiträge vorsah, sprach sich das BMF für eine sofortige Übertragung des Beitragssatzes der gesetzlichen Krankenversicherung in Höhe von 12,6 Prozent des beitragspflichtigen Entgelts aus und lehnte eine Einstandspflicht des Bundeshaushalts ab.[36]

Im Übrigen wurde betont, dass angesichts der völlig unterschiedlichen Strukturen der DDR im Bereich der Gesundheitsversorgung und der Krankenversicherung eine Anpassung der Strukturen und des Leistungsrechts nur schrittweise möglich sei. Zwar müssten einzelne Elemente eines freiheitlichen Gesundheitssystems – wie die Niederlassungsfreiheit für Ärzte, eine Vielfalt von Krankenhausträgern, die Zulassung von privaten Apotheken und privaten Erbringern von Heil- und Hilfsmitteln – sofort eingeführt werden. Entscheidend sei jedoch die Erhaltung der Funktionsfähigkeit der gesundheitlichen Versorgung. Im Gegensatz zu der später im Staatsvertrag übernommenen Haltung des Bundesfinanzministeriums, das eine Anschubfinanzierung nur für die Arbeitslosen- und schließlich auch für die Rentenversicherung akzeptierte, sah der Bericht an den Kabinettsausschuss eine solche finanzielle Unterstützung des Bundes auch für die Unfall- und Krankenversicherung vor.

Für die Kriegsopferversorgung, die in der DDR im Rahmen der allgemeinen Sozialversicherung auf sehr niedrigem Niveau geregelt wurde, und den Familienlastenausgleich wurde kein aktueller Handlungsbedarf gesehen. Das BMF betonte, offenbar aus Furcht vor den Kosten einer Übernahme der relativ großzügigen bundesdeutschen Kriegsopferversorgung, die «Notwendigkeit eines sehr langen Anpassungsprozesses», wendete sich gegen die vom BMA für die Übergangsphase geforderte Anhebung der Leistungen und unterstrich, aufgrund einer vergleichenden Darstellung der Leistungen des Familienlastenausgleichs in der Bundesrepublik und der DDR, «dass es unmöglich sei, bei den Familienleistungen das jeweils höchste Niveau zu realisieren».[37]

Eines der schwierigsten und umstrittensten Probleme war der Kurs der Währungsumstellung. Im Wahlkampf für die Volkskammer hatten alle Parteien der DDR einen Kurs von 1:1 bei Geldbeständen und Löhnen gefordert. Die Bundesbank, der Bundesfinanzminister und das BMWi traten dagegen für eine Umstellung von 2:1 für Schulden, Sparguthaben und Bargeld über 2000 Mark (bis dahin 1:1) sowie für Löhne und Renten ein; dabei sollte allerdings ein Ausgleich für die Erhöhung der Sozialversicherungsbeiträge und den Abbau von Preissubventionen gezahlt werden.[38] Die Bundesvereinigung Deutscher Arbeitgeberverbände war für einen Umtauschkurs von 1:1 für Renten mit anschließender schrittweiser Angleichung an das bundesdeutsche System. Für Arbeitnehmereinkommen sollte ein Umtauschkurs gefunden werden, «bei dem unter Einbeziehung der zu erwartenden Ausgleichsbeiträge die Kaufkraft der Einkommen gesichert wird».[39] Das entsprach weitgehend dem am 31. März 1990 durch eine Indiskretion bekannt gewordenen Vorschlag der Bundesbank[40] für die Umstellung der Löhne. *Graf Lambsdorff* als Parteivorsitzender der FDP verwies auf die geringe Rentenhöhe in der DDR und hielt im Namen seiner Partei eine Begrenzung des 1:1-Umtausches nur für Sparguthaben bis 2000 Mark für nicht zustimmungsfähig. Die Gewerkschaften waren für den Umtausch der Löhne, Renten und eines Teils der Ersparnisse im Verhältnis 1:1. Zu dieser Haltung tendierte auch die SPD im Westen. In der CDU/CSU des Westens war die Auffassung gespalten, wobei die Arbeitnehmerorganisationen wie fast alle Sozialpolitiker für eine Umstellung von 1:1 bei Löhnen und Renten eintraten. Die CDU/CSU-Fraktion trat für einen Umtauschkurs von 1:1 für die Guthaben von Kleinsparern ein, legte sich aber bei Löhnen und Renten nicht fest.

In dieser Situation kam dem eindeutigen Plädoyer des Bundesarbeitsministers *Blüm* für einen Umstellungskurs von 1:1 bei Arbeitseinkommen und Renten, den er in einem Brief an den Bundeskanzler vom 27. März 1990 formulierte,[41] eine große Bedeutung für die endgültige Entscheidung der Bundesregierung zu. Jeder andere Umstellungskurs würde nach *Blüm* «zu tiefgreifenden sozialen Verwerfungen sowie zu destabilisierenden politischen Folgewirkungen» führen. Bei einem Umstellungskurs von 2:1 müssten die Menschen in der DDR «krasse Einbußen gegenüber ihrem bisherigen, ohnehin niedrigeren Lebensstandard hinnehmen»; das gelte «insbesondere für Rentner, Familien und Arbeitslose. Millionen Menschen würden unter die Sozialhilfeschwelle geraten». Auch würde das Ziel gefährdet, «die Menschen zu bewegen, in ihrer Heimat zu bleiben». Im Interview betonte *Blüm*, dass er den Anhängern einer 2:1-Umstellung erklärt habe, dass dann die «Wiedervereinigung im Westen stattfinden und man die Mauer noch einmal errichten müsse».[42] In einer Anlage des Briefes an *Kohl* wird das Modell des BMF, das von einer Halbierung der Bruttolöhne der DDR über das Umtauschverhältnis und der «Kompensation eines Teils der Minderung» durch «teils sachgerechte, teils willkürliche Zuschläge» ausgeht und den durchschnittlichen Nettolohn nominal um 18 Prozent, wegen der Aufhebung der Preissubventionen aber im Endeffekt noch stärker absenkt, scharf kritisiert. Auf der Basis eines solchen Nettolohnniveaus sei die Sozialgemeinschaft gefährdet. Die Leitvorstellung des BMA war dagegen, die «Verbindung von Währungsunion, Wirtschafts- und Sozialgemeinschaft», in der weder «Arbeitnehmer, noch Rentner, noch kinderreiche Familien [...] ins soziale Abseits geraten» dürften.[43]

Das Konzept des BMA entsprach den Erwartungen der Menschen in der DDR, die in einer Welle von Massendemonstrationen gegen ein Umtauschverhältnis von 2:1 protestierten.[44] Dass eine Umstellung der Löhne und Gehälter im Verhältnis 1:1 politisch nicht zu umgehen sein würde, wurde schon vor dem Beginn der offiziellen Verhandlungen von der Bundesregierung, in der *Blüm* offenbar die Unterstützung *Kohls* gewann,[45] akzeptiert und von den Spitzen der Koalitionsparteien abgesegnet. Bei der Umstellung der Geldbestände wurde schließlich am 2. Mai ein Kompromiss zwischen der Bundesrepublik und der DDR erreicht, nach dem Geldbestände und Forderungen grundsätzlich im Verhältnis 2:1 umgestellt werden sollten, aber Bürger der DDR Bargeld und Sparguthaben in einer nach dem Lebensalter abgestuften Regelung von 2000 Mark bis 6000 Mark 1:1 umtauschen konnten.[46] Damit hatte sich für die Frage der Schulden der Betriebe der DDR die Position des Präsidenten der Bundesbank, Herrn *Otto Pöhl*, durchgesetzt. Dieser hatte *Kohl* darauf hingewiesen, dass bei einer Rate eins zu eins auch die Schuldenlast der DDR in Höhe von 34 Milliarden Mark bei ausländischen Kreditnehmern in DM zu tilgen sei und die Belastung der Kombinate und Unternehmen bei der Staatsbank der DDR von 260 Milliarden Mark dann eine jährliche Zinszahlung von 20 Milliarden DM zur Folge haben würde. Damit würden viele ostdeutsche Unternehmen bankrott gehen.[47]

Parallel zu diesen Diskussionen über die Währungsumstellung lief die Ausarbeitung eines Entwurfs des Staatsvertrages. Am 26. März legte der Leiter der Abteilung III (Arbeitsrecht, Arbeitsschutz) des BMA, Ministerialdirektor *Wlotzke*, nach der Besprechung mit den Staatssekretären ein umfangreiches Positionspapier über «Anforderung[en] von in einem Staatsvertrag/Leitsätzegesetz zu fixierender Position eines Systems sozialer Sicherheit in der DDR» vor, in dem ausdrücklich gefordert wird, sicherzustellen, dass die abweichenden Vorschriften in der Verfassung und im Gesetzesrecht der DDR, besonders das Gewerkschaftsgesetz, aufzuheben sind. Ergänzend zum Text des Kabinettsausschusses «Deutsche Einheit» vom 6. März wird ausgeführt, dass der Vertrag die Voraussetzungen schaffen solle, dass Bürger der Bundesrepublik «ohne administrative Hindernisse zur Ausübung einer Erwerbstätigkeit in der DDR zugelassen werden». Die DDR solle zudem dafür sorgen, «daß ihr Arbeitsrecht von Vorschriften bereinigt wird, die insbesondere von der führenden Rolle der SED, vom demokratischen Zentralismus und von einer zentralen Leitung und Planung der Volkswirtschaft ausgehen».[48] Das Finanzministerium begründete in einem Positionspapier vom 29. März 1990 mit Modellrechnungen über die finanziellen Auswirkungen der Angleichung der Arbeits- und Sozialordnung die Forderungen nach einem zunächst niedrigeren Rentenniveau, der Fixierung der Löhne und Renten in der DDR auf rund ein Drittel der bundesdeutschen Löhne und Renten und der Ablehnung einer großzügigen aktiven Arbeitsmarktpolitik mit den sonst entstehenden hohen Kosten. Gleichzeitig wird vom BMF die Frage aufgeworfen, ob nicht die Rentenversicherung des Westens «zum finanziellen Ausgleich der Defizite» in der Rentenversicherung des Ostens beitragen könne.[49]

Eine «Erste Skizze für einen Vorschlag an die DDR» über die Schaffung einer «Währungsunion, Wirtschafts- und Sozialgemeinschaft»[50] lag am 4. April 1990 vor. Ein offizielles «Arbeitspapier für die Gespräche» wurde am 24. April der DDR übergeben.[51] Bei der Erarbeitung des Entwurfs durch die Bonner Ressorts traten die Gegensätze zwischen dem BMA einerseits und den Wirtschafts- und Finanzministerien andererseits noch schärfer hervor als bei den vorangegangenen Besprechungen in der Arbeitsgruppe des Kabinettsausschusses «Deutsche Einheit». So zählte ein «Informationsvermerk» des Arbeitsstabes des BMA zur Angleichung der Arbeits- und Sozialordnung in Deutschland vom 3. April 1990 nicht nur zehn strittige Punkte auf, sondern betonte, dass das Bundesfinanzministerium, unterstützt vom Wirtschaftsministerium und dem Bundeskanzleramt, sogar das gesamte vorgesehene «Kapitel zur Sozialgemeinschaft in seiner bisherigen Form in Frage» gestellt habe: «Angegriffen wurde die Vorstellung des BMA, die Grundstrukturen unserer Arbeitsrechtsordnung und unseres Sozialversicherungssystems mit der Währungsunion in die DDR zu übertragen. Dies sei investitions- und wirtschaftsfeindlich, und auch den Menschen in der DDR würde damit letztlich ein Bärendienst erwiesen. Dabei wurde besonders der soziale Kündigungsschutz und die Übertragung der Arbeitsförderung abgelehnt. Die Übertragung unseres Sozialversicherungsrechts sei der DDR wegen zu hoher Kostenbelastung nicht zumutbar und durch den Kündigungsschutz würden Freisetzungen und private Investitionen beeinträchtigt.»[52] Nach Auffassung des BMF wäre ein «umfassendes Weiterbildungsprogramm mit isolierter Deckungszusage des Bundes nicht anzuerkennen», da die Qualifizierung vorrangig Aufgabe der Unternehmen sei und durch sie Arbeitslosigkeit weder verhindert noch beendet würde. Zudem fehle es an der erforderlichen Infrastruktur für Einrichtungen der beruflichen Bildung. Eine Übernahme von Arbeitsbeschaffungsmaßnahmen sei nicht sinnvoll, «da rund 60 Prozent der Teilnehmer – in der DDR wahrscheinlich noch mehr – nach Abschluß der Maßnahme arbeitslos bleiben» und die «Gefahr von Mitnahme- und Umfinanzierungseffekten mit der Folge einer Quasi-Lohnsubvention» bestehe. In der Rentenversicherung bestand das BMF, neben der nur schrittweisen und nicht sofortigen Anhebung des Rentenniveaus, vor allem gegen den massiven Widerstand des BMA auf der Einbeziehung der Sonderversorgungssysteme in die Sozialversicherung. Ein Staatszuschuß von 18,8 Prozent, wie er in der westdeutschen Rentenversicherung bestehe, wurde abgelehnt und dagegen ein Finanzverbund von west- und ostdeutscher Rentenversicherung gefordert. Die vom BMA gewünschte Garantie der bisherigen Höhe der Renten, soweit keine Anhebung erfolge, wurde vom BMF abgelehnt, da damit die Gefahr einer Beibehaltung des Mindestrentensystems der DDR bestehe. Dieses sei aber mit den Grundprinzipien der bundesdeutschen Rentenversicherung unvereinbar. Eine Anschubfinanzierung durch den Bundeshaushalt sah das BMF nur für die Arbeitslosenversicherung, nicht aber, wie das BMA wünschte, auch für die Kranken-, Renten- und Unfallversicherung vor.[53]

Konkrete Differenzen, die auch in den Besprechungen der Staatssekretäre und Minister bis zum 19./20. April nicht ausgeräumt werden konnten, bestanden vor allem in folgenden Punkten:[54]

1. Lohnfortzahlung im Krankheitsfall durch den Arbeitgeber oder die Krankenkassen. Schließlich setzte sich der Standpunkt des BMA, wie in der Bundesrepublik den Arbeitgeber zu belasten, gegen die Auffassung des BMWi durch.
2. Bei der kontroversen Frage der Anhebung des Nettorentenniveaus auf 70 Prozent des durchschnittlichen Arbeitsverdienstes bei 45 Versicherungsjahren und der Garantie, die bestehenden Renten nach der Umrechnung in DM mindestens in der bisherigen Höhe weiterzuzahlen, fiel die Entscheidung zugunsten des Arbeitsministeriums gegen das Finanzministerium aufgrund einer Intervention *Kohls*.[55] Der Bundeskanzler wollte, sicher auch aus wahltaktischen Gründen, die Rentner der DDR möglichst bald an den Vorteilen des westdeutschen Systems teilhaben lassen.
3. Äußerst umstritten war weiterhin die Frage, ob die in der DDR für die Angehörigen der Nationalen Volksarmee, der Volkspolizei, des Zolls und der Staatssicherheit bestehenden Sonderversorgungssysteme und die zahlreichen Zusatzversorgungssysteme für besondere, teilweise staatsnahe Personengruppen – wie z.B. die technische und wissenschaftliche Intelligenz, die Lehrer, die Funktionäre der Parteien und der gesellschaftlichen Organisationen, die Beschäftigten von Bahn, Post, staatlicher Verwaltung und der wichtigsten volkseigenen Betriebe – in die allgemeine Rentenversicherung einbezogen oder weiterhin gesondert behandelt werden sollten. Das BMA, das, auch aus Furcht vor einer Belastung der Rentenversicherung, die Alterssicherung dieser Personengruppen dem Staatshaushalt übertragen wollte, traf damit auf den geschlossenen Widerstand des Finanz-, Innen- und Verteidigungsministeriums. Im Vertragsentwurf vom 24. April 1990 wurde das Problem ausgeklammert. Noch in einem Papier des BMF vom 9. Mai über die mit dem BMA strittigen Punkte wurden die Differenzen in dieser Frage besonders hervorgehoben. Akzeptiert wurde inzwischen vom BMA, dass Personen, die Renten aus den Zusatzversorgungssystemen erhalten, in die allgemeine Rentenversicherung übernommen werden sollten und die dadurch entstehenden Mehrkosten, die von der DDR auf 1,3 Milliarden DM jährlich beziffert wurden, aus dem Staatshaushalt der DDR – also später aus dem Bundeshaushalt – getragen werden sollten. Die Bezieher von Leistungen aus den Sonderversorgungssystemen – mit Ausnahme der Angehörigen der bewaffneten Organe (Nationale Volksarmee, STASI, Grenztruppen) – sollten entgegen der Position des BMA nach Auffassung

des BMF ebenfalls in die gesetzliche Rentenversicherung eingegliedert werden, da es für die Übergangszeit im öffentlichen Dienst «zwangsläufig» keine öffentlich-rechtlichen Dienstverhältnisse geben würde und ansonsten die Gefahr bestehe, dass der Bundeshaushalt letztlich die Versorgungskosten übernehmen müsse. Zudem seien Abstriche an den Leistungen bei einer einheitlichen Alterssicherung leichter durchsetzbar.[56] Die im Staatsvertrag schließlich vorgenommene Regelung sah die Schließung aller Sonder- und Zusatzversorgungssysteme, also auch die der bewaffneten Organe, und ihre Einbeziehung in die gesetzliche Rentenversicherung vor, der die dadurch entstehenden Mehraufwendungen aus dem Staatshaushalt erstattet werden sollten. Die Überführung dieser Systeme sollte, insbesondere aufgrund des im Staatsvertrag verankerten Prinzips der Abschaffung ungerechtfertigter und der Absenkung überhöhter Leistungen,[57] zu einem der dornigsten Probleme der Neuordnung des Rentenwesens im Osten werden. In der Forderung nach einer Abschaffung des sog. «Rentenstrafrechts» hat es die Gerichte der Bundesrepublik immer wieder beschäftigt.[58] Es wäre sicher sinnvoller gewesen, wenn diese Systeme, die Parallelen zur bundesrepublikanischen Beamtenversorgung und zur Zusatzversorgung des öffentlichen Dienstes aufwiesen, gesondert außerhalb der gesetzlichen Rentenversicherung abgewickelt worden wären.

4. Sehr weitgehend war die Forderung des BMF, dass – abweichend von der Regelung in der Bundesrepublik, in der die Rentenversicherung der Arbeiter und Angestellten einen Bundeszuschuss von damals 18,8 Prozent der Rentenausgaben erhielt – für die Rentenversicherung in der DDR kein Staatszuschuss vorgesehen werden sollte. Das hätte ein Präjudiz für den Rückzug des Staates aus der Finanzierung der Rentenversicherung auch in der Bundesrepublik bilden können. Nachdem in der «Ersten Skizze» die entsprechende Festlegung noch als kontrovers eingeklammert worden war, sahen sowohl der Vertragsentwurf vom 24. April 1990 als auch der Vertrag selbst schließlich die Beteiligung des Staates an den Ausgaben der Rentenversicherung durch einen Zuschuss, dessen Höhe nicht fixiert wurde, ausdrücklich vor. Dagegen konnte sich das BMF mit seinem Standpunkt, die Anschubfinanzierung unter Ausschluss der Unfall- und Krankenversicherung auf die Renten- und Arbeitslosenversicherung zu beschränken, gegen das BMA und später auch gegen die Verhandlungsdelegation der DDR durchsetzen.

5. Von den ursprünglich sehr viel weitergehenden Plänen des Finanz- und des Wirtschaftsministeriums, das Arbeitsrecht der Bundesrepublik nur stark eingeschränkt zu übertragen, sind schließlich nur die Anzeigepflicht des Arbeitgebers bei Massenentlassungen und die Vorschriften über Sozialpläne im Entwurf weggelassen worden.[59]

Die Aussage in den generellen Leitsätzen des Entwurfs, dass «solange und soweit tariffähige Gewerkschaften nicht bestehen [...] Vereinbarungen über Löhne und sonstige Arbeitsbedingungen durch Arbeitgeber und Betriebsrat zugelassen» sind, wurde von der DGB-Führung scharf kritisiert und musste nach Interventionen beim Bundeskanzleramt und beim Bundesarbeitsministerium schließlich bei den Schlussberatungen des Vertrages gestrichen werden, nachdem auch der Delegationsleiter der DDR, *Günther Krause*, dezidiert seine Ablehnung bekundet hatte. *Tietmeyer* hat wohl nicht zu Unrecht moniert, dass damit der Strukturanpassungsprozess in der DDR erschwert wurde.[60]

7.3 Die Verhandlungen mit der DDR

Bei den letzten Verhandlungen zwischen den Ressorts auf bundesrepublikanischer Seite war bereits der Koalitionsvertrag der neu gebildeten DDR-Regierung vom 12. April 1990[61] bekannt. Dessen detaillierte Aussagen waren die wichtigsten Kriterien für die Verhandlungsführung der DDR bei den Beratungen über den Staatsvertrag – gerade auch in sozialpolitischen Fragen. Die entsprechenden Passagen tragen weitgehend die Handschrift der in der Koalition vertretenen Ost-SPD, die von sozialpolitischen Experten der westdeutschen Sozialdemokratie intensiv beraten worden war.

Ziele der DDR-Regierung der Großen Koalition waren es, nach der Präambel des Koalitionsvertrages, die Einheit Deutschlands durch den Beitritt der DDR zur Bundesrepublik auf der Grundlage von Artikel 23 des Grundgesetzes zu verwirklichen und neben Freiheit und Rechtsstaatlichkeit auch Wohlstand und soziale Gerechtigkeit für alle Bürger der DDR zu sichern. Dabei sollten, falls es nicht zu einer neuen Verfassung der DDR käme, in einem veränderten Grundgesetz die sozialen Sicherungsrechte, insbesondere die Rechte auf Arbeit, Wohnung und Bildung, als «nicht einklagbare Individualrechte» eingebracht und in der Form von Staatszielbestimmungen gewährleistet werden. Die Übernahme der in der DDR-Verfassung von 1974 enthaltenen sozialen Grundrechte[62] in das Grundgesetz konnte aber weder im Staatsvertrag noch im Einigungsvertrag oder in der Verfassungsänderung vom 27. Oktober 1994 erreicht werden. Ihre Aufnahme in die Verfassungen der im Oktober 1990 neu gebildeten Länder in Ostdeutschland hatte weitgehend den Charakter von Wunschkatalogen.[63]

Eine zentrale Forderung der DDR für die Sozialunion waren «Anschubfinanzierungen und Formen eines innerdeutschen Finanzausgleichs» zum «Ausgleich der unterschiedlichen wirtschaftlichen Leistungskraft» der beiden deutschen Staaten. Großer Wert wurde auf ein Arbeitsförderungsgesetz zur Gestaltung einer aktiven Arbeitsmarktpolitik gelegt, in dem besonders auch die Belange der Frauen gesichert werden sollten.

Kennzeichnend war der Versuch der DDR, etwa durch einen erweiterten Kündigungsschutz nicht nur für Schwerbehinderte, sondern auch für Frauen, Alleinerziehende und Erwerbstätige in kinderreichen Familien, ein eigenständiges, für ihre Arbeitnehmer günstigeres Arbeitsrecht im Vergleich zur Bundesrepublik durchzusetzen. Das wurde von Seiten der zuständigen Abteilung III des Bundesarbeitsministeriums nachdrücklich moniert, da es sich negativ auf die Investitionsbereitschaft der westdeutschen Arbeitgeber auswirken und wegen möglicher Widerstände gegen eine Aufhebung dieser «günstigeren» Regelungen in der DDR die spätere Vereinigung der beiden deutschen Staaten erschweren könne; zudem würde es bei westdeutschen Arbeitnehmern, die auch ihren Anteil zur Wiedervereinigung leisten müssten, auf wenig Verständnis stoßen.[64]

Auch in der Frage der Mitbestimmung, in der die Regelungen der Bundesrepublik nach dem Koalitionsvertrag nur in «angepasster Form» übernommen werden sollten, dachte die DDR-Regierung offenbar daran, das Modell der bundesrepublikanischen paritätischen Mitbestimmung in der Montanunion auf alle größeren Unternehmen auszudehnen[65] und damit die Rechte der Arbeitnehmer wesentlich zu verstärken. Alle diese Pläne, die auch vom BMA abgelehnt wurden, hatten keine Chance auf Realisierung.

In der Rentenversicherung fiel die DDR-Seite, wie das BMF sofort registrierte,[66] mit der Formulierung von einer «schrittweisen», statt der sofortigen Anhebung des Nettorentenniveaus auf 70 Prozent der Arbeitseinkommen bei 45 Versicherungsjahren hinter die Position des BMA zurück. Zentrale Forderungen der DDR, die im Gegensatz zum westdeutschen Rentenrecht standen, waren die Beibehaltung der Mindestrenten, die «Beibehaltung bzw. Einführung einer allgemeinen Rentenpflichtversicherung» sowie die Erhöhung der Arbeitseinkommen und

Renten noch vor der Umstellung der Währung im Verhältnis 1:1 durch eine «aus der Umlage bisheriger Produkt- und Leistungssubventionierungen» entstehende «Pro-Kopf-Zulage». Damit wäre faktisch die Überforderung von Wirtschaft und Staat der DDR fortgeschrieben worden.

In der Organisation der Sozialversicherung war man bereit, mit der zukünftigen Trennung der einzelnen Versicherungszweige und dem Grundsatz der Selbstverwaltung das Modell der Bundesrepublik zu übernehmen. Wegen Differenzen zwischen den Koalitionsparteien der DDR erfolgten keine Aussagen zur Frage einer einheitlichen oder getrennten Trägerschaft für Arbeiter und Angestellte in der Rentenversicherung.[67] Die sehr nahe liegende Forderung einer organisatorischen Zusammenlegung der Rentenversicherung der Arbeiter und der Angestellten, für die bereits seit 1969 ein weitgehender Finanzausgleich bestand, wurde auch vom Bundesrechnungshof in einem Schreiben an Arbeitsminister *Blüm* vom 24. April mit Nachdruck vertreten[68] und fand breite Unterstützung bei den Sozialversicherungsexperten und weiten Teilen der interessierten Öffentlichkeit. Der Forderung entsprach außerdem die zunehmende Angleichung der Tätigkeiten von Arbeitern und Angestellten im Arbeitsprozess, vor allem aber im rechtlichen Status, die auch in der Durchsetzung des übergeordneten Begriffs des Arbeitnehmers zum Ausdruck kam. Die DDR hatte keine rechtliche Unterscheidung zwischen Arbeitern und Angestellten in ihrem Arbeits- und Sozialrecht gekannt, und die Zuordnung der einzelnen Gruppen der Arbeitnehmer der früheren DDR an die Bundesversicherungsanstalt für Angestellte (BfA) bzw. an die Landesversicherungsanstalten war später mit erheblichen Schwierigkeiten verbunden. Eines der Probleme war allerdings, welche Form die organisatorische Vereinigung haben sollte. Denkbar war die von Bayern bevorzugte föderalistische Lösung, nach der die Rentner der BfA von den Landesversicherungsanstalten für Arbeiter übernommen werden sollten oder aber die dem Bundesrechnungshof vorschwebende zentralistische Lösung, nach der die 21 Versicherungsträger der Angestellten- und der Arbeiterversicherung zu einem Bundes-Versicherungsträger[69] vereinigt worden wären. Es hat schließlich 15 weitere Jahre gedauert, ehe zum 1. Oktober 2005 die vorher bestehenden 26 Rentenversicherungsträger – die BfA, die 22 regionalen Landesversicherungsanstalten, die Bundesknappschaft, die Seekasse und die Bahn-Versicherungsanstalt – in zwei Bundesträger – die «Deutsche Rentenversicherung Bund», in die die BfA und der Verband deutscher Rentenversicherungsträger (VdR) fusioniert wurden, und die

«Deutsche Rentenversicherung Knappschaft, Bahn, See» – sowie die «Deutsche Rentenversicherung regional», in der die ab Anfang 2006 nur noch 16 Landesversicherungsanstalten aufgingen, zusammengefasst wurden.[70]

Wie die Organisation der Rentenversicherung war auch die der Krankenversicherung zwischen den Koalitionsparteien in der DDR strittig. Während die SPD eine regional gegliederte, einheitliche Krankenkasse für das Gebiet der DDR vorsah, vertraten CDU und DSU die Auffassung, dass eine Aufgliederung nicht verhindert werden könnte. Der schließlich gefundene Kompromiss sah zunächst die Schaffung einer regional gegliederten kassenartneutralen Krankenversicherung mit einheitlichen Beiträgen vor, die später, unter der Voraussetzung der Wahlfreiheit und des Kontrahierungszwanges, möglicherweise durch ein gegliedertes Krankenversicherungssystem ersetzt werden könne.[71] Anders als im Sozialrecht der Bundesrepublik sollte für alle Erwerbstätigen – also auch für die Selbstständigen – eine Krankenpflichtversicherung bestehen.

Sehr weitgehende Abweichungen vom Modell der Bundesrepublik waren für den Bereich des Gesundheitswesens vorgesehen. Mit der Bereitschaft zum Aufbau eines Kammersystems für Ärzte, Zahnärzte und Apotheker und zur Einführung der Niederlassungsfreiheit für Mediziner, Apotheker, in der Medizin tätige Naturwissenschaftler, Psychologen und andere medizinische Berufe sowie Heilhilfsberufe, die allerdings mittelfristig mit einem Niederlassungsvorrecht für Bürger der DDR verbunden sein sollte, wollte man – in Abkehr vom bisherigen staatlichen Gesundheitswesen – wesentliche Elemente des Systems der Bundesrepublik übernehmen. Es wurde aber auch ausdrücklich betont, dass «Polikliniken in unterschiedlicher Rechtsträgerschaft» als «wesentliche Stütze der bürgernahen, ambulanten Versorgung» und leistungsfähige Strukturen des in der DDR stark ausgebauten Betriebsgesundheitswesens sowie die enge Verbindung von stationärer und ambulanter Betreuung erhalten bleiben sollten.

Wie auch die hier zunächst ausgeklammerten Forderungen zur Jugend-, Frauen- und Familienpolitik zeigen, wollte die DDR-Koalitionsregierung zwar die Prinzipien des am Leitbild der Sozialen Markwirtschaft ausgerichteten bundesdeutschen Arbeits- und Sozialrechts übernehmen und die sozialen Leistungen nach dem Vorbild der Bundesrepublik entscheidend verbessern. Gleichzeitig sollten aber die über die bundesdeutschen Regelungen hinausgehenden Rechte der Arbeitnehmer und sozialen Leistungen, vor allem für Frauen und Familien sowie in der Gesundheitsversorgung und der Kinderbetreuung, in der man einen Nachholbedarf der Bundesrepublik konstatierte, erhalten bleiben.

Die einflussreiche abteilungsübergreifende Arbeitsgruppe «Innerdeutsche Beziehungen» des BMF unter Leitung von *Thilo Sarrazin* legte am 18. April 1990 eine «bewertende Zusammenfassung der Koalitionsvereinbarung der Regierungsparteien der DDR» vor, in der festgestellt wurde, dass mit dem Bekenntnis zur Herstellung der deutschen Einheit auf der Grundlage von Artikel 23 des GG und den klaren Vorstellungen zur Struktur der Währungs- und Wirtschaftsordnung in der DDR die Grundausrichtung der Koalitionsvereinbarung «im wesentlichen den Zielsetzungen unseres Entwurfs des Staatsvertrages» entspreche. Allerdings würde eine Reihe von kostenwirksamen Maßnahmen, insbesondere Anschubfinanzierungen und Formen eines innerdeutschen Finanzausgleichs für die Arbeitslosen-, Renten- und Krankenversicherung sowie für den Bereich Umweltschutz und Landwirtschaft, gefordert, die «weit über die im Entwurf des Staatsvertrages vorgesehene finanzielle Unterstützung» hinausgingen. So würden der differenzierte Umtausch der Sparguthaben 1:1, die Umstellung der Löhne, Gehälter und Renten nach vorheriger Aufstockung um die bisherigen Subventionen um 280 Mark pro Person im Monat und die «Entschuldung bzw. Umbewertung der Schulden der VEB» zu «Ausgleichsforderungen an den Staat in Höhe von rd. 140 Mrd. DM führen». Die geforderte Erhöhung der Löhne, Gehälter und Renten vor der Währungsumstellung ergäbe zudem Lohnkosten, «die die Wettbewerbsfähigkeit vieler Betriebe gefährden und zu hoher Arbeitslosigkeit führen würde [...]. Im Interesse der Erhaltung möglichst vieler Arbeitsplätze sollte ein Nominallohnniveau erreicht werden, das Unternehmen mit hohen Produktivitätsfortschritten die Möglichkeit für rasche Lohnerhöhungen gibt und Unternehmen mit hohem Strukturanpassungsbedarf nicht gefährdet.» Die vorgesehene Beteiligung der DDR-Bürger an Sanierung und Entschuldung der zu privatisierenden VEB «durch Ausgabe von Anteilsscheinen durch die Treuhandgesellschaft mit einem bis zu 80prozentigen Preisabschlag» würde die für eine Restrukturierung und Sanierung der VEB zur Verfügung stehenden Finanzmittel vermindern und die «Gefahr einer Belastung des Bundeshaushalts» erhöhen. Im Sozialbereich wurde insbesondere kritisiert, dass ein Leistungsniveau vorgesehen würde, «dem keine entsprechende Leistungfähigkeit der DDR-Wirtschaft gegenüber steht». Insgesamt wurde die Bereitschaft, die Grundprinzipien der Wirtschafts- und Sozialordnung der Bundesrepublik zu übernehmen, begrüßt, aber vor den außerordentlich hohen finanziellen Belastungen gewarnt, falls die DDR-Forderungen zur Sanierung ihrer Wirtschaft, zur Beteiligung der DDR-Bürger an den zu diesem Zeitpunkt noch erwarteten Erlösen aus der Privatisierung der VEB und zur Schaffung eines großzügigen Systems sozialer Sicherung erfüllt würden.[72]

Die westdeutsche Sozialdemokratie sah in den Ende April einsetzenden Vertragsverhandlungen mit der DDR eine Chance, ihre sozialpolitischen Forderungen einzubringen und über Regelungen in der DDR Präjudizien für die Reform auch des bundesdeutschen Sozialsystems zu schaffen. Die strategischen und taktischen Überlegungen der westdeutschen Sozialdemokratie werden dabei in einem höchst aufschlussreichen Vermerk[73] des Bundestagsabgeordneten und früheren Regierenden Bürgermeisters von Berlin, *Dietrich Stobbe*, der nach der Volkskammerwahl am 18. März als Vertreter des Parteivorsitzenden *Hans-Jochen Vogel* nach Berlin geschickt wurde,[74] deutlich. *Stobbe* betonte die zwingende Notwendigkeit einer engen Abstimmung und gemeinsamer Positionen der Sozialdemokratie des Ostens wie des Westens, die nur so in die bevorstehenden gesamtdeutschen Wahlen als «einheitliche und geschlossene deutsche Sozialdemokratie» gehen könne. Zur Bewältigung des schwierigen Spagats zwischen Regierungshandeln in der DDR und Oppositionsverhalten in der Bundesrepublik schlug er vor, dass nach Überprüfung des Koalitionsvertrages dieser zum «Gradmesser für das Bonner Regierungsverhalten und zu einem Instrument der Auseinandersetzung im Deutschen Bundestag» gemacht werde. Die Regierung der DDR werde im Wirtschafts- und Sozialbereich «Eigenständigkeit zu beweisen» versuchen. «In dieser Situation», führte *Stobbe* aus, gebe es für die SPD «die Chance, Regierungshandeln der DDR mit Oppositionshandeln im Deutschen Bundestag so zu koppeln, dass die Bundesregierung zu Zugeständnissen gezwungen wird und diese Profilierung der SPD in beiden deutschen Staaten nutzt». Die geforderte enge Abstimmung zwischen der SPD-Ost und der SPD-West in den Verhandlungen über den Staatsvertrag oberhalb der Ebene der Experten hat es offenbar vor allem in der Vorbereitung und der Frühphase der Gespräche gegeben. In der Endphase hat neben dem starken Zeitdruck auch die noch zu behandelnde innere Zerrissenheit der bundesdeutschen Sozialdemokratie eine engere Zusammenarbeit behindert.[75]

Die Auseinandersetzung mit den sozialpolitischen Folgeproblemen der Maueröffnung und der Frage einer Angleichung der Sozialsysteme der beiden deutschen Staaten hatte bei der Sozialdemokratie lange vor den Vertragsverhandlungen begonnen. So hatte *Rudolf Dreßler*, der damals führende Sozialpolitiker der Sozialdemokratie und einer der Stellvertretenden Vorsitzenden ihrer Bundestagsfraktion, bereits am 21. Dezember 1989 in einer umfangreichen Denkschrift neben den sich aus der Grenzöffnung ergebenden Problemen erörtert, wie die sozialpolitischen Regelsysteme der beiden Staaten im Rahmen einer Konföderation aufeinander abgestimmt werden könnten und wie die Freizügigkeit in beiden Richtungen sozialpolitisch zu flankieren und zu fördern sei. Dabei wurden ausführlich u.a. die Sozialhilfe, die Rentenversicherung, das Gesundheitswesen, Arbeitsrechtsprobleme sowie sonstige Sozialleistungen – wie Kinder-, Erziehungs- und Wohngeld – behandelt und in zwei Anlagen die Alterssicherung und das Gesundheitswesen der DDR analysiert.[76] Nach dem Angebot der Währungsunion trat *Dreßler* in einem Diskussionspapier über die «Vereinheitlichung der Rentenversicherung» vom 20. Februar 1990[77] für eine Kombination der nach seiner Meinung besten Elemente der beiden Systeme ein. Von der Bundesrepublik sollten das Versicherungsprinzip, das quantitative Niveau der Leistungen und der Grundsatz der Dynamisierung, von der DDR «die Mindestsicherung innerhalb des Rentensystems, die Einbeziehung aller Erwerbstätigen in die Versicherungspflicht und die einheitliche Trägerschaft für Arbeiter und Angestellte» übernommen werden. Auch für den Bereich der Arbeitsförderung, der Arbeitslosenversicherung, der Organisation der Sozialversicherung und des Gesundheitswesens hatte er ein Konzept zur Sozialunion für die Fraktion entwickelt.[78]

Bereits zwei Tage nach der Überreichung des Vertragsentwurfes der Bundesregierung hat *Dreßler* am 26. April an die zuständige DDR-Ministerin für Arbeit und Soziales, *Regine Hildebrandt*, ausführliche, konkrete Änderungsvorschläge als «Beratungsunterlage» übersandt.[79] Einer der wichtigsten Punkte hierin war, dass die DDR – abweichend vom Koalitionsvertrag – sich nicht auf ein nach Risiken gegliedertes System der Sozialversicherung nach dem Muster der Bundesrepublik, eine gegliederte Krankenversicherung und eine Trennung zwischen Angestellten und Arbeitern in der Rentenversicherung verpflichten sollte. Zudem sollten die im Vertragsentwurf vorgesehenen berufsständischen Versorgungswerke, für die sich vor allem die FDP in der Bonner Koalition stark gemacht hatte,[80] abgelehnt werden, da sie «im Widerspruch zum Grundsatz der Versicherungspflicht aller Erwerbstätigen in der Sozialversicherung» stünden. Besonders nachdrücklich wurde kritisiert, dass im Entwurf der Bundesregierung die dauerhafte

Beibehaltung der Mindestrenten und deren Einbeziehung in die reguläre Rentendynamik sowie ein vorübergehender Subventionsausgleich für alle Rentner fehlten. Zudem müsse eine Bestandsgarantie für die Sozialleistungen der DDR für Behinderte und Pflegebedürftige sowie für die Leistungen zur Vereinbarkeit von Kindererziehung und Berufstätigkeit gegeben werden.

Die Änderungsvorschläge *Dreßlers* sahen weiter die nur schrittweise und nicht sofortige Anhebung der Beitragssätze in der Sozialversicherung der DDR, die Einbeziehung der Krankenversicherung in die Anschubfinanzierung sowie Investitionshilfen des Bundes für den Ausbau und die Sanierung der stationären und ambulanten Einrichtungen des Gesundheitswesens der DDR vor. Ausdrücklich wurde ferner auf die Punkte verwiesen, in denen das Vertragsangebot zu Ungunsten der Arbeitnehmer der DDR vom bundesdeutschen Sozial- und Wirtschaftsrecht abwich. In diesen Fragen hat die Bundesregierung die Korrektur ihres Vertragsentwurfs schließlich akzeptiert: Sie ließ die zunächst vorgesehene hälftige Beteiligung der Arbeitnehmer an den Kosten der Unfallversicherung zugunsten der bundesrepublikanischen Regelung einer alleinigen Finanzierung durch die Arbeitgeber fallen und stellte die Anzeigepflicht der Arbeitgeber bei Massenentlassungen und die Geltung der Vorschriften über Sozialpläne auch für den Osten fest.

Auch sonst zeigt der Vergleich des Entwurfs, dessen «Gesamtduktus» in einem undatierten «Vermerk» von Seiten der DDR als «problematisch» scharf kritisiert wurde,[81] mit dem endgültigen Vertrag, dass die DDR, die detaillierte Gegenvorschläge vorlegte,[82] erhebliche Konzessionen, gerade im Bereich der Sozialpolitik, erreichen konnte. Ein Teil der Korrekturen des ursprünglichen Entwurfs der Bundesrepublik ging auf einen mit der westdeutschen Sozialdemokratie abgestimmten[83] Vorstoß der Minister der ostdeutschen Sozialdemokratie zurück, die am 2. Mai – nach den von ihnen, wenn auch mit Bedenken, akzeptierten Bedingungen der Währungsumstellung[84] – einen umfassenden Katalog von Änderungsvorschlägen vorlegten, die in den Text des bundesdeutschen Arbeitspapiers eingearbeitet wurden.[85] Ein Bericht zum Sachstand des BMA nach den Gesprächen vom 3. und 4. Mai in Ostberlin spricht sogar von einem «eigenen Entwurf» der DDR, «der in den bisher offenen Fragen Positionen enthielt, die auf den Stand zum Beginn der Gespräche am 30. April und 1. Mai in Bonn zurückfielen.»[86] Hinter dem Vorstoß der SPD-Minister stand offenbar auch die politische Absicht, sich angesichts der bevorstehenden Kommunalwahlen in der DDR am 6. Mai 1990 gegen die Ost-CDU als «soziales Gewissen der Einheit» und besserer Vertreter der Interessen der Bürger der DDR zu profilieren.[87]

Diese Politik ist allerdings nicht aufgegangen, und die Ost-SPD, die mit 21 Prozent der Wählerstimmen ihr enttäuschendes Wahlergebnis bei den Volkskammerwahlen nur knapp behaupten konnte,[88] hat den Konfrontationskurs innerhalb der Regierung wieder aufgegeben, zumal Ministerpräsident *Lothar de Maizière*, der ebenfalls ein Maximum an sozialen Sicherungen für die Bürger der DDR wünschte, einen Teil der Nachbesserungsforderungen übernahm. Auch konnte die Ost-SPD eine Ablehnung des Vertrages und damit auch der Währungsumstellung angesichts der Stimmung der DDR-Bevölkerung letztlich nicht riskieren.

Nach weiteren schwierigen Verhandlungen[89] der Experten, einem Gespräch zwischen *Kohl* und *de Maizière* vom 14. Mai 1990, Beratungen zwischen den Finanzministern sowie zwischen dem Bundeskanzler und den Ministerpräsidenten der Länder über das Finanzpaket und dessen Finanzierung wurde der Staatsvertrag mit der DDR «über die Schaffung einer Währungs-, Wirtschafts- und Sozialunion» schließlich am 18. Mai im Palais Schaumburg unterzeichnet. In ihm blieb der Kern des ursprünglichen Vertragsentwurfs der Bundesrepublik erhalten. Er zielte auf die weitgehende Übernahme der bundesrepublikanischen Rechtsordnung mit ihren Institutionen und Normen ab. Kennzeichnend war dabei, dass die bereits in der Präambel angesprochene Einführung der Sozialen Marktwirtschaft, deren Prinzipien in Art. 1, Abs. 3 des Vertrages definiert wurden[90] und damit erstmals einen rechtsnormativen Rang erhielten, bei den Verhandlungen nie kontrovers war.

In vielen Einzelheiten war die Bundesrepublik aber der DDR, gerade auch im Bereich der Sozialpolitik, entgegengekommen. Insbesondere scheiterten die Versuche des Bundesfinanz- und des Bundeswirtschaftsministeriums, etwa im Kündigungsschutz und bei Sozialplänen Abstriche von Rechten der Arbeitnehmer durchzusetzen und im Tarifvertragswesen durch Versuche zur Einbeziehung der Betriebe das Arbeitsrecht zu flexibilisieren. Kennzeichnend war auch, dass die Absicht der Bundesregierung, in einem generellen Leitsatz des Staatsvertrages zum «Arbeitskampf» neben dem Streik auch die Abwehraussperrung ausdrücklich zuzulassen, aufgegeben wurde. Der DGB, der die Abwehraussperrung, die nicht durch die Verfassung oder ein Gesetz, sondern lediglich durch die Rechtsprechung geregelt ist, grundsätzlich ablehnt, hatte scharf dagegen protestiert.[91] Auch in der Arbeitsmarktpolitik konnte die DDR in Artikel 19 durchsetzen, dass «Maßnahmen der aktiven Arbeitsmarktpolitik, wie berufliche Bildung und Umschulung, besondere Bedeutung» haben und «Belange der Frauen und Behinderten» berücksichtigt werden sollten.

Mit der Verpflichtung der DDR, ihr Rentenversicherungs- und Krankenversicherungsrecht dem der Bundesrepublik anzugleichen, musste in der Organisation der Sozialversicherung – nach einer Übergangszeit – die aus guten Gründen von der DDR, der bundesdeutschen SPD, den Gewerkschaften und vielen sozialpolitischen Experten scharf kritisierte Aufgliederung der Renten- und Krankenversicherung übernommen werden. Das war vor allem von der FDP[92] und den Trägern der Versicherungen gefordert worden. Die im Osten bestehende umfassende Sozialversicherungspflicht aller Erwerbstätigen in der Renten- und Krankenversicherung konnte von der DDR für eine Übergangszeit beibehalten werden. Allerdings musste die DDR, entgegen ihren Wünschen, die Errichtung berufsständischer Versorgungswerke ermöglichen,[93] eine Befreiung von Selbständigen und freiberuflich Tätigen von der Sozialversicherungspflicht beim Nachweis ausreichender anderweitiger Sicherung vorsehen sowie einer Pflichtversicherungs- und Beitragsbemessungsgrenze in der Renten- und Krankenversicherung[94] zustimmen.

Die Forderung der DDR-Seite, vor der Umstellung von Arbeitseinkommen und Renten im Verhältnis 1:1 und der Freigabe der Preise eine Pro-Kopf-Zulage in Höhe des durchschnittlichen Subventionsabbaus zu gewähren, die später auf untere Einkommensgruppen und vor allem Rentner reduziert wurde,[95] ließ sich nicht durchsetzen. Insgesamt war jedoch die Regelung für die Rentner der DDR, wenn man von den z. T. erheblichen Zurückstufungen der Mitglieder der Sonder- und Zusatzversorgungssysteme absieht,[96] relativ günstig. Die sofort und nicht erst schrittweise vorzunehmende Festsetzung der Bestandsrenten auf ein Netto-Rentenniveau von 70 Prozent des Durchschnittsverdienstes bei 45 Versicherungsjahren bedeutete, ebenso wie die Einführung der Dynamisierung der Renten, vor allem für die Masse der älteren Rentner eine erhebliche Verbesserung ihrer Alterssicherung.[97]

In der besonders kontroversen Frage der dauerhaften Beibehaltung und der Dynamisierung der in der DDR bestehenden Mindestrenten wurde ein Kompromiss erreicht, der die konkreten Interessen der DDR-Rentner weitgehend berücksichtigte. Im Staatsvertrag selbst wurde diese Frage ausgeklammert, abgesehen von der Garantie, dass alle Renten mindestens in der bisherigen Höhe weitergezahlt werden mussten. Der DDR wurde jedoch erlaubt,[98] durch eigene gesetzliche Regelungen soziale Härten für Rentner auszugleichen. Die DDR hat dann durch ihr Rentenangleichungsgesetz vom 28. Juni 1990 mit Zustimmung der Bundesregierung einen Sozialzuschlag eingeführt, der niedrige Renten auf eine Mindesthöhe von 495 DM – die Mindestrente der DDR hatte 330 Mark betragen – brachte.[99] Dieser Sozialzuschlag wurde bei den nächsten Rentenerhöhungen nicht abgeschmolzen, aber auch nicht dynamisiert. Den Empfängern der Renten war allerdings die Unterscheidung zwischen dem auf Beitragszahlungen beruhenden Rentenanspruch und dem aus Steuermitteln finanzierten, nicht dynamisierten Sozialzuschlag kaum zu vermitteln. Nach Auffassung der Bundesrepublik waren diese Mindestrenten für eine Übergangszeit ein Ersatz für ein System der Sozialhilfe, das in der DDR erst noch aufgebaut werden musste.[100] Im Unterschied zur Sozialhilfe der Bundesrepublik war aber die Mindestrente an keine Prüfung der Bedürftigkeit des Rentners gebunden; sie wurde bis Anfang 1992 auch dann gezahlt, wenn der Rentner erhebliche weitere Einkommensquellen hatte oder der Ehepartner gut verdiente.[101]

Das Bemühen der DDR, ihre sehr geringen Versicherungsbeiträge in der Pflichtversicherung – der Arbeitnehmer zahlte 10 Prozent bis zu der seit Jahrzehnten fixierten, viel zu niedrigen Beitragsbemessungsgrenze von 600 Mark – erst nach einer Übergangsfrist zum 1. Januar 1992 nach bundesdeutschen Beitragssätzen zu erhöhen, scheiterte. Allerdings wurden sog. «Produktionsarbeitern», die in der DDR einen sehr viel niedrigeren Steuersatz als andere Arbeitnehmer zu zahlen hatten, monatliche Zuschüsse zu den Rentenversicherungsbeiträgen zwischen 10 und 30 DM zugestanden, wenn ihre Löhne unter 800 DM lagen.[102] Diese Vergünstigung ist später allen Arbeitnehmern zugute gekommen.

In dem Artikel über die Krankenversicherung konnte die DDR durchsetzen, dass Investitionen zur Sanierung und Modernisierung stationärer und ambulanter Einrichtungen des Gesundheitswesens aus dem Staatshaushalt finanziert würden. Die gewünschte Anschubfinanzierung auch der Krankenversicherung aus Bundesmitteln wurde jedoch nicht erreicht.

Auf Initiative des der CDU angehörenden Ministers für Gesundheitswesen der DDR, Professor *Jürgen Kleditzsch,*[103] wurde schließlich ein Artikel 22 über das Gesundheitswesen aufgenommen, der der weiteren Entwicklung die Richtung wies. Neben der vorläufigen Fortführung der bestehenden Versorgungsstrukturen zur Sicherung der medizinischen Betreuung sollte die DDR «schrittweise eine Veränderung in Richtung des Versorgungsangebots der Bundesrepublik Deutschland mit privaten

Leistungserbringern vornehmen, insbesondere durch Zulassung niedergelassener Ärzte, Zahnärzte und Apotheker sowie selbständig tätiger Erbringer von Heil- und Hilfsmitteln und durch Zulassung privater und frei-gemeinnütziger Krankenhausträger.»

7.4 Die Ratifizierung des Staatsvertrages

Die Ratifizierung des Staatsvertrages war wegen der notwendigen Zustimmung des Bundesrates keineswegs selbstverständlich. Hier hatten nämlich nach der Landtagswahl in Niedersachsen vom 13. Mai 1990, die zur Ablösung der CDU/FDP-Regierung durch eine Koalition von Sozialdemokraten und GRÜNEN führte, die SPD-geführten Länder die Mehrheit. Dem entsprach auch ein – allerdings vorübergehender – Stimmungsumschwung der Bevölkerung, der von Kanzler *Kohl* vor der Bundestagsfraktion der Unionsparteien am 15. Mai registriert wurde. Es sei die große «Zeit der Demagogen», der Versuche, Sozialneid zu wecken. Die Sozialdemokratie betreibe dabei ein raffiniertes Doppelspiel. Während sie die Bevölkerung im Osten wegen der zu geringen sozialen Leistungen aufwiegele, wecke sie im Westen Empörung wegen der Mehrforderungen aus dem Osten. «Die Sozialdemokraten spielen auf Baisse.» Auch warnte *Kohl* seine Fraktion vor der Ansicht, dass die Zeit für die Unionsparteien arbeite. Die SPD wolle die gesamtdeutschen Wahlen zu einem Zeitpunkt, in dem die Schwierigkeiten in der DDR besonders groß seien.[104] Diese Analyse traf den Kern der politischen Taktik des Kanzlerkandidaten *Lafontaine,* der sich jedoch in seiner Partei damit nicht eindeutig durchsetzen konnte. In jedem Falle wurde aber angesichts des Schwankens und der inneren Zerrissenheit der westdeutschen Sozialdemokratie der Prozess der Ratifizierung des Staatsvertrages durch die gesetzgebenden Körperschaften in der DDR und der Bundesrepublik kompliziert und zu einem politischen Risiko.

Die Mehrheit der SPD-Ministerpräsidenten neigte zur Annahme des Vertrages, zumal bei dessen Ablehnung ein Beitritt der DDR nach Artikel 23 ohne Vertrag zu erwarten war. Das hätte wahrscheinlich zu einer sofortigen Einbeziehung der ostdeutschen Länder in den Länderfinanzausgleich und damit zu einer erheblich höheren finanziellen Belastung der westdeutschen Länder geführt. Die Entscheidung der SPD hing jedoch wesentlich nicht vom Inhalt des Vertrages, sondern von grundsätzlichen Positionen zur Währungsunion und von taktischen Erwägungen im Zusammenhang mit der bevorstehenden Bundestagswahl ab. Der am

19. März 1990 vom Parteivorstand einstimmig zum Kanzlerkandidaten der Sozialdemokratie nominierte saarländische Ministerpräsident *Oskar Lafontaine* hatte ursprünglich die von ihm als verfrüht angesehene Währungsunion zu verhindern versucht. Noch am 22. April 1990 hatte er auf einer Sitzung der Führungsgremien der west- und der ostdeutschen Sozialdemokratie erklärt, dass sein Ziel nicht die Wiederherstellung des Nationalstaates, sondern die erst in einem jahrelangen Prozess zu verwirklichende gesellschaftliche Einheit sei.[105] Nach der Unterzeichnung des Vertrages gelangte er zu der Einsicht, dass die Währungsunion nicht mehr zu verhindern war. Allerdings sprach er sich für die demonstrative, wenngleich folgenlose Ablehnung des Vertrages im Bundestag durch die sozialdemokratische Fraktion aus. Auch im Bundesrat sollten die von den Sozialdemokraten allein oder in Koalition mit den GRÜNEN geführten Länder den Vertrag ablehnen, obwohl er wegen der zu erwartenden Zustimmung des von einer SPD-FDP-Koalition gebildeten Senats von Hamburg nicht scheitern würde.[106]

Diese den Wählern kaum zu vermittelnde Taktik, die *Lafontaine* zudem zur Bedingung für die weitere Bereitschaft zur Kanzlerkandidatur machte, stieß bei der Sozialdemokratie im Osten, die ja schließlich den Vertrag mitverhandelt hatte, auf scharfe Ablehnung. Deren Fraktionsführer, *Richard Schröder*, rief *Lafontaine* auf, von der bundespolitischen «auf die gesamtdeutsche Perspektive» umzuschalten.[107] *Stobbe* hatte schon in einem Brief an den Partei- und Fraktionsvorsitzenden der SPD, *Vogel*, und den parlamentarischen Geschäftsführer der Bundestagsfraktion, *Gerhard Jahn*, vom 30. April 1990 die unterschiedliche Position der Sozialdemokraten im Osten und im Westen klar gekennzeichnet: «Anders als die SPD in Bonn, muss die SPD in der DDR ihre Entscheidung zum Staatsvertrag nicht erst während der parlamentarischen Beratung zur Ratifizierung vornehmen, sondern im zeitlichen Zusammenhang mit der Entscheidung der DDR-Regierung. Der Grund hierfür ist natürlich, dass die Entscheidung der SPD-Minister im Kabinett und die der Fraktion nicht auseinanderfallen dürfen. Insofern fällt die Entscheidung der SPD in der DDR zeitlich vor der Entscheidung der SPD in Bonn».[108] Viele der führenden westdeutschen Sozialdemokraten lehnten die Position *Lafontaine*s ab. Um jedoch die Geschlossenheit der westdeutschen SPD zu bewahren und gleichzeitig den Kanzlerkandidaten bei der Fahne zu halten, wurde schließlich durch Beschluss des Parteivorstandes vom 21. Mai 1990, dem sich die bei der Sitzung bis auf *Lafontaine* anwesenden sozialdemokratischen Länderchefs anschlossen, die Zustimmung von der Haltung der Bundesregierung zu konkreten Nachbesserungsforderungen der SPD abhängig gemacht.[109] Diese bezogen sich auf befristete Maßnahmen zur Verhinderung des Zusammenbruchs sanierungsfähiger Betriebe, eine mit der Wirtschaftsunion gleichrangige Umweltunion, die Verwendung des Vermögens der SED, der Stasi, der Blockparteien und der DDR-Massenorganisationen für allgemeine und soziale Zwecke und ein Einvernehmen darüber, dass der Weg zur deutschen Einheit «nur im Konsens aller staatlichen Ebenen und der maßgeblichen politischen Kräfte in der Bundesrepublik und in der DDR wahrgenommen werden» könne. Auch die SPD-Bundestagsfraktion nahm diesen Beschluss mit acht Gegenstimmen und sechs Enthaltungen an.[110]

Lafontaine, der dem Beschluss des Parteivorstandes zunächst telefonisch zugestimmt hatte, erklärte dann aber am 28. Mai 1990 in einem SPIEGEL-Interview, dass er den mit «heißer Nadel» gestrickten Staatsvertrag nicht billige und es für die SPD-Fraktion keine Notwendigkeit gebe, «eine Entscheidung mitzutragen, die Massenarbeitslosigkeit zur Folge» habe. Nach Protesten führender ost- und westdeutscher Sozialdemokraten gegen seine Haltung kündigte *Lafontaine* am 5. Juni 1990 der Parteiführung an, dass er in einem Brief seinen Rücktritt von der Kanzlerkandidatur erklären werde. Davon konnten ihn jedoch *Vogel* und *Willy Brandt* abhalten.[111]

Inzwischen hatten am 29. Mai in Bonn Gespräche auf höchster Ebene unter Mitwirkung von Bundeskanzler *Kohl* und dem SPD-Parteivorsitzenden *Vogel* begonnen.[112] Da der Text des Staatsvertrages nicht verändert werden durfte, konnte es sich nur um zusätzliche Vereinbarungen und Veränderungen im Gesetz zum Staatsvertrag handeln. In ihren zentralen Forderungen, etwa der vollständigen Entschuldung der Betriebe der DDR, konnte die SPD keine Zugeständnisse der Bundesregierung erreichen; die Erfassung und Verwendung des Stasi- und DDR-Parteivermögens wurde als Angelegenheit der DDR angesehen. Immerhin gelang es aber der sozialdemokratisch geführten Bundesratsmehrheit, im Gesetz zum Staatsvertrag einen Artikel zu ergänzen, der die Bundesregierung verpflichtete, bei der Durchführung der Wirtschaftsunion auch den Wettbewerbsschutz, die Sozialpflichtigkeit des Eigentums, die Koalitionsfreiheit einschließlich der Tarifautonomie, den Verbraucherschutz, ein soziales Wohn- und Mietwesen sowie eine aktive Arbeitsmarktpolitik zu berücksichtigen.[113] Die Deklamation dieser Grundsätze, die weitgehend bereits im Staatsvertrag enthalten waren, und einige weitere Zugeständnisse erlaubten es dem Partei- und Fraktionsvorstand der Sozialdemokratie, das Gesicht der Partei zu wahren und am 14. Juni dem Staatsvertrag unter Hinweis auf die von der Partei erreichten Verbesserungen zuzustimmen.[114] Eine geschlossene Haltung der Partei in den gesetzgebenden Organen kam aber trotzdem nicht zustande. Während die sozialdemokratische Fraktion der Volkskammer der DDR sich eindeutig hinter den Vertrag stellte, haben im Bundestag schließlich neben einer Mehrheit der GRÜNEN (34) eine Minderheit von 25 Abgeordneten der SPD und ein fraktionsloser Abgeordneter den Vertrag abgelehnt.[115] Insgesamt wurde der Vertrag mit 444 Ja-Stimmen bei 60 Nein-Stimmen und einer Enthaltung angenommen. In der Volkskammer der DDR haben bei einer Enthaltung 302 Abgeordnete für und 82 gegen den Vertrag gestimmt.[116] Auch im Bundesrat stimmten am 22. Juni mit dem Saarland und Niedersachsen zwei Länder, an deren Spitze mit dem Ministerpräsidenten und Kanzlerkandidaten *Lafontaine* und dem späteren Bundeskanzler *Gerhard Schröder* führende Politiker der Sozialdemokratie standen, gegen den Vertrag.

Wegen ihrer inneren Zerrissenheit geriet die Sozialdemokratie bei den wenige Monate später am 14. Oktober 1990 erfolgenden Landtagswahlen in den fünf neuen Bundesländern, aber auch bei den Bundestagswahlen am 2. Dezember 1990, in eine sehr schwierige Situation.[117] Vor allem in Ostdeutschland wurde ihr ein ungenügendes Engagement für die deutsche Einheit vorgeworfen. Mit nur 24,3 Prozent der Stimmen im Osten blieb die SPD in der Bundestagswahl weit unter ihren Erwartungen, während die GRÜNEN im Westen sogar an der 5-Prozent-Hürde scheiterten.

Wie enttäuscht man bei den ostdeutschen Sozialdemokraten über die Haltung *Lafontaine*s war, zeigt ein Brief, den der Volkskammerabgeordnete und Vorsitzende der Kurt-Schumacher-Gesellschaft der DDR, *Gunter Weißgerber*, am 26. Juni 1990 im Auftrag seiner Fraktion an *Lafontaine* richtete: «Als Sozialdemokraten sehen sich viele hier in Mitteldeutschland in der patriotischen Tradition eines *August Bebel*,[118] *Kurt Schumacher*,[119] *Willy Brandt* und *Helmut Schmidt* [...] die Menschen hier klagen bei Ihnen speziell ein fehlendes Zusammengehörigkeitsgefühl ein; dieses gelang Ihnen überhaupt nicht zu vermitteln. Die Mehrheit der Arbeiter nimmt an, dass Ihnen dieses gänzlich abgeht. Auch das ist ein Grund dafür, dass die SPD lediglich von 30 Prozent der Arbeiter gewählt wurde! Denn deren Spitzenpolitiker *Lafontaine* sprach von einer Staatsbürgerschaft der DDR und anderen visionären Dingen, statt die nationale Frage und die Nöte der Menschen hier in ihrem Inhalt zu verstehen.» Er machte *Lafontaine* den Vorschlag, sich einen ein- bis zweiwöchigen Aufenthalt (ohne seinen Chefkoch) in der Gegend der DDR organisieren zu lassen, «wo es am meisten stinkt (‹stinkt› im wörtlichen und im übertragenen Sinne)», um die «Nöte» der Menschen zu verstehen. Anders wären «die Arbeiter im ‹nachkommunistischen Mitteldeutschland› [...] nicht mehr für eine SPD zu gewinnen.»[120]

8. Die Sozialgesetzgebung der Regierung de Maizière

Durch den Staatsvertrag stand die DDR vor der Aufgabe, ihre Gesetzgebung gerade auch im Arbeits- und Sozialrecht den Bedingungen der Sozialen Marktwirtschaft anzupassen. Dabei hat sie in vielen Fällen Gesetze der Bundesrepublik wörtlich übernommen, in anderen aber auch im Interesse ihrer Bürger durchaus eigene Akzente gesetzt.

Sie wurde dabei von Beamten aus dem BMA unterstützt.[1] Eine besonders wichtige Rolle spielte der Leiter der Unterabteilung Kriegsopferversorgung und Versorgungsmedizin, Ministerialdirigent Dr. *Klaus Leven,* für den Bereich Arbeitsmarkt und Arbeitslosenversicherung. Er war entscheidend an der Ausarbeitung des Arbeitsförderungsgesetzes (AFG) der DDR und der Gestaltung der Arbeitsmarktpolitik, auf die er auch nach dem Ende seiner Tätigkeit in der DDR als neuer Vizepräsident der BA einen erheblichen Einfluss ausübte, beteiligt. Als Berater für den Bereich der Sozialversicherung, insbesondere der Rentenversicherung, wurde der Leiter des Referats IV b 1 über Grundsatzfragen und Leistungsrecht der gesetzlichen Rentenversicherung im BMA, Ministerialrat Dr. *Martin Ammermüller,* nach Ostberlin entsandt. Er hatte wesentlichen Anteil an der Erarbeitung des Sozialversicherungsgesetzes und des Rentenangleichungsgesetzes der DDR. Nicht wenige in den neuen Bundesländern erinnern sich auch noch heute deshalb an ihn, weil er in ständigen Sendungen im Rundfunk der DDR die eingetretenen Änderungen vor allem bei den Renten der Bevölkerung verständlich erklärte. Er hat nach dem Ende seiner Beratertätigkeit in der DDR eine steile Karriere gemacht. Er wurde im Dezember 1990 Geschäftsführer der Überleitungsanstalt Sozialversicherung, nach deren Auflösung Präsident des Bundesversicherungsamtes, ab 1993 als Ministerialdirektor Leiter der Abteilung II des BMA Arbeitsmarktpolitik und Arbeitslosenversicherung, ehe er am 1. März 1997 als Vorstandsmitglied zur Deutschen Angestellten-Krankenkasse wechselte. Für den Bereich Arbeitsrecht, einschließlich Betriebsverfassung, wurde der Leiter des Referats IIIa5 Arbeitsgerichtsbarkeit, Ministerialrat Dr. *Rolf*

Schwedes, für Fragen der Rehabilitation Ministerialdirektor a.D. *Gerd Fischwasser* im DDR-Ministerium für Arbeit und Soziales tätig.

Das anfänglich bestehende Misstrauen, dass es sich bei den Beratern um «Aufpasser» handelte, die dafür sorgen sollten, dass das von der ostdeutschen Sozialdemokratin Dr. *Regine Hildebrandt* geführte Ministerium für Arbeit und Soziales nicht zu weit von der Sozialpolitik der Bonner Regierungskoalition abwich, machte in der konkreten Arbeit bald der Anerkennung der großen Sachkenntnis, Arbeitskraft, aber auch Loyalität der Berater zu ihren neuen Vorgesetzten Platz. Übereinstimmend betonten Frau *Hildebrandt* und ihr damaliger Staatssekretär *Alwin Ziel,* dass *Blüm* ihnen einige seiner besten Leute gesandt habe.[2] Weitere Berater aus der Bundesrepublik, die beim Aufbau der neuen Arbeitsverwaltung der DDR mitwirkten, waren der Präsident des Landesarbeitsamtes von Nordrhein-Westfalen, *Olaf Sund,* und – wie bereits erwähnt – der frühere SPD-Bundesarbeitsminister *Herbert Ehrenberg.* Bei der Koordination des Aufbaus der Krankenkassen der DDR spielte der Leiter der Abteilung V des BMA, Ministerialdirektor *Karl Jung,* der im September 1990 vom DDR-Gesundheitsminister *Kleditzsch* zum «Beauftragten für die Errichtung einer gegliederten Krankenversicherung in der DDR» ernannt wurde,[3] eine wichtige Rolle. Im Bereich der Unfallversicherung hat der Justitiar des Hauptverbandes der Gewerblichen Berufsgenossenschaften Dr. *Albrecht Valentini* im Osten als Berater des Gemeinsamen Trägers der Sozialversicherung bzw. später der Überleitungsanstalt Sozialversicherung gewirkt.

Von der außerordentlich umfangreichen Sozialgesetzgebung der Regierung *de Maizière* können hier nur einige Bereiche, die besonders wichtig waren, näher behandelt werden.

8.1 Arbeitsrecht und soziales Arbeitsschutzrecht

Gemäß den Vorgaben des Staatsvertrages wurden in der DDR mit dem sog. Mantelgesetz vom 21. Juni 1990[4] die Grundlagen des kollektiven Arbeitsrechts der Bundesrepublik – Tarifvertragsgesetz, Betriebsverfassungsgesetz, einschließlich der Bestimmungen über die Verabschiedung von Sozialplänen, aber ohne die Sprecherausschüsse der leitenden Angestellten und mit Übergangsregelungen bis zur erstmaligen Wahl von Betriebsräten, sowie die Regelungen über die Unternehmensmitbestimmung – und das Kündigungsschutzgesetz in Kraft gesetzt. Das Gewerkschaftsgesetz der Regierung *Modrow* war schon durch den Staatsvertrag aufgehoben worden.

Im Individualarbeitsrecht und im sozialen Arbeitsschutzrecht hielt die DDR grundsätzlich an ihrem Arbeitsgesetzbuch (AGB) von 1977 fest. Allerdings wurde es mit einem Gesetz vom 22. Juni 1990[5] durch die Beseitigung dirigistischer Regelungen und administrativer Eingriffe des Staates, die am Prinzip einer sozialistischen Planwirtschaft ausgerichtet waren, zugunsten der Vertragsfreiheit und der freien Gestaltung der Arbeitsbeziehungen zum Teil grundlegend an insgesamt 173 Stellen geändert. In einigen wichtigen Punkten wich es jedoch weiter vom bundesdeutschen Arbeitsrecht ab. An der in der DDR fehlenden Unterscheidung der Arbeitnehmer in Arbeiter und Angestellte wurde festgehalten, da das modernen Arbeitsverhältnissen entsprach. Übernommen wurde von der Bundesrepublik als neuer §59a der §613a des BGB, der u.a. ein Verbot der Kündigung bei einem Betriebsübergang vorsieht, sowie die Fortzahlung von 100 Prozent – statt bisher 90 Prozent – des Nettolohns für die ersten sechs Wochen eines Krankheitsfalles durch die Unternehmen statt durch die Krankenkassen.

In einer Reihe von Bestimmungen waren die Regelungen der DDR für die Arbeitnehmer günstiger als in der Bundesrepublik.[6] Dazu zählten ein besonderer Kündigungsschutz für Wehrdienstleistende, Schwangere, für Mütter und Väter mit Kindern bis zu einem Jahr und für allein erziehende Arbeitnehmer mit Kindern bis zu drei Jahren. Auch wurde weiterhin vollbeschäftigten Frauen mit eigenem Haushalt unter bestimmten, sehr weit gespannten Bedingungen[7] monatlich ein vom Betrieb bezahlter Hausarbeitstag gewährt. Weiter galt für Mütter eine Schutzfrist von 20 Wochen – statt in der Bundesrepublik acht Wochen – nach der Geburt eines Kindes, und sie hatten sehr weitgehende Ansprüche auf Freistellung bis zum Ende des ersten Lebensjahres bzw. beim Fehlen eines Krippenplatzes bis zum Ende des dritten Lebensjahres eines Kindes. Dazu kamen großzügige Regelungen zur Freistellung für die Pflege erkrankter Kinder. Weggefallen war allerdings die bisherige Verpflichtung der Arbeitgeber, vor einer Kündigung dem Arbeitnehmer eine andere zumutbare Arbeit anzubieten. Einige Kündigungsverbote, z.B. während einer Krankheit, eines Urlaubs sowie für Rentner und Vorrentner, wurden reduziert. Die von der Regierung *Modrow* eingeführte großzügige Vorruhestandsregelung blieb jedoch bestehen.[8] In einigen Punkten waren aber auch die Regelungen in der DDR für die Arbeitnehmer ungünstiger: Die Kündigungsfrist für Angestellte war kürzer, eine Entgeltfortzahlung für Arbeitnehmer bei Kuren gab es in der DDR nur für die von der Sozialversicherung bewilligten Kuren und bei Schonungszeiten nur bei Arbeitsunfähigkeit. In der Bundesrepublik gab es eine Lohnfortzahlung für *Angestellte*, nicht für Arbeiter, auch für privat finanzierte Vorbeugungs-, Heil- und Genesungskuren und für jede ärztlich verordnete Schonungszeit. Die Zulässigkeit von Sonn- und Feiertagsarbeit war in der DDR an weniger strikte Ausnahmeregelungen gebunden.

Trotz der Beibehaltung vieler der «sozialen Errungenschaften» der DDR wurde das Gesetz, u.a. wegen der Erleichterung der Kündigungsmöglichkeiten, vor allem von der PDS, aber auch der Fraktion Bündnis 90/Grüne in der Volkskammer kritisiert.[9] Die Sprecherin der SPD, *Heidrun Dräger*, trat dafür ein, dass die im novellierten AGB abgesicherten sozialpolitischen Rechte im deutsch-deutschen Vereinigungsprozess eingebracht würden[10] und deutete damit auf ein Problem hin, das in den Verhandlungen über den Einigungsvertrag eine große Rolle spielen sollte.

In der Bundesrepublik waren die für die Arbeitnehmer günstigeren Regelungen kritisch registriert worden. Die Arbeitgeber und der sozialpolitische Sprecher der FDP, *Dieter-Julius Cronenberg*, monierten insbesondere die Übernahme des §613a des BGB, der die Privatisierung und Sanierung von Betrieben erschwere.[11] Im BMA wurde in einer Aufzeichnung vom 11. Juni 1990 befürchtet, dass es in der Bundesrepublik politische Diskussionen darüber geben werde, ob die DDR sich angesichts ihrer miserablen wirtschaftlichen Lage und der Kostenfolgen des Vereinigungsprozesses für die Bundesrepublik «die im Vergleich zur Bundesrepublik günstigeren Regelungen leisten kann. Auch dürften Bestrebungen, diese Regelungen auch bei uns einzuführen, Auftrieb bekommen. Dabei ist zu bedenken, dass diese Vorschriften durchweg mit erheblichen Kostenbelastungen für die Unternehmen verbunden sind.»[12] Allerdings hatte die Bundesrepublik aufgrund des Staatsvertrages, der die von der DDR auf dem Gebiet des individuellen Arbeitsrechts vorzunehmenden Änderungen nach *Blüm* auf das für die Währungsunion «unbedingt Notwendige» beschränkte, um nicht den Eindruck eines «Unterwerfungsvertrages»[13] entstehen zu lassen, keine rechtliche Handhabe gegenüber der DDR.

8.2 Das Arbeitsförderungsgesetz der DDR

Die Übernahme der aktiven Arbeitsmarktpolitik der Bundesrepublik zur Abfederung der sozialen Härten beim Umbruch der Wirtschaft war ein zentrales Anliegen der DDR bei den Verhandlungen zum Staatsvertrag, das sie dank der Unterstützung des BMA gegen die Bedenken des BMF durchsetzen konnte. Die dafür notwendigen Instrumentarien und Normen wurden durch das Arbeitsförderungsgesetz (AFG) der DDR vom 22. Juni 1990 geschaffen.[14] Weitgehend an das AFG der Bundesrepublik angelehnt,[15] wich es jedoch auch in wesentlichen Punkten davon ab. Diese waren erstens durch die besonderen Verhältnisse in der DDR bedingt und erfolgten meist in Übereinstimmung mit der Bundesrepublik; zweitens spiegelten einige dieser Abweichungen aber auch politische Differenzen und den Wunsch wider, für die Arbeitnehmer der DDR günstigere Regelungen als in der Bundesrepublik zu erreichen.

Zu den ersteren gehörte ein Unterschied in der Organisation, der durch das Fehlen einer der BA vergleichbaren Einrichtung bedingt war. Die Arbeitsmarktverwaltung der DDR war zwar inzwischen aus der allgemeinen Staatsverwaltung ausgegliedert worden. Sie stand jedoch für eine Übergangszeit im zweiten Halbjahr 1990 unter der direkten Leitung des MfAS,[16] das insbesondere für alle finanziellen Fragen zuständig war. An die Stelle der drittelparitätisch aus Vertretern der Arbeitnehmer, der Arbeitgeber und der öffentlichen Körperschaften gebildeten Selbstverwaltungsorgane der Arbeitsverwaltung der Bundesrepublik traten so genannte Beiräte, die bis zur Bildung entsprechender Organe den Leiter der Zentralen Arbeitsverwaltung und die Direktoren der Arbeitsämter beraten sollten.[17]

Noch wichtiger waren die in Übereinstimmung mit der Bundesrepublik vorgenommenen Abweichungen im Leistungsrecht, die durch die Massenarbeitslosigkeit bedingt waren.[18] Eine zentrale Bedeutung hatte das Kurzarbeitergeld, das bei der Versorgung eines Kindes 68 Prozent, sonst 63 Prozent des Nettolohnes für die ausgefallene Arbeitszeit betrug. Abweichend von der Bundesrepublik konnte es auch bezahlt werden, wenn die Arbeitsplätze voraussichtlich nicht erhalten werden konnten oder wenn in «Kurzarbeit Null» gar keine Arbeit geleistet wurde. Die Arbeitsverwaltung konnte unter bestimmten Bedingungen dem Arbeitgeber den Beitrag zur Renten- und Krankenversicherung voll erstatten. Auch konnten die Bezieher von Kurzarbeitergeld an Maßnahmen der Umschulung und Qualifizierung bei Zahlung eines über dem Kurzarbeitergeld liegenden Unterhaltsgeldes teilnehmen. Kurzarbeiter konnten in einer «betriebsorganisatorisch eigenständigen Einheit» zusammengefasst werden.[19] Zentrale Ziele dieser Regelungen waren es, dem Arbeitgeber ohne Eigenbelastung eine Überlegungsfrist bis zur Entscheidung, einen Arbeitnehmer zu entlassen, zu geben, die gerade erst entstehenden Arbeitsämter zu entlasten, die Personalsachbearbeiter der aufzulösenden Kombinate vorübergehend an der administrativen Bewältigung der strukturellen Arbeitslosigkeit zu beteiligen und sozial und politisch unerwünschte lange Schlangen vor den Arbeitsämtern zu vermeiden.[20] In den vier Quartalen nach Beginn der Währungsunion am 1. Juli 1990 erhielten jeweils zum Quartalsende zwischen 1,7 und 2 Millionen Arbeitnehmer Kurzarbeitergeld,[21] das damit zum zunächst wichtigsten Instrument zur Eindämmung der sozialen Konsequenzen des wirtschaftlichen Umbruchs wurde.

Eine weitere vom AFG der Bundesrepublik abweichende Regelung war die Möglichkeit, Bewerber für einen Ausbildungsplatz, die nicht individuell durch Bildungsdefizite oder sozial, sondern durch die Arbeitsmarktlage benachteiligt waren, in überbetrieblichen Einrichtungen umfassend zu fördern.[22] Auch konnten Fortbildungs- und Umschulungsmaßnahmen von Arbeitnehmern mit einem Hochschul- oder Fachhochschulabschluss an Hoch- oder Fachhochschulen unterstützt, bei Arbeitsbeschaffungsmaßnahmen unter bestimmten Umständen bis zu 100 Prozent der Lohnkosten ersetzt und die Kommunen als wesentliche Träger von ABM-Maßnahmen zugelassen werden. Arbeitslosengeld konnte im Unterschied zur Bundesrepublik ohne Sperrzeit auch dann gezahlt werden, wenn das Beschäftigungsverhältnis durch einen Aufhebungsvertrag beendet wurde. Schließlich hatten die Arbeitgeber keine Erstattungspflicht für das an langjährig beschäftigte ältere Arbeitnehmer nach ihrer Entlassung gezahlte Arbeitslosengeld.[23]

Aus der Sicht der bundesdeutschen Gewerkschaften wurden neben den erleichterten Bedingungen für den Bezug von Kurzarbeitergeld und der großzügigen Förderung der beruflichen Weiterbildung besonders die vorgesehene Mindestsicherung bei Arbeitslosigkeit in Höhe von 495 DM, die – analog zur Rentenversicherung – zur Zahlung eines Sozialzuschlags beim Arbeitslosengeld und der Arbeitslosenhilfe führen konnte, sowie die Weglassung der als einseitige Bevorzugung der Arbeitgeber bei Arbeitskämpfen angesehenen Bestimmung im § 116, Absatz 3 des bundesdeutschen AFG, die die Zahlung von Arbeitslosengeldern an die mittelbar von einem Arbeitskampf betroffenen Arbeitnehmer verbot, positiv gewertet.[24] Die Gewerkschaften monierten aber, dass die Regelungen zur Förderung der ganzjährigen Beschäftigung in der Bauwirtschaft und damit auch die Bezahlung von Schlechtwettergeld im AFG der DDR, die eine entsprechende Regelung offenbar noch vor der Winterpause nachschieben wollte, nicht aufgenommen worden waren.[25]

Das BMA sah in der ohne Bedürfnisprüfung gewährten Mindestsicherung, die – im Unterschied zum Sozialzuschlag in der Rentenversicherung – nicht mit der Bundesrepublik vereinbart worden war, einen Widerspruch zum Lohnersatzprinzip der Arbeitslosenversicherung. Sie würde zudem den Betroffenen mit niedrigen Löhnen jeden Anreiz zur Arbeit nehmen.[26] Das BMA lehnte unter Verweis auf die Sozialhilfe daher die Regelung grundsätzlich ab. Es konnte sich damit aber ebenso wenig durchsetzen wie mit seiner massiven Kritik an der Streichung des Verbots der Bezahlung von Arbeitslosengeld an mittelbar von einem Streik betroffene Arbeitnehmer.[27] Ein entsprechender Antrag wurde von den ostdeutschen Sozialdemokraten in der Volkskammer handstreichartig kurz vor der Schlussabstimmung über das Gesetz eingebracht und mit 105 gegen 87 Stimmen bei zehn Enthaltungen angenommen. Die bundesdeutschen Gewerkschaften haben bei den Verhandlungen über den Einigungsvertrag durch intensive Interventionen beim Ministerpräsidenten *de Maizière*, bei der Ministerin *Hildebrandt*, dem Verhandlungsführer der DDR beim Staatsvertrag und beim Einigungsvertrag, *Günther Krause*, und den Vorsitzenden der Fraktionen der DDR-Regierungskoalition vergeblich versucht, diese für sie günstigere Regelung zu erhalten.[28] *Krause* monierte in einem Brief an den für die Sozialpolitik verantwortlichen Verhandlungsführer der DDR, den Sozialdemokraten *Alwin Ziel*, dass in §119 des Gesetzes die Wendung «Lösung des Beschäftigungsverhältnisses» durch die Formulierung «Kündigung des Beschäftigungsverhältnisses» ersetzt wurde und damit letztlich die Möglichkeit von einverständlichen Vertragsauflösungen zu Lasten der Arbeitslosenversicherung und damit von Leistungsmissbrauch eröffnet werde. Weiter kritisierte er die Regelung, dass auch die mittelbar von einem Arbeitskampf betroffenen Arbeitnehmer Kurzarbeitergeld und Arbeitslosengeld erhalten sollten, wie die Veränderung des §119 als entscheidende Abweichungen «von der gesetzlichen Regelung in der Bundesrepublik» und als «einen eindeutigen Verstoß gegen den Staatsvertrag».[29]

Bei aller grundsätzlichen Kritik des BMA an der Mindestsicherung für Arbeitslose und der Entschärfung des §116 des AFG in der DDR hat *Blüm* jedoch die Sonderbestimmungen zur Arbeitsförderung, insbesondere die Kurzarbeiterregelung, für die sich «auch die Arbeitgeberseite nachhaltig eingesetzt» hätte, mit Nachdruck gegenüber *Cronenberg* verteidigt. «Der nahezu übergangslose Wechsel von der Planwirtschaft in die Soziale Marktwirtschaft» sei ein «einmaliger wirtschafts- und gesellschaftspolitischer Vorgang», so dass die Ausnahmeregelungen im

AFG der DDR keine «Präjudizwirkungen» haben würden. Angesichts der großen Chancen, aber auch der vielen Risiken der Währungs-, Wirtschafts- und Sozialunion, sei es die Aufgabe der Politik, die «Risiken, insbesondere im Interesse der betroffenen Menschen in der DDR, nach Möglichkeit zu minimieren».[30] Insbesondere sollte auch die berufliche Weiterbildung gefördert und dafür eine pluralistische Trägerlandschaft von Bildungseinrichtungen in der DDR in Kooperation mit Bildungsträgern aus der Bundesrepublik aufgebaut werden.[31]

Die Arbeitsmarktpolitik war eines der wenigen Politikfelder, in denen versucht wurde, der kritischen wirtschaftlichen Situation der neuen Bundesländer durch Weiterentwicklung der vorhandenen Institutionen und Normen gerecht zu werden und dabei auch neue Lösungen zur Dämpfung der Massenarbeitslosigkeit zu suchen.[32]

Zur Anwendung der mit dem Gesetz geschaffenen Instrumentarien war allerdings der Aufbau einer effektiven Arbeitsmarktverwaltung, die in kürzester Zeit gleichsam aus dem Boden gestampft werden musste, notwendig.[33] Von den 3600 Mitarbeitern der früheren Ämter für Arbeit konnten wegen politischer Belastung nicht alle übernommen werden. Bis zum 1. Juli 1990, als das AFG der DDR in Kraft trat, wurden 4000 Mitarbeiter neu eingestellt. Ende 1991 verfügten die Arbeitsämter der neuen Bundesländer über 25 000 Beschäftigte, die sich in völlig neue Aufgaben und Rechtsverhältnisse unter häufig unzureichenden räumlichen und technischen Bedingungen einarbeiten und allein 1991 eine Flut von 2,7 Millionen Anträgen auf Lohnersatzleistungen – im Durchschnitt je Amt fast dreimal soviel wie im Westen – bearbeiten mussten. Dabei haben die Arbeitsämter im Osten angesichts der Arbeitsüberlastung nach dem Grundsatz «Zügigkeit vor Genauigkeit» gehandelt und waren bis an die Grenze des «rechtlich Vertretbaren» bemüht, «vom Gesetzgeber nicht ausdrücklich aufgelöste Spannungen zwischen westlicher Norm und östlicher Wirklichkeit durch sinnvolle Auslegung zu mildern.»[34] Während generell in der DDR – mit Ausnahme der Bauwirtschaft und einigen Bereichen des Dienstleistungssektors – ein massiver Abbau von Arbeitsplätzen zur Steigerung der Wettbewerbsfähigkeit der Wirtschaft und zur Reduzierung der Kosten der staatlichen und kommunalen Verwaltungen notwendig war, bestand für die Arbeitsverwaltung – wie auch für die Sozialversicherung – wegen der Fülle neuer Aufgaben und der Dichte der neuen Regelungen ein großer Bedarf an schnell anzulernenden zusätzlichen Arbeitskräften.

8.3 Die Neuordnung des Systems der sozialen Sicherung

Die entscheidende Grundlage des Systems der sozialen Sicherung war in der DDR noch viel eindeutiger als in der Bundesrepublik die Sozialversicherung. Die Grundsätze für deren Reform waren durch den Staatsvertrag vom 18. Mai 1990 vorgegeben, der allerdings in der konkreten Ausgestaltung der DDR einen erheblichen eigenen Gestaltungsspielraum ließ. Eine «erste Stufe der Angleichung»[35] wurde durch das von einer Arbeitsgruppe mit fünf Mitgliedern in vier Wochen unter maßgeblicher Mitwirkung von *Martin Ammermüller* entworfene Sozialversicherungsgesetz (SVG) der DDR vom 28. Juni 1990[36] vollzogen. Die DDR hatte sich dabei bewusst gegen eine bloße Übernahme der bundesdeutschen Gesetze entschieden, da eine «radikale, umfassende Angleichung an das Sozialversicherungsrecht der Bundesrepublik die Erbringung von Leistungen in diesem für die Bürger sensiblen Bereich» gefährdet hätte und zudem die Anwendung bundesdeutschen Rechts in der Praxis ohne eine längere Vorbereitungszeit, z. B. für die Schulung der Mitarbeiter der Versicherungen, kaum möglich gewesen wäre.[37]

In der vorgesehenen schrittweisen Anpassung der Organisationsstruktur an die der Sozialversicherung der Bundesrepublik wurden die bisherige Sozialversicherung der Arbeiter und Angestellten und die Sozialversicherung bei der Staatlichen Versicherung der DDR in einem einheitlichen Träger der Kranken-, Renten- und Unfallversicherung zusammengeführt. Damit entfielen auch die bisherigen Leitungsbefugnisse des FDGB, der Gewerkschaften und der Betriebsgewerkschaftsorganisationen in der Sozialversicherung der Arbeiter und Angestellten. Für die Einnahmen und Ausgaben wurde – abweichend von der bisherigen Praxis – eine getrennte Abrechnung nach Versicherungszweigen vorgesehen.[38] Für bestimmte Leistungen, die über die in der Bundesrepublik vorgesehenen Leistungen in den Sozialversicherungen hinausgingen – wie z. B. Teile der Unterstützung zur Pflege erkrankter Kinder, die monatliche Unterstützung zur Betreuung schwerstgeschädigter Kinder in Höhe von 200 DM, die verlängerte Zahlung eines Wochengeldes nach der Geburt eines Kindes und die Mutterunterstützung im sog. Babyjahr in der Krankenversicherung sowie die Kriegsbeschädigtenrente, das Pflegegeld, das Blindengeld und das Sonderpflegegeld in der Rentenversicherung –, wurde ein Anspruch auf Erstattung durch den Staatshaushalt verankert.[39]

Bis zu der zum 1. Januar 1991 vorgesehenen Schaffung eigenständiger Versicherungsträger für die einzelnen Versicherungszweige mit Selbstverwaltungsorganen, über deren Wahl und Aufgaben im Gesetz aber noch nichts gesagt wurde, trug der Minister für Arbeit und Soziales die Verantwortung für die Sozialversicherung und der Minister für Gesundheitswesen diejenige für die Krankenversicherung.[40]

Für die Finanzierung wurde die Sozialversicherung aus dem Staatshaushalt gelöst. Die Ausgaben sollten wesentlich durch Beiträge der Versicherten und der Arbeitgeber für die Renten- und Krankenversicherung und durch eine Unfallumlage der Arbeitgeber[41] in der Unfallversicherung aufgebracht werden. Für die Rentenversicherung, für die im zweiten Halbjahr 1990 noch ein fester Betrag im Staatshaushalt zur Deckung des Defizits zwischen Einnahmen und Ausgaben ausgewiesen worden war, wurde ab 1991 ein Staatszuschuss von 18,8 Prozent vorgesehen. Die Beiträge zur Rentenversicherung betrugen – wie in der Bundesrepublik – 18,7 Prozent und ab 1. April 1991 17,7 Prozent. Die Krankenversicherungsbeiträge wurden – abweichend von der unterschiedlichen Beitragshöhe der Kassen der GKV in der Bundesrepublik – einheitlich auf 12,8 Prozent, den durchschnittlichen Beitragssatz zur Krankenversicherung in der Bundesrepublik, festgelegt. Ein Staatszuschuss wurde trotz des zu erwartenden Finanzierungsdefizits ausdrücklich nicht vorgesehen, was vom DDR-Minister für Gesundheitswesen *Kleditzsch* scharf kritisiert wurde.[42]

Kennzeichnend war die unveränderte Beibehaltung der bisherigen Leistungen, der Verzicht auf Selbstbeteiligung bei den Sachleistungen der Krankenversicherung, die starke Erhöhung der Versicherungsbeiträge durch die Anhebung der bisherigen Beitragsbemessungsgrenze von 600 DM auf 2700 DM in der Rentenversicherung und 2025 DM in der Krankenversicherung, die zu einer Minderung des Nettolohnes führen konnte, sowie die im Vergleich zur Bundesrepublik sehr umfassende Sozialversicherungspflicht. Die Möglichkeit zur Befreiung von der Sozialversicherungspflicht in der GKV und der GRV war z. B. nur für Selbständige – außer Landwirten und in der Rentenversicherung auch außer Handwerkern und freiberuflichen Künstlern – gegeben, die innerhalb von fünf Jahren nach der erstmaligen Aufnahme einer selbständigen Tätigkeit beim Versicherungsträger einen entsprechenden Antrag stellten und dabei nachweisen konnten, dass sie für sich und ihre Familienangehörigen einen Anspruch auf gleichwertige Leistungen aus einer anderen Versicherung hatten.[43] Gesundheitsminister *Kleditzsch*, der sich bei seiner Ministerkollegin *Hildebrandt* über die drastische Einschränkung der Möglichkeit privater Krankenversicherung beschwerte, erhielt von dieser den Bescheid, dass eine Erweiterung der Befreiungsmöglichkeiten wegen des zu erwartenden hohen Finanzierungsdefizits verhängnisvoll sei und ja in jedem Fall der Abschluss einer zusätzlichen Privatversicherung möglich sei.[44]

Vom BMA wurde neben den eingeschränkten Möglichkeiten zur Befreiung von der Sozialversicherungspflicht vor allem moniert, dass die im Staatsvertrag vorgesehene Schließung der Zusatz- und Sonderversorgungssysteme nicht umgesetzt worden war und dass «Vorschriften über die aus Sicht der Rentenversicherung unverzichtbare» Erstattung der Aufwendungen für überführte Ansprüche und Anwartschaften aus diesen Systemen durch den Staat fehlten. Weiter wurde kritisiert, dass unter den neuen Leistungen der Rentenversicherung nur die medizinische, nicht aber auch die berufsfördernde Rehabilitation vorgesehen worden war.[45]

Von noch größerer Bedeutung als das SVG, das die übergreifenden Aspekte des neuen Sozialversicherungsrechts betraf, war für die Betroffenen das Rentenangleichungsgesetz der DDR vom 28. Juni 1990.[46] Es regelte neben dem Rentenexport, dessen Grundsätze bereits im Staatsvertrag festgelegt worden waren, die Angleichung des Rentenniveaus an das der Bundesrepublik und die Schließung und Überführung der Zusatzversorgungssysteme in die allgemeine gesetzliche Rentenversicherung. Die Bestimmungen der DDR über die Gewährung von Renten und die Anerkennung von Versicherungsjahren blieben mit wenigen Ausnahmen bestehen. Die Renten selbst wurden in einer nachgeholten Dynamisierung meist erheblich erhöht. Ein sog. Eckrentner mit 45 Arbeitsjahren und einem jeweiligen Durchschnittsverdienst erhielt nun 70 Prozent des auf 960 DM festgelegten Nettodurchschnittsverdienstes, also 672 DM.[47] Das bedeutete für Rentner, die 1970 oder früher – also vor der Einführung der FZR – in Rente gegangen waren, eine Erhöhung von 202 DM gegenüber der bisher gezahlten Rente von 470 Mark. Die Höhe der Renten in der Pflichtversicherung war, da Unterlagen für die Zeit bis 1970 fehlten, allein von der Zahl der angerechneten Arbeitsjahre, nicht von der unterschiedlichen Einkommenshöhe im Erwerbsleben abhängig. Für Rentenzugänge ab 1971 ergab sich bei der Mehrheit der Rentner eine Differenzierung auch nach den persönlichen Durchschnittsverdiensten in den letzten 20 Jahren aufgrund der auf unterschiedlichen Beiträgen und Leistungen beruhenden Renten der FZR.[48] Es war eine der Schwächen des DDR-Rentensystems gewesen, dass eine aus dem Verdienst von 20 oder zehn Jahren abgeleitete Rente wegen der seitdem eingetretenen Lohnerhöhungen nicht mit einer aus dem Verdienst der letzten Jahre abgeleiteten Rente vergleichbar war und ältere Rentner – sofern sie nicht eine weitere Rente aus einem Zusatzversorgungssystem bezogen – auf die Mindestrenten angewiesen waren. Durch die im Gesetz vorgenommene Aktualisierung der Vergleichswerte erhielten also vor allem Rentner mit einem frühen Zugangsjahr ihrer Renten und einer langen Versicherungsdauer eine besonders starke Steigerung ihrer Renten. Diese lag bei einem Eckrentner mit dem Rentenzugangsjahr 1970 oder früher bei 42,98 Prozent, beim Zugangsjahr 1990 dagegen bei nur 11,63 Prozent.[49] Keine Erhöhungen ergaben sich bei den Rentenzugangsjahren 1970 bzw. 1990 bei Rentnern, die weniger als 24 bzw. 37 Versicherungsjahre aufzuweisen hatten. Allerdings wurde aus Gründen des Vertrauensschutzes die Weiterzahlung der bisherigen Rente in mindestens der gleichen Höhe zugesichert.

Eine relativ großzügige Regelung wurde für Hinterbliebenenrenten getroffen. Während die als zweite Leistung neben einer eigenen, höheren Rente gezahlte Witwen- oder Witwerrente von 50 Mark auf 90 DM erhöht wurde, wurde bei der aus der angeglichenen Rente des Verstorbenen abgeleiteten Hinterbliebenenrente vom Jahr des Beginns der Hinterbliebenenrente und von 45 Arbeitsjahren des Verstorbenen ausgegangen, sofern nicht ein früherer Zeitpunkt des Todes oder eine höhere Zahl von Arbeitsjahren nachgewiesen werden konnten.[50] Diese mit dem Fehlen entsprechender Unterlagen begründete Regelung war vor allem für Witwen, deren Männer jung gestorben waren, außerordentlich günstig.

Eine wesentliche Verbesserung ihrer materiellen Lage erfuhren auch die in der DDR schlecht behandelten Kriegsbeschädigten, zu denen erstmals auch die durch unmittelbare Kriegseinwirkungen beschädigten Zivilpersonen gerechnet wurden. Bisher hatten Kriegsbeschädigte mit einem Körperschaden von mindesten 66 2/3 Prozent eine Rente von 470 Mark erhalten. Die Höhe der Renten in der Pflichtversicherung war, da Unterlagen für die Zeit bis 1970 fehlten, allein von der Zahl der angerechneten Arbeitsjahre, nicht von der unterschiedlichen Einkommenshöhe im Erwerbsleben abhängig. Sie wurde nun pauschal auf 672 DM angehoben. Zusätzliches Einkommen wurde zur Hälfte auf die Kriegsbeschädigtenrente, die aber mindestens 150 DM betragen sollte, angerechnet. Diese Rente, die etwa mit der Grundrente nach dem Bundesversorgungsgesetz zu vergleichen war,[51] wurde auch gezahlt, wenn an die Stelle der Kriegsbeschädigtenrente eine höhere Alters- oder Invalidenrente trat.

Das Gesetz sah weiter vor, dass Alters- und Invalidenrentner, Unfallrentner oder die Empfänger einer vollen Witwen-(Witwer-)Rente einen Sozialzuschlag erhielten, sofern ihre Rente unter 495 DM lag. Dieser Sozialzuschlag, der maximal 165 DM betrug (ausgehend von der niedrigsten DDR-Mindestrente von 330 Mark), wurde unabhängig von sonstigen Einkünften der Rentner und der Einkommen oder Renten der Ehepartner bezahlt und musste aus öffentlichen Mitteln erstattet werden. Allerdings wurde bei der Berechnung der Höhe des Sozialzuschlages auch die als zweite Leistung gezahlte Witwen-(Witwer-)Rente von 90 Mark berücksichtigt.[52] Der Sozialzuschlag, mit dem faktisch eine Mindestrente festgelegt wurde, wurde nicht abgeschmolzen, aber – entgegen den Wünschen der DDR – auch nicht dynamisiert. Im Übrigen wurden regelmäßige Anpassungen der Renten an die Entwicklung der Nettolöhne und -gehälter in der DDR vorgesehen. Tatsächlich wurden die Renten zum 1. Januar 1991 und zum 1. Juli 1991 um jeweils 15 Prozent stark erhöht.

In der Unfallversicherung wurde bei den Bestandsrenten von dem für 1990 auf monatlich 1140 DM festgelegten Brutto-Durchschnittsarbeitsverdienst ausgegangen, von dem bei einem Körperschaden von 100 Prozent 2/3, also 760 DM Rente, gezahlt wurden. Hinzu trat ein Kinderzuschlag von 10 Prozent und – was vom BMA als Abweichung vom bundesdeutschen Leistungsrecht kritisiert wurde[53] – ein Ehegattenzuschlag in der unverminderten Höhe von 200 DM. Allerdings durfte die Rente einschließlich der Zuschläge 85 Prozent des maßgeblichen Bruttoarbeitsverdienstes nicht überschreiten.[54] Abweichend von dieser Nivellierung der Bestandsrenten wurden die neu zugehenden Renten in der Unfallversicherung nach dem Durchschnittsverdienst des letzten Jahres bei einer Beitragsbemessungsgrenze von 2700 Mark auch für den Zeitraum vor dem 1. Juli 1990 festgesetzt.[55] Die Zugangsrenten konnten also höher oder niedriger als die Bestandsrenten liegen.

Das wohl schwierigste Problem der Rentenangleichung war die im Staatsvertrag vorgesehene Schließung der Zusatz- und Sonderversorgungssysteme und die Überführung der in ihnen erworbenen Ansprüche und Anwartschaften in die Rentenversicherung. Zur Vorbereitung des Gesetzes wurden im MfAS der DDR umfangreiche Untersuchungen über die Anzahl der Versorgungsberechtigten und die Höhe der an sie gezahlten Leistungen vorgenommen.[56] Tatsächlich hat die DDR jedoch mit dem Gesetz nur die bestehenden Zusatzversorgungssysteme mit Wirkung vom 30. Juni 1990 geschlossen. Die Renten aus den zusätzlichen Versorgungen sollten bis zur ihrer Überführung in die Rentenversicherung grundsätzlich in unveränderter Höhe weitergezahlt werden. Allerdings wurde festgelegt, dass die zusätzlichen Renten für Personen, die etwa als hauptamtliche Mitarbeiter der Parteien, der gesellschaftlichen Organisationen und des Staatsapparats oder als Generaldirektoren der zentral geleiteten Kombinate bzw. als ihnen gleichgestellte Leiter zentraler Wirtschaftsorgane beschäftigt gewesen waren, auf höchstens 1500 DM begrenzt wurden.[57] Daneben hatten sie aber weiter den Anspruch auf eine Rente aus der normalen Pflichtversicherung. Die Grenze von 1500 DM galt auch für die Mitglieder der Sonderversorgungssysteme der Armee, der Polizei und des Zolldienstes, die aber, da sie der Pflichtversicherung nicht angeschlossen worden waren, keine zusätzliche Sozialversicherungsrente erhielten.[58] Diese Sonderversorgungssysteme blieben zunächst weiter bestehen.

Für die hauptamtlichen Mitarbeiter des Ministeriums für Staatssicherheit, deren Versorgungssystem zum 30. Juni 1990 geschlossen wurde, wurden in einem gesonderten Gesetz[59] die Alters- und Invalidenrenten um 50 Prozent des 495 DM übersteigenden Betrages gekürzt und auf höchstens 990 DM – die Regierung hatte zunächst 1200 DM vorgesehen[60] – begrenzt. Alle durch die Überführung der Zusatz- und Sonderversorgungssysteme entstehenden Mehraufwendungen mussten der Rentenversicherung aus dem Staatshaushalt erstattet werden.

Ehrenpensionen für «Kämpfer gegen den Faschismus» in Höhe von monatlich 1700 DM und für «Verfolgte des Faschismus» in Höhe von 1400 DM sowie die Leistungen an deren Hinterbliebene wurden in der bisherigen Höhe weitergezahlt. Die Zahlung von Zuschlägen an ehemalige Angehörige der Kampftruppen, die in Höhe von monatlich 100 DM vor allem aufgrund 25-jähriger Zugehörigkeit zu den Betriebskampfgruppen gewährt worden war, wurde eingestellt; auf die rund 1200 Ehrenrenten und Ehrenpensionen des Ministerrates mussten Erhöhungen der Renten aufgrund der Rentenangleichung und späterer Rentenanpassungen zur Hälfte angerechnet werden, so dass sie abgeschmolzen wurden.[61]

Als Ergebnis der Rentenangleichung rechnete Staatssekretär *Ziel* mit Mehrkosten von 3,2 Milliarden DM im zweiten Halbjahr 1990 und – ohne Berücksichtigung weiterer Rentenanpassungen – mit der doppelten Summe für 1991.[62] Für die Rentner bedeutete die Angleichung, dass etwa

2,24 Millionen oder 78 Prozent der 2,89 Millionen Versichertenrenten um durchschnittlich 141 DM wesentlich angehoben wurden. Die Witwenrenten erhöhten sich durchschnittlich um 143 DM. Die Unfallrenten stiegen um durchschnittlich 101 DM.[63] Etwa 674 000 Rentner – darunter 640 000 Frauen und nur 34 000 Männer – erhielten zu ihrer Rente einen Sozialzuschlag von durchschnittlich 87 DM. Insgesamt wurden die Renten um durchschnittlich 30 Prozent erhöht.[64]

Das DDR-System der sozialen Sicherung wurde schließlich durch das Sozialhilfegesetz vom 21. Juni 1990,[65] mit dem eine von einer Prüfung der Bedürftigkeit abhängige Grundsicherung geschaffen wurde, ergänzt. In Weiterführung der vierten Sozialfürsorgeverordnung der Regierung *Modrow* vom 8. März 1990 gab das Gesetz einen klaren Rechtsanspruch auf staatliche Hilfe in Notlagen. Diese sollte in Übernahme einer Formulierung aus dem Bundessozialhilfegesetz von 1961 dem Empfänger der Hilfe ermöglichen, «ein Leben zu führen, das der Würde des Menschen entspricht».[66] In der DDR, die auch deshalb so nachdrücklich auf einer Mindestsicherung in der Renten- und Arbeitslosenversicherung bestand, waren die Bezieher von Fürsorgeleistungen vorher weitgehend als Almosenempfänger diskreditiert worden, so dass die Sozialhilfe erhebliche Vorurteile überwinden musste. Im Unterschied zum Bundessozialhilfegesetz der Bundesrepublik von 1961, an das sich das Gesetz eng anlehnte, gab es weniger Arten der Hilfe und eine geringere Regelungsdichte für die Träger der Sozialhilfe, unter denen neben staatlichen und kommunalen Einrichtungen auch Freie Wohlfahrtsverbände aufgeführt wurden. Die Höhe der Regelsätze sollte «unter Berücksichtigung der tatsächlichen Lebenshaltungskosten vom Ministerium für Familie und Frauen im Einvernehmen mit dem Ministerium der Finanzen» (§ 20) festgesetzt werden. In einer Durchführungsbestimmung zum Gesetz wurde der Regelsatz für den Haushaltsvorstand auf 400 DM festgelegt.[67] Die Leistungen für sonstige erwachsene Familienangehörige lagen bei 80 Prozent, für Kinder je nach dem Lebensalter zwischen 50 und 90 Prozent der Leistungen an den Haushaltsvorstand.[68] Abweichend vom Bundessozialhilfegesetz wurde unter «Hilfe in besonderen Lebenslagen» auch die Krankenhilfe und die Hilfe zur Pflege in Einrichtungen – vor allem Alten- und Pflegeheimen – geregelt. Ähnlich wie in der Bundesrepublik waren die nächsten Angehörigen zum Unterhalt verpflichtet, mussten Empfänger von Sozialhilfe ihre eigenen und familiären Einkommens- und Vermögensverhältnisse offen legen und eine ihnen angebotene, zumutbare Arbeit annehmen.

Die Sozialhilfe hat in der DDR und den neuen Bundesländern zunächst eine erheblich geringere Rolle als in der Bundesrepublik gespielt. Das hing neben der hohen Erwerbsquote in der DDR und den auf der Erwerbstätigkeit beruhenden Rentenansprüchen auch damit zusammen, dass es einige Zeit brauchte, ehe eine flächendeckende Organisation aufgebaut wurde. Die Sozialämter und überörtlichen Träger der Sozialhilfe und die Organisationen der Freien Wohlfahrtspflege, die nur im kirchlichen Bereich und in der Volkssolidarität an Organisationen der DDR anknüpfen konnten, und ihr Personal mussten sich zudem mit dem schwierigen, auf den Einzelfall abzustellenden Sozialhilferecht vertraut machen.[69]

8.4 Der Beginn der Umgestaltung des Gesundheitswesens und des Aufbaus einer gegliederten Krankenversicherung

Der Staatsvertrag vom 18. Mai 1990 sah die «schrittweise Veränderung der medizinischen Versorgung der DDR» in Richtung des Versorgungsangebots der Bundesrepublik, die Angleichung des Krankenversicherungsrechts der DDR an das der Bundesrepublik sowie Gesetze zum Aufbau der vertraglichen und vergütungsrechtlichen Beziehungen zwischen den Trägern der Krankenversicherung und den Leistungserbringern vor. In einem Brief an den Vorsitzenden des Hartmannbundes, Dr. *Hans-Jürgen Thomas*, schrieb *Blüm*, dass zwar die «Notwendigkeit einer grundlegenden Reform des Gesundheitswesens der DDR [...] unbestritten» sei, dass aber wegen der «grundlegenden Unterschiede [...] zwischen den Gesundheitssystemen der beiden deutschen Staaten» die Anpassung nur «schrittweise» vorgenommen werden könne. Die Befürchtung des Hartmannbundes, dass «die vorläufige Fortführung bestimmter Versorgungseinrichtungen in der DDR auf Dauer beibehalten» werde, teile er jedoch nicht. Die notwendigen Angleichungen sollten im Interesse einer einheitlichen Sozialordnung in Deutschland nach seiner Auffassung «so zügig wie möglich vollzogen werden».[70]

Allerdings ging man zunächst von einer längeren Übergangszeit aus, in der zur Sicherstellung der ärztlichen Versorgung das System der ambulanten Versorgung der DDR über Polikliniken, Ambulatorien und betriebliche Gesundheitseinrichtungen noch erhalten werden sollte. Die sozialdemokratische Opposition wollte darüber hinaus nicht nur die wesentlichen «sozialen Errungenschaften» des DDR-Gesundheitswesens bewahren, sondern hoffte auch, dass diese als Modell für die Reform des bundesdeutschen Systems dienen würden. Sie forderte unter anderem die Einebnung der Differenzen zwischen Angestellten und Arbeitern in der GKV, die Einbeziehung der noch zu schaffenden Beamten in der DDR in die gesetzliche Sozialversicherung, die «obligatorische» Übertragung der ambulanten Gesundheitseinrichtungen in die Trägerschaft der Kassen sowie eine Ärztebedarfsplanung in der Hand der Krankenkassen. Ferner sollten die Positivliste für Arzneimittel[71] sowie die Beschränkung der Ärzte auf bestimmte Arzneimittel erhalten bleiben. Auch der AOK-Bundesverband bewertete die Polikliniken und Ambulatorien als «ausbaufähige Ansätze» und vertrat die Auffassung, dass die Niederlassung von Ärzten erst ein «dritter Schritt der Anpassung» sein sollte.[72]

Wenig später legte das BMA in Gemeinschaft mit dem DDR-Ministerium für Gesundheit den Entwurf einer Verordnung vor, nach dem der Auftrag zur Sicherstellung der ärztlichen Versorgung zwischen niedergelassenen Ärzten und poliklinischen Einrichtungen geteilt werden sollte und Niederlassungen abzulehnen seien, wenn eine angemessene ärztliche Versorgung gewährleistet war. Mit der Bedarfsplanung sollte die weitere Existenz der kommunalen, staatlichen und betrieblichen Gesundheitseinrichtungen, denen eine pauschale Vergütung in Aussicht gestellt wurde, gesichert werden. Die Zulassung zum Kassenarzt sollte zudem auf Ärzte mit ständigem Wohnsitz in der DDR beschränkt sein. Außerdem sollte zur Kostendämpfung ein Verzeichnis der kostenlos verordnungsfähigen Arzneimittel erstellt werden und in gewissen Fällen sollten Festpreise für Arzneimittel verfügt werden können.[73] Der Verordnungsentwurf, der auch von den meisten Gesundheitspolitikern der CDU/CSU abgelehnt wurde, traf auf einen Sturm der Entrüstung besonders in der FDP, die viele Ärzte zu ihrer Klientel zählte und sich vehement für die Interessen der westdeutschen Ärzte einsetzte. Auch die Bundesärztekammer, die Kassenärztliche Bundesvereinigung, der Verband der Angestellten-Krankenkassen, die Verbände der pharmazeutischen Industrie und der Apotheker lehnten den Entwurf, der schließlich zurückgezogen werden musste, scharf ab.[74]

Tatsächlich sind dann bereits in der Zeit der Regierung *de Maizière* die entscheidenden Weichenstellungen zur grundlegenden Umgestaltung des Gesundheitswesens der DDR erfolgt. Am 12./13. Mai 1990 wurde auf einer Klausurtagung in Bad Honnef[75] eine gemeinsame Gesundheitskommission der Bundesrepublik und der DDR unter dem Vorsitz von Dr. *Horst Schönfelder*, dem Staatssekretär im Ministerium für Gesundheitswesen der DDR, und *Werner Chory*, dem Staatssekretär im

BMJFFG, gebildet. Als Aufgabe der Kommission und ihrer elf Arbeitsgruppen, zu denen auch Vertreter der Bundesländer und der Bezirke der DDR eingeladen werden sollten, wurde die Schaffung eines einheitlichen Gesundheitswesens genannt.[76] Daneben wurden vom BMA und dem Minister für Gesundheitswesen der DDR weitere acht Arbeitsgruppen zu den Aufgabengebieten «Gesetzliche Krankenversicherung/Gesundheitliche Versorgung» gebildet,[77] und es wurden die Spitzenverbände der GKV, des Bundesversicherungsamtes und des Verbandes der Privaten Krankenversicherung eingeladen, im Rahmen der «Arbeitsgruppe Sozialunion mit der DDR»[78] die DDR bei der Gesetzgebung im Gesundheitsbereich und im Aufbau der gegliederten Krankenversicherung intensiv zu unterstützen.

Beim Aufbau des Krankenversicherungssystems war kontrovers, ob zunächst eine Basiskrankenversicherung mit regionaler Gliederung geschaffen werden sollte, die erst später – nach einer Reform der Krankenversicherungsstruktur und der Einführung eines Risikostrukturausgleiches zwischen den einzelnen Kassenarten – durch eine am bundesdeutschen Vorbild ausgerichtete gegliederte Krankenversicherung ersetzt werden sollte. Das war der von der Sozialdemokratie und den Gewerkschaften unterstützte Standpunkt des AOK-Bundesvorstandes,[79] der sich damit jedoch nicht gegen den Widerstand der Arbeitgeber, der Ersatzkassen, der Betriebs- und Innungskassen, der FDP und Teilen der CDU/CSU[80] durchsetzen konnte. Das Krankenkassen-Errichtungsgesetz der DDR vom 13. September 1990[81] sah zwar die Errichtung einer AOK in jedem Bezirk der DDR vor und behielt den im Sozialversicherungsgesetz verankerten einheitlichen Beitragssatz von 12,8 Prozent für alle Mitglieder der Krankenkassen vorläufig bei. Es erlaubte aber auch den Aufbau anderer Kassen, die sich im scharfen Wettbewerb untereinander auf die DDR bzw. die neuen Bundesländer ausdehnten.

In der Organisation des Gesundheitswesens wurde schließlich in einem Krankenkassen-Vertragsgesetz der DDR vom 13. September 1990[82] auf die zunächst vom BMA gewünschte Planung des ambulanten Bedarfs verzichtet und die Förderung der Niederlassung von Ärzten in freier Praxis verankert. Mit der aus dem Einigungsvertrag vom 31. August 1990 übernommenen Begrenzung der Zulassung der Polikliniken und Ambulatorien bis zum 31. Dezember 1995 waren diese, obwohl die Befristung später aufgehoben wurde, faktisch zum Tode verurteilt. Obwohl sich das BMA zunächst gegen die Schließung der ambulanten Einrichtungen und die generelle Kündigung von in ihnen beschäftigten Ärzten, Zahnärzten,

Schwestern und anderem Personal wandte[83] und sich dafür einsetzte, dass die Polikliniken und Ambulatorien Abschlagszahlungen in Höhe des auf die gesetzliche Krankenversicherung entfallenden Kostenanteils erhielten,[84] ließ sich ihre Auflösung nicht aufhalten. Bereits im April 1991 überstieg die Zahl der niedergelassenen Ärzte die der Ärzte in poliklinischen Einrichtungen, die Ende 1994 schließlich nur noch drei Prozent aller ambulant tätigen Ärzte ausmachte.[85] Die Neuordnung des Gesundheitswesens der DDR wurde durch ein Krankenhausfinanzierungsgesetz vom 30. August 1990[86] und die Errichtung von Gesundheitsämtern[87] sowie von Ärztekammern und Kassenärztlichen Vereinigungen[88] als Selbstverwaltungsorganen der Ärzteschaft abgeschlossen.

Kennzeichnend für die Gesundheitspolitik und Gesundheitsgesetzgebung der Regierung *de Maizière* war der starke Einfluss der FDP und der massive Druck, der von den ärztlichen Standesorganisationen, den meisten Spitzenverbänden der GKV und den Verbänden der betroffenen Interessen[89] ausgeübt wurde. Sie haben vor allem bewirkt, dass die von vielen Experten und starken politischen und sozialen Kräften vertretene Vorstellung, mit der Vereinigung eine Reform des deutschen Gesundheitswesens und der Struktur des Krankenkassensystems zu verbinden und dabei auch einzelne Elemente des DDR-Gesundheitswesens – wie die enge Verzahnung ambulanter und stationärer Versorgung und die stärkere Berücksichtigung der Prävention von Krankheiten – aufzunehmen, nie eine realistische Chance auf Verwirklichung hatte. Die Vorbereitung der Gesetzgebung zum Umbau des Gesundheitswesens der DDR überschnitt sich teilweise mit den parallelen Verhandlungen zum Einigungsvertrag, der nach dem nur in begrenztem Umfang in den Vertrag übernommenen Vorstellungen von *Kleditzsch* ein eigenes Kapitel über das Gesundheitswesen und die Krankenversicherung enthalten sollte.[90]

9. Der Einigungsvertrag

9.1 Ablauf und Grundprobleme der Verhandlungen

Die Vorarbeiten für den Einigungsvertrag hatten im BMI schon im Februar 1990 begonnen[1] und waren noch vor der Ratifizierung des Staatsvertrages intensiviert worden. Nach Auffassung von Bundesinnenminister *Wolfgang Schäuble*, der die bundesdeutsche Verhandlungsdelegation straff leitete, war es Aufgabe der DDR, die ja die Vereinigung wünschte, ihre Vorstellungen über die Modalitäten des Beitritts der DDR zur Bundesrepublik zu entwickeln. Deshalb, aber auch wegen der notwendigen Einbeziehung aller politischen Kräfte der Bundesrepublik, besonders auch der Länder, angesichts der erforderlichen Zweidrittelmehrheit zur Annahme des Vertrages, verzichtete *Schäuble* – im Unterschied zum Vorgehen beim Staatsvertrag – bewusst darauf, zunächst «innerhalb der Bundesrepublik eine rundum abgestimmte Verhandlungsposition aufzubauen».[2] Es bestand zudem bis zum Schluss der Verhandlungen die Alternative, dass die DDR einseitig ihren Beitritt erklärte und die notwendigen Übergangsbestimmungen nicht durch einen Vertrag, sondern durch Überleitungsgesetze des nach der Einigung gebildeten gesamtdeutschen Gesetzgebers festgelegt wurden. Dieser Weg wurde jedoch weder von der Regierung *de Maizière* noch von *Schäuble*, der unnötige Verzögerungen und Komplikationen bei einem derartigen Vorgehen erwartete, gewünscht.

Nach vorbereitenden Gesprächen hat *Günther Krause*, der Delegationsleiter der DDR, am 29. Mai 1990 *Schäuble* ein Arbeitspapier über die nach seiner Meinung für die DDR zentralen Fragen übergeben,[3] während *Schäuble* seinerseits am gleichen Tag *Krause* eine Aufzeichnung zu «Grundstrukturen eines Staatsvertrages zur Herstellung der deutschen Einheit»[4] überließ. Nach der Weiterentwicklung der Vorschläge in einem «Diskussionspapier» des BMI mit «Elementen einer zur Herstellung der deutschen Einheit zu treffenden Regelung»,[5] das am 23. Juni 1990 an *Krause* und zwei Tage später an die Länder der Bundesrepublik und die Fraktionen des Bundestages übergeben wurde, und der Vorlage eines Themenkatalogs der DDR[6] begann am 6. Juli 1990 in Ostberlin die erste Verhandlungsrunde.[7] Nach weiteren Verhandlungsrunden vom 1.–3. August, vom 20.–24. August und am 30. August wurde der Einigungsvertrag am 31. August 1990 unterzeichnet. Eine Reihe noch offener Probleme wurde in einer zusätzlichen Vereinbarung vom 18. September 1990 geregelt.[8]

Eine der schwierigsten Fragen, die erst Ende Juli vor der zweiten Verhandlungsrunde entschieden wurde, war, ob das DDR-Recht grundsätzlich weitergelten und bundesdeutsches Recht bis auf weiteres die Ausnahme bilden sollte oder ob Bundesrecht die Norm und DDR-Recht die Ausnahme bilden sollte. Für die erste Variante setzte sich – nach dem Vorbild des Beitritts des Saarlandes zur Bundesrepublik am 1. Januar 1957 – *Schäuble* mit allem Nachdruck ein, da er mit der Übernahme der komplizierten Details der perfektionistischen bundesdeutschen Gesetzgebung ein Übergewicht der Bürokratie, eine Erschwerung der flexiblen Anpassung an neue Probleme beim Aufbauprozess und eine Überforderung der Menschen in den neuen Bundesländern befürchtete. Den entgegengesetzten Standpunkt vertrat das Bundesjustizministerium, das eine frühzeitige Rechtseinheit auf der Basis des bundesdeutschen Rechts wünschte.[9] Dessen Position wurde von den anderen Bundesressorts, aber auch von den Arbeitgebern gestützt. Diese vertraten die Auffassung, dass bisher die bestehende Rechtsunsicherheit die Unternehmen «leider allzu oft von dringend notwendigen Investitionen und damit auch von der Einstellung neuer Mitarbeiter abgeschreckt» habe.[10]

Bundesarbeitsminister *Blüm* unterstützte vehement die Position des Justizministeriums in einem Schreiben an *Schäuble* vom 28. Juni 1990.[11] Damit würde von Anfang an dem Grundsatz der Rechtseinheit Rechnung getragen und mehr Rechtssicherheit gewährleistet. Zudem wäre der gesetzgeberische Aufwand für ein «Zwischenrecht» für das Gebiet der DDR gerade im Arbeits- und Sozialversicherungsrecht zu groß. Die Übertragung des Bundesrechts würde weiter das richtige Signal für den bereits begonnenen organisatorischen Aufbau eines leistungsfähigen gegliederten Sozialversicherungssystems unter Mitwirkung der Sozialversicherungsträger der Bundesrepublik und ihrer Verbände setzen und die Anpassung der DDR an EG-Recht erleichtern. *Schäuble* unterstellte *Blüm* – sicher zu Recht –, dass dieser die Chance sähe, auf diese Weise «sehr viel schneller und konfliktärmer die sozialen Errungenschaften des Westens auf das Beitrittsgebiet übertragen zu können, auch wenn es den Finanzminister teuer zu stehen kommen sollte». Zu seiner Überraschung legte sich der Finanzminister in dieser Frage nicht mit *Blüm* an, da er nach Meinung *Schäubles* offenbar die Gelegenheit beim Schopfe packen wollte, um «seine umfangreichen Steuergesetze und sonstigen Vorschriften ohne die Gefahr künftiger mühseliger Auseinandersetzungen im neuen Teil des gemeinsamen Staates» zu platzieren.[12] Da *Schäuble* auch nicht die erhoffte Unterstützung der Länder erhielt und die DDR an ihrer ursprünglichen Ablehnung der Übertragung des Bundesrechts als Regel nicht festhielt, wurde in der zweiten Runde der Verhandlungen vom 1.–3. August 1990 Einvernehmen darüber erzielt, dass grundsätzlich Bundesrecht gelten sollte, sofern nicht etwas anderes ausdrücklich bestimmt wurde.[13]

Schäuble konnte sich dagegen mit der Auffassung durchsetzen, dass die Einigung nicht der Zeitpunkt wäre, um in der Bundesrepublik kontroverse Fragen zu lösen, soziale Rechte und Leistungen zu erweitern oder eine Rechtsbereinigung zu versuchen.[14]

9.2 Die Sozialpolitik im Einigungsvertrag

Die wichtigsten Regelungen zur Zusammenführung der Sozialsysteme von Bundesrepublik und DDR waren bereits im Staatsvertrag vom 18. Mai 1990 erfolgt. Es gab aber weiter eine Reihe offener, grundsätzlicher Fragen zur Vereinheitlichung der Sozialordnung, die nach der gemeinsamen Auffassung des BMA und des MfAS im Einigungsvertrag geklärt werden sollten.[15] Die Verhandlungen darüber erfolgten in der Arbeitsgruppe 3 «Arbeit und Soziales/Familie und Gesundheit».[16] Die führenden Mitglieder dieser Arbeitsgruppe waren – wie bei den Verhandlungen über sozialpolitische Fragen beim Staatsvertrag – Staatssekretär *Jagoda* vom BMA und Staatssekretär *Ziel* vom MfAS. Daneben nahmen der Parlamentarische Staatssekretär Dr. *Hans Geisler* vom DDR-Ministerium für Familie und Frauen, Staatssekretär *Schönfelder* und Prof. *Hicke* vom DDR-Ministerium für Gesundheitswesen, Dr. *Noack* vom MfAS, je ein Vertreter des Büros von Staatssekretär *Krause* und des Bundesministeriums des Innern sowie je ein Vertreter von Bayern und dem Senat von Berlin an den Verhandlungen teil.[17]

Die Gespräche zwischen den Ressorts über die Details des Vertrages und die umfangreichen Anlagen, in denen besondere Bestimmungen zur Überleitung von Bundesrecht und zum fortgeltenden Recht der DDR für die Geschäftsbereiche der einzelnen Bundesministerien getroffen wurden, begannen nach der ersten Verhandlungsrunde am 10. Juli und dauerten bis in die zweite Hälfte des August 1990. Es würde zu weit führen, hier die einzelnen Phasen der Verhandlungen über sozialpolitische Fragen zu skizzieren. Es sollen stattdessen die wichtigsten Kontroversen herausgearbeitet werden. Diese bestanden nicht nur zwischen der DDR und der Bundesrepublik; in der Endphase der Verhandlungen waren in diesem Bereich noch bedeutsamer die Differenzen zwischen dem BMA und dem BMJFFG einerseits und dem BMF andererseits, das vor allem die Kosten der Vereinigung senken wollte.

9.2.1 Arbeitsrecht und Arbeitsschutz Eine der zentralen sozialpolitischen Forderungen der DDR bei den Verhandlungen zum Einigungsvertrag war die Beibehaltung des durch Gesetz vom 22. Juni 1990 geänderten Arbeitsgesetzbuches der DDR[18] bis zur Schaffung eines gesamtdeutschen Arbeitsvertragsrechts und Arbeitszeitrechts.[19] In einer «Phase tiefgreifender wirtschaftlicher und sozialer Veränderungen» sei es «für Arbeitgeber und Arbeitnehmer nicht zumutbar», dass an die Stelle «einer geschlossene[n] überschaubare[n] Regelung [...] eine zersplitterte und lückenhafte Regelung» trete.[20] Zudem sei das bundesdeutsche Arbeitsrecht, z.B. in der nicht mehr zeitgemäßen Unterscheidung zwischen Arbeitern und Angestellten, veraltet und überholt. Auch müssten die insbesondere für erwerbstätige Frauen günstigeren Regelungen in der DDR möglichst lange erhalten bleiben, um die Akzeptanz des neuen Rechts zu sichern. Die Vertreter des BMA bestanden dagegen auf einem einheitlichen Arbeitsrecht.[21]

Die auch im Einzelnen unterschiedlichen Positionen werden aus einer Aufzeichnung des BMA über die erste Gesprächsrunde seiner Vertreter mit Vertretern des DDR-Arbeitsministeriums am 11. Juli 1990[22], einem Zwischenbericht über die Ergebnisse der Fachgespräche vom 20. Juli 1990[23] sowie aus detaillierten Argumentationspapieren der Abteilung III (Arbeitsrecht, Arbeitsschutz) des BMA zu den strittigen Punkten vom 27. Juli 1990[24] deutlich. Hier können nur wenige Punkte erwähnt werden. Die DDR lehnte eine Übernahme der im bundesdeutschen Arbeitsrecht noch bestehenden punktuellen Differenzierungen zwischen Arbeitern und Angestellten ab, etwa bei den unterschiedlichen gesetzlichen Kündigungsfristen oder der Entgeltfortzahlung im Krankheitsfall. Sie stimmte dagegen der Herausnahme der Heimarbeiter und Lehrlinge aus dem Arbeitnehmerbegriff als Konsequenz der Übernahme des Heimarbeitergesetzes und des Berufsbildungsgesetzes der Bundesrepublik zu. Die DDR war gegen die vom BMA geforderte Übernahme des Beschäftigungsförderungsgesetzes von 1985, soweit es den Abschluss befristeter Arbeitsverträge erleichterte. Die DDR wünschte die von der Bundesrepublik abgelehnte Beibehaltung des Kapitels des AGB über berufliche Weiterbildung (§§ 145–159), das Vorschriften zur arbeitsvertraglichen Ausgestaltung der Weiterbildung und damit Verpflichtungen für den Arbeitgeber enthielt. Die DDR setzte sich für die Aufrechterhaltung ihrer sehr großzügigen, aber auch kostenträchtigen Regelungen über die Freistellung von Arbeitnehmern für die Pflege erkrankter Kinder ein, was vom BMA allenfalls für eine Übergangsfrist akzeptiert wurde. Die Verhandlungsdelegation der DDR legte weiter großen Wert auf die Aufrechterhaltung des Kapitels «Soziale Betreuung» (§§ 227–239) des AGB, wonach u.a. der Arbeitgeber die Versorgung der Arbeitnehmer mit Wohnraum fördern und zusammen mit den örtlichen Volksvertretungen den Arbeitnehmern günstigere Bedingungen im Berufsverkehr sichern sollte. Ehemalige Betriebsangehörige sollten zudem nach Möglichkeit in die soziale Betreuung einbezogen werden. Allerdings waren das keine einklagbaren Rechte. Nach Auffassung des BMA passten diese Regelungen «zum größten Teil [...] nur in ein System einer zentral gelenkten (Staats-)Wirtschaft», und zudem sei es nach Einführung der Tarifautonomie in der DDR «Aufgabe der zuständigen Tarifvertragsparteien, konkrete Regelungen [...] zugunsten der Arbeitnehmer zu schaffen». Die Übernahme wurde daher auch für eine Übergangsfrist strikt abgelehnt, zumal es sich durchweg um «bloße Leerformeln oder bestenfalls Programmsätze» handele. Weiter wünschte das MfAS im Gegensatz zum BMA die Beibehaltung der in der DDR bestehenden Einschränkung der Arbeitnehmerhaftung. Es bestand dagegen Einvernehmen darüber, dass für eine Übergangszeit bis zu dem von der DDR-Seite grundsätzlich akzeptierten Aufbau einer eigenständigen Arbeitsgerichtsbarkeit die bestehenden Kammern und Senate für Arbeitsrecht bei den Kreis- und Bezirksgerichten der DDR erhalten bleiben sollten. Das oberste Gericht der DDR sollte aber seine Zuständigkeit für Arbeitssachen an das Bundesarbeitsgericht als dritte Instanz verlieren.

Die Position des BMA hat sich während der Verhandlungen verschärft. Während in der Aufzeichnung vom 11. Juli 1990 noch die übergangsweise Beibehaltung des geänderten AGB mit einer Reihe in jedem Fall zu ändernder Vorschriften als eine Möglichkeit diskutiert wird, wird im Argumentationspapier zum AGB vom 27. Juli 1990 festgestellt, dass es «unabdingbar» sei, «daß künftig in beiden Teilen des Gesamtstaats ein einheitliches Arbeitsrecht gilt. Das Arbeitsrecht bildet mit dem Recht der Wirtschaft eine Einheit; insofern dürfen keine Barrieren bestehen bleiben. Die Aufrechterhaltung abweichender, insbesondere günstiger Arbeitsrechtsregeln für das Gebiet der DDR» würde zudem «im übrigen Bundesgebiet auf Unverständnis und Ablehnung stoßen»[25] und, wie schon im Zwischenbericht vom 20. Juli 1990 betont wurde, auch ein Investitionshindernis für Arbeitgeber bilden.[26]

Im Einigungsvertrag wurde schließlich der Kompromiss erzielt, dass es grundsätzlich bei der Übertragung des bundesdeutschen Rechts blieb, dass aber der gesamtdeutsche Gesetzgeber den Auftrag erhielt, das Arbeitsvertragsrecht, das öffentlich-rechtliche Arbeitszeitrecht und den besonderen Frauenarbeitsschutz «möglichst bald inhaltlich neu zu kodifizieren».[27] Die in der DDR bestehende einheitliche Regelung der Kündigungsfristen und der Entgeltfortzahlung im Krankheitsfall für Arbeiter und Angestellte, die bereits das Bundesverfassungsgericht auch für die Bundesrepublik angemahnt hatte,[28] blieb bestehen. Das Beschäftigungsförderungsgesetz der Bundesrepublik wurde übernommen. Die Bestimmungen des AGB über berufliche Weiterbildung und soziale Betreuung entfielen. Nicht übertragen wurden aus wirtschaftlichen und beschäftigungspolitischen Gründen das Verbot der Nachtarbeit für Arbeiterinnen und das Beschäftigungsverbot für Frauen auf Baustellen auf Dauer und die Arbeitszeitbeschränkungen an Sonn- und Feiertagen für eine Übergangszeit bis Ende 1992. Im technischen Arbeiterschutz, der ohnehin in der Bundesrepublik vielfach noch den EG-Richtlinien anzupassen war, wurde durch Übergangsbestimmungen gewährleistet, dass die bestehenden Anlagen der Betriebe in der DDR weiter arbeiten konnten.

Im sozialen Arbeiterschutz wurden viele der für die Arbeitnehmer der DDR günstigeren Regelungen, meist allerdings nur für eine Übergangszeit, beibehalten. Der gesetzliche Mindesturlaub von 20 Arbeitstagen – in der Bundesrepublik war der Urlaub aufgrund von Tarifverträgen meist erheblich länger – blieb erhalten. Die bestehende großzügige Freistellung zur Pflege erkrankter Kinder, die die DDR für mindestens zwei Jahre erhalten wollte, galt nur bis 30. Juni 1991. Der DDR-Hausarbeitstag blieb bis zum 31. Dezember 1991 bestehen. Die fristgemäße Kündigung von Kämpfern gegen den Faschismus und Verfolgten des Faschismus war weiter unzulässig. Der besondere Kündigungsschutz für Schwangere galt bis zum 31. Dezember 1990; für Mütter und Väter mit Kindern bis zu einem Jahr blieb er bestehen, wenn deren Kinder vor dem 31. Dezember 1990, für allein erziehende Arbeitnehmer mit Kindern bis zu drei Jahren, wenn sie vor dem 1. Januar 1992 geboren wurden. Für Geburten vor dem 1. Januar 1991 galten weiterhin die DDR-Bestimmungen für einen Wochenurlaub von 20 Wochen – statt in der Bundesrepublik acht Wochen – nach der Entbindung und die erleichterte bezahlte Freistellung nach dem Wochenurlaub, die beim Fehlen eines Krippenplatzes bis zu drei Jahren betragen konnte. Die im Vergleich zur Bundesrepublik erheblich eingeschränkte Arbeitnehmerhaftung der DDR galt in den neuen Bundesländern bis zum 31. Dezember 1991 fort.

Zur Verbesserung des Gesundheitsschutzes in den Betrieben wurde trotz der Kritik der Bundesärztekammer das DDR-Zentralinstitut für Arbeitsmedizin zur Grundlage der neu errichteten Bundesanstalt für Arbeitsmedizin in Berlin. Wie *Blüm* an den Minister für Forschung und Technologie *Heinz Riesenhuber* schrieb, könne es nicht angehen, «jeder Institution der ehemaligen DDR die Berechtigung abzusprechen, einen Beitrag zum Sozialsystem der Bundesrepublik Deutschland zu leisten».[29] *Blüm* beruhigte allerdings den Präsidenten der Bundesärztekammer, der eine «Politisierung eines medizinischen Fachgebietes und eines Zweiges der ärztlichen Berufsausbildung» befürchtete, dass die neue Bundesanstalt «nicht die zentralistisch-dirigistische Tradition des Zentralinstituts für Arbeitsmedizin fortsetzen» werde und dass ihr «keine Kompetenzen für Rahmenregelungen zur Aus-, Weiter- und Fortbildung von Betriebsärzten eingeräumt» würden.[30] Die eigentliche Aufgabe der Bundesanstalt sei die Unterstützung des BMA bei seiner Ressortaufgabe Arbeitsschutz. Dabei sollten, wie *Blüm* an den Vorstand des Hauptverbandes der gewerblichen Berufsgenossenschaften schrieb,[31] auch die «Qualifikationen und positiven Erfahrungen des ehemaligen Zentralinstituts genutzt werden».

9.2.2 Rationalisierungsschutzabkommen Ein schwieriges Problem waren die Rationalisierungsschutzabkommen, die vor allem in der Zeit der Regierung *Modrow* abgeschlossen und gemäß den Vorschriften des AGB der DDR vom Ministerium für Arbeit und Löhne bestätigt und registriert worden waren. Nach Unterlagen aus dem MfAS der DDR wurden seit dem 11. Dezember 1989 insgesamt 41 Rationalisierungsschutzabkommen registriert, von denen drei sozialplanähnliche Regelungen enthielten, elf den öffentlichen Dienst und 22 gesellschaftliche Organisationen, Verbände und Parteien betrafen. Die fünf Abkommen in der gewerblichen Wirtschaft[32] erfassten 1,4 von insgesamt 8,2 Millionen Arbeitnehmern. Sie sahen z.T. erhebliche Überbrückungsgelder bei Vermittlung eines geringer entlohnten Arbeitsplatzes, Ausgleichsbeiträge im Vorrentenalter, die Erstattung eventueller Umzugskosten und einen Einrichtungszuschuss bei einem Arbeitsplatzwechsel, die Verlängerung der Kündigungsfrist bei langer Betriebszugehörigkeit und anderes mehr vor.

Die Ministerin für Arbeit und Soziales der DDR, *Hildebrandt*, schrieb daher an den DGB-Vorsitzenden *Heinz-Werner Meyer*,[33] dass derartige Verträge, die bei Strukturveränderungen oder Rationalisierungsmaßnahmen die Besitzstände der Arbeitnehmer schützen sollten, den betroffenen Betrieben zusätzliche Leistungen aufbürdeten und deren Bestand gefährdeten. «Die Verpflichtungen werden zu Mühlsteinen um den Hals der Betriebe, sie stehen ihren Bemühungen um einen Umbau zur Gewinnung von Wettbewerbsfähigkeit als Voraussetzung für Arbeitsplatzsicherung im Wege». Auch würde das Aushandeln frei vereinbarter Verträge «erheblich beeinträchtigt oder gar unmöglich» gemacht werden. Von den prinzipiell möglichen zwei Alternativen zur Lösung des Problems, der gesetzgeberischen Annullierung der Verträge oder «einer einvernehmlichen Regelung durch die Tarifparteien», bevorzugte sie letztere unter Verweis auf die Möglichkeiten, die das ab 1. Juli 1990 geltende AFG der DDR zur Finanzierung von Anpassungs- und Orientierungszeiten der Betriebe bot. Die Spitzenorganisationen der Arbeitnehmer und der Arbeitgeber und die Gewerkschaften und Arbeitgeberverbände der betroffenen Branchen – außer dem aus Praktikabilitätsgründen erst später einzubeziehenden öffentlichen Sektor – sollten an einem Kompromiss mitwirken. Nach *Meyer* war auch der DGB für die Ablösung der bestehenden Rationalisierungsschutzabkommen durch neue Tarifverträge, die den Möglichkeiten des AFG Rechnung trügen. Dabei sollten Kurzarbeitergeld und Unterhaltsgeld bei Qualifizierungsmaßnahmen aufgestockt und die Unternehmer verpflichtet werden, von den neuen Möglichkeiten auch Gebrauch zu machen. Bis dahin sollten die bestehenden Regelungen ihre Gültigkeit behalten. Drei- oder mehrseitige Gesprächsrunden lehnte er ab, da das allein Sache der Tarifparteien und nicht der Regierung, sofern sie nicht Tarifpartei ist, sei und zudem der DGB «grundsätzlich nicht an konkreten Tarifverhandlungen beteiligt ist».[34] Sehr viel schärfer äußerte sich die DDR-Gewerkschaft Öffentliche Dienste, nach deren Auffassung alle Argumente für die Kündigung der Rationalisierungsschutzabkommen «in ihrer Gesamtheit lediglich völlig einseitige und sowohl tatsächlich wie auch rechtlich fragwürdige Arbeitgeberpositionen» widerspiegelten. «Die Einführung der Marktwirtschaft wird dadurch nicht sozialer, sondern brutaler».[35]

Das BMWi hielt es dagegen für dringend erforderlich, die bestehenden Rationalisierungsschutzabkommen durch Gesetz oder Kündigung aufzuheben, da sie ein wichtiges Investitionshemmnis bildeten und die Sanierung von Betrieben erschwerten, hohe zusätzliche Belastungen für den Staatshaushalt, der die notwendigen Mittel zur Finanzierung bereitstellen musste, und damit letztlich für den Bundeshaushalt entstünden und die Geschäftsgrundlage für den Abschluss der Abkommen weggefallen sei; zudem würden die anstehenden Tarifverhandlungen durch die Abkommen erschwert. Nach der Rechtsprechung des Bundesarbeitsgerichts könnten Tarifverträge aus wichtigem Grund außerordentlich gekündigt werden.[36] In einer Stellungnahme für *Krause*[37] wurde die dringende Empfehlung des BMWi aus rechtlichen und politischen Gründen abgelehnt, da nach dem Mantelgesetz der DDR vom 21. Juni 1990 die geltenden und registrierten Verträge weiter anzuwenden seien und eine fristlose Kündigung zu «einer erheblichen Unruhe unter den Arbeitnehmern und den sie vertretenden Gewerkschaften geführt» und die Tarifverhandlungen «eher belastet als erleichtert» hätte. Es wird daher der «schnellstmögliche» Abschluss neuer Tarifverträge empfohlen.

Die zunächst gescheiterte Initiative des BMWi war von *Blüm* unterstützt worden, der die Abkommen auch deshalb für kritikwürdig hielt, «weil sie zu einer nicht gerechtfertigten Besserstellung besonderer Gruppen von Arbeitnehmern führen».[38] Der Einigungsvertrag sah schließlich vor, dass die bis zum 30. Juni 1990 geschlossenen Rationalisierungsschutzabkommen zum 31. Dezember 1990 ohne Nachwirkung außer Kraft gesetzt würden. Es galt jedoch bis zu einer neuen tarifvertraglichen Regelung ein Vertrauens- und Bestandsschutz für die Arbeitnehmer, die bis zu diesem Zeitpunkt bereits Ansprüche und Rechte aus diesen Abkommen erworben hatten.[39]

9.2.3 Vorruhestand, Altersübergangsgeld und Arbeitsmarktpolitik Starke Differenzen gab es zwischen dem BMA und dem MfAS über die weitere Anwendung der von der Regierung *Modrow* eingeführten relativ großzügigen Regelungen zum Vorruhestand, die die DDR aus arbeitsmarktpolitischen Gründen für geboten hielt. Die Bundesrepublik lehnte dagegen eine Besserstellung der DDR-Bürger gegenüber denen der Bundesrepublik sowie die damit verbundenen zusätzlichen finanziellen Belastungen ab.[40] Die DDR wünschte, dass die Höhe des Vorruhestandsgeldes von 70 Prozent des Nettoarbeitseinkommens auch für das Altersübergangsgeld übernommen wurde, was das BMA als ein «Arbeitslosengeld de luxe» ablehnte.[41] Die schließlich im Einigungsvertrag getroffene Regelung[42] sah vor, dass die DDR-Vorruhestandsregelung nur noch zur Abwicklung von Altfällen angewandt wurde. Das Vorruhestandsgeld von 70 Prozent wurde zudem in Zukunft nur unter Zugrundelegung der Beitragsbemessungsgrenze in der Arbeitslosenversicherung gezahlt und sollte bei den nächsten Erhöhungen auf dynamisierte 65 Prozent abgeschmolzen werden. Nach einer Mitteilung von *Klaus Leven* war die Kappung des Vorruhestandes nach der Beitragsbemessungsgrenze in dem fast fertigen Entwurf des Einigungsvertrages noch nicht enthalten gewesen. Dies hätte bedeutet, dass die regimetreuen Großverdiener der Kombinate ein «tolles Vorruhestandsgeld» erhielten, wofür sich *Noack* vom MfAS stark einsetzte. Nachdem *Leven* «voller Empörung» *Blüm* darauf aufmerksam gemacht hatte, wurde auf dessen Intervention hin schließlich die Kappung doch noch in den Vertrag aufgenommen.[43]

Für die neuen Fälle eines vorzeitigen Ausscheidens aus der Erwerbstätigkeit wurde aufgrund eines Antrags bei der BA, den diese bei einem deutlichen Mangel an Arbeitskräften für die bisherige berufliche Tätigkeit des Antragstellers in der betreffenden Region ablehnen konnte, ein Altersübergangsgeld für Männer ab 57 Jahren, für Frauen bis Ende 1990 ab 55 Jahren, danach ab 57 Jahren eingeführt. Die Leistungen betrugen 65 Prozent des letzten durchschnittlichen Nettoarbeitsentgeltes und wurden für Arbeitnehmer, deren Anspruch vor dem 1. April 1991 entstand, für die ersten 312 Tage um fünf Prozentpunkte erhöht. Diese Leistungen, die erheblich über denen der Arbeitslosenhilfe lagen, konnten Männer für längstens drei Jahre, Frauen zunächst für fünf, ab 1991 auch nur noch für drei Jahre – bis zum frühestmöglichen Bezug einer Rente – erhalten. Die Regelung galt zunächst bis zum 31. Dezember 1991, konnte aber um ein Jahr verlängert werden. Die schlechte Arbeitsmarktlage führte schließlich dazu, dass zum 1. Juli 1991 das Mindestalter für den Bezug an Altersübergangsgeld generell auf 55 Jahre abgesenkt und die Bezugsdauer auf längstens fünf Jahre erhöht wurde.[44] Die DDR hatte sich also in der Sache – Erleichterung des vorzeitigen Übergangs in die Rente – weitgehend, wenn auch unter Kappung der von der Bundesrepublik als besonders überhöht angesehenen Leistungen, durchsetzen können.

Die Sonderregelungen des AFG der DDR über den erleichterten Bezug von Kurzarbeitergeld, die Förderung von Arbeitsbeschaffungsmaßnahmen auch in Arbeitsamtbezirken mit guter Beschäftigungslage, die mögliche Übernahme des vollen Bruttolohns bei AB-Maßnahmen, die individuelle Förderung der beruflichen Ausbildung, Fortbildung und Umschulung, die Möglichkeit der beruflichen Fortbildung und Umschulung an Fachhochschulen und Hochschulen, die Förderung von Teilnehmern an Bildungsmaßnahmen, auch wenn der Antragsteller nicht unmittelbar von Arbeitslosigkeit bedroht war, waren nicht kontrovers und galten mit unterschiedlichen Befristungen fort. Die im AFG der DDR ausgesparten Vorschriften über die produktive Förderung des Winterbaus wurden erst zum 1. April 1991, die zum Schlechtwettergeld dagegen bereits mit dem Beitritt zur Bundesrepublik angewendet.[45]

9.2.4 Rentenversicherung In der Rentenversicherung waren wesentliche Grundsatzentscheidungen bereits im Staatsvertrag und der folgenden Gesetzgebung der DDR getroffen worden. Auch bestand Einvernehmen darüber, dass das Rentenrecht der Bundesrepublik erst mit der Geltung der im November 1989 verabschiedeten großen Rentenreform zum 1. Januar 1992 durch ein gesondertes Gesetz auf die neuen Bundesländer übergeleitet werden sollte. Weiterhin wurden die Grundsätze des Vertrauens- und Bestandsschutzes im Wesentlichen einvernehmlich festgelegt. So wurde geregelt, dass für Rentner, deren Rente vor dem 30. Juni 1995 begann, diese mindestens in der Höhe gezahlt werden musste, die sich am 30. Juni 1990 nach dem Rentenrecht der DDR ergeben hätte, und dass ein Rentenanspruch nach diesem Rentenrecht bestehen bleibt. Der Vertrauensschutz galt allerdings nicht für Leistungen aus Zusatz- und Sonderversorgungssystemen.[46] Die noch bestehenden Sonderversorgungssysteme wurden mit Regelungen zu deren Überführung zum 31. Dezember 1991[47] geschlossen. Tatsächlich erfolgte die Überführung jedoch schon einen Tag nach der Verkündung des Rentenüberleitungsgesetzes zum 1. August 1991. Allerdings wurden die erst zum 30. Juni 1993 durch das Rentenüberleitungs-Ergänzungsgesetz vom 24. Juni 1993[48] überführten Zusatzversorgungssysteme der Parteien zunächst ausgeklammert.

Die Ausdehnung der bundesweiten Träger der Rentenversicherung auf die neuen Bundesländer und die Bildung von Landesversicherungsanstalten für die Arbeiterrentenversicherung in jedem der neuen Länder wurden vorgesehen; die LVA Berlin wurde auf Ostberlin ausgedehnt. Die Aufgaben der Rentenversicherungsträger wie auch der Träger der Unfallversicherung sollten ab 1. Januar 1991 bis zu deren Arbeitsfähigkeit, längstens aber bis 31. Dezember 1991, von einer Überleitungsanstalt Sozialversicherung wahrgenommen werden. Das Rehabilitationsrecht, das ebenfalls in der Rentenreform 1989/92 mit Wirkung zum 1. Januar 1992 neu geregelt worden war, wurde im Osten mit einigen Einschränkungen bereits zum 1. Januar 1991 übernommen.

Sehr kontrovers war dagegen zwischen der DDR und der Bundesrepublik die Frage des Sozialzuschlages, der in der DDR in der Renten-, Unfall- und Arbeitslosenversicherung bei niedrigen Renten gezahlt wurde. Die Vertreter des MfAS waren für die Beibehaltung des Sozialzuschlages und dessen Dynamisierung entsprechend der Rentenanpassungen. Das BMA lehnte eine Dynamisierung strikt ab und forderte für den Fall der Beibehaltung des Sozialzuschlages in der bisherigen Höhe und Ausgestaltung dessen Befristung.[49] Die schließlich gefundene Lösung sah vor, dass der Sozialzuschlag zu Leistungen der Renten-, Unfall- und Arbeitslosenversicherung auf Neuzugänge bis 31. Dezember 1991 begrenzt und längstens bis zum 30. Juni 1995 gezahlt würde. Eine Dynamisierung wurde nicht vorgesehen. *Blüm* hielt das für einen «tragbaren Kompromiss», um dessen Unterstützung und Vermittlung er den

Vorsitzenden der Arbeitsgruppe «Arbeit und Soziales» der CDU/CSU-Bundestagsfraktion *Horst Günther*, der im Januar 1991 als Nachfolger von *Wolfgang Vogt* einer der beiden Parlamentarischen Staatssekretäre beim BMA wurde, ausdrücklich bat.[50]

Noch schwerwiegender waren die Differenzen, die über die Finanzierung der Rentenversicherung zwischen dem BMA und dem BMF bestanden. Dem BMF ging es dabei um die Reduzierung der sozialpolitisch bedingten Lasten der deutschen Einheit für den Bundeshaushalt, während das BMA vor allem eine finanzielle Überforderung der Rentenversicherungsträger verhindern wollte. So teilte das BMF nicht die Auffassung des BMA, dass der Bund für das Altlastenproblem der Rentenversicherung und die Einnahmeausfälle aufkommen sollte, die durch die Verbeamtung von Arbeitnehmern auf dem Gebiet der DDR entstehen würden.[51] Noch grundsätzlicher war die Forderung *Waigels*, einen Finanzverbund zwischen der ost- und westdeutschen Rentenversicherung herzustellen, um zu verhindern, dass der Bund die wahrscheinlichen Defizite der ostdeutschen Rentenversicherung zu übernehmen hat.[52] Das bedeutete, wie das BMA zu Recht feststellte, «daß die westdeutschen Beitragszahler über das für Zwecke der Sanierung von Strukturmängeln ungeeignete Beitragsverfahren der Sozialversicherung zur Finanzierung herangezogen werden». Es gefährde die bisherigen Sanierungserfolge in der Bundesrepublik, erschwere das «kontrollierte Heranführen der Sozialversicherung auf dem Gebiet der DDR an die der Bundesrepublik» und unterlaufe die Strategie, «über getrennte Haushaltsführung für beide Gebiete die Finanzverantwortung klar zuzuordnen».[53] Die Rentenversicherung in der Bundesrepublik müsse damit auch für die Rückzahlung der zur Deckung der Defizite der Rentenversicherung der DDR bis 1991 aufgenommenen Betriebsmitteldarlehen einstehen.[54] Ein Finanzverbund würde zudem zu schweren Auseinandersetzungen mit der SPD führen und den «härtesten Widerstand» der Selbstverwaltung hervorrufen, «auf deren Kooperation» man künftig aber in besonderem Maße angewiesen sei. Ein Finanzverbund dürfe daher erst dann hergestellt werden, «wenn sich Löhne und Renten in beiden Teilen Deutschlands einander angeglichen haben».[55] Das BMF hat seinen Standpunkt nicht bereits im Einigungsvertrag, aber doch nach der Wahl vom 2. Dezember 1990 in der Koalitionsvereinbarung vom 16. Januar 1991 für den Zeitpunkt ab 1. Januar 1992 durchsetzen[56] und damit der Solidargemeinschaft der Rentenversicherung – wie der der Arbeitslosenversicherung – einen erheblichen Teil der finanziellen Lasten der deutschen Einheit aufbürden können.

9.2.5 Kriegsopferversorgung Auch in der Frage der Kriegsopferversorgung bestanden Differenzen innerhalb der Bundesregierung. Während das BMA für die Überleitung des Bundesversorgungsgesetzes und der in diesem vorgesehenen Leistungen – allerdings auf einem abgesenkten Niveau –[57] zum 1. Januar 1991 auf die neuen Bundesländer eintrat, konnte sich das BMF «allenfalls eine Überleitung ab 1992, aber auch dann nur stufenweise, vorstellen».[58] Die Kosten der Übernahme der Kriegsopferversorgung wurden vom BMA für 1991 auf 1,65 Milliarden geschätzt.[59] In diesem Fall konnten die «finanzpolitischen Bedenken noch rechtzeitig» überwunden werden,[60] und der Standpunkt des BMA, der offenbar auch unter dem Einfluss des VdK von Bundeskanzler *Kohl* unterstützt wurde,[61] setzte sich durch. *Blüm* hat sich dann auch mit großem Nachdruck für den beschleunigten Aufbau einer funktionierenden Versorgungsverwaltung zur baldigen Realisierung der Ansprüche der Kriegsopfer eingesetzt.[62] Während in der DDR Anfang 1990 nur etwa 5000 Personen eine niedrige Kriegsbeschädigtenrente erhalten hatten, bezogen zum 1. Januar 1994 in den neuen Ländern 212 425 Personen Leistungen nach dem Bundesversorgungsgesetz.[63]

9.2.6 Krankenversicherung und Gesundheitsversorgung Die Errichtung einer nach bundesdeutschem Vorbild gegliederten Krankenversicherung zum 1. Januar 1991 war nach der Gesetzgebung der Regierung *de Maizière* nicht mehr kontrovers. Dagegen wehrte sich die DDR gegen den Abbau von Besserstellungen der DDR-Bürger im Vergleich zu Bürgern der Bundesrepublik im Leistungsrecht. Diese bestanden etwa in der Befreiung von Zuzahlungen bei kieferorthopädischen Behandlungen, dem Kauf von Arzneimitteln, der Krankenhausbehandlung, stationären Vorsorge- und Rehabilitationsmaßnahmen, dem Bezug von medizinischen Hilfsmitteln, aber auch in der Gewährung von Leistungen der Krankenkassen, etwa für einen erheblichen Teil des Verdienstausfalls bei der Pflege erkrankter Kinder über einen Zeitraum von vier bis zehn Wochen. Weitere Leistungen, die die GKV der Bundesrepublik nicht vorsah, waren die stationäre Behandlung von Pflegebedürftigen bis zu 26 Wochen und danach deren Unterbringung in Feierabendheimen für monatlich 125 DM.[64] Diese auch vom BMA abgelehnten Besserstellungen erhöhten den Widerstand des BMF, die sowohl aus Sicht des BMA wie der DDR unbedingt notwendigen Bundeszuschüsse an die Krankenkassen des Ostens zu leisten. Das auf bis zu 4 Milliarden DM im 2. Halbjahr 1990 eingeschätzte Defizit würde die Zuschüsse «für einen vorübergehenden Zeitraum unumgänglich», aber auch eine Kostendämpfung «zwingend notwendig» machen.[65] Als Begründung gab das BMA an, dass die gesundheitliche Versorgung in der DDR als eine Art nationaler Gesundheitsdienst organisiert worden war, dessen Defizite auf staatliches Handeln zurückzuführen seien und daher nicht allein der Solidargemeinschaft der Krankenversicherten angelastet werden dürften. Ein DDR-interner Finanzausgleich würde einen völlig inakzeptablen Beitragssatz von 18 Prozent statt der vorgesehenen 12,8 Prozent erfordern.[66]

Ein Ausgleich der Defizite durch den Bund wurde vom BMF strikt abgelehnt, da er «die Krankenkassen auf dem Gebiet der DDR von jeglichem Zwang zu wirtschaftlichem Handeln» befreien und «zu einer völlig unvertretbaren Mehrbelastung für den Bundeshaushalt führen» würde. *Waigel* schlug daher – ähnlich wie bei der Rentenversicherung – einen Finanzverbund aller deutschen gesetzlichen Krankenversicherungen, durch den die Defizite solidarisch von allen Versicherten getragen werden sollten, vor.[67] Mit dieser Forderung setzte er sich jedoch nicht durch. Die Krankenkassen behielten – im Gegensatz zur Arbeitslosen-, Unfall- und Rentenversicherung – eine separate Haushaltsführung für die neuen Bundesländer und das alte Bundesgebiet.[68] Erst ab 1999 wurden schließlich auch von der gesetzlichen Krankenversicherung Mittel für einen gesamtdeutschen Risikostrukturausgleich für die neuen Bundesländer zur Verfügung gestellt. Am Widerstand des BMF, aber auch der FDP, scheiterten alle Bemühungen des BMA, des BMJFFG, der Bundesländer und der DDR, einen Staatszuschuss zur Krankenversicherung zu erreichen.[69] Die Krankenversicherungen wurden stattdessen auf die Aufnahme von Betriebsmitteldarlehen verwiesen. Tatsächlich sind jedoch die den Krankenkassen im zweiten Halbjahr 1990 gewährten Betriebsmitteldarlehen in Höhe von 3 Milliarden DM schließlich nicht zurückgezahlt worden.[70]

In dieser Situation wurde neben dem Abbau der zusätzlichen Leistungen mit unterschiedlichen Übergangsfristen[71] eine Kostendämpfung im Einigungsvertrag, vor allem durch die Reduzierung der Vergütungen der Ärzte und Zahnärzte nach dem niedrigen Grundlohnniveau in den neuen Ländern und die Absenkung der Preise für Arzneimittel auf 45 Prozent des westdeutschen Niveaus, angestrebt.[72] Mit dem Anstieg der Löhne und Gehälter im Osten sollten auch die Vergütungen und Preise angehoben werden. Diese Bemühungen um rigorose Kostendämpfung führten zu erbitterten Auseinandersetzungen mit den betroffenen Interessenten und ließen sich nicht für längere Zeit aufrechterhalten. In komplizierten Verhandlungen gelang es den Bundesverbänden der Krankenkassen mit der Kassenärztlichen Bundesvereinigung und schließlich mit der Kassenzahnärztlichen Bundesvereinigung, Ergänzungen zu den bestehenden Bundesmanteltarifverträgen für die neuen Bundesländer zu vereinbaren, die einen Kompromiss zwischen den Interessen der Leistungserbringer und denen der Träger der Krankenversicherung darstellten.[73] Außerordentlich scharf war die Ablehnung des verordneten Preisabschlags durch die Pharmaindustrie, die zeitweise mit einem Boykott der Lieferung von Medikamenten nach dem Osten (außer Insulin) drohte. *Blüm* betonte in einem Schreiben an den Bundesvorstand der Pharmazeutischen Industrie und die Bundesvereinigung Deutscher Apothekerverbände vom 27. Dezember 1990 die «gesellschaftspolitischen Dimensionen» eines solchen Lieferboykotts. «Wie in den Medien bereits deutlich geworden ist, wird auf wenig Verständnis stoßen, daß zwar mit beachtlichen Preisabschlägen in europäische und außereuropäische Länder geliefert wird, man zu entsprechenden oder gar geringeren Abschlägen in den neuen Bundesländern aber nicht bereit ist».[74] Das BMA hielt die Abschläge für erforderlich, um die Krankenkassen im Osten um etwa drei Milliarden DM zu entlasten; die Pharmaindustrie kritisierte die Maßnahmen als ordnungspolitisch verfehlt und unpraktikabel, da der gespaltene Markt zu Manipulationen – etwa dem Reimport von verbilligten Medikamenten aus dem Osten in den Westen – führen würde.[75] Auch befürchtete die Pharmaindustrie den weitgehenden Ruin der im Westen nicht konkurrenzfähigen ostdeutschen Pharmaindustrie. Da die FDP drohte, die Angelegenheit zur Koalitionsfrage zu machen, musste das BMA schließlich einlenken. Der nach schwierigen Verhandlungen erzielte Kompromiss sah an Stelle der Preisabschläge eine begrenzte Beteiligung von Pharmaindustrie, Pharmagroßhandel und Apotheken an der Deckung des Finanzierungsdefizits der Krankenkassen durch Arzneimittelausgaben bis 31. Dezember 1991 vor.[76]

Das BMA und das BMJFFG haben mit Unterstützung der DDR schließlich den Versuch unternommen, in einem zusätzlichen Artikel des Einigungsvertrages über das Gesundheitswesen den gesamtdeutschen Gesetzgeber zu verpflichten, «die Voraussetzungen dafür zu schaffen, dass das Niveau der stationären Versorgung» der Bevölkerung im Osten «zügig und nachhaltig verbessert und der Situation im übrigen Bundesgebiet angepasst wird. Der dazu erforderliche investive Nachholbedarf von Krankenhäusern, Vorsorge- und Rehabilitationseinrichtungen sowie von Pflegeheimen» – nach dem BMJFFG auch der von Altersheimen – «insbesondere zur baulichen und technischen Ausstattung ist im Rahmen eines ‹Gemeinschaftsprogramms von Bund und Ländern› zur Investitionsförderung im Gesundheits- und Sozialwesen abzudecken; mit dem Gemeinschaftsprogramm sind die erforderlichen Finanzhilfen für einen Zeitraum von 10 Jahren bereitzustellen».[77] Diese weitgehende Forderung ließ sich gegen den Widerstand des BMF, das jede Art von Mischfinanzierung bei den Investitionskosten der Krankenhäuser ablehnte,[78] nicht durchsetzen. Zwar blieb es – entgegen den Wünschen des BMF – bei einem Handlungsauftrag an den gesamtdeutschen Gesetzgeber zur Verbesserung des Niveaus der stationären Versorgung im Osten; die Ausführungen über die Finanzierung der Investitionen für Krankenhäuser, Vorsorge- und Rehabilitationseinrichtungen in den Anlagen des Vertrages gingen jedoch von einer alleinigen Verantwortung der Länder aus.[79] Erst im Gesundheitsstrukturgesetz vom Dezember 1992 hat sich der Bund zur Mitfinanzierung von Investitionshilfen zur Modernisierung der Krankenhäuser in den neuen Bundesländern in Höhe von insgesamt 7 Milliarden DM für die Zeit von 1995–2004 verpflichtet.[80]

Der Umbau der ambulanten Versorgungsstruktur durch die weitgehende Ersetzung der Ambulatorien, Polikliniken und Einrichtungen des betrieblichen Gesundheitswesens, die zunächst nur noch bis zum 31. Dezember 1995 zur ambulanten Versorgung zugelassen wurden,[81] durch Ärzte in freier Niederlassung wurde bereits erwähnt.[82] Die DDR hat offenbar bei den Verhandlungen zum Einigungsvertrag keine größeren Versuche unternommen, diese Institutionen auf Dauer zu erhalten.[83]

9.2.7 Familien- und Frauenpolitik Sehr intensiv waren die Anstrengungen der DDR in der Familien- und Frauenpolitik, die «sozialen Errungenschaften» der DDR zu bewahren und im Einigungsvertrag weitere Schritte zur Förderung der Gleichberechtigung zwischen Männern und Frauen zu vereinbaren. In der Skizzierung dieser Bestrebungen werden hier die erbitterten politischen Kämpfe um die Aufrechterhaltung der in der DDR bestehenden Fristenlösung beim Schwangerschaftsabbruch, die fast zum Scheitern des Vertrages führten,[84] ausgeklammert.

Die Unterschiede in den Leistungen für Frauen und Familien und den gesetzlichen Bestimmungen von DDR und Bundesrepublik wurden in ausführlichen Synopsen der SPD-Volkskammerfraktion, der bundesdeutschen SPD und des BMA gegenübergestellt.[85] Das Ministerium für Familien und Frauen der DDR erstellte zudem für den Koordinierungsstab Deutsche Einheit der DDR einen 24-seitigen Verhandlungskatalog zu diesem Themenbereich. Dabei wurde insbesondere gefordert, dass der gesamtdeutsche Gesetzgeber das Recht «im Sinne einer größeren Vereinbarkeit von Familie und Beruf» weiterentwickeln, die Höhe des Kindergeldes unter «Berücksichtigung des Urteils des BVG vom 29. Mai 1990» überprüfen, «den Erziehungsurlaub und die Gewährung von Erziehungsgeld generell auf zwei Jahre» ausdehnen, die Schutzfrist im Anschluss an die Geburt verlängern und die «unzulänglichen Regelungen des Unterhaltsvorschussgesetzes» der Bundesrepublik verbessern solle.[86] Eine weitere zentrale Forderung war, dass in den Ländern der ehemaligen DDR das durch ein Gesetz vom 20. Juli 1990[87] ideologisch entrümpelte Familiengesetzbuch der DDR vom 20. Dezember 1965[88] beibehalten werden solle, da mit der Gesetzesänderung ein modernes Familienrecht auf der «Grundlage strikter Gleichberechtigung von Mann und Frau, umfassender rechtlicher Gleichstellung» ehelicher und nicht-ehelicher Kinder, «strikter Beachtung der Eigenverantwortlichkeit der Eltern für ihre Kinder» und vertraglicher Vereinbarungen der Güterstandsregelungen geschaffen worden sei.[89] Die Übernahme des Rechts der Bundesrepublik würde in einigen Bereichen die «Übernahme auch überholter, zu ändernder Regelungen bedeuten» und würde der Entwicklung des künftigen gemeinsamen Familienrechts entgegenstehen.

Besonderen Wert legte das Ministerium auch auf die Erhaltung der Kinderbetreuungseinrichtungen, die in der ehemaligen DDR weiterhin eine «wichtige familienbegleitende Aufgabe [...] insbesondere für die Alleinerziehenden» hätten.[90] Der Bund sollte an den Kosten zu ihrer Finanzierung neben den Kommunen beteiligt werden. Weiterhin hielt man ein Zurückschrauben der bisher gewährten hohen Leistungen bei Erkrankung von Kindern wegen des hohen Frauenbeschäftigungsgrads für nicht akzeptabel. Insgesamt dürfte die «Herstellung der deutschen Einheit nicht mit wesentlichen und spürbaren Rückschritten familienpolitisch motivierter sozialer Leistungen für bestimmte Gruppen der Bevölkerung belastet werden».[91] Eine weitere wichtige Forderung war die Förderung zentraler Organisationen der Freien Wohlfahrtspflege zur Unterstützung des Sozialhilfegesetzes und anderer Sozialgesetze. Ihnen sollten aus dem Bundeshaushalt von 1991 1,5 Milliarden DM zur Verfügung gestellt werden.[92]

In der Bundesregierung setzte sich vor allem die Bundesministerin für Jugend, Familie, Frauen und Gesundheit, *Ursula Lehr,* für eine stärkere Berücksichtigung der Interessen der Familien und Frauen im Einigungsprozess ein. Die Verhältnisse in der Bundesrepublik dürften nicht einfach auf die DDR übertragen werden. So habe die Bundesrepublik bei den

Kinderbetreuungseinrichtungen und bei der Freistellung der Eltern zur Pflege erkrankter Kinder einen Nachholbedarf.[93] Das BMJFFG hat die in den Verhandlungen zum Einigungsvertrag in der dritten Runde eingebrachten Vorschläge des DDR-Ministeriums für Familie und Frauen zur Sicherung von Kinderbetreuungsstätten und zur Förderung des Aufbaus einer pluralen Struktur der Freien Wohlfahrtspflege unterstützt.[94]

Eine stärkere Beachtung der Interessen der Frauen im Einigungsprozess wurde von den zuständigen Ausschüssen der SPD-Ost und SPD-West, der DAG und dem DGB gefordert.[95] Die Aussagen zur Familienpolitik im Einigungsvertrag blieben aber, auch wegen der Ablehnung weitergehender Forderungen durch das BMI und das BMF,[96] relativ allgemein. Die Beteiligung des Bundes an den Kosten der Weiterführung der Einrichtungen zur Tagesbetreuung von Kindern im Osten beschränkte sich auf die Zeit bis zum 30. Juni 1991. Der besondere Schutz von Schwangeren, Müttern mit Kleinstkindern und Alleinerziehenden im Arbeitsrecht der DDR lief – wie schon erwähnt – mit unterschiedlichen Übergangsfristen aus. Das gleiche galt für die durch Leistungen der Krankenkassen unterstützte verlängerte Freistellung für die Pflege erkrankter Kinder. Das bundesdeutsche Familienrecht musste mit einigen Ausnahmen und Übergangsregelungen – etwa zur Unterhaltssicherung[97] – von den neuen Bundesländern übernommen werden. Für den Schwangerschaftsabbruch galt bis zu einer gesamtdeutschen Neuregelung, die bis zum 31. Dezember 1992 erfolgen sollte, die Fristenregelung der DDR weiter, die nach dem so genannten «Tatortprinzip» auch von westdeutschen Frauen bei einem Abbruch der Schwangerschaft in den neuen Bundesländern in Anspruch genommen werden konnte.

Artikel 31 des Einigungsvertrages erhielt zudem den Auftrag an den gesamtdeutschen Gesetzgeber, «die Gesetzgebung zur Gleichberechtigung zwischen Männern und Frauen weiterzuentwickeln» und «angesichts unterschiedlicher rechtlicher und institutioneller Ausgangssituationen bei der Erwerbstätigkeit von Müttern und Vätern die Rechtslage unter dem Gesichtspunkt der Vereinbarkeit von Familie und Beruf zu gestalten». Eine der relativ wenigen durch die Einigung ausgelösten Änderungen der Verfassung ergänzte am 27. Oktober 1994 Artikel 3, Absatz 2 des Grundgesetzes über die Gleichberechtigung von Männern und Frauen durch den Zusatz, dass der «Staat [...] die tatsächliche Durchsetzung der Gleichberechtigung von Frauen und Männern» fördert und «auf die Beseitigung bestehender Nachteile» hinwirkt.[98]

9.3 Die Ratifizierung des Einigungsvertrages

Die Ratifizierung des Einigungsvertrages setzte – im Unterschied zum Staatsvertrag vom 18. Mai 1990 – wegen der im Vertrag enthaltenen Verfassungsänderungen eine Zweidrittelmehrheit im Bundestag, im Bundesrat und in der Volkskammer voraus. Die sozialdemokratische Opposition der Bundesrepublik ist – anders als beim Staatsvertrag – über die Länder intensiv in die Verhandlungen einbezogen worden. In der DDR wurden durch von der Volkskammer benannte Vertreter der zukünftigen Länder auch Mitglieder der Parteien über die Regierungsparteien hinaus an den Verhandlungen beteiligt. *De Maizière* hat zudem regelmäßig die Fraktionsvorsitzenden über den Gang der Verhandlungen unterrichtet[99] und auch *Kohl* hat, v.a. in der Endphase der Verhandlungen, führenden Sozialdemokraten die Chance gegeben, ihre zentralen Forderungen einzubringen und an Kompromisslösungen mitzuwirken. Auch die Parlamente wurden besonders über die beiden Ausschüsse «Deutsche Einheit» frühzeitig und relativ umfassend informiert.

Die zunächst insgesamt gute Zusammenarbeit von Bundesregierung und Ländern sowie von Regierung und Opposition geriet in eine Krise, als kurz vor dem Abschluss der Verhandlungen nach der Entlassung sozialdemokratischer oder der SPD nahe stehender Minister am 19. August die Sozialdemokratie aus der Regierung *de Maizière* austrat. Die Regierungschefs der von der Sozialdemokratie geführten Länder haben daraufhin in einer Erklärung vom 19. August 1990[100] die Bundesregierung wegen ihrer Weigerung, unverzüglich einen Kassensturz zu machen und notwendige Steuererhöhungen vorzunehmen, scharf kritisiert und Änderungen des Entwurfs des Einigungsvertrages in mehreren zentralen Punkten gefordert: Entschädigung müsse Vorrang vor Rückübereignung haben, um Rechtssicherheit für Investitionen zu schaffen; die Länder und Gemeinden der DDR müssten finanziell besser ausgestattet werden; das Vermögen der SED/PDS, der anderen Blockparteien und der sog. Massenorganisationen der DDR solle für die wirtschaftliche Umstrukturierung der DDR verwendet werden; der Abbau des überbesetzten öffentlichen Dienstes der DDR dürfe nicht den künftigen Ländern aufgelastet werden. Im sozialen Bereich wurde eine Erschwerung der Kündigung von Wohnungen, eine Verbesserung der Vorruhestandsregelungen und der Krankenhausfinanzierung verlangt. Die Landwirtschaft sollte besser an die Bedingungen der EG angepasst werden. Beim Schwangerschaftsabbruch sollten Beratung und Hilfe an die Stelle von

Strafe treten. In einer neuen, auf dem Grundgesetz aufbauenden und einer Volksabstimmung zu unterwerfenden Verfassung sollten Staatsziele zum Umweltschutz und zur Konkretisierung des Sozialstaatsgebots aufgenommen werden. Der SPD-Parteivorsitzende *Hans-Jochen Vogel*, der Kanzlerkandidat *Oskar Lafontaine*, der Ministerpräsident von NRW, *Johannes Rau*, und die Stellvertretende Fraktionsvorsitzende *Herta Däubler-Gmelin* haben einen Teil dieser Forderungen in einen Brief an *Kohl* vom 24. August 1990[101] aufgenommen und unterstrichen, dass in Anbetracht der Mehrheitsverhältnisse im Bundesrat und der geplanten Verfassungsänderungen der Einigungsvertrag auch für die Sozialdemokratie zustimmungsfähig sein müsse.

Die schließlich vor allem auf einer Sitzung vom 26. August 1990 im Kanzleramt zwischen *Kohl, Seiters, Schäuble, Genscher, Waigel* sowie führenden Vertretern der Koalitionsparteien und der Sozialdemokratie[102] sowie in einer Reihe von Arbeitsgruppen erreichten Klärungen und Kompromisse haben der Sozialdemokratie ausgereicht, um doch noch dem Vertrag zuzustimmen. In einer Aufzeichnung vom 3. September 1990 für *Gerhard Jahn*,[103] einen der Parlamentarischen Geschäftsführer der SPD-Fraktion, der am 20. September 1990 die Zustimmung seiner Fraktion zum Einigungsvertrag begründete,[104] wurde geltend gemacht, dass in einer Reihe wichtiger Punkte aufgrund der Verhandlungen mit der Koalition Verbesserungen gegenüber dem Entwurf vom 26. August 1990 erreicht worden seien. Dabei handelte es sich vor allem um die Regelung des Schwangerschaftsabbruchs, die Möglichkeit, über eine zu schaffende Verfassung eine Volksabstimmung abzuhalten, die präzisierten Bedingungen, zur Förderung von Investitionen auf die Rückübertragung von Grundstücken und Gebäuden zu verzichten, und die Übertragung von staatlichem Finanzvermögen der DDR auch an Kommunen. Auch die Erhöhung des Altersübergangsgelds von 65 Prozent auf 70 Prozent für 312 Tage bei Arbeitnehmern, deren Anspruch vor dem 1. April 1991 entstand, wurde als Erfolg der Sozialdemokratie gewertet.

Nach der Unterzeichnung des Vertrages hat *Vogel* vor allem die Regelungen über die Stasi-Akten, die teilweise Übernahme des Rehabilitierungsgesetzes der DDR vom 6. September 1990 in der zusätzlichen Vereinbarung vom 18. September 1990 sowie eine bessere Berücksichtigung der Interessen der DDR-Landwirtschaft positiv gewertet und beim Partei- und Fraktionsvorsitzenden der ostdeutschen SPD, *Wolfgang Thierse*, für eine geschlossene Zustimmung zum Einigungsvertrag plädiert.[105]

Die Sozialdemokratie des Deutschen Bundestages hat den Einigungsvertrag einstimmig (bei einer Enthaltung) akzeptiert. *Peter Conradi* und eine Reihe weiterer SPD-Abgeordneten erklärten allerdings, dass sie dem Vertrag nur mit Bedenken wegen der unzureichenden parlamentarischen Behandlung zustimmten.[106] In der CDU/CSU-Fraktion haben insgesamt 13 Abgeordnete das Gesetz zum Vertrag abgelehnt, vor allem wegen der Beibehaltung der Fristenlösung in der DDR oder der Anerkennung der Oder-Neiße-Grenze, gegen die *Herbert Czaja* mit anderen Abgeordneten vergeblich das Bundesverfassungsgericht zum Erlass einer einstweiligen Verfügung angerufen hatte[107]; andere haben ihre Zustimmung nur mit großen Bedenken gegeben. Insgesamt 68 Abgeordnete der CDU/CSU, die dem Vertrag zustimmten, gaben ihre Kritik an der Anerkennung der Bodenreform nach 1945 zu Protokoll.[108] In der FDP erklärten 32 der 46 Abgeordneten der Fraktion, dass sie dem Vertrag zustimmten, obwohl die 1945–1949 vorgenommenen Enteignungen auf besatzungsrechtlicher bzw. auf besatzungshoheitlicher Grundlage von der Partei nicht akzeptiert würden.[109] Von den GRÜNEN stimmten 33 Abgeordnete gegen und drei für den Vertrag, der mit 440 gegen 47 Stimmen bei drei Enthaltungen vom Bundestag am 20. September 1990 angenommen wurde.[110] Der Bundesrat stimmte am folgenden Tag einstimmig zu.

In der Volkskammer hatte *de Maizière* den Vertrag als die gegenüber einem bloßen Überleitungsgesetz bessere Lösung verteidigt und u. a. das Altersübergangsgeld, die Übergangsregelungen bei der Kranken- und Rentenversicherung, beim Mutterschafts- und Erziehungsgeld und bei der Freistellung zur Pflege erkrankter Kinder sowie die Beibehaltung des Sozialzuschlags bis zum 30. Juni 1995 als positiv gewertet.[111] Als Sprecher der Sozialdemokratie hat *Wolfgang Thierse* besonders die Verdienste seiner Partei bei der Verbesserung des ursprünglichen Vertragsentwurfs hervorgehoben.[112] 14 SPD-Abgeordnete der Volkskammer, unter ihnen der von *de Maizière* am 16. August 1990 als Finanzminister entlassene *Walter Romberg*, erklärten, dass sie dem Vertrag nur unter großen Gewissenskonflikten zustimmen könnten, da u. a. die finanzielle Ausstattung der Länder und Kommunen unzureichend und die Zukunft der Bauern ungewiss sei, die Instrumentarien der Wirtschaftsförderung nicht ausreichten und der sozialpolitische Besitzstand der Bürger der DDR weiter abgebaut werde.[113] Die PDS und die Mehrheit von Bündnis 90 DIE GRÜNEN lehnten den Vertrag ab.[114] Der Vertrag wurde mit insgesamt 299 zu 80 Stimmen bei einer Enthaltung am 20. September 1990 in der Volkskammer angenommen.[115]

10. Die sozialpolitischen Akteure und der Einigungsprozess

10.1 Die Dominanz der Exekutive

Der Verhandlungen über die rechtlichen Grundlagen der deutschen Einheit waren die Stunde der Exekutive. Während die Dynamik des Einigungsprozesses durch den Exodus von Hunderttausenden von Übersiedlern, durch den auf eine schnelle Vereinigung drängenden Wunsch der ganz überwiegenden Mehrheit im Osten Deutschlands, aber auch durch den inneren Auflösungsprozess der DDR vorangetrieben wurde, lag es bei der Regierung beider deutscher Staaten, diese Dynamik in konkrete Einigungspolitik umzusetzen, außenpolitisch abzusichern und die Normen, die Institutionen und die Übergangsregelungen auszuhandeln, nach denen die Vereinigung vollzogen wurde.

Im Bundeskanzleramt – vor allem vom Bundeskanzler selbst – wurden unter Zuarbeit eines kleinen Kreises von engen Mitarbeitern die strategischen Grundsatzentscheidungen getroffen. Das galt für das 10 Punkte-Programm *Kohls* für die Wiedervereinigung vom 28. November 1989, den Abbruch der Verhandlungen über eine Vertragsgemeinschaft mit der DDR Mitte Januar 1990, das stark von Vorarbeiten des Bundesfinanzministeriums beeinflusste Angebot der Währungsunion vom 7. Februar 1990 sowie für die Zielsetzung und den groben Zeitplan der Verhandlungen zum Staatsvertrag und zum Einigungsvertrag. Der am 7. Februar 1990 geschaffene Kabinettsausschuss «Deutsche Einheit» mit seinen Arbeitsgruppen für bestimmte Sachbereiche, der bundesdeutsche Delegationsleiter für den Staatsvertrag *Hans Tietmeyer* und Innenminister *Wolfgang Schäuble* als Verhandlungsführer für den Einigungsvertrag auf Seiten der Bundesrepublik haben zwar den Verhandlungsprozess koordiniert, die detaillierte Umsetzung der politisch-strategischen Vorgaben war jedoch ganz wesentlich eine Angelegenheit der Ministerialbürokratie, die bis hinunter zur Ebene der Referatsleiter auch in wichtigen Fragen einen erheblich größeren Gestaltungsspielraum als in normalen Fragen der Gesetzgebung hatte. Die außerordentlich komplexen partei- und interessenpolitisch geprägten und von den Ländern wesentlich mitbestimmten Konsultations- und Aushandlungsprozesse, die für das bundesdeutsche Regierungssystem in Normalzeiten typisch sind, wurden im Staatsvertrag so gut wie vollständig, im Einigungsvertrag, in dem die Interessen der Länder und über sie auch die der Opposition stärker zur Geltung gebracht werden konnten, teilweise ausgeschaltet. Die Urchen für diese Entdifferenzierung, Personalisierung sowie die weitgehende Zentralisierung und Bürokratisierung des Willensbildungs- und Entscheidungsprozesses waren vor allem die folgenden:

1. Ein wesentlicher verfassungsrechtlicher Grund für die Stärke der Exekutive lag darin, dass aufgrund von Artikel 59 Absatz 2 des Grundgesetzes die ausgehandelten Verträge von den parlamentarischen Körperschaften nur insgesamt ratifiziert oder abgelehnt, nicht aber im Detail verändert, sondern allenfalls in den Gesetzen zur Annahme der Verträge in Einzelheiten ergänzt werden konnten.
2. Die Entstehung der ungewöhnlich komplexen Verträge stand unter außerordentlichem Zeitdruck. Dies hing zum einen damit zusammen, dass man befürchten musste, dass die günstige außenpolitische Konstellation, vor allem die Konzessionsbereitschaft der Sowjetunion, sich ändern und man bei einer Verzögerung die Chancen der deutschen Einigung verspielen würde. Zum anderen duldete auch der innere Zerfall der DDR, die ja von sich aus auch ohne Verträge einseitig ihren Beitritt zur Bundesrepublik erklären konnte, keinen Aufschub.
3. Wie bei zwischenstaatlichen Verhandlungen üblich, mussten zunächst die zentralen Exekutiven miteinander in Kontakt treten. Es lag weitgehend an ihnen, inwieweit sie weitere politische und gesellschaftliche Kräfte und andere Institutionen einbeziehen wollten beziehungsweise zur politischen Absicherung ihres Vorgehens einbeziehen mussten.
4. Es musste bei der Vereinigung in hohem Maße improvisiert werden. Es gab keine Pläne für den Fall der Vereinigung in den Schubladen der Ministerien, aber auch keine strategischen Konzepte der Parteien, wie der Transformationsprozess zur Demokratie und zur Marktwirtschaft im Osten Deutschlands am besten gesteuert werden könne, wie man Elemente beider Staaten verbinden und wie ein gesamtdeutscher Staat aussehen solle. In dieser Situation bedeutete es eine Verminderung des Risikos, auf das Erfahrungs- und Expertenwissen der Ministerialbürokratie der Bundesrepublik zurückzugreifen. Dabei geriet die DDR, deren politisches und wirtschaftliches System ja zusammengebrochen war und deren bürokratische Experten kaum Verhandlungserfahrung hatten und sich zudem mit einer ihnen völlig fremden Materie vertraut machen mussten, ins Hintertreffen. Die Dominanz der westdeutschen Ministerialbürokratie stärkte die Tendenz, das bundesrepublikanische System möglichst deckungsgleich auf den Osten Deutschlands zu übertragen.
5. Der Kampf der Parteien um die Gewinnung politischer Mehrheiten

in der Volkskammer, in den Kommunen der DDR, den ostdeutschen Ländern und vor allem bei der Ende 1990 bevorstehenden Bundestagswahl hat die Initiierung der Verhandlungen, ihren Zeitrahmen, aber auch ihren Charakter stark geprägt. Er stärkte die Position der bestehenden bundesdeutschen Regierungskoalition, die die Themen des Wahlkampfes bestimmen und die Opposition ausmanövrieren konnte, indem sie Kritik an der spezifischen Vorgehensweise der Regierung – etwa bei der Finanzierung der Einheit oder Einzelheiten der Verträge – in der Öffentlichkeit als Ablehnung der Deutschen Einheit darstellen konnte. Die Spaltung der sozialdemokratischen Opposition in zentralen Fragen der Deutschlandpolitik und die deutliche Reserve ihres Kanzlerkandidaten *Oskar Lafontaine* gegenüber der Wiedererrichtung eines deutschen Nationalstaates waren dabei Wasser auf die Mühlen des Regierungslagers.

10.2 Das Bundesministerium für Arbeit und Sozialordnung

Bei den Einigungsverhandlungen spielte die Sozialpolitik eine wesentliche Rolle und es gab in diesem Bereich einen erheblichen Gestaltungsspielraum. Sozialpolitische Ziele waren die Ergänzung der Marktwirtschaft durch die Normen, Institutionen und Leistungen des bundesdeutschen Sozialstaates wie Tarifautonomie, Mitbestimmung, Arbeitsmarktpolitik, gegliederte Sozialversicherung und die sozialen Hilfs- und Fördersysteme. Damit sollte der wirtschaftliche Umbruch abgefedert und der soziale Frieden gesichert werden.

Den entscheidenden Einfluss auf die Sozialpolitik der Vereinigung hatte dabei auf Seiten der Bundesrepublik das BMA unter *Norbert Blüm*. Das zweite sozialpolitische Ministerium, das BMJFFG, spielte dagegen nur eine untergeordnete Rolle. Die Ministerin *Ursula Lehr* hatte im Gegensatz zu *Blüm*, der in Nordrhein-Westfalen an der Spitze des mitgliederstärksten Landesverbandes der CDU stand und eine gute Beziehung zu *Kohl* hatte, keine Hausmacht. Auch die gesetzliche Krankenversicherung unterstand bis zur Neubildung der Regierung im Januar 1991 dem Arbeitsministerium.

Blüm hatte wesentlichen Einfluss auf die Entscheidung der Regierung, die Währungs- und Wirtschaftsunion durch eine Sozialunion zu ergänzen. Er wurde darin von allen politischen Kräften in der DDR, von der sozialdemokratischen Opposition und den Gewerkschaften unterstützt. Er und sein Ministerium, das er gut im Griff hatte, traten dafür ein, den westdeutschen Sozialstaat und seine Leistungen möglichst ohne Abstriche auf den Osten Deutschlands zu übertragen. Den Bestrebungen, über den Umweg DDR die Sozialstaatsgesetzgebung der Bundesrepublik zu unterlaufen,[1] traten er und sein Ministerium entschieden und erfolgreich entgegen. Ein Umtauschsatz von 1:1 für Gehälter, Löhne und Renten, die sofortige und nicht nur schrittweise Anhebung des Niveaus einer «Eckrente» auf 70 Prozent des Nettoarbeitseinkommens, eine großzügige aktive Arbeitsmarktpolitik zur Reduzierung der Massenarbeitslosigkeit im Osten und die Übertragung des westdeutschen Rechts der Kriegsopferversorgung auf die neuen Bundesländer zum 1. Januar 1991 sind von *Blüm* und seinem Ministerium gegen den erheblichen Widerstand anderer Ressorts durchgesetzt worden. Offenbar hat *Blüm*, der als Vertreter der christlich-sozialen Tradition der CDU-Sozialausschüsse und der Arbeitnehmerinteressen und als populärer Wahlkämpfer gewissermaßen den linken Flügel der CDU repräsentierte, etwa in seinem Eintreten für die ostdeutschen Rentner die Unterstützung von Bundeskanzler *Kohl*,[2] der die Bedeutung der Rentnerstimmen bei Wahlen klar sah, erhalten. Insgesamt sahen *Blüm* und seine Berater die Übertragung der bundesdeutschen Wirtschafts- und Sozialordnung vor allem als ordnungspolitisches Problem und als Frage der sozialen Gerechtigkeit gegenüber den Menschen im Osten an. Sie haben die ökonomischen Probleme, die sich aus der abrupten Währungsumstellung und der Übertragung der komplexen Regelungen des bundesdeutschen Arbeitsrechts und des vollen Leistungsspektrums des westdeutschen Systems der sozialen Sicherung ergaben, in Erwartung eines neuen Wirtschaftswunders[3] erheblich unterschätzt. Einem besorgten Bürger versicherte *Blüm* am 28. März 1990, dass «kein Rentner, kein Kranker, kein Arbeitsloser, kein Kriegsopfer und Sozialhilfeempfänger [...] wegen des deutschen Einigungsprozesses Leistungskürzungen zu befürchten» habe. «Im Gegenteil; das einige Deutschland wird eine große Wirtschaftskraft entwickeln, mit Wohlstand für alle und mit neuen Beschäftigungschancen».[4] Und den «Dortmunder Freunden» schrieb er am 11. Juni 1990, dass eine Steuererhöhung zur Finanzierung der Einheit – das Lieblingsthema der SPD – nicht erforderlich sei.[5] Das sollte sich allerdings schon Anfang 1991 als Illusion entpuppen.

Eine Gegenposition zum BMA wurde vom BMWi und vom BMF, das die Bundesbank hinter sich wusste, vertreten. Ihnen ging es um eine Flexibilisierung und Entschlackung des bundesdeutschen Arbeitsrechts bei dessen Übergang auf den Osten, um private Investitionen anzuziehen und den wirtschaftlichen Umbau zu erleichtern. Auch wünschten sie eine nur allmähliche Anpassung sozialer Leistungen zur Stärkung der Wettbewerbsfähigkeit der ostdeutschen Unternehmen und zur Reduzierung der Kosten der Einheit. Während das Wirtschaftsministerium unter *Helmut Haussmann* (FDP) relativ schwach war, konnte das BMF das ganze Gewicht seiner Verantwortung für den Bundeshaushalt und die zentrale Stellung seines Ministers, *Theodor Waigel*, der als Vorsitzender der CSU ein wichtiger Träger der Regierungskoalition war, in die Waagschale werfen. Die Haltung des Finanzministeriums war vor allem von finanziellen, weniger von wirtschaftlichen Gesichtspunkten bestimmt. Es verhinderte zunächst eine großzügige Sanierung des Gesundheitswesens im Osten mit Bundesmitteln, erzwang zum 1. Januar 1992 einen gesamtdeutschen Finanzverbund der Rentenversicherung und damit eine erhebliche besondere Belastung der Arbeitgeber und Arbeitnehmer mit den Kosten der Einheit und achtete auf möglichst kurze Fristen für den Abbau von Besserstellungen der Menschen im Osten im Arbeits-, Sozial- und Familienrecht. *Konrad Weiß* (Bündnis 90), der als ein Vertreter der künftigen Länder des Ostens in die Verhandlungsdelegation der DDR beim Einigungsvertrag entsandt worden war, konstatierte in der Volkskammer bei der abschließenden Debatte des Vertrages: «Der Schatten des Bundesfinanzministers war am Verhandlungstisch allgegenwärtig».[6]

Die Führung der Verhandlungen über Fragen der Sozialpolitik lag auf Seiten der Bundesrepublik bei *Bernhard Jagoda* (CDU), der von 1980 bis 1987 über die hessische Landesliste in den Bundestag gewählt worden war, wo er 1985 zum sozialpolitischen Sprecher seiner Partei wurde. Nachdem er im Januar 1987 die erneute Wahl in den Bundestag knapp verfehlt hatte, holte ihn *Blüm* auf die auch wegen seiner Mehrbelastung als CDU-Landesvorsitzender Nordrhein-Westfalens neu geschaffene Stelle eines zweiten beamteten Staatssekretärs in das BMA. Er hatte somit nicht nur die Rückendeckung von *Blüm*, sondern auch ein hohes Ansehen in der CDU/CSU-Fraktion. Er wurde je nach dem gerade vorliegenden Thema von führenden Beamten des BMA und anderer Ministerien unterstützt. Das BMA hat am Tage der deutschen Einheit, am 3. Oktober 1990, durch Erlass von Staatssekretär *Tegtmeier* vom 25.9.1990 eine Außenstelle in Ostberlin unter Leitung von Ministerialdirektor *Jung*, der seine bisherige Aufgabe als Leiter der Abteilung V (Gesundheit und Krankenversicherung) beibehielt, errichtet.[7] Die Außenstelle war zunächst im DDR-Arbeitsministerium in Karlshorst, später im Sitz des früheren Ministerpräsidenten der DDR in der Klosterstraße in Berlin-Mitte untergebracht worden. Die Außenstelle unterstand unmittelbar Staatssekretär *Jagoda*; die Referate unterlagen der fachlichen Aufsicht der jeweils zuständigen Abteilungen des BMA. *Jung* und sein ständiger Vertreter *Ammermüller* übten die allgemeine Dienstaufsicht aus und waren für die Koordination innerhalb der Außenstelle, für deren Repräsentanz und für die Presse- und Öffentlichkeitsarbeit der Außenstelle zuständig.[8]

In der Außenstelle sollten etwa 90 bis 100 Bedienstete, davon ca. 20 bis 30 Mitarbeiter aus Bonn tätig sein. Sie sollte neben der Leitung aus elf Referaten bestehen. Die bisherigen Leitungsinstanzen des MfAS der DDR – beamtete Staatssekretäre, Abteilungsleiter, Unterabteilungsleiter – wurden mit Wirkung vom 3.10.1990 aufgelöst. Die Arbeitsverhältnisse der Inhaber der Dienstposten ruhten ab diesem Zeitpunkt, sofern sie nicht vom BMA übernommen wurden. Für die übrigen Bereiche des MfAS wurde die Entscheidung über die Überführung oder Abwicklung des Personals bis zum 31.12.1990 hinausgeschoben. Die Beschäftigten wurden der Außenstelle in Berlin zugeordnet und ohne Rücksicht, ob ihre Übernahme vorgesehen war, nach Möglichkeit einem der Referate der Außenstelle zugewiesen. Auf die Dauer sollten von den 203 Beschäftigten des MfAS und den im Bereich Krankenversicherung des Ministeriums für Gesundheitswesen beschäftigten ca. 50 Personen etwa 60 bis 70 übernommen werden. Den übrigen Beschäftigten sollten bis Ende 1990 Beschäftigungsmöglichkeiten im Bereich Sozialversicherung des Beitrittsgebietes angeboten werden.[9]

10.3 Die Verhandlungsdelegation der DDR

Der Hauptverhandlungspartner von *Jagoda* auf Seiten der DDR war der Parlamentarische Staatssekretär in dem von *Regine Hildebrandt* geleiteten Ministerium für Arbeit und Soziales, *Alwin Ziel*. *Ziel* war als Flüchtling aus Westpreußen im Alter von vier Jahren nach Mecklenburg gekommen. Nach seiner Ausbildung an einer Pädagogischen Hochschule als Lehrer tätig, geriet er als bekennender Christ in Schwierigkeiten, gab den Lehrerberuf auf und wurde zunächst Logopäde und später – nach einem Fernstudium an der Humboldt-Universität – Diplom-Jurist. 1988 kehrte er von einem Verwandtenbesuch nach Westdeutschland nicht zurück, konnte aber seine Familie nicht nachkommen lassen und ging – nachdem seine Frau, eine Apothekerin, unter massivem Druck der Stasi schwer erkrankt war – in die DDR zurück. Im Herbst 1989 zunächst in den Bürgerbewegungen «Neues Forum» und «Demokratie Jetzt» aktiv, schloss er sich im Dezember 1989 der SPD an, in der er auch aufgrund seines juristischen Sachverstandes bald eine starke Stellung hatte. Nach der Wahl der Volkskammer am 18. März 1990 spielte er bis zu seiner Ernennung zum Parlamentarischen Staatssekretär als Fraktionsgeschäftsführer bei der Bildung der Regierungskoalition eine wichtige Rolle. *Ziel* war in der SPD der DDR ein Anhänger der Aufrechterhaltung der Koalition und führte deren schließlichen Bruch im August 1990 auf Intrigen aus dem Ollenhauer-Haus und das «blöde Taktieren von *Lafontaine* zurück».[10] In den Verhandlungen mit der Bundesrepublik war er als eine Art «Neben-*Krause*» eine der Schlüsselfiguren. Er galt als der Vertrauensmann der SPD in der Delegation der DDR. Er hatte die Rückendeckung des SPD-Fraktionsvorsitzenden *Richard Schröder*, der in ständigem intensiven Kontakt mit *de Maizière* stand und *Ziel* häufig zu seinen Gesprächen mit dem Ministerpräsidenten hinzuzog, wenn Schwierigkeiten zwischen CDU und SPD – vor allem Spannungen zwischen *Krause* und Finanzminister *Romberg* – bereinigt werden mussten. *Ziels* Verhältnis zu *Krause*, vor allem aber zu *de Maizière* war gut. Der Fraktionsvorsitzende *Schröder* war für ihn wichtiger als seine Ministerin *Hildebrandt*, die ständig überzeugt werden musste, dass manches, was sie wollte, vor allem aus finanziellen Gründen, nicht ging.[11] *Blüm* und *Hildebrandt*, die innerhalb der DDR-SPD als bei der Bevölkerung ungewöhnlich populäre Ministerin eine besonders starke Stellung hatte, kamen insgesamt gut miteinander aus, da sie gemeinsam die Sozialunion aus Überzeugung wollten und sich gegenseitig echtes soziales Engagement zubilligten. Nach *Blüm* war *Regine Hildebrandt* – «die einzige Frau, die ohne Luft zu holen reden kann» – eine der wenigen wirklich guten Menschen, die für die Schwachen eintrat. Allerdings würden die guten Absichten bei ihr alles «überschwemmen» und sie nicht klar erkennen lassen, was auch politisch durchsetzbar war.[12]

Für die Sozialpolitik waren in der DDR vor allem drei Ministerien zuständig: neben dem MfAS, das aus dem Ministerium Arbeit und Löhne der *Modrow*-Regierung hervorgegangen war, das auch für die Krankenversicherung zuständige Ministerium für das Gesundheitswesen[13] mit *Jürgen Kleditzsch* (CDU) an der Spitze und Staatssekretär Dr. *Horst Schönfelder* und Prof. Dr. *Hicke* als Hauptverhandlungsführern sowie das Ministerium für Familie und Frauen unter *Christa Schmidt* (CDU), in dem vor allem der Parlamentarische Staatssekretär *Hans Geisler* (CDU/DA) für die Verhandlungen zuständig war. Im MfAS wurde *Ziel* vor allem von *Ingolf Noack*, der einer der Stellvertreter des Ministers für Arbeit und Löhne gewesen war, und dem «Rentenpapst» der DDR, *Heinz Weiße*, unterstützt. Die vom BMA in das Ministerium entsandten Beamten waren an den Verhandlungen selbst nicht beteiligt und wurden auch von Bonn nicht über die jeweilige Verhandlungsposition der Bundesrepublik informiert.[14] *Jagoda* und *Ziel* haben nach anfänglichem Misstrauen trotz unterschiedlicher Interessenlage bald ein auf gegenseitigem Vertrauen beruhendes Verhältnis zueinander aufbauen können[15] und hatten gemeinsam maßgebenden Anteil an der Regelung der Details der deutsch-deutschen Sozialunion.

Ziel und *Hildebrandt* standen in denkbar engem Kontakt mit der westdeutschen Sozialdemokratie. Vor allem deren Verbindungsmann in Berlin, *Dietrich Stobbe*, habe sie – wie *Ziel* betont – «intensiv, Tag und Nacht» beraten und als echter Partner dabei viel Verständnis für die so ganz anders sozialisierten Ostdeutschen bewiesen.[16] Weitere Ansprechpartner waren der Parlamentarische Geschäftsführer der westdeutschen Sozialdemokratie, *Gerhard Jahn*, und schließlich für Fragen der Sozialpolitik *Rudolf Dreßler* und sein Arbeitsstab.[17]

Der Koalitionsvertrag der DDR-Regierung vom 12. April 1990, der die Grundlage der Verhandlungsführung der DDR beim Staatsvertrag und beim Einigungsvertrag bildete, ging in seinen sozialpolitischen Teilen wesentlich auf den Einfluss sozialdemokratischer Berater aus dem Westen zurück. *Rudolf Dreßler* wies Frau *Hildebrandt* auf die aus Sicht der SPD wie der DDR vor allem anfechtbaren Punkte im Entwurf des Staatsvertrages hin. Vor jeder der Verhandlungsrunden über sozialpolitische Fragen wurde die Position der DDR in intensiven Gesprächen mit sozialdemokratischen Beratern aus dem Westen abgestimmt, die *Ziel* auch darauf aufmerksam machten, was nach ihrer Meinung bei *Jagoda* durchsetzbar war und wo sie auf Granit beißen würden.[18]

In vielen Punkten stimmte die Delegation der DDR mit den Sozialpolitikern der Bundesrepublik überein: so in der Übertragung von Koalitionsfreiheit, Tarifautonomie und – mit einigen Abweichungen im Detail – von Betriebsverfassung und Unternehmensmitbestimmung, in der Akzeptanz des Grundsatzes einer dynamischen Rente, der Einführung einer Arbeitslosenversicherung und einer flexiblen, stark ausgebauten, aktiven Arbeitsmarktpolitik; gemeinsam war auch die Ablehnung jeglicher Abstriche an sozialen Leistungen und Rechten bei der Übertragung des westdeutschen Sozialstaates auf den Osten. Dagegen ist der DDR-Delegation die dauernde Festschreibung weitergehender «sozialer Errungen-

1 DDR-Bürger flüchten in die Deutsche Botschaft in Prag, von der sie am 1.10.1989 mit Sonderzügen in die Bundesrepublik ausreisen dürfen.

2 Massendemonstration in Leipzig gegen das SED-Regime. Diese fanden seit Herbst 1989 regelmäßig jeden Montag statt.

3 Der Fall der Mauer in Berlin, 9.11.1989.

4 Der DDR-Ministerpräsident Modrow mit einer großen Delegation in der Bundesrepublik, 13./14. Februar 1990. Neben ihm Christa Luft, Stellvertretende Vorsitzende des Ministerrates für Wirtschaft, und Gerhard Beil, Außenwirtschaftsminister der DDR.

5 Die Unterzeichnung des Staatsvertrages über die Schaffung einer Währungs-, Wirtschafts- und Sozialunion durch Bundesfinanzminister Theodor Waigel und den DDR-Finanzminister Walter Romberg im Palais Schaumburg in Bonn am 18.5.1990. Hinter ihnen sind Bundeskanzler Kohl und der DDR-Ministerpräsident Lothar de Maizière zu erkennen.

6 Bundesfinanzminister Waigel präsentiert ein Schild der DM, die am 1. Juli 1990 in der DDR eingeführt wurde.

7 Hans-Dietrich Genscher, Michail S. Gorbatschow und Helmut Kohl in Archys im Kaukasus, 16.7.1990. Im Hintergrund der außenpolitische Berater des Kanzlers Horst Teltschik, der Bundesminister für besondere Aufgaben und Leiter des Presse- und Informationsamtes der Bundesregierung Hans Klein, Theodor Waigel, Raissa Gorbatschowa und Eduard A. Schewardnadse.

8 Die Leiter der Delegationen bei den 2 plus 4 Verhandlungen und der polnische Außenminister, der zeitweise an den Verhandlungen teilnahm, bei der dritten Gesprächsrunde in Paris am 17. Juli 1990. Von links nach rechts: Hans-Dietrich Genscher, Bundesaußenminister; James A. Baker, Außenminister der Vereinigten Staaten von Amerika; Krzysztof Skubiszewski, Außenminister der Republik Polen; Roland Dumas, Außenminister Frankreichs; Eduard A. Schewardnadse, Außenminister der UdSSR; Douglas Hurd, britischer Außenminister; Markus Meckel, Außenminister der DDR.

9 Außenminister Genscher, der Staatsminister im Bundeskanzleramt Lutz Stavenhagen, der Chef des Bundeskanzleramtes Bundesminister Rudolf Seiters und Helmut Kohl bei einer Besprechung, 23.8.1990.

10 Die Unterzeichnung des «Vertrages über die abschließende Regelung in Bezug auf Deutschland» (2 plus 4 Vertrag) in Moskau am 12. September 1990. Am Tisch von links nach rechts: James A. Baker, Douglas Hurd, Eduard A. Schewardnadse, Roland Dumas, Lothar de Maizière, der nach dem Bruch der Koalition mit der SPD auch das Außenministerium der DDR übernommen hatte, Hans-Dietrich Genscher.

11 Feier zur deutschen Wiedervereinigung vor dem Brandenburger Tor in der Nacht vom 2. zum 3. Oktober 1990.

12 LINKS: Lothar de Maizière, Ministerpräsident der DDR April–Oktober 1990.
13 RECHTS: Der Bundesminister für Arbeit und Sozialordnung Norbert Blüm und die DDR-Ministerin für Arbeit und Soziales Regine Hildebrandt.

14 Hans Tietmeyer, Mitglied des Direktoriums der Deutschen Bundesbank und Leiter der bundesdeutschen Verhandlungsdelegation bei der Schaffung der Währungs-, Wirtschafts- und Sozialunion.

15 LINKS: Günther Krause, Leiter der Delegation der DDR bei den Verhandlungen zur Währungsunion und zum Einigungsvertrag.

16 UNTEN: Wolfgang Schäuble, Bundesminister des Innern und Leiter der bundesdeutschen Delegation bei den Verhandlungen zum Einigungsvertrag.

17 Hans-Jochen Vogel, Partei- und Fraktionsvorsitzender der bundesdeutschen Sozialdemokratie, und Richard Schröder, Vorsitzender der Volkskammerfraktion der SPD April–August 1990.

18 LINKS: Alwin Ziel, Parlamentarischer Staatssekretär im Ministerium für Arbeit und Soziales der DDR April – August 1990 und Verhandlungsführer der DDR für Fragen der Sozialpolitik beim 1. Staatsvertrag und beim Einigungsvertrag.

19 RECHTS: Bernhard Jagoda, beamteter Staatssekretär im Bundesministerium für Arbeit und Sozialordnung und Verhandlungsführer der Bundesregierung bei Fragen der Sozialpolitik beim 1. Staatsvertrag und beim Einigungsvertrag.

schaften» der DDR nicht gelungen, auch wenn sie bei der Sicherung des Vertrauensschutzes und der Gewährung eines Sozialzuschlages in der Rentenversicherung, im Kündigungsrecht oder beim Altersübergangsgeld wichtige Teilerfolge erringen konnte.

Den Aufbau einer einheitlichen statt einer gegliederten Krankenversicherung und die Erhaltung der Ambulatorien, Polikliniken und des Betriebsgesundheitswesens als wichtigen Säulen der ambulanten medizinischen Versorgung neben frei niedergelassenen Ärzten hat die DDR nicht erreicht. Der zuständige, unter starkem Druck der Verbände der Leistungserbringer und der Krankenkassen der Bundesrepublik stehende Minister *Kleditzsch* akzeptierte – im Unterschied zu *Regine Hildebrandt* – das westdeutsche System der Gesundheitsversorgung und der gegliederten Krankenversicherung weitgehend auch als Modell für die DDR. Versuche, Vorstellungen der westdeutschen Sozialdemokratie über die Reform des bundesdeutschen Sozialstaates zunächst in der DDR durchzusetzen, um damit Präzedenzfälle und Impulse für neue gesamtdeutsche Regelungen zu schaffen, hatten nie eine wirkliche Chance.

Während die Fraktionsführer der DDR-Parteien – vor allem *Schröder* – von *de Maizière* regelmäßig unterrichtet wurden,[19] hatte die Volkskammer vor der Debatte über die Ratifizierung des Staatsvertrages nur wenig Informationen und keinen nennenswerten Einfluss auf die Verhandlungen. Die Geheimniskrämerei der Regierung führte am 10. Mai 1990 zu einer von der PDS initiierten Debatte über «Stand und Inhalt» der Verhandlungen zum Staatsvertrag, in der die Verhandlungsführung von *Günther Krause* (CDU) unter scharfe Kritik nicht nur der PDS, sondern auch von Bündnis 90/Grüne und dem von der SPD gestellten Finanzminister *Walter Romberg* geriet.[20] *Krause* verteidigte sich vor allem damit, dass es sich bisher nur um Gespräche auf der Ebene der Experten und Staatssekretäre gehandelt habe und die Regierung noch nicht in politische Verhandlungen eingetreten wäre.[21] Das vom Bündnis 90 beantragte Misstrauensvotum gegen die Verhandlungsführung von *Krause* vor allem im sozialen Bereich[22] kam nicht zur Abstimmung, da ein solcher Antrag nach *de Maizière* nur gegen den Ministerpräsidenten, nicht aber gegen eine von ihm zum Staatssekretär berufene Person gerichtet werden könne.[23]

Für den Einigungsvertrag wurde das Vorgehen bei den Verhandlungen im Ministerrat der DDR auf Vorschlag von *de Maizière* festgelegt. Die Ressorts sollten ausschließlich ressortspezifische Verhandlungen führen. Die Grundsatzfragen sollten in der Verantwortlichkeit von *Günther*

Krause und dem Arbeitsstab «Deutsche Einheit» liegen, die auch die ressortübergreifenden Verhandlungen koordinieren sollten. Es sei zu vermeiden, dass unterschiedliche Positionen auf Seiten der Bundesrepublik in die DDR hineingetragen und 40 Jahre alte Schlachtfelder zwischen politischen Kräften der Bundesrepublik im Einigungsvertrag behandelt würden. Die inhaltliche Grundlage der Verhandlungen sei der Koalitionsvertrag. Die Verhandlungen sollten «nicht von Parteien, sondern von der Regierung» geführt und sie sollten nicht «mit parteipolitischen Erklärungen *innerhalb der Verhandlungen*» oder öffentlichen Erklärungen abweichender Auffassungen von Mitgliedern der Regierung belastet werden. Kompromissbereitschaft und die Zurückstellung parteitaktischer Interessen sei notwendig, um die im Parlament erforderliche Zweidrittelmehrheit zu erreichen. Im Übrigen wurde die Richtlinienkompetenz des Ministerpräsidenten in der Deutschlandpolitik stark betont.[24]

An den Verhandlungen zum Einigungsvertrag haben auf Seiten der DDR neben *Krause* und seinem Arbeitsstab und den Vertretern der Ressorts auch Abgeordnete der Volkskammer als «Vertreter der künftigen Länder» der DDR teilgenommen.[25] Sie konnten natürlich nicht annähernd das gleiche Gewicht in die Verhandlungen einbringen wie die Vertreter der westdeutschen Bundesländer, die auf ihre Expertenstäbe, ihre seit langem bestehenden Querverbindungen zu den politischen Parteien und vor allem auf die Institution des Bundesrates, der dem Vertrag zustimmen musste, zurückgreifen konnten.

De Maizières Hoffnung, dass es gelingen würde, erst die DDR aus eigener Kraft in Ordnung zu bringen, um sie danach als gleichberechtigten Partner mit der Bundesrepublik zu vereinigen,[26] war illusionär. Die Schwäche der DDR-Position lag darin, dass sie angesichts des Erwartungsdrucks ihrer Bürger keine Alternative zum Beitritt zur Bundesrepublik hatte, dass der Prozess ihrer inneren Auflösung unaufhaltsam war und dass sie vor allem finanziell, aber etwa beim Aufbau der Arbeitsverwaltung und der Sozialversicherung auch personell, immer mehr von der Bundesrepublik abhängig wurde. Der Bruch der Koalition durch die Entlassung bzw. den Rücktritt der SPD-Minister Mitte August 1990 kurz vor dem Abschluss der Verhandlungen hat die Position der Regierung weiter geschwächt. Trotzdem sollte man den Handlungsspielraum und den Einfluss der DDR, vor allem bei den Verhandlungen zum Staatsvertrag, nicht unterschätzen. Als potentielle Wähler, die die Mehrheitsverhältnisse im Bundestag und im Bundesrat entscheidend verändern konnten, durften die Interessen der Ostdeutschen gerade in einem Wahljahr nicht ignoriert werden. Auch war klar, dass die deutsche Einigung auf Dauer nur dann ein Erfolg würde, wenn es gelänge, die Ostdeutschen auch innerlich für den neuen gesamtdeutschen Staat zu gewinnen.

Der Mangel an Fachleuten konnte durch Experten aus Westdeutschland gemildert und wenigstens teilweise durch die spezifischen Feldkenntnisse der Ostdeutschen, auf die man allerdings viel zu wenig zurückgriff,[27] ausgeglichen werden. Schließlich konnte die zumindest partielle Interessenidentität mit politischen und administrativen Kräften in Westdeutschland, vor allem der westdeutschen Sozialdemokratie, aber auch dem BMA, zur Förderung der Position der DDR ausgenützt werden.

So hat der Einfluss der DDR wesentlich dazu beigetragen, dass es zu keinem größeren Abbau von Sozialleistungen und des sozialen Schutzes der Arbeitnehmer kam und dass in einer Reihe von Übergangsregelungen die spezifischen sozialen Interessen der DDR-Bürger berücksichtigt wurden. Wie immer man die wirtschaftlichen Konsequenzen dieser Verhandlungserfolge der DDR beurteilt, so ist doch dem Urteil von *Alwin Ziel* zuzustimmen, dass beim Staatsvertrag die Verhandlungsdelegation «mit allen Kräften die Interessen der DDR-Bürger vertreten» und insgesamt eine Verbesserung ihrer sozialen Lage erreicht habe.[28] Das gilt auch für den Einigungsvertrag.

10.4 Die Rolle des Bundestages, der Koalitionsparteien und der sozialdemokratischen Opposition

Wie die der Volkskammer war auch die Rolle des Bundestages und der bundesdeutschen Parteien bei der Entstehung der Sozialunion marginal. Einzelne Ausschüsse des Bundestages sind zwar von Zeit zu Zeit über den Stand der Verhandlungen grob informiert worden. Die erste und einzige Debatte im Bundestag über die Vorbereitung des Staatsvertrages, dessen Ratifizierung natürlich Gegenstand eingehender parlamentarischer Beratungen war, fand am 27. April 1990 statt. Kanzleramtsminister *Seiters* verteidigte die Bundesregierung gegen den Vorwurf der mangelnden Beteiligung der Länder und erläuterte einige der Grundzüge des Angebots der Bundesrepublik, insbesondere die Umstellung der Löhne und Gehälter im Verhältnis 1:1, die Anhebung des Rentenniveaus auf 70 Prozent des Nettoarbeitseinkommens, die Bereitschaft zur Anschubfinanzierung bei der Renten- und Arbeitslosenversicherung und die Unterstützung der DDR bei der Durchführung einer aktiven Arbeitsmarktpolitik mit den Schwerpunkten berufliche Qualifizierung und Arbeitsbeschaffungsmaßnahmen.[29] *Graf Lambsdorff* als Sprecher der FDP betonte, dass die Bundesregierung mit ihrem Angebot «bis an die Grenze des wirtschaftlich Möglichen und des wirtschaftlich Vertretbaren» gegangen sei. Er warnte vor flächendeckenden Tarifverträgen, die auf die spezifische Situation der Branchen, Regionen und Betriebe der DDR keine Rücksicht nehmen würden, trat gegen *de Maizière* für den Abbau von Subventionen bei Energie und Wohnungen und für die Möglichkeiten zur Erwerbung von Eigentum an Grund und Boden durch Westdeutsche und Ausländer ein.[30]

Für die sozialdemokratische Opposition bemängelte die Stellvertretende Fraktionsvorsitzende *Herta Däubler-Gmelin*, die für den bei einem Attentat schwer verletzten *Lafontaine* einsprang, dass die Lasten der Einheit nicht klar auf den Tisch gelegt würden, dass die Sozialunion im Angebot nur ungenügend verankert wäre und damit die Gefahr einer sozialen Spaltung Deutschlands bestünde. Die Einheit würde zudem zu sehr als Privatsache des Bundeskanzlers, als Privatangelegenheit der CDU/CSU und nicht als Sache des gesamten deutschen Volkes angesehen. Sie erneuerte ein Angebot des sozialdemokratischen Parteivorsitzenden *Vogel* vom Herbst 1989 an die Regierung auf enge Zusammenarbeit mit der Sozialdemokratie[31] und unterstützte den bereits am 14. Februar 1990 vorgelegten und am 23. April erneuerten Antrag ihrer Fraktion auf die Bildung eines gemeinsamen beratenden Ausschusses aus je elf Mitgliedern des Bundestages und Bundesrates «zur Gewährleistung der parlamentarischen Beteiligung am Prozess der deutschen Einigung».[32] *Rudolf Dreßler* als sozialpolitischer Sprecher der Sozialdemokratie kritisierte, dass durch den vorgesehenen Abbau der Subventionen ohne Ausgleich und die Erhöhung der Sozialversicherungsbeiträge die durchschnittlichen Nettoeinkommen um ein Viertel von 960 DDR-Mark auf 720 DM sinken würden. Er plädierte für die Fortführung der Mindestrenten in der DDR, den zunächst kassenartenneutralen Aufbau einer einheitlichen, also nicht gegliederten Krankenversicherung sowie die Neugestaltung eines gemeinsamen gesamtdeutschen Gesundheitswesens, das die Fehler und Mängel des bundesdeutschen Systems überwinden würde. Er warnte vor der Gefahr, «die DDR als Hebel zu mißbrauchen, um die Politik des Sozialabbaus in der Bundesrepublik fortzusetzen».[33] Seiner Befürchtung, dass zur Stützung der Rentenversicherung der DDR auf die Beitragszahler der Bundesrepublik zurückgegriffen würde, trat *Blüm* mit der klaren Aussage entgegen, dass «aus der Rentenkasse nicht die deutsche Einheit finanziert werden soll [...] Denn solange das Lohngefälle so ist, wie es jetzt ist, können wir keine einheitliche Rentenkasse haben [...] Kein Rentner und keine Rentnerin hier bei uns braucht zu befürchten, dass nur eine müde Mark ihrer Rente durch die deutsche Einheit gefährdet wird».[34] Diese Versprechen hat *Blüm* allerdings nicht halten können.

Die Bildung eines gemeinsamen Ausschusses aus Bundestag und Bundesrat, der der Opposition eine erheblich stärkere Stellung gegeben hätte, wurde von der Koalition abgelehnt.[35] Dagegen wurde am 11. Mai 1990, wenige Tage vor dem Abschluss der Verhandlungen über den Staatsvertrag, ein aus 39 Mitgliedern bestehender «Ausschuß Deutsche Einheit» des Bundestages konstituiert, der bis zum 19. September 1990 in insgesamt 20 Sitzungen die Beratungen der verschiedenen Ausschüsse über die Ratifizierung des Staatsvertrages und des Einigungsvertrages koordinierte und deutsch-deutsche Probleme, z.T. in gemeinsamen Tagungen mit einem parallelen Ausschuß der Volkskammer, erörterte.[36] An den Verhandlungen selbst war er nicht beteiligt, und er hat den Staatsvertrag gar nicht, den Einigungsvertrag nur indirekt und marginal beeinflusst.

Auch die Bundestagsfraktion der Unionsparteien war in den Entscheidungsprozess nicht einbezogen worden und wurde nur unzureichend über die Verhandlungen informiert. Schon am 5. Februar wurde in der Sitzung des Fraktionsvorstandes auf die Frage nach der Einbindung der Fraktion in die Entscheidungen geantwortet, dass bei den Verhandlungen die Bundesregierung in die Vorhand gehen müsse.[37] Allerdings wurde eine Woche später von Kanzleramtsminister *Seiters* festgestellt, dass in den Arbeitsgruppen des Kabinettsausschusses Deutsche Einheit Vertreter der Fraktion – wie auch andere Sachverständige – beteiligt werden sollten und dass bei der Auswahl der Mitglieder die Fraktion konsultiert werden solle.[38] Faktisch liefen jedoch die Verhandlungen an der Fraktion und auch am Fraktionsvorstand vorbei, so dass der Fraktionsvorsitzende *Alfred Dregger* am 26. März eine bessere Zusammenarbeit zwischen dem Regierungsausschuss Deutsche Einheit und der Fraktion forderte. Insbesondere sollten die Arbeitsgruppen der Regierung mit den Fachleuten der Fraktion kooperieren und der Vorstand der Fraktion sollte informiert werden.[39] Einen Tag später hat *Blüm* in der Arbeitsgruppe Arbeit und Soziales der Fraktion über die Vorbereitung zu den Verhandlungen mit der DDR berichtet und dabei betont, dass die Sozialunion ein Angebot an die DDR sei, die wesentlichen gesetzgeberischen Maßnahmen zu ihrer Umsetzung aber von der DDR selbst beschlossen werden müssten. In einer Sitzung der Arbeitnehmergruppe der Fraktion vom gleichen Tag wurde die Notwendigkeit eines Umstellungskurses von 1:1 bei Löhnen und Renten und einer Anhebung der Nettoeckrenten auf 70 Prozent der Nettoarbeitseinkommen – ganz im Sinne des BMA – unterstrichen.[40] Am 23. April wurde dem Fraktionsvorstand[41] und am 24. April der Fraktion der der DDR vorgelegte Vertragsentwurf von Finanzminister *Waigel* eingehend erläutert. *Waigel* bat aber die Fraktion um Verständnis dafür, dass «es in den letzten Tagen und Wochen natürlich nicht möglich gewesen ist, jeden Entwurf eines solchen Vertrages sozusagen fraktionell und parlamentarisch zu behandeln», da die Dinge innerhalb der Regierung abgeklärt werden mussten. Die Ratifizierung werde dagegen «die große Stunde des Parlaments» sein, während die Vorarbeiten «nun wirklich die Aufgabe der Ministerien» seien.[42] Detaillierte Informationen über den Verhandlungsstand erhielten die Bundestagsabgeordneten der Unionsparteien dann am 8. Mai durch Berichte des Kanzleramtsministers *Seiters* und des Verhandlungsführers der Bundesregierung *Hans Tietmeyer*. Es wurde allerdings ausdrücklich darauf verzichtet, den Text der Rede *Tietmeyers*, in der auch die mit der DDR noch kontroversen Fragen behandelt wurden, zu veröffentlichen, und zudem vor jeder Festlegung der Fraktion gewarnt, da man sich noch mitten in den Verhandlungen befinde.[43]

Eine Woche später, am 15. Mai 1990, berichtete *Seiters* über die Ergebnisse der Verhandlungen der letzten Tage. Vom parlamentarischen Geschäftsführer der Fraktion *Friedrich Bohl* wird dabei erwähnt, dass in der Koalitionsrunde noch einmal «die Frage erörtert worden» sei, «ob in diesen Staatsvertrag alles hineingenommen werden soll, auch das, was an Veränderungen von Bundesgesetzen vorzunehmen ist, oder ob das separiert werden soll, also ein Teil Staatsvertrag und ein anderer Teil Änderung von Bundesgesetzen.» Sie hätten sich für den ersteren Weg entschieden, «weil die Separierung natürlich bedeutet hätte, daß es das ganz normale Gesetzgebungsverfahren ist mit der Möglichkeit, auch Anhörungen durchzuführen und natürlich auch Abänderungen im Gesetzgebungsverfahren zu betreiben. Damit hätten wir den Fahrplan mit Sicherheit nicht mehr einhalten können. *Es wird also alles in einem Gesetz sein, wo dann unter dem Strich nur bleibt, Ja oder Nein zu sagen.*»[44] Die Fraktion hat dann schließlich in einer Sondersitzung vom 18. Mai, wenige Stunden vor der feierlichen Unterzeichnung des Vertrages, diesem einstimmig mit der Enthaltung des Abgeordneten *Czaja* zugestimmt.[45] Auch im Ratifikationsverfahren hat die Fraktion der Unionsparteien keine wesentliche Rolle gespielt.

Aus den Verhandlungen zum Einigungsvertrag wurde die Fraktion der CDU/CSU ebenfalls herausgehalten. Die Diskussion konzentrierte sich auf den Schutz des ungeborenen Lebens, auf den endgültigen Verlust der Gebiete östlich von Oder und Neiße und auf den Verzicht, die unter Besatzungsrecht vorgenommenen Enteignungen 1945–1949 rückgängig zu machen, nicht aber auf die wesentlichen Inhalte des Vertrages.[46] Dem Abgeordneten *Czaja*, der kritisierte, dass die Zustimmung zum Vertrag mit der Zustimmung zu mehreren Grundgesetzänderungen verbunden sei, entgegnete *Schäuble* als Verhandlungsführer der Bundesregierung in der Sitzung des Fraktionsvorstandes vom 3. September 1990, dass die Mehrheit den «untrennbaren Charakter der Regelungen», also auch die einheitliche Abstimmung, akzeptiert habe.[47] Damit war den Abgeordneten die Chance genommen, die Details des Vertrags abzulehnen, ohne die Annahme des Vertrags selbst zu gefährden.

Die Spitzen der die Koalition tragenden Parteien – vor allem die Partei- und Fraktionsvorsitzenden – sind sehr viel intensiver informiert, vor einigen, aber nicht allen grundlegenden Entscheidungen auch konsultiert worden.[48] Auch haben die Experten der Koalitionsfraktionen für die von ihnen vertretenen Sachgebiete zusätzliche Informationen erhalten. Es gab jedoch – wenn man von der am 23. Januar 1990 gebildeten interministeriellen und Koalitions-Arbeitsgruppe unter dem Vorsitz von *Seehofer* zur Überprüfung der Leistungen an Aussiedler[49] absieht – keine Koalitionsarbeitsgruppe, die die Vertragsverhandlungen mit der DDR begleitete. Dabei gab es die grundsätzliche Koalitionsabsprache, von der «Rosinentheorie», nach der sich jede der Parteien das für sie besonders Interessante herauspickt, Abstand zu nehmen.[50] Die für die FDP wesentlichen Punkte zum Staatsvertrag, u. a. die rasche Einführung einer gegliederten Sozialversicherung und einer gegliederten Krankenversicherung und die Ablehnung einer Sozialversicherungspflicht für Selbständige, wurden «auf Bitte des Kanzlers» durch den sozialpolitischen Sprecher *Cronenberg* sowohl *Tietmeyer* wie auch *Jagoda* zur Beachtung mitgeteilt.[51]

Im Wesentlichen haben aber die Spitzen der Koalition und der Koalitionsfraktionen die auf der Ebene der Exekutive erzielten Ergebnisse nur abgesegnet. Auch das Kabinett, im Unterschied zu dem an der Vorbereitung der Verhandlungen beteiligten Kabinettsausschuss «Deutsche Einheit» mit seinen Arbeitsgruppen, hatte, wie es überhaupt dem Regierungsstil *Kohls* entsprach, im Wesentlichen nur die notarielle Funktion, die auf anderer Ebene getroffenen Entscheidungen formell zu bestätigen.[52]

Die sozialdemokratische Opposition wurde in die deutschlandpolitischen Entscheidungen der Regierung und in die Verhandlungen mit der DDR nicht einbezogen. Das Angebot *Vogels* auf breite Zusammenarbeit der politischen und sozialen Kräfte bei der Schaffung der deutschen Einheit, das im Widerspruch zu der Polarisierungstaktik *Lafontaines* stand, wurde von der Regierung nicht aufgegriffen. Offenbar hatte *Blüm,* der mit dem beamteten Staatssekretär *Werner Tegtmeier* und den Unterabteilungsleitern Ministerialdirigent *Peter Rosenberg* und Ministerialdirigent *Klaus Achenbach* Sozialdemokraten in leitenden Positionen in seinem Ministerium beschäftigte, die Tendenz, der Einigungspolitik eine breite politische und gesellschaftliche Basis zu geben. So regte er in seinem Schreiben an den Bundeskanzler vom 12. Dezember 1989 an, dass in der Koalition besprochen werden sollte, «ob und wie – ähnlich wie bei der Reform der gesetzlichen Rentenversicherung – ein Konsens mit der Opposition und den maßgeblichen gesellschaftlichen Gruppen gefunden werden kann».[53] Auch wurde in einem Arbeitspapier des BMA vom 9. Januar 1990 ausgeführt, dass es in Anbetracht der «zahlreichen Schwierigkeiten, Lösungen für die anstehenden großen Probleme zu finden» und sie «gegenüber Bürgern und Interessengruppen durchzusetzen und bei ihnen Akzeptanz zu finden», nahe läge, «einen Konsens aller maßgeblichen politischen und gesellschaftlichen Gruppen anzustreben».[54] Die Vorschläge *Blüms* und des BMA auf frühzeitige Einbeziehung der Sozialdemokratie in die Gestaltung des Einigungsprozesses wurden jedoch nicht aufgegriffen.

Während eine direkte Mitwirkung der bundesdeutschen Sozialdemokratie bei den Entscheidungen vor der Unterzeichnung des Staatsvertrages nicht zustande kam, hat sie doch indirekt über ihre Schwesterpartei in Ostdeutschland gerade in sozialpolitischen Fragen einen erheblichen Einfluss ausgeübt. Sie spielte gleichsam wie im Billard über die Bande der DDR, um über Regelungen im Osten Präjudizien für die Durchsetzung eigener sozialpolitischer Ziele zu schaffen. Sie wurde dabei vom DGB und einzelnen bundesdeutschen Gewerkschaften unterstützt. Während die sozialpolitischen Zielsetzungen von westdeutscher und ostdeutscher Sozialdemokratie weitgehend identisch waren, lag – wie schon erwähnt[55] – ein entscheidender taktischer Unterschied darin, dass die ostdeutsche Sozialdemokratie als Teil der Regierungskoalition ihre Entscheidung über Annahme oder Ablehnung des Staatsvertrages schon *vor* der Unterzeichnung, die westdeutsche Sozialdemokratie erst bei der Ratifizierung treffen musste.

Bei den Verhandlungen zum Einigungsvertrag sind die Vorstellungen der westdeutschen Sozialdemokratie nicht nur über ihre Schwesterpartei im Osten, sondern in noch stärkerem Maße über die sozialdemokratisch geführten Bundesländer in die Verhandlungen eingebracht worden. Die Schwierigkeit, vor der die Sozialdemokratie stand, wurde dabei in einer «Stellungnahme» des Arbeitskreises Sozialpolitik zum Entwurf des Einigungsvertrages klar umrissen. Es sei zwar aus Sicht der DDR verständlich, dass sie versuche, ihr «besseres» Recht «zumindest übergangsweise als Sonderrecht für das Gebiet der DDR nach der Vereinigung festzuschreiben» und «gleichzeitig das Bundesrecht dort, wo es materiell besser ist [...], sofort nach der Vereinigung zu übernehmen». Es könne sicher nicht Aufgabe der SPD sein, «nach sozialen Verschlechterungen in der DDR zu rufen», sie komme aber – «vor allem bei finanziell weniger gut gestellten Bevölkerungsgruppen in der Bundesrepublik – unter erheblichen Legitimationsdruck, wenn sie sich bei gleichen Tatbeständen Forderungen nach prinzipieller Besserstellung von DDR-Bürgern zu eigen machen würde, statt gleiches Recht für beide Teile zu verlangen».[56] Wie richtig eingeschätzt wurde, gab es aber keine prinzipielle Bereitschaft der Bundesregierung, neue gemeinsame Positionen mit der DDR zu entwickeln.[57] Auch die sozialdemokratischen Bundesländer vertraten vor allem ihre spezifischen Länderinteressen und waren nicht bereit, sich an den Kosten einer Besserstellung der DDR-Bürger zu beteiligen. Die Behauptung von *Vogel* bei der anschließenden Debatte über die Ratifizierung des Staatsvertrages, dass erst durch das Zusammenwirken der west- und ostdeutschen Sozialdemokratie die Währungsunion auch zu einer Sozialunion geworden sei,[58] ist angesichts des frühzeitigen, massiven Engagements von *Blüm* und des BMA für die Sozialunion nicht aufrechtzuerhalten. Richtig ist aber, dass die Haltung der SPD, der Gewerkschaften und der DDR die Verhandlungsposition des BMA gegenüber dem BMF verstärkte und wesentlich dazu beigetragen hat, dass die Versuche, den bundesdeutschen Sozialstaat nur mit Abstrichen auf die DDR zu übertragen, keine Chancen hatten. Der Einfluss der SPD reichte aber nicht aus, um eigene sozialpolitische Vorstellungen im Umweg über die DDR der Verwirklichung näher zu bringen.

Die Politik der SPD in der Frage der deutschen Einigung litt darunter, dass die Partei auf Grund innerer Gegensätze keine einheitliche, nach außen klar zu vermittelnde Strategie verfolgte. Das lag an den grundsätzlichen Differenzen über die Verfolgung einer kooperativen oder konfrontativen Oppositionspolitik. Während der Kanzlerkandidat

Lafontaine eine konfrontative Politik verfolgte, setzten sich der Ehrenvorsitzende *Willy Brandt* und – mit gewissen Abstrichen – auch der Partei- und Fraktionsvorsitzende *Hans-Jochen Vogel* für eine kooperative Politik ein. Die unterschiedliche Strategie beruhte vor allem in der Zeit bis zur Ratifizierung des ersten Staatsvertrages auch auf einem Dissens in der Deutschlandpolitik. Während *Brandt* und mit ihm die Mehrheit der Bundestagsfraktion die schnelle Verwirklichung der staatlichen Einheit als historisches Ziel der Sozialdemokratie verfolgten, war für *Lafontaine* die soziale Einheit das primäre Ziel. Er wandte sich gegen die Dynamisierung des Einigungsprozesses durch die Bundesregierung. Nachdem mit der Währungsunion der Zug in Richtung deutsche Einheit abgefahren war und eine konfrontative Strategie nicht mehr sinnvoll war, erweckte er aber weiterhin mit seinen düsteren Prognosen über die wirtschaftlichen und sozialen Folgen der Einheit den Eindruck, dass diese selbst ihm und damit auch der von ihm im Bundestagswahlkampf als Kanzlerkandidat repräsentierten Partei kein Herzensanliegen sei.

Zur kooperativen Strategie tendierten in der Sozialdemokratie die Vertreter der älteren und der mittleren Generation sowie der rechte Flügel und die Mitte der Partei, während die jüngeren, durch die Erfahrungen von «1968» sozialisierten Sozialdemokraten eher der konfrontativen Strategie zuneigten. Die Differenzen spiegelten sich auch in der Haltung der Parteigremien wider. Während die weit überwiegende Mehrheit der Bundestagsfraktion eine kooperative Strategie unterstützte, haben die sozialdemokratischen Ministerpräsidenten, deren Länder von Mai bis Oktober 1990 eine Mehrheit im Bundesrat hatten, bis auf *Schröder* (Niedersachsen) und *Lafontaine* (Saarland), die den Staatsvertrag ablehnten, vor allem die Interessen ihrer Länder bei grundsätzlicher Akzeptanz des Staatsvertrages wahrgenommen. Die Ost-SPD hat als Juniorpartner der CDU in der Regierung *de Maizière* bis zum Bruch der Koalition am 19. August 1990 trotz gelegentlicher Kritik an der Politik der Bundesregierung insgesamt eine kooperative Strategie verfolgt, mit der sie allerdings eine massive Vertretung insbesondere der sozialen Interessen der Bürger der DDR verband.

Der Parteivorstand der westdeutschen Sozialdemokratie nahm eine vermittelnde Position ein. Während der Parteivorsitzende *Vogel*, der zur kooperativen Strategie neigte, einen Rücktritt von *Lafontaine* als Kanzlerkandidat zu verhindern versuchte, hat *Lafontaine* zwar eine klare Festlegung der Partei auf eine kooperative Strategie verhindern können, andererseits aber als Kanzlerkandidat auch keine Richtlinienkompetenz in der Partei durchsetzen können. Das Ergebnis war, dass sich die Sozialdemokratie in einer entscheidenden Frage deutscher Politik weitgehend selbst blockierte und ein diffuses Bild von ihrer Haltung der Öffentlichkeit präsentierte[59], das sicher wesentlich zu ihrer Niederlage bei den Bundestagswahlen vom Dezember 1990 beigetragen hat.

10.5 Die Bundesländer

Die Länder der Bundesrepublik, die wegen des großen Übersiedlerstroms aus der DDR in den Wochen und Monaten nach Öffnung der Mauer unter starken Druck gerieten und von den finanziellen Auswirkungen einer deutschen Einigung stark betroffen sein mussten, sind an den Entscheidungen, die zum Angebot der Währungsunion führten, an der Vorbereitung des Entwurfs des Staatsvertrages und an den Verhandlungen mit der DDR zum Staatsvertrag nicht beteiligt und auch nur unzureichend informiert worden.

Die Forderung, die Länder aufgrund «ihrer verfassungsmäßigen Rechte [...] umfassend zu beteiligen», wurde bereits zwei Tage nach dem Treffen von *Modrow* und *Kohl* in Dresden am 21. Dezember 1989 von der Ministerpräsidentenkonferenz der Länder erhoben.[60] Die Länder beriefen sich dabei auf eine schriftliche Vereinbarung zwischen dem Bund und den Ländern vom 17. Dezember 1987 «über die Beteiligung der Länder bei Abkommen zwischen der Bundesrepublik Deutschland und der Deutschen Demokratischen Republik», in der die umfassende und frühestmögliche Unterrichtung der Länder bei allen Verhandlungen, die für die Länder von Interesse sein können, die Berücksichtigung ihrer Interessen und die Einholung ihres Einverständnisses bei allen Fragen, die die ausschließliche Kompetenz der Länder berühren und Verpflichtungen des Bundes oder der Länder begründen, festgelegt wurden.[61]

Die führende Rolle bei den Versuchen, diese Vereinbarung umzusetzen und unter Ausweitung ihrer Mitwirkungsrechte die Länder wesentlich am Einigungsprozess zu beteiligen, lag bei dem von der Sozialdemokratie regierten Land Nordrhein-Westfalen, das damals den Vorsitz der Ministerpräsidentenkonferenz innehatte. Der Chef der Staatskanzlei von NRW, Staatssekretär, ab Juni 1990 Minister *Wolfgang Clement*, wurde dabei zum Sprecher der Interessen insbesondere der sozialdemokratisch geführten Länder.

Am 25. Januar 1990 teilte er dem Chef des Bundeskanzleramtes *Seiters* das Ergebnis einer Vorbesprechung der Länder mit, in der die Länder, über die Vereinbarung vom 17. Dezember 1987 hinausgehend, ihre Beteiligung an den jeweiligen Vertragsverhandlungen mit der DDR mit vier Vertretern forderten. Die Chefs der Staats- und Senatskanzleien würden zudem als ständiges Gremium dem Bund als Ansprechpartner für Fragen der Vertragsgemeinschaft zur Verfügung stehen. Gleichzeitig mahnte *Clement* die Übersendung aller Unterlagen und Vertragsentwürfe für Verträge mit der DDR an.[62] Eine derart intensive Mitwirkung der Länder lehnte jedoch die Bundesregierung ab. Bei einer Besprechung der Chefs der Staats- und Senatskanzleien mit *Seiters* am 30. Januar 1990 wurde lediglich vereinbart, dass die Länder an Kommissionen beteiligt werden sollten, soweit ihre Interessen berührt seien. Im Übrigen würden sie bei den monatlichen Treffen des Chefs des Bundeskanzleramtes mit den Chefs der Staats- und Senatskanzleien, die auch dazu dienen sollten, die Aktivitäten von Bund und Ländern gegenüber der DDR zu koordinieren, informiert und konsultiert werden. Ihre etwaige Beteiligung an Gesprächen mit der DDR sollte von Fall zu Fall flexibel gehandhabt werden.[63]

Ein Mitspracherecht bei der Verhandlungsführung und eine Bindung der Entscheidungen an das Einverständnis der Länder blockte die Bundesregierung jedoch ab. In einer Stellungnahme des Bundesministeriums für innerdeutsche Beziehungen (BMB) wurde die Rechtsauffassung der Länder, dass eine Vertragsgemeinschaft mit der DDR die föderale Struktur der Bundesrepublik berühre und daher das Einverständnis der Länder verlange, mit dem Hinweis, dass die Außenvertretung der Bundesrepublik allein beim Bund läge, zurückgewiesen und eine Erweiterung der Vereinbarung vom 17. Dezember 1987 abgelehnt.[64] Die von *Clement* in einem Brief vom 6. Februar 1990 erneuerte Forderung nach Beteiligung der Länder an der Erarbeitung der Vertragsgemeinschaft mit der DDR[65] traf daher wieder auf die Reserve der Bundesregierung, die eine Änderung der Vereinbarung von 1987 ablehnte, aber sich zur flexiblen Handhabung der Teilnahme von Ländervertretern in der Verhandlungsdelegation bereit erklärte.[66] Auf dieser Linie lag auch die Absprache, die über die Teilnahme der Länder an den Gesprächen und Verhandlungen mit der DDR bei einer Besprechung des Bundeskanzlers mit den Regierungschefs der Länder am 15. Februar 1990 getroffen wurde.[67] Ausdrücklich betonte *Seiters* dabei, dass die Länder an den «jetzt anlaufenden Verhandlungen mit der DDR über eine Währungsunion [...] nicht beteiligt werden. Die verfassungsrechtliche Lage werde dadurch nicht berührt. Sie würden jedoch herangezogen werden, wenn ihre Finanzhoheit betroffen sei».[68]

Die Bildung eines gemeinsamen Ausschusses von Bundesrat und Bundestag zur parlamentarischen Beteiligung am Einigungsprozess wie auch der noch weitergehende Vorschlag, diesen Ausschuss und die Ministerpräsidentenkonferenz zu Gesprächspartnern der DDR für die Ausarbeitung von Vorschlägen zur künftigen Struktur Deutschlands zu machen, wurden eindeutig abgelehnt.[69] Ebenso scheiterten die ständig erneuerten Bemühungen der Länder,[70] in die laufenden Verhandlungen mit der DDR einbezogen zu werden, da nach Meinung der Bundesregierung keine Länderzuständigkeiten berührt würden.[71] Die schließlich gegebene Zusicherung, dass zwei Ländervertreter zu den Verhandlungen hinzugezogen würden, sobald die Gespräche auf politischer Ebene geführt würden,[72] war – wenn man von Finanzfragen absieht – faktisch ohne Bedeutung, da die Verhandlungen der Experten erst am 13. Mai abgeschlossen wurden und der darauf beruhende Entwurf erst am 14. Mai – vier Tage vor der Unterzeichnung – den Ländern bekannt wurde. Faktisch kam eine echte Beteiligung der Ländervertreter an der Ausarbeitung des Staatsvertrages zur Währungs-, Wirtschafts- und Sozialunion zu keinem Zeitpunkt zustande.[73]

Die finanziellen Interessen der Länder wurden allerdings in dem entscheidenden Gespräch des Bundeskanzlers mit den Ministerpräsidenten der Länder vom 16. Mai 1990 über die Schaffung des «Fonds Deutsche Einheit» sehr weitgehend berücksichtigt,[74] was die Zustimmung der Länder zum Staatsvertrag im Bundesrat erleichterte.

Die Schwäche der Länder bei den Verhandlungen zum Staatsvertrag hing aber auch damit zusammen, dass nicht einmal die von der SPD geführten Länder ein gemeinsames Konzept über den Inhalt des Staatsvertrages entwickeln konnten. Das wird am Beispiel der Sozialpolitik deutlich. Äußerungen wie die der sozialdemokratischen Berliner Bürgermeisterin und Senatorin für Gesundheit und Soziales, *Ingrid Stahmer*, dass man von der DDR gerade auf dem Gebiet der Sozialpolitik «einiges lernen» könne, blieben vereinzelt. *Stahmer* hatte an eine Grundsicherung im Rahmen der Altersversorgung, die Zusammenlegung der Rentenversicherung der Arbeiter und Angestellten, eine Organisationsreform zur Beseitigung der Mängel der bestehenden «Zergliederung» der Krankenversicherung, die Verstärkung des Grundsatzes der medizinischen Prävention, eine engere Verschmelzung von ambulanter und stationärer medizinischer Versorgung und die bessere Absicherung von pflegebedürftigen Bürgern gedacht. Ihr Plan, eine sozialpolitische Lobby der Länder zu entwickeln, verlief jedoch im Sande.[75]

Als die Minister und Senatoren für Arbeit und Soziales schließlich am 2. Mai im BMA von Staatssekretär *Jagoda* über den Stand der Gespräche zur Sozialunion informiert wurden, monierten sie übereinstimmend, dass die Länder an der Vorbereitung des Entwurfs und an den Verhandlungen nicht ausreichend beteiligt worden seien, und warnten vor einem Zentralisierungsschub. Die Diskussion ließ zudem Tendenzen erkennen, «sozialpolitische Veränderungen in der Bundesrepublik (vor allem Organisationsreform der KV und der RV) auf dem Umweg über die DDR zu initiieren». Demgegenüber betonten die Vertreter des BMA, dass es politisch nicht realisierbar sei, «den ohnehin schon schwierigen Prozess der deutschen Einigung mit dem Versuch einer Änderung» des in der Bundesrepublik «geltenden Rechts auf dem Umweg über die DDR zu belasten».[76]

Das Unbehagen über die Ausschaltung der Länder von den Verhandlungen über den ersten Staatsvertrag und den weiteren Problemen der Deutschlandpolitik war allerdings keineswegs auf die sozialdemokratisch geführten Länder beschränkt. So schrieb der bayerische Ministerpräsident *Max Streibl* am 10. April 1990 an *Kohl*, dass es ihm große Sorge bereite, «daß angesichts der dringenden wirtschafts- und sozialpolitischen Sachprobleme die grundlegende Forderung nach einem föderalen Staatsaufbau ins Hintertreffen» gerate. Er drängte darauf, die fünf ursprünglichen Länder der DDR – auch zur Ablösung der nicht demokratisch legitimierten Funktionsträger in den bestehenden Bezirken der DDR – schnellstmöglich wiederzubegründen und die Frage einer eventuellen optimalen Neugliederung der Länder zunächst zurückzustellen.[77]

Beim Einigungsvertrag war die Stellung der Länder sehr viel stärker. Es war von vornherein klar, dass der Aufbau des künftigen gesamtdeutschen Bundesstaates und dessen Finanzverfassung eine entscheidende Rolle spielen würden. Die von der Sozialdemokratie geführten Länder hatten inzwischen eine Mehrheit im Bundesrat, der ebenso wie der Bundestag wegen der notwendigen Verfassungsänderungen dem Vertrag mit Zweidrittelmehrheit zustimmen musste. *Kohl* hatte zudem den Ländern, die bei ihrer Zustimmung zum Staatsvertrag im Bundesrat am 22. Juni 1990 ihre fehlende Einbindung in die Vertragsverhandlungen scharf kritisierten,[78] in der Besprechung vom 16. Mai 1990 ihre Beteiligung zugesagt.[79] Die Länder nahmen schließlich durch sechs Vertreter von Nordrhein-Westfalen, Hamburg, Niedersachsen, Bayern, Baden-Württemberg und Berlin, die sich durch jeweils einen Begleiter unterstützen lassen konnten, an der bundesdeutschen Verhandlungsdelegation teil. Die übrigen Länder sollten durch je einen Beamten Beobachterstatus haben. An den Fachgesprächen der Ressorts wurden die Länder mit mindestens zwei Vertretern beteiligt. Sofern durch die Beratungspunkte Interessen einzelner Länder berührt wurden, sollten diese zusätzlich hinzugezogen werden.[80] Die Verhandlungsführung lag eindeutig in der Hand von Innenminister *Schäuble* auf der Seite der Bundesregierung und *Günther Krause* auf Seiten der DDR. Als Sprecher der Bundesländer fungierte *Wolfgang Clement*, der vor allem die Interessen der SPD-geführten Länder in die Verhandlungen einbrachte. Weiter spielte auch *Reinhold Kopp*, der Chef der saarländischen Staatskanzlei, als Vertreter des sozialdemokratischen Kanzlerkandidaten *Oskar Lafontaine* eine wesentliche Rolle.[81] Es handelte sich faktisch um dreiseitige Verhandlungen zwischen den Ländern, über die auch die sozialdemokratische Opposition einbezogen wurde, der Bundesregierung und der DDR, deren Position nach dem Ausscheiden der Sozialdemokratie aus der Regierungskoalition im August 1990 wesentlich geschwächt wurde.

Die Mitwirkung der Länder an den Verhandlungen braucht hier nicht im Einzelnen dargestellt zu werden,[82] zumal sozialpolitische Fragen dabei nur eine untergeordnete Rolle spielten. Es ging den Ländern vor allem darum, eine Zentralisierung der bundesstaatlichen Ordnung im vereinten Deutschland zu verhindern – dafür verabschiedeten sie einstimmig «Eckpunkte» am 5. Juli 1990.[83] Fragen der Finanzverfassung, die Stimmverteilung im Bundesrat, der Ort des Regierungssitzes, die Reföderalisierung der Gesetzgebung, die Möglichkeit einer Neugliederung der Länder im Osten sowie der Umfang der Verfassungsänderungen und die Frage, ob über eine etwaige neue, auf dem Grundgesetz aufbauende gemeinsame Verfassung eine Volksabstimmung stattfinden sollte, standen eindeutig im Mittelpunkt der Interessen der Länder. Es gab zwar Bestrebungen der SPD-geführten Länder, sich die Forderungen der DDR nach der Erhaltung bestimmter «sozialer Errungenschaften» ihres Staates zu eigen zu machen. Diese wurden jedoch nicht mit besonderer Energie vertreten und standen zudem in einem gewissen Widerspruch zu «nüchternen Haushaltsüberlegungen», die nach der Einschätzung von *Konrad Weiß* (Bündnis 90) auch bei den Ländern «immer und überall den Vorrang vor den Ideen der Einheit hatten».[84] In der Endphase der Verhandlungen hat die Sozialdemokratie – wie schon erwähnt[85] – ihre Vorstellungen und Interessen direkt im Spitzengespräch beim Bundeskanzler vom 26. August 1990 und in den auf Grund dieses Gespräches gebildeten parteiübergreifenden Arbeitsgruppen eingebracht. Die Koordination der sozialdemokratischen Seite lag weiter bei *Wolfgang Clement*, die SPD-Fraktion war nun aber in den Arbeitsgruppen unmittelbar vertreten.[86]

Wolfgang Jäger hat in seinem Buch über «Die Überwindung der Teilung» die Entstehung des Einigungsvertrages als «Musterbeispiel für den insbesondere in den achtziger Jahren und nach der Wiedervereinigung auf den Feldern der Innenpolitik dominanten konsensdemokratischen Aushandlungsprozess der Bundesrepublik Deutschland» bezeichnet. «Die Parteien der Regierungskoalition, die Ressorts, die Opposition im Bundestag, die nicht nur nach Parteien, sondern auch nach Regionalinteressen divergierenden Länderregierungen raufen sich in einem zähen ‹Bargaining› zusammen».[87] Diese Beurteilung unterstreicht zu Recht die sehr viel stärkere Beteiligung der politischen Institutionen und der sie tragenden politischen Kräfte beim Einigungsvertrag im Vergleich zur Dominanz der Regierung und Verwaltung in den ersten Phasen der deutsch-deutschen Politik nach der Maueröffnung und bei der Erarbeitung des Staatsvertrages über die Währungs-, Wirtschafts- und Sozialunion. Sie unterschätzt aber die Rolle der DDR, die zumindest bis Mitte August ein ernst zu nehmender Verhandlungspartner war, und vor allem die Rolle der Bundesregierung und der Ministerialbürokratie auf Seiten der Bundesrepublik.

Die Koalitionsparteien und der Bundestag hatten keinen wesentlichen Einfluss auf die Verhandlungen; die großen Organisationen der sozialen Interessen wurden, wie wir noch sehen werden, im Entscheidungsprozess – abgesehen von ihrer Beteiligung an der Übertragung des westdeutschen Gesundheitssystems auf die DDR – faktisch ignoriert. Die vor allem über die Länder einbezogene sozialdemokratische Opposition hatte letztlich nur einen relativ begrenzten Einfluss auf die Verträge, deren Ablehnung gerade in einem Wahljahr der Bevölkerung weder im Osten noch im Westen Deutschlands hätte überzeugend vermittelt werden können. Die Länder haben ihre unmittelbaren Interessen – vor allem im finanziellen Bereich – sichern und die Lasten der Einheit ganz überwiegend dem Bund aufbürden sowie zentralistischen Tendenzen erfolgreich entgegentreten können. In anderen Sachgebieten hielten sie sich dagegen zurück.

Das wird besonders deutlich in allen sozialpolitischen Fragen, in denen die unterschiedlichen Positionen des BMF, des BMA und der DDR, die ihrerseits in diesem Bereich weitgehend von der ostdeutschen Sozialdemokratie bestimmt wurde, ausgeglichen werden mussten. Dabei hatten die Experten der Ministerialbürokratie, die letztlich festlegten, mit welchen Maßgaben und Zeitfristen eine ungeheure Masse von Gesetzen und Verordnungen der Bundesrepublik in die frühere DDR übergeleitet werden und welche Teile der Gesetzgebung der DDR wenigstens zeitweise weiter in Geltung bleiben sollten, auf Grund ihrer nicht zu ersetzenden Fachkompetenz den wesentlichen Einfluss. Die Dominanz der Exekutive war so zwar nicht so einseitig wie beim Staatsvertrag, galt aber letztlich in gemilderter Form auch für den Einigungsvertrag.

10.6 Die Rolle der gesellschaftlichen Kräfte und ihrer Organisationen

Die großen Organisationen der Sozialpartner sind in die grundlegenden Entscheidungen zur deutsch-deutschen Politik, die Tätigkeit der seit der Jahreswende 1989/90 gebildeten deutsch-deutschen Arbeitsgruppen sowie in die Vorbereitung, in die Verhandlungen und die Ratifizierung von Staatsvertrag und Einigungsvertrag nicht einbezogen worden. Eine Ausnahme bildete die am 18. Januar 1990 konstituierte Arbeitsgruppe aus BDA, DGB, DAG und dem BMA, in der in mehreren Sitzungen mit Untergruppen neben dem Austausch von Informationen vor allem die Probleme, die sich aus der großen Zahl der Übersiedler ergaben, erörtert wurden. Den Gewerkschaften ging es dabei zunächst besonders darum, zu verhindern, dass die Unkenntnis der Übersiedler über ihre Rechte von den Arbeitgebern zum Unterlaufen von Tarifverträgen ausgenützt würde. Später sind auch Fragen des Arbeitsrechts, der Sozialversicherung, der Umsetzung des ersten Staatsvertrages und die Vorarbeiten zum Einigungsvertrag sowie gegenseitige Informationen über den Aufbau von Gewerkschaften und Arbeitgeberverbänden sowie über den Stand von Tarifverhandlungen in der DDR in die Erörterungen einbezogen worden.

Die BDA und die DAG setzten sich beim Einigungsvertrag dabei für die weitgehende Übernahme bundesdeutschen Rechts in der DDR ein, während der DGB genau geprüft sehen wollte, «welche sinnvollen Regelungen alten wie neuen DDR-Rechts bzw. bundesdeutschen Rechts den Überleitungsgesetzen zu Grunde gelegt werden müssten».[88]

Die ersten Stellungnahmen zum Angebot der Währungsunion wichen auf Seiten der Gewerkschaften stark voneinander ab. Während die Abteilung Wirtschaft beim Vorstand der IG Metall das Angebot als «gefährlichen Aktionismus» und «ökonomisches wie soziales Destabilisierungsszenario marktradikaler Wunderheiler» scharf kritisierte und für massiven Widerstand gegen die Bestrebungen der Bundesregierung plädierte,[89] kam eine Analyse der Abteilung Gesellschaftspolitik beim DGB zu der Auffassung, dass der Zug in Richtung einer baldigen Währungsreform abgefahren sei und es nun darauf ankäme, dass der DGB «massiv begleitende beschäftigungs- und sozialpolitische Maßnahmen fordert».[90]

Am 20. Februar fand im Bundeskanzleramt ein «Informationsgespräch» von *Kohl* mit führenden Vertretern der Wirtschaft und der Gewerkschaften statt, in der diese ihre grundsätzliche Unterstützung der Vereinigungspolitik der Bundesregierung signalisierten. *Tyll Necker* als Präsident des BDI lehnte dabei projektgebundene Soforthilfen, einen großen konsumtiven Finanzausgleich und Steuererhöhungen ab und forderte vor allem die Schaffung marktwirtschaftlicher Rahmenbedingungen und die Förderung privater Investitionen zum wirtschaftlichen Aufbau der DDR.[91] Der DGB-Vorsitzende *Ernst Breit* unterstützte ausdrücklich eine schnelle Schaffung der deutschen Einheit, begrüßte die angebotene Währungsunion und Wirtschaftsgemeinschaft, betonte aber auch die Gefahr einer zumindestens vorübergehenden massenhaften Arbeitslosigkeit und gravierender sozialer Folgeprobleme. Seine Forderung nach einer Soforthilfe für die DDR in Höhe von 15 Milliarden DM entsprach den Wünschen von *Modrow*, wurde jedoch von *Kohl* und den Wirtschaftsvertretern abgelehnt, die auch seinen Wunsch auf Bildung eines «gesamtdeutschen Tisches» als Forum regelmäßiger Treffen nicht aufgriffen.[92]

Eine erste offizielle Stellungnahme des Bundesausschusses des DGB zur deutschen Einheit vom 7. März betonte die erforderliche Einbettung des deutschen in den europäischen Einigungsprozess sowie die uneingeschränkte Anerkennung der polnischen Westgrenze. Die Überwindung der deutschen Teilung böte die Chance, «die historisch gewachsenen wirtschafts-, sozial- und ordnungspolitischen Strukturen in beiden deutschen Staaten veränderten Notwendigkeiten anzupassen». Gedacht war vor allem an das Verbot der Aussperrung und umfassende Mitbestimmungsrechte. Für die Lohn- und Gehaltsempfänger und die Rentner der DDR wurde ein Umtauschverhältnis von 1:1 und ein Ausgleich für den Abbau von Preissubventionen «durch staatliche Einkommensübertragungen, wie Wohn- und Kindergeld», vorgeschlagen.[93]

Zwei Tage später begrüßten der DGB und die BDA in einer gemeinsamen Erklärung das Angebot der Wirtschaftseinheit und Währungsunion zwischen den beiden deutschen Staaten als wesentlichen Schritt zur politischen Einheit. Die wirtschaftliche Neuordnung der DDR müsse sozial abgesichert werden, wobei allerdings eine «Angleichung an bundesdeutsche Sozialstandards nur in Etappen zu erreichen» sei und das zunächst unterschiedliche Niveau der Löhne erst durch das zu erwartende Wirtschaftswachstum unter Berücksichtigung des Produktivitätsfortschritts angeglichen werden könne. Die finanzielle Unterstützung des Bundes und der Länder zur Verbesserung der Infrastruktur und der Umweltsituation, eine Anschubfinanzierung des Bundes für die Arbeitslosenversicherung, ein flächendeckendes Angebot arbeitsmarktpolitischer Dienst- und Förderleistungen, die Vereinheitlichung der Sozialversicherung auf der Basis der Beitrags- und Entgeltbezogenheit, die stufenweise Verbesserung der Lebensbedingungen der Rentner, die Einführung der Mitbestimmung in Betrieben und Unternehmen, aber auch private und öffentliche Investitionen zur Schaffung neuer Arbeitsplätze werden gefordert. Die Erklärung schließt mit einem Appell an die Menschen in der DDR, im Land zu bleiben, zumal «die Kapazitäten in der Bundesrepublik für die Aufnahme weiterer Übersiedler nahezu erschöpft» seien.[94]

Die Annäherung des DGB an die Position der Arbeitgeber ist möglicherweise auch dadurch zu erklären, dass die Gewerkschaften eine Politik des Sozialdumping in der DDR befürchteten. Sie hatten offenbar recht genaue Informationen über die Absichten des BMF und BMWi, entgegen den Wünschen des BMA die Sozialordnung der Bundesrepublik nur mit Abstrichen auf die DDR zu übertragen. So findet sich in den Papieren des DGB der Hinweis, dass es «innerhalb der Bundesregierung großer Anstrengungen bedurft» habe, «den Begriff der *Sozialunion* als weitere deutschlandpolitische Zielsetzung zu verankern», und dass dabei der Bundeskanzler eine «gute Rolle» gespielt habe. Inspiriert durch einen hohen Beamten des Bundeskanzleramtes[95] machte daher der Leiter der DGB-Verbindungsstelle in Bonn, *Günther Horzetzky*, am 14. März 1990 den Vorschlag zu einem vertraulichen Spitzengespräch des DGB-Vorsitzenden *Breit* und anderer Gewerkschaftsführer mit Bundeskanzler *Kohl*. Die Gewerkschaften sollten durch ihre dringend benötigte öffentliche Unterstützung der sozialpolitisch engagierten «regierungsinternen Verhandlungsposition» – gemeint ist offensichtlich die des BMA – verhindern, dass sich niedrige Löhne als Hauptanreiz für den privaten Kapitaltransfer durchsetzen würden und damit die Einigung zum Nachteil der «kleinen Leute» erfolge. Diese Initiative wurde in Analogie zur Verbindung von *Adenauer* und *Böckler*[96] als «historische Chance» bezeichnet.[97] Obwohl die Gewerkschaften am 17. März ihre Gesprächspartner – *Ernst*

Breit, Monika Wulff-Matthies, Franz Steinkühler, Hermann Rappe, Heinz-Werner Meyer und *Gerd Muhr* – benannten,[98] kam das Treffen offenbar wegen der Veränderung der politischen Konstellation durch die Volkskammerwahlen vom 18. März und die einsetzenden Tarifauseinandersetzungen nicht zustande.

Die Hoffnung der Gewerkschaften, ihren Einfluss auf den Bundeskanzler zu erweitern und im Einigungsprozess eine wichtige Rolle zu spielen, erfüllte sich nicht. Das hing auch damit zusammen, dass sie durch die Diskreditierung und den Zerfall des mit dem alten Regime eng verbundenen FDGB, mit dem der DGB nach einem mehrmonatigen «Schlingerkurs» erst Anfang Mai 1990 endgültig brach,[99] und durch den Auflösungsprozess der Einzelgewerkschaften in der DDR keine wirklichen, von den Arbeitnehmern legitimierten Partner in der DDR hatten.

Nachdem der Bundesvorstand des DGB am 18. April 1990 «Grundzüge der Arbeits- und Sozialordnung in einem geeinten Deutschland» beschlossen hatte, in denen u.a. das Recht auf Arbeit als «soziales Grundrecht mit Verfassungsrang» und dessen Verwirklichung durch «eine konsequente Vollbeschäftigungspolitik», die Gleichstellung von Frauen und Männern als staatliche Aufgabe mit Verfassungsrang, ein Aussperrungsverbot, ein freies Betätigungsrecht der Gewerkschaften in den Betrieben sowie die Beteiligung der Arbeitnehmer am Produktivvermögen gefordert wurden,[100] nahm er am 30. April eine «Erste Bewertung des Entwurfs der Bundesregierung für den Staatsvertrag mit der DDR» vor.[101] Ähnlich wie von der Sozialdemokratie wurden die im Entwurf noch enthaltenen Abstriche an sozialen Rechten und Leistungen bei ihrer Übertragung auf die DDR kritisiert und weitergehende Forderungen nach Reform des gesamtdeutschen Sozialstaates erhoben.

Zu dem am 12. Mai 1990 vorliegenden Entwurf, der weitgehend dem späteren Vertrag entsprach, wurde am 15. Mai eine gemeinsame Stellungnahme des DGB und des inzwischen gebildeten Sprecherrats der Gewerkschaften der DDR[102] durch den DGB-Vorsitzenden *Breit* und die ÖTV-Vorsitzende *Monika Wulff-Matthies* Bundeskanzler *Kohl* und durch den Vorsitzenden des Sprecherrates *Peter Rothe* der Ostberliner Regierung übergeben. In diesem Positionspapier wurde berücksichtigt, dass der veränderte Entwurf der gewerkschaftlichen Kritik in wichtigen Einzelpunkten, z. B. der Übernahme der Sozialplanregelungen, entgegenkomme und nunmehr weitgehend dem gewerkschaftlichen Grundanliegen Rechnung trage, «dass der deutsche Einigungsprozess nicht zu sozialen Verschlechterungen für Arbeitnehmerinnen und Arbeitnehmer der beiden deutschen Staaten führen dürfe». Als bedauerlich wertete aber *Breit*, «dass die historische Chance einer deutschen Wirtschafts-, Währungs- und Sozialunion nicht auch dazu genutzt wurde, überfällige Verbesserungen des deutschen Wirtschafts- und Sozialsystems in Angriff zu nehmen».[103] Eine derartig ausgewogene Erklärung konnte, ebenso wie die hier nicht behandelte detaillierte Kritik am Staatsvertrag, nicht zur Mobilisierung der Mitglieder zur Erzwingung grundsätzlicher Änderungen dienen.[104]

Auch bei den Verhandlungen zum Einigungsvertrag hat sich der DGB in verschiedenen Stadien – vor allem durch gemeinsame Stellungnahmen mit dem Vorsitzenden des Sprecherrates der Gewerkschaften und Industriegewerkschaften der DDR vom 27. Juli und 17. August 1990 – zu Wort gemeldet.[105] Zu den sozialpolitischen Forderungen der Gewerkschaften gehörten vor allem die Verankerung sozialer Staatsziele in der Verfassung, die Reform der bundesdeutschen Organisationsstruktur der Sozialversicherung, insbesondere der gesetzlichen Krankenversicherung, die Aufrechterhaltung der Polikliniken, Ambulatorien und des betrieblichen Gesundheitswesens der DDR, die Entwicklung und Verabschiedung eines Gesamtkonzepts zur Absicherung Pflegebedürftiger, die Weiterentwicklung des zu dynamisierenden Sozialzuschlags zu einer bedarfsorientierten Mindestsicherung in der Renten- und Arbeitslosenversicherung, die Beibehaltung der Vorruhestandsregelung der DDR und ihre Ausdehnung auf die Bundesrepublik, die Übernahme der Regelungen der DDR zur besseren Vereinbarkeit von Familie und Beruf auf die Bundesrepublik und der Erhalt der für die Arbeitnehmer günstigeren Vorschriften des geltenden Arbeitsrechts der DDR bis zur Schaffung eines einheitlichen Arbeitsgesetzbuches durch den gesamtdeutschen Gesetzgeber.

Insgesamt haben die Gewerkschaften der Bundesrepublik und der DDR im Einigungsprozess keine eigenständige Rolle gespielt.[106] Das zentrale Interesse der bundesdeutschen Gewerkschaften galt der Ausdehnung ihrer Organisationen auf den Osten Deutschlands.[107] Daneben konzentrierten sich die Gewerkschaften vor allem auf die Tarifverhandlungen, in denen sie durch möglichst schnelle Angleichung der ostdeutschen an die westdeutschen Löhne die Entstehung eines Niedriglohngebietes im Osten verhindern wollten, und auf die Erhaltung zumindest von Teilen des Vermögens der ostdeutschen Gewerkschaften als Grundlage für die weitere Gewerkschaftsarbeit.[108]

Für die Arbeitgeber, die aus dem Nichts heraus eigene Organisationen im Osten aufbauen mussten, galt noch eindeutiger als für die Gewerkschaften, dass ihnen legitimierte Partner im Osten fehlten. In einer Stellungnahme der BDA zu dem Mitte August vorliegenden Entwurf des Einigungsvertrages[109] wurde vor allem die im Vergleich zum ersten Staatsvertrag konsequentere Übertragung des bundesdeutschen Rechts begrüßt. Dagegen wurde die befristete oder unbefristete Beibehaltung von Sonderregelungen für die DDR – etwa der Sonderkündigungsschutz für Kämpfer gegen den Faschismus sowie für Schwangere, stillende Mütter und Mütter und Väter von Kleinkindern, die Beibehaltung des bezahlten Hausarbeitstages für ein Jahr, die Freistellung von Eltern bei der Erkrankung von Kindern und der Sozialzuschlag bei der Renten- und Arbeitslosenversicherung – als zusätzliche Belastung der Betriebe, als Einschränkung der Dispositionsfreiheit der Unternehmen und damit als Gefährdung von Arbeitsplätzen sowie als einseitige Begünstigung der Arbeitnehmer der DDR gegenüber ihren westdeutschen Kollegen kritisiert. Auch die Forderungen der Arbeitgeber blieben weitgehend unberücksichtigt.

Für das sich seit Frühjahr 1990 herausbildende System der Arbeitsbeziehungen in der DDR bzw. in den neuen Bundesländern ist besonders in den ersten Jahren kennzeichnend, dass die Interessenlage sowohl der Gewerkschaften wie auch der Arbeitgeber eindeutig vom Westen definiert wurde und die spezifischen Probleme der Wirtschaft des Ostens weitgehend ignoriert wurden.

Auf die Rolle anderer gesellschaftlicher Kräfte und ihrer Organisationen im Einigungsprozess kann hier nur kurz hingewiesen werden. Wie schon erwähnt,[110] hat der VDR durch die detaillierte Analyse der technischen Probleme bei der Umstellung des Rentensystems der DDR auf das der Bundesrepublik einen wichtigen Anstoß zur Rentenreform in der DDR gegeben. Die Rentenversicherungsträger haben aber die grundlegenden Entscheidungen über die Organisationsstruktur und das Leistungsniveau der Rentenversicherung in der DDR kaum beeinflusst. Sie spielten dagegen eine entscheidende Rolle beim Aufbau der Rentenversicherung im Osten.

Die verschiedenen Träger der gesetzlichen Krankenversicherung, die bald in einen Wettlauf um die Absteckung ihres Terrains im Osten eintraten, haben die Entscheidung zur Schaffung einer gegliederten, statt einer einheitlichen Krankenversicherung, die zumindest für eine Übergangszeit von der AOK favorisiert wurde, wesentlich beeinflusst. Die Organisationen der Leistungserbringer, vor allem die der Ärzte, haben bereits durch ihren Einfluss auf die Gesetzgebung der Regierung *de Maizière*[111] erheblich dazu beigetragen, dass anstelle eines pluralistischen Systems der ambulanten Versorgung, in dem neben frei niedergelassenen Ärzten auch die im Gesundheitswesen der DDR dominierenden kommunalen, staatlichen und betrieblichen Gesundheitseinrichtungen eine wesentliche Rolle spielten, sich das westdeutsche System mit dem fast völligen Monopol der niedergelassenen Ärzte durchsetzte.

Der Sozialverband VdK hat offenbar über Bundeskanzler *Kohl* einen gewissen Einfluss auf die entgegen den Wünschen des BMF bereits mit dem Einigungsvertrag zum 1. Januar 1991 erfolgte Überleitung des Bundesversorgungsgesetzes auf die neuen Bundesländer[112] gehabt.

Während so in einzelnen Sachbereichen – vor allem im Gesundheitswesen – Interessenverbände über individuelle Entscheidungsträger oder politische Parteien Einfluss ausüben konnten, so gilt doch insgesamt für die Einigungspolitik der Bundesrepublik und ihre detaillierte Umsetzung in den Verträgen mit der DDR die Präponderanz der Exekutive.

Die Sozialpolitik der deutschen Einigung: Eine Bilanz

Fragen wir abschließend, ob es in zentralen Bereichen der Sozialpolitik politisch realisierbare Alternativen zur fast vollständigen Übernahme der westdeutschen Sozialordnung durch die DDR gegeben hat und welche Anstöße zur Weiterentwicklung des deutschen Sozialstaates von der Vereinigung mit der DDR ausgegangen sind.

Wie die Analyse der Verhandlungen gezeigt hat, war die Übernahme der westdeutschen Normen und Institutionen der kleinste politische Nenner, auf den sich die politischen und sozialen Kräfte in der Bundesrepublik und der DDR einigen konnten. Ein Nebeneinander unterschiedlicher Institutionen und Normen galt als Investitionshemmnis und wäre wohl für längere Zeit nicht praktikabel gewesen. Für eine gleichzeitige Reform des bundesdeutschen Sozialstaates und die Verschmelzung der Sozialsysteme der beiden deutschen Staaten fehlte angesichts der Gefahr einer Veränderung der günstigen internationalen Konstellation, aber auch des Drucks der Bevölkerung der DDR auf schnelle Einigung die notwendige Zeit. Es fehlten aber auch die für eine Änderung des bundesdeutschen Systems erforderlichen politischen Mehrheiten. Auch gab es keine weitergehenden, aufeinander abgestimmten Neuordnungspläne, auf die man hätte zurückgreifen können. Die Regierungsparteien hatten sich offenbar schon frühzeitig grundsätzlich darauf geeinigt, «dass bei Gelegenheit des Beitritts der DDR nicht versucht werden solle, alte Streitfragen im Wege der Überleitungsgesetzgebung zu lösen».[1] Diese Position wurde von Staatssekretär *Bernhard Jagoda*, der den entscheidenden Einfluss auf die Verhandlungsführung der Bundesrepublik in sozialpolitischen Fragen hatte, mit besonderem Nachdruck vertreten.[2] Er verwies alle Änderungswünsche auf den späteren, gesamtdeutschen Gesetzgeber.

Die sozialdemokratische Opposition und die Gewerkschaften hatten keine Chance, bestimmte, von ihnen als fortschrittlich angesehene Einrichtungen der DDR zu erhalten und damit Präzedenzfälle für den Ausbau des gesamtdeutschen Sozialstaates zu schaffen. In der konkreten Situation galt es schon als Erfolg, dass die von bestimmten Wirtschafts- und Finanzkreisen unterstützten Bestrebungen innerhalb der Bundesregierung zum Abbau des sozialen Schutzes der Arbeitnehmer und zur Reduzierung der Leistungen des deutschen Sozialstaates mit Hilfe der SPD und der Gewerkschaften vor allem durch das BMA verhindert werden konnten.[3] Die DDR beschränkte sich schließlich weitgehend darauf, Vertrauensschutz für bestimmte soziale Rechte und Leistungen zumindest für eine Übergangszeit zu sichern.

Auch wenn wir einzelne Bereiche der Sozialpolitik anschauen, müssen wir feststellen, dass es eine echte Chance zu größeren Reformen nicht gegeben hat. Im Gesundheitswesen, dessen Schwächen in der Bundesrepublik seit langem intensiv diskutiert wurden und für das z. B. von der ÖTV 1990 Reformkonzepte unter Anlehnung an das Gesundheitswesen der DDR vorgeschlagen wurden, hat der zuständige DDR-Minister *Kleditzsch* selbst die Weichen zur Übernahme des westdeutschen Systems gestellt.[4] Die Polikliniken und Ambulatorien, deren Zulassung durch den Einigungsvertrag zunächst bis zum 31. Dezember 1995 befristet worden war, waren nach der Aufhebung dieser Befristung durch das Gesundheitsstrukturgesetz vom Dezember 1992 eines der wenigen innovativen Elemente, die die DDR in den deutschen Sozialstaat einbrachte. Da unter dem Druck der Interessenvertreter der Ärzte aber nur wenige dieser Einrichtungen die Jahre nach der Wende überlebten, spielen sie neben den niedergelassenen Ärzten in der ambulanten medizinischen Versorgung in den neuen Bundesländern nur noch eine geringe Rolle. Damit entfiel auch weitgehend die bisherige, als Vorzug des DDR-Systems angesehene enge Verknüpfung von ambulanter und stationärer medizinischer Versorgung und die besondere Bedeutung der Prävention.

Für die Rentenversicherung ist kennzeichnend, dass die Diskussionen bei der Vorbereitung und den Verhandlungen des Staatsvertrages sich neben der Höhe des Rentenniveaus im Osten ausschließlich auf die Frage der Zusammenlegung der separaten Versicherungen der Arbeiter und Angestellten und das Problem der Grundsicherung im Rentenrecht konzentrierten. Die heute im Vordergrund der Debatte stehenden Fragen der Senkung der Beiträge zur Reduzierung der Lohnnebenkosten, der Ergänzung der gesetzlichen Rentenversicherung durch die Förderung betrieblicher Renten und der Eigenvorsorge sowie das Problem einer Ergänzung der Rentenformel, etwa durch die Berücksichtigung der höheren Lebenserwartung, der Arbeitslosigkeit und auch der gesunkenen Kinderzahl, sind 1990 nicht thematisiert worden.

Sehr bezeichnend ist auch, dass kein Vorschlag zur völligen oder teilweisen Ersetzung des Umlageverfahrens durch ein Kapitaldeckungsverfahren in der gesetzlichen Rentenversicherung gemacht wurde. Hätte ein Kapitaldeckungsverfahren in Westdeutschland bestanden, wäre es völlig unmöglich gewesen, die ostdeutschen Rentner in die Solidargemeinschaft der Rentenversicherung aufzunehmen, und ihre Renten hätten für eine längere Übergangszeit bis zum Aufbau eines eigenen Kapitalstocks allein vom Staat gezahlt werden müssen.

Als die zuständige griechische EG-Kommissarin *Vasso Papandreou* von Staatssekretär *Jagoda* wissen wollte, was denn die Bundesrepublik von der DDR übernommen habe, konnte er ihr so kein Beispiel nennen.[5] Wenn wir aber weiter fragen, welche mittel- und langfristigen Impulse von der deutschen Einigung für den deutschen Sozialstaat ausgegangen sind, so muss die Antwort differenzierter ausfallen. Die Gleichbehandlung von Arbeitern und Angestellten im Lohnfortzahlungsrecht und im Kündigungsrecht, die der DDR zugestanden wurde, war vor allem durch Forderungen des Bundesverfassungsgerichts[6] bedingt und wurde später auf die Bundesrepublik übernommen. Ein einheitlicher Arbeitnehmerbegriff und eine gemeinsame Organisation ihrer Rentenversicherung wurde erst zum 1.10.2005[7] durchgesetzt. Das überholte Verbot der Nachtarbeit von Frauen und der Beschäftigung von Frauen auf dem Bau im bundesrepublikanischen Arbeitsschutzrecht wurde zur Verhinderung einer noch stärkeren Frauenarbeitslosigkeit nicht auf die DDR übertragen und 1994 auch in der Bundesrepublik aufgegeben. Auch hier spielten Vorgaben des Bundesverfassungsgerichts[8] und der Europäischen Kommission eine wesentliche Rolle. Der Forderung des Einigungsvertrages nach Neuregelung des öffentlich-rechtlichen Arbeitsschutzes in

Übereinstimmung mit dem Recht der EG und dem damit konformen Teil des Arbeitsschutzrechts der DDR wurde nicht durch eine umfassende Kodifikation in einem Arbeitsschutzgesetzbuch entsprochen. Immerhin wurde aber die Zersplitterung des deutschen Arbeitsschutzrechts durch ein Gesetz vom 7. August 1996[9] gemildert.

Die aktive Arbeitsmarktpolitik wurde bei der Übertragung auf den Osten quantitativ stark ausgeweitet und die vorhandenen Instrumentarien wurden modifiziert. Am 1. Januar 1993 wurde schließlich mit dem neuen § 249h des AFG die Möglichkeit geschaffen, in den Bereichen Umwelt, soziale Dienste und Jugendhilfe zuvor Arbeitslose und Arbeitnehmer in Arbeitsbeschaffungsmaßnahmen und Kurzarbeit produktiv zu beschäftigen, indem Arbeitgeber Zuschüsse zu den Lohnkosten in Höhe des sonst geleisteten Arbeitslosengeldes oder der Arbeitslosenhilfe erhielten.[10] Aufgrund der positiven Erfahrungen in Ostdeutschland wurde 1994 auch in Westdeutschland ein ähnliches Förderungsinstrument mit dem § 242s des AFG, allerdings nur für schwer vermittelbare Arbeitslose, geschaffen.[11]

In den Arbeitsbeziehungen kam es durch die starke Gefährdung vieler Betriebe in der DDR zu einer gewissen Lockerung der Geltung der Flächentarifverträge zugunsten flexiblerer Regelungen und Vereinbarungen, die die spezifische Situation einzelner Unternehmen stärker berücksichtigten.

In der gesetzlichen Krankenversicherung setzte sich unter dem Druck der Interessenten das nach Kassenarten gegliederte System der Bundesrepublik gegen breite Kritik aus der DDR und von den der Sozialdemokratie nahe stehenden politischen und sozialen Kräften in der Bundesrepublik durch. Immerhin haben aber die Gedanken des Risikostrukturausgleichs, der für die Rentner bereits bestand, und der Wahlfreiheit zwischen den Kassen durch die Vereinigung mit der DDR, in der ja – abweichend von der Bundesrepublik – zunächst ein einheitlicher Krankenversicherungsbeitrag fixiert worden war, Auftrieb erhalten und wurden in das Gesundheitsstrukturgesetz vom Dezember 1992 übernommen. Auch die seit langem in der Bundesrepublik geführte Diskussion über die Einführung einer Pflegeversicherung erhielt zusätzliche Impulse durch die Situation in der DDR, in der – wenn auch auf einem unbefriedigenden Niveau – Pflegeheime, die allerdings aus Platzmangel lange nicht alle Pflegebedürftigen aufnehmen konnten, aus öffentlichen Mitteln unterhalten wurden und etwa 500 000 Personen 1989 Pflegegelder aus Mitteln der Sozialversicherung erhielten.[12]

Der Einigungsvertrag hatte es im Artikel 31 als Aufgabe des gesamtdeutschen Gesetzgebers bezeichnet, die Gesetzgebung zur Gleichberechtigung zwischen Männern und Frauen weiterzuentwickeln und eine bessere Vereinbarkeit von Familie und Beruf zu gestalten. Die Ergänzung von Artikel 3 Abs. 2 des Grundgesetzes am 27. Oktober 1994, nach der der Staat «die tatsächliche Durchsetzung der Gleichberechtigung von Frauen und Männern» fördert und «auf die Beseitigung bestehender Nachteile» hinwirkt,[13] ist ebenso wie die Durchsetzung eines Rechtsanspruchs auf einen Kindergartenplatz und die schließliche Neuordnung der gesetzlichen Bestimmungen zum Schwangerschaftsabbruch[14] auch auf dem Hintergrund der deutschen Vereinigung zu sehen. Angesichts der unterschiedlichen Leitvorstellungen der politischen und sozialen Kräfte zur Frauen- und Familienpolitik ist es jedoch auch in diesem Bereich zu keiner wirklich weitergehenden Gesetzgebung zur konkreten Förderung der Gleichberechtigung und der Vereinbarkeit von Familie und Beruf gekommen.

Insgesamt ist kennzeichnend, dass hier wie in anderen Bereichen die Veränderungen durch die Vereinigung begrenzt waren und vor allem in den Punkten Erfolg hatten, in denen die Reformbestrebungen an Diskussionen in der Bundesrepublik und häufig auch an Vorgaben des Bundesverfassungsgerichts und Institutionen der Europäischen Gemeinschaft anknüpfen konnten. Vielfach machte auch die besondere Situation der DDR, etwa die Massenarbeitslosigkeit oder die im Umfang sehr viel stärkere und im Charakter weniger auf typische Frauenberufe beschränkte Erwerbstätigkeit der Frauen, neue Regelungen aus ökonomischen und sozialen Gründen erforderlich.

Die sozialpolitische Absicherung der deutschen Einheit war notwendig und organisatorisch eine Meisterleistung. Man musste gleichsam auf einen fahrenden Zug aufspringen und diesen in eine neue Richtung lenken, ohne die Sicherheit der Fahrgäste – d. h. hier der Bevölkerung, die auf die Weiterzahlung der Renten, die Unterstützung bei der bisher unbekannten Arbeitslosigkeit und ihre medizinische Versorgung angewiesen war – zu gefährden. Dafür mussten nicht nur die neuen Normen in kurzer Zeit in funktionierendes Verwaltungshandeln umgesetzt werden. Es mussten auch neue Institutionen, wie z. B. die Sozialhilfe, eine leistungsfähige Arbeitsverwaltung, eigenständige Sozial- und Arbeitsgerichte, geschaffen und neue sozialpolitische Akteure, wie freie Gewerkschaften, Arbeitgeberverbände, Berufsgenossenschaften, Träger der Rentenversicherung und der Krankenversicherung, Ärztekammern und Organisationen der Leistungsanbieter im Gesundheitswesen sowie Organisationen der Freien Wohlfahrtspflege, aufgebaut bzw. vom Westen auf den Osten ausgedehnt werden. Das ist in einer beispiellosen Anstrengung der Verwaltung und aller beteiligten politischen und sozialen Institutionen und Kräfte gelungen. Es hat den Schock der Umstellung von der Plan- zur Marktwirtschaft gemildert und die sonst wohl zu erwartenden größeren sozialen Konflikte verhindert.

Der deutsche Sozialstaat wurde durch die Vereinigung nicht wesentlich verändert. Im Gegenteil, die erfolgreiche Übertragung seiner Institutionen, Normen und Leistungen auf den Osten Deutschlands wurde von vielen als Beweis für seine Effizienz und seine Leistungsfähigkeit auch unter veränderten Bedingungen angesehen. Das und die Absorption der politischen, sozialen und administrativen Kräfte durch die Verwirklichung der Sozialunion von Bundesrepublik und DDR haben die vor 1990 begonnene Diskussion, wie der deutsche Sozialstaat der Alterung der Bevölkerung, der Explosion der Kosten im Gesundheitswesen, der Veränderung der Familienstruktur, dem Wandel der Arbeitswelt und dem verschärften internationalen Wettbewerb um Kapital, Produktionsstandorte und Märkte durch Reformen begegnen könne, für mehrere Jahre in den Hintergrund gedrängt. Durch diesen Aufschub und durch die hohen finanziellen Lasten der Einigung wurden jedoch mittel- und langfristig die strukturellen Probleme des deutschen Sozialstaates noch verschärft, so dass ein Ausweichen vor deren Lösung, die für viele mit schmerzhaften Einbußen an sozialen Rechten und Ansprüchen verbunden sein musste, noch weniger als zuvor zu rechtfertigen war.

III.

Der Wandel des deutschen Sozialstaates unter den Bedingungen der deutschen Einheit 1990–1994

11. Der Aufbau der Institutionen und Träger des Sozialstaates in den neuen Bundesländern

Die Übertragung des bundesdeutschen Sozialstaates auf die neuen Bundesländer hatte trotz der weit verbreiteten Kritik am Verlust bestimmter «sozialer Errungenschaften» der DDR – insbesondere des Rechts auf Arbeit – eine zentrale Bedeutung für die Akzeptanz der neuen Ordnung. Auf die Frage, was die Einheit gefördert habe, wurde im November 1996 von den Befragten im Osten Deutschlands fast gleichauf mit der massiven finanziellen Unterstützung des Westens (81 Prozent) die schnelle Angleichung der Renten (80 Prozent) am meisten genannt.[1] Unter den Hilfen, die als die dringendsten galten, standen bei einer Befragung im November 1993 die Arbeitsbeschaffungsmaßnahmen für Arbeitslose an erster Stelle – noch vor der Verbesserung der Straßen und der Modernisierung der Wohnungen –, wobei 78 Prozent der Befragten bestätigten, dass das bereits angepackt worden war.[2]

Nach der Schaffung der rechtlichen Grundlagen der Sozialunion war die zentrale Aufgabe, den bereits 1990 begonnenen Aufbau der Arbeits- und Sozialverwaltung zu vollenden[3] und ein modernes, auf der Tarifautonomie beruhendes System der Arbeitsbeziehungen auszubilden. Das konnte nur in enger Zusammenarbeit der Sozialbürokratie des Bundes, der Länder und der Kommunen mit den Trägern der Sozialversicherung, den Freien Wohlfahrtsverbänden, den Sozialpartnern und den sonstigen sozialpolitischen Akteuren geschehen. Zentrale Probleme waren dabei zunächst die Gewinnung von Mitarbeitern und deren Umschulung auf die neuen Aufgaben, die Erwerbung und Ausstattung der notwendigen Räume und die Finanzierung des Aufbaus der Verwaltungen und der von ihnen gewährten Sozialleistungen. Dafür war der Osten Deutschlands auf die finanzielle und zunächst auch auf die personelle Unterstützung des Westens in hohem Maße angewiesen. Die im Folgenden behandelte Aufbauarbeit in den einzelnen Bereichen der Sozialpolitik wie auch die sozialpolitischen Entwicklungen 1990–1994 können hier nur in groben Umrissen, die generelle Probleme und deren spezifische Bedeutung für den Osten Deutschlands thematisieren, angedeutet werden.

11.1 Arbeitsverwaltung und Arbeitsförderungspolitik

Die Grundstruktur der Arbeitsverwaltung im Osten mit 38 Arbeitsämtern und 161 Nebenstellen war bereits in der Zeit der Regierung *de Maizière* gelegt worden.[4] Mit der Einigung vom 3. Oktober 1990 ging ihre Leitung auf die Bundesanstalt für Arbeit über; 1991 wurden zwei zusätzliche Landesarbeitsämter für Sachsen und gemeinsam für Sachsen-Anhalt und Thüringen geschaffen. Dem Landesarbeitsamt Nord in Kiel wurde Mecklenburg-Vorpommern zugeordnet, dem Landesarbeitsamt Berlin-Brandenburg der Ostteil Berlins und Brandenburg.[5] Nach der ursprünglichen Planung der BA sollten nur zwei Landesarbeitsämter, ein Landesarbeitsamt Nord aus den Ländern Mecklenburg-Vorpommern, Brandenburg und Berlin als Mittelinstanz für 18 Arbeitsämter, und ein Landesarbeitsamt Süd, bestehend aus den Ländern Sachsen-Anhalt, Sachsen und Thüringen mit 25 Arbeitsämtern, gebildet werden.[6] Für den Aufbau wurden aus Bundesmitteln 165 Millionen DM bereitgestellt und im Jahresdurchschnitt 1992 etwa 2000 Mitarbeiter aus dem Westen entsandt.[7] Probleme ergaben sich zunächst aus der Überprüfung des aus der DDR übernommenen Personals durch eine Personal-Gutachtergruppe der BA auf fachliche Eignung und politische Belastung – im Leitungspersonal hatten sich zunächst vielfach alte Seilschaften der SED behaupten können. Bis zum 6. März 1991 wurden aufgrund der Überprüfung zwölf der Direktoren, 30 der Abteilungsleiter und 40 Leiter von Nebenstellen von ihrem Dienstposten entbunden. Weitere drei Direktoren, vier Abteilungsleiter und drei Leiter von Nebenstellen befanden sich zu diesem Zeitpunkt noch im Überprüfungsverfahren. Ferner wurden die Arbeitsverhältnisse mit 83 ehemaligen Mitarbeitern des MfS und des Amtes für Nationale Sicherheit der DDR beendet.[8] Eine Beeinträchtigung der Arbeitsfähigkeit ergab sich weiter aus der personellen Unterbesetzung der Arbeitsverwaltung und der zunächst unzureichenden Qualifikation der neuen Mitarbeiter aus dem Osten – von den 15 000 im Osten beschäftigten Mitarbeitern hatten nach einer Äußerung *Blüms* vor der CDU/CSU-Fraktion vom 2. März 1993 12 000 das Arbeitsförderungsgesetz nicht gekannt[9] – sowie dem verzögerten Aufbau der Arbeitsverwaltungen und der Weiterbildungsträger durch das Fehlen ausreichender

Räumlichkeiten. Das BMA hat sich daher mit erheblichem Erfolg an das Bundesministerium für Verteidigung gewandt, um für die neuen Arbeitsämter – wie auch für die Träger der Sozialversicherung – das Recht zur Nutzung von Kasernen der NVA zu erreichen.[10] Arbeitsbeschaffungsmaßnahmen liefen zunächst nur zögernd an, weil es an Trägern mangelte, und das Angebot, Kurzarbeit und Qualifizierungsmaßnahmen zu verbinden, wurde vor allem wegen der vielfach erreichten Aufstockung des Kurzarbeitergeldes von 63 Prozent bzw. 68 Prozent auf 90 Prozent der Nettolöhne durch Tarifverträge nur von wenigen Arbeitnehmern – Ende September 1990 von 23 700 oder 1,4 Prozent der Kurzarbeiter – angenommen. Frauen waren überdies bei Arbeitsbeschaffungsmaßnahmen zunächst weit unterproportional vertreten.[11]

Die Mitarbeiterstäbe der Arbeitsämter konnten bis 1993 ausgebaut, die notwendigen Räume erworben oder angemietet und die Kommunen, neben denen aus den Unternehmen ausgegliederte oder neu gegründete Beschäftigungsgesellschaften eine bedeutende Rolle spielten,[12] als wichtigste ABM-Träger gewonnen werden. Eine wesentliche Voraussetzung dafür war, dass für Bewilligungen ab 1. April 1991 potentiellen Trägern von ABM-Maßnahmen im Rahmen eines Sonderprogramms nun auch Sachkostenzuschüsse – ein neues arbeitsmarktpolitisches Instrument – gezahlt werden konnten.[13] Insgesamt fand in der aktiven Arbeitsmarktpolitik eine Verschiebung von der Kurzarbeit zur Fortbildung und Umschulung, die allerdings durch die Novelle zur Änderung des AFG vom 18. Dezember 1992 wieder eingeschränkt wurde, und zu Arbeitsbeschaffungsmaßnahmen statt.[14] Die Vorruhestandsregelung, die im Herbst 1995 auslief, und das Altersübergangsgeld, das schließlich längstens bis zum 31. Dezember 1997 gezahlt werden konnte, hatten ebenfalls 1990–1994 als Mittel zur Reduzierung der Arbeitslosigkeit eine wesentliche Bedeutung.[15] Die Zahl der Empfänger von Vorruhestands- oder Altersübergangsgeld stieg von 1991–1993 von 554 000 auf 852 000, ehe sie 1994 auf 619 000 zurückging. Aufgrund der extrem schlechten Lage des Arbeitsmarktes wurde trotz der damit verbundenen hohen Kosten, vor allem auf Druck der Arbeitgeber, die Altersgrenze für den Bezug von Altersübergangsgeld von 57 auf 55 Jahre herabgesetzt und die Anspruchsdauer auf höchstens 5 Jahre verlängert, um einen nahtlosen Übergang in die Rentenversicherung zu gewährleisten.[16] Insgesamt wurde der Arbeitsmarkt in den neuen Bundesländern durch die aktive Arbeitsmarktpolitik 1991 und 1992 um knapp 2 Millionen, 1993 um 1,6 und 1994 um 1,3 Millionen Personen entlastet.[17] Die Ausgaben für die aktive Arbeitsmarktpolitik im

Osten nahmen dabei zunächst von 1991 bis 1992 von 29,5 Milliarden auf 40,7 Milliarden DM stark zu; 1993 stiegen sie nur noch leicht auf 41,9 Milliarden an, bei Gesamtausgaben der BA für den Osten von 50,5 Milliarden oder 18 Prozent des ostdeutschen Bruttoinlandsproduktes.[18] 1994 gingen die Ausgaben für aktive Arbeitsmarktpolitik im Osten auf 34,8 Milliarden zurück und fielen bis 1997 auf nur noch 18,6 Milliarden DM weiter stark ab.[19]

Hinter diesen Zahlen verbirgt sich eine scharfe Umsteuerung in der Arbeitsmarktpolitik, die vor allem die Senkung des Bundeszuschusses zur BA zum Ziel hatte, aber daneben auch auf zunehmenden Zweifeln über die Wirksamkeit der aktiven Arbeitsmarktpolitik als Brücke zum regulären Arbeitsmarkt beruhte. Zudem trug sie der Kritik Rechnung, dass vor allem Beschäftigungsgesellschaften zu Konkurrenten des lokalen Handwerks werden konnten[20] und die Länder und Kommunen in Ostdeutschland – besonders bei der Bearbeitung von Wohngeldanträgen – ABM-Kräfte statt von ihnen selbst zu bezahlende Angestellte des öffentlichen Dienstes in erheblichem Umfang für staatliche Pflichtaufgaben einsetzten.[21] Gegen den scharfen Widerstand der Sozialdemokratie, die das AFG durch ein Arbeits- und Strukturförderungsgesetz (ASFG) zur Bekämpfung der strukturellen Arbeitslosigkeit ersetzen wollte,[22] wurden durch die 10. Novelle zum AFG vom Dezember 1992 Einsparungen von zunächst 5,8 Milliarden DM jährlich erzielt. Diese erfolgten vor allem durch die Reduzierung der Eingliederungsleistungen für arbeitslose Aussiedler, die Erschwerung der Teilnahme an Maßnahmen der Fort- und Weiterbildung, die Einschränkung der Einarbeitungszuschüsse für die Anstellung von Langzeitarbeitslosen, die teilweise Angleichung der Förderungsbedingungen für Arbeitsbeschaffungsmaßnahmen im Osten an die strikteren Regelungen im Westen, die Beschränkung der Leistungen zur beruflichen Rehabilitation und die Erschwerung der Frühverrentung zu Lasten der Arbeitslosenversicherung.[23] Gleichzeitig wurde mit dem neuen Paragrafen 249h des AFG die Möglichkeit geschaffen, Lohnkostenzuschüsse in Höhe des durchschnittlichen Arbeitslosengeldes bzw. der durchschnittlichen Arbeitslosenhilfe zur produktiven Beschäftigung von Arbeitslosen, Kurzarbeitern und ABM-Teilnehmern für Projekte der Umweltsanierung, für soziale Dienste und Jugendhilfe im Osten zu gewähren. Das Gesetz gab zudem der Bundesregierung die Befugnis, den Etat der BA autonom und damit auch gegen den Widerspruch von deren Selbstverwaltungsspitze festzusetzen, was im Januar 1993 auch geschah.[24] Es ist schließlich der Bundesregierung gelungen, die zunächst einheitliche

Ablehnungsfront gegen das Gesetz in den neuen Bundesländern aufzubrechen und die Länder im Osten, in denen die CDU an der Regierung beteiligt war, für das Gesetz zu gewinnen. Damit konnte eine Zweidrittelmehrheit im Bundesrat gegen den Gesetzentwurf verhindert und der vom Bundesrat mit einfacher Mehrheit eingelegte Einspruch mit der absoluten Mehrheit der Stimmen des Bundestages zurückgewiesen werden.[25]

Die Wende in der Arbeitsmarktpolitik bedeutete eine Verschärfung der Differenzen zwischen der Regierung und der von den Gewerkschaften unterstützten sozialdemokratischen Opposition und markierte «die Auflösung des Konsenses zur sozialverträglichen Gestaltung der deutschen Vereinigung».[26] Innerhalb der Koalition war sie mit einem Einflussverlust der CDA in der CDU/CSU und einer stärkeren Berücksichtigung der arbeitsmarktpolitischen Vorstellungen der FDP verbunden.[27]

Insgesamt hat der großzügige Ausbau der aktiven Arbeitsmarktpolitik vor allem in den ersten Jahren nach der Vereinigung den sozialen Umbruch im Osten abgefedert. Als Brücke zum ersten Arbeitsmarkt hatte die aktive Arbeitsmarktpolitik jedoch nur einen begrenzten Erfolg. Sie hat die offene Arbeitslosigkeit stark reduziert, aber auch den notwendigen Strukturwandel der Wirtschaft eher verzögert als beschleunigt. Sie war kein Mittel gegen die mangelnde Produktivität, die Achillesferse der ostdeutschen Wirtschaft, die auch mit den Problemen bei der Übertragung des westdeutschen Arbeitsrechts und dem neuen System der Arbeitsbeziehungen zusammenhing.

11.2 Probleme bei der Übertragung des bundesdeutschen Arbeitsrechts

Bei der im Einigungsvertrag mit einigen Ausnahmen und Übergangsregelungen festgelegten Übertragung des bundesdeutschen Arbeitsrechts auf die neuen Bundesländer ergaben sich schwerwiegende praktische Probleme.[28] Die Hauptschwierigkeit bestand einmal darin, eine «über 40 Jahre gewachsene», durch die Rechtsprechung ständig den jeweiligen Veränderungen angepasste bundesdeutsche Rechtsordnung von «einem Tag zum anderen» auf die Verhältnisse eines zusammengebrochenen kommunistischen Systems anzuwenden, «ohne dass Anwender (Gerichte, Personalchefs, Betriebsräte) und Betroffene (vor allem Arbeitnehmer) darauf vorbereitet» gewesen wären. Das andere Hauptproblem ergab sich daraus, dass die Arbeitsordnung der DDR «überschaubar und leicht verständlich» im AGB geregelt war und die «fehlende Gesamt-

Kodifikation des bundesdeutschen Arbeitsrechts und die weitgehende Regelung der Arbeitsbeziehungen durch Richterrecht» Arbeitnehmer wie Arbeitgeber vor große Orientierungsschwierigkeiten stellten. Immer wieder wurde die Frage gestellt: «Wo steht das? Und immer wieder wurde nach einer *verbindlichen* Auffassung des Ministeriums gefragt bzw. die Rechtsauffassung des Ministeriums als verbindliche Auslegung/Entscheidung (miss-)verstanden».

Nur einige der konkreten Einzelprobleme können hier angedeutet werden. So bestand Unsicherheit darüber, ob und zu welchen Bedingungen Arbeitsverhältnisse ab dem 3. Oktober fortgesetzt würden. Ausgelöst durch den «weitgehenden Zusammenbruch von Betrieben» oder durch deren «Umprofilierungsversuche» wurden Arbeitnehmern andere als bisher vereinbarte Tätigkeiten einseitig übertragen sowie die Arbeitszeit oder die Eingruppierung verändert. Die ungünstigere Regelung bei der Freistellung zur Pflege erkrankter Kinder wurde kritisiert, «zumal gleichzeitig eine Vielzahl von Kinderbetreuungseinrichtungen geschlossen und dadurch die Situation berufstätiger Eltern zusätzlich verschlechtert wurde». Schwierigkeiten ergaben sich auch bei der Umstellung von der 43 ¾- bzw. 42-Stunden-Woche auf die 40-Stunden-Woche, den Konsequenzen für die Entgeltberechnung bei der einseitigen Einführung von Teilzeitarbeit durch die Arbeitgeber und der Übertragung der Arbeitszeitverkürzung von Vollbeschäftigten auch auf Teilzeitbeschäftigte ohne Änderungskündigung oder die Beantragung der Einführung von Kurzarbeit.

Die größten Probleme ergaben sich naturgemäß aus der abrupten Beendigung von Arbeitsverhältnissen und in Verbindung damit aus den Abfindungsregelungen. Die DDR kannte zwar auch das Rechtsinstitut der Kündigung; von diesem wurde jedoch kaum Gebrauch gemacht, zumal die Betriebe verpflichtet waren, den zu kündigenden Arbeitnehmern einen Änderungsvertrag über die Aufnahme einer zumutbaren anderen Arbeit im Betrieb oder einen Überleitungsvertrag in einem anderen Betrieb anzubieten. Die Kündigung des Arbeitsverhältnisses galt als «makelbehaftet», so dass bei der Beendigung des Arbeitsverhältnisses vielfach ein Aufhebungsvertrag bevorzugt wurde. Mangelnde Kenntnis des neuen Rechts führte dazu, dass sich die Arbeitnehmer auch nach der Einigung auf solche Aufhebungsverträge einließen, ohne die daraus entstehenden fatalen Konsequenzen zu kennen oder zu bedenken. Diese bestanden darin, dass das Arbeitsamt in solchen Fällen eine Sperrfrist bei der Zahlung von Arbeitslosengeld verhängte und dass die Kündigungsvorschriften – z. B. die erforderliche Zustimmung der Hauptfürsorgestelle bei der Kündigung von Schwerbehinderten und die Mitwirkung des Betriebsrates bei Kündigungen – entfielen. Häufig haben die Arbeitnehmer, die gegen eine Kündigung vorgehen wollten, nicht fristgemäß die betriebliche Schiedsstelle für Arbeitsrecht oder das Arbeitsgericht angerufen, sondern sich mit der Bitte um Klärung ihrer Angelegenheiten an das BMA gewandt, das natürlich keine rechtsgültige Entscheidung treffen konnte. Generell bestand ein weitgehendes Unverständnis gegenüber Kündigungen, da man sich doch nichts habe «zu Schulden kommen lassen». Überraschend war zudem, dass im Unterschied zur Rechtslage in der DDR ein Arbeitsverhältnis auch *während* einer Krankheit gekündigt werden durfte.

Im Zusammenwirken von Betriebsräten und Arbeitgebern setzte sich einerseits die alte DDR-Ideologie fort, andererseits wurden die Rechte der Betriebsräte vielfach völlig ignoriert. In der DDR war die Wirksamkeit einer Kündigung an die Zustimmung der betrieblichen Gewerkschaftsleitung gebunden. Das führte nach der Einigung dazu, dass viele der gekündigten Arbeitnehmer glaubten, der Betriebsrat habe ihnen gekündigt oder dass sie ein Kündigungsschreiben erhielten, das vom Betriebsrat mit unterzeichnet wurde oder den Zusatz enthielt, dass der Betriebsrat der Kündigung ausdrücklich zugestimmt habe. In anderen Fällen wurde entgegen der neuen Rechtslage der Betriebsrat entweder überhaupt nicht oder doch nur unzureichend vor dem Aussprechen einer Kündigung angehört. Es war den Betroffenen zudem kaum zu vermitteln, dass der Betriebsrat zwar eine Widerspruchsmöglichkeit hatte, aber eine Kündigung letztlich nicht verhindern konnte. Den Arbeitgebern waren die Kriterien, die das Bundesarbeitsgericht an betriebsbedingte Kündigungen anlegte, nicht bekannt, so dass Arbeitnehmern wegen des «gesellschaftlichen Wandels» oder wegen des «Strukturwandels» gekündigt wurde. In einigen Fällen war die vorgeschriebene soziale Auswahl bei Kündigungen unterblieben, in vielen Fällen war die Auswahl fehlerhaft. Häufig konnte allerdings die Sozialauswahl nicht greifen, weil flächendeckend ganzen Abteilungen gekündigt worden war. Die Rechtsprechung war zudem uneinheitlich in der Frage, ob bei einer Kündigung «wegen fehlenden Bedarfs» auf eine Sozialauswahl verzichtet werden konnte.

Häufig wurde der Vorwurf erhoben, dass «gewendete» Arbeitgeber die «alten Seilschaften» behielten und sich von unbequemen kritischen Arbeitnehmern trennten. Der Begriff der Änderungskündigung, der auf eine Fortsetzung des Arbeitsverhältnisses bei geänderten Bedingungen abzielt, fehlte im DDR-Recht. Daher wurden Änderungskündigungen meist fälschlich als Beendigung des Arbeitsverhältnisses aufgefasst. Weiterhin veränderten viele Betriebe einseitig die Arbeitsaufgaben, die Arbeitszeiten oder das System der Schichtarbeit, ohne Änderungskündigungen auszusprechen.

In der DDR war die gerichtliche Auseinandersetzung bei Streitigkeiten über arbeitsrechtliche Ansprüche, die meist auf anderem Wege beigelegt wurden, verpönt. Diese Einstellung führte dazu, dass viele gekündigte Arbeitnehmer die 3-Wochen-Frist zur Erhebung einer Kündigungsschutzklage verstreichen ließen und sich z.T. darauf beschränkten, beim Betriebsrat der Kündigung zu widersprechen. Vielfach wurde auch – wie man es gewohnt war – auf Eingriffe der Staatsgewalt vertraut. So wandte man sich immer wieder an das BMA mit der Bitte, «die Kündigung aufzuheben oder zu überprüfen, auf den Arbeitgeber mit dem Ziel der Wiedereinstellung einzuwirken, die Erfolgsaussichten einer Klage zu prüfen» oder, «soweit Schiedsstellen- oder Arbeitsgerichtsverfahren eingeleitet waren, auf die Gerichte einzuwirken». In einigen Fällen verstießen die Arbeitgeber gegen den Sonderkündigungsschutz Behinderter, wenn sie die Zustimmung der Hauptfürsorgestellen nicht einholten, oder sie ignorierten die für eine Übergangsfrist nach dem Einigungsvertrag fortgeltenden Kündigungsschutzvorschriften für Mütter und Väter von Kindern bis zu einem Jahr und für Alleinerziehende mit Kindern bis zu drei Jahren.

Sehr große Schwierigkeiten ergaben sich aus den Abfindungen, die das DDR-Arbeitsrecht bei der Auflösung eines Arbeitsvertrages nicht kannte. Bei den Arbeitnehmern der neuen Bundesländer war die Auffassung weit verbreitet, dass die Abfindung eine «Belohnung für langjährige Betriebstreue» sei und darauf auf jeden Fall ein Anspruch bestehe. Nach Branchen oder nach anderweitiger sozialer Absicherung differenzierte Regelungen wurden daher «heftig – als ungerecht – kritisiert.» Es war zudem schwer zu erklären, «dass es keine Gesetzesautomatik zwischen der Beendigung eines Arbeitsverhältnisses und einer eventuellen Abfindung» gab, sondern dass hierfür Tarifverträge, Betriebsvereinbarungen und seltener auch eine einzelvertragliche Zusage als Anspruchsgrundlagen galten. Auch zeigte sich, dass die «gewendeten und selbsternannten» Geschäftsführer, z.T. wegen ihres fehlenden Selbstverständnisses als Arbeitgeber, z.T. auch weil sie selbst als Anspruchsberechtigte einbezogen waren, «großzügige Sozialpläne» abschlossen, die die finanzielle und wirtschaftliche Situation der Betriebe und deren Überlebensfähigkeit nicht berücksichtigten und ihre Urheber selbst begünstigten.

Unter Mitwirkung der Gewerkschaften wurde schließlich – wie noch zu zeigen ist[29] – eine generelle Regelung über Sozialpläne verabschiedet. Es bestand jedoch kein Verständnis dafür, dass die Regelung auf die von der Treuhand verwalteten Betriebe beschränkt war. Unverständnis und Verbitterung löste auch die Erkenntnis aus, dass tariflich geregelte Abfindungsansprüche nur dann Bestand hatten, wenn vor dem 30. Juni 1990 abgeschlossene Tarifverträge (Rationalisierungsschutz-Abkommen) auch registriert worden waren.

Ältere Arbeitnehmer, die durch moralischen Druck oder die Drohung mit Kündigung veranlasst worden waren, aus den Betrieben auszuscheiden und die Vorruhestandsregelung der DDR oder die Zahlung von Altersübergangsgeld nach dem Einigungsvertrag in Anspruch zu nehmen, fühlten sich düpiert, dass – im Unterschied zur DDR – ihre Betriebszugehörigkeit mit der Beendigung des Arbeitsverhältnisses entfiel.

Im kollektiven Arbeitsrecht bestanden größere Schwierigkeiten für die Tarifvertragsparteien durch die Klausel, dass zur Erklärung der Allgemeinverbindlichkeit eines Tarifvertrages 50 Prozent der betroffenen Arbeitnehmer der Branche durch den Tarifvertrag erfasst sein mussten. Die Probleme ergaben sich aus dem Fehlen adäquater statistischer Daten nach der vorschnellen Auflösung des gemeinsamen Statistischen Amtes der neuen Bundesländer und aus der geringen Organisationsbereitschaft der Arbeitgeber im Osten. Faktisch bestand zwischen dem BMA, den neuen Bundesländern, der BDA, dem DGB und den Tarifvertragsparteien die allerdings zeitlich befristete Übereinstimmung, «bei der Erfüllung der 50%-Klausel einen großzügigen Maßstab anzulegen». Ein zweites Problem war die Überbesetzung der DDR-Betriebe mit Leitungspersonal, «das bei der Umstrukturierung der Betriebe nicht mehr entsprechend der überwiegend akademischen Ausbildung eingesetzt und eingruppiert werden konnte». Dieser Sachlage wurde durch Änderungskündigungen Rechnung getragen.

Insgesamt hat also die Übertragung des bundesdeutschen Arbeitsrechts für die betroffenen Arbeitgeber und Arbeitnehmer große Anpassungsprobleme aufgeworfen, zu einem massiven Anstieg der Arbeitsgerichtsverfahren geführt, die Akzeptanz der neuen Ordnung gefährdet und zur späteren DDR-Nostalgie beigetragen.

11.3 Die Herausbildung eines neuen Systems der Arbeitsbeziehungen

Gewerkschaften und Arbeitgeberverbände waren sich einig, dass das bundesdeutsche System der Arbeitsbeziehungen mit der Mitbestimmung von frei gewählten Betriebsräten und autonom ausgehandelten Flächentarifverträgen auch auf die DDR bzw. die neuen Bundesländer übertragen werden sollte. In ihrer Erklärung vom 9. März 1990 vermieden sie bewusst eine potentielle Aufwertung der betrieblichen Regelungsebene im Tarifsystem – etwa durch Firmentarifverträge.[30] Dagegen wurde der Aufbau einer dualen Struktur der Interessenvertretung bereits im Staatsvertrag vom 18. Mai 1990 verankert. Dadurch erhielt das in der DDR bestehende Monopol der Vertretung von Arbeitnehmerinteressen durch die ihrerseits von der SED und dem Staat abhängigen Gewerkschaften und die von ihnen eingesetzten und kontrollierten Betriebsgewerkschaftsleitungen eine Ergänzung durch frei gewählte, unabhängige Betriebsräte. Nachdem schon bald nach der «Wende», oft unter dem Einfluss von höher qualifizierten Angestellten, die ersten Betriebsräte spontan gewählt worden waren,[31] sah das sog. Mantelgesetz der DDR vom 21. Juni 1990 vor,[32] dass die nach demokratischen Grundsätzen in geheimen Abstimmungen von der Mehrheit der Belegschaft gewählten Betriebsräte zunächst im Amt bleiben konnten. Der Einigungsvertrag legte fest, dass die Neuwahl der Betriebsräte nach dem Betriebsverfassungsgesetz spätestens zum 30. Juni 1991 erfolgen sollte.[33]

Die vielfach durch Schulungsveranstaltungen auf ihre Aufgaben vorbereiteten[34] Betriebsräte spielten im Prozess der Umstrukturierung der ostdeutschen Wirtschaft eine wichtige Rolle.[35] Angesichts des Legitimationsdefizits des Managements in den DDR-Betrieben und des in die Betriebsräte gesetzten Vertrauens der Belegschaften hatten diese einen oft erheblichen Einfluss auf originär unternehmerische Entscheidungen. Allerdings mussten sie auch den mit der raschen Privatisierung und Restrukturierung verbundenen massiven Personalabbau mittragen und versuchen, diesen Prozess, vor allem durch die Aushandlung von Sozialplänen, möglichst sozialverträglich zu gestalten. Kennzeichnend für die ostdeutschen Betriebsräte waren, neben ihrem in der Frühphase des Transformationsprozesses oft weitreichenden Einfluss auf die Geschäftspolitik, ihre Fähigkeit zum flexiblen Reagieren auf krisenhafte Entwicklungen sowie ihre in der Tradition der ostdeutschen Sozialpolitik der letzten Jahrzehnte stehende starke Betriebszentrierung und Orientierung an den spezifischen Interessen der Belegschaften. Letzteres brachte die Betriebsräte nicht selten in eine Koalition mit dem Management und in einen Konflikt mit den Gewerkschaften.[36]

Die Gewerkschaften und die Verbände der Arbeitgeber haben ihre Organisationen auf den Osten ausgedehnt und sich dabei gegen die Entstehung eigenständiger Organisationen im Osten mit einem eigenen interessenpolitischen Profil gewandt. Während der DGB und die meisten Einzelgewerkschaften zunächst auf die Kooperation mit den bestehenden DDR-Gewerkschaften und auf deren innere Erneuerung und demokratische Umgestaltung setzten, mussten sie im Laufe des Frühjahrs und Sommers 1990 erkennen, dass diese bei ihren Mitgliedern völlig diskreditiert und zur inneren Reform unfähig waren. Der FDGB wurde bereits am 9. Mai 1990 durch einen Sprecherrat der Industriegewerkschaften und Gewerkschaften der DDR entmachtet und zum 30. September 1990 auch formell aufgelöst.[37]

Die Gewerkschaften der Bundesrepublik haben beim Aufbau ihrer Organisationen in der DDR bzw. den neuen Bundesländern in unterschiedlichem Umfang mit alten oder für eine Übergangsphase unter ihrem Einfluss neu gebildeten DDR-Gewerkschaften zusammengearbeitet. Deren Mitglieder wurden entweder kollektiv übernommen, oder es wurde versucht, neue Mitglieder individuell zu rekrutieren. Auch der Grad der Bereitschaft, ostdeutsche Gewerkschaftsfunktionäre zu übernehmen, war unterschiedlich.[38] Den schärfsten Abgrenzungskurs verfolgte die IG Metall, die mit wenigen Ausnahmen keine Funktionäre ihrer Parallel-Organisation in der DDR übernahm und verlangte, dass alle neuen Mitglieder aus dem Osten ein eigenes Antragsverfahren bei der Neuaufnahme durchlaufen mussten.[39] Mit Ausnahme von Sachsen, das den neuen Bezirk Dresden bildete, wurden Ostberlin und die anderen neuen Bundesländer westdeutschen Bezirken zugeschlagen. An die Spitze der 35 Verwaltungsbezirke der IG Metall im Osten stellte man mit einer Ausnahme ausschließlich Funktionäre aus dem Westen.[40] In anderen Gewerkschaften sind Ostdeutsche stärker zum Zug gekommen.

Der DGB hat in jedem der fünf neuen Bundesländer einen eigenen Landesbezirk aufgebaut.[41] Im Zentrum der Arbeit des DGB stand vor allem wegen der massenhaften Kündigungen zunächst der Rechtsschutz; Mitte 1991 arbeiteten 230 von 290 DGB-Sekretären im Rechtsschutz und nur 60 als Organisationssekretäre in den neu geschaffenen 33 Verwaltungsstellen. Für die nicht dem DGB angeschlossenen Gewerkschaften war die Aufbauarbeit im Osten noch schwieriger. Die DAG musste aus dem Nichts heraus – ohne jeden Zugriff auf alte Strukturen der FDGB-Gewerkschaften – ihre Organisation im Osten aufbauen[42] und traf dabei auf die Konkurrenz des DGB und der ihm angeschlossenen Gewerkschaften, die keineswegs bereit waren, der DAG das Organisationsfeld in der Angestelltenschaft kampflos zu überlassen.[43] Weder die DAG noch die Christlichen Gewerkschaften konnten ähnliche Erfolge wie die Mitgliedsgewerkschaften des DGB erreichen. 1991 kamen fast 4,2 Millionen oder über 35 Prozent der Mitglieder des DGB aus dem Osten. In der DAG stellten die 111 000 Arbeitnehmer aus dem Osten nur 19 Prozent aller Mitglieder, bei den Christlichen Gewerkschaften bildeten die 8000 Mitglieder im Osten sogar nur eine kleine Minderheit von knapp drei Prozent.[44]

Der massenhafte Verlust ihrer neu gewonnenen Mitglieder war in den Folgejahren ein zentrales Problem der Gewerkschaften im Osten. Die Mitgliederzahl der Gewerkschaften schrumpfte im Osten zwischen 1991 und 1994 um fast 1,6 Millionen bzw. über 37 Prozent (im Westen gut sechs Prozent), wovon alle Gewerkschaften, außer der Gewerkschaft der Polizei und den Christlichen Gewerkschaften, betroffen waren.[45] Damit ging auch der hohe Organisationsgrad der DGB-Gewerkschaften im Osten von zunächst 53 Prozent (im Westen 32 Prozent)[46] verloren. Allein die IG Metall verlor zwischen 1991 und 1995 mehr als die Hälfte ihrer gut eine Million Mitglieder im Osten.[47]

Die Ursache für den Einbruch der Mitgliederzahl war neben dem starken Rückgang der Zahl der Beschäftigten die Enttäuschung über die zunächst hochgespannten Erwartungen im Hinblick auf den Einfluss der Gewerkschaften auf den Transformationsprozess und die Sicherung der Beschäftigung. Weitere Probleme ergaben sich aus der Zusammensetzung der Mitgliedschaften im Osten. Ein großer Teil der Gewerkschaftsmitglieder in den neuen Bundesländern – in der IG Metall fast die Hälfte[48] – waren Rentner und Arbeitslose, die nur einen symbolischen Gewerkschaftsbeitrag leisteten. Da auch der Einzug der Beiträge zunächst nur schleppend erfolgte und die Einkommen und damit auch die Beiträge der beschäftigten Mitglieder im Osten niedriger waren, ergaben sich erhebliche Finanzierungsprobleme: Die geringen Einnahmen entsprachen nicht den hohen Ausgaben durch den Aufbau der Organisationen und dem großen Bedarf an intensiver individueller arbeits- und sozialrechtlicher Beratung der Mitglieder[49] und deren Vertretung vor Arbeits- und Sozialgerichten. Ein Verzicht auf eine möglichst dichte Vertretung im Osten hätte dagegen die Aktionsfähigkeit und Attraktivität der Gewerkschaften beeinträchtigt. Die Gewerkschaften im Osten waren daher auf die finanzielle Hilfe von Seiten der gewerkschaftlichen Zentralen, die selbst vielfach unter chronischem Geldmangel litten, angewiesen.

Große Schwierigkeiten ergaben sich aus der Absteckung der Organisationsfelder nicht nur zwischen dem DGB und der DAG und dem Deutschen Beamtenbund, sondern auch zwischen den Gewerkschaften des DGB. Die Organisationsbereiche der alten DDR-Gewerkschaften stimmten vielfach nicht mit denen der Gewerkschaften des DGB überein, so dass sich scharfe Konflikte zwischen den Gewerkschaften um die Organisierung bestimmter Arbeitnehmergruppen entwickelten,[50] die auch durch Schiedssprüche des DGB oft nicht endgültig beigelegt werden konnten. Besonders erbitterte Auseinandersetzungen ergaben sich zwischen der IG Bergbau und Energie und der ÖTV. Die westdeutsche IG Bergbau und Energie hatte zunächst versucht, alle Mitglieder der ostdeutschen IG Bergbau-Energie-Wasserwirtschaft und der IG Wismut, der Gewerkschaft der im Uranbergbau im Erzgebirge beschäftigten Arbeitnehmer der sowjetisch-deutschen Wismut AG, zu gewinnen. Sie traf dabei auf den scharfen Widerstand der ÖTV, die die Organisation vieler Arbeitnehmer aus dem Energiebereich, vor allem die im Westen traditionell von ihrer Gewerkschaft erfassten Beschäftigten der Stadtwerke und Stadtverwaltungen, beanspruchte. Ein Schiedsspruch des DGB von Anfang Februar 1991 legte schließlich den Organisationszuschnitt der Einzelgewerkschaften in der alten Bundesrepublik als verbindlichen gesamtdeutschen Maßstab fest. Das bedeutete im konkreten Fall, dass die IG Bergbau und Energie etwa zwei Drittel der strittigen Mitgliedschaft – ca. 70 000 Beschäftigte der ostdeutschen Energieversorgungs- und Wasserwirtschaftsbetriebe – abzugeben hatte, während die beiden Gewerkschaften sich über das restliche Drittel – vor allem die Braunkohlekraftwerker und die Beschäftigten der Industrie- und Zechenkraftwerke der Kohleveredelung – einigen sollten. Der damit vorprogrammierte weitere Konflikt wirkte abstoßend auf die ostdeutschen Mitglieder, verringerte die Bindungsfähigkeit der Gewerkschaften für ihre Mitglieder und trug wesentlich zum Mitgliederschwund bei.[51]

Die vor der Vereinigung begonnenen Diskussionen über eine Modernisierung der Gewerkschaftspolitik – etwa eine stärkere Differenzierung in der Tarifpolitik oder eine größere Berücksichtigung ökologischer Interessen, die im Gegensatz zu den alles dominierenden Interessen der Arbeitnehmer im Osten an der Sicherung ihrer Arbeitsplätze und der Verbesserung ihrer materiellen Situation standen – stagnierten oder wurden sogar zurückgedrängt.[52] Die zunehmende Heterogenität der Interessen der Mitglieder, vor allem zwischen Arbeitslosen und Beschäftigten, zwischen Anhängern «postmaterieller Werte» im Westen und den von traditionellen sozialen Problemen bestimmten Arbeitnehmern im Osten, erschwerte die innerverbandliche Willens- und Entscheidungsbildung und war eine Belastung der innerorganisatorischen Solidarität in den Gewerkschaften.

Die Arbeitgeberverbände konnten auf keine vergleichbaren Organisationen im Osten zurückgreifen. Ihr Aufbau[53] war zudem dadurch erschwert, dass – abgesehen von einigen Kleinunternehmern – der Staat der fast alleinige Arbeitgeber gewesen war und eigentliche Unternehmer sich erst im Zuge der Zerschlagung der Kombinate und der Privatisierung der Betriebe herausbildeten. Die Schaffung spezifischer, später in den bundesdeutschen Arbeitgeberorganisationen aufgegangener ostdeutscher Unternehmerverbände – etwa die Gründung eines «Verbandes der Metall- und Elektroindustrie in Berlin und Brandenburg e.V.» am 11. April 1990[54] –, in denen die Direktoren der volkseigenen Betriebe eine führende Rolle spielten, blieb in Ansätzen stecken. Die zentrale Rolle beim Aufbau von Unternehmerorganisationen spielten die westdeutschen Verbände. Bereits am 1. März 1990 nahm eine gemeinsame «Informationsstelle DDR» der BDA und des BDI in Westberlin ihre Arbeit auf.[55] Ihre Aufgaben bestanden neben der Anknüpfung von Kontakten zu staatlichen Stellen und öffentlichen Einrichtungen in der Aufnahme von Verbindungen zu Unternehmern und Unternehmerorganisationen in der DDR sowie in der Unterstützung der Schaffung von Unternehmer- und Arbeitgeberverbänden. Noch wesentlicher war die Hilfe, die bundesdeutsche Fachverbände im Rahmen von Partnerschaften und Patenschaften beim Aufbau der ostdeutschen Arbeitgeberverbände, der Ende 1990 weitgehend abgeschlossen war, leisteten. Die Treuhandanstalt hat die Verbandsbildung auf Unternehmerseite unterstützt, indem sie die Firmen praktisch verpflichtete, der zuständigen Arbeitgeberorganisation beizutreten.[56] Bei der Übertragung westdeutscher Organisationsstrukturen wie der Gliederung in Fachverbände und überfachliche Landesverbände der BDA wurde jedoch die in den alten Bundesländern weitgehend bestehende Trennung zwischen Wirtschafts- und Arbeitgeberverbänden auf örtlicher Ebene und der Ebene der Länder – mit der Ausnahme Sachsens, wo sich getrennte Regionalorganisationen herausbildeten – nicht übernommen.[57]

Die Hauptprobleme der Arbeitgeberorganisationen ergaben sich aus der Tarifpolitik. Diese stand vor dem Dilemma, dass niedrige Löhne zwar einerseits einen Anreiz für private Investitionen und eine Chance zur Verbesserung der Wettbewerbsfähigkeit der ostdeutschen Wirtschaft bedeuteten, sie aber andererseits auch die Abwanderung besonders leistungsfähiger Fachkräfte nach dem Westen fördern mussten. Die Hoffnung der westdeutschen Seite beim Angebot der Währungsunion, dass die Löhne und Gehälter nur im Gleichklang mit der Steigerung der Produktivität erhöht werden würden, entpuppte sich als Illusion. Schon vor der Währungsunion, im zweiten Quartal des Jahres 1990, kam es trotz des Rückgangs der Produktivität zu einem massiven Anstieg der Löhne um ca. 20 Prozent, vor allem durch pauschale Zulagen, die den erwarteten Anstieg der Lebenshaltungskosten durch den Wegfall von Subventionen auffangen und die Ausgangsposition der Arbeitnehmer bei der Umstellung der Löhne 1:1 zum 1. Juli 1990 verbessern sollten. In den nächsten 15 Monaten wurden durch Tarifverträge weitere Lohnerhöhungen um durchschnittlich etwa 50 Prozent vereinbart.[58] Es handelte sich dabei um «politische Lohnrunden», die sich nicht an der Leistungsfähigkeit der ostdeutschen Betriebe orientierten und faktisch den Abbau von Arbeitsplätzen beschleunigten.

Die Motive der Gewerkschaften für die Erzwingung derartiger, nicht am Wachstum der Produktivität gemessener Erhöhungen der Tariflöhne lagen in der Ablehnung eines Niedriglohngebietes im Osten, das über die Abwanderung von Arbeitskräften nach dem Westen auch Druck auf die Löhne im Westen ausüben musste, sowie in dem Wunsch, sich gegenüber den neuen Mitgliedern im Osten durch hohe Tarifabschlüsse zu empfehlen, die über Lohnersatzleistungen letztlich auch den Arbeitslosen zugute kamen. Auf Seiten der Unternehmer haben in den ersten Lohnrunden das Legitimitätsdefizit und die mangelnde Erfahrung mit Tarifverhandlungen beim ostdeutschen Management, das sich zudem vielfach als Interessenvertreter der Belegschaften verstand, später – nach der Übernahme der Verhandlungsführung durch bundesdeutsche Arbeitgeberverbände – die Dominanz der Interessen westdeutscher Unternehmen die wesentliche Rolle gespielt. Eine Stärkung der Kaufkraft der Arbeitnehmer im Osten förderte zudem den Absatz ihrer Produkte. Manche befürchteten wohl auch die Entstehung einer auf niedrigen Löhnen beruhenden Konkurrenz im Osten. Der Osten Deutschlands war für die Unternehmer im Westen in erster Linie Absatzmarkt und nicht Produktionsstandort. Beide Seiten – Gewerkschaften und Arbeitgeberverbände – hatten außerdem ein Interesse an der Herausbildung eines einheitlichen Wirtschaftsraumes, in dem nicht dauerhaft unterschiedliche Lohnstrukturen bestanden, und an einer sozialen Befriedung der Arbeitnehmer des Ostens durch schnelle Anhebung der Löhne. Dies entsprach zudem den Erwartungen der ostdeutschen Arbeitnehmer, dass für gleiche Arbeit auch gleicher Lohn gezahlt werden solle.

Wie schon erwähnt,[59] waren der Staat und damit die Steuerzahler, die letztlich über Lohnersatzleistungen, Sozialhilfe und Wohngeld die wirtschaftlichen Kosten überhöhter Tarifabschlüsse zu tragen hatten, der dritte Partner bei Tarifverhandlungen. Besonders deutlich wurde das bei den Sozialplänen, die entgegen den ursprünglichen Vorstellungen des BMF und des BMWi als Leistung für entlassene Arbeitnehmer im Staatsvertrag vom 18. Mai 1990 verankert worden waren. Das Problem der praktischen Durchsetzung des Rechts auf Sozialpläne bei Massenentlassungen bestand jedoch in der DDR bzw. den neuen Bundesländern darin, dass den meisten Unternehmen die Mittel fehlten, um größere Abfindungen, die zudem die Privatisierung und Sanierung von Betrieben belasten mussten, zu zahlen.

Nachdem in einer ersten Phase im zweiten Halbjahr 1990 häufig weit überhöhte Sozialplanvereinbarungen zu Lasten der Treuhandanstalt abgeschlossen worden waren,[60] kam es auf Intervention des BMA[61] nach langen Verhandlungen am 13. April 1991 zu einer «Gemeinsamen Erklärung» der Treuhandanstalt, des DGB und der DAG.[62] In dieser wurde empfohlen, dass für leistungsfähige Unternehmen eine Abfindung der Entlassenen in Höhe von vier Bruttomonatseinkommen als «im Regelfall angemessen» anzusehen sei. Für leistungsunfähige Unternehmen wurden von der Treuhand sog. Zweckzuwendungen bei Massenentlassungen zur Verfügung gestellt, wenn das Gesamtvolumen des jeweiligen Sozialplanes eine Summe von 5000 DM je betroffenen Arbeitnehmer – reduziert bei längerer Inanspruchnahme von Leistungen der Qualifizierungs- und Arbeitsbeschaffungsmaßnahmen oder beim Eintritt der Rentenberechtigung innerhalb eines Jahres – nicht überstieg. Die Verteilung des Gesamtvolumens der Sozialpläne durch differenzierte, den unterschiedlichen sozialen Bedürfnissen entsprechende Abfindungen wurde den Betriebspartnern überlassen. Die Finanzierung erfolgte in diesem Fall durch Bundesmittel, für die auf Intervention *Blüms* zehn Milliarden DM zur Verfügung gestellt wurden.[63] Man wich also von dem bisherigen Grundsatz, dass es beim Fehlen eigener Mittel der Unternehmen keine Sozialpläne geben könne, ab, begrenzte aber gleichzeitig die Höhe der Ansprüche. Die Richtlinien der Treuhand wurden später in Vereinbarungen mit Einzelgewerkschaften – bis Mitte 1992 mit der DAG und den Industriegewerkschaften Chemie, Textil, Bau, Metall, Holz und Kunststoffe, Medien, Leder, der Gewerkschaft Nahrung, Genuß und Gaststätten – ergänzt. Damit sollte auf branchenspezifische Probleme und auf die veränderte Altersstruktur der Betriebe reagiert werden. Über den Regelzuschuss von 5000 DM hinaus wurden die Zuwendungen bei Kündigung im ersten Vierteljahr 1992 um 30 Prozent, in den beiden folgenden Quartalen um 25 bzw. 10 Prozent erhöht;[64] diese lagen allerdings noch immer erheblich unter den durchschnittlichen Abfindungen in den alten Bundesländern, die bereits Mitte der 1980er Jahre 13 360 DM betrugen.[65] Schon im ersten Jahr nach der «gemeinsamen Erklärung» hatten 1,2 Millionen entlassene Arbeitnehmer Abfindungen erhalten, und Mitte 1992 waren von den zur Finanzierung bewilligten 10 Milliarden DM bereits 7,5 Milliarden abgeflossen.

In der Tarifpolitik wurden seit 1991 zwei unterschiedliche Strategien verfolgt. Entweder man traf Vereinbarungen mit kurzen Laufzeiten, die schnell revidiert werden konnten, oder es wurden für einen Zeitraum von meist mehreren Jahren Tarifverträge abgeschlossen, die in Stufen eine vollständige Anpassung an das westliche Tarifniveau vorsahen. Besonders bedeutsam war ein im März 1991 für 1,1 Millionen Arbeitnehmer der Metall- und Elektroindustrie im Osten vereinbarter Tarifvertrag, der nach stufenweisen Erhöhungen jeweils zum 1. April eines Jahres nach drei Jahren zum 1. April 1994 die völlige Angleichung der ostdeutschen an die westdeutschen Tarifvergütungen festschrieb.[66] Der weit hinter den Erwartungen zurückbleibende, nur sehr langsame Anstieg der Produktivität im Osten, vor allem aber die Veränderungen der wirtschaftlichen Rahmenbedingungen durch das Einsetzen einer scharfen Rezession im Herbst 1992 führten dazu, dass der Arbeitgeberverband Gesamtmetall am 18. Februar 1993 den Tarifvertrag außerordentlich kündigte, was von Seiten der Arbeitgeber ein Novum in der deutschen Tarifgeschichte war.[67] Die Arbeitgeber wollten damit ein Signal zur Umkehr der bisher vom Aufbaukonsens getragenen Tarifpolitik nicht nur im Osten, sondern auch im Westen setzen. Nach scharfen Auseinandersetzungen, die nach einem gescheiterten Schlichtungsverfahren in einem großen Streik in der Metallindustrie Sachsens vom 3. bis 14. Mai 1993 kulminierten, kam es zu einer Vereinbarung, die die Angleichung an das westliche Tarifniveau bis Mitte 1996 streckte. Zudem konnte aufgrund einer Härtefallklausel mit Zustimmung beider Tarifparteien in paritätisch besetzten Schiedsstellen bzw. Kommissionen in einzelnen Unternehmen – «insbesondere zur Abwendung drohender Insolvenzgefahr, zur Sicherung von Arbeitsplätzen, insbesondere zur Vermeidung drohender Entlassungen» und «zur Verbesserung der Sanierungschancen aufgrund eines vorgelegten Sanierungsplanes» – eine untertarifliche Bezahlung zugelassen werden.[68]

In der Praxis noch wichtiger als diese Härtefallklausel, die relativ selten angewendet wurde,[69] waren Revisions-, Öffnungs- und Mittelstandsklauseln, die seit 1992 vermehrt in Tarifverträge aufgenommen wurden[70] und zur Aufweichung des Prinzips der Flächentarifverträge zugunsten der zunehmenden Bedeutung betrieblicher Vereinbarungen über Lohn- und Arbeitsbedingungen vor allem im Osten Deutschlands führten.

Die Arbeitgeberverbände standen vor dem Dilemma, dass sie einerseits mit der Abkehr von Flächentarifverträgen, deren Bedeutung für das deutsche System der Arbeitsbeziehungen auch von Arbeitsminister *Blüm* sehr nachdrücklich unterstrichen wurde,[71] ihre eigene Existenz in Frage stellten, andererseits aber auf die Interessen von Mitgliedern, die ihre Unternehmen gefährdet sahen, Rücksicht nehmen mussten. Eine Reform und die Flexibilisierung der Flächentarifverträge, die den einzelnen Betrieben größere Gestaltungsfreiheit einräumte,[72] gelang – ebenso wie die, nach fast einhelliger Meinung der wirtschaftlichen Experten, notwendige Zurückhaltung bei der Angleichung der Ostlöhne an die Westlöhne – nur in Ansätzen.

Ein Ausweg, den vor allem kleine und mittlere Unternehmer zunehmend wählten, war die Verbands- und Tarifflucht. Diese gab es auch in den alten Bundesländern; sie war aber in Ostdeutschland besonders stark verbreitet. Nach einer Studie des DIW gehörten im Winter 1993/94 64 Prozent der Unternehmen des verarbeitenden Gewerbes im Osten, die allerdings nur 26 Prozent der Arbeitnehmer beschäftigten, keinem tariffähigen Arbeitgeberverband an.[73] Dieser Anteil nahm mit der Beendigung der Arbeit der Treuhandanstalt, dem Trend zur Verkleinerung der Betriebe und dem sog. «Outsourcing», der Verlagerung von früheren Unternehmensbereichen von Großunternehmen an neue selbständige Firmen,[74] noch zu. Ebenso kennzeichnend ist die oft mit der stillschweigenden Billigung der Betriebsräte praktizierte Tarifflucht, d. h. die untertarifliche Bezahlung der Arbeitnehmer. Nach einer Umfrage des Ifo-Institutes von Ende 1996 bei 700 Unternehmern gaben 47 Prozent an, dass sie sich nicht mehr an die tariflichen Arbeitszeitbestimmungen gebunden fühlten. 43 Prozent zahlten nicht das volle Weihnachts-/Urlaubsgeld, 37 Prozent hielten sich nicht an die Lohnfortzahlungsbestimmungen und 30 Prozent zahlten nicht die tariflichen Gehälter und Löhne.[75]

Die Erosion der Verbände der Sozialpartner und des Systems der Flächentarifverträge ist ein Zeichen für die mangelnde Bindungs- und Verpflichtungsfähigkeit insbesondere der Organisationen der Arbeitgeber, deren tiefere Ursache in der unterschiedlichen Interessenlage von prosperierenden und Not leidenden Unternehmen und der nur ungenügenden Vermittlung der spezifisch ostdeutschen Interessen in den Spitzenverbänden liegt. Sie hat, ebenso wie die anhaltende unzureichende Wettbewerbsfähigkeit vieler ostdeutscher Unternehmen, dazu geführt, dass nicht nur der Prozess der Angleichung der Lebensverhältnisse des Ostens an die des Westens an seine Grenzen stieß, sondern auch im Osten selbst die Differenzierung der sozialen Lage der Arbeitnehmer erheblich zugenommen hat.

11.4 Die Sozialversicherung

11.4.1 Aufbau und weitere Angleichung der Rentenversicherung im Osten Ein Kernstück des Systems der sozialen Sicherung in der Bundesrepublik ist die gesetzliche Rentenversicherung, die in mehreren Schritten auf den Osten Deutschlands übertragen wurde. Schon durch den Staatsvertrag vom 18. Mai 1990 und das darauf beruhende Rentenangleichungsgesetz der DDR vom 28. Juni 1990 wurden der Grundsatz der Rentendynamik und das westdeutsche Beitragsrecht eingeführt. Im Einigungsvertrag wurde der versicherte Personenkreis angeglichen und ein Vertrauensschutz für Rentner und rentennahe Jahrgänge verankert. Schließlich erfolgte mit dem Rentenüberleitungsgesetz vom 25. Juli 1991[76] zum 1. Januar 1992 die vollständige Übertragung des Leistungsrechts, die mit einer Umwertung der Bestandsrenten verbunden war.

Zum 1. Januar 1991 wurde auch das Rehabilitationsrecht auf die neuen Bundesländer übertragen. Als schwieriges Problem erwies sich dabei, die in der ehemaligen DDR bestehenden Kureinrichtungen zu erhalten, da nach der Einigung Anträge auf Kuren wegen der allgemeinen wirtschaftlichen Schwierigkeiten und der damit verbundenen Sorge um den Arbeitsplatz zunächst schlagartig zurückgingen. Die Vertreter der neuen Länder wurden darauf hingewiesen, dass sie als Funktionsnachfolger staatlicher Kureinrichtungen in der Verantwortung standen und dafür Sorge tragen mussten, dass ein Zusammenbruch der Einrichtungen vermieden wurde. Von Seiten der Rentenversicherungsträger wurde versucht, auf die Steigerung der Anträge auf Kuren, insbesondere auch auf Kinderkuren, hinzuwirken und den Kureinrichtungen damit bei der Überwindung der Durststrecke zu helfen.[77]

Die erste Aufgabe war es, die Organisation der Rentenversicherung in der DDR bzw. den neuen Bundesländern neu aufzubauen. Dabei spielten die Rentenversicherungsträger, die sich wie die anderen Spitzenverbände der bundesdeutschen Sozialversicherung bereits am 10./11. Mai 1990 am Linowsee bei Berlin mit führenden Vertretern der Sozialversicherung der DDR getroffen und Arbeitsgruppen zur Lösung der Probleme bei der Transformation des sozialen Sicherungssystems der DDR gebildet hatten,[78] eine wesentliche konstruktive Rolle. So dankte Ministerin *Hildebrandt* dem Präsidenten der BfA, *Helmut Kaltenbach*, bereits am 31. Mai 1990 für die «bislang geleistete vielfältige Hilfe» und nahm dessen Angebot an, den Leiter der Grundsatzabteilung der BfA, *Rauschenbach*, als «erfahrenen Berater» zur Verfügung zu stellen.[79] Sie gewann auch *Rudolf Kolb*, den einflussreichen Geschäftsführer des VDR, als Berater vor allem für den Aufbau von Landesversicherungsanstalten seit dem 1. August 1990.[80] Zunächst wurden in den 14 Bezirken der DDR sog. Informationsbüros errichtet, in denen Fachleute der westdeutschen Rentenversicherungsträger die Kreisverwaltungen der Sozialversicherung der DDR vor allem in den Bereichen Rehabilitation und Beitragsüberwachung berieten. Weiter waren fünf Landesversicherungsanstalten der alten Bundesländer als sog. Korrespondenzanstalten beratend und unterstützend für je eines der neuen Bundesländer tätig.[81]

Zunächst war es schwierig, den Beitragsfluss sicherzustellen. Die fälligen Sozialversicherungsbeiträge waren zunächst vielfach von den Arbeitgebern nicht eingezogen bzw. abgeführt oder von den Finanzämtern, die den Beitragseinzug erst am 1. Januar 1991 an die Krankenkassen für *alle* Sozialversicherungsträger abgaben, wie in DDR-Zeiten an den Staatshaushalt statt an die Sozialversicherungsträger weitergeleitet worden. Um das auftretende Finanzloch zu schließen und die pünktliche Zahlung der Renten im August 1990 sicherzustellen, mussten Finanzmittel in Höhe von 2,4 Milliarden DM aus dem Bundeshaushalt vorgeschossen werden.[82] Durch den Einsatz von Prüfern der Sozialversicherungsträger, an dem sich die Rentenversicherungsträger des Westens zeitweise mit ihrer gesamten personellen Kapazität im Bereich des Beitragseinzugs beteiligten, ist es gelungen, die Schwachstellen im Wesentlichen bis zum Jahresende zu beseitigen und damit das Defizit der ostdeutschen Sozialversicherung zu vermindern.[83]

Als besonders schwieriges Problem beim Aufbau der Rentenversicherung im Osten erwies sich die Rekrutierung des notwendigen Personals. Am 7. August 1990 hatte Ministerin *Hildebrandt* an die Mitarbeiter der Sozialversicherung der DDR appelliert, ihre Arbeit in der Sozialversicherung fortzusetzen und ihnen vertragliche Zusagen für ihre weitere Beschäftigung in Aussicht gestellt.[84] Die Rentenversicherung geriet in eine besonders schwierige Lage,[85] da viele ihrer bisherigen Mitarbeiter in die Krankenkassen abwanderten, die früher als die Landesversicherungsanstalten entstanden und vor allem die weitere Beschäftigung am bisherigen Arbeitsort anbieten konnten.

Die Landesversicherungsanstalten konnten schließlich auf rund 2000 Beschäftigte der Abteilung Rentenversicherung der ehemaligen Sozialversicherung der DDR zurückgreifen. Weitere 4000 Mitarbeiter wurden neu eingestellt. Die BfA stellte bis zum Sommer 1992 in den neuen Ländern mehr als 4000 neue Mitarbeiter ein, die etwa zu 90 Prozent aus dem Ostteil Berlins und den neuen Bundesländern kamen. Weitere 600 Mitarbeiter wurden von der Bundesknappschaft für ihre Tätigkeit im Osten neu angeworben.[86]

Zur Sicherung der notwendigen Räume für den Aufbau der Institutionen des bundesdeutschen Sozialstaates im Osten hatte *Blüm* nach dem Prinzip «Schwerter zu Pflugscharen» mit dem DDR-Minister für Abrüstung und Verteidigung, *Rainer Eppelmann*, die Überlassung von Kasernen und anderen Objekten der Nationalen Volksarmee für die BA und die Sozialversicherungsträger vertraglich vereinbart.[87] Der stellvertretende Geschäftsführer des VDR, *Eberhard Schaub*, erwähnte in einem Vortrag vom November 1992, wie er in zwei Hubschrauberflügen über das gesamte Territorium der DDR zur Inspizierung möglicher Objekte die späteren Verwaltungsgebäude der Landesversicherungsanstalten Brandenburg, Sachsen-Anhalt, Sachsen und Thüringen ausgewählt habe.[88] Die tatsächliche Nutzung der Objekte traf jedoch zunächst auf erhebliche Schwierigkeiten, da in einigen Fällen die für die Kasernen nunmehr zuständigen Bundeswehrkommandeure den abgeschlossenen Vertrag nicht anerkannten oder leugneten, ihn zu kennen. Der damals stellvertretende Geschäftsführer des VDR, *Ruland*, musste daher an *Blüm* appellieren, beim Bundesverteidigungsministerium durchzusetzen, dass die Verträge eingehalten wurden und die Landesversicherungsanstalten termingerecht aufgebaut werden konnten.[89] Auch die Klärung der Eigentumsverhältnisse der der Treuhandverwaltung unterliegenden Gebäude erwies sich als kompliziert. Nachdem *Blüm* mit seiner Bitte, nicht nur den Ländern und Kommunen, sondern auch den Rentenversicherungsträgern den verbilligten Erwerb von bundeseigenen Liegenschaften zu gewähren, bei Bundesfinanzminister *Waigel* abgeblitzt war,[90] mussten diese schließlich ca. 80 Millionen DM für die Gebäude, die ihnen ursprünglich unentgeltlich überlassen werden sollten, zahlen.[91]

Im Einigungsvertrag war vorgesehen worden, dass für eine Übergangsfrist bis längstens 31. Dezember 1991 die Aufgaben der Renten- und Unfallversicherung – nicht aber die der bereits zum 1. Januar 1991 als funktionsfähig angesehenen Krankenversicherung – im Osten, in der Nachfolge des aufgrund des Staatsvertrages geschaffenen «Gemeinsamen Trägers der Sozialversicherung», von einer «Überleitungsanstalt Sozialversicherung» (ÜLA) wahrgenommen werden sollten. Der Gemeinsame Träger war jedoch im Herbst 1990 bereits in voller Auflösung begriffen, da die meisten der rund 8000 Beschäftigten, darunter auch fast alle aus den Querschnittsbereichen Organisation, Personal und Verwaltung und ein Teil der bisher für die Rentenversicherung Tätigen, für die Zeit ab 1. Januar 1991 Anstellungsverträge von den Krankenkassen, besonders von der AOK, erhalten hatten.[92]

Der neue Geschäftsführer *Martin Ammermüller* teilte daher Minister *Blüm* bereits zwei Tage nach seinem Amtsantritt am 14. November 1990 mit,[93] dass nach seiner Auffassung die ÜLA nicht für eine kurze Übergangszeit aufgebaut werden sollte, sondern dass deren Aufgaben weitgehend schon zum 1. Januar 1991 von den Landesversicherungsanstalten übernommen werden sollten. Dazu bedürften diese aber der massiven Unterstützung der westdeutschen Rentenversicherungsträger, die *Blüm* unterrichten und an deren Verantwortung er appellieren solle. Nach Besprechungen mit der Selbstverwaltung der Rentenversicherungsträger am 22. November 1990 und einer außerordentlichen Geschäftsführerkonferenz am 29. November 1990 erklärten sich die Rentenversicherungsträger bereit, schon im Jahr 1991 die Aufgaben der Überleitungsanstalt durchzuführen. Entsprechend erhielten über den VDR die Landesversicherungsanstalten, die etwa 20 Prozent des auf Kreis- und Bezirksebene vorhandenen Personals der Sozialversicherung der DDR übernahmen, den Auftrag, alle Leistungen von Renten- und Pflegegeldern für Arbeiter, Angestellte und Bergleute auszuzahlen. Die BfA erhielt das noch nicht zu den Krankenkassen abgewanderte Personal der Hauptverwaltung des Gemeinsamen Trägers und das Personal der Zusatzversorgungen. Sie erhielt den Auftrag, alle aus den Zusatzversorgungen sich ergebenden Arbeiten, die zentrale Verwaltung der

Finanzmittel der ÜLA sowie die zentral durchzuführende Befreiung von der Versicherungspflicht zu erledigen und die ÜLA auch sonst personell und materiell zu unterstützen.[94]

Die Rentenversicherungsträger waren also «in letzter Minute» eingesprungen, um die Weiterzahlung der Rentenleistungen im Osten zu sichern.[95] Bei der ÜLA, die in drei Abteilungen ca. 30 bis 40 Mitarbeiter beschäftigte,[96] verblieben im Wesentlichen: allgemeine Grundsatz- und Koordinierungsaufgaben, insbesondere bei der Rentenberechnung durch das ihr auch personell zugeordnete Rechenzentrum in Leipzig mit etwa 150 Beschäftigten, die befristete Weiterführung des ärztlichen Begutachtungsdienstes, für die rund 700 Arbeitsverhältnisse, davon 260 mit Ärzten, neu begründet wurden,[97] die Abwicklung des Vermögens der Sozialversicherung[98] und Abwicklungsaufgaben aus Rechtsstreitigkeiten, die sich aus der Tätigkeit des Gemeinsamen Trägers der Sozialversicherung der DDR ergaben.

1991 stand für mehrere Monate die Ausarbeitung und Verabschiedung des Rentenüberleitungsgesetzes (RÜG) vom 25. Juli 1991 im Mittelpunkt der sozialpolitischen Auseinandersetzungen in der Bundesrepublik, die hier, wie der Inhalt des komplizierten Gesetzes, nur kurz angedeutet werden können. Nachdem bereits am 25. Februar 1991 ein mehr als 500 Schreibmaschinenseiten umfassender Referentenentwurf vorlag, der eng an die Bestimmungen des Einigungsvertrages anknüpfte, wurden nach Anhörung der Verbände am 13. März 1991[99] im April inhaltsgleiche Entwürfe der Koalitionsfraktionen und der Bundesregierung eingebracht und am 26. April 1991 in erster Lesung im Bundestag beraten. Der Entwurf traf auf scharfe Kritik der SPD[100] und am 17. Mai 1991 auch der sozialdemokratischen Mehrheit des Bundesrates,[101] die insbesondere monierten, dass mit der einseitigen Orientierung am westdeutschen Rentenrecht dieses dem Osten «übergestülpt» werde und damit die Chance einer großen, gesamtdeutschen Rentenreform verspielt würde.

Im Einzelnen wurde insbesondere der Wegfall der Mindestrenten und die Aufhebung der großzügigen Zurechnung von Versicherungsjahren für Kindererziehung und die Pflege von Angehörigen sowie der Zurechnungszeiten für Frauen, die mit 60 Jahren in Rente gingen, als frauenfeindlich kritisiert. Weiter wurde, wie auch vom Sozialbeirat in einer Stellungnahme vom 28. Mai 1991,[102] die Einbeziehung der Rentenversicherung Ost in den Finanzverbund der Rentenversicherung der Arbeiter und Angestellten als ungerechte Belastung der Beitragszahler mit den Kosten der deutschen Einheit abgelehnt.[103]

Die schwierige taktische Situation der Sozialdemokratie skizzierte *Rudolf Dreßler* vor der Sitzung des Bundesrates in einem Brief vom 7. Mai 1991 an die Sozialminister der sozialdemokratisch geführten Länder.[104] Die SPD könne – grundsätzlich betrachtet – dem RÜG nicht zustimmen, da damit «progressive Elemente des früheren DDR-Rechts ersatzlos beseitigt werden». Ebenso sei es aber auch klar, dass die SPD «letztlich das RÜG nicht völlig scheitern lassen kann», weil die vorgesehenen Teilverbesserungen, etwa bei der Witwenrente, der Einführung der flexiblen Altersgrenze und der Verbesserung des Berufs- und Erwerbsunfähigkeitsrentenrechts, den neuen Bundesländern nicht vorenthalten werden könnten. Er schlug daher vor, das RÜG letztendlich im Bundesrat passieren zu lassen, aber zu versuchen, bestimmte «strukturelle Verbesserungen» durchzusetzen. Nachdem auch die von der SPD vorgeschlagene Alternative, in einem Rentenvorschaltgesetz[105] die Verbesserungen für die Ost-Rentner zum 1. Januar 1992 vorzuziehen, aber die Überleitung ansonsten auf den 1. Januar 1993 zu verschieben, keine Chance auf Annahme hatte, ist nach den Ausschussberatungen im kleinen Kreis von Sozialpolitikern und Versicherungsexperten ein Kompromiss gefunden worden,[106] der die Annahme des Gesetzentwurfs im Bundestag am 21. Juni 1991 und schließlich am 5. Juli 1991 auch im Bundesrat sicherstellte. Die Einschaltung des Vermittlungsausschusses wurde umgangen, da das Sondersitzungen von Bundestag und Bundesrat in der Sommerpause erforderlich gemacht hätte[107] und ohnehin die Zeit für die verwaltungstechnische Umsetzung des Gesetzes äußerst knapp bemessen war. *Blüm* wies zudem in der Bundestagsfraktion der Unionsparteien nachdrücklich darauf hin, dass bei einer Einberufung des Vermittlungsausschusses man eine Rentendebatte in der Sommerpause haben würde und der bisher bestehende parteiübergreifende Konsens in der Rentenfrage gefährdet sei.[108]

Die Einigung nicht nur in der Koalition, die schon schwer genug zu erreichen gewesen war, sondern auch noch mit der Opposition, grenzte – nach den Worten der Sprecherin der FDP *Gisela Babel* – an ein Wunder, das dank «der geschmeidigen Verhandlungskunst, Zähigkeit, Zielstrebigkeit und Mut der politischen Sprecher *Julius Louven, Julius Cronenberg* und *Rudolf Dreßler*» erreicht wurde.[109] Ein wesentliches Element des Kompromisses war die von den Fraktionen der CDU/CSU, SPD und FDP unterstützte Resolution vom 21. Juni 1991,[110] die den ursprünglich nur bis zum 30. Juni 1995 vorgesehenen Bestandsschutz für die Rentner des Ostens bis zum 31. Dezember 1996 verlängerte und erklärte, dass die Zeit bis dahin dazu genutzt werden sollte, die «Alterssicherung der Frauen in der leistungsbezogenen Rentenversicherung zu verbessern» und dabei u. a. Zeiten der Kindererziehung und der Pflege besser als bisher anzuerkennen. Ein Ausbau der eigenständigen Anwartschaften der Frauen sollte einen wichtigen Beitrag zur Lösung des Problems der Altersarmut leisten. Der Vertrauensschutz für den Rentenzugang war im Vergleich zum Entwurf erheblich ausgeweitet worden. Zu dem Kompromiss gehörte weiter, dass der Sozialzuschlag, der nach dem Entwurf für neue Renten nur bis Ende 1991 gewährleistet werden sollte, nun noch bis 31. Dezember 1993 neu bewilligt werden konnte und dass der Sozialzuschlag nicht, wie im Einigungsvertrag vorgesehen war, zum 30. Juni 1995 auslief, sondern längstens bis 31. Dezember 1996 gezahlt werden konnte. Allerdings wurde er ab 1. Januar 1992 nur noch gezahlt, wenn das monatliche Einkommen eines Alleinstehenden unter 600 und das von Ehepaaren unter 960 DM betrug.[111] Ab 1. Juli 1992 wurde der Sozialzuschlag entsprechend der durchschnittlichen Steigerung der Sozialhilfe in den neuen Bundesländern erhöht. Besonders schwierig und kontrovers war auch die Überführung der Renten und Anwartschaften aus den Sonder- und Zusatzversorgungssystemen der früheren DDR, die durch Gesetz und nicht – wie ursprünglich vorgesehen – durch Rechtsverordnung der Bundesregierung erfolgte.[112] Wie bereits erwähnt,[113] ist die niedrige Bemessung dieser Renten, deren Verwaltung der BfA übertragen wurde, bei den Betroffenen auf heftigen Widerstand gestoßen und durch die Gesetzgebung und die Rechtsprechung mehrfach erhöht worden.

Eine politisch besonders delikate Frage war die Weitergewährung, Kürzung oder Streichung der sog. Ehrenpensionen, die von der DDR an insgesamt ca. 11 000 Personen in Höhe von 1400 Mark an «Verfolgte des Faschismus» und in Höhe von 1700 Mark an «Kämpfer gegen den Faschismus» gezahlt worden waren. Eine Arbeitsgruppe aus BMA, BMF, BMI, BMJ und Bundeskanzleramt hatte zunächst die Auffassung vertreten, dass Ehrenpensionen in dieser Höhe, die die vergleichbaren Leistungen in den alten Bundesländern überstiegen, im Vergleich vor allem zu den geringen Entschädigungsleistungen an die «Opfer des DDR-Unrechts» sozialpolitisch nicht vertretbar wären. Die ursprünglich vorgesehene harte Haltung – die Streichung oder drastische Kürzung der Ehrenpensionen –, verbunden mit der Möglichkeit, bei begründeten Ansprüchen auf Antrag eine Entschädigung nach dem Bundesentschädigungsgesetz zu erhalten,[114] ließ sich jedoch innenpolitisch, aber auch im Hinblick auf das kritische Echo im Ausland, insbesondere bei jüdischen

Organisationen, nicht durchhalten.[115] Nach monatelangen Gesprächen unter Einbeziehung der SPD, dem Zentralrat der Juden in Deutschland und der Claims-Conference wurde beschlossen, die bisherigen Pensionen in der einheitlichen Höhe von 1400 DM weiter zu zahlen. Im Einzelfall konnte eine Aberkennung oder Kürzung erfolgen wegen Verstößen gegen Grundsätze der Menschlichkeit oder Rechtsstaatlichkeit oder, wenn die betroffenen Personen ihre Stellung in schwerwiegendem Maße zum eigenen Vorteil und zum Nachteil anderer missbraucht hatten. Neu bewilligt werden sollten Entschädigungsrenten in den Fällen, in denen von der ehemaligen DDR in rechtsstaatswidriger Weise Wiedergutmachungsleistungen aberkannt und entzogen worden waren.[116]

Der Kern des RÜG war eine Neuberechnung der Renten auf der Grundlage der Zahl der Arbeitsjahre und des individuellen Durchschnittseinkommens bis zu einer den alten Bundesländern entsprechenden Beitragsbemessungsgrenze in den letzten 20 Arbeitsjahren. Sofern die dabei erreichte Rente der Rentner und der Rentenzugänge bis 31. Dezember 1996 unter dem Betrag lag, der ihnen nach bisherigem Recht ohne Sozialzuschlag zugestanden hätte, wurden sog. Auffüllbeträge gezahlt. Diese wurden allerdings nicht dynamisiert und ab 1996 in fünf Stufen bei Rentenanpassungen abgeschmolzen. Derartige Auffüllbeträge erhielten vor allem Frauen. Am 1. Juli 1992 wurden bei 2 021 000 Versichertenrenten von Frauen in 1 837 000 Fällen (91 Prozent) Auffüllbeträge in einer durchschnittlichen Höhe von 32 Prozent der Nettorentenzahlbeträge geleistet.[117] Insgesamt erhielten 1992 durch die Rentenüberleitung und die Rentenerhöhung im Osten um 11,65 Prozent zum 1. Januar 1992 96 Prozent der Rentner eine höhere Rente. Diese Erhöhung betrug bei Frauen, einschließlich etwaiger Witwenrenten und der Auffüllbeträge, durchschnittlich 21,1 Prozent, bei Männern 14,8 Prozent. Besonders begünstigt wurden die Witwen durch das neue Rentenrecht. Für 780 000 Witwen erhöhte sich die Witwenrente um rund 270 DM monatlich. 150 000 Witwen erhielten erstmals Anspruch auf eine Hinterbliebenenrente.[118]

Die reibungslose und termingerechte Umwertung des zudem im Dezember 1991 in einigen Details noch einmal geänderten Rentenüberleitungsgesetzes war ein verwaltungstechnisches «Meisterstück» der Rentenversicherungsträger.[119] Diese mussten innerhalb weniger Wochen die notwendigen Programme erstellen, die Rentner den verschiedenen Rentenversicherungsträgern zuordnen, neue Versicherungsnummern vergeben und in wenigen Tagen im November vier Millionen Renten im Rechenzentrum Leipzig maschinell umwerten sowie innerhalb von zwei Wochen im Dezember die Rentenbescheide drucken und über zwei eigens eingerichtete Sonderpostämter versenden. Erste Umwertungsbescheide sind am 4., die letzten am 23. Dezember 1991 versandt worden.[120] Nach der FAZ vom 27. Dezember 1991 hat die Rentenversicherung «trotz unzähliger Schwierigkeiten einen Wettlauf gegen die Zeit gewonnen» und damit «einen wichtigen Beitrag zum sozialen Frieden geleistet».[121]

In den neuen Bundesländern hat insbesondere der Wegfall der bisher gezahlten Zuschläge zu Irritationen geführt. So entfiel – vor allem für viele Ehepaare – der bisher gezahlte Sozialzuschlag eines Ehepartners. Die Zahl der Bezieher von Sozialzuschlägen reduzierte sich um 460 000. Daneben wurden Zahlungen verringert, so dass sich bei 200 000 Rentnern die Summe aus Rente und Sozialzuschlag im Durchschnitt um 92 DM im Monat reduzierte.[122] Es entfielen die Zuschläge für Kinder in Höhe von 60 DM monatlich für ca. 66 000 Rentner und der Ehegattenzuschlag in Höhe von 200 DM monatlich, der in 13 800 Fällen bezahlt worden war, wenn der Ehegatte das Rentenalter erreicht hatte und Invalide war oder ein Kind unter drei Jahren oder zwei Kinder unter acht Jahren hatte und ein eigener Rentenanspruch nicht bestand. Das gleiche galt für Pflegegelder, Sonderpflegegelder und Blindengelder, die am 1. Januar 1991 an insgesamt über eine halbe Million Rentner in einem monatlichen Betrag zwischen 20 DM in der ersten Pflegestufe und 240 DM als höchstmöglichem Blindengeld gezahlt worden waren.[123] Für einen Teil der Leistungen bestand jedoch bereits seit 1. Januar 1991 ein Anspruch an andere Leistungsträger. Auch wurden mit der Umstellung auf das bundesdeutsche Rentenrecht nun in sehr viel geringerem Umfang als vorher Zurechnungszeiten anerkannt. Nicht verstanden wurde vielfach, dass durch die mangelnde Einbeziehung der zum Schutz des Besitzstandes gezahlten Auffüllbeträge in die generelle Rentenerhöhung von 11,65 Prozent zum 1. Januar 1992 die Steigerung bei Beziehern von Versichertenrenten mit Auffüllbeträgen geringer war und im Durchschnitt bei Versichertenrenten nur 8,1 Prozent betrug.[124] Insgesamt wurden ca. 180 000 Widersprüche gegen die Umwertungsbescheide eingelegt, die sich nur in den seltensten Fällen gegen unrichtige Berechnungen und meist gegen die veränderten Rechtsvorschriften richteten.[125]

Die Hauptaufgaben der Rentenversicherung in den folgenden Jahren[126] waren die Bearbeitung der Flut neuer Rentenanträge, die sich aus der Möglichkeit des Bezugs einer vorzeitigen Altersrente für Männer ab 60 Jahren und den erleichterten Anspruchsvoraussetzungen für die Gewährung von Hinterbliebenenrenten ergaben, sowie die Überführung der Ansprüche aus Zusatz- und Sonderversorgungssystemen. Für diese hatte nach dem RÜG zunächst nur eine pauschale Umwertung stattgefunden, die später durch eine individuelle Berechnung ersetzt werden musste. Weitere Aufgaben waren der Ausbau der Rehabilitation und die Zusammenführung der Datenverarbeitung im Osten und Westen.

Die zunächst günstige finanzielle Entwicklung der Rentenversicherung durch die Einsparungen aufgrund der Rentenreform 1989/92 hielt nicht an. Die Ursachen dafür waren die zunehmende Praxis der Frühverrentung,[127] die Rezession von 1993 und die hohen Transferleistungen innerhalb der Rentenversicherung vom Westen nach dem Osten, die von 4,5 Milliarden DM 1992 auf 16 Milliarden 1995 anstiegen.[128] Für das Jahr 1994 musste der Beitragssatz zur Rentenversicherung von 17,5 auf 19,2 Prozent erhöht werden. Trotzdem ergab sich ein Defizit von 2 Milliarden DM.[129] Weitere Erhöhungen der Beiträge waren vorhersehbar, wenn es nicht zu einem Abbau der Leistungen kommen sollte. Insgesamt lag der Anteil der Ausgaben der gesetzlichen Rentenversicherung am Bruttoinlandsprodukt im Westen bei rund 10 Prozent, im Osten bei rund 20 Prozent.[130]

Die schwierige ökonomische Situation, der politische Druck auf Senkung der Lohnnebenkosten, die zunehmend von den Medien aufgegriffene Forderung nach Entschärfung der demographisch bedingten «Zeitbombe», die im Generationenvertrag angelegt war, führten seit 1993/94 zu einer erneuten Diskussion der Grundfragen der gesetzlichen Rentenversicherung. In dieser spielten auch Vorschläge zur Einführung einer steuerfinanzierten Grundrente oder zur Umstellung der Finanzierung durch die Ergänzung der auf dem Umlageverfahren beruhenden gesetzlichen Rentenversicherung durch private kapitalfundierte Systeme eine immer wichtiger werdende Rolle. Arbeitsminister *Blüm* versuchte die Diskussion mit der Aussage, dass die Rente sicher sei, abzustellen[131] und wandte sich vor allem gegen den Vorschlag einer Grundrente, die er als «Aussteigerprämie für Schwarzarbeiter und Aussteiger» scharf verurteilte.[132] Es zeichnete sich aber ab, dass in der folgenden Legislaturperiode 1994–1998 nicht nur – der Resolution des Bundestages vom 21. Juni 1991 entsprechend – der Ausbau der eigenständigen Anwartschaften der Frauen in der Rentenversicherung, sondern auch deren grundsätzliche Reform auf die Tagesordnung der Politik kommen würde.

11.4.2 Unfallversicherung Wie die Rentenversicherung wurde auch die bundesdeutsche Unfallversicherung in mehreren Schritten auf die neuen Bundesländer übertragen. Nachdem bereits mit dem Staatsvertrag vom 18. Mai 1990 die grundsätzliche Entscheidung für eine eigenständige Unfallversicherung gefallen war, begann in enger Zusammenarbeit der Träger der bundesdeutschen Unfallversicherung mit der DDR-Regierung der Aufbau einer eigenständigen Unfallversicherung in der DDR, zunächst als Abteilung des Gemeinsamen Trägers der Sozialversicherung.[133] Mit dem Sozialversicherungsgesetzt der DDR wurden die Aufgaben der Rehabilitation und der Unfallverhütung zunächst vom Gemeinsamen Träger, dessen Aufgaben später an die Berufsgenossenschaften übergingen, übernommen. Insgesamt entstanden 125 Stützpunkte des Technischen Überwachungsdienstes[134] und der arbeitsmedizinische Dienst der Berufsgenossenschaften dehnte sich auf den Osten aus.[135] Mit dem Rentenangleichungsgesetz vom 28. Juni 1990 wurden die Unfallrenten um mindestens 90 Prozent, also wesentlich höher als die der Rentenversicherung, angehoben.[136] Ein Teil des bundesdeutschen Unfallversicherungsrechts wurde aufgrund des Einigungsvertrages zum 1. Januar 1991, der Rest mit dem Rentenüberleitungsgesetz zum 1. Januar 1992 in die neuen Bundesländer übertragen. Die neuen Träger der Unfallversicherung mussten ohne Rentenakten die Aufteilung der etwa 300 000 Bestandsrenten auf branchengegliederte Kostenträger vornehmen und bereits zum 1. April 1991 ohne wesentliche finanzielle Hilfe des Bundes die Altfälle übernehmen. Darunter waren bis auf eine als Kriegsfolgelast angesehene Beteiligung des Bundes von 400 Millionen DM für die Zwangsverpflichteten auch die hohen Kosten für die Versorgung und medizinische Betreuung der 1945–1991 insgesamt 500 000 bis 600 000 Arbeitskräfte der in der DDR über ein eigenes Sozialversicherungssystem verfügenden Wismut-AG, die besonders von 1946 bis 1954 extrem gesundheitsschädlichen Arbeitsbedingungen im Uranbergbau ausgesetzt worden waren.

Die schnelle Angleichung betraf auch die Organisationsstruktur der Unfallversicherung. Mit dem Stichtag 1. Januar 1991 dehnten 30 gewerbliche Berufsgenossenschaften und vier Ausführungsbehörden des Bundes ihre Zuständigkeit auf den Osten Deutschlands aus. Zwei neue landwirtschaftliche Berufsgenossenschaften und ein eigener Träger der Unfallversicherung in jedem Bundesland für die Arbeitnehmer im öffentlichen Dienst der neuen Länder und der Gemeinden nahmen ihre Tätigkeit auf. Die Berufsgenossenschaften der Unfallversicherung, von denen allein die gewerblichen Berufsgenossenschaften von 1991 bis 2005 10,9 Milliarden € an Leistungen für Altrentner der DDR aufbrachten, haben ihren Personalbestand durch die Ausdehnung auf den Osten von 1989 bis 1994 um mehr als 8700 auf 28 742 erhöht.[137]

11.4.3 Krankenversicherung und Gesundheitswesen Bereits der Einigungsvertrag hatte den 1. Januar 1991 als Stichtag für die Einführung der gegliederten Krankenversicherung in den neuen Bundesländern vorgesehen. In einem von starker Konkurrenz geprägten Prozess der «Landnahme»[138] breiteten sich die verschiedenen Kassenarten auf die neuen Bundesländer aus, wobei die AOK einen gewissen Startvorteil hatte.

Nach einer Bestandsaufnahme des Bundesministeriums für Gesundheit vom 18. Juni 1991[139] waren von den insgesamt etwa zwölf Millionen Mitgliedern in den neuen Bundesländern, über die weitere vier Millionen Familienangehörige mitversichert waren, 7,4 Millionen in den AOKs versichert. Diese verteilten sich flächendeckend auf über 270 Geschäftsstellen in den Kreisen und weitere 100 Betreuungsstellen mit Teilöffnungszeiten – vor allem in den Betrieben. Sie beschäftigten 12 000 fest angestellte Mitarbeiter, die – bis auf 100 – aus den neuen Bundesländern, vor allem der Sozialversicherung der DDR, kamen. Die Ersatzkassen betreuten in 500 Geschäftsstellen mit 6200 Mitarbeitern knapp 2,7 Millionen Mitglieder, wobei die großen Kassen BEK und DAK ein flächendeckendes Verwaltungsnetz aufgebaut hatten. 2000 Mitarbeiter der Betriebskrankenkassen erfassten 1,3 Millionen Mitglieder, während die Innungskrankenkassen noch stark im Aufbau begriffen waren. Die Bundesknappschaft versicherte etwa 450 000 neue Mitglieder im Osten. Sie übernahm 700 Mitarbeiter aus den Bergbaugebieten vor Ort, die zeitweilig von 75 Mitarbeitern aus dem Westen unterstützt wurden. Daneben hatte die landwirtschaftliche Krankenkasse eine zentrale Stelle in Berlin für die wenigen selbständigen Landwirte im Osten eingerichtet. Seeleute wurden von einer regional tätigen Bezirksverwaltung der Seekasse in Rostock betreut, während Seeleute in anderen Regionen in den AOKs versichert waren. 1995 waren in den neuen Bundesländern über 90 Prozent der Bevölkerung in den gesetzlichen Krankenkassen versichert, deren inzwischen 23 000 Beschäftigte ganz überwiegend aus den neuen Bundesländern rekrutiert worden waren.[140]

Die Verteilung der Mitglieder auf die einzelnen Krankenkassenarten zeigt signifikante Unterschiede zwischen dem Osten und dem Westen Deutschlands. Private Krankenversicherungen, die als Vollversicherung auch im Westen nur knapp ein Zehntel der Bevölkerung erfassten, haben im Osten, wo es nur relativ wenige Beamte und Selbständige gab, eine noch geringere Bedeutung. Von den Mitgliedern der gesetzlichen Krankenversicherung waren im Oktober 1994 im Osten 55,5 Prozent, im Westen 41,3 Prozent in Ortskrankenkassen versichert. Der Anteil der Mitglieder der Bundesknappschaft war mit 3,1 Prozent (Westen: 2,2 Prozent) höher, der der Betriebskrankenkassen (7,1 Prozent im Osten zu 11,4 Prozent im Westen) und der Ersatzkassen der Angestellten und Arbeiter (27,8 Prozent bzw. 0,5 Prozent im Osten zu 35,7 Prozent bzw. 2,1 Prozent im Westen) deutlich geringer; dagegen lag der der Innungskrankenkassen mit 5,5 Prozent (Westen: 5,7 Prozent) etwa gleich.[141]

Das zentrale, nicht durch die deutsche Einheit bedingte Problem des Gesundheitswesens war der – auch im Vergleich zu anderen Leistungen des Sozialstaates – weit überproportionale Anstieg der Kosten, die in der Bundesrepublik zwischen 1960 und 1992 von 4,8 Prozent auf 8,7 Prozent des BIP in die Höhe schnellten.[142] Die Ursachen dafür waren vor allem die Zunahme des Anteils der älteren, insbesondere der hochbetagten Menschen mit ihrer größeren Anfälligkeit für Krankheiten, die Kosten des medizinischen Fortschritts, u.a. durch die Anschaffung immer kostspieligerer Apparate für die Diagnose und Therapie von Krankheiten, sowie die hohen Aufwendungen für die personalintensive Krankenversorgung, in der kaum eine Steigerung der Arbeitsproduktivität möglich war. Dazu kam die Schwierigkeit der effektiven Steuerung des sehr komplexen Gesundheitswesens, in dem die Verhaltensweisen der Anbieter (Ärzte, Krankenhäuser, pharmazeutische Industrie, Apotheker), aber auch der Patienten zu einer Vermehrung der Leistungen und Kosten tendierten.[143] Vor allem seit Mitte der 1970er Jahre sind in der Bundesrepublik – wie in anderen Ländern – immer wieder Versuche zur Dämpfung der Kosten mit nur vorübergehendem Erfolg unternommen worden. Die Bundesregierung glaubte zunächst, mit dem Gesundheitsreformgesetz vom 20. Dezember 1988[144] eine längerfristige Senkung der Kosten zu erreichen. Das Gesetz, das u.a Festbeträge für Arznei-, Heil- und Hilfsmittel, Leistungseinschränkungen bei Zahnersatz, Brillen etc. sowie eine Selbstbeteiligung der Patienten vorsah, war nach langen koalitionsinternen Auseinandersetzungen und gegen die scharfe Kritik der Opposition verabschiedet worden. Tatsächlich gingen auch, z.T. durch vorweggenommene Leistungen, die Ausgaben 1989 um 4,7 Milliarden zurück und es wurde ein Einnahmeüberschuss von 9,4 Milliarden und 1990 von 6,1 Milliarden erwirtschaftet. Der durchschnittliche Beitragssatz konnte von 1989 bis 1991 von 12,9 Prozent auf 12,2 Prozent gesenkt werden.[145]

Diese günstige Entwicklung hielt jedoch nicht an. Schon 1991 ergab sich ein Defizit von 5,6 Milliarden, das 1992 auf 9,1 Milliarden anstieg. Auch in den neuen Bundesländern, in denen die Kassen seit 1. Januar 1992 selbständig ihre jeweiligen Beitragssätze festsetzen konnten, schlug ein Überschuss von 2,8 Milliarden DM 1991 in ein Defizit von 260 Millionen 1992 um. Der durchschnittliche Beitragssatz musste in den alten Ländern bis zum 1. Januar 1993 auf 13,4 Prozent erhöht werden.[146] Das BMA machte nach außen vor allem die verzögerte Umsetzung der Instrumente des Gesetzes für das Scheitern der Reform verantwortlich, weil die Selbstverwaltung durch den Aufbau in den neuen Bundesländern gebunden gewesen sei und das Gesetz durch mächtige Interessengruppen im Gesundheitswesen unterlaufen worden sei.[147] Intern aber wurde auch das Versagen des BMG, das seit der Regierungsbildung vom Januar 1991 für die Krankenversicherung zuständig war, als Grund benannt.[148]

Unter dem Anfang Mai 1992 als Nachfolger von *Gerda Hasselfeldt* neu ernannten Gesundheitsminister *Horst Seehofer* wurde sofort eine grundlegende Reform des Gesundheitswesens in Angriff genommen. In der Fraktion der Unionsparteien unterstrich *Seehofer* die *politische* Notwendigkeit der Reform vor allem mit drei Argumenten. Erstens könne man die Diskussion über die Pflegeversicherung beenden, wenn es nicht gelänge, die Beiträge zur GKV stabil zu halten. Zweitens würde jede Erhöhung des Krankenversicherungsbeitrages bedeuten, dass auch die Rentenerhöhung reduziert wird. Und drittens würde ein Nichthandeln dazu führen, dass die Gesundheitspolitik zum Nachteil der Koalition im Jahre 1994 zu einem Gegenstand der Wahlkampfauseinandersetzungen würde.[149] Das Gesundheitsstrukturgesetz[150] wurde nach intensiven politischen Auseinandersetzungen und Verhandlungen, die ihren Höhe- und Wendepunkt in Beratungen führender gesundheitspolitischer Experten der Regierungsfraktionen und der SPD in Bad Lahnstein im Oktober 1992 erreichten,[151] als «sachlich ausgewogener und tragfähiger Kompromiss»[152] von einer breiten Mehrheit aus CDU/CSU, SPD und FDP am 9. Dezember 1992 im Bundestag mit 455 gegen 54 Stimmen bei 21 Enthaltungen angenommen.[153] In seiner eingehenden Rechtfertigung des Kompromisses vor der Fraktion der CDU/CSU führte *Seehofer* aus, dass der Kontakt zur SPD angesichts der Bundesratsmehrheit der Opposition bei diesem zustimmungspflichtigen Gesetz ein «blankes Muß» war, dass ein Einsparvolumen von über 10 Milliarden DM erreicht werden musste und dass schließlich auch die 16 Bundesländer, die ihre eigenen Interessen vertraten, ins Boot gezogen werden mussten.[154]

Zu den Kennzeichen des Gesetzes gehörten die allerdings zeitlich begrenzte Budgetierung der Arznei- und Hilfsmittelkosten und der Honorare der Ärzte, die vorgesehene Erarbeitung einer Positivliste für erstattungsfähige Arzneimittel, die Einschränkung der Neuzulassung von Ärzten in bereits überbesetzten Gebieten und eine Reform der Finanzierung von Leistungen der Krankenhäuser. Besonders wichtig war, dass – weitgehend unter dem Einfluss der SPD – auch eine Reform der Organisation der gesetzlichen Krankenversicherung eingeleitet wurde. Zum 1. Januar 1994 wurde ein Risikostrukturausgleich zwischen den Krankenkassen vorgesehen, durch den Unterschiede in der Höhe der versicherungspflichtigen Einnahmen der Mitglieder, der Zahl der beitragsfrei mitfinanzierten Familienmitglieder sowie im Geschlecht und im Alter der Versicherten ausgeglichen werden sollten. Ferner wurde zur Förderung des Wettbewerbs zwischen den Kassen das Recht der Arbeiter und Angestellten zur freien Wahl bestimmter Kassen ab 1996/97 erweitert und angeglichen. Für die neuen Bundesländer war vor allem die Zusage des Bundes, in den zehn Jahren von 1995 bis 2004 jährlich 700 Millionen DM zur Finanzierung von Investitionen im Krankenhausbereich zu gewähren, die durch mindestens den gleichen Betrag der Länder und – über 20 Jahre gestreckt – der Krankenkassen ergänzt werden sollten, von besonderer Bedeutung.[155]

Ungewöhnlich war, dass – durch die SPD-Mehrheit im Bundesrat gefördert – Regierungskoalition und Opposition in der Gesundheitspolitik zu einer gemeinsamen Reform zusammenfanden.[156] Bedeutsam waren weiter die Zurückdrängung der Macht der Ärzteorganisationen und der anderen Anbieter medizinischer Leistungen zugunsten einer stärkeren Position der zersplitterten Krankenversicherung und die verbesserten Möglichkeiten der Regierung zur Steuerung des Gesundheitswesens.[157] Die FDP, die die Vollversorgung über den Krankenschein durch eine Grundversorgung ersetzen und durch höhere Eigenbeteiligung eine kostenbewusstere Inanspruchnahme von medizinischen Leistungen erreichen wollte,[158] wurde durch die große Koalition der Gesundheitspolitiker von CDU/CSU und SPD an den Rand ihrer Belastbarkeit geführt. So ist es kennzeichnend, dass neben zwölf Abgeordneten der CDU/CSU und fünf Abgeordneten der SPD, zwölf Abgeordnete der FDP gegen das Gesetz stimmten und sich sieben der Stimme enthielten, während 41 zustimmten.[159] Weitere Konzessionen in der Gesundheitspolitik waren von der FDP nicht mehr zu erwarten.

Das Gesundheitsstrukturgesetz brachte zunächst die erwarteten Einsparungen. Nach der Erwirtschaftung von Überschüssen in Höhe von jeweils ca. 6,5 Milliarden DM 1993 und 1994, die auch zu leicht rückläufigen Beitragssätzen in den alten Bundesländern 1994 und 1995 führten, hat jedoch die erneut defizitäre Finanzentwicklung 1995 und 1996 – u.a. durch die nicht vollständige Umsetzung des Gesetzes – wieder zu einem Anstieg der Beiträge, zur Erhöhung der Zuzahlungen sowie zu Eingriffen ins Leistungsrecht geführt[160] und weitere Strukturreformen des Gesundheitswesens und der gesetzlichen Krankenversicherung auf die Tagesordnung der Politik gesetzt.

11.4.4 Die Einführung der Pflegeversicherung Das wichtigste sozialpolitische Ergebnis der großen Koalition in Sachfragen 1991–1994 und die bedeutendste Reform und institutionelle Neuentwicklung des deutschen Sozialstaates in der Ära *Kohl* war die Schaffung der Pflegeversicherung als fünftem großen Zweig der Sozialversicherung. Eine verbesserte Hilfe bei Pflegebedürftigkeit war seit einem Gutachten des Kuratoriums Deutsche Altershilfe von 1974 über die stationäre Behandlung von Krankheiten im Alter ein Thema der öffentlichen Diskussion geworden, die in den folgenden Jahren bis 1990 immer wieder zu Gutachten, Berichten und Gesetzentwürfen[161] und im Gesundheitsreformgesetz vom Dezember 1988 als erstem Schritt auch zur Übernahme gewisser Leistungen der ambulanten Pflege für ca. 600 000 Schwer- und Schwerstpflegebedürftige durch die Krankenkassen geführt hatte.[162] Die Diskussion wurde auch durch die Wiedervereinigung belebt, da in der DDR ca. 500 000 Pflegebedürftige Mittel aus der Sozialversicherung erhalten hatten.[163]

Die Ursachen für die zunehmende Verschärfung des Problems der Pflegebedürftigkeit lagen in der Alterung der Bevölkerung, die zur starken Zunahme der von Pflege abhängigen hochbetagten Menschen führte, in der Abnahme der für die häusliche Pflege in Frage kommenden Personen – meist Frauen – durch den Geburtenrückgang und die zunehmende Berufstätigkeit von Frauen sowie in der starken Belastung der Sozialhilfe, die am Anfang der 1990er Jahre 84 Prozent der über 450 000 von stationärer Pflege abhängigen Personen unterstützte.[164] Die Sozialhilfe setzte erst nach der Aufzehrung des eigenen Vermögens ein und war mit der Heranziehung der unterhaltspflichtigen Angehörigen zu den Kosten verbunden. Weitere etwa 1,2 Millionen Pflegebedürftige wurden zu Hause, vor allem von Angehörigen, Nachbarn und ambulanten Pflegediensten, betreut.

Am 26. September 1990 machte Bundesarbeitsminister *Blüm* auf dem Ersatzkassentag den überraschenden Vorstoß, eine Pflegeabsicherung als fünfte Säule der sozialen Sicherung zu errichten.[165] Obwohl die Idee vom Parteivorsitzenden der FDP, *Graf Lambsdorff,* vor der Wahl vom

Dezember 1990 in einer Diskussion mit *Blüm* als «Traumtänzerei», die weder mit dem Finanzminister abgesprochen sei noch im Wahlprogramm der CDU eine Grundlage habe, abgetan wurde,[166] fand die allgemein gehaltene Forderung nach einem «Gesetzentwurf zur Absicherung bei Pflegebedürftigkeit» Eingang in die Koalitionsvereinbarung vom 16. Januar 1991. Die Regierungserklärung *Kohls* vom 30. Januar 1991[167] kündigte sodann die Vorlage eines Gesetzentwurfes zum Sommer 1992 an. Ein im Zusammenhang mit den Koalitionsverhandlungen erarbeitetes Thesenpapier über sieben Eckpunkte eines solchen Gesetzes zur Lösung des Pflegeproblems[168] ließ aber erkennen, dass noch keine Einigung auf ein bestimmtes Modell der Pflegeversicherung erreicht worden war. Abgelehnt wurde allerdings wegen der finanziellen Belastung durch die deutsche Einheit ein steuerfinanziertes Leistungsgesetz, wie es ursprünglich von der Sozialdemokratie, den Gewerkschaften und einigen Behindertenverbänden favorisiert worden war. Auch einer Lösung über die Sozialhilfe, die Pflegeleistungen an Bedürftigkeit gekoppelt hätte, wurde eine Absage erteilt. Es blieben die Möglichkeiten einer auf dem Kapitaldeckungsverfahren beruhenden freiwilligen, durch Zuschüsse oder Steuererleichterungen des Staates geförderten Privatversicherung oder einer privaten Pflegepflichtversicherung sowie die vom BMA vorgeschlagene, von *Blüm* mit großer Zähigkeit verfolgte Lösung über eine auf dem Umlageverfahren basierende soziale Pflegeversicherung unter dem Dach der Krankenkassen.[169] Das Konzept wurde von den Arbeitgebern vehement abgelehnt. Nach einer Äußerung des Präsidenten der BDA *Klaus Murmann* hatte es nach seiner Erinnerung kein Gesetzesvorhaben gegeben, «das so einhellig von der gesamten Wirtschaft, aber auch von der Wissenschaft und der Bundesbank abgelehnt worden ist.»[170] Die Arbeitgeber und Wirtschaftsverbände haben schließlich ein Zwei-Komponenten-Modell vertreten. Es sah die Schaffung eines Fonds (ohne Kapitaldeckung) für die 1,65 Millionen bereits pflegebedürftigen Menschen und die älteren Jahrgänge über 60 (ca. 16,4 Millionen) vor. Daneben sollte die gesamte Wohnbevölkerung ab 25 Jahren Mitglied einer privaten Pflegepflichtversicherung werden, die für die jüngeren Jahrgänge ausschließlich auf dem Kapitaldeckungsverfahren beruhen und altersabhängige Beiträge erheben sollte. Der Fonds sollte aus Beiträgen der pflegenahen Jahrgänge und – bei einer Deckungslücke – aus Zuschüssen der Arbeitgeber gespeist werden. Die Leistungen wurden bewusst niedrig gehalten und sollten bei den bereits Pflegebedürftigen von einer Prüfung der Bedürftigkeit abhängig sein.[171] Noch im Februar

1996, also lange nach der Verabschiedung des Gesetzes, wurde nach einer Stellungnahme der BDA ein Hauptfehler des etablierten Systems in dem Verzicht auf die Bedürfnisprüfung gesehen.[172]

Die FDP konnte erst nach langen inneren Auseinandersetzungen in der Koalition über die Stufen einer freiwilligen Privatversicherung und einer Privatpflichtversicherung schließlich mehrheitlich für die Sozialversicherungslösung des BMA gewonnen werden. Die Zustimmung war jedoch an eine adäquate Kompensation der Arbeitgeber für ihren Anteil an den Versicherungsbeiträgen gekoppelt. Auch in der CDU/CSU gab es starke Kräfte vor allem beim Mittelstand und im Wirtschaftsflügel der Partei, die sich zunächst gegen eine auf dem Umlageverfahren beruhende Pflegesozialversicherung wandten.[173] Der Bundesarbeitsminister fand dagegen die Unterstützung einer parteiinternen Pflegekommission unter Leitung von *Heiner Geißler*, der Arbeits- und Sozialminister der von der CDU geführten Länder, der CDU-Sozialausschüsse unter ihrem Vorsitzenden *Ulf Fink* und der Frauenunion unter Leitung von *Rita Süssmuth*.[174] Die Koalitionsparteien, die ab November 1991 über die Ausgestaltung der Pflegeversicherung berieten, haben sich schließlich in einem Grundsatzbeschluss vom 30. Juni 1992 auf die soziale Pflegeversicherung und den Grundsatz der Kompensation der Arbeitgeber geeinigt. Aber auch nachdem am 27. Mai 1993, nach erneuten zähen Verhandlungen, die Einführung einer Selbstbeteiligung der Arbeitnehmer bei der Entgeltfortzahlung im Krankheitsfall zur Entlastung der Arbeitgeber vorgesehen worden war,[175] hat es immer wieder in den Unionsparteien und in der Koalition Versuche gegeben, das Projekt zu Fall zu bringen.

Kein Gesetzesvorhaben ist in der Legislaturperiode von 1990 bis 1994 in den Organisationen und Gremien der CDU und der CSU und gerade auch in der Fraktion der Unionsparteien annähernd so intensiv und kontrovers diskutiert worden wie die Einführung der Pflegeversicherung. *Blüm* hat dabei immer wieder die politisch-strategische Bedeutung der Pflegeversicherung unterstrichen. Alle Behindertenverbände, alle Wohlfahrtsverbände, die Diakonie, die Caritas, die Kriegsopferverbände, alle vier großen Ärzteverbände, die Gewerkschaften, DGB, DAG und alle Kirchen stünden hinter seinem Vorschlag und dieses Bündnis dürfe man nicht aufs Spiel setzen.[176] Noch am 27. Mai 1993 wurde aber die Einigung der Koalition von *Gerhard Stoltenberg*, dem langjährigen Bundesfinanzminister, in der Fraktion in Frage gestellt. Nach den notwendigen drastischen Kürzungen im Bundeshaushalt und der Anhebung der Steuern und Abgaben könne er den vorgesehenen weiteren Abgaben und damit dem vorgelegten Konzept der Pflegeversicherung «heute» nicht zustimmen.[177] Die Entscheidung fiel schließlich durch die Intervention *Kohls*, der sich in der Anfangsphase der Diskussion zurückgehalten hatte,[178] aber nun, nach jahrelangen Diskussionen auf Landesparteitagen, Landesparteiausschüssen, von Kreisverbänden, auf dem Bundesparteitag der CDU und in den vergleichbaren Gremien der CSU massiv für eine soziale Pflegeversicherung mit einer Kompensation für die Arbeitgeber eintrat. Der DGB sei für das SPD-Modell, das überhaupt keine Kompensation vorsehe, und es gäbe keine Zweifel, dass bei einer etwaigen Regierungsübernahme der SPD mit den GRÜNEN oder mit den GRÜNEN und der FDP es zu einer Pflegeversicherung ohne Kompensation käme. Die FDP würde eine Koalitionsentscheidung davon nicht abhängig machen und auch die Wirtschaft würde sich dann natürlich fügen. Die Union könne nicht in den Wahlkampf gehen, ohne ein Thema, «das die Menschen eben nicht nur vom Verstand angeht, sondern die Menschen – insbesondere das beachtliche Wählerpotential der über 60jährigen – auch dort erreicht [...], wo einfach eben die Solidarität der Gesellschaft, das Miteinander eine Rolle spielt».[179] Endgültig ist die Diskussion in der CDU dann erst durch ein Machtwort *Kohls* vom 15. Juni 1993 erstickt worden.[180]

Die FDP hat nach den Aussagen von *Julius Cronenberg*, der seine grundsätzliche Ablehnung einer umlagefinanzierten Pflegeversicherung am 7. Juli und am 22. Oktober 1993 im Bundestag zu Protokoll gab[181] und von seiner Position als sozialpolitischer Sprecher der FDP zurücktrat, dem Gesetz mehrheitlich nur zugestimmt, um nicht die Koalition, die nach Meinung des Parteivorsitzenden *Graf Lambsdorff* sonst hätte platzen können, zu gefährden.[182] Der Präsident der BDA, *Klaus Murmann*, hat später in der Art der Finanzierung der Pflegeversicherung «das größte Fiasko» seiner Amtszeit gesehen und selbstkritisch bedauert, dass die Arbeitgeber nicht «früher und intensiver» mit der Versicherungswirtschaft ein alternatives Modell entwickelt haben.[183] Für die soziale Pflegeversicherung traten die Sozialdemokraten ein, die für ihre am 18. September 1991 als Gesetzentwurf[184] eingebrachten Vorstellungen auch bei den Gewerkschaften warben,[185] die Kommunen[186] und parteiübergreifend die Länder,[187] die ein massives Interesse an der Entlastung der Sozialhilfe hatten, und schließlich auch die meisten Behindertenverbände.[188]

Trotzdem wäre der von den Koalitionsparteien Ende Juni 1993 eingebrachte Gesetzesentwurf[189] fast gescheitert, da – wie die Gewerkschaften und die Arbeitgeber – auch die Sozialdemokratie und der von einer Mehrheit der sozialdemokratisch geführten Länder beherrschte Bundesrat starke Vorbehalte hatten. Die SPD und die Gewerkschaften lehnten vor allem die Kompensation für die Arbeitgeber durch Einschränkung der Lohnfortzahlung im Krankheitsfall als Eingriff in die Tarifautonomie, gegen den auch die CDA große Bedenken hatten,[190] scharf ab. Erst nach zwei Vermittlungsverfahren und wiederholten Spitzengesprächen der Koalition mit der Opposition und den SPD-geführten Ländern wurde – neben einer Reihe von Leistungsverbesserungen – eine Einigung über die Kompensation der Arbeitgeber dadurch erreicht, dass die Länder bei der Einführung der ersten Stufe der Pflegeversicherung über die häusliche Pflege am 1. Januar 1995 einen stets auf einen Werktag fallenden Feiertag streichen sollten. Der Sachverständigenrat zur Begutachtung der gesamtwirtschaftlichen Entwicklung sollte klären, ob beim Inkrafttreten der zweiten Stufe mit Leistungen bei stationärer Pflege ab 1. Juli 1996 die Streichung eines weiteren Feiertages notwendig sei. Sofern ein Land die Kompensation durch Abschaffung von einem oder gegebenenfalls zwei Feiertagen nicht erbringen würde, sollten die Arbeitnehmer den gesamten Beitrag, der für die erste Stufe auf 1 Prozent, für die zweite Stufe auf 1,7 Prozent des Lohnes festgelegt wurde, übernehmen.[191] Das Land Sachsen hat diese Regelung praktiziert.

Das Gesetz, das vor allem auch den Vorzug der häuslichen Pflege vor der Unterbringung in einem Pflegeheim ebenso wie der Prävention und Rehabilitation zur Vermeidung, Überwindung oder Minderung von Pflegebedürftigkeit vor Pflegeleistungen betonte, hat die soziale Lage der Pflegebedürftigen wesentlich verbessert, neue Arbeitsplätze geschaffen und die Sozialhilfe stark entlastet.[192] Die ursprüngliche Absicht der Koalition, im Unterschied zur Krankenversicherung eine monistische Finanzierung durchzusetzen, nach der neben den Kosten des laufenden Betriebes der Pflegeeinrichtungen auch die Investitionskosten einheitlich über den Preis finanziert und von der Pflegeversicherung aus einer Hand bezahlt worden wären, hat sich wegen des geschlossenen Widerstandes der Länder nicht durchsetzen lassen. In einem System der dualen Finanzierung wurden so die Pflegesätze bei stationärem Aufenthalt von der Pflegeversicherung übernommen, während die Investitionskosten für die Einrichtungen von den Ländern getragen wurden.[193] Allerdings wurden den neuen Bundesländern zur Finanzierung des investiven Nachholbedarfs in Pflegeeinrichtungen ab 1995 für acht Jahre jährlich 800 Millionen DM, die sie durch jährlich 200 Millionen DM ergänzen mussten, zur Verfügung gestellt.[194]

Die Einführung der Sozialen Pflegeversicherung, die in das Sozialgesetzbuch als Elftes Buch einbezogen wurde (SGB XI),[195] bedeutete eine Stärkung des unter zunehmende Kritik geratenen Grundkonzepts der Sozialversicherung und unterstrich damit die Pfadabhängigkeit des deutschen Systems der sozialen Sicherung.[196] Allerdings weist die Pflegeversicherung einige Besonderheiten auf, die sie von anderen deutschen Sozialversicherungen unterscheidet. Dazu gehört, dass auch die etwa zehn Prozent der Bevölkerung ausmachenden Mitglieder der privaten Krankenkassen über eine private Pflegepflichtversicherung mit Kontrahierungszwang der Kassen auch für die bereits Pflegebedürftigen, einem identischen Leistungskatalog und festgelegten Prämien in das System einbezogen wurden[197] und die Pflegeversicherung sich damit einer Volksversicherung annähert. Bemerkenswert ist ferner die faktische Abkehr von der Beteiligung der Arbeitgeber an der Finanzierung durch die Gewährung einer Kompensation für ihren Beitrag. Noch wesentlicher ist, dass man mit der Bindung der Ausgaben an die Einnahmen sehr viel eindeutiger als bei ähnlichen Ansätzen in der gesetzlichen Krankenversicherung vom Prinzip der Deckung des Bedarfs zum Budgetprinzip[198] überging. Auf die Dauer lässt sich dies nicht aufrechterhalten. Während die Pflegeversicherung zunächst Überschüsse erwirtschaftete, ist sie seit 1999 defizitär[199], so dass trotz der Einführung eines Sonderbeitrages für Kinderlose von 0,25 Prozent seit 1.1.2005 spätestens ab 2008 entweder die Versicherung durch den Übergang zu einer Teilkapitaldeckung mit dem Aufbau einer Demographiereserve zur Abdeckung der mit der Alterung der Bevölkerung verbundenen Mehrkosten oder einen kompletten schrittweisen Umstieg vom Umlageverfahren auf die Kapitaldeckung in ihren Grundlagen verändert werden muss, wenn sie nicht eine Senkung der Leistungen oder die sich jetzt (2007) abzeichnende Erhöhung der Beiträge in Kauf nehmen will. Allerdings ist auch ein Finanzausgleich zwischen der öffentlichen und der privaten Pflegeversicherung, die weiterhin Überschüsse erwirtschaftet, und die Veränderung der Leistungen durch Einbeziehung der Demenzkranken sowie die Reduzierung der hohen Kosten für die stationäre Pflege in der Diskussion.[200]

11.5 Der Aufbau der Kriegsopferversorgung

Mit dem Einigungsvertrag vom 31. August 1990 war das Bundesversorgungsgesetz, das Leistungen für Kriegsbeschädigte und ihre Hinterbliebenen, aber auch für gesundheitlich geschädigte ehemalige politische Gefangene vorsah, auf die neuen Bundesländer übertragen worden.

Insgesamt wurde der Aufbau von 15 Versorgungsämtern, fünf Landesversorgungsämtern, fünf Hauptfürsorgestellen und zehn Nebenstellen geplant.[201] Obwohl bereits seit Juli 1990 Gespräche mit dem MfAS und den Bezirken sowie später mit den Ländern der DDR über den zügigen Aufbau einer Versorgungsverwaltung stattgefunden hatten,[202] der auch von *Blüm* mit Nachdruck bei den Ministerpräsidenten der ostdeutschen Länder angemahnt wurde,[203] kam es zunächst zu erheblichen Verzögerungen bei der Beschaffung von Gebäuden, der Ausstattung der Büros und der Anstellung des notwendigen Personals, das zudem intensiv für die Anwendung des neuen Rechts geschult werden musste. Das BMA hatte frühzeitig darauf hingewiesen, dass die ostdeutschen Länder, die für die Errichtung der Behörden und die Einstellung des Personals verantwortlich waren, auch angesichts des Einflusses der großen Kriegsopferverbände nicht den politischen Zündstoff unterschätzen sollten, der sich ansammeln würde, wenn Anfang 1991 keine Renten nach dem Versorgungsgesetz gezahlt würden.[204] Der Vorschlag des Präsidenten des VdK, *Walter Hirrlinger*, die Erstbescheide in den Versorgungsverwaltungen der westlichen Bundesländer erstellen zu lassen, war von den Sozialministern der neuen Länder abgelehnt worden.[205]

Am 12. Oktober 1991 machte *Hirrlinger* Bundesarbeitsminister *Blüm* auf die großen Rückstände bei der Bearbeitung der Anträge auf Entschädigung nach dem sozialen Entschädigungsrecht und dem Schwerbehindertenrecht im Vergleich zu dem zügigen Vollzug des Bundeserziehungsgeldgesetzes aufmerksam und betonte, dass die Betroffenen «natürlich kein Verständnis dafür haben, dass sie möglicherweise benachteiligt werden».[206] Ein Bericht über den Aufbau der Versorgungsverwaltung in den neuen Bundesländern vom 9. August 1991 unterstrich, dass die neu aufgebauten Versorgungsbehörden – die Versorgungsämter, die Landesversorgungsämter, die Hauptfürsorgestellen und die Fürsorgestellen – mit Ausnahme der Fürsorgestellen wegen der damit verbundenen Verwaltungsvereinfachung und Kostenersparnis sowohl für das soziale Entschädigungsrecht, mit dem Schwerpunkt der Kriegsopferversorgung, wie auch für die Durchsetzung des Schwerbehindertenrechts zuständig wurden. Die für diese Bereiche verantwortlichen Länder hätten mit Unterstützung der westlichen Bundesländer die Ausbildung der Mitarbeiter in den für sie z.T. völlig neuen Rechtsgebieten gefördert, während das BMA den Aufbau der Versorgungsverwaltung in regelmäßig stattfindenden Landesreferentenbesprechungen koordinierend begleitet und Schulungskurse für medizinische Gutachter durchgeführt habe. Wegen der großen Zahl der Anträge bestehe vor allem im Bereich der Kriegsopferversorgung und des Schwerbehindertenrechts jedoch ein Antragsstau, der dazu führen könne, dass die letzten Anträge, insbesondere in der Kriegsopferversorgung, erst in drei oder vier Jahren bearbeitet würden. Es sei daher «zwingend erforderlich», dass sowohl die neuen Länder als auch die westlichen Partnerländer «ihre bisherigen Anstrengungen verstärken». Nach Meinung des BMA sollten daher die vorhandenen Planstellen in der Verwaltung und im ärztlichen Begutachtungswesen, das das eigentliche Nadelöhr bei der Antragsbearbeitung bildete, rasch besetzt, weitere Planstellen geschaffen und qualifizierte medizinische Außengutachter in ausreichender Zahl herangezogen und geschult werden. Das dürfe allerdings nicht die Anstellung von Versorgungsärzten ersetzen.[207] *Blüm* hat schließlich in einem Bericht an Bundeskanzler *Kohl* vom 19. November 1991 auf den noch immer desolaten Stand der Antragsbearbeitung in der inzwischen aufgebauten Versorgungsverwaltung in den neuen Ländern hingewiesen. Von rund 300 000 Anträgen seien erst 83 000 durch einen meist vorläufigen Zahlungsbescheid erledigt worden. «Gerade in der Kriegsopferversorgung» müsse aber «auf eine zügige und unkonventionelle Bearbeitung gedrungen werden, denn die Kriegsopfer sind in den vergangenen vier Jahrzehnten des SED-Regimes in eklatanter Weise benachteiligt worden, obwohl sie am schwersten an den Folgen des Krieges zu tragen hatten. Diesen Personenkreis warten zu lassen, bedeutet für viele im Hinblick auf ihr hohes Alter, dass sie nicht mehr in den Genuss der Leistungen kommen». Die von *Blüm* geforderte Stellenerweiterung stieß jedoch bei den Finanzministern der neuen Länder, die z.T. globale Planstellenkürzungen vornahmen oder sie beabsichtigten, auf erhebliche Widerstände. *Blüm* bat daher *Kohl*, bei nächster Gelegenheit die Ministerpräsidenten der neuen Länder darauf hinzuweisen, dass durch die personell bedingten Verzögerungen in der Antragsbearbeitung bei der Kriegsopferversorgung wie auch bei der Ausstellung von Schwerbehindertenausweisen «soziale Unruhen nicht ausgeschlossen werden können».[208]

Ein knappes Jahr später hatte sich die Situation aufgrund von Vereinfachungen in der Antragsbearbeitung und der Klärung offener Rechtsfragen sowie der «massiven Intervention der Bundesregierung» bei den Bundesländern entscheidend verbessert. Von den bis Ende September 1992 gestellten 342 000 Anträgen waren 276 000 durch Bescheide – davon 221 000 Zahlungsbescheide – erledigt worden.[209] Nach einem Sachstandsbericht des BMA vom Januar 1993[210] war die Bearbeitungsquote inzwischen auf 87 Prozent angestiegen. Das wurde angesichts der Notwendigkeit, die Versorgungsverwaltung in den neuen Ländern aus dem Nichts aufzubauen, der Komplexität des sozialen Entschädigungsrechts und der Schwierigkeit, z.T. 60 Jahre zurückliegende Sachverhalte und Kausalzusammenhänge aufzuklären, als «außerordentlich positiv» bewertet. Gleichzeitig wurde aber auch darauf hingewiesen, dass nun in einem zweiten Bearbeitungsgang, für den eine weitere gezielte Schulung des Personals erforderlich sei, die vorläufigen durch endgültige Bescheide ersetzt und z. T. schwierige Entscheidungen über einkommensabhängige Leistungen getroffen werden müssten. Außerdem sei eine kurzfristige Personalverstärkung des versorgungsärztlichen Dienstes erforderlich, um bei einer Vielzahl von Widersprüchen detaillierte versorgungsärztliche Gutachten, aber auch Gutachten nach dem Schwerbehindertengesetz zu erstellen.

Die ca. 26 400 Anträge auf Kriegsopferfürsorge waren zu 75 Prozent bearbeitet worden. Die vergleichsweise niedrige Zahl dieser Anträge wurde auf Informationsdefizite, das allgemein verbreitete «Vorurteil gegenüber ‹Fürsorge› im Sinne von Almosen» und die relativ günstige Einkommens- und Vermögenssituation der betroffenen Personen zurückgeführt.[211] Insgesamt wurden bis Ende März 1996 in den neuen Bundesländern 440 000 Versorgungsanträge gestellt, die in 238 000 Fällen zu Leistungen der Kriegsopferversorgung und gleichartigen Leistungen führten. Bei insgesamt 141 000 Anträgen auf Kriegsopferfürsorge ergaben sich in 131 000 Fällen Leistungsansprüche.[212] Weitere Mittel wurden für die dauernd gesundheitlich geschädigten Opfer von Unrechtsurteilen der DDR und für die Versorgung von Zwangsverpflichteten der sowjetischen Besatzungszeit, z. B. für Arbeiter der Wismut-AG im Uranbergbau, die fortdauernde Gesundheitsschäden erlitten hatten, aufgebracht. Die für soziale Entschädigungen 1991 bis 1995 insgesamt bezahlte Summe belief sich auf 5,16 Milliarden DM.[213]

11.6 Hilfen für Behinderte

Ähnliche Probleme wie bei der Kriegsopferversorgung ergaben sich bei der im Einigungsvertrag verankerten Übertragung des bundesdeutschen Schwerbehindertenrechts auf die neuen Bundesländer. Der Mangel an geschultem Personal in der Versorgungsverwaltung führte dazu, dass Ende Oktober 1991 von 531 000 Anträgen auf einen Schwerbehindertenausweis erst 107 000 erledigt worden waren. Da mit dem Ausweis eine Reihe von Vergünstigungen verbunden waren, die die wirtschaftliche Situation der meist einkommensschwachen Schwerbehinderten verbesserten, war es, wie *Blüm* an Bundeskanzler *Kohl* am 19. November 1991 schrieb,[214] «nicht hinnehmbar, dass Schwerbehinderte jahrelang auf ihren Ausweis warten müssen». Das gelte insbesondere für Freifahrtausweise. Die Übergangsregelungen, die die zeitlich begrenzte Fortgeltung alter DDR-Ausweise für die Freifahrt vorsahen, würden nur einem kleinen Personenkreis helfen.

Auch elf Monate später hatte sich die Situation nicht grundlegend verbessert. Obwohl alle denkbaren Möglichkeiten zur Entlastung der Verwaltung durch Verfahrensvereinfachungen vom BMA zugelassen worden waren, waren von den bis Ende August 1992 eingereichten rund 867 000 Anträgen auf Ausstellung eines Schwerbeschädigtenausweises erst 461 000 (53 Prozent) erledigt worden. Alle Appelle des Bundes an die neuen Länder, ihr Personal in der Versorgungsverwaltung im Bereich Schwerbehindertengesetz auszubauen, waren angesichts der restriktiven Personalpolitik der Länderfinanzminister ohne größere Wirkung geblieben. «Befristete Zeitverträge laufen aus und werden nicht verlängert»[215]. Nachdem zum 31. Dezember 1993 die Geltung der Schwerbeschädigtenausweise der DDR ablief, konnten jedoch die Antragsrückstände abgebaut werden. Im Sommer 1995 waren rund 96 Prozent der insgesamt über 1,5 Millionen Anträge erledigt und etwa 922 000 Ausweise ausgegeben worden.[216]

Eine weitere Aufgabe war der Neuaufbau bzw. die Modernisierung der völlig unzureichenden Einrichtungen der neuen Bundesländer für die medizinische Rehabilitation und die berufliche Eingliederung von Behinderten. Am 28. November 1990 schrieb Bundesarbeitsminister *Blüm* an *Regine Hildebrandt*,[217] die inzwischen Ministerin für Arbeit, Soziales, Gesundheit und Frauen des Landes Brandenburg geworden war, dass seit April 1990 in einer Arbeitsgruppe aus Vertretern des MfAS, des BMA, der Rehabilitationsträger und der Einrichtungsträger «Pläne zur möglichst zügigen Bereitstellung» eines der Bundesrepublik «gleichwertigen Angebotes an Leistungen der beruflichen Rehabilitation in den fünf neuen Bundesländern entwickelt» worden wären. Er bat sie, dafür zu sorgen, dass für den Ausbau dieser Leistungen ab 1991 auch Landesmittel in den Haushalt des Landes Brandenburg eingestellt würden. Zwei Wochen später legte er der Ministerin ein mit den Trägern der beruflichen Rehabilitation abgestimmtes Aufbauprogramm vor.[218] Danach sollte in jedem neuen Bundesland ein Berufsförderungswerk zur Umschulung erwachsener Behinderter mit rund 400 Plätzen sowie in Halle eine Spezialeinrichtung für erwachsene Blinde und Sehbehinderte mit 128 Plätzen errichtet werden.

Die Planung des BMA sah weiter die Errichtung von zunächst sechs Berufsbildungswerken zur Erstausbildung behinderter Jugendlicher mit je 250 Plätzen und die Neuerrichtung von 180 Werkstätten für Behinderte mit ca. 20 000 Plätzen sowie die Modernisierung von 80 bereits bestehenden Werkstätten mit ca. 10 000 Plätzen vor.[219] Am 31. Oktober 1991 schrieb *Blüm* den Sozialministern der neuen Bundesländer, dass für die inzwischen vorgesehenen sieben Berufsförderungswerke und acht Berufsbildungswerke ca. 1,2 Milliarden DM und für die Errichtung der Wohn- und Werkstätten für Behinderte etwa zwei Milliarden DM als Investitionskosten bereitgestellt werden müssten. Daran sollten sich neben dem Bund und den Trägern der beruflichen Rehabilitation in den alten Bundesländern auch die neuen Bundesländer mit etwa einem Drittel bei den Berufsbildungs- und Berufsförderungswerken, mit 30–35 Prozent bei den Werkstätten und mit etwa 40 Prozent bei den Wohnstätten für Behinderte beteiligen.[220] Anfang 1994 waren die vorgesehenen Berufsförderungs- und Berufsbildungswerke – zum Teil noch in Provisorien – in Betrieb, während bei den Werkstätten ein erheblicher, selbst Anfang 1998 noch nicht gedeckter Nachholbedarf bestand.[221]

Bei den Beratungen zum Bundeshaushalt 1993 legte das BMA einen Überblick über die in seine Zuständigkeit fallenden Leistungen für Behinderte vor.[222] Fast drei Viertel der Gesamtmittel von 210 Millionen DM entfielen auf die medizinische und berufliche Rehabilitation in den neuen Bundesländern. In der medizinischen Rehabilitation wurde vor allem der Bau von Einrichtungen der geriatrischen Rehabilitation und der neurologischen Frührehabilitation gemäß dem im Gesundheitsreformgesetz und im Koalitionsbeschluss zur Pflegeversicherung betonten Grundsatz des Vorrangs der Rehabilitation vor der Pflege gefördert. Nach dem Urteil der Sachverständigen seien in den neuen Bundesländern etwa 30 Prozent der vorhandenen Einrichtungen der medizinischen Rehabilitation nicht mehr erhaltenswert und weitere 40 Prozent sanierungsbedürftig.

Für den Aufbau und die Modernisierung von Werkstätten und die damit im Zusammenhang stehenden Wohnstätten von Behinderten wurden für die neuen Bundesländer 1991–1996 vom Bund 835 Millionen DM ausgegeben.[223] Während sich die Situation der Behinderten in den neuen Bundesländern durch den Ausbau der medizinischen

Rehabilitation und durch die Einrichtung eines Netzwerkes der beruflichen Rehabilitation verbesserte, verschlechterte sich ihre Lage auf dem Arbeitsmarkt dramatisch. Zwar wurden zum 1. Oktober 1990 in jedem der neuen Bundesländer eine Hauptfürsorgestelle und insgesamt zehn weitere Zweigstellen aufgebaut,[224] zu deren Aufgaben die Durchsetzung des besonderen Kündigungsschutzes für Schwerbehinderte und die Beratung von Schwerbehinderten bei Schwierigkeiten am Arbeitsplatz gehörten; sie waren jedoch letztlich gegen die massenhaften Entlassungen von Schwerbehinderten relativ hilflos. Nach einem Bericht vom 15. November 1991[225] gab es in den neuen Bundesländern 69 000 Kündigungsschutzverfahren für Schwerbehinderte, von denen 48 000 erledigt waren. Die Zahl der Verfahren – in den alten Bundesländern waren es im Durchschnitt jährlich 21 000 – war signifikant höher, die Dauer ihrer Bearbeitung mit drei bis sechs Monaten – gegenüber einem Monat in Westdeutschland – erheblich länger. 1993 waren im Jahresdurchschnitt in den alten Ländern 145 000, in den neuen Ländern 28 000 Schwerbehinderte ohne Arbeit.[226]

Die Rechtsstellung der Behinderten wurde – wie bereits erwähnt – durch die Aufnahme des Verbots der Diskriminierung «wegen Behinderung» in das Grundgesetz am 27. Oktober 1994 verbessert, während die Kodifikation des Behindertenrechts im Sozialgesetzbuch IX erst 2001 erfolgte.

11.7 Der Aufbau der Sozialhilfe und der Freien Wohlfahrtsverbände

Die Sozialhilfe, die an die Stelle der in der DDR völlig marginalisierten Sozialfürsorge trat, musste in den neuen Bundesländern ebenso wie die Träger der Freien Wohlfahrtspflege neu aufgebaut werden. Der Aufbau wurde durch das in enger Zusammenarbeit mit bundesdeutschen Behörden und Organisationen ausgearbeitete Sozialhilfegesetz der DDR vom 21. Juni 1990,[227] nach dem die Kreise und kreisfreien Städte Sozialämter errichten sollten, eingeleitet.[228] Die Leistungen beschränkten sich dabei weitgehend auf die laufende Hilfe zum Lebensunterhalt. Aufgrund des Einigungsvertrages erfolgte mit der Übernahme des Bundessozialhilfegesetzes zum 1. Januar 1991 die Ablösung der bisherigen zentralstaatlichen Finanzierung durch die Kommunen und die Länder. Von steigender Bedeutung war jetzt die Hilfe in besonderen Lebenslagen,[229] besonders nach dem Auslaufen der in der DDR gezahlten Pflegegelder, der Sonderpflegegelder und der Blindengelder mit dem Rentenüberleitungsgesetz. Der Einigungsvertrag sah aber auch vor, dass einige der Leistungen des Bundessozialhilfegesetzes erst nach einer Übergangszeit, in der die für ihre Erbringung notwendigen Einrichtungen aufzubauen waren, erfüllt werden mussten.[230]

Der Aufbau der Sozialämter, der leistungsfähige Kommunen voraussetzte, war zunächst trotz der Unterstützung durch eine Außenstelle des BMJFFG in Ostberlin, den Deutschen Verein für öffentliche und private Fürsorge und die Wohlfahrtsorganisationen mit erheblichen Schwierigkeiten verbunden, da es an geeigneten Räumen und geschultem Personal zur Anwendung des auf den Einzelfall abgestellten, schwierigen Sozialhilferechts fehlte.[231] Überörtliche Träger der Sozialhilfe entstanden auf Grund von Ausführungsgesetzen der Länder in Brandenburg, Sachsen-Anhalt und Thüringen als Landesämter, während in Sachsen die Aufgaben einem Landeswohlfahrtsverband übertragen wurden und in Mecklenburg-Vorpommern das Land selbst überörtlicher Träger blieb, seine Vollzugsaufgaben aber mit einigen Ausnahmen den örtlichen Trägern überließ.[232]

Noch schwieriger gestaltete sich der Auf- und Ausbau der Freien Wohlfahrtsverbände, deren Förderung in Artikel 32 des Einigungsvertrages ausdrücklich vorgesehen worden war. Hier konnten nur die kirchlichen Verbände – die Caritas und das Diakonische Werk – an Dienste und Einrichtungen in der DDR-Zeit anknüpfen. Das Deutsche Rote Kreuz musste den Übergang von einer staatlichen Massenorganisation zu einem nicht-staatlichen Wohlfahrtsverband bewältigen. Auch die vor allem in der Altenfürsorge tätige Volkssolidarität der DDR musste sich auf die neuen Verhältnisse umstellen. Sie ist eine der wenigen ostdeutschen Organisationen, die die Wiedervereinigung ohne den Zusammenschluss mit einer westdeutschen Partnerorganisation überstanden haben. Die Organisation wurde dezentralisiert. Sie blieb jedoch ein Mitgliederverein mit Ortsgruppen, mit «Bezügen zur DDR und mit einer eingespielten lokalen Kultur» und verstand sich seit der Vereinigung als Interessenvertretung älterer Menschen.[233] Die Volkssolidarität wurde Mitglied des Deutschen Paritätischen Wohlfahrtsverbandes, eines Dachverbandes verschiedener sozialer Initiativen. Dieser musste ebenso wie die Arbeiterwohlfahrt aus dem Nichts heraus von oben nach unten völlig neu aufgebaut werden.[234] In einer gemeinsamen Erklärung der Bundesministerin für Familie und Senioren und der Präsidenten der Verbände der Freien Wohlfahrtspflege von Mitte 1991 wurde auf die ersten Erfolge des Aufbaus – die Schaffung von Landesverbänden sämtlicher Freier Wohlfahrtsverbände in allen neuen Bundesländern, die teilweise auch bereits von regionalen und lokalen Gliederungen unterstützt wurden – hingewiesen. Gleichzeitig wurden aber die großen Probleme bei der Beschaffung von Räumlichkeiten für Geschäftsstellen und Fortbildungseinrichtungen betont und vor allem die mangelnde Unterstützung der Arbeit der Freien Wohlfahrtsverbände durch die Kommunen und Kreise, auf die die staatlichen Einrichtungen der Jugendhilfe, Behindertenhilfe, Altenhilfe und Krankenversorgung übergegangen waren, kritisiert. Sie appellierten daher an die kommunalen Entscheidungsträger, «soziale Einrichtungen an die Freien Verbände zu übertragen, ohne sich aber der Beteiligung an den anfallenden Kosten zu entziehen.» Nur durch die Schaffung der Träger-Pluralität und eines unterschiedlichen Angebots an Wohlfahrtseinrichtungen sei die Wahlfreiheit der Bürger und damit «ein Grundpfeiler» des freiheitlichen Systems der Bundesrepublik gewährleistet und die Gefahr einer Erhaltung der alten Strukturen gebannt.[235]

Eines der Hauptprobleme war der große Sanierungsbedarf der freigemeinnützigen Einrichtungen in den neuen Ländern, der auf über 10 Milliarden DM geschätzt wurde. Der Präsident des Diakonischen Werkes, *Karl Heinz Neukamm*, wandte sich daher am 6. November 1991 an *Kohl* mit der Bitte, sich für eine stärkere Berücksichtigung ihrer Interessen einzusetzen. Das Investitionsprogramm des Bundes, einschließlich des Gemeinschaftswerks «Aufschwung Ost», würde « – trotz anderweitiger Absichtserklärungen – an der Freien Wohlfahrtspflege» vorbeilaufen. «Nach vorläufigen Berechnungen sind allenfalls 10 Prozent der im Rahmen der Investitionspauschale auf die Kommunen verteilten Fördermittel für die Freie Wohlfahrtspflege zur Verfügung gestellt worden». Auch an den Aufbaustäben seien die Wohlfahrtsverbände bisher kaum beteiligt worden. Vor einer pauschalen Zuwendung von Bundesmitteln für Investitionen im Bereich der Alten- und Behindertenhilfe an die Kommunen, an die sich dann die Verbände der Freien Wohlfahrtspflege wegen etwaiger Mittelbewilligung wenden sollten, warnte er. Dieses Verfahren sei «umständlich und bürokratisch» und habe zur Folge, dass Mittel «aufgrund der ‹Entscheidungshoheit› der Kommunen freigemeinnützigen Trägern nur unzureichend zugute kommen». Es sei dringend erforderlich, dass die Bundesregierung «in erheblichem Umfang weitere Finanzmittel bereitstellt und über einen Zeitraum von mehreren Jahren ein eigenes Investitionshilfeprogramm für das Sozial- und Gesundheitswesen in den neuen Ländern auflegt, das der Freien Wohlfahrtspflege direkt zugute kommt und einen effektiven und flexiblen Einsatz dieser Mittel ermöglicht».[236]

Aufgrund der jahrzehntelangen Praxis einer allein vom Staat getragenen Fürsorge für Alte, Behinderte und Arme, aber auch wegen des Fehlens oder der Schwäche des katholischen, evangelischen oder sozialdemokratischen Milieus, mit dem einige der Wohlfahrtsverbände in den alten Bundesländern traditionell eng verbunden waren, haben die Freien Wohlfahrtsverbände im Osten, trotz dieser Versuche zur Mobilisierung politischer Unterstützung, nicht die gleiche Bedeutung wie im Westen erlangt. Der Übernahme von Einrichtungen und Diensten durch die Verbände, die sich zunächst stark auf ABM-Kräfte stützten, standen zudem anfangs viele Widerstände – finanzielle Schwierigkeiten, das Desinteresse des für die Übernahme vorgesehenen Personals, die Abwanderung von Fachkräften sowie die geringe Verwaltungs- und Finanzkraft freier Träger – entgegen.[237] Immerhin konnten sie ihre Position – vor allem durch den Aufbau von Sozialstationen – schließlich verstärken. Schon am 30. Juni 1993 war zudem die Mehrzahl der Einrichtungen zur stationären Betreuung von alten Menschen in freigemeinnütziger Trägerschaft,[238] und von 1993 bis 1995 konnten die Wohlfahrtsverbände ihre Betreuungskapazität mit über 400 000 Betten/Plätzen fast verdoppeln.[239]

Die Hauswirtschaftspflege und die Versorgung mit Mittagessen, die – noch 1990 ausschließlich von der Volkssolidarität organisiert – in der DDR eine erhebliche Bedeutung hatte, ging zurück. Das hängt mit der abrupten Steigerung der Kosten von 0,30 Mark auf 5,50 DM für jedes Essen zusammen, aber auch damit, dass Hauswirtschafts- und andere soziale Betreuungsleistungen nach dem bundesrepublikanischen Sicherungssystem erst seit Anfang 1991 und dann nur in engen Grenzen finanziert wurden. Auf großes Unverständnis und scharfe Ablehnung stießen die drastischen Preissteigerungen von 105 bzw. 120 Mark für einen Altenheim- bzw. Pflegeheimplatz im Juni 1990 auf 1800 DM monatlich im Juli 1991; weitere Steigerungen folgten im nächsten Jahr.[240] Das bedeutete, dass das etwaige Vermögen der Heimbewohner bzw. das Einkommen oder Vermögen ihrer unterhaltspflichtigen Angehörigen herangezogen werden musste, ehe eine Unterstützung durch die Sozialhilfe erfolgte.

Die Sozialhilfe wurde im Osten in den ersten Jahren nach der Vereinigung erheblich weniger in Anspruch genommen als im Westen Deutschlands. Das hing mit dem Vorurteil, dass die Sozialhilfe ein Almosen darstelle, mit der besseren Absicherung über die Sozialversicherungen mit ihren zunächst gezahlten Sozialzuschlägen, den niedrigeren Mieten, aber auch der Angst vor der Heranziehung unterhaltspflichtiger Angehöriger und den ungenügenden Informationen der Bevölkerung über die Leistungen der Sozialhilfe sowie den noch fehlenden sozialen Einrichtungen und Diensten zusammen.

Eine Analyse des Rheinisch-Westfälischen Instituts für Wirtschaftsforschung von 1994 kommt so auch zu dem Urteil, dass – im Unterschied zu Westdeutschland – für Familien mit mehreren Kindern bei nur einem Einkommensbezieher der Bedarfssatz der Sozialhilfe das Nettoarbeitsentgelt übersteigt und damit das Lohnabstandsgebot nicht eingehalten wird. Anscheinend seien aber die Probleme der Sozialhilfe in Westdeutschland schwerwiegender als in Ostdeutschland, «da dort eine größere Bereitschaft zur Arbeitsaufnahme besteht».[241] Tatsächlich entfiel auf die neuen Bundesländer, in denen ein knappes Fünftel der Bevölkerung der Bundesrepublik lebt, nur ein Anteil von 1992 10,5 Prozent und 1996 12 Prozent der Gesamtausgaben für Sozialhilfe, obwohl der in der Rentenversicherung gezahlte Sozialzuschlag eingerechnet wurde.[242]

11.8 Die Schaffung einer eigenständigen Arbeits- und Sozialgerichtsbarkeit

In der DDR hatten die Arbeitsgerichte 1963 ihre organisatorische Selbstständigkeit verloren, und die Rechtsprechung auf dem Gebiet des Arbeitsrechts wurde in die ordentliche Gerichtsbarkeit eingegliedert und dem Ministerium für Justiz unterstellt.[243] Allerdings wurden für das Arbeitsrecht Kammern bei den Kreisgerichten bzw. Senate bei den Bezirksgerichten errichtet. Die meisten Arbeitsstreitigkeiten wurden jedoch durch die aufgrund eines Gesetzes von 1953[244] in größeren und mittleren Betrieben und Verwaltungen gebildeten Konfliktkommissionen beigelegt. Im Staatsvertrag hatte die DDR sich verpflichtet, wichtige arbeitsrechtliche Grundsätze der Bundesrepublik zu übernehmen und bis zum Aufbau einer gesonderten Arbeitsgerichtsbarkeit die Rechtsstreitigkeiten zwischen Arbeitgebern und Arbeitnehmern aus dem Arbeitsverhältnis von neu zu schaffenden neutralen Schiedsstellen entscheiden zu lassen.

Die vollständige Übertragung der bundesdeutschen Arbeits- und Sozialordnung in die neuen Bundesländer machte auch die im Einigungsvertrag vom 31. August 1990 vorgesehene Bildung eigenständiger Arbeitsgerichte und eigenständiger Sozialgerichte[245] notwendig. Das war jedoch zunächst mit großen Schwierigkeiten verbunden. Während vor allem durch die Anfechtung der massenhaften Kündigungen die Verfahren lawinenartig anstiegen, gab es in der DDR nur wenige Berufsrichter für Arbeitsrecht, die zudem mit der Anwendung des übergeleiteten bundesdeutschen Arbeitsrechts zunächst überfordert waren. Viele Richter mussten außerdem wegen politischer Belastungen ausscheiden oder ließen sich als Anwalt nieder. Auch durch die Entsendung zum Teil bereits pensionierter Arbeitsrichter und die Neueinstellung meist jüngerer Richter aus den alten Bundesländern konnten die Lücken zunächst nicht ausgefüllt werden. Zudem war es sehr schwierig, ehrenamtliche Richter aus Kreisen der Arbeitnehmer und vor allem der Arbeitgeber zu gewinnen.[246] Darüber hinaus waren der personelle Unterbau und die technische Ausstattung der Kreis- bzw. Bezirksgerichte «katastrophal».[247]

Die nach dem Staatsvertrag bis zur Errichtung einer selbständigen Arbeitsgerichtsbarkeit auf Grund eines DDR-Gesetzes vom 29. Juni 1990 gleichsam als Ersatz der Konfliktkommissionen vorgesehenen «Schiedsstellen für Arbeitsrecht» mit je einem vom Arbeitgeber bzw. vom Betriebsrat gewählten Beisitzer, die sich auf einen Vorsitzenden als drittes Mitglied einigen sollten,[248] wurden entgegen den gesetzlichen Bestimmungen in längst nicht allen Betrieben mit mehr als 50 Arbeitnehmern errichtet und vielfach von den Arbeitnehmern nicht angenommen. Sie trafen zudem beim DGB, der BDA und dem Deutschen Richterbund auf scharfe Ablehnung. Eine positivere Bewertung gab es lediglich bei der DAG, der IG Metall und der IG Chemie.[249]

Die desolate Situation der Arbeitsrechtsprechung war von erheblicher politischer Bedeutung. Der den Arbeitnehmern in den neuen Bundesländern weitgehend unbekannte gesetzliche Kündigungsschutz konnte zunächst faktisch nicht eingeklagt werden. Viele Arbeitnehmer fühlten sich zudem ungerecht behandelt, weil die Kündigungen von den alten, mit der SED eng verbundenen Vorgesetzten ausgesprochen worden waren und sie kein Zutrauen zu den bisherigen Richtern hatten.[250] Nach einer Aufzeichnung der zuständigen Abteilung des BMA für ein Gespräch des Bundeskanzlers mit den Ministerpräsidenten der Länder vom 28. Februar 1991 drohte wegen des «mehr als besorgniserregenden Zustandes der arbeitsrechtlichen Rechtsprechung in den fünf neuen Bundesländern» eine nicht hinnehmbare Rechtsverweigerung mit einem erheblichen sozialen Sprengstoff.[251] Bundesarbeitsminister *Blüm* hatte deshalb am 21. Februar 1991 in einem Brief an die Ministerpräsidenten der neuen Bundesländer den Aufbau «einer eigenständigen und funktionierenden

Arbeitsgerichtsbarkeit» als eine der «vordringlichen Aufgaben» gefordert und – eine Anregung des Präsidenten des Bundesarbeitsgerichtes Prof. *Kissel* aufgreifend – vorgeschlagen, die Rechtsprechung in zweiter Instanz an Landesarbeitsgerichte in den alten Bundesländern zu übertragen.[252]

Die Erfahrungen mit den Schiedsstellen wurden in einer Besprechung mit Vertretern der neuen Länder im BMA am 26. August 1991 überwiegend negativ beurteilt. Sie hätten keine nennenswerte Entlastung der Gerichte erbracht. Zudem sei die Qualität der Entscheidungen der Schiedsstellen höchst problematisch. Die Länder drängten daher auf eine bundesrechtliche Aufhebung der Schiedsstellen zum Jahresende 1992 und die Ermächtigung für die Länder, mit der Errichtung einer eigenständigen Arbeitsgerichtsbarkeit in ihren Ländern die Schiedsstellen schon vorher abzuschaffen.[253]

In Ostberlin ist die Rechtsprechung im Arbeitsrecht unter Aufhebung der Schiedsstellen bereits zum Zeitpunkt der deutschen Vereinigung am 3. Oktober 1990 vom Arbeitsgericht und dem Landesarbeitsgericht in Westberlin übernommen worden. Nachdem Brandenburg als erstes ostdeutsches Bundesland zum 1. Juli 1991 durch Gesetz eine eigenständige Arbeitsgerichtsbarkeit mit einem Landesarbeitsgericht als zweiter Instanz errichtet hatte, haben auch die vier anderen neuen Bundesländer bis Ende 1992 den Aufbau einer eigenständigen Arbeitsgerichtsbarkeit abgeschlossen.[254] Zum 31. Dezember 1992 wurden auch die letzten Schiedsstellen für Arbeitsrecht aufgehoben.[255] An den Arbeitsgerichten in den neuen Bundesländern waren am 1. Januar 1993 258 Richter tätig, von denen 143 aus den alten Bundesländern neu eingestellt wurden. 43 Richter, die ihre Tätigkeit im Laufe des Jahres 1993 beenden sollten, waren aus den alten Bundesländern entsandt worden. 72 Richter aus der ehemaligen DDR wurden nach ihrer Überprüfung übernommen.[256] Engpässe gab es vor allem noch im nichtrichterlichen Bereich.

Auch der Überhang an unerledigten Verfahren konnte abgebaut werden. Während Ende 1991 in erster Instanz von 283 564 Verfahren nur 191 381 erledigt worden waren und mit Überhängen von 1990 noch 140 489 Verfahren anhängig waren, überstiegen seit 1992 die Erledigungen die Eingänge, so dass 1994 nur noch knapp 91 000 Verfahren nicht erledigt worden waren. In der zweiten Instanz hat allerdings erst seit 1994 die Zahl der Erledigungen die der Neueingänge übertroffen.[257] Aufgrund der noch aus der DDR-Zeit herrührenden Scheu vor gerichtlichen Auseinandersetzungen konnten die Streitigkeiten ganz überwiegend auf dem Vergleichsweg beigelegt werden, und die Quote der Entscheidungen, die in einer höheren Instanz angefochten wurden, war im Vergleich zu den alten Bundesländern relativ gering.[258]

Bei den Sozialgerichten, bei deren Aufbau in den neuen Bundesländern ebenfalls Richter aus den alten Bundesländern eine wesentliche Rolle spielten,[259] konnte von einem überhöhten Arbeitsanfall erst seit 1992 gesprochen werden. Von den 1994 eingegangenen 29 545 Verfahren konnten nur 21 873 erledigt werden, so dass, zusammen mit Rückständen aus den vorangegangenen Jahren, am Jahresende noch 23 791 Verfahren in erster Instanz anhängig waren.[260]

Der Aufbau der Arbeits- und Sozialgerichtsbarkeit wurde – trotz der anfänglichen Weigerung von Bundesfinanzminister *Waigel*[261] – vom Bund in den Jahren von 1991 bis 1993 mit jährlich 23,1 Millionen DM finanziell unterstützt.[262] Noch entscheidender war jedoch die personelle Hilfe aus den alten Bundesländern, die sicherstellte, dass nach großen anfänglichen Schwierigkeiten die Schutzfunktion des Arbeits- und Sozialrechts der Bundesrepublik für die neuen Bundesländer faktisch wirksam wurde.

11.9 Bilanz

Dieser Überblick hat sich neben der Erörterung der Entstehung, des Inhalts und der Wirkung einiger großer sozialpolitischer Gesetze auf die Übertragung der Institutionen und Akteure des bundesdeutschen Sozialstaates auf die neuen Bundesländer in einigen zentralen Bereichen der Sozialpolitik konzentriert. Er hat gezeigt, dass, nach zunächst großen Problemen in einigen Bereichen, dieser Prozess 1992/93 im Wesentlichen erfolgreich abgeschlossen worden war. Damit hatte die Sozialpolitik dazu beigetragen, dass der Transformationsprozess von der Plan- zur Marktwirtschaft sozialverträglich gestaltet und damit für die Bürger in den neuen Ländern akzeptabel wurde. Allerdings wurden die wirtschaftlichen Konsequenzen der Übertragung der detaillierten sozialen Schutzrechte und der umfangreichen Leistungen des bundesdeutschen Sozialstaates von vielen negativ beurteilt und für die anhaltende Massenarbeitslosigkeit im Osten wesentlich mitverantwortlich gemacht.

Das BMA hat daher auf Anweisung von Staatssekretär *Tegtmeier* versucht, als Unterlage für ein Gespräch des Bundeskanzlers mit Repräsentanten der Wirtschaft und der Gewerkschaften über wirtschaftliche Fragen der neuen Bundesländer am 6. Dezember 1993 herauszustellen, welche sozialpolitischen Aufbauleistungen «der Verbesserung der Infrastruktur für Investitionen der Wirtschaft und der Kommunen» zugute gekommen sind, um damit klarzustellen, dass es sich dabei «nicht nur um Transfers für konsumtive Leistungen» handelte.[263] Insbesondere wurde betont, dass «ohne die erheblichen Sozialtransfers [...] der Geld- und Güterkreislauf in den neuen Bundesländern zusammengebrochen» wäre und dass «ohne den zügigen Aufbau einer funktionierenden Sozialverwaltung [...] die private Investitionstätigkeit zumindest stark erschwert» worden wäre.[264] In Kreisen der Wirtschaft und der Wirtschaftswissenschaft wurde das anders gesehen und der starke Anteil der konsumtiven Ausgaben an den Transfers vom Westen in den Osten immer wieder kritisiert.

Die schnelle und relativ reibungslose Übertragung des westdeutschen Sozialstaates auf den Osten war insgesamt eine Meisterleistung der Verwaltung, aber auch der Organisationen der weiteren sozialpolitischen Akteure. Sie hat die politischen und sozialen Kosten der Vereinigung gesenkt, aber hohe wirtschaftliche Kosten verursacht und die sozialen Sicherungssysteme besonders durch die massive Förderung der Frühverrentung und die aktive Arbeitsmarktpolitik zusätzlich belastet. Man kann allerdings auch fragen, ob bei einer weniger entschiedenen politischen Intervention die wirtschaftlichen Kosten per Saldo niedriger gewesen wären und der Markt allein es gerichtet hätte oder ob ein fortschreitender wirtschaftlicher Verfall die Alternative gewesen wäre.

12. Die Debatten über den Wirtschaftsstandort Deutschland und die finanz- und sozialpolitischen Probleme der deutschen Einheit

12.1 Die Wettbewerbsfähigkeit der deutschen Wirtschaft

Mit der Desillusionierung über die Aussichten auf einen selbsttragenden Wirtschaftsaufschwung im Osten Deutschlands und der nach ersten Vorläufern in der zweiten Jahreshälfte 1991[1] im Spätsommer und Herbst 1992 voll zum Durchbruch kommenden, 1993 ihren Höhepunkt erreichenden Rezession auch in den alten Bundesländern geriet die deutsche Wirtschaft in eine schwierige Situation. Ein untrügliches Indiz dafür war die intensive Diskussion der Politiker, der Wirtschaftswissenschaftler sowie der wirtschaftlichen Akteure und Verbandsvertreter über die Gefährdung des Wirtschaftsstandorts Deutschland. Diese Debatte war eng verknüpft mit den Diskussionen über Umfang und Art der Finanzierung der deutschen Einheit, die Konsolidierung der Staatsfinanzen und den Umbau des Sozialstaates zur Reduzierung seiner Kosten und zum Abbau der Arbeitslosigkeit durch mehr Wachstum und Beschäftigung. Der notwendige Strukturwandel in Deutschland wurde in erster Linie mit der Veränderung der europäischen und der weltwirtschaftlichen Rahmenbedingungen – die vor allem mit dem Schlagwort der «Globalisierung» der Wirtschaft umschrieben wurden – begründet. Die Kennzeichen der Globalisierung sind bereits beschrieben worden:[2] das Zusammenwachsen der Güter-, Finanz-, gehobenen Dienstleistungs- und teilweise auch der Arbeitsmärkte, die Internationalisierung vieler Unternehmen und die erweiterte Freizügigkeit für unternehmerische Aktivitäten, die verstärkte Konkurrenz der Wirtschaft der ostmitteleuropäischen Staaten und der Schwellenländer Südostasiens, der Kampf um Produktionsstandorte, vor allem aber die weltweite Verbreitung technischen Wissens und Könnens durch moderne Informations- und Kommunikationstechnologien, die traditionelle Wettbewerbsvorteile der deutschen Wirtschaft schwinden ließen.

Dazu kamen die besonderen Belastungen durch die deutsche Einheit. Diese bestanden einmal in einem ungeheuren Transfer ökonomischer Ressourcen vom Westen in den Osten Deutschlands, aber auch in der Herausforderung und Infragestellung des «Modells Deutschland», der sozialverträglichen Bewältigung des wirtschaftlichen Strukturwandels durch die korporative Zusammenarbeit von Staat und Sozialpartnern. Das westdeutsche Modell war offenbar für den allmählichen Strukturwandel geeignet, nicht aber für den radikalen Strukturumbruch im Osten, in dem die Voraussetzungen einer wettbewerbsfähigen Wirtschaft, einer sich an der Entwicklung der Produktivität orientierenden autonomen Tarifpolitik der Sozialpartner sowie einer Wachstumsökonomie fehlten. Wir haben einige der Konsequenzen der bruchlosen Übertragung westdeutscher Gesetze, Institutionen und Akteure auf den Osten bereits behandelt, so die überhöhten Tarifabschlüsse auf Kosten der Steuerzahler, die Schwächung der Gewerkschaften und die Verbands- und Tarifflucht der Unternehmer sowie die Überlastung der Sozialversicherungssysteme durch die massiven Transfers vom Westen in den Osten und die Verschärfung der Arbeitslosigkeit durch die steigenden Belastungen mit Steuern und besonders mit Sozialabgaben. Für manche war daher die Diagnose der Krise als Folge der «Globalisierung» nur eine Ablenkung von hausgemachten Problemen[3] und die Sorge um den «Standort Deutschland» nur ein «Alibi für Einschnitte in das Sozialsystem».[4] Vor allem von Seiten der Sozialpolitiker der Union und der Oppositionsparteien sowie der Gewerkschaften wurde allerdings immer wieder davor gewarnt, die Standortfrage auf die Löhne und die Kosten des Sozialstaates zu reduzieren.

Typisch für die Debatte war das mit «Im Standortwettbewerb» überschriebene Jahresgutachten 1995/96 des Sachverständigenrates. Es ging von der Frage aus, ob Deutschland als Standort für Investitionen im Vergleich zu anderen Ländern noch attraktiv sei.[5] Tatsächlich waren bei steigenden deutschen Direktinvestitionen im Ausland die ausländischen Investitionen in Deutschland weit dahinter zurückgeblieben.[6] Auch die Investitionen deutscher Unternehmer im Inland dienten vor allem der «arbeitssparenden Rationalisierung», nicht aber der Schaffung neuer Arbeitsplätze.[7] Die Vorschläge des Sachverständigenrates zur Verbesserung der Wettbewerbsbedingungen der deutschen Wirtschaft liefen vor allem auf die Reduzierung der Staatsquote durch die Rückführung öffentlicher Ausgaben, Steuererleichterungen für Unternehmen, mäßige, unter dem Produktivitätsanstieg liegende Tarifabschlüsse, größere Flexibilität bei Tarifverträgen mit erweiterter Lohnspreizung, wirksamen Härteklauseln und Arbeitszeitflexibilisierung, den Abbau der übermäßigen Reglementierung der unternehmerischen Tätigkeit sowie die Abkehr von einer Politik der Bewahrung und des Ausbaus der sozialen Besitzstände «ohne Rücksicht auf Effizienz und Finanzierbarkeit» in der Sozialpolitik hinaus.[8]

Viele der Strukturprobleme der Wirtschaft waren damit ausgeklammert worden. Dazu gehörten der relativ langsame Strukturwandel und die künstliche Erhaltung ökonomisch nicht mehr wettbewerbsfähiger Bereiche, u.a. durch staatliche Subventionen. Auch begünstigten der korporatistische Institutionalisierungsgrad[9] und die im innenpolitischen System angelegten Blockademöglichkeiten eine Konsenspolitik, die dazu tendierte, die Lösung wirtschaftlicher und sozialer Probleme in vorgegebenen Pfaden zu suchen und flexible Anpassungen an neue Situationen zu verzögern.

Die Schule und die akademische Ausbildung dauerten zu lange und reagierten nicht flexibel genug auf wandelnde Bedürfnisse. Das lange Zeit als mustergültig angesehene deutsche duale Berufsausbildungssystem, das die praktische Ausbildung im Betrieb mit theoretischer Vertiefung in den Berufsschulen verbindet, schuf den Typus eines stark beruflich orientierten Facharbeiters mit einem im internationalen Vergleich hohen Qualifikationsniveau. Es begünstigt die Herstellung standardisierter

Qualitätsprodukte, kann jedoch gegenüber dem «on-the-job-training» der angelsächsischen Länder die Bereitschaft schwächen, in einer stärkeren Prozess- und Projektorientierung neue Wege zu gehen.

Die deutsche Wirtschaft hatte es verstanden, in Industriezweigen mit hochwertigen Technologien wie der chemischen Industrie, dem Maschinenbau und der Automobilindustrie vor allem durch Steigerung der Produktivität bei anhaltend hoher Qualität ihre Wettbewerbsfähigkeit und damit auch ihre Exportmärkte zu behaupten. Allerdings war das – etwa in der Automobilindustrie[10] – mit einer rigorosen Senkung der Kosten verbunden und – angesichts der Schwierigkeit, kurzfristig Massenentlassungen und Lohnsenkungen gegen den Widerstand von Gewerkschaften und Betriebsräten durchzusetzen – mit der Verlagerung erheblicher Teile der Produktion und besonders der Zulieferung ins Ausland. Steigende Exporte hatten daher nur geringe Auswirkungen auf den Abbau der Arbeitslosigkeit in Deutschland. Im Dienstleistungssektor war Deutschland z. B. gegenüber den USA und Japan zurückgeblieben: Das betraf sowohl die dem internationalen Wettbewerb ausgesetzten hoch qualifizierten Dienstleistungen wie auch den vor allem wegen hoher Arbeitskosten unterentwickelten Bereich personenbezogener Dienstleistungen auf lokalen Märkten.[11] Besonders problematisch war das Zurückbleiben im High-Tech-Sektor, von dem etwa in den Vereinigten Staaten besonders hohe Wachstums- und Innovationsimpulse ausgingen.

Die im Strukturwandel der Wirtschaft, in der Verschärfung des internationalen Wettbewerbs und dem «industriellen Konservativismus» der deutschen Spezialisierung auf bestimmte Sektoren[12] angelegten Probleme wurden durch vereinigungsbedingte Lasten verschärft. Die deutsche Wirtschaft stand so seit den frühen 1990er-Jahren unter starkem Kosten- und Innovationsdruck, der sich gerade auch in der Forderung nach einem radikalen Umbau des Sozialstaates zum Abbau der arbeitsrechtlich verankerten Überregulierung der sich wandelnden Arbeitswelt und zur Senkung der sozialen Leistungen niederschlug. Die Vorzüge des deutschen Systems – das hohe Niveau der beruflichen Grundausbildung als Basis für ständige Weiterbildung und Umschulung, die Möglichkeit, die Arbeitnehmer über die betriebliche Mitbestimmung in den Strukturwandel einzubinden und die Mitarbeiter zur Steigerung der Leistungsfähigkeit der Unternehmen zu motivieren, sowie die Suche nach Konsens bei der Lösung sozialer und politischer Probleme – gerieten dabei zunehmend aus dem Blickfeld.

Die politische Diskussion über die Gefährdung des Standortes Deutschland und deren Konsequenzen für die Sozialpolitik wurde durch eine Kursänderung der Regierung forciert. Nachdem Bundeskanzler *Kohl* bereits am 8. September 1992 vor der Bundestagsfraktion der Unionsparteien seine Sorge über die wirtschaftliche Entwicklung in Deutschland betont und vor allem eine Rückkehr der Tarifgestaltung «auf den Pfad der Vernunft» gefordert hatte,[13] verkündete er in einer viel beachteten Grundsatzrede auf dem Parteitag der CDU in Düsseldorf am 26. Oktober 1992, dass das wiedervereinigte Deutschland «mehr als eine bloße Fortsetzung bewährter Politik» brauche und eine «Neufestsetzung der Prioritäten [...] dringend erforderlich» sei.[14] Der Aufbau in den neuen Bundesländern würde «länger dauern» und «teurer werden», als sie Mitte 1990 angenommen hätten. Eine Wende auf dem ostdeutschen Arbeitsmarkt sei kurzfristig nicht zu schaffen. Da auch die konjunkturellen Risiken, auf die ein Arbeitspapier des BMA bereits am 25. August 1992 hingewiesen hatte,[15] zunähmen, stehe die Soziale Marktwirtschaft vor einer neuen Bewährungsprobe. Es gehe darum, die entscheidenden Aufgaben, «die Vollendung der inneren Einheit Deutschlands, die Sicherung des Standorts Deutschland» und die «Anpassungen in den Sozialversicherungssystemen an die künftigen demographischen Verhältnisse»[16], auch bei verlangsamtem Wirtschaftswachstum – tatsächlich ging das BIP 1993 dann sogar um zwei Prozent zurück[17] – zu erfüllen. Deshalb habe er «zu Gesprächen über einen Solidarpakt für Deutschland» eingeladen. Gefordert seien nicht nur die Gewerkschaften und die Unternehmer, sondern auch Bund, Länder und Gemeinden und alle Gruppen der Gesellschaft. Gefordert seien alle. «Es geht dabei auch um eine sozial gerechte Verteilung der Lasten – einschließlich der Erblasten der DDR [...]. Es geht um die Zukunftsfähigkeit unseres Landes.»[18]

Die Forderung *Kohls* nach einem Solidarpakt war ein Versuch, die sozialdemokratische Opposition, die zudem über die Mehrheit der sozialdemokratisch geführten Länder im Bundesrat jede weitergehende Reform blockieren konnte, in die Verantwortung für unpopuläre Entscheidungen einzubinden und durch ihre Mitwirkung die Verhandlungen über den außerordentlich schwierigen Bund-Länder-Finanzausgleich zu einem erfolgreichen Abschluss zu bringen. Das politische Risiko war sowohl für *Kohl*, der sein persönliches Prestige an den Erfolg der neuen Politik knüpfte, wie auch für die Sozialdemokratie, die sich angesichts der desolaten Lage der Bundesfinanzen und der völlig ungenügenden Finanzausstattung der neuen Länder und ihrer Gemeinden dem Einigungsdruck schwer entziehen konnte, sehr groß.

12.2 Das Föderale Konsolidierungsprogramm

Die langfristige Finanzierung der deutschen Einheit[19] war im Staatsvertrag vom 18. Mai und im Einigungsvertrag vom 31. August 1990 weitgehend offen gelassen worden. Der auf Grund des Staatsvertrages eingerichtete «Fonds Deutsche Einheit» war mit einer Finanzausstattung von 115 Milliarden DM für fünf Jahre viel zu gering für die Bedürfnisse der neuen Länder. Auch bei den Verhandlungen zum Einigungsvertrag scheiterten die Bemühungen der DDR-Unterhändler, die neuen Länder sofort nach ihrem Beitritt zur Bundesrepublik in den westdeutschen Finanzausgleich und die Verteilung des Länderanteils an der Umsatzsteuer nach der Bevölkerungszahl einzubeziehen, am erbitterten Widerstand der westdeutschen Bundesländer.[20] So sollten nach dem Einigungsvertrag (Art. 7 Abs. 3) die ostdeutschen Länder wegen ihres geringeren Einkommens und Konsums 1991 nur 55 Prozent des durchschnittlichen Umsatzsteueranteils der Länder pro Einwohner erhalten. Dieser sollte erst allmählich bis 1994 auf 70 Prozent des Westwertes erhöht werden. Obwohl die Regierungschefs von Bund und Ländern im Februar 1991 die volle Einbeziehung der neuen Länder in die Umsatzsteuerverteilung nach der Einwohnerzahl beschlossen und der Bund auf den zunächst für ihn reservierten Anteil an den Mitteln des Fonds «Deutsche Einheit» verzichtete, mussten jedoch im Rahmen eines «Gemeinschaftswerks Aufschwung Ost» und durch Erhöhung des Volumens des Fonds «Deutsche Einheit» für die Jahre 1992 bis 1994 den neuen Bundesländern zusätzliche Mittel, die z.T. über Steuererhöhungen finanziert wurden, zur Verfügung gestellt werden.[21]

Offen blieben jedoch die Neuordnung des Länderfinanzausgleichs, in den die neuen Bundesländer ab 1. Januar 1995 einbezogen werden mussten, die Regelung der Übernahme der hohen Schulden, die insbesondere von der Treuhandanstalt aufgenommen worden waren, sowie die Konsolidierung der Bundesfinanzen durch Einsparungen und/oder Steuererhöhungen. Die Politik stand dabei auch unter dem Druck der Bundesbank, die zur Abbremsung inflationärer Tendenzen auf die starke Zunahme der Staatsverschuldung und die hohen Lohnsteigerungen in Ostdeutschland mit einer sukzessiven Erhöhung des Diskontsatzes von 3,5 Prozent im Januar 1989 auf 8,75 Prozent im Juli 1992 antwortete.[22] Hinzu kam eine Entscheidung des Bundesverfassungsgerichts, das zur Überwindung der Haushaltsnotlagen im Saarland und in Bremen eine Änderung des föderalen Finanzausgleichs anmahnte.[23]

Die Positionen von Bund und Ländern sowie von Regierung und Opposition schienen zunächst unvereinbar zu sein. Dabei ging es vor allem um die Verteilung der finanziellen Lasten zwischen dem Bund, den alten und den neuen Ländern, den reichen und den armen Ländern. Zwischen Regierung und Opposition war die Frage strittig, ob die Mittel zur Konsolidierung des Haushalts vor allem über Einsparungen bei den Sozialleistungen oder durch Steuererhöhungen aufgebracht werden sollten. Der Versuch von Finanzminister *Waigel*, die Länder auseinander zu dividieren, scheiterte, da diese sich auf einer Klausurtagung der Ministerpräsidenten in Potsdam am 26./27. Februar 1993 auf eine gemeinsame Verhandlungsposition einigen konnten.[24] Während sich der Bund und die Länder einig waren, dass die neuen Länder etwa 60 Milliarden DM jährlich benötigten, sollten nach dem Vorschlag des Bundes von dem geschätzten Haushaltsdefizit von insgesamt 105 Milliarden im Jahr 1995 56 Milliarden auf den Bund, 35 Milliarden auf die alten Bundesländer, davon 8 Milliarden auf die Kommunen, und 14 Milliarden auf die neuen Bundesländer, davon 5 Milliarden auf die Gemeinden, entfallen. Der Neuordnungsvorschlag der Länder sah dagegen ein Defizit von 88 Milliarden beim Bund, fast 5 Milliarden bei den alten Bundesländern und 12 Milliarden bei den neuen Bundesländern vor. Vor allem die alten Bundesländer sollten also sehr viel weniger belastet werden, während, wie Bundesfinanzminister *Waigel* vor der Fraktion der CDU/CSU betonte, bei der von den Ländern vorgeschlagenen Lastenverteilung entweder eine Politik auf Bundesebene für die folgenden zehn Jahre «nicht mehr stattfinden kann oder gewaltige Steuererhöhungen unabdingbar notwendig wären, um eine Handlungsfähigkeit des Zentralstaates herbeizuführen». Da Deutschland aber mit einer Steuerquote von 24 Prozent und einer Abgabenquote von 41,5 Prozent schon jetzt an der Spitze stehe, wären weitere Steuererhöhungen von der deutschen Wirtschaft, die im scharfen Wettbewerb mit anderen Ländern läge, nicht zu verkraften.[25]

Die Differenzen zwischen den Koalitionsfraktionen und der Sozialdemokratie waren letztlich nur durch weitgehende Ausklammerung der strittigen Punkte zu überbrücken. Weder war die Sozialdemokratie, die darin weitgehend vom Arbeitnehmerflügel und den ostdeutschen Bundestagsabgeordneten der Union unterstützt wurde, bereit, tiefere Einschnitte im sozialen Bereich zuzulassen, noch waren gegen den Widerstand der FDP und der Mehrheit der Union die von der Sozialdemokratie geforderte Ergänzungsabgabe für Besserverdienende und eine Arbeitsmarktabgabe für Beamte und Selbstständige durchzusetzen.

Auf Initiative des Bundeskanzlers wurde schließlich auf einer Klausurtagung des Kanzlers, des Bundesfinanzministers und der Regierungschefs der Länder im Bundeskanzleramt vom 11. bis 13. März 1993 – unter faktischer Ausschaltung der Parlamentsfraktionen – ein sehr komplexes Kompromisspaket geschnürt. Es sah einen klaren Finanzrahmen der Leistungen des Bundes und der westdeutschen Länder für die neuen Länder und Gemeinden im Umfang von rund 56 Milliarden DM pro Jahr ab 1. Januar 1995 vor. Für 1993 und 1994 wurde der Fonds «Deutsche Einheit» noch einmal aufgestockt. Der Kreditabwicklungsfonds von 140 Milliarden DM, die Schulden der Treuhandanstalt von angenommenen 230 Milliarden DM und ein erheblicher Teil der Schulden der ostdeutschen Wohnungswirtschaft mit 31 Milliarden DM wurden in einem Erblastentilgungsfonds zusammengefasst, dessen Verzinsung und Tilgung allein vom Bund übernommen wurde.[26] Dagegen mussten sich die Länder und Gemeinden stärker an der Bedienung der Schulden des Fonds «Deutsche Einheit» beteiligen. Für Ostdeutschland wurde ein Programm zur Förderung des Wohnungsbaus und zur Erhaltung industrieller Kerne vorgesehen.[27] Auch die Aufhebung des am 26. Februar 1993 vom Präsidenten der Bundesanstalt für Arbeit verfügten Stopps der Neubewilligungen von ABM-Maßnahmen durch die zusätzliche Bereitstellung von 2 Milliarden DM[28] kam vor allem den neuen Ländern zugute. Der Anteil der Länder an der Umsatzsteuer wurde als Gegenleistung für die Einbeziehung der neuen Bundesländer in den horizontalen Finanzausgleich von 37 Prozent auf 44 Prozent erhöht.

Das Ergebnis der Neuordnung der Finanzbeziehungen, durch die insgesamt eine Ressourcenverschiebung von 94 795 Milliarden DM bewirkt wurde,[29] entsprach mit der ganz überwiegenden Belastung des Bundes durch die einigungsbedingten Mehrausgaben und Haushaltsrisiken den Vorstellungen der Sozialdemokratie und der von ihr geführten Bundesländer. Auch bei der Gegenfinanzierung hatte die Sozialdemokratie einen erheblichen Teil ihrer Vorstellungen durchsetzen können. Zwar kam es weder zu einer Ergänzungsabgabe für Besserverdienende noch zu einer Arbeitsmarktabgabe für Beamte und Selbstständige; dagegen wurde der schon einmal für ein Jahr erhobene Solidaritätszuschlag in Höhe von 7,5 Prozent zur Lohn-, Einkommen- und Körperschaftssteuer ab 1. Januar 1995 unbefristet wieder eingeführt; gewisse Steuervergünstigungen wurden abgebaut und bei der Kürzung der Ausgaben der Gebietskörperschaften von insgesamt 10,5 Milliarden DM wurden soziale Regelleistungen ausgeklammert. Allerdings sollten durch eine verschärfte

Bekämpfung des Missbrauchs sozialer Leistungen knapp 1,5 Milliarden DM jährlich eingespart werden.[30]

In der Fraktion der Unionsparteien hat deren Vorsitzender *Wolfgang Schäuble*, der für den erkrankten Finanzminister einsprang, am 23. März 1993 die Einigung zwischen Bund und Ländern und zwischen den Partei- und Fraktionsvorsitzenden als einen großen, «von den meisten so nicht für möglich gehaltenen Erfolg» bezeichnet.[31] In der Debatte des Bundestages über das Föderale Konsolidierungsprogramm (FKP) zwei Tage später strich *Kohl* vor allem heraus, dass der erfolgreiche Abschluss des Solidarpaktes «gerade im Ausland das Vertrauen in die Kraft der deutschen Demokratie gestärkt» habe,[32] und kritisierte, dass durch die Tendenz zur immer kürzeren Arbeitszeit die deutsche Wettbewerbsfähigkeit in Gefahr gerate, da sich eine «erfolgreiche Industrienation nicht als kollektiver Freizeitpark organisieren läßt».[33] Er hoffte, dass mit dem FKP ein Beitrag zur Belebung der Konjunktur und Bekämpfung der Arbeitslosigkeit sowie zur Verbesserung des Standorts Deutschland geleistet werde.

Wolfgang Schäuble als Sprecher der Unionsparteien sah in dem Ergebnis der Verhandlungen einen «wichtigen Beitrag zur Bewältigung der wirtschaftlichen, finanziellen und sozialen Folgen von 40 Jahren Sozialismus und Teilung in Deutschland», bedauerte aber, dass es wegen der Haltung der sozialdemokratischen Mehrheit des Bundesrates nicht gelungen sei, größere Einsparungen im Bundeshaushalt durchzusetzen.[34] *Graf Lambsdorff* kritisierte für die FDP, dass die alten Länder zu gut weggekommen seien und der Bund die Hauptlasten einer angemessenen finanziellen Ausstattung der neuen Länder zu tragen habe und sich damit sein finanzieller Handlungsspielraum der «Nullgrenze» nähere. Auch er bedauerte – wie *Schäuble* –, dass es nicht zu den «notwendigen, weil unvermeidlichen Einsparungen im Sozialbereich» gekommen sei.[35]

Für die ostdeutsche Sozialdemokratie begrüßte *Wolfgang Thierse* den erreichten Kompromiss und unterstrich, dass es der Sozialdemokratie gelungen sei, den von Finanzminister *Waigel* geplanten «Anschlag auf den Sozialstaatsgedanken» zu verhindern und für Ostdeutschland neben dem Finanzausgleich die Erhaltung und Modernisierung industrieller Kerne, Maßnahmen zur Absatzförderung ostdeutscher Produkte, ein Programm zur Sanierung und zum Neubau von Wohnungen und zur Lösung des Problems der Wohnungsaltschulden sowie die Aufstockung der ABM-Mittel durchzusetzen. Dagegen fehlten ein «wirkliches Zukunftsinvestitionsprogramm» für den Osten Deutschlands, das die

Sozialdemokraten vorgeschlagen hätten, und eine Entschärfung sozialer Verteilungskonflikte durch eine gerechtere Finanzierung der Lasten der Einheit.[36] *Rudolf Dreßler* (SPD) bedauerte, dass die gesellschaftlichen Gruppen in die Einigung nicht einbezogen wurden und dass es kein Programm zur Bekämpfung der Rezession im Westen Deutschlands gebe.[37]

Insgesamt bewies das Föderale Konsolidierungsprogramm die «Anpassungsfähigkeit» und «politische Stärke des bundesdeutschen Föderalismus»[38] und eine hohe «institutionell bedingte Flexibilität der Politik im deutschen Regierungssystem»[39]. Diese war gerade durch informelle Verfahren bei der Entscheidungsfindung zwischen der Bundesregierung und den Chefs der Länderregierungen im Bundeskanzleramt unter weitgehender Abschirmung gegen Einflüsse des Bundestages, der Bundestagsfraktionen und der Interessenverbände erreicht worden.

Allerdings blieb die Reichweite der Reform, die das schwierige Problem der Finanzausstattung der neuen Länder und der Übernahme der finanziellen Altlasten des Einigungsprozesses regelte, begrenzt. Weder gelang es, den Bundeshaushalt, dem zudem die finanziellen Kosten der Einigung zu einseitig aufgebürdet wurden, durch ausreichende Einsparungen oder Steuererhöhungen wirklich zu sanieren, noch konnte die ungerechte übermäßige Belastung der Beitragszahler der Sozialversicherung mit den Kosten der Einheit korrigiert werden. Immerhin wurde das Ergebnis von der Bundesbank soweit honoriert, dass sie schon nach der Ankündigung des Angebots eines Solidarpaktes und der Demonstration der Entschlossenheit zu Einsparungen im Bundeshaushalt durch die Bundesregierung die Leitzinsen ab September 1992 und vor allem nach der Einigung im März 1993 erheblich senkte[40] und damit einen Beitrag der Geldpolitik zur Ankurbelung der Wirtschaft leistete.

12.3 Die teilweise Finanzierung der deutschen Einheit über die Sozialversicherung

Im Zusammenhang mit den Verhandlungen über den Solidarpakt und das Föderale Konsolidierungsprogramm ist es auch zu intensiven regierungsinternen und politischen Auseinandersetzungen über die Möglichkeiten einer Korrektur der speziellen Belastung für die Beitragszahler der Sozialversicherung – Arbeitgeber und Arbeitnehmer – mit den Kosten der deutschen Einheit gekommen. Wie schon erwähnt, wurden von 1991 bis 1995 140 Milliarden DM oder 23 Prozent der gesamten Finanztransfers vom Westen in den Osten Deutschlands innerhalb der Renten- und Arbeitslosenversicherung aufgebracht.[41] Diese Form der Finanzierung wurde von der Sozialdemokratie und dem DGB, der dafür den Begriff der «Gerechtigkeitslücke» prägte,[42] kritisiert und stattdessen eine Arbeitsmarktabgabe für Beamte und Selbstständige und/oder eine Ergänzungsabgabe für Besserverdienende gefordert. Auch Arbeitsminister *Blüm* hat in Interviews immer wieder eine gerechtere Form der Finanzierung der aktiven Arbeitsmarktpolitik im Osten und später – analog zur Finanzierung von Allgemeinbildung und schulischer Ausbildung – eine Finanzierung von beruflicher Umschulung und Fortbildung aus Steuermitteln angemahnt,[43] zumal eine auf einer Schätzung des Finanzministeriums beruhende Berechnung eine weit über ihren Anteil am verfügbaren Einkommen hinausgehende Belastung der unteren Einkommensschichten mit den seit 1991 eingeführten zusätzlichen Steuern und Sozialabgaben ab 1993 feststellte.[44]

Die Versuche zur Entlastung der Beitragszahler scheiterten jedoch immer wieder an verfassungsrechtlichen Bedenken, den vor allem vom BMI vertretenen Interessen der Beamten und der Weigerung des Bundesfinanzministeriums, das die relativ geräuschlose und politisch viel leichter durchsetzbare Erhöhung von Sozialversicherungsbeiträgen den notwendigerweise mit scharfen politischen Spannungen gerade auch in der Regierungskoalition verbundenen Steuererhöhungen vorzog. Wohl auch deshalb ist innerhalb der Regierung die Form der Finanzierung von Kosten der Einheit gerade auch über die Sozialversicherung zunächst nicht intensiv diskutiert worden,[45] obwohl der politische und – über die Praxis der Frühverrentung – auch der unternehmerische Zugriff auf die Sozialversicherungen in den frühen 1990er Jahren «gigantisch» war.[46]

Im Oktober 1992 ist schließlich auf Intervention des BMA zunächst die verfassungsrechtliche Zulässigkeit einer Arbeitsmarktabgabe vom BMJ und BMI geprüft worden. Das BMJ hielt eine gesonderte Arbeitsmarktabgabe für Beamte, Selbstständige und mithelfende Familienangehörige für verfassungsrechtlich unzulässig, da «weder eine gruppenspezifische Verantwortung für den mit den Abgaben verfolgten Zweck besteht noch die Abgabe gruppennützig verwendet wird». Auch eine fiskalische Sonderabgabe aller Erwerbstätigen, die auch die Beitragszahler zur BA einbezöge, stehe «nicht in Übereinstimmung mit den Anforderungen, die das Bundesverfassungsgericht an die rechtliche Zulässigkeit der Einführung einer Sonderabgabe» stelle.[47] Nach Auffassung des BMI, das zudem auf die Solidarleistungen der Beamten durch die zweimonatige Verschiebung der Besoldungserhöhung im Jahre 1991, auf die schlechte Konkurrenzfähigkeit des öffentlichen Dienstes auf dem Arbeitsmarkt und den intensiven Einsatz von Beamten und Richtern im Osten Deutschlands hinwies, handelte es sich bei einer Arbeitsmarktabgabe für Beamte in Wirklichkeit um eine «Sondersteuer», die mit Artikel 3 des Grundgesetzes unvereinbar wäre. Eine Subventionierung der Arbeitsförderungsverwaltung zusätzlich zum Beitragsaufkommen könne daher nur aus Steuermitteln erfolgen.[48]

Das BMA hat jedoch zunächst nicht aufgegeben, sondern intensiv die verschiedensten Modelle einer alternativen Finanzierung der aktiven Arbeitsmarktpolitik erörtert und ihre finanziellen Auswirkungen durchgerechnet.[49] Eines der Modelle sah vor, die «Gerechtigkeitslücke» in der Arbeitslosenversicherung mit der Pflegefinanzierungslücke in einem Paket zu verschnüren, indem man die Entlastung der Arbeitgeber bei den Beiträgen zur Arbeitslosenversicherung mit der Kompensation für die Kosten ihrer Beiträge zur Pflegeversicherung verrechnete.[50] Schließlich kristallisierte sich eine Arbeitsmarktabgabe für alle Erwerbstätigen in Höhe von einem Prozent bei gleichzeitiger Absenkung der Arbeitnehmerbeiträge zur Arbeitslosenversicherung um gleichfalls ein Prozent als die vom BMA bevorzugte Lösung heraus.[51] Dafür war allerdings eine Verfassungsänderung – «durch Aufnahme einer Ermächtigung zur Erhebung einer einkommensabhängigen nichtsteuerlichen Abgabe als zeitlich befristetes und sachlich eng begrenztes Sonderinstrument zur Finanzierung der einigungsbedingten Lasten im Bereich der sozialen Sicherung in das Grundgesetz» – Voraussetzung.[52]

Daneben standen drei weitere Modelle im politischen Raum. Das eine Modell war im Auftrag von *Wolfgang Schäuble* vom Vorsitzenden der Arbeitsgruppe «Arbeit und Soziales» der CDU/CSU-Fraktion *Julius Louven* entwickelt worden.[53] Es sah eine Aufspaltung der bisherigen Beiträge zur Arbeitslosenversicherung von 6,5 Prozent in einen Versicherungsbeitrag von 4 Prozent, der weiter je zur Hälfte von Arbeitgebern und Arbeitnehmern aufzubringen war, sowie eine allgemeine, auch Beamte und Selbstständige treffende arbeitsmarktpolitische Abgabe von 2,5 Prozent zur separaten Finanzierung der Arbeitsmarktpolitik vor. Die Selbstverwaltung sollte danach auf die Arbeitslosenversicherung begrenzt werden, während die aktive Arbeitsmarktpolitik als ein gesonderter Zweig der BA übertragen werden würde, die dafür unmittelbar dem BMA als nachgeordnete Behörde unterstellt sein sollte. Eine Konsequenz diese Vorschlages war neben der Entmachtung der Sozialpartner im Bereich der Arbeitsmarktpolitik eine Entlastung der Unternehmer und damit der Lohnnebenkosten um 1,25 Prozent bei einer gleichzeitigen zusätzlichen Belastung der sozialversicherungspflichtigen Arbeitnehmer um 1,25 Prozent. Nach Meinung des BMA war kaum vermittelbar, dass zur Beseitigung einer Schieflage im Sozialtransfer die sozialversicherungspflichtigen Arbeitnehmer deutlich stärker als bisher belastet werden sollten und auch Beamte und Selbstständige auf Dauer mit 2,5 Prozent ihres Einkommens herangezogen würden.[54] Den Vorstellungen des BMA sehr viel näher kam der Vorschlag des Vorsitzenden der Arbeitsgruppe «Arbeit und Soziales» der SPD-Fraktion *Ottmar Schreiner*, der ebenfalls die Aufspaltung des bisherigen einheitlichen Beitrages in zwei getrennte Beiträge vorsah. Ein Beitrag zur Arbeitslosenversicherung sollte weiterhin von den sozialversicherungspflichtigen Arbeitnehmern und den Arbeitgebern erhoben werden. Daneben sollte ein Beitrag zur Bestreitung der Kosten für die aktive Arbeitsmarktpolitik je zur Hälfte von allen Erwerbstätigen und den Arbeitgebern getragen werden. Als nachteilig empfand das BMA, dass die neue Beitragspflicht der Beamten mit einer entsprechenden Beitragspflicht der öffentlichen Arbeitgeber verbunden wäre und sich damit spürbare Belastungen für die öffentlichen Haushalte ergäben. Zudem sei die Trennung von Arbeitgebern (Betrieb) und Selbständigen (Person) nicht eindeutig: «sie finden sich auf beiden Seiten der Lastentragung der aktiven Arbeitsmarktpolitik».[55]

Schließlich gab es auch noch das Modell des Sachverständigenrates, nach dem «die hohen Belastungen der Arbeitslosenversicherung durch den Strukturwandel im Osten und die damit verbundene Arbeitslosigkeit als Erblast des sozialistischen Regimes anzusehen» seien, die «grundsätzlich von der Gesamtheit der Steuerzahler zu tragen» sei. Er schlug daher die Reduzierung des Beitragssatzes um zwei Prozentpunkte von 6,5 Prozent auf 4,5 Prozent und den Ausgleich der der BA dadurch entstehenden Mindereinnahmen durch einen entsprechenden Bundeszuschuss vor. Zur Finanzierung wurde eine «Ergänzungsabgabe in Höhe von 7 Prozent auf die Einkommen- und Körperschaftssteuerschuld, befristet auf fünf Jahre und degressiv ausgestaltet», vorgesehen.[56] Nur dieser Vorschlag hätte sich ohne Änderung des Grundgesetzes verwirklichen lassen.

Keines der hier skizzierten Modelle ließ sich durchsetzen. In einer Stellungnahme von Prof. *Heinz-Dietrich Steinmeyer* zum Vorschlag des BMA wurde ausgeführt, dass zwar keine verfassungs*rechtlichen*, aber doch verfassungs*politische* Bedenken gegen die beabsichtigte Grundgesetzänderung bestünden. Mit dem Verzicht auf die Gruppenbezogenheit der geplanten Sonderabgabe würde die Arbeitsmarktabgabe « zur zweckgebundenen Steuer, was eigentlich nach dem Grundgesetz gerade ausgeschlossen bleiben soll». Zudem ergebe sich ein Föderalismusproblem, da der Bund, konkret die Arbeitsverwaltung, sich hiermit eine neue Einnahmequelle außerhalb des Katalogs des Artikel 106 GG verschaffe und zudem die Mittel am BMF «vorbeileitet». «Dieses Beispiel könnte Schule machen und zu Begehrlichkeiten aus anderen Ministerien führen, da auch in anderen Bereichen einigungsbedingte Sonderlasten existieren».[57]

Auch der einflussreiche Geschäftsführer des VDR Prof. *Franz Ruland* sprach sich gegen das Modell des BMA und die vorgesehene Grundgesetzänderung aus, da die «für zulässig erklärte ‹nichtsteuerliche Abgabe eigener Art› – abgesehen von dem Problem ihrer eindeutigen rechtlichen Qualifikation – nicht an die individuelle Leistungsfähigkeit der von der Abgabe Betroffenen anknüpft, sondern allein an die Höhe ihres Einkommens». Der Gleichheitsgrundsatz könne aber auch durch eine Verfassungsänderung nicht außer Kraft gesetzt werden. Es bestehe daher die Gefahr, dass die vorgesehene Verfassungsänderung «als nach Art. 79 Abs. 3 GG grundgesetzwidrige Grundgesetznorm vom Bundesverfassungsgericht für ungültig erklärt» wird. Sinnvoller und nahe liegender wäre es, «den notwendigen Ausgleich der einigungsbedingten gesamtgesellschaftlichen Lasten der Sozialversicherungsträger» mit dem Bundeszuschuss zur Sozialversicherung zu verknüpfen. Er schlug daher folgende Ergänzung von Art. 120 des Grundgesetzes vor: «Der Bund ist verpflichtet, die mit der Angleichung der Lebensverhältnisse im Zuge der Wiedervereinigung verbundenen, grundsätzlich von allen Bürgern zu tragenden Sonderlasten der Sozialversicherungsträger einschließlich der Bundesanstalt für Arbeit auszugleichen. Zur Finanzierung der dafür erforderlichen Mittel kann er eine zeitlich begrenzte Ergänzungsabgabe zur Lohn- und Einkommensteuer (Art. 106 Abs. 1 Nr. 6, GG) erheben».[58]

Es ist aus den Unterlagen nicht ersichtlich, ob rechtliche Bedenken oder die Opposition anderer Bundesministerien, von Teilen der CDU/CSU und von der FDP das BMA veranlassten, seinen Vorschlag nicht weiter zu verfolgen. Er konnte – ebenso wie der von *Ruland*, der eine sehr viel weitergehende finanzielle Verpflichtung des Bundes bedeutet hätte – nicht mit der Zustimmung des Bundesfinanzministeriums rechnen.[59] Dieses erhielt mit dem im Föderalen Konsolidierungsprogramm schließlich beschlossenen Solidaritätszuschlag eine weitere Einnahmequelle, ohne an einen bestimmten Verwendungszweck gebunden zu sein. Die soziale Schieflage in der Finanzierung der Kosten der Einheit blieb damit aber weiter bestehen.

12.4 Die Sozialpolitik im Zeichen von Haushaltskonsolidierung und Standortsicherung 1993/94

Schon wenige Tage nach der Verkündung des Gesetzes zur Umsetzung des Föderalen Konsolidierungsprogramms am 26. Juni 1993[60] legten Finanzminister *Waigel*, Wirtschaftsminister *Rexrodt* und Arbeitsminister *Blüm* am 29. Juni 1993 – in Abkehr vom bisherigen «Vereinigungskeynesianismus wider Willen»[61] – ein Spar-, Konsolidierungs- und Wachstumsprogramm mit einem Einsparvolumen von über 20 Millliarden DM vor, das am 13. Juli 1993 vom Kabinett beschlossen und nach der Umsetzung in Gesetzentwürfe am 7. September vom Bundestag in erster Lesung behandelt wurde.[62] Die wesentliche Ursache für die Einbringung des Programms war die Notwendigkeit, angesichts des starken Rückgangs der Steuereinnahmen aufgrund der anhaltenden Rezession die Nettokreditaufnahme des Bundes, die sonst auf über 90 Milliarden DM angestiegen wäre, zu begrenzen. Auch spielte seit 1993 die Einhaltung der Maastrichter Kriterien, nach denen bei einer Beteiligung an der Europäischen Währungsunion die Kreditaufnahme der öffentlichen Haushalte drei Prozent des BIP nicht übersteigen sollte, eine zunehmende Rolle in der Haushaltspolitik.[63] Die vorgesehenen Einsparungen, die im Rahmen des FKP nicht durchzusetzen gewesen waren, betrafen vor allem den Sozialbereich. Dessen Anteil am Bundeshaushalt stieg trotz der Einsparungen von 21 Prozent im Jahre 1989 auf 37 Prozent 1995, während sich die starke Verschuldung des Bundes in einer Zunahme des Anteils der Ausgaben für Zinsen von elf Prozent auf 21 Prozent im gleichen Zeitraum niederschlug.[64]

In verschiedenen Arbeitspapieren des BMA, die u.a. als Informationsvermerke für Gespräche des Bundeskanzlers mit den CDU-Ostabgeordneten am 6. September und mit den Ministerpräsidenten der neuen Länder am 23. September 1993 dienen sollten, wurden der Inhalt der Änderungen des AFG und anderer Gesetze im Zuständigkeitsbereich des BMA, die erhofften Einsparungen und die von den Sparmaßnahmen insgesamt und besonders im Osten betroffenen Personengruppen detailliert aufgeführt.[65] Die wichtigsten der vorgesehenen Kürzungen betrafen die Absenkung des Arbeitslosengeldes nach einjährigem Bezug für Leistungsbezieher mit Kindern von 68 auf 64 Prozent und ohne Kinder von 63 auf 59 Prozent. Daneben sollten das Kurzarbeitergeld und das Schlechtwettergeld, das mit dem 30. Juni 1994 auslaufen sollte, das Eingliederungsgeld für Behinderte sowie die aus Bundesmitteln finanzierte Arbeitslosenhilfe und die Eingliederungshilfe für Spätaussiedler einheitlich um drei Prozentpunkte gesenkt werden. Die höchstmögliche Bezugsdauer der Eingliederungshilfe für Spätaussiedler sollte von neun bzw. 15 Monaten auf generell sechs Monate begrenzt werden. Ferner war vorgesehen, das Unterhaltsgeld von 73 Prozent für die Teilnehmer an beruflichen Weiterbildungsmaßnahmen mit Kindern bzw. von 65 Prozent für Teilnehmer ohne Kinder auf das Niveau des Arbeitslosengeldes zu senken und den Rechtsanspruch auf Unterhaltsgeld in eine Ermessensentscheidung umzuwandeln. Einen besonders tiefen Einschnitt in das soziale Netz bedeutete auch die vorgesehene Streichung der originären Arbeitslosenhilfe. Arbeitslosenhilfe sollten danach nur noch Personen erhalten, die vorher Arbeitslosengeld bezogen hatten. Weiterhin sollte die bisher unbefristete Dauer des Bezugs von Arbeitslosenhilfe auf zwei Jahre begrenzt werden. Die Empfänger von Altersübergangsgeld sollten ab 1995 verpflichtet werden, zum frühestmöglichen Zeitpunkt die Altersrente der gesetzlichen Rentenversicherung, unabhängig von deren Höhe, in Anspruch zu nehmen. Allerdings erhielten sie, sofern die Rente niedriger war, aus Gründen des Vertrauensschutzes einen Ausgleichsbeitrag in Höhe der Differenz zwischen dem bisherigen Altersübergangsgeld und der Rente. Dagegen gelang es dem BMA, eine Reduzierung der Renten und Leistungen der Kriegsopferversorgung zu verhindern. Insgesamt sollte das Einsparvolumen im Bereich BA/Arbeitsmarkt unter Berücksichtigung der Mehraufwendungen bei der Rentenversicherung von 13,7 Milliarden DM 1994 auf 16,2 Milliarden DM 1996 ansteigen.[66]

In einem Sprechvermerk für Minister *Blüm* für das Gespräch des Bundeskanzlers mit den Regierungschefs der neuen Länder am 23. September 1993 wurde die Notwendigkeit der Kürzungen im Sozialbereich vor allem mit der schwachen gesamtwirtschaftlichen Entwicklung begründet. Sehr deutlich wurde aber auch, dass im Vergleich zur Phase von 1990 bis 1992 eine Desillusionierung über die Möglichkeiten der Arbeitsmarkt- und Sozialpolitik im Osten eingetreten war. Diese könne nicht «eine erfolgreiche Wachstums- und Beschäftigungspolitik ersetzen». Angesichts der Mehrbelastung der Bürger mit Steuern und Sozialabgaben in einem Umfang von 116 Milliarden DM jährlich 1991 bis

1995 gebe es zur Stärkung der Wachstumskraft der Wirtschaft und zur Verhinderung einer inflationären Entwicklung keine Alternative zu den rigorosen Einsparungen. Die Arbeitsmarktpolitik könne zudem nicht die Schaffung «dauerhafter konkurrenzfähiger Arbeitsplätze» ersetzen, und auch die «riesige Bildungsindustrie», die im Osten im Bereich der beruflichen Fortbildung und Umschulung entstanden sei, habe nicht verhindern können, «daß viele Arbeitnehmer nach Beendigung der beruflichen Bildungsmaßnahme kaum in den Arbeitsmarkt eingliederbar sind». Bei der beruflichen Qualifizierung von Arbeitslosen müsse daher «den Eingliederungschancen nach Beendigung der Maßnahme ein hoher Stellenwert eingeräumt werden. Qualifizierung auf Kosten der Beitragszahler kann nicht zum Selbstzweck für Arbeitnehmer und Bildungsträger werden». Die prozentuale Absenkung der Lohnersatzleistungen, gegen die er (*Blüm*) sich lange gewehrt habe, werde die Arbeitnehmer im Osten nicht überproportional treffen. Es wurde aber zugegeben, dass es durch die Absenkung der Lohnersatzleistungen und die Verschärfung der Bedingungen zu ihrem Bezug mittelbar zu Mehrausgaben der Gemeinden bei der Sozialhilfe in Höhe von bis zu 4 Milliarden DM 1994 kommen werde, denen jedoch Einsparungen durch die Übernahme zusätzlicher Lasten durch den Bund im Rahmen des FKP und durch die erhoffte Einführung der Pflegeversicherung gegenüberstünden.[67]

Das Programm wurde in Erwartung des massiven Widerstands der Opposition in zwei Gesetze, von denen das eine im Bundesrat nicht zustimmungspflichtig war, aufgespalten. Es bedeutete kurz nach Einigung auf das FKP eine Kampfansage an die Opposition und wurde vielfach als Aufkündigung des überparteilichen Konsenses zur sozialverträglichen Gestaltung des Prozesses der deutschen Einheit angesehen. Neben der Sozialdemokratie machten im Rahmen einer Anhörung von Sachverständigen vor dem Arbeits- und Sozialausschuss des Bundestages am 22. September 1993[68] u. a. die Gewerkschaften, die die Einschränkungen der aktiven Arbeitsmarktpolitik und die Senkung der Lohnersatzleistungen scharf kritisierten, und die kommunalen Spitzenverbände, die einen rapiden Anstieg der Kosten der Sozialhilfe bei «dramatisch» zurückgehenden Einnahmen der Gemeinden befürchteten, schwere Bedenken geltend. Auch die evangelische Kirche erklärte, dass das zu stark von fiskalischen Gesichtspunkten bestimmte Programm die Auswirkungen der Arbeitslosigkeit auf das Leben der Betroffenen und das gesellschaftliche Zusammenleben verharmlose. Dagegen wurden die Sparprogramme der Bundesregierung von der BDA und vom Zentralverband des Handwerks, die eine Absenkung der Löhne bei ABM-Maßnahmen forderten, insgesamt – wenn auch mit Kritik an Einzelpunkten – unterstützt.

Die im Bundestag am 22. Oktober 1993 mit den Stimmen der Regierungsparteien verabschiedeten Gesetzentwürfe wurden vom Bundesrat, der insbesondere die Einschränkungen bei der Arbeitslosenhilfe kritisierte, abgelehnt. Nach zähen Verhandlungen im Vermittlungsausschuss konnten Bundesrat und Sozialdemokratie eine Reihe von Änderungen an den Gesetzentwürfen der Regierung durchsetzen. So wurden das Arbeitslosengeld, das Kurzarbeiter- und Schlechtwettergeld sowie die Arbeitslosenhilfe bei Arbeitnehmern mit Kindern statt um vier nur um einen Prozentpunkt, bei Arbeitnehmern ohne Kinder um drei Prozentpunkte gekürzt. Noch wesentlicher war, dass die Anschlussarbeitslosenhilfe weiterhin unbefristet gezahlt wurde und die originäre Arbeitslosenhilfe nicht völlig gestrichen, sondern nur auf ein Jahr begrenzt wurde. Die Zahlung von Schlechtwettergeld lief erst nach dem Winter 1995/96 aus. Anstelle der vorgesehenen völligen Aussetzung der Erhöhung der Sozialhilfe sollte die Erhöhung nur reduziert werden. Die Kommunen erreichten, dass die ursprünglich vorgesehene Bestimmung, nach der sie zukünftig arbeitslosen Sozialhilfeempfängern Arbeitsgelegenheiten zur Verfügung stellen mussten, in eine bloße «Sollbestimmung» geändert wurde.[69] In der veränderten Form wurden die beiden Gesetze[70] am 10. Dezember vom Bundestag und am 17. Dezember 1993 vom Bundesrat angenommen und traten am 1. Januar 1994 in Kraft. Die Einsparungen, die vor allem durch diese Gesetze erzielt wurden, bewirkten, dass der Bundeszuschuss zur BA von 24 Milliarden DM 1993 auf 10,2 Milliarden DM 1994 und 6,9 Milliarden DM 1995 gesenkt werden konnte.[71]

Die Regierung hatte inzwischen nach monatelangen Vorarbeiten und intensiver interministerieller Abstimmung einen Bericht «zur Zukunftssicherung des Standortes Deutschland»[72] vorgelegt. In diesem wurden als vordringliche Aufgaben akzentuiert: die weitere Konsolidierung der öffentlichen Haushalte, die Stärkung der Wettbewerbsfähigkeit der deutschen Wirtschaft u. a. durch zurückhaltende Tarifpolitik, die Flexibilisierung des Arbeitsrechts und der Arbeitszeit und Verlängerung der Maschinenlaufzeiten, die Verbesserung der steuerlichen Rahmenbedingungen der Wirtschaft, die Verringerung der Arbeitslosigkeit, die langfristige Sicherung der Sozialsysteme, die Fortsetzung der Privatisierungspolitik, der Abbau von Überregulierungen, die Stärkung des Forschungs- und Innovationsstandortes Deutschland, die zukunftsorientierte Gestaltung von Bildung, Ausbildung und Wissenschaft, die Schaffung einer leistungsfähigen und attraktiven Infrastruktur, die effiziente Erreichung der umweltpolitischen Ziele, eine kostengünstige umweltverträgliche Energieversorgung und die vertiefte weltwirtschaftliche Arbeitsteilung und Kooperation.

Aus Sicht des BMA waren vor allem die Aussagen über die Lohnpolitik, die in den neuen Bundesländern das niedrige Produktivitätsniveau beachten und die Tariflöhne stärker nach der unterschiedlichen Leistungsfähigkeit der Betriebe differenzieren sowie spezielle niedrigere ABM-Tarife vorsehen sollte, sowie die Forderung nach Stabilisierung und – wenn möglich – Senkung der Beiträge zur Sozialversicherung von Bedeutung. Es kam dem BMA darauf an, die Rentenversicherung, bei der allerdings der kostspielige Trend zur Frühverrentung umgekehrt werden müsse, unter Hinweis auf den nicht demographisch, sondern durch die Wiedervereinigung bedingten Anstieg der Ausgaben aus den Sparüberlegungen herauszuhalten.[73] Die Vorschläge zur Zukunftssicherung, die von der Sozialdemokratie wegen ihrer sozialen Schieflage scharf kritisiert wurden, haben die Standortdebatte neu belebt und zu einem lebhaften Schlagabtausch von Regierung und Opposition im Bundestag am 21. Oktober 1993 geführt.

Kohl forderte in Analogie zur Zeit nach der Gründung der Bundesrepublik für das wiedervereinigte Deutschland eine zweite große Aufbruchphase mit einem tief greifenden Wandel von Gesellschaft und Wirtschaft,[74] die u. a. durch eine breite Palette von Maßnahmen die Schaffung der fehlenden fünf Millionen wettbewerbsfähigen Arbeitsplätze zum Ziel haben müsse. Ausdrücklich verteidigte er den Umbau des Sozialstaates, in dem Eigenvorsorge und Selbsthilfe wieder ein größeres Gewicht erhalten sollten. Die vorgesehenen Einsparungen bei den Sozialleistungen wären zudem viel geringer als die dramatischen Einschnitte in die sozialen Leistungen, wie sie etwa in Schweden, in den Niederlanden, in Frankreich oder Italien vorgenommen würden, ohne dass diese Länder eine Herausforderung wie die der deutschen Einheit zu meistern hätten.[75]

Als Sprecher der Opposition wandte sich *Lafontaine* gegen den erneut vom Kanzler verwendeten Begriff des «kollektiven Freizeitparks» Deutschland und stellte ein Zehn-Punkte-Programm der Sozialdemokratie für Modernisierung, Beschäftigung und umweltverträgliches Wachstum vor. Dessen Kernelemente waren ein nationales Beschäftigungsprogramm gegen die Rezession und Arbeitslosigkeit, die ökologische Modernisierung der Wirtschaft, die Stärkung von Forschung,

Entwicklung, Bildung und Wissenschaft und ein großes Aufbauprogramm Ost. Weiterhin sollten die öffentlichen «Zukunftsinvestitionen» und die private Nachfrage gestärkt und die Kosten der Arbeit durch die Senkung der gesetzlichen Lohnnebenkosten, insbesondere der Sozialversicherungsbeiträge, reduziert werden. Zur Finanzierung und zur Herbeiführung einer größeren sozialen Gerechtigkeit wurde relativ vage ein gesamtdeutscher «Lastenausgleich mit einer stärkeren Besteuerung höherer Einkommen und größerer Vermögen» vorgeschlagen.[76]

Vor allem die fehlende Berechnung der Kosten wurde *Lafontaine* von *Graf Lambsdorff* vorgehalten. Im Übrigen wurde aus dessen Beitrag, der auch die fehlerhafte Ausgestaltung der aktiven Arbeitsmarktpolitik im Osten kritisierte, deutlich, dass das ursprünglich von Wirtschaftsminister *Rexrodt* vorgelegte Konzept bei den Beratungen der Regierung «verwässert und abgeschwächt» worden war und dass sich die «Ressorts vom Fachreferenten bis zum Minister Grabenkämpfe» lieferten, die alles auf die lange Bank schieben würden. Man brauche nicht dauernd neue Arbeitsgruppen, sondern Entscheidungen, «Tatkraft und nicht nur Wortgewalt».[77]

Auch *Wolfgang Thierse* als Sprecher der ostdeutschen Sozialdemokratie bemängelte die Führungsschwäche der Regierung und bewertete deren Standortbericht als «ein Dokument des Scheiterns».[78] Nicht die Einheit sei die Ursache der gesamtwirtschaftlichen Probleme; diese seien vielmehr hausgemacht. Er kritisierte scharf die soziale und emotionale Spaltung und Entsolidarisierung der Gesellschaft und forderte eine neue Industrialisierung des Ostens. Den ostdeutschen Produktionsbetrieben sollte u. a. durch Lohnkostenzuschüsse die Zeit gegeben werden, «die verlorenen Märkte zurückzuerobern» und andere zu gewinnen.[79]

Die Koalitionsparteien konkretisierten schließlich in einem 30 Punkte umfassenden «Aktionsprogramm für mehr Wachstum und Beschäftigung» und einem darauf beruhenden Entwurf eines Beschäftigungsförderungsgesetzes, das Anfang Februar 1994 im Deutschen Bundestag eingebracht wurde, ihre Vorstellungen zur Sicherung des Wirtschaftsstandortes Deutschland. Neben der weiteren Konsolidierung der öffentlichen Haushalte waren Kernpunkte des Programms und des Gesetzentwurfes: die Förderung von Existenzgründungen im Mittelstand, die Veränderung der arbeitsmarktpolitischen Instrumentarien durch die Ausdehnung der produktiven Arbeitsförderung von den neuen auf die von strukturellen Krisen besonders betroffenen Regionen in den alten Bundesländern, die Absenkung der Bemessungsgrundlage für die berücksichtigungsfähigen Löhne bei ABM-Maßnahmen auf 80 Prozent der Löhne für vergleichbare Arbeiten auf dem ersten Arbeitsmarkt, Maßnahmen der Deregulierung sowie die generelle Zulassung privater gewerblicher Arbeitsvermittlung.[80]

In der bereits im Schatten des «Superwahljahres» 1994 stehenden Diskussion des von Bundesfinanzminister *Waigel* und Bundeswirtschaftsminister *Rexrodt*[81] vorgestellten Programms im Bundestag am 20. Januar 1994 monierte die finanzpolitische Sprecherin der sozialdemokratischen Opposition, *Ingrid Matthäus-Maier*, dass es sich um «politischen Aktionismus» handele, der eine nicht vorhandene politische Handlungsfähigkeit vortäuschen solle. Es sei deutlich, dass es mit der Regierung zu Ende gehe. Die Koalitionsabgeordneten würden hinter vorgehaltener Hand das Programm nur kurz und treffend «Aktion Abendsonne» nennen.[82] Die Regierung reihe einen Minusrekord an den anderen. Sie habe die höchste Arbeitslosigkeit, die schwerste Wirtschaftskrise in der deutschen Nachkriegsgeschichte, die höchste Steuer- und Abgabenlast aller Zeiten, die größte Staatsverschuldung und die höchsten Zinsausgaben zu verantworten.[83] Die konkreten Pläne der Regierung wurden von *Rudolf Dreßler* (SPD) als ein «wirres Sammelsurium unzusammenhängender Einzelmaßnahmen» mit der heraufziehenden Serie von Wahlen als «Geburtshelfer» verurteilt.[84] Er kritisierte, dass es sich nicht wirklich um eine Entlastung des Faktors Arbeit, sondern um eine Umverteilung der Kosten der Arbeit von den Unternehmern auf die Arbeitnehmer handele. Es gehe der Bundesregierung in Wahrheit «um die Zerstörung und Beseitigung unseres Sozialversicherungssystems [...], um den Abschied vom Sozialstaat Bundesrepublik Deutschland. Es geht im Kern um eine andere Republik».[85]

Die massive Ablehnung der Pläne der Regierung hat jedoch schließlich eine Kompromisslösung nicht verhindert. Die Regierung hatte ursprünglich angenommen, dass das Gesetz nicht der Zustimmung des Bundesrates bedürfe. Der Bundesrat wertete jedoch die vorgesehene Regelung zur Änderung des Gesetzes zur Bekämpfung der Schwarzarbeit als zustimmungsbedürftig und drohte – vor allem wegen der Aufhebung des Alleinvermittlungsrechts der BA – das Gesetz insgesamt scheitern zu lassen. Auch bestand die Gefahr, dass jede zeitliche Verzögerung des Verfahrens angesichts des bevorstehenden Endes der Legislaturperiode eine Verabschiedung des Gesetzes verhindern würde.[86] In dieser Situation wurde das Gesetz in ein zustimmungspflichtiges und ein nicht zustimmungspflichtiges Gesetz aufgespalten, die nach Einschaltung des Vermittlungsausschusses schließlich in einer veränderten Fassung vom Bundestag und Bundesrat angenommen wurden und am 1. August 1994 in Kraft traten.[87]

Die wichtigsten Änderungen des Entwurfs der Regierung betrafen die Anhebung der Löhne bei ABM-Maßnahmen von 80 Prozent auf 90 Prozent der Vergleichslöhne, den Wegfall der vorgesehenen allgemeinen Obergrenze für höhere Löhne bei ABM-Maßnahmen und die Verschiebung der Anwendung der Neuregelung auf den 1. Januar 1995. Die erneuten Versuche der Bundesregierung, den Anspruch auf Arbeitslosenhilfe im Anschluss an Arbeitslosengeld auf zwei Jahre zu begrenzen und damit die Finanzlasten vom Bund auf die Gemeinden zu verschieben, wurden durch den Widerstand der Länder verhindert. Das für Ende 1995 vorgesehene Auslaufen des 1988 eingeführten Strukturkurzarbeitergeldes für einzelne Gewerbezweige in den alten und allgemein in den neuen Bundesländern wurde durch den Vermittlungsausschuss um zwei Jahre hinausgeschoben.[88] Es blieb bei der Zulassung privater gewerblicher Arbeitsvermittlung, der Verlängerung der erleichterten Befristung von Arbeitsverhältnissen, der Erweiterung der Möglichkeiten der Arbeitnehmerüberlassung bei schwer vermittelbaren Arbeitslosen, dem erleichterten Bezug von Arbeitslosengeld für Arbeitslose nach der Vollendung des 58. Lebensjahres und der Förderung der Teilzeitarbeit und des Übergangs von Arbeitslosen in die Selbständigkeit.

Insgesamt geriet die Sozialpolitik seit Herbst 1992 unter zunehmenden Druck der Wirtschaft und ihrer Verbände, der Mehrheit der Wirtschaftswissenschaftler und der Wirtschafts- und Finanzpolitiker der Union sowie der gesamten FDP. Unter dem Einfluss der rapide steigenden Staatsverschuldung, der notwendigen Begrenzung der Kreditaufnahme zur Einhaltung der Maastrichter Kriterien, des tiefen und anhaltenden Einbruchs der Wirtschaft im Osten, der konjunkturellen Rezession von 1993, der Diskussion über die Gefährdung des Wirtschaftsstandorts Deutschland, aber auch der zunehmenden Zweifel an der Effektivität der aktiven Arbeitsmarktpolitik forderten die Kritiker einen weitgehenden Umbau des deutschen Sozialstaates durch den Abbau von Regulierungen der Arbeitswelt und die Reduzierung sozialer Leistungen. Die 10. Novelle des AFG vom 18. Dezember 1992, einzelne Aspekte des Föderalen Konsolidierungsprogramms 1993, die im Dezember 1993 verabschiedeten Gesetze zur Umsetzung des Spar-, Konsolidierungs- und Wachstumsprogramms und das Beschäftigungsförderungsgesetz 1994 sind Ergebnisse dieses Drucks.

Im BMA kam es im März/April 1994 zu einer intensiven Diskussion der Leitung über zukünftige alternative Finanzierungsmodelle für die sozialen Sicherungssysteme; darunter waren eine negative Einkommenssteuer, die Einführung einer steuerfinanzierten Grundrente, die Steuerfinanzierung der versicherungsfremden Leistungen der Sozialversicherung, eine Wertschöpfungsabgabe, eine stärkere Einbeziehung der geringfügig Beschäftigten in die Sozialversicherung, die Anhebung oder Aufhebung der Beitragsbemessungsgrenze, Verbesserungen des Familienlastenausgleichs in der Sozialversicherung durch kinderzahlabhängige Beitragssätze, die stärkere Berücksichtigung der Kindererziehung in der Altersversorgung und sogar die Ersetzung des Umlageverfahrens durch ein Kapitaldeckungsverfahren.[89] All das wurde kritisch diskutiert, ohne dass ein Konzept zur Reform der Finanzierung der sozialen Sicherung vorgelegt wurde.

Die Politik der Einsparungen im Sozialbereich und des Abbaus von Schutzvorschriften im Arbeitsrecht wurde in der folgenden Legislaturperiode fortgesetzt.[90] Bundesarbeitsminister *Blüm*, sein Ministerium und einige der Sozialpolitiker der Union haben gegen die Reduzierung von Sozialleistungen hinhaltenden Widerstand geleistet. *Blüm*, der die 1989 reformierte Rentenversicherung zunächst aus den Sparbemühungen herauszuhalten vermochte, wurde von Kreisen der Wirtschaft als ein «Hauptrisiko des Industriestandortes Deutschland» und das größte Hindernis auf dem Wege zur Reform des Sozialstaates kritisiert.[91] Er verteidigte sich gegenüber den Mitgliedern der CDU/CSU- und FDP-Bundestagsfraktionen u. a. mit dem Argument, dass allein im Geschäftsbereich des BMA vom Beginn der Regierung *Kohl* 1982 bis 1997, bezogen auf das Jahr 1997, Einsparungen in Höhe von 98 Milliarden DM durchgesetzt wurden und viele Maßnahmen zur Beschäftigungsförderung und Flexibilisierung, insbesondere im Arbeitszeitrecht und im Arbeitsrecht, eingeführt worden seien.[92] Diese Argumentation, die eine ungebrochene Kontinuität einer auf Einsparungen ausgerichteten Sozialpolitik für den gesamten Zeitraum suggerierte, übersieht die verschiedenen Phasen der deutschen Sozialpolitik in der Ära *Kohl*. Die Sozialpolitik konnte nach einer Periode der finanziellen Konsolidierung 1982–1989 im Jahr 1990 und den folgenden 18 Monaten aus dem Vollen schöpfen, um die deutsche Einigung sozial abzusichern, ehe ihr seit Herbst 1992 der Wind wieder voll ins Gesicht blies.

13. Die Sozialpolitik und die sozialpolitischen Akteure 1991–1994

13.1 Rahmenbedingungen

Die politischen und wirtschaftlichen Rahmenbedingungen und damit die Handlungsmöglichkeiten der sozialpolitischen Akteure hatten sich durch die deutsche Vereinigung und die Forcierung der europäischen Integration wesentlich verändert. Es mussten die politischen Konstellationen von nunmehr 16 statt elf Bundesländern berücksichtigt werden, von denen die fünf ostdeutschen Länder parteiübergreifend spezifische Interessen hatten. Mit der PDS trat eine neue Partei auf. Der Einfluss der europäischen Institutionen, insbesondere der Europäischen Kommission und des Europäischen Gerichtshofes, war gestiegen. Der Handlungsspielraum der nationalen Wirtschafts- und Sozialpolitik war durch die Notwendigkeit, sich im Zeichen der «Globalisierung» im internationalen Wettbewerb zu behaupten und der Entwicklung vieler Großunternehmen zu «global players» Rechnung zu tragen, eingeengt worden.

Mit dem Ende des Ost-West-Konflikts und der Schwierigkeit, den Prozess der Transformation von der Plan- zur Marktwirtschaft im Osten Deutschlands zu steuern und auf die Veränderungen der Wirtschaftsstruktur und die verstärkte Verflechtung der Weltwirtschaft angemessen zu reagieren sowie neue politische Akteure zu integrieren, war das politische Handlungsfeld differenzierter, aber auch unübersichtlicher geworden und die Konsequenzen des Handelns waren schwerer vorhersehbar. Zudem war die relative wirtschaftliche Position Deutschlands, dessen BIP pro Einwohner von 40 200 DM in Westdeutschland 1990 auf 36 000 im wiedervereinigten Deutschland 1991 zurückging, geschwächt worden. Deutschland fiel damit im OECD-Vergleich der wirtschaftlichen Leistungsfähigkeit auf den zwölften Rang zurück.[1] Damit schrumpfte aber auch der Verteilungsspielraum für die Sozialpolitik.

Die Wirtschafts- und Sozialordnung, deren Ausprägung das Grundgesetz offen gelassen hatte, wurde durch die Verankerung und Definition der Sozialen Marktwirtschaft im Staatsvertrag vom 18. Mai 1990 normativ festgelegt. Was darunter aber genau zu verstehen war – insbesondere das relative Gewicht des Marktes oder des Sozialen –, blieb jedoch, trotz der eindeutigen Ablehnung einer sozialistischen Planwirtschaft und eines ungehemmten Laissez-faire-Kapitalismus, weiterhin offen.

Im Verhältnis von Staat, Wirtschaft und Gesellschaft gab es gegenläufige Prozesse. Einerseits wurde die Stellung des Staates durch seine primäre Verantwortung für den «Aufbau Ost», die zeitweise Übernahme der ostdeutschen Industrie durch die Treuhandanstalt, die soziale Abfederung des wirtschaftlichen Transformationsprozesses im Osten, die Erhöhung der Staatsquote, die Einführung der Pflegeversicherung, den Ausbau der Familienpolitik und die zunehmende Rolle der Umweltpolitik gestärkt. Andererseits setzte sich die neoliberale Politik der Entstaatlichung, die zur Entstehung privater Fernsehanstalten und zur sukzessiven Privatisierung von Post, Telekommunikation und Bahn und zur generellen Zulassung privater gewerblicher Arbeitsvermittlung führte, fort, und der Ruf nach verstärkter Eigenvorsorge im System der sozialen Sicherung, nach Lockerung der Schutzbestimmungen des Arbeitsrechts und nach Abbau staatlicher Regulierung und staatlicher Bürokratie wurde von immer weiteren Kräften der Gesellschaft aufgenommen und z.T. politisch umgesetzt.

13.2 Das Bundeskanzleramt und die Koordination der Politik

Im politischen und insbesondere im sozialpolitischen Willensbildungs- und Entscheidungsprozess wich die Dominanz der Bundesregierung und der Ministerialbürokratie, die für die Verhandlungen zum Staatsvertrag und – mit Einschränkungen – auch zum Einigungsvertrag kennzeichnend gewesen war, wieder den komplexen, vor allem informellen Konsultations- und Kompromissfindungsvorgängen, die sich im deutschen politischen System in den vier Jahrzehnten nach Gründung der Bundesrepublik herausgebildet haben.

Im Zentrum der Macht standen der Bundeskanzler und das Bundeskanzleramt. So ist es kennzeichnend, dass der Anstoß zur «Neufestsetzung der Prioritäten»[2] der Politik durch verstärkte Anstrengungen zur Sicherung des Wirtschaftsstandorts Deutschland, zur Begrenzung der Lohnnebenkosten, Konsolidierung der Staatsfinanzen und stärkeren Einbindung der sozialdemokratischen Opposition von Bundeskanzler *Kohl* auf dem Parteitag der CDU Ende Oktober 1992 ausging. Ebenso bemerkenswert ist, dass – entgegen der Forderung *de Maizières* – kein gesondertes Ministerium für die neuen Bundesländer geschaffen wurde. Die Koordinierung des «Aufbaus Ost» lag vielmehr beim Bundeskanzler und beim Bundeskanzleramt. In den regelmäßigen Besprechungen des Bundeskanzlers mit führenden Vertretern der Wirtschaftsverbände und der Gewerkschaften spielten Fragen des «Aufbaus Ost» eine wesentliche

Rolle.[3] Daneben gab es außer den allgemeinen Konferenzen des Bundeskanzlers mit den Ministerpräsidenten aller Länder immer wieder spezielle Besprechungen *Kohls* mit den Regierungschefs der ostdeutschen Länder, die sich auch untereinander in Regionalkonferenzen trafen, in denen spezifische Probleme der neuen Länder thematisiert wurden und um Unterstützung für die Politik der Bundesregierung geworben wurde.[4] Diese in den Medien viel beachteten Veranstaltungen dienten in starkem Maße auch der Selbstdarstellung und der Gewinnung der Öffentlichkeit.

Die detaillierte Abstimmung der Politik des «Aufbaus Ost» erfolgte in den etwa monatlichen Arbeitsbesprechungen des Chefs des Bundeskanzleramtes mit den Chefs der Staatskanzleien der neuen Länder und dem Chef der Senatskanzlei des Landes Berlin.[5] Das Bundeskanzleramt ließ sich zudem wöchentlich von den einzelnen Ressorts über die konkrete Umsetzung des Staats- und Einigungsvertrages und die dabei auftretenden Probleme berichten. Auf der operativen Ebene erfolgte die Abstimmung der Aktivitäten gegenüber den neuen Bundesländern in der sog. *Ludewig*-Runde, die aus den beamteten Staatssekretären der beteiligten Ressorts und Ministerialdirektor *Johannes Ludewig*, dem Leiter der Abteilung IV für Wirtschafts- und Finanzpolitik/Koordinierung neue Bundesländer im Kanzleramt, bestand.[6]

Weitere Organe zur Abstimmung der Politik gegenüber dem Osten Deutschlands waren der Kabinettsausschuss «Neue Bundesländer», der mit Kabinettsbeschluss vom 29. Januar 1991 eingerichtet worden war,[7] sowie der Bundesratsausschuss «Deutsche Einheit», der sich am 27. September 1991 unter dem Vorsitz des sächsischen Ministerpräsidenten *Biedenkopf* (CDU) mit dem brandenburgischen Ministerpräsidenten *Stolpe* (SPD) als dem ersten stellvertretenden Vorsitzenden konstituierte.[8] Im BMA wurde mit Erlass vom 9. April 1991 im Leitungsbereich ein «Leitungsstab Neue Bundesländer» unter Ministerialdirigent Dr. *Vöcking*, der gleichzeitig das Ministerbüro (LS 2) leitete, eingerichtet. Unter *Vöcking* war Regierungsdirektor *Sasdrich*, der im Februar 1990 die Leitung eines Arbeitsstabes zur Angleichung der Arbeits- und Sozialordnung in Deutschland übernommen hatte, als Leiter von LS 1 mit der «Unterstützung der Leitung im Bereich der Arbeitsmarkt- und Sozialpolitik in den neuen Bundesländern» beauftragt.[9] In der Bezeichnung des Leitungsstabes, der mit Erlass vom 24. Juli 1991 dem Parlamentarischen Staatssekretär *Horst Günther* zugeordnet wurde, erschien nunmehr auch die «Verbindung zur Treuhandanstalt».[10]

In der Koordination der Politik spielte das Kabinett, das vor allem die notarielle Funktion der offiziellen Absegnung der Initiativen und Gesetzgebungsvorhaben der Regierung hatte, bei *Kohl* – im Gegensatz zur Kanzlerschaft von *Helmut Schmidt* – nur eine geringe Rolle.[11] *Kohl* erwartete, dass die Ressortminister sich noch vor der Einbringung einer Vorlage ins Kabinett abstimmten und einigten. Sozialpolitische Initiativen, soweit sie Geld kosteten, mussten vor allem mit dem Finanzminister abgesprochen werden. Daneben bestand je nach Sachfrage ein Abstimmungsbedarf mit anderen Ressorts, besonders mit dem Ministerium des Innern, dem Wirtschaftsministerium und dem Justizministerium. Meist erfolgte diese Abstimmung im Kreise der beamteten Staatssekretäre der beteiligten Ressorts.[12]

Entscheidend waren natürlich auch die politischen Durchsetzungschancen. Offenbar aufgrund verspäteter und ungenügender Abstimmung bei der Vorbereitung von Gesetzesinitiativen und Rechtssetzungsvorhaben in der vorangegangenen Legislaturperiode sollte in der Legislaturperiode 1994–1998 das Bundeskanzleramt bei der Auswahl der Vorhaben, der Ressortabstimmung des ersten Entwurfs, der Versendung des Referentenentwurfs an die Länder, Fachkreise und Verbände und bei den Vorgesprächen und Verhandlungen mit den Ländern vor und nach der Einbringung der Kabinettsvorlagen noch stärker als vorher einbezogen werden. Dabei ging es vor allem um die Herausbildung eines politischen «Frühwarnsystems», das die Durchsetzbarkeit von Vorhaben im Bundestag und Bundesrat angesichts der Mehrheitsverhältnisse prüfen sollte.[13]

13.3 Norbert Blüm und die Koalition der Sozialpolitiker

Die Segmentierung der Sozialpolitik hatte sich nach der Regierungsbildung im Januar 1991 verstärkt. Während die Federführung für Familien- und Frauenpolitik, wie auch für das Wohnungswesen, traditionell bei eigenen Ressorts lag, war nun auch die Zuständigkeit für die Krankenversicherung und damit das sehr kontroverse Problem der Gesundheitsreform auf das Bundesministerium für Gesundheit übertragen und die politische Verantwortung für die Sozialversicherung und die Aufsicht über deren Selbstverwaltungskörperschaften aufgespalten worden. Mit *Horst Seehofer*, dem bisherigen Parlamentarischen Staatssekretär im BMA, erhielt das Ministerium zudem im Mai 1992 einen in der CSU und in der Fraktion der CDU/CSU fest verankerten, kompetenten und durchsetzungsfähigen Minister.

Bundesarbeitsminister *Blüm* hatte als dienstältester Minister der verschiedenen Kabinette von *Kohl* eine starke Stellung. Sie beruhte auf seiner Fähigkeit, komplexe Sachverhalte auf einen einfachen Nenner zu bringen, seiner rhetorischen Begabung, die ihn zu einem glänzenden Wahlkämpfer machte, aber auch seinem Gespür für Machtpolitik und seinem Geschick in taktischen Fragen.[14] Er hatte zudem als führender Vertreter des Arbeitnehmerflügels und Vorsitzender der CDU in Nordrhein-Westfalen eine beachtliche Hausmacht in seiner Partei. In der Regierung und der Koalition konnte er im Konfliktfall durch seinen direkten Draht zu *Kohl* – wie etwa in der Pflegeversicherung – seinen Auffassungen zusätzliches Gewicht verleihen. Konzeptionell hat sich das Kanzleramt in die Sozialpolitik nicht eingemischt. Wenn *Blüm* sich mit Finanzminister *Waigel* einigen konnte, war die Sache auf Regierungsseite, sofern nicht rechtliche Probleme auftauchten, so gut wie gelaufen.[15]

In seinem politischen Vorgehen konzentrierte sich *Blüm* auf zentrale Fragen wie die Rentenreform 1989/1992, die Ergänzung der Währungs- und Wirtschaftsunion durch die Sozialunion 1990 und die Einführung der Pflegeversicherung 1991–1994. Er versuchte die Koalition der Sozialpolitiker durch enge persönliche Kontakte mit den führenden sozialpolitischen Sprechern der Fraktionen – etwa mit *Dreßler* in der SPD und *Cronenberg* in der FDP – am Leben zu erhalten. Dazu gehörten auch intensive Verbindungen seiner Person oder von leitenden Beamten seines Ministeriums mit Gewerkschaftsführern sowie den Geschäftsführern und/oder den wichtigsten sozialpolitischen Experten der Verbände der Wirtschaft und anderer Organisationen wie dem VDR, der über die für eine vorausschauende Planung der Rentenpolitik unabdingbaren Daten verfügte. Diese Koalition der Sozialpolitiker[16] beruhte auf einer häufig sehr ähnlichen Sozialisation in der Politik, ihrem Bemühen um Behauptung gegenüber dem übermächtigen Einfluss der Haushaltspolitiker, der Kompetenz in einem immer komplexer werdenden Sachgebiet sowie der notwendigen Zusammenarbeit in den Selbstverwaltungsorganen bei der konkreten Umsetzung der Sozialpolitik.[17] *Blüms* sozialpolitische Auffassungen wurzelten letztlich in der Soziallehre der katholischen Kirche. Für ihn war Sozialpolitik ein Ausdruck gesamtgesellschaftlicher Solidarität, ein Instrument, das sozialen Ausgleich und sozialen Frieden und damit den Zusammenhalt einer Gesellschaft sichern sollte. Das begründete auch sein uneingeschränktes Eintreten für die vollständige Sozialunion mit der DDR bzw. den neuen Bundesländern und seine Weigerung, die

Standortprobleme der deutschen Wirtschaft auf die Höhe der Löhne und den Abbau sozialstaatlicher Leistungen zu reduzieren.[18]

Blüm hat bei der Durchsetzung der Pflegeversicherung seinen politischen Einfluss bis zum Äußersten ausgereizt. Er brachte die Koalition mit der FDP an den Rand eines Bruches und zog sich die scharfe und anhaltende Ablehnung der Wirtschaft und ihrer Verbände zu, die ihn als Verteidiger einer veralteten Konzeption des Sozialstaates abstempelten. Aufgrund der Veränderung der wirtschaftlichen Lage durch die Rezession 1993, die anhaltend hohen Kosten der Einheit und die Verschärfung des wirtschaftlichen Wettbewerbs verlor die Koalition der Sozialpolitiker an Einfluss und begann abzubröckeln. Typisch dafür ist, dass als Ersatz für den aus der DAG kommenden Vorsitzenden der Arbeitsgruppe «Arbeit und Soziales» der CDU/CSU-Bundestagsfraktion *Horst Günther*, der in der neuen Regierung vom Januar 1991 zum Parlamentarischen Staatssekretär im BMA ernannt worden war, mit *Julius Louven* ein Mittelstandspolitiker gewählt wurde, der auf deutliche Distanz zu *Blüm* ging. Auch die persönliche Freundschaft zwischen *Blüm* und *Julius Cronenberg* (FDP) litt unter den Belastungen der scharfen Differenzen in der Frage der Pflegeversicherung.[19]

13.4 Die Abstimmung der Sozialpolitik innerhalb der Regierungskoalition

Insgesamt ist für die Legislaturperiode 1991–1994 jedoch kennzeichnend, dass nach vorangegangenen, oft sehr heftigen Auseinandersetzungen die großen sozialpolitischen Gesetzgebungsvorhaben der Zeit, das Rentenüberleitungsgesetz 1991, die Gesundheitsstrukturreform 1992 und die Pflegeversicherung 1994, wie auch das Föderale Konsolidierungsprogramm 1993 und der Asylkompromiss 1992/93 letztlich in Kooperation und Konsens von Regierungskoalition, Ländern und sozialdemokratischer Opposition verabschiedet werden konnten.

Die Willensbildungs- und Entscheidungsfindung auf Seiten der Regierungskoalition war dabei unter Zurückdrängung der zuständigen Verfassungsinstitutionen durch einen Prozess der Parteipolitisierung und Informalisierung geprägt. In der Koalitionsdemokratie der Bundesrepublik konnte keine der Regierungsparteien, denen zudem innerhalb der Regierung einzelne Ministerien gewissermaßen als Erbhöfe zugeteilt wurden, einfach überstimmt werden. Die notwendige Abstimmung zwischen den Koalitionsparteien erfolgte auf der Basis eines detaillierten

Koalitionsvertrages bei der Bildung der Regierung vor allem durch die «Elefantenrunde» der Partei- und Fraktionsvorsitzenden, die dem individuellen, personenzentrierten Führungsstil von *Kohl* entsprachen,[20] sowie durch Koalitionsarbeitsgruppen.[21] Kennzeichnend waren der Versuch zur Moderation von Konflikten im Vorfeld der offiziellen Entscheidungsgremien und die Einschränkung der Handlungsfreiheit von Kabinett, Parlament und Fraktionen. Vorentscheidungen, die in diesen informellen Gremien durch die Spitzenpolitiker der Parteien oder die Experten für einzelne Sachgebiete getroffen worden waren, konnten später nur schwer korrigiert werden.

Koalitionsarbeitsgruppen haben in der Sozialpolitik vor allem bei der Vorbereitung der Pflegeversicherung, der Ausarbeitung der Gesundheitsstrukturreform sowie der Bekämpfung des Missbrauchs von Sozialleistungen bei Arbeitslosigkeit eine wesentliche Rolle gespielt. *Blüm* versuchte im Kompetenzbereich des BMA seinen politischen Einfluss zu behaupten, indem er, wie etwa bei der Pflegeversicherung, die politische Initiative durch Thematisierung des Problems in der Öffentlichkeit ergriff und im Unterschied zu einigen anderen Ressorts, die von den Ergebnissen der Koalitionsverhandlungen überrascht wurden,[22] einen eigenen Arbeitsstab des BMA zur Begleitung der Koalitionsverhandlungen in Fragen der Sozialpolitik bildete. Auch versuchte er die Tätigkeit der Koalitionsarbeitsgruppen durch Arbeitspapiere aus seinem Ministerium, die Mitwirkung führender Beamter bei den Beratungen und durch engen Kontakt zu den Mitgliedern der Arbeitsgruppen zu lenken.

13.5 Der Bundestag, der Bundesrat und die sozialdemokratische Opposition

Der Bundestag war in die Entscheidungsfindung vor allem durch die detaillierte Erörterung und Korrektur der eingebrachten Gesetzesentwürfe in den verschiedenen sozialpolitischen Ausschüssen eingebunden. Beim Rentenüberleitungsgesetz wurden wesentliche Veränderungen auch durch die Anhörung von Experten und Interessenvertretern im Ausschuss für Arbeit und Sozialordnung bewirkt. Bei den Diskussionen des Plenums ging es dagegen weniger um die Überzeugung der politischen Opponenten im Parlament als vielmehr um die Vertretung der eigenen Position in der Öffentlichkeit, die natürlich in erheblichem und zunehmendem Maße auch über die Massenmedien erfolgte.

In einigen Fragen, besonders bei der Pflegeversicherung, war es schwierig, eine einheitliche Linie der Koalitionsfraktionen und gerade auch der CDU/CSU-Fraktion zu finden. *Wolfgang Schäuble*, als Vorsitzender der Fraktion seit 25. Januar 1991, hat seine Auffassung von dem fraktionsinternen Meinungsbildungs- und Entscheidungsprozess in einer höchst aufschlussreichen Rede vor der Fraktion am 15. Oktober 1992 dargelegt. Er wandte sich ausdrücklich gegen die Ansicht, dass man Entscheidungen durch kontroverse Abstimmungen herbeiführen solle: «Wir haben die meisten Fragen in letzter Zeit abgestimmt, aber eher im Sinne einer Bestätigung. Das Austragen von Konflikten oder das Abschneiden der Konsensbildung bei Konflikten durch Abstimmungen, durch kontroverse Abstimmungen, liebe Freunde, wird uns ganz schnell ins Elend führen, und zwar in ein bitteres Elend.» Differenzen zwischen der CDU und der CSU, zwischen den ostdeutschen und den westdeutschen Abgeordneten der Fraktion oder zwischen Mittelstand und Sozialausschüssen könnten nicht durch Mehrheitsentscheidungen gelöst werden. Ein «zu frühes Abschneiden der Bemühungen um eine gemeinsame Position durch Mehrheitsbildung und Abstimmung» würde «die Einigkeit der Fraktion innerhalb kurzer Zeit und damit die Handlungsfähigkeit der Fraktion schwer gefährden».[23]

Der Prozess der Mehrheitsbildung erfolge nicht nur im Plenum der Fraktion, sondern sei viel komplizierter. Nach der Meinung *Schäubles* sollte der Fraktionsvorstand die Probleme vorsortieren und im Normalfalle eine Willensbildung vorformulieren, die dann über die Landes- und Arbeitsgruppen in die ganze Fraktion hineinwirke – die Diskussion der Fraktion vorstrukturiere und entlaste. Allerdings müsse die interne Willensbildung – im Unterschied zur bestehenden Situation, in der immer wieder Kontroversen in die Öffentlichkeit getragen würden – auch tatsächlich vertraulich sein, wenn sich die Fraktion nicht ihre politische Gestaltungsmöglichkeit «kaputtmachen» lassen wolle.[24] Neben dem Fraktionsvorstand, dem die Minister der Union angehörten, die sich durch ihre parlamentarischen Staatssekretäre vertreten lassen konnten, den Landesgruppen und den Arbeitsgruppen für einzelne Fachgebiete sowie dem Einfluss der Mittelstandsvereinigung, des Wirtschaftsrates der Partei und den von den Sozialausschüssen vertretenen Interessen der Arbeitnehmer haben am Meinungsbildungsprozess der Fraktion auch externe Sachverständige, die vor allem zu Anhörungen und Expertengesprächen in den Arbeitsgruppen herangezogen wurden, mitgewirkt. Die Interessen der neuen Länder wurden insbesondere durch eine jeden Montag tagende Kommission «Wiederaufbau der neuen Bundesländer», durch jede Woche stattfindende Runden der Funktionsträger der neuen Länder untereinander und beim Kanzleramtsminister und durch regelmäßige Gespräche des Bundeskanzlers mit allen CDU-Abgeordneten der neuen Länder wahrgenommen.[25] Daneben wurden auf Initiative der Koalitionsparteien in Ostdeutschland Mitte September 1992 von der Bundesregierung zehn Arbeitsgruppen gebildet, die spezifische Probleme der ostdeutschen Länder, wie u. a. Investitionshemmnisse, Förderung des Strukturwandels, Wohnungsbau, Arbeitsmarkt und Bildung, Finanzierung und Infrastruktur, Landwirtschaft und Verwaltungsaufbau, zum Thema hatten. An diesen Arbeitsgruppen, die unter der Federführung jeweils eines Ressorts standen und auf Staatssekretärsebene die Beratung aufnahmen, waren die Koalitionsfraktionen durch jeweils zwei Abgeordnete, bei der CDU/CSU einer aus den neuen und einer aus den alten Ländern, vertreten.[26]

Entscheidend für die Gestaltungsmöglichkeit der Fraktion war nach *Schäuble* die geschlossene Zusammenarbeit der Fraktion und der Koalition, die Bereitschaft, die gemeinsam getroffenen Entscheidungen auch gemeinsam zu tragen, sowie die Unterstützung der Regierung. *Schäuble* widersprach der Auffassung, dass es die Hauptaufgabe der Fraktion sei, die Regierung zu kontrollieren und möglichst viel Einfluss auf sie auszuüben. Die Fraktion bilde mit der Regierung eine politische, wenn auch nicht eine institutionelle Gemeinschaft, da in einem parlamentarischen Regierungssystem die Regierung politisch mit der Mehrheit des Parlaments identisch sei. Der Führer der Mehrheit im Parlament sei der Bundeskanzler.[27] An dem komplizierten Entscheidungsprozess, gerade auch in sozialpolitischen Fragen, waren so der Bundestag, seine Ausschüsse, die Fraktionen der Koalitionsparteien, ihre Gremien und ihre Experten in unterschiedlichem Grad beteiligt; sie dominierten ihn aber keineswegs.

In allen Fragen, die die Zustimmung des Bundesrates erforderlich machten, musste schließlich die Sozialdemokratie in die Konsensfindung eingebunden werden. Die frühzeitige Einbeziehung der Länder war 1991–1994 ein wesentliches Kennzeichen des Entscheidungsprozesses gerade auch in Fragen der Sozialpolitik. Die Abstimmung zwischen Bund und Ländern erfolgte in der Sozialpolitik zunächst fragmentiert auf der Ebene der Staatssekretäre der von der CDU/CSU bzw. der SPD geführten Länderregierungen.[28] Bereits in dieser Phase mussten vor allem die Finanzinteressen der Länder berücksichtigt werden. Nachdem die Regierungskoalition im Frühjahr 1991 ihre Mehrheit im Bundesrat endgültig verloren hatte, kam es darauf an, neben den aus Parteien der Bonner

Koalition zusammengesetzten Länderregierungen alle oder wenigstens einige der Länder, in denen die SPD im Rahmen einer Großen Koalition – wie in Berlin oder später in Baden-Württemberg – oder einer Koalition mit der FDP – wie in Brandenburg und später in Bremen und Rheinland-Pfalz – an der Regierung beteiligt war, zu gewinnen bzw. die Sozialdemokratie insgesamt ins Boot zu holen. Das gelang beim Rentenüberleitungsgesetz, der Gesundheitsstrukturreform und schließlich auch bei der Pflegeversicherung und einigen der Konsolidierungsgesetze. Dabei war die Einschaltung der Fachminister der Länder, der führenden sozialpolitischen Experten der Bundestagsfraktionen und – bei besonders schwierigen Fragen – letztlich auch der Spitzen der Parteien und Fraktionen notwendig. Bei der Überwindung der Differenzen zwischen der Koalitionsmehrheit im Bundestag und dem von der Sozialdemokratie dominierten Bundesrat konnte schließlich auch der Vermittlungsausschuss aus Bundestag und Bundesrat eine wesentliche Rolle spielen.

Die Entwicklung des Bundesrates von einer Länderkammer zu einer Arena des Parteienwettbewerbs spiegelt sich gerade auch in der Sozialpolitik wider. Trotzdem war der Bundesrat auch bei gegenläufigen Mehrheiten von Bundestag und Bundesrat wegen der unterschiedlichen Regierungskoalitionen in den Ländern und der durch die Vereinigung noch erhöhten Heterogenität der Länderinteressen kein reiner Veto-Spieler.[29] Neben der starken, aber nicht ausschließlichen Ausrichtung der Länder im Bundesrat an parteipolitischen Fronten stand auch die Tendenz zur Föderalisierung der Oppositionspolitik, der eine gewisse Föderalisierung der Parteien selbst entsprach. Wie wir gesehen haben,[30] lag die Führung und Koordinierung der sozialdemokratischen Politik bei der Erarbeitung des Einigungsvertrages bei *Wolfgang Clement* als dem Chef der Staatskanzlei von Nordrhein-Westfalen, dem Sprecher der SPD-Länder und zudem von Oktober 1989 bis Oktober 1990 dem federführenden Amtschef der Staats- und Senatskanzleien der Länder. In anderen Fragen – wie dem Rentenüberleitungsgesetz – haben die sozialpolitischen Experten der Bundestagsfraktionen die entscheidenden Kompromisse ausgehandelt.[31] Letztlich war es die Furcht vor einer Blockierung der Politik, die immer wieder zu Kompromiss und Konsens zwang, wobei die FDP gerade in der Sozialpolitik unter dem Druck der «Großen Koalition der Sozialpolitiker» von CDU/CSU und SPD in Sachfragen erhebliche Abstriche von ihren Positionen in Kauf nehmen musste.

In weiten Bereichen der Sozialpolitik gab es zudem – unabhängig von der parteipolitischen Zusammensetzung der Regierungen der Länder –

eine enge Zusammenarbeit zwischen Bund und Ländern. Das galt insbesondere für die Übertragung der Institutionen des bundesdeutschen Sozialstaates auf die neuen Bundesländer, etwa bei der Einführung der gegliederten Sozialversicherung und der Sozialhilfe, beim Aufbau einer unabhängigen Arbeits- und Sozialgerichtsbarkeit und der Errichtung einer Versorgungsverwaltung,[32] bei der neben dem Bund auch die alten Bundesländer substantielle Hilfe leisteten.

Der Abschluss des Verwaltungsaufbaus des Sozialstaates in den neuen Ländern, die Verhärtung der Haltung der FDP gerade in sozialpolitischen Fragen, aber auch eine nicht zuletzt wahltaktisch begründete Verschärfung der Auseinandersetzungen durch die Sozialdemokratie hat in der folgenden Legislaturperiode 1994–1998 zu einer stärkeren Polarisierung der Politik geführt, deren Konsequenz – die Blockierung weitergehender Reformen – einer der Gründe für die Abwahl der zudem als personell und sachlich ausgelaugt geltenden Regierung *Kohl* im September 1998 war.

13.6 Gewerkschaften und Wirtschaftsverbände

Für die Tendenz zur Polarisierung spielte auch die zunehmende Konfrontation der Regierung mit den großen Interessenverbänden eine Rolle. Der eigentliche Willensbildungs- und Entscheidungsprozess ist in der Phase der Verhandlungen über die deutsche Einheit – wie wir gesehen haben[33] – von den großen Organisationen der Sozialpartner kaum beeinflusst worden. In der operativen Umsetzung der Sozialunion haben sie dagegen als Träger der Selbstverwaltung in der Sozialversicherung und als Mitträger der Bundesanstalt für Arbeit eine wesentliche Rolle gespielt. Es waren vor allem die Sozialversicherungen selbst und deren Spitzenorganisationen, die die politisch nicht kontroverse Übertragung der bundesdeutschen Sozialversicherung in die neuen Bundesländer verwaltungstechnisch zu bewerkstelligen hatten. Im Bereich der Arbeitsmarktpolitik wurde der Einfluss der Sozialpartner eingeschränkt, als die Regierung durch die 10. Novelle zum AFG vom Dezember 1992 das Recht erhielt, das Budget der BA auch gegen den Widerspruch der Selbstverwaltungsorgane eigenmächtig festzusetzen.[34]

Im Kernbereich ihres Einflusses, der Tarifautonomie, konnten sich die Sozialpartner trotz der Tendenzen zur Verbands- und Tarifflucht und zur Aufweichung des Prinzips des Flächentarifvertrages zugunsten betrieblicher Vereinbarungen behaupten. Wie gefährdet sie ihre Position aber auch in diesem Bereich ansahen, wird aus den vehementen Protesten deutlich, mit denen sich die Gewerkschaften bei der Pflegeversicherung gegen eine Kompensation für die Arbeitgeber durch Karenztage in der Lohnfortzahlung im Krankheitsfall wandten, die als Eingriff in die Tarifautonomie gewertet wurden.[35] Sie wurden dabei aus taktischen Gründen von den Arbeitgebern unterstützt.

Im Unterschied zur Rentenreform 1989/1992, in der die Gewerkschaften und die Wirtschaftsverbände ihre Interessen in großem Umfang einbringen konnten, wurden sie in die Kompromisse bei den großen sozialpolitischen Gesetzen 1991–1994 nicht einbezogen. Das Gesundheitsstrukturgesetz war gegen die scharfe Opposition der Organisationen der Leistungserbringer, die Pflegeversicherung gegen den Widerstand der Wirtschaft und ihrer Verbände und ohne Einvernehmen mit den Gewerkschaften durchgesetzt worden. Die immer massiver werdende Forderung nach einem Abbau der Lohnnebenkosten und des Sozialstaates von Seiten der Wirtschaft erschwerte zudem die Erarbeitung gemeinsamer Positionen von Wirtschaftsverbänden und Gewerkschaften.

13.7 Fazit

Insgesamt ist die Sozialpolitik 1991–1994 wesentlich durch den Verlust der Regierungsmehrheit im Bundesrat geprägt worden. Das führte zu einer verstärkten Einbeziehung der sozialdemokratischen Opposition, einer noch engeren Verschränkung von Bund und Ländern und einer Lockerung der Beziehungen der Parteien zu den ihnen nahe stehenden Verbänden, die an Einfluss verloren. Die Exekutive konnte ihre 1990 erreichte Dominanz nicht behaupten. Sie wurde damit aber nicht an den Rand des politischen Entscheidungsprozesses gedrängt. Die Ministerialbürokratie konnte aufgrund ihrer Sachkompetenz, ihrer engen Verbindung zu den Experten der Parteien und Verbände, vor allem aber wegen der wichtigen Rolle starker Minister – wie etwa *Norbert Blüm, Horst Seehofer, Wolfgang Schäuble* und *Theo Waigel* in der CDU/CSU – im politischen Spiel unter Ausnutzung der von diesen eroberten Freiräume durchaus eigene Initiativen entwickeln. Sie hatte zudem unter Beachtung des sich ständig ändernden Parallelogramms der politischen und wirtschaftlichen Kräfte – vor allem bei weniger kontroversen Fragen – in der Ausarbeitung der Details von Gesetzen und in der Umsetzung der Politik in Verwaltungshandeln erhebliche Gestaltungsmöglichkeiten.

Wie wir gesehen haben,[36] gingen bedeutende Impulse gerade in der

Sozialpolitik vom Bundesverfassungsgericht aus. Auch die Bundesbank hat mit ihrer Zinspolitik, die z. B. wesentlich zur Einigung von Regierung und Opposition beim Föderalen Konsolidierungsprogramm beitrug,[37] die Sozialpolitik zumindest indirekt beeinflusst. Bemerkenswert ist weiter, dass man in der Pflegeversicherung die äußerst kontroverse Frage einer eventuellen weiteren Kompensation für die Arbeitgeber bei der Einführung der zweiten Stufe mit Leistungen der stationären Pflege nur dadurch lösen konnte, dass man die Entscheidung faktisch auf den Sachverständigenrat verlegte und damit politisch neutralisierte.

Die Analyse des Systems der sozialpolitischen Akteure 1991–1994 hat auch durch den starken Kontrast zu den Entscheidungsprozessen bei der Grundlegung der Sozialunion 1990 gezeigt, wie stark dieses System von den Mehrheitsverhältnissen im Bundesrat, den jeweiligen Sachproblemen, der politischen und wirtschaftlichen Großwetterlage, dem Regierungsstil des Bundeskanzlers, dem Zusammenspiel von Institutionen und Organisationen, aber auch von der Rolle einzelner Personen und ihrem Beziehungsgeflecht abhängig und damit auch in ständigem Fluss begriffen war.

Schlussbetrachtung

1. Grundlinien, Träger und Probleme der deutschen Sozialpolitik im Spannungsfeld von deutscher Einigung und Standortwettbewerb 1989–1994

Die Sozialpolitik vom Fall der Mauer im November 1989 bis zum Ende der 12. Legislaturperiode im Oktober 1994 war vor allem geprägt durch die Schaffung der deutschen Einheit und die Übertragung der Institutionen, Normen und Akteure des westdeutschen Sozialstaates auf die neuen Bundesländer. Daneben spielten im Zuge der im Herbst 1992 auch in der Bundesrepublik voll zum Durchbruch kommenden wirtschaftlichen Rezession die zunächst verdrängten Probleme, die sich aus dem Fortgang der europäischen Einigung und der Verschärfung des internationalen Wettbewerbs als Folge der «Globalisierung» für den Wirtschaftsstandort Deutschland ergaben, eine zunehmend größer werdende Rolle. Bedingt durch die hohen Transferleistungen zur Finanzierung der Transformation von der Plan- zur Marktwirtschaft im Osten und deren sozialer Abfederung im Rahmen der Sozialunion wurden die vordringlichen Ziele der Regierungspolitik der Jahre 1982–1989 – Konsolidierung der öffentlichen Haushalte, Reduzierung des Anteils der Sozialausgaben am Bruttoinlandsprodukt, die stärkere Betonung der Eigenvorsorge im System der sozialen Sicherheit – faktisch aufgegeben. Die Staatsschulden stiegen von 1989–1995 um mehr als das Doppelte. Die Sozialleistungsquote, die Staatsquote und die Lohnnebenkosten nahmen stark zu. Trotz der Fortsetzung der Privatisierungspolitik war der Staat – wichtigster Akteur im Transformationsprozess, auf den vor allem die Ostdeutschen ihre Erwartungen hinsichtlich schneller Verbesserung ihrer Lebensverhältnisse setzten – noch mehr als zuvor gefordert.

Die massiven Versuche, seit Herbst 1992 diese Entwicklung wieder umzukehren und neue Impulse für Wirtschaftswachstum und Beschäftigung zu geben, blieben angesichts der fehlenden Voraussetzungen für eine wettbewerbsfähige Wirtschaft im Osten und der Kosten der steigenden Massenarbeitslosigkeit letztlich ohne Erfolg. Die Sozialpolitik hat die Wirkung der Transformation für die Betroffenen sozial abfedern, aber keinen wesentlichen Beitrag zur Überwindung der ökonomischen

Krise leisten können. Die aktive Arbeitsmarktpolitik versagte im Osten weitgehend als Brücke zum ersten Arbeitsmarkt; die Entlastung des Arbeitsmarktes durch Vorruhestand und Altersübergangsgeld verschärften die Finanzierungsprobleme der Rentenversicherung und der Bundesanstalt für Arbeit. Die Leistungen des sozialen Sicherungssystems verhinderten zwar die Entstehung einer Massenarmut und sorgten für eine Verstetigung der Nachfrage, trieben aber über die Lohnnebenkosten auch die Arbeitskosten in die Höhe und dämpften damit die Beschäftigung.

Durch die Wiedervereinigung wurde das System der sozialpolitischen Akteure noch komplexer, die zu vermittelnden Interessen noch heterogener. Während in der Phase der Wiedervereinigung – vor allem bis zum Staatsvertrag über die Währungs-, Wirtschafts- und Sozialunion – die Bundesregierung als Verhandlungsführerin und Vertreterin der deutschen Interessen gegenüber den Siegermächten den politischen Prozess eindeutig dominierte und einen weiten, von ihr rigoros ausgenutzten Handlungsspielraum hatte, änderte sich diese Konstellation grundlegend vor allem dadurch, dass die christlich-liberale Regierungskoalition Anfang 1991 endgültig ihre Mehrheit im Bundesrat verlor. Die Notwendigkeit, für alle wichtigen Vorhaben der Gesetzgebung eine doppelte Mehrheit zunächst innerhalb der Regierungskoalition und danach im Bundesrat und damit faktisch auch mit der sozialdemokratischen Opposition zu finden, komplizierte das politische Spiel und engte den Gestaltungsspielraum ein.

Dieser war jedoch in den einzelnen Bereichen der Sozialpolitik unterschiedlich groß. Die schnelle Ausdehnung des bundesdeutschen Sozialstaats nach dem Osten wurde auch durch den weitgehenden Zusammenbruch von Industrie und Landwirtschaft in den neuen Bundesländern und die Erwartungshaltung der neuen Bundesbürger erzwungen und erfolgte – trotz unterschiedlicher Auffassungen über die Reformbedürftigkeit des westdeutschen Sozialsystems – im Wesentlichen im Konsens der politischen und sozialen Kräfte. Die Vorstellungen neoliberaler Kreise, durch den Abbau von arbeitsrechtlichen Schutzbestimmungen für die Arbeitnehmer und die Reduzierung sozialstaatlicher Leistungen zur Erleichterung des wirtschaftlichen Transformationsprozesses nur eine verschlankte Version des bundesdeutschen Sozialstaates in den Osten zu übertragen, hatten keine Chance auf Verwirklichung. Genauso wenig erfüllte sich angesichts der Konstellation der politischen Kräfte und des Zeitdrucks die Hoffnung der Sozialdemokratie und der Gewerkschaften, gewisse Strukturschwächen des westdeutschen Sozialsystems – etwa im

Gesundheitswesen oder in der Sozialversicherung mit ihrer Gliederung in eine Vielzahl von Institutionen – nicht in den Osten zu transferieren und den bundesdeutschen Sozialstaat durch die Übernahme einzelner Elemente des Sozialsystems der DDR – wie des Rechts auf Arbeit und Wohnung und der Grundsicherung im Rentenrecht – auszubauen. Sofortiges Handeln war auch deshalb erforderlich, weil die Betriebe ihre bisherige Aufgabe als Stütze des Sozialsystems im Osten nicht mehr länger wahrnehmen konnten. Mit dem Bankrott vieler Betriebe entfiel die Beschäftigungsgarantie, die sie bisher geboten hatten. Sofern sie sich weiter behaupten konnten, mussten sie ihr Personal rigoros reduzieren und soziale Kosten einsparen, um wettbewerbsfähig zu werden.

In einigen Bereichen ist es nach zum Teil heftigen vorangegangenen Auseinandersetzungen gelungen, im Wege des Kompromisses wesentliche Reformen durchzusetzen. Das gilt für die schwierige Frage der Finanzierung der deutschen Einheit durch das Föderale Konsolidierungsprogramm, die wenigstens vorübergehende Eindämmung der Kosten des Gesundheitswesens im Gesundheitsstrukturgesetz und vor allem für die Einführung der sozialen Pflegeversicherung, mit der ein zentrales Problem der immer älter werdenden Gesellschaft der Bundesrepublik angegangen wurde.

Dagegen wurden die Probleme der Alterssicherung nach der großen Rentenreform 1989/92 bis 1994 ausgeklammert. Die familienpolitischen Leistungen wurden trotz der Einsparungen in anderen Bereichen der Sozialpolitik durch die Aufstockung des Kindergeldes 1996, die Anerkennung von Pflegeleistungen in der Pflegeversicherung und der, vor allem auf Kosten der Anerkennung von Ausbildungszeiten, erfolgenden Prämierung von Familienarbeit in der Rentenversicherung ausgeweitet. In der Arbeitslosenversicherung kam es zu einer stärkeren Differenzierung der Leistungen nach dem Familienstand, indem der Leistungssatz für Alleinstehende mehr als der für Eltern gesenkt wurde.[1] Die Weiterführung des Familienlastenausgleichs und Maßnahmen zur besseren Vereinbarkeit von Familie und Beruf blieben vor allem aus Mangel an finanziellen Mitteln in Ansätzen stecken. Auf den richtigen Weg zur Förderung des wirtschaftlichen Wachstums und der Beschäftigung, den die Regierung in einer Politik der Deregulierung und der Entlastung der Unternehmen durch die Absenkung gesetzlicher Sozialleistungen, die Opposition hingegen in großen staatlich finanzierten Beschäftigungsprogrammen sah, konnte man sich nicht einigen, so dass die schließlich beschlossenen Maßnahmen und Gesetze einen halbherzigen Charakter hatten und von ihnen keine wesentlichen Impulse zur Ankurbelung der Wirtschaft ausgingen.

Die Einbeziehung der großen Verbände der Gesellschaft in den sozialpolitischen Entscheidungsprozess ging im Vergleich zur Zeit davor zurück. In der Vereinigungspolitik setzten die Verbände – wenn man vom Gesundheitswesen absieht – keine wesentlichen eigenen Akzente. In den wichtigsten sozialpolitischen Gesetzen der Zeit – dem Gesundheitsstrukturgesetz und dem Pflegeversicherungsgesetz – konnten sie ihre Interessen nicht durchsetzen. Das hängt damit zusammen, dass man auf Seiten der Regierung und der sozialdemokratischen Opposition die mühsam erreichten Kompromisse nicht gefährden wollte. Auch haben die Verbände kaum Institutionen zur adäquaten Vertretung der spezifischen Interessen des deutschen Ostens herausgebildet. Als Träger der Sozialversicherung, als Mitträger der Bundesanstalt für Arbeit und – im Fall der Wohlfahrtsverbände – als Träger sozialer Einrichtungen waren sie aber bei der Implementierung der Sozialpolitik und dem praktischen Aufbau des Sozialstaates im Osten unverzichtbar. Im Zeichen der Tarifautonomie hatten die Verbände der Sozialpartner zudem einen wesentlichen Einfluss auf die Rahmenbedingungen der Wirtschaft und damit die Investitionsentscheidungen der Unternehmen; um ihre Mitarbeit vor allem beim «Aufbau Ost» hat Bundeskanzler *Kohl* in regelmäßigen Treffen mit führenden Vertretern der Gewerkschaften und der Wirtschaftsverbände geworben.

Es gab keine politisch aktivierbare Gesamtkonzeption der Sozialpolitik. Das hing nicht nur mit der Vielzahl der sozialpolitischen Akteure und der von ihnen vertretenen Interessen, sondern auch mit der institutionellen Segmentierung der deutschen Sozialpolitik zusammen.[2] Die Sozialpolitik ressortiert in verschiedenen Ministerien; die Sozialversicherung ist nach den versicherten Risiken in verschiedene Zweige aufgespalten; auch innerhalb der gesetzlichen Krankenversicherung gibt es scharfe Konkurrenz um die guten Risiken zwischen den einzelnen Kassenarten und Kassen, und innerhalb der Rentenversicherung machten bis zur Organisationsreform vom 1.10.2005 anachronistische organisatorische Überschneidungen sowie die unterschiedliche Interessenlage der BfA, der Landesversicherungsanstalten und der Knappschaften große Schwierigkeiten.

Immer wieder wurden Probleme nicht gelöst, sondern von einer auf eine andere Institution geschoben. So erleichterte die umfassende Praxis der Frühverrentung zwar den Unternehmen die Rationalisierung und

Verschlankung der Produktion und Verwaltung durch den sozialverträglichen Abbau älterer Arbeitskräfte und entlastete – auch im Interesse der Gewerkschaften – den Arbeitsmarkt. Sie bedeutete aber eine zusätzliche Belastung der Arbeitslosen- und vor allem der Rentenversicherung. Eine Erschwerung grundlegender Reformen stellte auch die Aufspaltung der Finanzierung des Sozialstaats auf Bund, Länder, Gemeinden und die auf Beitragseinnahmen beruhenden Sozialversicherungsträger dar. Eine Senkung von Arbeitslosengeld und Arbeitslosenhilfe oder der Renten erhöhte die Belastung der Gemeinden über die Sozialhilfe. Umgekehrt bewirkte die Einführung der Pflegeversicherung erhebliche Einsparungen bei der Sozialhilfe. So stellten sich die Fragen: Wer sollte etwa die von vielen geforderte Subventionierung eines Niedriglohnsektors durch öffentliche Mittel finanziell tragen? Wem – außer den Unternehmern – kam sie zugute? Wessen Positionen würden durch Veränderungen geschwächt oder gestärkt werden?

Wirtschaftlich sinnvoll wäre es sicher gewesen, die bei den Ländern liegenden Investitionskosten für Krankenhäuser und Pflegeeinrichtungen auf die Kranken- und Pflegeversicherung zu übertragen, aber das hätte eine Reduzierung des Einflusses der Länder auf das Gesundheitswesen und die Pflegeeinrichtungen sowie eine Erhöhung der Beitragssätze und damit der Lohnnebenkosten bedeutet.

Ein besonders gravierendes Problem ergab sich als Konsequenz der deutschen Vereinigung aus der ungenügenden Abstimmung von Wirtschafts-, Finanz- und Sozialpolitik. So war es letztlich widersinnig, dass ein erheblicher Teil der Kosten der deutschen Einheit auf die Solidargemeinschaften der Arbeitslosen-, der Renten-, der Unfall- und seit 1999 auch der Krankenversicherung verlagert wurde. Fiskalische Gesichtspunkte des Finanzministeriums, rechtliche Bedenken des Justizministeriums, der Schutz der Interessen der Beamten durch das Innenministerium und der Selbständigen durch das Wirtschaftsministerium, aber auch die Erwägung der Koalition, dass Beitragserhöhungen der Sozialversicherung politisch sehr viel leichter als Steuererhöhungen durchzusetzen waren, haben letztlich den Ausschlag für diese sachfremde Entscheidung gegeben. Die Überlastung der Sozialversicherungen, denen gesamtgesellschaftliche Aufgaben aufgebürdet wurden, die damit bewirkte starke Erhöhung der gesetzlichen Lohnnebenkosten, aber auch die überproportionale Belastung der Unterschichten[3] waren so nicht eine notwendige Folge der deutschen Einheit, sondern eine Konsequenz von deren verfehlter Finanzierung.

Angesichts der grundlegenden Veränderung der politischen, wirtschaftlichen und gesellschaftlichen Rahmenbedingungen durch die deutsche Einheit ist die Kontinuität der bundesdeutschen Sozialpolitik bemerkenswert. Das bestehende, historisch herausgebildete System des deutschen Sozialstaates mit seinen traditionellen Institutionen, Normen und Akteuren, aber auch den Quellen seiner Finanzierung erwies sich als kleinster gemeinsamer Nenner, auf den sich die politischen und gesellschaftlichen Kräfte einigen konnten. Während von den spezifischen sozialen Institutionen der DDR kaum etwas übrig blieb und auch die von den neuen Bundesländern ausgehenden Impulse auf die bundesdeutsche Sozialpolitik – etwa beim Ausbau von Kinderbetreuungseinrichtungen durch den 1996 verankerten Rechtsanspruch auf einen Kindergartenplatz – eng begrenzt waren, wurde faktisch der bestehende deutsche Sozialstaat durch seine «Bewährung» bei der Wiedervereinigung noch gestärkt und die Diskussion seiner Reform für mehrere Jahre in den Hintergrund gedrängt. Auch die schiere Überlastung der Regierung, der Verwaltung, der gesetzgebenden Organe und der Sozialversicherungsträger mit den außergewöhnlichen, nicht vorhergesehenen Problemen der deutschen Wiedervereinigung und die mit der Vereinigung erhöhte Komplexität der zu lösenden Aufgaben haben die notwendige Anpassung des deutschen Sozialstaates an die veränderten internationalen Rahmenbedingungen verzögert und erschwert.

2. Die Auswirkungen der deutschen Vereinigung und der Übertragung des bundesdeutschen Sozialstaates auf die Bevölkerung im Osten

Für die meisten Bürger der neuen Bundesländer bedeutete der politische und wirtschaftliche Strukturwandel eine fast völlige Umstellung ihrer Lebensweise, den Verlust bestehender Sicherheiten und die Notwendigkeit, sich in einer radikal gewandelten Welt, deren komplexe Regeln sie neu lernen mussten und die sehr viel mehr Eigeninitiative erforderte, zurechtzufinden. Die Übertragung des westdeutschen Sozialstaates mit seinem dichten Netz sozialer Sicherungen hat die Bereitschaft zur Akzeptanz der Veränderungen erhöht.

Die Auswirkungen der Vereinigung auf die Lebenslage des Einzelnen und von sozialen Gruppen waren dabei stark unterschiedlich. Die Verbesserung des Warenangebots und die Möglichkeit, frei in den Westen reisen zu können, kamen allen zugute. Von der Erhöhung der Mieten und dem Wegfall der Subventionen für Güter des Grundbedarfs waren alle – wenn auch in unterschiedlichem Maße – betroffen. Die damit bewirkte Verteuerung der Lebenshaltungskosten ist jedoch durch den starken Anstieg der Löhne und Gehälter, wie überhaupt der verfügbaren Durchschnittseinkommen der privaten Haushalte, mehr als aufgefangen worden, so dass sich der Lebensstandard der meisten Menschen im Osten im Vergleich zur Zeit vor der Vereinigung erheblich verbesserte; allerdings blieb er noch immer deutlich unter dem der Bevölkerung in den alten Bundesländern.

Zu den Gewinnern der Einheit gehörte die Mehrheit der Rentner, die in der DDR, wie fast alle nicht im Produktionsprozess stehenden Personen, stark benachteiligt worden waren. Die Durchschnittsrenten im Osten stiegen nominal von 475 Mark im Juni 1990 auf 1214 DM im Juli 1994, also auf mehr als das Zweieinhalbfache.[4] Auch real – also unter Berücksichtigung der gestiegenen Lebenshaltungskosten – waren die Einkommen von Rentnerhaushalten im Osten 1994 etwa doppelt so hoch wie 1989.[5] Von dieser deutlichen Erhöhung des Lebensstandards war nur eine relativ kleine Zahl von z.T. besonders regimenahen Rentnern ausgenommen, deren Zusatz- und Sonderversorgung gekappt wurde oder deren bisherige Verdienste bei der Berechnung der Renten nur bis zu einer gewissen Höhe berücksichtigt worden waren. Diese Reduzierungen sind aber – wie wir gesehen haben –[6] durch die spätere Gesetzgebung und Rechtsprechung weitgehend wieder rückgängig gemacht worden.

Besonders stark hat sich die Situation der Witwen verändert. Diese erhielten in der DDR vor der Erreichung des Rentenalters von 60 Jahren nur unter äußerst restriktiven Bedingungen - etwa wegen der Erziehung von zwei Kindern unter acht Jahren – überhaupt eine Rente; auch im Rentenalter wurde eine Witwenrente wegen der eigenen Rentenansprüche meist nur als zweite Leistung in Höhe von schließlich 50 Mark gezahlt. Nachdem die Versorgung der Hinterbliebenen schon durch das Rentenangleichungsgesetz der DDR zum 1. Juli 1990 erheblich verbessert worden war, erhöhten sich auf Grund des Rentenüberleitungsgesetzes zum 1. Januar 1992 für 780 000 Witwen die Witwenrenten um durchschnittlich 270 DM monatlich, während etwa 150 000 Witwen erstmals überhaupt einen Anspruch auf eine Hinterbliebenenrente erhielten.[7] Insgesamt ist die durchschnittliche Witwenrente von 100 Ostmark am 30. Juni 1990 auf 943 DM am 1. Juli 1997[8] – selbst bei einer Gleichsetzung der beiden Währungen – nominal um fast das Zehnfache, real um mehr als das Fünffache gestiegen. Wenn auch die Einnahmen von Haushalten älterer Menschen im Osten wegen des weitgehenden Fehlens anderer Einkunftsquellen außer der im Durchschnitt 1994 fast das Westniveau erreichenden gesetzlichen Rente erheblich unter den Einnahmen vergleichbarer Haushalte im Westen lagen,[9] lebten doch die meisten älteren Menschen jetzt nicht mehr – wie in der DDR – an der Schwelle zur Armut. Sie konnten sich nun auch Güter des gehobenen Konsums und Reisen ins Ausland leisten. Das galt insbesondere, wenn – wie in der DDR der Regelfall – Rentnerehepaare wegen der langjährigen Vollerwerbstätigkeit beider Ehepartner über zwei höhere Renten verfügten. Während in der Rentenversicherung der Arbeiter fast die Hälfte aller Rentnerinnen in den alten Bundesländern wegen der kurzen Dauer ihrer Berufstätigkeit am 1. Juli 1996 Renten von weniger als 500 DM monatlich erhielten, galt das in den neuen Bundesländern nur für etwa 5 Prozent der in Rente gegangenen Arbeiterinnen.[10]

Noch eindeutiger als die der Rentner hat sich die soziale Lage der Kriegsopfer, die in der DDR in der untersten Skala der sozialen Hierarchie standen und meist nur Mindestrenten erhielten, durch die Wiedervereinigung verbessert. Insgesamt gab es in den neuen Bundesländern 1996 etwa 200 000 Versorgungsberechtigte, die nun nach den sehr viel großzügigeren Regelungen des Bundesversorgungsgesetzes als Beschädigte oder Hinterbliebene laufende Versorgungsbezüge erhielten.[11]

Auch die Behinderten bildeten in der DDR eine Randgruppe, die bei der Verteilung des Sozialprodukts einen der untersten Plätze einnahm. Oft wurden sie in Heimen, die häufig schwere sanitäre und bauliche Mängel aufwiesen und lange nicht alle Bewerber um Plätze aufnehmen konnten, versorgt. Ihnen kam nach der Wiedervereinigung die allerdings nur allmähliche Sanierung und Modernisierung der Heime, die Intensivierung der Pflege, die schließlich auch auf Leistungen der Pflegeversicherung zurückgreifen konnte, und die verbesserte medizinische Betreuung und Rehabilitation zugute. Dagegen sind Behinderte viel stärker als in der DDR aus dem Arbeitsmarkt ausgegrenzt worden.[12] An die meist älteren Bewohner der Alten- und Pflegeheime wurden zudem hohe Lernanforderungen beim Umgang mit dem neuen System gestellt. Im Besonderen wurde die drastische Erhöhung der Kosten für einen Platz im Alten- oder Pflegeheim abgelehnt.[13] Für viele der Heimbewohner stellte es eine große psychische Belastung dar, dass sie nun, ehe die Sozialhilfe einsprang, ihr mühsam erspartes Geld ausgeben mussten und, sofern das nicht reichte, auch ihre Kinder zur Unterstützung herangezogen werden konnten.[14]

Für die Lage der Erwerbstätigen war natürlich entscheidend, ob sie sich in ihrer beruflichen Position behaupten konnten, einen sozialen Aufstieg oder Abstieg erlebten und wie stark sie selbst von der Massenarbeitslosigkeit betroffen waren. Generell galt, dass die Qualifizierten bessere Chancen als die Unqualifizierten hatten und die Jungen und Mobilen eine lang andauernde Arbeitslosigkeit weniger zu befürchten hatten als die Älteren und diejenigen, die – wie viele Frauen – vor allem aus familiären Gründen an ihren bisherigen Wohnsitz gebunden waren. Insgesamt kann man sich den Umbruch in den Arbeitsverhältnissen für die Menschen, die sich an die fast absolute Sicherheit ihres Arbeitsplatzes gewöhnt hatten, kaum dramatisch genug vorstellen. Zum Jahresende 1993 waren nur noch 29 Prozent der im November 1989 Erwerbstätigen ununterbrochen im selben Betrieb tätig.[15] 57 Prozent der Ostdeutschen im erwerbsfähigen Alter haben – häufig mehrfach – bis November 1994 an arbeitsmarktpolitischen Maßnahmen teilgenommen. Wenn man innerbetriebliche Qualifizierungsmaßnahmen, die nicht öffentlich gefördert wurden, einbezieht, steigt dieser Anteil auf 81 Prozent.[16] Die erwarteten Anpassungsleistungen waren somit gewaltig.

Die Frauen waren von der Transformation der Wirtschaftsstruktur und dem Einbruch der Beschäftigung besonders hart betroffen. Ihre Arbeitslosigkeit war 1993/94 mit über 20 Prozent etwa doppelt so hoch wie die der Männer,[17] zumal sie auch in der aktiven Arbeitsmarktpolitik bis zur Umsteuerung 1993 weit unterproportional beteiligt waren. Besonders schwierig war die Situation der Alleinerziehenden und der Frauen mit kleinen Kindern, da die Betriebe immer weniger bereit waren, die Arbeitsbedingungen ihren besonderen Bedürfnissen anzupassen. Die Erwerbsneigung der Frauen – auch die der Alleinerziehenden und der Ehefrauen mit kleinen Kindern – blieb jedoch weiterhin hoch.[18] Trotzdem wäre es falsch, von einer generellen Verschlechterung der Situation der Frauen durch die Vereinigung zu sprechen. Viele haben die Chancen, die gerade im Ausbau der Dienstleistungsberufe lagen, zu nutzen gewusst. Vielfach haben sie auch – anders als in der DDR – materielle Überlegungen stärker in den Vordergrund gerückt und ihre Position auf dem Arbeitsmarkt durch die Zurückstellung des Kinderwunsches zu verbessern versucht.

Insgesamt haben Umfragen im Osten ergeben, dass die meisten Menschen eine Verbesserung ihrer persönlichen materiellen Situation nach der Vereinigung feststellen; gleichzeitig beurteilen sie aber die allgemeine Situation schlechter als ihre individuelle Situation und beklagen vor allem den Verlust an sozialer Sicherheit und sozialer Geborgenheit,[19] die die DDR auf einem allerdings niedrigen Niveau gewährleistete. Sie erwarten noch stärker als die Menschen in Westdeutschland vor allem vom Staat, dass er diese Defizite behebt.

3. Der deutsche Sozialstaat im internationalen Vergleich

Die deutsche Wirtschafts- und Sozialpolitik ist im Vergleich mit anderen demokratischen Verfassungsstaaten durch eine Politik des mittleren Weges gekennzeichnet.[20] In einer Typologie der entwickelten demokratischen Staaten[21] liegt sie damit zwischen den nordeuropäischen Wohlfahrtsstaaten und dem nordamerikanischen, marktorientierten Kapitalismus. Der erstere, besonders in den skandinavischen Ländern ausgeprägte Typus entwickelte sich weitgehend unter dem dominierenden politischen Einfluss der Sozialdemokratie und zunächst auch der Bauernschaft. Idealtypisch strebt er eine möglichst universale Erfassung aller Staatsangehörigen in einer als soziales Bürgerrecht angesehenen, einen sehr weitgehenden Sozialschutz gewährenden Staatsbürgerversorgung an. Kennzeichnend sind die Einheitsversicherung, hohe Einkommenstransfers zur Absicherung gegen soziale Risiken, stark ausgebaute soziale Dienste, die ganz überwiegend aus Steuern und nicht aus Beiträgen finanziert werden, sowie ein hoher Grad der «Dekommodifizierung»[22] der Arbeit, die weitgehend ihren Charakter als Ware verliert. Mit dem Modell ist ein hohes Maß der Umverteilung und Einebnung gesellschaftlicher Ungleichheit verbunden.

Der besonders in Nordamerika auftretende Wohlfahrtskapitalismus, der auch als «residuales» Wohlfahrtsmodell bezeichnet wird, beruht auf der Vorherrschaft marktorientierter liberaler und konservativer Kräfte. Idealtypisch erwartet er die Lösung sozialer Probleme vom Markt und von subsidiären gesellschaftlichen Kräften, vor allem der Familie, lokalen Netzwerken und privater Mildtätigkeit. Öffentliche Hilfen werden – wenn überhaupt – nur nach strenger Prüfung der Bedürftigkeit meist kurzfristig gewährt. Kennzeichnend ist ein hoher Grad der Flexibilität des kaum regulierten Arbeitsmarktes, ein geringer und nicht auf eindeutigen Rechtsansprüchen beruhender Schutz bei sozialen Notlagen, eine weite Spreizung der Einkommen und ein hohes Maß an gesellschaftlicher Ungleichheit.

Die Bundesrepublik Deutschland wird dagegen als Prototyp des vor allem in Kontinentaleuropa weit verbreiteten konservativ-korporativen Wohlfahrtsstaats angesehen, der meist durch eine Vorherrschaft konservativ-autoritärer und christlich-sozialer Vorstellungen und Kräfte geprägt ist. Er verbindet relativ weitgehende Sozialleistungen mit einem erheblichen Grad der Regulierung und «Dekommodifizierung» der Arbeit. Die für ihn kennzeichnende sozialpolitische Institution ist eine an die Erwerbstätigkeit gekoppelte, überwiegend aus Beiträgen von Arbeitgebern und Arbeitnehmern finanzierte, nach Risikoarten und Berufsgruppen stark gegliederte Sozialversicherung, die für die in der Sozialversicherung nicht erfassten Hilfsbedürftigen durch eine Sozialhilfe ergänzt wird.

Das System bietet einen relativ umfassenden Schutz gegen soziale Notlagen, hat aber auf Grund der stark differenzierten Beiträge und der darauf beruhenden Leistungen in der Sozialversicherung – im Unterschied zum skandinavischen Modell – nur eine geringe Umverteilungswirkung. Es beruht auf dem Grundsatz, dass Unterschiede im Einkommen und gesellschaftlichen Status auch bei Alter, Invalidität, Krankheit und Arbeitslosigkeit erhalten werden sollten. Neben der Staatshilfe und der Sozialversicherung spielt das Konzept der Subsidiarität, der Hilfe durch die Familie, durch kleinere Gemeinschaften, aber auch durch die großen Wohlfahrtsverbände, eine erhebliche Rolle.

Faktisch handelt es sich aber bei allen existierenden Sozialstaaten um Mischsysteme. So wurde in den skandinavischen Ländern die Staatsbürgergrundversorgung in einer Einheitsversicherung durch einkommensbezogene Beiträge und Leistungen der Erwerbstätigen zur Sicherung des im Erwerbsleben erreichten Lebensstandards ergänzt und der Arbeitsmarkt im Interesse der Erhaltung der Wettbewerbsfähigkeit der Wirtschaft stark flexibilisiert. In den Vereinigten Staaten spielt das 1935 im New Deal eingeführte populäre, von der mächtigen Lobby der American Association of Retired Persons verteidigte System beitragsfinanzierter und einkommensbezogener Altersrenten eine wesentliche Rolle. In Großbritannien, das seit der Regierungszeit von *Margaret Thatcher* häufig als weiteres Beispiel eines «residualen Wohlfahrtsstaates» angesehen wird, wurde im Rahmen staatlicher Gesetze das System der betrieblichen Altersversorgung stark ausgebaut, und der alle Staatsbürger gleichmäßig erfassende Nationale Gesundheitsdienst blieb erhalten.[23] In kontinentaleuropäischen Staaten wie Deutschland, Frankreich oder Italien gibt es starke Tendenzen zum Universalismus und zur Einebnung berufsständischer Unterschiede sowie zur Umverteilung von Ressourcen. In der Bundesrepublik fand das seinen Ausdruck in der Erfassung immer weiterer sozialer Gruppen der Bevölkerung neben den Arbeitnehmern in der Sozialversicherung und im Finanzausgleich zwischen den verschiedenen Trägern der Rentenversicherung, die ohne Beitragserhöhung auch die Hinterbliebenenversorgung übernimmt. In der gesetzlichen Krankenversicherung gibt es inzwischen einen Risikostrukturausgleich zwischen den verschiedenen Kassen. Schließlich erfolgt innerhalb der Sozialversicherung ein großzügiger Transfer von Sozialleistungen vom Westen in den Osten des Landes. Besonders stark ist zudem die Umverteilung über die gesetzliche Krankenversicherung und die soziale Pflegeversicherung, bei denen einkommensabhängige Beiträge zur gleichen medizinischen Versorgung und zu gleichen Pflegeleistungen für die Mitglieder der Kassen und ihre ohne Zuschläge mitversicherten abhängigen Angehörigen führen. Auch die Sozialhilfe, die allerdings von einer Prüfung der Bedürftigkeit abhängig ist, bietet als unterstes Glied des Systems der sozialen Sicherheit den Bewohnern des Landes einen einklagbaren Rechtsanspruch auf sozialen Schutz. Allerdings wurden die Leistungen für Asylbewerber, die den Rechtsanspruch auf Sozialhilfe verloren, 1993 durch die Reduzierung der Geldleistungen um etwa ein Fünftel und den Übergang zu Sachleistungen als Regelfall deutlich eingeschränkt, um die Kosten einzudämmen und den Anreiz zur Einwanderung zu senken.

Die Politik des mittleren Weges wird in Deutschland – bei unterschiedlichen Akzentsetzungen im Einzelnen – im Prinzip von den beiden großen Sozialstaatsparteien CDU/CSU und SPD, aber auch den Gewerkschaften getragen. Sie ist gekennzeichnet durch den Vorrang für Preisstabilität, der in der Bundesbank eine mächtige Stütze findet, und dem allerdings spannungsreichen, ständig neu auszutarierenden Gleichgewicht zwischen wirtschaftlicher Effizienz und starkem Sozialstaat im Konzept der Sozialen Marktwirtschaft. Typisch ist aber auch der hohe Grad der Delegation gemeinschaftlicher Aufgaben an gesellschaftliche Institutionen – etwa an die Sozialpartner als weitgehend autonome Akteure im System der Arbeitsbeziehungen, an die Selbstverwaltung der Sozialversicherungen, an das komplexe Geflecht der Organisationen der Leistungsanbieter und der Versicherten im Gesundheitswesen oder an die Freien Wohlfahrtsverbände im System der Sozial-, Alten- und Jugendhilfe. Trotz einer vor allem im Vergleich mit skandinavischen Staaten deutlich niedrigeren Quote der vom Bundesstaat, den Ländern und den Kommunen beschäftigten Personen ist die Transferintensität des deutschen Sozialstaates beträchtlich.

Die Analyse der Wirtschafts- und Sozialpolitik als einer Politik des Mittelweges wird durch eine Untersuchung der Sozialleistungen Deutschlands im Licht international vergleichbarer Daten bestätigt.[24] Die Sozialleistungsquote lag 1989 nach den Kategorien der OECD in der Bundesrepublik mit 23,9 Prozent nur wenig über dem Mittelwert von 21,5 Prozent in 18 ausgewählten Demokratien.[25] Wenn man sich auf die alten Bundesländer beschränkt, lag sie auch 1994 nur wenig über dem Durchschnitt in den Staaten der Europäischen Union.[26] Das Niveau der Renten von Verheirateten 1990 im Vergleich zum Nettogehalt 1989 lag unter dem Durchschnitt in den Staaten der Europäischen Union, während die Lohnersatzquote für Verheiratete in der Arbeitslosenversicherung 1994/95 nur marginal über dem Mittelwert lag. In der Bekämpfung der Armut schnitt Deutschland nach Dänemark unter den Staaten der Europäischen Union am besten ab.[27]

Dennoch gibt es deutsche Besonderheiten, die z.T. mit der Konsolidierungspolitik der Regierung *Kohl* seit 1982 und den Folgen der deutschen Einigung zusammenhängen. Die Bundesrepublik Deutschland zählte zu den wenigen europäischen Staaten, die auf Grund günstiger wirtschaftlicher und sozialer Rahmenbedingungen, aber auch der bewussten Konsolidierungspolitik ihrer Regierungen, ihre Sozialleistungsquote von 1980 bis 1990 senken konnten.[28] Das änderte sich jedoch radikal mit der Wiedervereinigung. War die Bundesrepublik bzw. waren die alten Bundesländer mit der Höhe der Sozialleistungsquote in den Staaten der Europäischen Union zwischen 1980 und 1994 vom zweiten auf den sechsten Rang und damit auf einen Mittelplatz gefallen, so rückte das wiedervereinigte Deutschland 1994 hinter Dänemark und den Niederlanden auf den dritten Platz in eine Spitzenposition vor und lag damit vor den großen europäischen Staaten Frankreich, Vereinigtes Königreich und Italien.[29]

Kennzeichnend für Deutschland ist weiter der relativ hohe Anteil, den die Arbeitgeber und die Versicherten in Form von Beiträgen an der Finanzierung des Sozialstaates zu tragen haben. Dieser Anteil stieg zudem von etwa 55 Prozent 1960 auf fast zwei Drittel (65 Prozent) 1994.[30] Diese Entlastung der öffentlichen Hand auf Kosten der Arbeitgeber und der Versicherten stand zudem im Gegensatz zur allgemeinen Entwicklung in den Mitgliedsländern der Europäischen Union, in der nach einem Bericht der Europäischen Kommission zur sozialen Sicherheit «eine Tendenz hin zu Steuern und weg von Beiträgen» beobachtet wurde.[31] Seit 1998 ist auch in der Bundesrepublik der Anteil der Finanzierung des Sozialstaates über Steuern – vor allem durch den stark erhöhten Zuschuss des Bundes an die Rentenversicherung – wieder gestiegen.[32]

Bei der Aufteilung der Sozialleistungen nach Funktionen oder Leistungsarten erreichte die Bundesrepublik in der Höhe der Ausgaben (als Anteil am BIP) 1994/95 Mittelwerte in den Leistungen für Alte und Hinterbliebene, bei Arbeitslosigkeit und Arbeitsmarktintegration sowie in den Leistungen für Familien und Kinder. Dagegen nahm sie bei den Ausgaben für das Gesundheitswesen in den Ländern der Europäischen Union den Spitzenplatz ein.[33]

Die Bundesrepublik hatte sich seit Mitte der 1970er Jahre intensiv bemüht, die Explosion der Gesundheitskosten, die von 1960 bis 1975 von 4,8 auf 8,1 Prozent des BIP in die Höhe schnellten,[34] durch eine Politik der Kostensenkung in immer neuen Ansätzen einzudämmen. Mit der Beschränkung des weiteren Anstiegs des Anteils der Gesundheitsausgaben am BIP auf 8,7 Prozent im Jahr 1992 ist das auch im Vergleich zu anderen Staaten relativ gut gelungen. So wuchsen zwischen 1972 und 1992 die Ausgaben für das Gesundheitswesen etwa in den Vereinigten Staaten (7,6–14,0 Prozent), Frankreich (6,2–9,4 Prozent), Italien (5,6–8,5 Prozent) und im Vereinigten Königreich von Großbritannien und Nordirland (4,7–7,1 Prozent) weit stärker an.[35] Eine vergleichende Analyse der Mitgliedsstaaten der OECD für das Jahr 1997 sieht jedoch die Bundesrepublik mit einem Anteil der Gesundheitsausgaben von 10,4 Prozent des BIP an der zweiten Stelle hinter den USA (14,0 Prozent) und mit einem Anteil der *öffentlichen* Ausgaben für das Gesundheitswesen von 8,1 Prozent an der Spitze des Vergleichsfelds.[36] Die Maßnahmen der Kostendämpfung sind offensichtlich nicht dauerhaft erfolgreich gewesen. Gleichzeitig zeigt das Beispiel der USA, in denen zudem ein erheblicher Teil der Bevölkerung keinen oder nur einen höchst unzureichenden Versicherungsschutz gegen Krankheit hat, dass eine primäre Gesundheitsversorgung über den Markt weder notwendig effizienter noch billiger ist.

Neben den auch in den anderen Ländern geltenden Ursachen der Kostensteigerung – dem medizinischen Fortschritt, der Alterung der Gesellschaft, der Verlagerung der Gesundheitsdienstleistungen von unterbezahlter Hausarbeit zu Leistungen des Marktes oder des Staates durch die steigende Erwerbsbeteiligung von Frauen, den nur begrenzten Möglichkeiten zur Rationalisierung und Steigerung der Produktivität in der personalintensiven Krankenpflege – gibt es in Deutschland offenbar auch besonders hohe Defizite in der Steuerung des äußerst komplexen Gesundheitswesens. So tendieren die Verhaltensweisen der Anbieter (Ärzte, Krankenhäuser, pharmazeutische Industrie etc.), aber auch der Patienten als Nachfrager medizinischer Leistungen, zu einer Vermehrung der Leistungen und damit auch der Kosten.[37] Typisch für Deutschland ist die starke korporative Macht der Anbieter medizinischer Leistungen und die Verbindung einer hohen Arztdichte mit am Anfang der 1990er Jahre noch relativ günstigen Einkommensmöglichkeiten der Ärzte.[38] Die notwendigen Reformen sind jedoch angesichts des hohen Stellenwertes, den die Gesundheit in der Werteskala der Menschen hat, der durchaus berechtigten Furcht vor der Entstehung einer Zwei-Klassen-Medizin und der hohen Mobilisierungschancen, die Fragen der Gesundheitspolitik für die Verbände der Ärzte, für Gewerkschaften und für Parteien bieten, politisch nur schwer durchsetzbar. Auch in der Rentenpolitik spielt die Rücksicht auf das große Wählerpotential der Rentner eine wesentliche Rolle. Während die Alterung der Bevölkerung und damit die Schwierigkeit, einen gerechten Ausgleich zwischen den Generationen zu finden, eine typische Erscheinung aller modernen Industriegesellschaften ist, stellt sich das Problem in Deutschland, das vom Ergrauen der Gesellschaft nach Prognosen für das Jahr 2030 stärker betroffen sein wird als jedes andere OECD-Land,[39] in besonderer Schärfe. Es kommt hinzu, dass die besonders starke Erwerbsorientierung der deutschen Rentenversicherung, das bestehende System der alleinigen Umlagefinanzierung in der gesetzlichen Rentenversicherung sowie die ungenügende Harmonisierung der verschiedenen, mit massiven Interessen verbundenen Alterssicherungssysteme jede grundlegende Reform erschweren. Angesichts der hohen politischen Risiken, die mit jeder Änderung verbunden sind, erfolgten diese bis zu den scharfen Auseinandersetzungen über die gescheiterte Rentenreform 1998 und die Rentenreform von Bundesarbeitsminister *Riester* 2001 im Konsens der Parteien und der großen gesellschaftlichen Organisationen.

Die Bundesrepublik hat auch nach der Wiedervereinigung grundsätzlich an der Politik des mittleren Weges festgehalten. Allerdings haben der gewaltige Transfer ökonomischer Ressourcen vom Westen in den Osten des Landes, die Rezession von 1992/93 sowie die Verschärfung des internationalen Wettbewerbs um wirtschaftliche Standortvorteile die Zielkonflikte verschärft und die Kosten dieser Politik erhöht.

Besonders deutlich wird dies in der Beschäftigungspolitik. Die mit dem Umbruch im Osten verbundene Massenarbeitslosigkeit konnte durch den starken Ausbau der aktiven Arbeitsmarktpolitik nur sozial abgefedert, nicht aber wirksam bekämpft werden. Das deutsche Modell des sozialverträglichen Strukturwandels durch enge Zusammenarbeit der Sozialpartner im Rahmen staatlicher Gesetze scheiterte an der zunächst unterschätzten gewaltigen Aufgabe des Strukturwandels im Osten. Die von den Tarifparteien ausgehandelten Erhöhungen der Tariflöhne gingen weit über den nur langsamen Anstieg der Produktivität hinaus, verschärften damit die ökonomische Krise und erfolgten letztlich auf Kosten der Steuerzahler.[40] Das sowie die weit verbreitete Verbands- und Tarifflucht von Seiten der Unternehmer zeigen, dass die Steuerungskapazität der Sozialpartner, die ein zentrales Element der Politik des mittleren Weges war, erheblich schwächer geworden ist.

1980 lag Deutschland bei der Arbeitslosenrate weit unter, 1994 deutlich über dem Durchschnitt der OECD-Staaten.[41] Auch der Rückgang der Beschäftigung seit 1992 war in Deutschland besonders stark ausgeprägt.[42] Die negative Entwicklung der Beschäftigung und der Arbeitslosigkeit in Deutschland wird vor allem deutlich, wenn man sie mit den auf diesen Gebieten besonders erfolgreichen Staaten – USA, Großbritannien, Dänemark und den Niederlanden – vergleicht. Hatte Deutschland von diesen Staaten noch zu Beginn der 1990er Jahre die niedrigste Arbeitslosenquote und lag bei der Beschäftigtenentwicklung seit 1983 auf dem dritten Platz, so war die Arbeitslosigkeit 1997 viel höher und die Entwicklung der Beschäftigung viel niedriger als in jedem dieser Länder.[43]

Die im Vergleich zu Deutschland herangezogenen, beschäftigungspolitisch besonders erfolgreichen Staaten unterschieden sich dabei erheblich voneinander. Bei den Vereinigten Staaten und Großbritannien handelte es sich um marktorientierte Staaten mit schwachen Gewerkschaften, einer hohen Spreizung der Löhne, die überwiegend auf betrieblicher oder individueller Ebene ausgehandelt wurden, einem sehr flexiblen Arbeitsmarkt und einem nur schwachen Kündigungsschutz. Die Niederlande und Dänemark sind dagegen durch einen hohen Organisationsgrad der Gewerkschaften, geringe Lohnspreizung und ein hohes Niveau der aktiven Arbeitsmarktpolitik und der Lohnersatzleistungen bei Arbeitslosigkeit gekennzeichnet. Trotzdem wird eine hohe Flexibilität des Arbeitsmarktes in den Niederlanden vor allem durch die weite Verbreitung der Teilzeitarbeit, in Dänemark durch den starken Druck auf Arbeitslose zur Aufnahme einer Erwerbsarbeit oder einer Maßnahme der beruflichen Weiterbildung erreicht.

4. Bilanz und Ausblick

Insgesamt ist der deutsche Sozialstaat im internationalen Vergleich durch einen sehr weitgehenden Grad an Kontinuität und Pfadabhängigkeit seit seiner Entstehung in den 1880er Jahren gekennzeichnet. Diese Kontinuität ist um so erstaunlicher, wenn man die Radikalität der politischen Umbrüche 1918, 1933, 1945 und 1989/90 und die Abweichungen vom Hauptweg der deutschen Sozialstaatlichkeit in der NS-Zeit und vor allem in der DDR bedenkt. Die Kontinuität wird wesentlich durch die Beharrungskraft der einmal geschaffenen sozialpolitischen Institutionen und Normen, die Vielzahl der mit der Sozialpolitik verflochtenen politischen und sozialen Interessen und der sie vertretenden Organisationen und das sehr komplexe System der Finanzierung des deutschen Sozialstaates sowie schließlich durch die große Bedeutung der Sozialstaatsklientel bei Wahlen bedingt. Das erschwert grundlegende, das bisherige System abwandelnde Reformen.

Im Wesentlichen steuerfinanzierte Sozialsysteme sind leichter zu verändern als soziale Sicherungssysteme, die – wie das deutsche – überwiegend auf Beiträgen beruhen, die klare, einklagbare Rechtsansprüche schaffen. Zentralistische Demokratien können ihre Sozialpolitik nach einem Regierungswechsel schneller und weitgehender umsteuern als föderalistische Demokratien. Trotz der ganz überwiegenden Kompetenz des Bundes für die sozialpolitische Gesetzgebung in Deutschland haben der Föderalismus und sein wichtigstes Instrument, der Bundesrat, die sozialpolitische Gesetzgebung besonders seit 1949 in Deutschland stark geprägt. Bei gegenläufigen Majoritäten von Bundestag und Bundesrat muss die Opposition eingebunden oder die Zustimmung einzelner, für die Mehrheitsbildung im Bundesrat notwendiger Länder, in denen eine Oppositionspartei die Regierung führt oder doch an ihr beteiligt ist, durch Konzessionen erkauft werden. Die Zustimmung der Länder ist zudem kaum zu erreichen, wenn ihre vitalen Finanzinteressen nicht berücksichtigt werden. Ist das der Fall, wie etwa bei der Einführung der Pflegeversicherung, die die Leistungen der Gemeinden für Sozialhilfe reduzierte und damit auch die Länder entlastete, können sie auch eine Stütze von Reformbestrebungen sein.

Die Delegation von Gemeinschaftsaufgaben an Assoziationen der Gesellschaft macht es schwer, die überkommene Ausbalancierung der Interessen wesentlich zu verschieben oder in der Sozialpolitik auf längere Zeit sich gegen den massiven Widerspruch starker gesellschaftlicher Organisationen durchzusetzen. Auch die notwendige Abstimmung zwischen den Koalitionsparteien einer Regierung und der starke Einfluss von Bundesbank und Bundesverfassungsgericht haben grundsätzlich eine das bestehende System stabilisierende Wirkung. Allerdings hat die Untersuchung gezeigt, dass die Bundesbank – etwa mit ihrem Drängen auf Neuordnung des deutschen Finanzwesens nach der Vereinigung – und das Bundesverfassungsgericht – etwa mit seinem Eintreten für einen Ausbau des Familienlastenausgleichs – auch wesentliche Reformimpulse auslösen können.

Die Analyse der Sozialpolitik der Jahre 1989/90 bis 1994 unterstreicht grundsätzlich die Problembewältigungskraft und die Lernfähigkeit des deutschen Sozialstaates. Die Schaffung der Sozialunion, die Reform der Rentenversicherung 1989/92, die Strukturreform im System der gesetzlichen Krankenversicherung und die Einführung der Pflegeversicherung zeigen die Fähigkeit zu weitgehenden Reformen, allerdings immer im Rahmen des bestehenden Systems und seiner Grundsätze. Die folgende Legislaturperiode 1994–1998 war dann allerdings durch die scharfe Konfrontation von Regierung und Opposition, von Gewerkschaften und den Verbänden der Wirtschaft sowie die weitgehende Blockade aller größeren Reformbestrebungen gekennzeichnet. Durch die deutsche Vereinigung, die Restriktionen einer nationalen Sozialpolitik im Zeichen der Globalisierung und der immer weitergehenden europäischen Integration, durch die Alterung der Bevölkerung, die Erosion des versicherungspflichtigen Vollzeitarbeitsverhältnisses, die Zunahme der nichtehelichen Lebensgemeinschaften und die berechtigte Forderung nach der besseren Verbindung von Familie und Beruf im Leben der Frauen verändern sich unsere sozialen und gesellschaftlichen Verhältnisse grundlegend.

Der deutsche Sozialstaat ist zudem vor allem im letzten Jahrzehnt durch das geringe Wirtschaftswachstum, die Deindustrialisierung, mangelnde Wirtschaftsleistung und Produktivität in weiten Gebieten der neuen Bundesländer und die anhaltende Massenarbeitslosigkeit in eine schwere Strukturkrise geraten, die Politik, Wirtschaft und Gesellschaft vor gewaltige, komplexe und langfristige Herausforderungen stellt. Es ist zu fragen, ob die bisherigen Methoden, im Rahmen des Systems und möglichst in Zusammenarbeit und Konsens der politischen und gesellschaftlichen Kräfte durch «Trippelschritte»[44] die Probleme zu lösen und den inzwischen bestehenden Reformstau zu überwinden, noch weiter angemessen sind. Es zeigt sich immer deutlicher, dass Reformen des Sozialstaates relativ leicht möglich sind, so lange Zuwächse verteilt werden können, dass sie aber äußerst schwierig sind, wenn sie in soziale Besitzstände eingreifen.

Das insgesamt eher auf Konsens als auf Konfrontation angelegte politische System erschwert in dieser Situation grundlegende Reformen. Im Unterschied zu anderen Ländern – wie etwa Großbritannien oder Schweden, in denen es nur eine große Sozialstaatspartei gibt – konkurrieren in Deutschland mit der SPD und der CDU/CSU zwei große Sozialstaatsparteien, inzwischen noch durch die sozialpopulistische Linke/PDS ergänzt, um die Gunst der Wähler. Soziale Einschnitte sind bei den Wählern unpopulär und können leicht zum schlechten Abschneiden bei Wahlen, in denen sozialpolitische Probleme zunehmend instrumentalisiert werden, führen. Dabei werden die Tendenzen zu einer kurzatmigen, auf schnelle Erfolge ausgerichteten Politik vor allem durch die permanenten Wahlkämpfe unterstützt. Diese richten sich nicht nur bei den alle vier Jahre stattfindenden Bundestagswahlen, sondern auch bei den Europawahlen und den Wahlen in den inzwischen 16 Bundesländern im Allgemeinen stark an bundespolitischen Fragen aus. In der Sozialpolitik werden aber Erfolge von Reformen oft erst nach Jahren deutlich.

Daneben gibt es eine ungewöhnlich große Zahl von Vetospielern in der Politik der Bundesrepublik. Dazu gehört vor allem der Bundesrat, besonders wenn dessen politische Mehrheit von der des Bundestages abweicht. Die von der im November 2005 gebildeten Regierung der Großen Koalition durchgesetzte Reform des Föderalismus, die den Ländern mehr eigene Kompetenzen in der Gesetzgebung und einen größeren Spielraum in ihrer Finanzpolitik gibt, dafür aber ihre Zustimmungsrechte zu Bundesgesetzen drastisch reduziert, könnte ein wichtiger Schritt zur Überwindung der Reformblockade werden. Allerdings bleibt die Reform auf halbem Weg stecken, wenn sie nicht durch eine äußerst schwierige Neuordnung der Finanzbeziehungen zwischen Bund, Ländern und Gemeinden, die den bestehenden engen Finanzverbund wenigstens teilweise entflechtet, ergänzt wird.

Weitere Vetospieler sind die Organisationen der großen gesellschaftlichen Kräfte, die insgesamt oder für Teilbereiche der Sozialpolitik auch als Träger sozialer Institutionen einen wesentlichen Einfluss ausüben. Die Auflagen des Bundesverfassungsgerichts und die Einhaltung der inzwischen allerdings gelockerten Regeln des Maastricht-Vertrages gegen ein zu hohes Defizit der öffentlichen Haushalte müssen beachtet werden.

Deutschland hat sich aufgrund seiner sozialstaatlichen Traditionen und der Komplexität seines politischen Systems bisher sehr viel schwerer getan als die meisten anderen Industrieländer, die notwendigen Reformen zur Anpassung an die Alterung der Gesellschaft und die veränderten internationalen Rahmenbedingungen durchzuführen, und droht daher seine Position als eine der führenden Wirtschaftsnationen zu verlieren. Es ist zu hoffen, dass die in immer weiteren Kreisen inzwischen gesehene Dringlichkeit der zu lösenden Probleme des Sozialstaats dazu führt, dass Politiker, Experten, die Funktionäre der großen Verbände, aber auch die Wähler über ihren Schatten springen und die Kraft zur Unterstützung für umfassende Reformen des Sozialstaats finden. Diese Reformen sind aber nicht mit einem Schlag zu leisten. Da es nicht nur um kurzfristige Korrekturen, sondern vor allem um langfristige Lösungen geht, verlangen sie von der Politik einen langen Atem, Innovationskraft, Augenmaß, Sachkompetenz und politisches Geschick in der Präsentation der Reformvorhaben in den Medien, der Gewinnung von Mehrheiten und der Ausbalancierung von Konflikt und Kooperation.

Das Überleben des deutschen wie des Sozialstaats überhaupt wird schließlich davon abhängen, inwieweit er fähig sein wird, dem ständigen Wandel von Staat, Wirtschaft und Gesellschaft sowie der internationalen Rahmenbedingungen Rechnung zu tragen, die Balance zwischen Eigenvorsorge, Solidarität der Gesamtgesellschaft oder kleinerer Gemeinschaften und staatlicher Hilfe immer neu auszutarieren und die Bedingungen für wirtschaftliches Wachstum zu schaffen, ohne den Zusammenhalt der Gesellschaft und die politische Freiheit zu gefährden.[45]

Anhang

Anmerkungen

Einleitung

1 Prot. BT, 11. WP, S. 13221.
2 Ebd., S. 13016–17.
3 Abdruck in Bulletin des Presse- und Informationsamtes der Bundesregierung, Nr. 134/89, 28.11.1989, S. 1141–1148.
4 Vgl. zu dieser Zeitperspektive: Sozialbericht 1993. Hrsg. v. BMA. Bonn 1994, S. 9.
5 Vgl. dazu Kohl im Bundestag am 8.11.1989, Prot. BT, 11. WP, S. 13017.
6 Das galt auch für das Ministerium für innerdeutsche Beziehungen. Vgl. de Maizière, Lothar: Die deutsche Einheit – eine kritische Betrachtung. Fürstenfeldbruck 1994, S. 8.
7 Vgl. Lehmbruch, Gerd: Die improvisierte Vereinigung: Die Dritte deutsche Republik. Unentwegter Versuch, einem japanischen Publikum die Geheimnisse der deutschen Transformation zu erklären. In: Leviathan 18 (1990), S. 462–486.
8 Sozialbericht 1990. Bonn 1990. Hrsg. v. BMA., S. 12.
9 BMWi, Referat I D 5, Zur wirtschaftlichen Situation in der DDR, 7.8.1990, BArch, B136/20252.
10 Der Vertrag über die Schaffung einer Währungs-, Wirtschafts- und Sozialunion zwischen der Bundesrepublik Deutschland und der Deutschen Demokratischen Republik. Erklärungen und Dokumente. Hrsg. v. Presse- und Informationsamt der Bundesregierung, Bonn, Juni 1990, Art. 8, Abs. 6 (S. 80). – Vgl. zur Idee der Privatisierung eines Teils des Volksvermögens durch Vergabe von Anteilsscheinen an die Bürger der DDR, die auch im Wahlkampf für die Volkskammerwahl vom 18.3.1990 eine Rolle spielte, Grosser, Dieter: Das Wagnis der Währungs-, Wirtschafts- und Sozialunion. Politische Zwänge im Konflikt mit ökonomischen Regeln. Stuttgart 1998, S. 121–123.
11 Schmidt, Rudi: Restrukturierung und Modernisierung der industriellen Produktion. In: Arbeit, Arbeitsmarkt und Betriebe. Hrsg. v. Lutz, Burkart/Nickel, Hildegard M./Schmidt, Rudi u.a. Opladen 1996, S. 227–256, hier S. 240. Modrow hatte in der Volkskammer am 20.2.1990 das Nationalvermögen der DDR 1988 sogar noch mit 1,4 Billionen Mark, darunter in Staatseigentum 980 Milliarden, im Besitz von Genossenschaften 140 Milliarden und in Privateigentum 280 Milliarden beziffert (Prot. VK, 9. WP, 17. Tagung v. 20.2.1990, S. 473).
12 Süddeutsche Zeitung, 21.7.2000. Damit wurde die ursprüngliche Bilanz, nach der das Defizit sogar 256 Milliarden D-Mark betragen habe, korrigiert.
13 Alber, Jens: Der deutsche Sozialstaat in der Ära Kohl. Diagnosen und Daten. In: Der deutsche Sozialstaat. Bilanzen – Reformen – Perspektiven. Hrsg. v. Leibfried, Stephan/Wagschal, Uwe. Frankfurt/New York 2000, S. 235–275; Schmidt, Manfred G.: Sozialpolitische Denk- und Handlungsfelder. In: Geschichte der Sozialpolitik in Deutschland seit 1945. Bd. 7: 1982–1989. Bundesrepublik Deutschland. Finanzielle Konsolidierung und institutionelle Reform. Hrsg. v. Schmidt, Manfred G. Baden-Baden 2005, bes. S. 63–72.

14 Grosser, Wagnis, S. 74 f.: Statistische Übersichten der Sozialpolitik in Deutschland seit 1945. Hrsg. v. Bundesministerium für Arbeit und Sozialordnung, Bd. West, verfasst von Berié, Hermann. Bonn 1999, S. 24, 110, 121.

15 Vgl. Sinn, Hans-Werner: Volkswirtschaftliche Probleme der deutschen Vereinigung. Opladen 1996, bes. S. 7–12.

16 Vgl. Frerich, Johannes/ Frey, Martin: Handbuch der Geschichte der Sozialpolitik in Deutschland, Bd. 3: Sozialpolitik in der Bundesrepublik Deutschland bis zur Herstellung der Deutschen Einheit. 2. Auflage. München/Wien 1996, S. 598.

17 So Bundesarbeitsminister Norbert Blüm, in: Sozialpolitische Informationen, Jg. 28, Nr. 6 vom 22.4.1994.

18 So Blüm bei einem Besuch bei der Bundesanstalt für Arbeit in Nürnberg, in: Sozialpolitische Informationen, Jg. 26, Nr. 7 vom 23.4.1992.

19 In einer Sozialbilanz zum ersten Jahrestag der deutschen Einheit führte Blüm aus, dass der schnelle Auf- und Ausbau des Sozialstaates in den neuen Bundesländern «an ein Wunder» grenze. In: Sozialpolitische Informationen, Jg. 25, Nr. 11 vom 21.10. 1991.

20 Vgl. Alber, Der deutsche Sozialstaat in der Ära Kohl, S. 254–259.

21 Besonders wichtig waren die Veröffentlichungen der «Kommission für die Erforschung des sozialen und politischen Wandels der neuen Bundesländer» (KSPW).

I. Die Rahmenbedingungen der deutschen Einigung

1. Die politischen Rahmenbedingungen

1 Wahlergebnisse nach Ritter, Gerhard A./Niehuss, Merith: Wahlen in Deutschland 1946–1991. Ein Handbuch. München 1991, S. 102.

2 Vgl. Dreher, Klaus: Helmut Kohl. Leben mit Macht. Stuttgart 1998, S. 388–431, bes. S. 414. Zu dem «gescheiterten Putsch» vgl. weiter: Kohl, Helmut: Erinnerungen 1982–1990. München 2005, S. 924–940.

3 Fortschritt 90. Fortschritt für Deutschland. Hrsg. v. Dreßler, Rudolf/ Matthäus-Maier, Ingrid/ Roth, Wolfgang u. a. München 1990, bes. Teil II: «Für den ökologischen Umbau der Industriegesellschaft».

4 Vgl. zur Deutschlandpolitik der GRÜNEN: Jäger, Wolfgang in Zusammenarbeit mit Walter, Michael: Die Überwindung der Teilung. Der innerdeutsche Prozess der Vereinigung 1989/90. Stuttgart 1998, S. 108–195.

5 Grosser, Wagnis, S. 136–139, 189 f. Vgl. weiter zur Deutschlandpolitik der SPD 1989/90: Jäger, Überwindung, S. 141–179.

6 Zitat nach Bahr, Egon: Zu meiner Zeit. München 1998, S. 579.

7 Prot. VK, 9. WP, 12. Tagung, 17./18.11.1989, S. 272–282.

8 Vgl. Mampel, Siegfried: Das Ende der sozialistischen Verfassung der DDR. In: DA 23 (1990), S. 1377–1396, hier S. 1378 f.; Würtenberger, Thomas: Die Verfassung der DDR zwischen Revolution und Beitritt, in: Handbuch des Staatsrechts der Bundesrepublik Deutschland. Hrsg. von Isensee, Josef/Kirchhof, Paul, Bd. VIII: Die Einheit Deutschlands: Entwicklung und Grundlage. Heidelberg 1995, S. 101–130, hier S. 108 f. – Ein Antrag der CDU-Fraktion, die Worte «der Arbeiter und Bauern» zu streichen, wurde nicht angenommen.

9 Vgl. zur Entstehung, Organisation und politischen Rolle sowie zur Arbeit des Runden Tisches: Thaysen, Uwe: Der Runde Tisch. Oder: Wo blieb das Volk? Der Weg der DDR in die Demokratie. Opladen 1990; Der Zentrale Runde Tisch der DDR. Wortprotokolle und Dokumente. Hrsg. v. Thaysen, Uwe. 5 Bde., Wiesbaden 2000.

10 Regierungserklärung von Modrow in der Volkskammer am 11.1.1990. In: Prot. VK, 9. WP, 14. Tagung, 11./12.1.1990, S. 361–369, hier: S. 362.

11 Zu den wirtschaftspolitischen Vorstellungen der neuen Parteien und Bewegungen vgl.: Stark, Isolde: Wirtschafts- und sozialpolitische Vorstellungen der neuen Parteien und Bewegungen in der Zeit vom Sommer 1989 bis zum Oktober 1990; Thaysen, Uwe: Wirtschafts- und sozialpolitische Vorstellungen der neuen Parteien und Bewegungen in der DDR zur Zeit des Zentralen Runden Tisches (1989/90). Beide Abhandlungen in: Materialien der Enquete-Kommission «Überwindung der Folgen der SED-Diktatur im Prozess der deutschen Einheit». Hrsg. v. Deutschen Bundestag. Band III: Wirtschafts-, Sozial- und Umweltpolitik. Baden-Baden 1999, S. 2630–2715, S. 2716–2805.

12 ACDP, Fraktionsprotokolle vom 7.11.1989.

13 Prot. BT, 11. WP, 16.11.89, S. 13332.

14 «Argumentationspapier» über «Maßnahmen für die DDR» an die Mitglieder der CDU/CSU Bundestagsfraktion vom 7.12.1989. In: BArch, B149/74916.

15 Grosser, Wagnis, S. 136 f.

16 Prot. BT, 11. WP, 28.11.89, S. 13512.. – Zur Entstehung des Programms, seiner Interpretation und zur Reaktion darauf, vgl. Kohl, Erinnerungen 1982–1990, S. 988–1000, 1002 f.; Teltschik, Horst: 329 Tage. Innenansichten der Einigung. Berlin 1991, S. 42–86; Weidenfeld, Werner mit Wagner, Peter M. und Brock, Elke: Außenpolitik für die deutsche Einheit. Die Entscheidungsjahre 1989/90. Stuttgart 1998, S. 97–173.

17 ACDP, Fraktionsprotokolle vom 27.11.1989.

18 Vgl. Jäger, Überwindung, S. 68 f.

19 Genscher, Hans-Dietrich: Erinnerungen. Berlin 1995, S. 677–681. Genscher, der nach dem Gespräch annahm, dass Deutschland auf das Verständnis und die Unterstützung Frankreichs rechnen könne, hat das Ausmaß der Vorbehalte Mitterands gegen die deutsche Einigung, wie aus französischen Quellen hervorgeht, unterschätzt.

20 Attali, Jacques: Verbatim, Bd. 3: Chronique des années 1988–1991. Paris 1995, bes. S. 350, 353 f., 358–372, 389 f. In dem posthum veröffentlichten Werk von François Mitterrand: Über Deutschland. Frankfurt a. M./Leipzig 1996 wird die These von Attali, dass Mitterrand die Vereinigung zunächst zu verhindern und später zu bremsen versuchte, zu korrigieren versucht. Eine ähnliche Absicht hat auch die auf einer breiten Basis bisher unveröffentlichter Quellen beruhende, detaillierte Darstellung von Schabert, Tilo: Wie Weltgeschichte gemacht wird. Frankreich und die deutsche Einigung. Stuttgart 2002. – Insgesamt wird man jedoch feststellen müssen, dass Mitterrand ein gespaltenes Verhältnis zu Deutschland hatte und seine Haltung zur deutschen Einheit in den ersten Wochen nach dem Fall der Mauer ambivalent war. Auch Kohl war der Ansicht, dass Mitterrand zunächst eine Art «Doppelspiel» spielte und dass seine Haltung «zumindest undurchsichtig» gewesen wäre. Vgl. Kohl, Erinnerungen 1982–1990, S. 956, 1033. Zur Haltung der öffentlichen Meinung und besonders der Presse Frankreichs zur deutschen Einheit vgl.: Lehmann, Ines: Die deutsche Vereinigung von außen gesehen. Angst, Bedenken und Erwartungen in der ausländischen Presse. Bd. 1: Die Presse der Vereinigten Staaten, Großbritanniens und Frankreichs. Frankfurt a. M./Berlin/Bern u. a. 1995, S. 431–740.

21 In seinem Gespräch mit Kohl am 4.1.1990 vertrat Mitterrand die Auffassung, dass das Schicksal Gorbatschows mehr von Helmut Kohl als von seinem schärfsten innersowjetischen Widersacher Jegor Ligatschow abhänge. Vgl. Dokumente zur Deutschlandpolitik. Deutsche Einheit. Sonderedition aus den Akten des Bundeskanzleramtes 1989/90. Bearb. v. Küsters, Hanns Jürgen/Hofmann, Daniel. München

1998: Gespräch des Bundeskanzlers Helmut Kohl mit Staatspräsident Mitterrand, Latché, 4. Januar 1990, S. 683–690, hier S. 686.

22 Vgl. Attali, Verbatim, Bd. 3, S. 360–367; Weidenfeld, Außenpolitik, S. 135–159.

23 Weidenfeld, Außenpolitik, S. 159–163.

24 Vgl. dazu und zu ihrer Ablehnung einer deutschen Wiedervereinigung die Memoiren von Margaret Thatcher: Downing Street No. 10. Die Erinnerungen. Düsseldorf, Wien, New York, Moskau 1993, S. 1094–1106; Craig, Gordon: Die Chequers Affäre von 1990. Beobachtungen zum Thema Presse und internationale Beziehungen. In: VfZ 39 (1991), S. 611–623. – Die erste schroffe, öffentliche Ablehnung einer zu schnellen Wiedervereinigung durch Margaret Thatcher erfolgte in einem Interview für das Wall Street Journal vom 25.1.1990. Vgl. dazu Dokumente zur Deutschlandpolitik, Nr. 148: Vorlage des Ministerialdirektors Teltschik an Bundeskanzler Kohl Bonn, 25. Januar 1990 mit den wesentlichen Passagen des Interviews und deren Bewertung, S. 719f.; vgl. weiter Jackisch, Klaus-Rainer: Eisern gegen die Einheit. Margaret Thatcher und die deutsche Wiedervereinigung. Frankfurt a. M. 2004.

25 Weidenfeld, Außenpolitik, S. 147, 349f.

26 Thatcher, Downing Street No. 10, S. 1105.

27 Brief von Mitterrand an Kohl am 5.12.1989; Gespräch von Kohl und Mitterrand, 4.1.1990. In: Dokumente zur Deutschlandpolitik, S. 614f. und S. 682–690.

28 Weidenfeld, Außenpolitik, S. 146.

29 Jakisch, Eisern gegen die Einheit, S: 227–256.

30 Die Darstellung der britischen Haltung zur deutschen Einheit beruht in der bisherigen Forschung zu einseitig auf den Memoiren und öffentlichen Äußerungen von M. Thatcher. Sie wird damit der moderateren und differenzierteren Haltung des Foreign Office nicht gerecht. Leider fehlt bisher neben den Memoiren des britischen Außenministers Hurd, die seine von Thatcher abweichende Haltung in der Frage der deutschen Einheit klar verdeutlicht (Hurd, Douglas: Memoirs. London 2003, S. 381–389), eine auch die Quellen des Foreign Office erschließende, detaillierte Darstellung der britischen Politik, die diese Einseitigkeit korrigieren könnte. Zur Haltung Großbritanniens und der britischen Öffentlichkeit zur deutschen Einigung vgl. Kettenacker, Lothar: Britain and German Unification 1989/90. In: Uneasy Allies: British-German Relations and European Integration since 1945. Hrsg. v. Larres, K./Meehan, E. Oxford 2000, S. 99–123; Lehmann, Deutsche Vereinigung, S. 269–430; Heydemann, Günther: Die britisch-deutschen Beziehungen und das Deutschlandbild Großbritanniens. Zwischen Margaret Thatcher und Tony Blair. – Eine kritische Rückblende. In: Wiedervereinigung Deutschlands. Festschrift zum zwanzigjährigen Bestehen der Gesellschaft für Deutschlandforschung. Hrsg. v. Eckart, Karl/Hacker, Jens/Mampel, Siegfried. Berlin 1989, S. 627–647; Klein, Yvonne: Obstructive or Promoting? British Views on German Unification 1989/90. In: German Politics 5 (1996), S. 403–431.

31 Vgl. Zelikow, Philip/Rice, Condoleezza: Sternstunde der Diplomatie. Die deutsche Einheit und das Ende der Spaltung Europas. Berlin 1997, bes. S. 53–63. – In der auf einem breiten Bestand unveröffentlichter Quellen, vor allem aus dem amerikanischen State Department und dem White House, beruhenden ausgezeichneten Darstellung liegt das Schwergewicht auf der Politik der Vereinigten Staaten, bezieht aber die Entwicklungen in der Bundesrepublik und der Sowjetunion und in geringerem Maße auch die in Frankreich und Großbritannien ein. Für die amerikanische Politik ist es vor allem durch das Buch des Präsidenten George Bush und seines Sicherheitsberaters Brent Scowcroft: A World Transformed, New York 1998 und die

Memoiren des amerikanischen Außenministers James A. Baker zu ergänzen: Drei Jahre, die die Welt veränderten. Erinnerungen. Berlin 1996. Vgl. weiter: Hutchings, Robert: American Diplomacy and the End of the Cold War. An Insider's Account of U.S. Policy in Europe, 1989–1992. Washington D. C. 1997, S. 131–203.

32 Vgl. für diese Erklärung: Vorlage des Ministerialdirektors Teltschik an Bundeskanzler Kohl Bonn, 30. November 1989. In: Dokumente zur Deutschlandpolitik, S. 574–577, hier S. 574.

33 Zelikow/Rice, Sternstunde, S. 194 f.

34 Genscher, Erinnerungen, S. 683 f.

35 Vgl. Biermann, Rafael: Zwischen Kreml und Kanzleramt. Wie Moskau mit der deutschen Einheit rang. Paderborn/München/Wien u. a. 1997, S. 341. – Das Zitat beruht auf einem Gesprächsprotokoll von sowjetischer Seite. Die Studie von Biermann ist grundlegend für die sowjetische Haltung. Sie wird ergänzt durch die Auswertung von zum Teil bisher unbekannten sowjetischen Quellen, in: Plato, Alexander von: Die Vereinigung Deutschlands – ein weltpolitisches Machtspiel. Bush, Kohl, Gorbatschow und die geheimen Moskauer Protokolle. Berlin 2002.

36 Schreiben des Bundeskanzlers Kohl an Generalsekretär Gorbatschow Bonn, 14. Dezember 1989. In: Dokumente zur Deutschlandpolitik, S. 645–650.

37 Biermann, Zwischen Kreml und Kanzleramt, S. 368 f.

38 Vgl. Kohl, Erinnerungen 1982–1990, S. 1020–1028; Kohl, Helmut: «Ich wollte Deutschlands Einheit». Dargestellt von Diekmann, Karl und Reuth, Ralf Georg. Berlin 1996, S. 213.

39 Aufzeichnung über das «Gespräch des Bundeskanzlers Kohl mit Ministerpräsident Modrow im erweiterten Kreis Dresden, 19. Dezember 1989». In: Dokumente zur Deutschlandpolitik, S. 668–673. Über das Gespräch wurde eine «Gemeinsame Mitteilung» veröffentlicht, in: Bulletin, Nr. 148, 20.12.1989, S. 1249–1252.

40 Absichtserklärung. BArch, B149,7924.

41 Prot. VK, 9. WP, 14. Tagung, 11./12.1.1990, S. 368, 363.

42 Jäger, Überwindung, S. 91.

43 Vgl. Gespräch des Bundesministers Seiters mit Ministerpräsident Modrow Berlin (Ost), 25. Januar 1990; Entwurf der Regierung der DDR. Vertrag über «Zusammenarbeit und gute Nachbarschaft zwischen der Deutschen Demokratischen Republik und der Bundesrepublik Deutschland». In: Dokumente zur Deutschlandpolitik, S. 707–716.

44 Vgl. Teltschik, 329 Tage, S. 107 f. Vgl. dazu auch Kohls Rede in der Fraktionssitzung der CDU/CSU am 16.1.1990. In: ACDP, Fraktionsprotokolle.

45 Zahlen nach einem undatierten Papier von Dr. Detlev Grieswelle, Referent im BMA, mit dem Titel «Auf dem Weg zur Sozialunion im Deutschen Einigungsprozess. Sozialgemeinschaft versus Abschottung». In: BMA, I a 7, 12411.

46 Für die Zusammensetzung der Übersiedler der Zeit nach Alter, Geschlecht und beruflicher Qualifikation sowie den Motiven ihrer Abwanderung, zu denen an erster Stelle das mangelnde Vertrauen in die Politik der DDR-Führung zählte, vgl. Meck, Sabine/Belitz-Demiriz, Hannelore/Brentzke, Peter: Sozialdemographische Struktur und Einstellungen von DDR-Flüchtlingen/Übersiedlern. Eine empirische Analyse der innerdeutschen Migration im Zeitraum Oktober 1989 bis März 1990. In: Minderheiten in und Übersiedler aus der DDR. Hrsg. v. Voigt, Dieter/Mertens, Lothar. Berlin 1992, S. 9–38.

47 Schreiben von Blüm an Frau Vasso Papandreou vom 8.2.1990. In: ACDP, Bestand Blüm I 504/60.

48 Vgl. Sachverständigenrat zur Begutachtung der gesamtwirtschaftlichen Entwick-

lung: Auf dem Wege zur wirtschaftlichen Einheit Deutschlands. Jahresgutachten 1990/91. Stuttgart 1990, S. 108–111.

49 Ergebnisse einer Umfrage des Forsa-Instituts vom 21.-23. Februar 1990. In: Jäger, Überwindung, S. 139.

50 Vgl. Grosser, Wagnis, S. 137–139.

51 Vgl. Erklärung von Schäuble vom 17.1.1990: «Das Tor zur Bundesrepublik bleibt offen. Ein geordnetes Verfahren zur Aufnahme der Aussiedler ist unerlässlich», BArch 149/400001. Vgl. weiter Schäubles leidenschaftliches Plädoyer gegen ein Abstoppen der Übersiedlung durch Verwaltungsmaßnahmen in der Fraktion der CDU/CSU am 6.2.1990: Die deutsche Einheit gäbe es «nicht für kleine Münze [...]. Wenn wir das Signal geben, wir fühlen uns nicht mehr verantwortlich, und wir nehmen die Leute nicht mehr auf, werden wir die Einheit nicht vollenden [...]. Nur dadurch, dass die Menschen in der DDR, wenn sich dort nichts schnell ändert, davonlaufen, sind wir doch so weit gekommen». In: ACDP, Fraktionsprotokolle.

52 Text der Erklärung in: Dokumente zur Deutschlandpolitik, S. 768–770.

53 Vgl. Grosser, Wagnis, S. 159–189.

54 Prot. VK, 9. WP, 17. Tagung, 20./21.2.1990, S. 471–474.

55 Teltschik, 329 Tage, S. 145.

56 Vgl. zu den kontroversen Diskussionen in Moskau über die Alternativen der sowjetischen Deutschlandpolitik: Biermann, Zwischen Kreml und Kanzleramt, S. 388–392; Plato, Vereinigung, S. 187–199.

57 Biermann, zwischen Kreml und Kanzleramt, S. 392.

58 Ebd., S. 393–399; Plato, Vereinigung, S. 223–236; vgl. zu dem Gespräch weiter: Gorbatschow, Michael: Wie es war. Die deutsche Wiedervereinigung. Berlin 1999, S. 97–101; Modrow, Hans: Die Perestroika. Wie ich sie sehe. Persönliche Erinnerungen und Analysen eines Jahrzehntes, das die Welt veränderte, 2. Aufl. Berlin 1998, bes. S. 110 f.

59 Modrow, Hans: Aufbruch und Ende. Hamburg 1991, S. 121.

60 Zum Inhalt des Planes vgl. ebd., Anlage 6, S. 186–188.

61 Teltschik, 329 Tage, S. 123 f.

62 Vgl. Gespräch des Bundeskanzlers Kohl mit Generalsekretär Gorbatschow Moskau, 10. Februar 1990; Delegationsgespräch des Bundeskanzlers Kohl mit Generalsekretär Gorbatschow Moskau, 10. Februar 1990. In: Dokumente zur Deutschlandpolitik, S. 795–811; Kohl, Erinnerungen 1982–1990, S. 1062–1070; Teltschik, 329 Tage, S. 138–142; Plato, Vereinigung, S. 258–273.

63 Teltschik im Interview, in: Kuhn, Ekkehard: Gorbatschow und die deutsche Einheit. Aussagen der wichtigsten russischen und deutschen Beteiligten. Bonn 1993, S. 108.

64 Vgl. Non-paper der Regierung der UdSSR. 19. April 1990. In: Dokumente zur Deutschlandpolitik, S. 1023 f.; Biermann, Zwischen Kreml und Kanzleramt, S. 437–441.

65 Zelikow/Rice, Sternstunde, S. 238–242.

66 Weidenfeld, Außenpolitik, S. 224.

67 Genscher, Erinnerungen, S. 729.

68 Zelikow/Rice, Sternstunde, S. 273.

69 Vgl. zur Entstehung und Entwicklung des neuen Parteiensystems in der DDR Volkens, Andrea/Klingemann, Hans-Dieter: Die Entwicklung der deutschen Parteien im Prozess der Vereinigung. In: Die Gestaltung der deutschen Einheit. Geschichte – Politik – Gesellschaft. Hrsg. v. Jesse, Eckhard/Mitter, Armin. Bonn, Berlin 1992, S. 189–214; Linnemann, Rainer: Die Parteien in den neuen Bundesländern. Konstituierung, Mitgliederentwicklung, Organisationsstrukturen. Münster 1994;

Niedermayer, Oskar: Das intermediäre System. In: Politisches System, S. 155–230, bes. S. 167–188; Parteien und Wähler im Umbruch. Parteiensystem und Wählerverhalten in der ehemaligen DDR und den neuen Bundesländern. Hrsg. v. Niedermayer, Oskar/Stöss, Richard, Opladen 1994; Grönebaum, Stefan: Wird der Osten rot? Das ostdeutsche Parteiensystem in der Vereinigungskrise und vor den Wahlen 1998. In: ZParl 28 (1997), S. 407–425; Jäger, Überwindung, S. 197–297.

70 Vgl. dazu und zur weiteren Entwicklung der ostdeutschen Sozialdemokratie Jens, Walter: Von der Gründung der SDP in der DDR zum SPD-Vereinigungsparteitag – 356 Tage ostdeutsche Sozialdemokratie im Spannungsfeld der deutschen Einheit. In: Revolution und Transformation in der DDR 1989/90. Hrsg. v. Heydemann, Günther/ Mai, Gunther /Müller, Werner. Berlin 1999, S. 407–428; Schenk, Petra/von der Weiden, Bianca M.: Die deutsche Sozialdemokratie 1989/90. SDP und SPD im Einigungsprozess. München 1997; Neugebauer, Gero: Die SDP/SPD in der Einigung: Zur Geschichte und Entwicklung einer unvollendeten Partei. In: Niedermayer/Stöss, Parteien, S. 75–104; Jäger, Überwindung, S. 252–268.

71 Protokoll der Delegiertenkonferenz der Sozialdemokratischen Partei in der DDR 12.1.–14.1.1990. Hrsg. v. Vorstand der Sozialdemokratischen Partei in der DDR. Berlin 1990, S. 131, 240.

72 Vgl. Lehmbruch, Improvisierte Vereinigung, S. 469.

73 Vgl. de Maizière, Lothar: Anwalt der Einheit. Ein Gespräch mit Christine de Maizière. Berlin 1996, S. 66–76; Kohl, Erinnerungen 1982–1990, S. 1038 f., 1045; Kohl, Ich wollte Deutschlands Einheit, S. 283–290; Schäuble, Wolfgang: Der Vertrag. Wie ich über die deutsche Einheit verhandelte. Hrsg. von Koch, Dirk/Wirtgen, Klaus. Taschenausgabe, München 1993, S. 30–33, 37–50; Dreher, Kohl, S. 498–504, 509 f.; vgl. weiter zur Entwicklung der CDU im Osten: Schmidt, Ute: Die CDU. In: Intermediäre Strukturen in Ostdeutschland. Hrsg. v. Niedermayer, Oskar. Opladen 1996, S. 13–39; Schmidt, Ute: Transformation einer Volkspartei. – Die CDU im Prozess der deutschen Vereinigung. In: Parteien. Hrsg. v. Niedermayer/Stöss, S. 37–74; Jäger, Überwindung, S. 216–232.

74 Vgl. dazu die Kritik Kohls an der Regierungsbeteiligung der Ost-CDU in der Fraktionssitzung der Unionsparteien am 16.1.1990. In: ACDP, Fraktionsprotokolle.

75 Vgl. Genscher, Hans-Dietrich: Erinnerungen. Berlin 1995, S. 698–702, 719–721; Vorländer, Hans: Die FDP: Entstehung und Entwicklung; Schiller, Theo/Weinbach, Kerstin: Die FDP: Wahlen und Wähler. Beide Aufsätze in: Intermediäre Strukturen. Hrsg. v. Niedermayer, S. 113–133, 135–150; Jäger, Überwindung, S. 232–246.

76 Suckut, Siegfried/Staritz, Dietrich: Alte Heimat oder neue Linke? Das SED-Erbe und die PDS-Erben. In: Parteien. Hrsg. v. Niedermayer/Stöss, S. 169–194; Hünig, Hasko/Neugebauer, Gero: Die PDS. In: Intermediäre Strukturen. Hrsg. v. Niedermayer, S. 67–85; Jäger, Überwindung, S. 197–215; Neugebauer, Gero/Stöß, Richard: Die PDS. Geschichte. Organisation. Wähler. Konkurrenten. Opladen 1996, bes. S. 34–47.

77 Vgl. Thaysen, Der Runde Tisch, S. 136 f.

78 Vgl. die Rede Kohls in der Fraktion der CDU/CSU am 13.2.1990. In: ACDP, Fraktionsprotokolle. Vgl. weiter Kohl über die Schwierigkeiten und Besonderheiten des Wahlkampfes in der DDR in der Sitzung des Fraktionsvorstandes am 12.2.1990. Die «Ängste in der DDR beruhten vor allem auf Problemen bei den Renten, Ängste in der Bundesrepublik Deutschland auf Inflationsbefürchtungen». In: ACDP, Protokolle des Fraktionsvorstandes.

79 Parteitag in Leipzig 22. bis 25. Februar 1990. Ja zur deutschen Einheit – Eine Chance für Europa. Wahlprogramm der SPD zum ersten frei gewählten Parlament der DDR. Hrsg. v. Vorstand der SPD. Februar 1990.

80 Walter, Gründung, S. 420.

81 Für die PDS vgl. das Wahlprogramm der PDS. Abgedruckt in: Wahlparteitag der Partei des Demokratischen Sozialismus PDS, 24./25. Februar 1990. Berlin 1990, S. 67–77.

82 Zur Entstehung des Wahlgesetzes wie auch zur Auseinandersetzung über den Wahltermin vgl. Kloth, Hans Michael: Vom «Zettelfalten» zum freien Wählen. Die Demokratisierung der DDR 1989/90 und die «Wahlfrage». Berlin 2000, bes. S. 426–717.

83 Vgl. Jung, Matthias: Parteiensystem und Wahlen in der DDR. Eine Analyse der Volkskammerwahl vom 18. März 1990 und der Kommunalwahlen vom 6. Mai 1990. In: APuZG, B 27/90, S. 3–15; Roth, Dieter: Die Wahlen zur Volkskammer in der DDR. Der Versuch einer Erklärung. In: PVS 31 (1990), S. 369–392.

84 Walter, Gründung, S. 420.

85 Vgl. Ritter/Niehuss, Wahlen 1946–1991, S. 259.

86 «Grundsätze der Koalitionsvereinbarungen zwischen den Fraktionen der CDU, der DSU, der DA, der Liberalen (DFD, BFD, FDP) und der SPD». Veröffentlicht in: Informationen, 24.4.1990, Nr. 8 (Beilage). Hrsg. v. BMB.

87 Prot. VK, 10. WP, 3. Tagung, 19.4.1990, S. 41–51.

88 Ebd., S. 44.

89 Vorlage des Ministerialdirigenten Duisberg an Bundeskanzler Kohl Bonn, 19. April 1990. In: Dokumente zur Deutschlandpolitik, S. 1018–1020.

90 Vgl. zur Bewertung des Koalitionsvertrages im Kanzleramt: Vorlage des Ministerialdirigenten Duisberg an Bundeskanzler Kohl Bonn, 17. April 1990; Vorlage des Regierungsdirektors Nehring an Bundeskanzler Kohl Bonn, 17. April 1990. In: Dokumente zur Deutschlandpolitik, S. 1012–1016.

91 Vgl. zur «Bewertung der außen- und sicherheitspolitischen Aussagen» der Regierungserklärung die «Vorlage des Ministerialdirigenten Hartmann an Bundeskanzler Kohl Bonn, 19. April 1990». In: Ebd., S. 1021–1023. Peter Hartmann war Leiter der Gruppe 21 (Auswärtiges Amt, Bundesministerium für wirtschaftliche Zusammenarbeit) im Bundeskanzleramt und Mitglied der bundesdeutschen Zwei-plus-Vier-Delegation.

92 Prot. VK, 10. WP, 15. Tagung, 17.6.1990, S. 534–543.

93 Kohl sah in seiner Analyse des «bitteren» Wahlergebnisses in Niedersachsen in der Fraktion am 15.5.1990 eine der wesentlichen Ursachen der Niederlage in dem «unglücklichen Termin, weil wir mit den Staatsvertragsverhandlungen sozusagen mitten im Gange waren und eine Menge Dinge einfach nicht in die Diskussion einbringen konnten». In: ACDP, Fraktionsprotokolle.

94 Vgl. Falter, Jürgen W.: Wahlen 1990. Die demokratische Legitimation für die deutsche Einheit mit großen Überraschungen. In: Die Gestaltung der deutschen Einheit, S. 163–188, hier S. 174 f.

95 Vgl. das Interview von Romberg in der taz vom 8.8.1990, das zu scharfen Auseinandersetzungen im Ministerrat der DDR führte. BArch, DC 20/I/3 – 3038.

96 Schindler, Peter: Datenhandbuch zur Geschichte des Deutschen Bundestages 1983 bis 1991. Mit Anhang: Volkskammer der Deutschen Demokratischen Republik. Baden-Baden 1994, S. 1569.

97 Schröder, Richard: Zum Bruch der Großen Koalition der letzten DDR-Regierung. In: ZParl 22 (1991), S. 473–480. Dort auch (S. 478–480) die Manuskriptvorlage für die beabsichtigte Rede.

98 Prot. VK, 10. WP, 30. Tagung, 22. /23.8.1990, S. 1371–1385. Die CDU/DA, die FDP, die DSU und die DBD/DFD stimmten geschlossen dafür. Bei der SPD gab es zwei

Nein-Stimmen und zwei Enthaltungen. Bei der Fraktion Bündnis 90/GRÜNE gab es zwei Ja-Stimmen, 8 Nein-Stimmen und 4 Enthaltungen. Die PDS stimmte geschlossen dagegen. Von den 4 fraktionslosen Abgeordneten stimmten drei mit ja und einer enthielt sich der Stimme (ebd., S.1385–1388). Zu den Hintergründen dieser Entscheidung vgl. Leithäuser, Johannes: «Wir sind einfach müde geworden». In: FAZ v. 22.8.2000 ; Schröder, Richard: Zeitverschobene Vernunft. Schritt für Schritt zum 3. Oktober. In: FAZ v. 5.10.2000.

99 Vgl. Erstes Treffen der Außenminister der Zwei-plus-Vier Bonn, 5. Mai 1990. In: Dokumente zur Deutschlandpolitik, Nr. 268, S. 1090–1094.

100 Weidenfeld, Außenpolitik, S. 435–439; Zelikow/Rice, Sternstunde, S. 349f.

101 Text der Regierungserklärung Genschers, in: Deutscher Bundestag (Hrsg.): Auf dem Weg zur deutschen Einheit II. Deutschlandpolitische Debatten im Deutschen Bundestag vom 30. März bis 10. Mai 1990. Bonn 1990, S. 218–225.

102 Zelikow/Rice, Sternstunde, S. 381–389; Tschernajew, Anatoli: Die letzten Jahre einer Weltmacht. Der Kreml von Innen. Stuttgart 1993, S. 298.

103 Vgl. zu dem Vorschlag: Zweites Treffen der Außenminister der Zwei-plus-Vier Berlin-Niederschönhausen, 22. Juni 1990 mit den Anlagen 1–3. In: Dokumente zur Deutschlandpolitik, S. 1249–1256; vgl. weiter Weidenfeld, Außenpolitik, S. 473–476; Zelikow/Rice, Sternstunde, S. 407–411.

104 Zur DDR-Außenpolitik in der Zeit der Regierung de Maizière und ihrem Führungspersonal vgl. Weidenfeld, Außenpolitik, S. 316–336; Misselwitz, Hans: Die Außenpolitik der letzten DDR-Regierung und ihre Rolle bei den Zwei-plus-Vier-Verhandlungen. In: Wege zum «2+4»-Vertrag. Die äußeren Aspekte der deutschen Einheit. Hg. von Bruck, Elke/Wagner, Peter M. München 1996, S. 40–69; Albrecht, Ulrich: Die Abwicklung der DDR. Die «2+4-Verhandlungen». Ein Insiderbericht. Opladen 1992.

105 Weidenfeld, Außenpolitik, S. 329–333; Albrecht, Abwicklung, S. 29–35.

106 Weidenfeld, Außenpolitik, S. 333–336.

107 Vorlage des Ministerialdirektors Teltschik an Bundeskanzler Kohl Bonn, 28. Juni 1990. Dokumente zur Deutschlandpolitik, Nr. 331, S. 1281.

108 Ebd.

109 Zum Kongress der KPdSU vgl. Biermann, Zwischen Kreml und Kanzleramt, S. 665–676.

110 Vgl. dazu: Gespräch des Bundeskanzlers Kohl mit Präsident Gorbatschow Moskau, 15. Juli 1990; Delegationsgespräch des Bundeskanzlers Kohl mit Präsident Gorbatschow Moskau, 15. Juli 1990; Gespräch des Bundeskanzlers Kohl mit Präsident Gorbatschow im erweiterten Kreis Archys/Bezirk Stawropol, 16. Juli 1990. In: Dokumente zur Deutschlandpolitik, S. 1340–1348, 1352–1367; Teltschik, 329 Tage, S. 316–342; Gorbatschow, Michail S.: Gipfelgespräche. Geheime Protokolle aus meiner Amtszeit. Berlin 1993, S. 161–177.

111 Teltschik, 329 Tage, S. 10f.

112 Ebd., S. 220f., 231–235; Biermann, Zwischen Kreml und Kanzleramt, S. 647–650.

113 Weidenfeld, Außenpolitik, S. 525f.; zur sorgfältigen Vorbereitung des Londoner Gipfels durch die Vereinigten Staaten und dessen Ablauf vgl. Zelikow/Rice, Sternstunde, S. 417–443. Für die Position der Bundesrepublik vgl: Gesprächsunterlagen des Bundeskanzlers Kohl für das Gipfeltreffen der Staats- und Regierungschefs der Mitgliedsstaaten der NATO London, 5./6. Juli 1990. In: Dokumente zur Deutschlandpolitik, S. 1309 – 1323.

114 Vgl. Teltschik, 329 Tage, S. 205–207. Für die Vorstellungen der Sowjetunion vgl. die Kohl 15.7.1990 übergebenen «Überlegungen zum Inhalt eines Vertrages über Partnerschaft und Zusammenarbeit zwischen der Union der Sozialistischen Sowjet-

republiken und Deutschland» 15. Juli 1990. In: Dokumente zur Deutschlandpolitik, S. 1348–1352.

115 Vgl. dazu Weidenfeld, Außenpolitik, S. 479–509.

116 Vgl. seine Äußerung im Interview mit Ekkehard Kuhn, in: Kuhn, Gorbatschow, S .172f.

117 Telefongespräch des Bundeskanzlers Kohl mit Präsident Gorbatschow 7. September 1990. In: Dokumente zur Deutschlandpolitik, S. 1527–1530; Teltschik, 329 Tage, S. 359–363.

118 Weidenfeld, Außenpolitik, S. 593–602.

119 Eine detaillierte Zusammenfassung und Analyse des Vertrages findet sich in: Brand, Christoph-Matthias: Souveränität für Deutschland. Grundlagen, Entstehungsgeschichte und Bedeutung des Zwei-plus-Vier-Vertrages vom 12. September 1990. Köln 1993, S. 254–265.

120 Biermann, Zwischen Kreml und Kanzleramt, S. 757–767.

121 Weidenfeld, Außenpolitik, S. 613–615.

122 Prot. BT, 11 W.P., 5.10.90, S. 18087–18099, hier: S. 18099; vgl. weiter das geänderte Wahlgesetz. In: Rechtsgrundlagen für die Wahl zum 12. Deutschen Bundestag, 2. Auflage. Hrsg. v. Bundeswahlleiter, Oktober 1990.

123 Vgl. dazu Grigoleit, Klaus Joachim: Bundesverfassungsgericht und deutsche Frage. Eine dogmatische und historische Untersuchung zum judikativen Anteil an der Staatsleitung. Tübingen 2004, S. 311–318.

124 Vgl. Mampel, Ende der sozialistischen Verfassung, S. 1391–1396; Würtenberger, Verfassung der DDR, S. 118f.

125 Über die Probleme und z.T. erbitterten Auseinandersetzungen, die sich bei der Neubildung der Bundesländer im Osten ergaben, vgl. am Beispiel Sachsens die Untersuchung von Richter, Michael: Die Bildung des Freistaates Sachsen. Friedliche Revolution, Föderalisierung, deutsche Einheit 1989/90. Göttingen 2004.

126 Vgl. Feist, Ursula/Hoffmann, Hanns-Jürgen: Landtagswahlen in der ehemaligen DDR am 14. Oktober 1990: Föderalismus im wiedervereinigten Deutschland – Tradition und neue Konturen. In: ZParl 22 (1991), S. 5–34.

127 Ja zu Deutschland – Ja zur Zukunft. Wahlprogramm der Christlich Demokratischen Union Deutschlands zur gesamtdeutschen Bundestagswahl am 2. Dezember 1990. Hrsg. v. CDU-Bundesgeschäftsstelle.

128 Heimat Bayern. Zukunft Deutschland. Mit uns. CSU. Programm der Christlich-Sozialen Union zur Bundestagswahl am 2. Dezember 1990. Verabschiedet durch den Parteiausschuss der CSU am 29. Oktober 1990.

129 Vgl. die Aussagen zur Sozial- und Gesellschaftspolitik im Bundestags-Wahlprogramm 1990 der FDP: «Das liberale Deutschland», S. 57–68.

130 Vgl. Toman-Banke, Monika: Die Wahlslogans von 1949 bis 1994. In: APuZG, B 51–52/94, S. 47–55, hier S. 54.

131 Vogel, Hans-Jochen: Die SPD vor der Bundestagswahl, Vorwort zu: Fortschritt '90, S. 9.

132 Regierungsprogramm 1990–1994. Der Neue Weg, ökologisch, sozial, wirtschaftlich stark. Beschlossen vom SPD-Parteitag in Berlin am 28. September 1990.

133 DIE GRÜNEN. Das Programm zur 1. gesamtdeutschen Wahl 1990.

134 Ritter/Niehuss, Wahlen 1946–1991, S. 125.

135 Vgl. für die Haltung der Mitgliedstaaten des Warschauer Paktes vor allem die Darstellung von Biermann, Zwischen Kreml und Kanzleramt, bes. S. 264–280, 780.

136 Weidenfeld, Außenpolitik, S. 420.

137 Vgl. sein Interview in «The Irish Times» vom 6.1.1990, erwähnt in Teltschik,

329 Tage, S. 101. Die Unterstützung der deutschen Einigung und der vollen Einbeziehung der späteren neuen Bundesländer in die EG durch Delors wird von Kohl, Erinnerungen 1982–1990, S. 115 f. stark unterstrichen.

138 Weidenfeld, Außenpolitik, S. 385.

139 Vgl. dazu die ausgezeichnete Darstellung in: Grosser, Wagnis, bes. S. 399–401, 405–408.

140 Vgl. die «Schlussfolgerungen des Vorsitzes des Europäischen Rates zur 83. Ratssitzung (Sondertagung) am 28. April 1990 in Dublin», abgedruckt in: Jahrbuch der Europäischen Integration 1990/91, hrsg. von Weidenfeld, Werner/Wessels, Wolfgang. Bonn 1991, S. 402–407, bes. S. 402 f.

141 Grosser, Wagnis, S. 403.

142 Ebd., S. 403 f., 407 f.

143 Ebd., S. 394, 408 f.; Weidenfeld, Außenpolitik, S. 401–411.

144 Die bisherigen Darstellungen der bundesdeutschen Außenpolitik zur Wiedervereinigung leiden darunter, dass insbesondere durch die umfangreiche Edition aus den Akten des Bundeskanzleramtes 1989/90 das zweifellos bedeutende Gewicht des Kanzlers klar hervortritt, während die Aktivitäten des Auswärtigen Amtes wegen des mangelnden Zugangs zu dessen Quellen für die Forschung bisher weniger bekannt sind. Einen gewissen Ersatz dafür bieten die sehr interessanten, allerdings in einigen Punkten mit Rücksicht auf die deutschen Bündnispartner – insbesondere Frankreich – offenbar geglätteten Erinnerungen von Genscher.

145 Die Machtverhältnisse und weiteren Akteure, die den inneren Einigungsprozess bestimmten, werden in Kap. 10 zusammenfassend erörtert.

146 Interview von Kohl mit der amerikanischen Zeitschrift Newsweek im Oktober 1986. Vgl. dazu und für die sowjetische Reaktion Biermann, Zwischen Kreml und Kanzleramt, S. 101.

147 Vgl. dazu das Interview von Kuhn mit Kohl, in: Kuhn, Gorbatschow, S. 32–34.

148 Vgl. Genscher, Erinnerungen, S. 805–815.

149 Delegationsgespräch des Bundeskanzlers Kohl mit Präsident Bush Washington, 17. Mai 1990. In: Dokumente zur Deutschlandpolitik, S. 1126–1132, Zitat S. 1127.

150 Genscher, Erinnerungen, S. 813.

151 Interview mit Teltschik in: Kuhn, Gorbatschow, S. 174 f. Vgl. weiter Teltschik, 329 Tage, S. 350–354. Die Bedeutung der schnellen Klärung der wichtigsten außenpolitischen Fragen der deutschen Einigung <u>vor</u> dem Beginn des Irakkriegs wie überhaupt die des Zeitfaktors wird auch von Zelikow/Rice, Sternstunde, S. 473, 499 f. stark unterstrichen.

152 Dabei werden die vom Westberliner Abgeordnetenhaus gewählten 22 Bundestagsmitglieder nicht mitgezählt. Das Stimmrecht der Berliner Abgeordneten war durch alliierte Vorbehalte, die erst durch eine Note der Vereinigten Staaten, Großbritanniens und Frankreichs vom 8.6. 1990 aufgehoben wurden, begrenzt. So waren sie bei der Wahl des Bundeskanzlers, bei Abstimmungen über die Vertrauensfrage, bei Gesetzgebungsverfahren in der zweiten und dritten Lesung, bei Schlussabstimmungen, bei Abstimmungen über die Vorschläge des Vermittlungsausschusses oder einem Einspruch des Bundesrates nicht stimmberechtigt. Dagegen waren sie bei Abstimmungen über innere Angelegenheiten des Bundestages, z. B. bei der Wahl des Präsidenten und seiner Stellvertreter, bei Abstimmungen über Geschäftsordnungsfragen, bei Entschließungsanträgen des Bundestages und bei Abstimmungen in Ausschussberatungen stimmberechtigt. Vgl. unten Schindler, Peter: Datenhandbuch zur Geschichte des Deutschen Bundestages 1949 bis 1999, 3 Bde. Baden-Baden 1999, Bd. III, S. 1973–1975.

153 Vgl. Artikel 4 des Einigungsvertrages, BGBl II, 1990, S. 890.
154 Koalitionsvereinbarung für die 12. Legislaturperiode des Deutschen Bundestages. In: Union in Deutschland. Informationsdienst der CDU, Nr. 2 v. 17.1.1991.
155 Für deren Position vgl. die Rede Waigels vor der Bundestagsfraktion der Unionsparteien am 14.1.1991. In: ACDP, Fraktionsprotokolle.
156 Vgl. Genscher, Erinnerungen, S. 1000–1002; Vorbeck, Antje: Regierungsbildung 1990/1991: Koalitions- und Personalentscheidungen im Spiegel der Presse. In: ZParl 22 (1991), S. 377–389.
157 Koalitionsvereinbarung, S. 3, 24.
158 Rede Blüms in der Fraktionssitzung der CDU/CSU am 13.12.1990. In: ACDP, Fraktionsprotokolle.
159 Rede Blüms in der Fraktionssitzung der CDU/CSU am 14.1.1991. In: ACDP, Fraktionsprotokolle.
160 Rede Kohls vor der Fraktion am 14.1.1991. In: ACDP, Fraktionsprotokolle.
161 Koalitionsvereinbarung, S. 41 .
162 Ebd., S. 22. Zum 1.1.1992 sollte der Beitragssatz auf 6,3 Prozent gesenkt werden.
163 Vorbeck, Regierungsbildung, S. 383. – Vgl. weiter das undatierte SPD-Papier: Koalitionsvertrag zur Sozialpolitik: Die kleinen Leute müssen die Kosten der Einheit tragen. In: AdsD, 19804. Für den DGB vgl. das Schreiben des Vorsitzenden Heinz-Werner Meyer und der Stellvertretenden Vorsitzenden Ursula Engelen-Kefer gegen die Bestrebungen Waigels an den Bundeskanzler vom 8.1.1991. BArch, B 149/401173.
164 Prot. BT, 12. WP, 31.1.1991, S. 67–94. Ausführungen zur Sozialpolitik, S. 75f., 81–83. Vgl. dazu auch die sehr viel ausführlichere Zuarbeit des BMA: Beitrag des Bundesministers für Arbeit und Sozialordnung zur Regierungserklärung über das Arbeitsprogramm der Bundesregierung in der neuen Legislaturperiode. Den Sozialstaat Deutschland weiterbauen und ihn zukunftsorientiert gestalten. In: ACDP, Bestand Blüm I 504/74.
165 Prot. BT, 12. WP, 31.1.1991, S. 95–107.
166 Ebd., S. 204–206.
167 Wahlergebnisse nach Ritter/Niehuss, Wahlen 1946–1991, S. 168–171. Vgl. weiter Billing, Werner: Die rheinland-pfälzische Landtagswahl vom 21. April 1991: Machtwechsel in Mainz nach 44 Jahren. In: ZParl 22 (1991), S. 584–601.
168 Der Anteil der zustimmungspflichtigen Gesetze lag in der 12. Wahlperiode bei 56,6 Prozent. Vgl. Schindler, Datenhandbuch, Bd. II, S. 2430. Bei den anderen Gesetzen hatte der Bundesrat lediglich das Recht zu einem Einspruch, der von einer absoluten Mehrheit der Mitglieder des Bundestages zurückgewiesen werden konnte. Da für die Einlegung eines Einspruchs die absolute Mehrheit der Mitglieder des Bundesrates erforderlich war, wirkte sich die Stimmenthaltung bei Regierungsvorlagen – im Unterschied zu Zustimmungsgesetzen – zugunsten der Regierung aus.
169 Ebd., S. 2450f.
170 Der Regierungskoalition gehörten weiter die GRÜNEN und die FDP an.
171 Vgl. König, Thomas/Bräuninger, Thomas: Wie wichtig sind die Länder für die Politik der Bundesregierung bei Einspruchs- und Zustimmungsgesetzen? In: ZParl 28 (1997), S. 605–628, hier S. 608.
172 Wahlergebnisse nach Ritter, Gerhard A./Niehuss, Merith: Wahlen in Deutschland 1990–1994. München 1995, S. 27–30.
173 Vgl. Emmert, Thomas/Stögbauer, Andrea: Volksparteien in der Krise. Die Wahlen in Baden-Württemberg, Schleswig-Holstein und Hamburg. In: Das Superwahljahr. Deutschland vor unkalkulierbaren Regierungsmehrheiten? Hrsg. v. Bürklin,

Thomas/Roth, Dieter. Köln 1994, S. 86–110; Feist, Ursula/Hoffmann, Hans-Jürgen: Die Hamburger Bürgerschaftswahl vom 19. September 1993: Rundumangriff auf die Etablierten. In: ZParl 25 (1994), S. 217–234; Falter, Jürgen W. in Zusammenarbeit mit Klein, Markus: Wer wählte rechts? Die Wähler und Angehörigen rechtsextremistischer Parteien im vereinigten Deutschland. München 1994; Wiesendahl, Elmar: Volksparteien im Abstieg. Nachruf auf eine zwiespältige Erfolgsgeschichte. In: APuZG, B 34–35/92, S. 3–14; 1994 – Das Jahr der 19 Wahlen. Vier Jahre nach der Vereinigung sind die großen Volksparteien in Bedrängnis. In: FAZ v. 20.12.1993.

174 Walter, Franz: Die SPD nach der deutschen Vereinigung – Partei in der Krise oder bereit zur Regierungsübernahme? In: ZParl 26 (1995), S. 85–112.

175 Emmert, Thomas: Politische Ausgangslage vor der Bundestagswahl 1994. Entwicklung der Parteien, Themen und Kandidaten in Ost und West. In: Superwahljahr. Hrsg. v. Bürklin/Roth, S. 54–85.

176 Vgl. dazu auch die Debatte im Bundestag am 28.4.1994, Prot. BT, 12. WP, S. 19373–19403.

177 Köcher, Renate: Auf einer Woge der Euphorie. Veränderungen der Stimmungslage und des Meinungsklimas im Wahljahr 1994. In: APuZG, B 51–52/94, S. 16–21.

178 Wahlergebnisse nach Ritter/Niehuss, Wahlen 1990–1994, S. 36.

179 Wir sichern Deutschlands Zukunft. Regierungsprogramm von CDU und CSU, Bonn 1994.

180 Toman-Banke, Wahlslogans, S. 55.

181 Ebd., S. 54.

182 Das Regierungsprogramm der SPD. Reformen für Deutschland.

183 Vgl. Ritter/Niehuss, Wahlen 1990–1994, S. 27–34, 36.

184 Toman-Banke, Wahlslogans, S. 55.

185 Liberal denken. Leistung wählen. Das Programm der F.D.P. zur Bundestagswahl 1994.

186 Opposition gegen Sozialabbau und Rechtsruck. Wahlprogramm der PDS 1994. Angenommen auf dem 3. Parteitag der Partei des Demokratischen Sozialismus. 3. Tagung (Wahlkongreß), Berlin am 13. März 1994

187 Programm zur Bundestagswahl 94 verabschiedet auf der Bundesdelegiertenkonferenz in Mannheim im Februar 1994. Nur mit uns: Bündnis 90/DIE GRÜNEN.

188 Die FDP erhielt, wie die Tabelle zeigt, in den alten Bundesländern und Westberlin 3,4 Prozent der Erst- und 7,7 Prozent der Zweitstimmen.

189 Vgl. Birsl, Ursula/Lösche, Peter: Parteien in West- und Ostdeutschland: Der gar nicht so feine Unterschied. In: ZParl 29 (1998), S. 7–24.

190 Ergebnisse einer Umfrage am Wahltag nach dem Verlassen des Wahllokals. In: Bundestagswahl 1994. Eine Analyse der Wahl zum 13. Deutschen Bundestag am 16.10.1994. Berichte der Forschungsgruppe Wahlen e.V., Nr. 76 v. 21.10.1994. Mannheim, S. 22.

191 Vgl. zur PDS: Lang, Jürgen P./Moreau, Patrick: PDS. Das Erbe der Diktatur. Sonderdruck der Zeitschrift «Politische Studien», Jg. 45, September 1994; Falter, Jürgen W./Klein, Markus: Die Wähler der PDS bei der Bundestagswahl 1994. Zwischen Ideologie, Nostalgie und Protest. In: APuZG, B 51–52/94 v. 23.12.1994, S. 22–34; Kreikenbom, Henry: Nachwirkungen der SED-Ära. Die PDS als Katalysator der Partei- und Wahlpräferenzen in den neuen Bundesländern. In: ZParl 29 (1998), S. 24–46.

2. Die rechtlichen Rahmenbedingungen der deutschen Einheit und der Sozialpolitik

1 BverfGE 36, S 1–37 (Urteil zum Grundlagenvertrag vom 31.7.1973).

2 Einigungsvertrag, BGBl II 1990, S. 890f. Vgl. weiter die Artikel 5 und 6 des Einigungsvertrages. Vgl. weiter Klein, Hans H.: Kontinuität des Grundgesetzes und seine Änderung im Zuge der Wiedervereinigung. In: Handbuch des Staatsrechts. Hrsg. v. Isensee, Josef/Kirchhof, Paul, Bd. VIII: Die Einheit Deutschlands. Entwicklung und Grundlagen. Heidelberg 1995, S. 557–602.

3 Vgl. Merten, Detlef: Grundfragen des Einigungsvertrages unter Berücksichtigung beamtenrechtlicher Probleme. Zur Verfassungsmäßigkeit des Art. 6 EinigungsV. Berlin 1991.

4 Vgl. Kirchhof, Paul: § 221. Der demokratische Rechtsstaat – die Staatsform der Zugehörigen. In: Handbuch des Staatsrechts. Bd. IX: Die Einheit Deutschlands. Festigung und Übergang. Heidelberg 1997, bes. S. 1029–1035.

5 Staatsvertrag, Art. 1 Abs. 3.

6 Vgl. dazu Zacher, Hans F.: Was kann der Rechtsstaat leisten? In: Verfassungsstaatlichkeit. Festschrift für Klaus Stern zum 65. Geburtstag. Hrsg. v. Burmeister, Joachim. München 1997, S. 394–406, bes. S. 394f.

7 Lerche, Peter: § 194. Der Beitritt der DDR – Voraussetzungen, Realisierung, Wirkungen. In: Handbuch des Staatsrechts. Bd. VIII, S. 403–446.

8 Ammermüller, Martin: Deutscher Einigungsprozeß. In: Sozialstaat im Wandel. Hrsg. v. Bundesministerium für Arbeit und Sozialordnung. O.o. 1994, S. 107–120, hier S. 109f.

9 BGBl. II 1990, S. 899.

10 Ammermüller, Deutscher Einigungsprozeß, S. 110f.

11 Vgl. unten, S. 321–324.

12 Nur in zwei Fällen, hinsichtlich des Sozialzuschlages zu Renten und dem Wohngeldsondergesetz, wurde klargestellt, dass das Sonderrecht in den neuen Bundesländern Teil des Sozialgesetzbuches sein soll. Vgl. Gesetz über die Einführung eines Wohngeldsondergesetzes für das in Art. 3 des Einigungsvertrages genannte Gebiet usw. vom 20.7.1991, BGBl I, S. 1250; Art. 40 des Renten-Überleitungsgesetzes (RÜG) vom 25.6.1991, BGBl I, S. 1606; Art. 5 des Renten-Überleitungs-Ergänzungsgesetzes vom 24.6.1996, BGBl I, S. 1038.

13 Vgl. Mampel, Ende, S. 1385.

14 Ebd., S. 1378–1381.

15 Würtenberger, Verfassung, S. 113f.

16 Thaysen, Der Runde Tisch, S. 143–145.

17 Ebd., S. 148f.; Der Zentrale Runde Tisch, Bd. 4, S. 1096–1112.

18 Verfassungsentwurf für die DDR. Hrsg. von der Arbeitsgruppe «Neue Verfassung der DDR» des Runden Tisches. Berlin 1990. Zur Kritik vgl. Rogner, Klaus Michael: Der Verfassungsentwurf des Zentralen Runden Tisches der DDR. Berlin 1993.

19 Grundsätze der Koalitionsvereinbarungen v. 12.4.1990.

20 Prot. VK, 10. WP, 3. Tagung vom 19.4.1990, S. 51–59.

21 Prot. VK, 10. WP, 5. Tagung vom 26.4.1990, S. 123–126.

22 Winkel, Olaf: Die deutsche Einheit als verfassungspolitischer Konflikt. In: ZParl 28 (1997), S. 474–501, hier S. 487.

23 Gesetz zur Änderung und Ergänzung der Verfassung der Deutschen Demokratischen Republik (Verfassungsgrundsätzegesetz) vom 17.6.1990. Gbl. der DDR I, S. 299–303.

24 Vgl. zur Kritik daran: Mampel, Ende, S. 1390 f.
25 Verfassungsgesetz zur Bildung von Ländern in der Deutschen Demokratischen Republik – Ländereinführungsgesetz – vom 22.7.1990. GBl. der DDR I, S. 955–959.
26 Ritter, Gerhard A.: Über Deutschland. Die Bundesrepublik in der deutschen Geschichte. 2. Auflage, München 2000, S. 150.
27 Rogner, Verfassungsentwurf, S. 97–100.
28 Grundsätze der Koalitionsvereinbarungen v. 12.4.1990.
29 Einigungsvertrag, Art. 5. BGBl. II, 1990, S. 881.
30 Zum Ergebnis der Arbeit vgl.: Bericht der Gemeinsamen Verfassungskommission. BT-Drs. 12/6000 vom 5.11.1993. Vgl. weiter APuZG , B 52–53/93 vom 24.12.1993 mit einer Reihe von Artikeln zu einzelnen Aspekten der Arbeit der Gemeinsamen Verfassungskommission und dem Wortlaut der Empfehlungen zur Änderung und Ergänzung des Grundgesetzes.
31 Das Verbot der Benachteiligung von Behinderten, das in den Empfehlungen der Gemeinsamen Verfassungskommission noch nicht vorgesehen war, ist offenbar aufgrund des Drucks des VdK, der die Unterstützung Kohls gewann, in das Grundgesetz aufgenommen worden. Vgl. VdK Deutschland. 12. Bundesverbandstag, 18. bis 20. Mai 1994, Bonn. Geschäftsbericht 1990–1994. Aufgabe und Leistung. Bonn-Bad Godesberg 1994, S. 234 f. Sozialverband VdK Deutschland: Jahresbericht 95. Bonn-Bad Godesberg, S. 8.
32 Die für die Sozialpolitik relevanten Verfassungsänderungen, u. a. die neue Abgrenzung der Zuständigkeiten des Bundes und der Länder in der konkurrierenden Gesetzgebung und Aufsicht über Sozialversicherungsträger, erörtert Becker-Neetz, Gerald: Verfassungsreform. Sozialpolitischer Spielraum gewahrt. In: BArbBl 5, 1995, S. 5–8.
33 BGBl. I, 1993, S. 1002.
34 Vgl. Mangoldt, Hans von: Die Verfassungen der neuen Bundesländer. Einführung und synoptische Darstellung. Sachsen, Brandenburg, Sachsen-Anhalt, Mecklenburg-Vorpommern, Thüringen. 2. Aufl. Berlin 1997. Zum Fortwirken des Verfassungsentwurfs des Runden Tisches in den Länderverfassungen vgl. Rogner, Verfassungsentwurf, S. 156–177.
35 Vgl. Starck, Christian: Die Verfassungen der neuen Länder. In: Handbuch des Staatsrechts, Bd. IX, S. 353–402, bes. S. 383–389.
36 Papier, Hans-Jürgen: Der Einfluß des Verfassungsrechts auf das Sozialrecht. In: Sozialrechtshandbuch (SRH). Hrsg. v. Maydell, Bernd Baron von/Ruland, Franz. 2. Aufl., Neuwied/Kriftel/Berlin 1996, S. 73–124, bes. S. 104 f.
37 Vgl. dazu als Überblick die Berichte von Wolfgang Rüfner über «Das Sozialrecht in der Rechtsprechung des Bundesverfassungsgerichts». In: JBSozRG , Bde. 12–21, 1990–1999.
38 BVerf GE 53, S. 257–313 und BVerfGE 58, S. 81–136.
39 BVerfGE 100, S. 1–195, hier S. 39; zum Gestaltungsspielraum des Gesetzgebers vgl.: Papier, Hans-Jürgen: Das Rentenversicherungsrecht vor dem Grundgesetz. Eigentum, Gleichheit und Schutz der Familie. In: FAZ v. 11.6.2001.
40 Vgl. dazu Merten, Detlef: Rentenversicherung und deutsche Wiedervereinigung. In: Geschichte und Gegenwart der Rentenversicherung in Deutschland. Beiträge zur Entstehung, Entwicklung und vergleichenden Einordnung der Alterssicherung im Sozialstaat. Hrsg. v. Fisch, Stefan/Haerendel, Ulrike. Berlin 2000, S. 317–332.
41 BVerfGE 100, S. 1–195.
42 Vgl. zu den Konsequenzen der Urteile für die Betroffenen: Schröder, Klaus: Der Preis der Einheit. Eine Bilanz. München/Wien 2000, S. 227 f.

43 BVerfGE 84, S. 133–160, hier S. 133.
44 Vgl. dazu Klein, Eckart: Die verfassungsrechtliche Bewältigung der Wiedervereinigung. In: Wiedervereinigung Deutschlands, S. 417–428; vgl. weiter ders.: Deutsche Einigung und Rechtsprechung des Bundesverfassungsgerichts. Vorläufiger Überblick mit Anmerkungen. In: Verfassungsrecht im Wandel. Wiedervereinigung Deutschlands. Deutschland in der Europäischen Union. Verfassungsstaat und Föderalismus. Zum 180jährigen Bestehen der Carl Heymanns Verlag KG. Hrsg. v. Ipsen, Jörn/Rengeling, Hans-Werner/Mössner, Jörg Manfred/Weber, Albrecht. Köln/Berlin/Bonn/München 1995, S. 91–107.
45 Vgl. unten, S. 112–115
46 Klein, Verfassungsrechtliche Bewältigung, S. 426.
47 Gesetz zur Neuregelung der einkommenssteuerrechtlichen Behandlung von Altersvorsorgeaufwendungen und Altersbezügen (Alterseinkünftegesetz) v. 5.7.2004. In: BGBl I, S. 1427–1447.
48 BVerfGE 81, S. 156–207.
49 Rüfner, Sozialrecht. In: JBSoz RG, Bd. 13 (1991), S. 65 f.
50 BGBl I, 1992, S. 2044–2057.
51 BVerfGE 92, S. 365–411.
52 Zu dem Gesetz und den seiner Verabschiedung vorangegangenen Auseinandersetzungen vgl. Frerich/Frey, Handbuch, Bd. 3, S. 226–228.
53 Vgl. dazu die kritischen Bemerkungen von Rüfner, Sozialrecht. In: JBSozRG , Bd. 18, (1996), S. 37 f.
54 BVerfGE 82, S. 60–126. Mit den Grundsätzen dieser Entscheidung stimmte auch das Urteil des BVerfG vom 12.6.1990 überein. In: Ebd., S. 198–208.
55 Ebd., S. 85.
56 BVerfGE 87, S. 1–68.
57 Ebd., S. 41.
58 Vgl. Rüfner, Sozialrecht. In: JBSozRG, Bd. 21 (1999), S. 88–90.
59 Vgl. Deutsche Bundesbank, Monatsbericht April 2002: Staatliche Leistungen für die Familien, S. 15–32.
60 Vgl. dazu Mohn, Jörg: Die Rechtsentwicklung der Überführung der Ansprüche und Anwartschaften aus Zusatz- und Sonderversorgungssystemen der ehemaligen DDR in die Rentenversicherung. In: DAngVers 12/1993, S. 438–447; Mutz, Michael: Renten der Zusatzversorgung der Intelligenz in der DDR. – Chronik der Überführung in die gesetzliche Rentenversicherung. In: DAngVers 12/1995, S. 426–432; Mutz, Michael: Aufstieg und Fall eines Konzepts. Die Zusatz- und Sonderversorgungssysteme der DDR und ihre Überführung. In: DAngVers 11/1999, S. 509–519; Stephan, Ralf-Peter: Das Zusammenwachsen der Rentenversicherungen in West und Ost. – Eine Zwischenbilanz im zehnten Jahre der Deutschen Einheit. In: DAngVers 12/1999, S. 546–556.
61 BSGE 81, S. 276–288.
62 Vertrag zur Gründung der Europäischen Wirtschaftsgemeinschaft (EWG) vom 25. März 1957, Art. 117 und 123.
63 Besonders deutlich wird das in der Verordnung 1408/71 von 1971, zitiert von Zacher, Hans F.: Grundfragen des internationalen Sozialrechts. In: Mitteilungen der Landesversicherungsanstalten Oberfranken und Mittelfranken 12 (1983), S. 481–492, hier S. 487.
64 Vgl. Schmähl, Winfried: Europäische Sozialpolitik und die sozialpolitische Bedeutung der europäischen Integration. In: Europäische Sozialpolitik. Hrsg. v. Schmähl, Winfried / Rische, Herbert. Baden-Baden 1997, S. 9–37; vgl. weiter Steinmeyer,

Heinz Dietrich: Akteure, Instrumente und Maßnahmen europäischer Sozialpolitik. – Ein Überblick. In: ebd., S. 39–57; Ringler, Jochen C.K.: Die Europäische Sozialunion. Berlin 1997.

65 Vgl. Sozialbericht 1993, S. 111.

66 Vgl. dazu Eichenhofer, Eberhard: Das Sozialrecht in der Rechtsprechung des Europäischen Gerichtshofes. Zur Genealogie der Thematisierung des Sozialrechts durch den EuGH. In: ZeS-Arbeitspapiere Nr. 9/96. Vgl. weiter die jährlichen Berichte von Bernd Schulte über «Das Sozialrecht in der Rechtsprechung des Europäischen Gerichtshofs». In: JBSozRG, Bde. 10 (1988) – 20 (1998) sowie die Beiträge in: Zukunftsperspektiven des Europäischen Sozialrechts. Hrsg. v. Maydell, Bernd Baron von/Schulte, Bernd. Berlin 1995.

67 Vgl. FAZ, 25.10.2000; Blüm, Norbert: Rücksicht auf Tradition nehmen. In: SPI 18/1992 vom 19.12.1992. Es handelt sich um Äußerungen Blüms auf einem Symposion mit dem Titel «Sozialraum Europa – Fortschritt oder gefährlicher Irrweg?»; zur Kritik Blüms an der Rechtsprechung des EuGH vgl. weiter seine Rede vom 13.10.1992 in der Fraktionssitzung der CDU/CSU. In: ACDP, Fraktionsprotokolle; vgl. weiter Tegtmeier, Werner: Wechselwirkungen zwischen dem Europäischen Sozialrecht und dem Sozialrecht der Bundesrepublik Deutschland. In: Wechselwirkungen zwischen dem Europäischen Sozialrecht und dem Sozialrecht der Bundesrepublik Deutschland. Hrsg. v. Schulte, Bernd / Zacher, Hans F. Berlin 1991, S. 27–43. Clever, Peter: Rechtsprechung und Akzeptanz – Gedanken zur Rechtsprechung des EuGH im Sozialbereich anhand einiger ausgewählter Fälle jüngster Zeit. In: ZfSGB 30 (1991), S. 561–571. Peter Clever war Leiter der Abteilung Internationale Sozialpolitik im BMA.

68 Vgl. Leibfried, Stephan: Grenzen deutscher Sozialstaatlichkeit. Vom gemeinsamen Arbeitsmarkt zu erzwungener europäischer Sozialreform. In: Grenzen des Sozialversicherungsstaates. Hrsg. v. Riedmüller, Barbara/Olk, Thomas. Opladen 1994, S. 313–323, hier S. 317.

69 Vgl. z. B. die Äußerungen von Blüm im Ausschuß «Deutsche Einheit» am 14.9.1990: «Wir glauben, dass bei Mindestsicherungen unter dem Dach der Rentenversicherung die Gefahr besteht, dass sie im Zuge der europäischen Einheit auch exportiert werden müssen und geradezu eine Einladung sind, mit kurzen Versicherungszeiten Mindestversicherungsansprüche zu erwerben, die man dann mit nach Hause nimmt». Prot. BT, Ausschuß Deutsche Einheit, S. 600.

70 Linhart, Helmut/Adolph, Olgierd: Einstieg in die Sozialhilfewanderung in der Europäischen Union? In: NDV, August 2004, S. 282–285.

71 Vgl. Schulte, Bernd: Die Entwicklung der Europäischen Sozialpolitik. In: Nationalismus – Nationalitäten – Supranationalität. Hrsg. v. Winkler, Heinrich August/Kaelble, Hartmut. Stuttgart 1993, S. 261–287, bes. S. 281 f.; zum vergleichsweise immer noch geringen Grad der Europäisierung im Bereich der Sozialpolitik vgl. Schmidt, Manfred G.: Die Europäisierung der öffentlichen Aufgaben. In: 50 Jahre Bundesrepublik Deutschland. Rahmenbedingungen – Entwicklungen – Perspektiven. Hrsg. v. Ellwein, Thomas/Holtmann, Thomas. Opladen 1999, S. 385–394.

3. Die deutsche Wirtschaft im Einigungsprozess

1 Art. 1, 11 und 17 des Staatsvertrages.

2 Vgl. Jochem, Sven/Siegl, Nico A.: Wohlfahrtskapitalismus und Beschäftigungsperformanz – Das «Modell Deutschland» im Vergleich. In: ZSR 46 (2000), S. 38–64; Czada, Roland: Vereinigungskrise und Standortdebatte. Der Beitrag der Wiedervereinigung zur Krise des westdeutschen Modells. In: Leviathan 1998, S. 24–59.

3 Schmidt, Rudi: Restrukturierung und Modernisierung der industriellen Produktion. In: Arbeit, Arbeitsmarkt und Betriebe. Hrsg. v. Lutz, Burkart/Nickel, Hildegard M./ Schmidt, Rudi u. a. Opladen 1996, S. 227–256, hier S. 235. Zur Arbeit der Treuhand vgl. Seibel, Wolfgang unter Mitarbeit von Maaßen, Hartmut/Raab, Jörg/Oschmann, Arndt: Verwaltete Illusionen. Die Privatisierung der DDR-Wirtschaft durch die Treuhandanstalt und ihre Nachfolger 1990–2000, Frankfurt a. M./New York 2005.

4 Vgl. Artus, Ingrid: Tarifpolitik in den neuen Bundesländern. Akteure, Strategien, Problemlagen. In: Industrielle Beziehungen. Institutionalisierung und Praxis unter Krisenbedingungen. Hrsg. v. Bergmann, Joachim/Schmidt, Rudi. Opladen 1996, S. 71–100.

5 Czada, Vereinigungskrise, S. 30.

6 Vgl. unten, S. 316f.

7 Vgl. Siegel, Nico A./Jochem, Sven: Zwischen Sozialstaats-Status quo und Beschäftigungswachstum. Das Dilemma des Bündnisses für Arbeit im Trilemma der Dienstleistungsgesellschaft. ZeS-Arbeitspapier Nr. 17/99. Bremen 1999, S. 15.

8 Vgl. unten, S. 128.

9 Vgl. unten, S. 137–140.

10 Vgl. Kaelble, Hartmut: Auf dem Weg zu einer europäischen Gesellschaft. Eine Sozialgeschichte Westeuropas 1880–1980. München 1987; Flora, Peter: State, Economy and Society in Western Europe 1815–1975. A Data Handbook in Two Volumes. Vol. I: The Growth of Mass Democracies and Welfare States. Frankfurt a. M./London 1983; Vol. II (with Franz Kraus and Werner Pfennig): The Growth of Industrial Societies and Capitalist Economies. Frankfurt a.M./London/Chicago 1987; Growth to Limits. The Western European Welfare States Since World War II. Hrsg. v. Flora, Peter, Bde. 1, 2 und 4. Berlin/New York 1986/87; Flora, Peter/Alber, Jens/Kohl, Jürgen: Zur Entwicklung der westeuropäischen Wohlfahrtsstaaten. In: PVS 18 (1977), S. 707–772.

11 Vgl. Ritter, Gerhard A.: Der Sozialstaat. Entstehung und Entwicklung im internationalen Vergleich. 2. Aufl. München 1991, S. 202–204.

12 Siehe oben, S. 96

13 Diese Zusammenhänge werden betont von Rieger, Elmar/Leibfried, Stephan: Welfare State Limits to Globalization. In: Politics & Society 26 (1998), S. 363–390.

14 Vgl. aber zu dem nur begrenzten Erfolg der Versuche zum Abbau des Wohlfahrtsstaates in den USA und Großbritannien: Pierson, Paul: Dismantling the Welfare State? Reagan, Thatcher and the Politics of Retrenchment. Cambridge 1994.

15 Vgl. aus der inzwischen sehr umfangreichen Literatur: Internationalisierung von Wirtschaft und Politik – Handlungsspielräume der nationalen Sozialpolitik. Hrsg. v. Schmähl, Winfried/Rische, Herbert. Baden-Baden 1995; States Against Markets. The Limits of Globalisation. Hrsg. v. Boyer, Robert/Drache, Daniel. London, New York 1996; Midgley, James: Social Welfare in Global Context. Thousand Oaks 1997; vgl. ferner: Rieger, Elmar/Leibfried, Stephan: Globalisation and the Western Welfare State. An Annotated Bibliography. ZeS-Arbeitspapier Nr. 1/95. Bremen 1995.

16 Vgl. Zacher, Hans F.: Grundlagen der Sozialpolitik in der Bundesrepublik Deutsch-

land. In: Geschichte der Sozialpolitik in Deutschland seit 1945. Band 1: Grundlagen der Sozialpolitik. Baden-Baden 2001, S. 333–684, hier S. 592.

17 Vgl. zu den Schwächen der DDR-Wirtschaft: Steiner, André: Von Plan zu Plan. Eine Wirtschaftsgeschichte der DDR. München 2004; Grosser, Wagnis, S. 39–67; Bähr, Johannes: Institutionenordnung und Wirtschaftsentwicklung. Die Wirtschaftsgeschichte der DDR aus der Sicht des zwischendeutschen Vergleichs. In: GuG 25 (1999), S. 530–555; Pirker, Theo/Lepsius, Rainer M./Weinert, Rainer u. a.: Der Plan als Befehl und Fiktion. Wirtschaftsführung in der DDR. Gespräche und Analysen. Opladen 1995; Am Ende des realen Sozialismus Bd. 2: Die wirtschaftliche und ökologische Situation der DDR in den 80er Jahren. Hrsg. v. Kuhrt, Eberhard/Holzweißig, Gunter/Buck, Hannsjörg F. Opladen 1996; Unterrichtung durch die Bundesregierung. Materialien zur deutschen Einheit und zum Aufbau in den neuen Bundesländern, BTDrs. 13/2280 v. 8.9.1995, bes. S. 90–95. Jahresgutachten 1990/91 des Sachverständigenrates zur Begutachtung der gesamtwirtschaftlichen Entwicklung: «Auf dem Wege zur wirtschaftlichen Einheit Deutschlands», BTDrs. 11/8472 v. 13.11.1990, S. 62–65, 80–82; OECD. OECD Economic Surveys: Germany. Paris 1990, S. 49–52.

18 Vgl. Zank, Wolfgang: Wirtschaft und Arbeit in Ostdeutschland 1945–1949. Probleme des Wiederaufbaus in der Sowjetischen Besatzungszone Deutschlands. München 1987; Baar, Lothar/Karlsch, Rainer/Matschke, Werner: Kriegsschäden, Demontagen und Reparationen. In: Materialien der Enquete-Kommission «Aufarbeitung von Geschichte und Folgen der SED-Diktatur in Deutschland». Hrsg. vom Deutschen Bundestag. Bd. II: Machtstrukturen und Entscheidungsmechanismen im SED-Staat und die Frage der Verantwortung. Baden-Baden 1995, S. 868–988; Buchheim, Christoph: Kriegsschäden, Demontagen und Reparationen. Deutschland nach dem Zweiten Weltkrieg. In: Ebd., S. 1030–1069.

19 Vgl. dazu Heidemeyer, Helge: Flucht und Zuwanderung aus der SBZ/DDR 1945/1949–1961. Die Flüchtlingspolitik der Bundesrepublik Deutschland bis zum Bau der Berliner Mauer. Düsseldorf 1994.

20 Janke, Barbara/Ebert, Manfred: Von «jeder zweiten» Frau zu «neun von zehn» Frauen – der Arbeitsmarkt gekennzeichnet durch viele berufstätige Frauen. In: Im Trabi durch die Zeit – 40 Jahre Leben in der DDR. Hrsg. v. Hölder, Egon. Wiesbaden 1992, S. 77–95, hier S. 89; Schwarzer, Doris: Arbeitsbeziehungen im Umbruch gesellschaftlicher Strukturen. Bundesrepublik Deutschland, DDR und neue Bundesländer im Vergleich. Stuttgart 1995, S. 105.

21 Hockerts, Hans Günter: Soziale Errungenschaften? Zum sozialpolitischen Legitimitätsanspruch der zweiten deutschen Diktatur. – In: Von der Arbeiterbewegung zum modernen Sozialstaat. Festschrift für Gerhard A. Ritter zum 65. Geburtstag. Hrsg. von Kocka, Jürgen/Puhle, Hans-Jürgen/Tenfelde, Klaus. München/New Providence/London u. a. 1994, S. 790–804, hier S. 794 f.

22 Schürer, Gerhard: Planung und Lenkung der Volkswirtschaft der DDR. – Ein Zeitzeugenbericht aus dem Zentrum der DDR-Wirtschaftslenkung. In: Am Ende des realen Sozialismus. Beiträge zu einer Bestandsaufnahme der DDR-Wirklichkeit in den 80er Jahren. Bd. 4: Die Endzeit der DDR-Wirtschaft. – Analysen zur Wirtschafts-, Sozial- und Umweltpolitik. Hrsg. v. Kuhrt, Eberhard in Verbindung mit Buck, Hannsjörg F./Holzweißig, Gunter im Auftrage des Bundesministeriums des Innern. Opladen 1999, S. 61–98, hier S. 89.

23 Grosser, Wagnis, S. 53.

24 Grünert, Holle: Das Beschäftigungssystem der DDR. In: Arbeit, Arbeitsmarkt und Betriebe, S. 17–68, hier S. 62–66.

25 Bergmann, Joachim: Industrielle Beziehungen in Ostdeutschland: Transferierte Institutionen im Deindustrialisierungsprozeß. In: Arbeit, Arbeitsmarkt und Betriebe, S. 257–294, hier S. 259.
26 Grünert, Beschäftigungssystem, S. 49.
27 Das Ifo-Institut für Wirtschaftsforschung kam auf der Basis von Befragungen von Betrieben, Behörden und wissenschaftlichen Einrichtungen in der DDR im Juli 1990 zu dem Ergebnis, dass unter den Produktions- und Arbeitsbedingungen der DDR die verdeckte Arbeitslosigkeit sich auf etwa 1,4 Millionen Beschäftigte oder 15 Prozent der Erwerbstätigen belief. Unter marktwirtschaftlichen Bedingungen wurde ein Freisetzungspotential von etwa drei Millionen angenommen. Vgl. dazu: Unterrichtung durch die Bundesregierung, BT-Drs. 13/2280, v. 8.9.1995, S. 90.
28 Schabowski, Günter: Der Absturz. Berlin 1991, S. 126.
29 Grosser, Wagnis, S. 40.
30 Unterrichtung durch die Bundesregierung, BT-Drs. 13/2280, v. 8.9.1995, S. 90.
31 Grosser, Wagnis, S. 45.
32 Herbst, Andreas/Ranke, Winfried/Winkler, Jürgen: So funktionierte die DDR. Hamburg 1994, S. 479.
33 Die Angaben über das Ausmaß der Verschuldung der DDR im westlichen Ausland sind inzwischen von der Forschung nach unten korrigiert worden. Während ein Kreis führender DDR-Ökonomen Ende Oktober 1989 gegenüber dem Politbüro der SED die Verschuldung zum Ende des Jahres mit 49 Mrd. Valutamark (=26,5 Mrd. Dollar) beziffert hatte, wurde dieses Defizit durch die Aufdeckung geheimer Reserven auf 38 Mrd. Valutamark (=20,6 Mrd. Dollar) reduziert. Inzwischen wurde die Netto-Verschuldung Ende 1989 von der Deutschen Bundesbank auf 19,9 Mrd. Valutamark (=10,8 Mrd. Dollar) berechnet. Vgl. Deutsche Bundesbank: Die Zahlungsbilanz der ehemaligen DDR 1975 bis 1989. Frankfurt a.M. August 1999, S. 59. Volze, Arnim: Zur Devisenverschuldung der DDR. – Entstehung, Bewältigung und Folgen. In: Am Ende des realen Sozialismus, Band 4: Die Endzeit der DDR-Wirtschaft. S. 151–187, hier S. 161 f.
34 Vgl. «Schürers Krisen-Analyse». In: DA 25 (1992), S. 1112–1120.
35 Vgl. dazu auch Hauser, Richard/Glatzer, Wolfgang/Hradil, Stefan u. a.: Ungleichheit und Sozialpolitik. Opladen 1996, S. 4–7.
36 Kloten, Norbert: Deutsche Einheit: Die wirtschaftliche Last der Folgen für Ost und West. In: Deutsche Bundesbank. Auszüge aus Presseartikeln, Nr. 8, 5.2.1996, S. 11–17.
37 Sinn, Gerlinde/Sinn, Werner: Kaltstart. Volkswirtschaftliche Aspekte der deutschen Vereinigung. 3. Aufl., München 1993.
38 Vgl. Wollmann, Hellmut: Institutionenbildung in Ostdeutschland: Neubau, Umbau und «schöpferische Zerstörung». In: Politisches System. Hrsg. v. Kaase u. a., S. 47–153; Derlien, Hans-Ulrich: Kommunalverfassung zwischen Reform und Revolution. In: Kommunalwissenschaftliche Analysen. Hrsg. v. Gabriel, Oscar W./Voigt, Rüdiger. Bochum 1994; Wollmann, Hellmut/Jaedicke, Wolfgang: Neubau der Kommunalverwaltung in Ostdeutschland – zwischen Kontinuität und Umbruch. In: Verwaltungsreform und Verwaltungspolitik im Prozess der deutschen Einigung. Hrsg. v. Seibel, Wolfgang/Benz, Arthur/Mäding, Heinrich. Baden-Baden 1993, S. 98–116.
39 Vgl. zur Lohnpolitik: Sinn, Gerlinde: Lohnentwicklung und Lohnpolitik in den neuen Bundesländern. In: Wiedervereinigung nach sechs Jahren: Erfolge, Defizite, Zukunftsperspektiven im Transformationsprozess. Hrsg. v. Oppenländer, Karl Heinrich. Berlin, München 1997, S. 253–280.

40 SPI 31, Nr. 4, 1.4.1997, S. 4.
41 Vgl. Unterrichtung durch die Bundesregierung. Jahresbericht der Bundesregierung zum Stand der Deutschen Einheit 1998. BTDrs. 13/10823 v. 27.5.1998, S.19f.
42 Deutsche Bundesbank: Zur Entwicklung der Produktivität in Deutschland. Monatsbericht September 2002, S. 49–63, hier S. 58f.
43 Hauser u. a., Ungleichheit, S.6.
44 Vgl. Oldenburg, Fred: Gorbatschows Deutschlandpolitik und die Implosion der DDR. In: Wiedervereinigung, S. 259–282, hier S. 263; Biermann, Zwischen Kreml und Kanzleramt, S. 643.
45 Vgl. Non-Paper der Regierung der UdSSR 19. April 1990. In: Dokumente zur Deutschlandpolitik, S. 1023 f.; vgl. dazu auch die Bewertungen dieser Demarche des sowjetischen Geschäftsträgers durch eine «Vorlage des Ministerialdirigenten Duisberg an Bundeskanzler Kohl Bonn, 19. April 1990 und einen «Vermerk des Ministerialrats Ludewig Bonn, 20. April 1990». In: Dokumente zur Deutschlandpolitik, S. 1024–1026.
46 Biermann, Zwischen Kreml und Kanzleramt, S. 644 f.
47 Artikel 13.2 des Staatsvertrages vom 18.5.1990.
48 Biermann, Zwischen Kreml und Kanzleramt, S. 745.
49 Ebd., S. 747.
50 Abdruck des Vertrages in: Bulletin des Bundespresse- und Informationsamtes der Bundesregierung vom 15.11.1990.
51 Schreiben des Ministerpräsidenten Modrow an Bundeskanzler Kohl Berlin, 2. März 1990 mit der Anlage: Erklärung der Regierung der Deutschen Demokratischen Republik zu den Eigentumsverhältnissen. In: Dokumente zur Deutschlandpolitik, S. 906–908.
52 Vgl. Grosser, Wagnis, S. 227.
53 Jäger, Überwindung, S. 508.
54 Vgl. die am 27.3.1990 von der TASS verbreitete Erklärung zur Erklärung der DDR vom 1.3.1990. In: Dokumente zur Deutschlandpolitik, S. 989.
55 Allerdings galt nach einer Stellungnahme des Bundesjustizministeriums die Eigentumsgarantie des Grundgesetzes nur für Maßnahmen der bundesdeutschen Behörden, nicht für Maßnahmen der DDR. Vgl. Grosser, Wagnis, S. 235.
56 Kurzbericht über die zweite Sitzung der Expertengruppe Klärung offener Vermögensfragen Bonn, 29./30. März 1990 mit der Anlage: Sprachregelung zu den offenen Vermögensfragen. In: Dokumente zur Deutschlandpolitik, S. 989–993.
57 Vgl. Grosser, Wagnis, S. 330.
58 Schäuble, Vertrag, S. 103.
59 Abdruck der Erklärung im Einigungsvertrag, BGBl 1990, II, S. 1237 f.
60 Vgl. Grosser, Wagnis, S. 335.
61 Der Brief wurde dem Anhang des Zwei-plus-Vier-Vertrages beigefügt. Vgl. Genscher, Erinnerungen, S. 857–861.
62 Schäuble, Vertrag, S. 104, 259 f.
63 Vgl. insbesondere Paffrath, Constanze: Macht und Eigentum. Die Enteignungen 1945–1949 im Prozess der deutschen Wiedervereinigung. Köln/Weimar/Wien 2004. – Die Verf. geht sogar so weit, dass die Bundesregierung, der sie einen Bruch des Grundgesetzes und eine bewusste Täuschung von Öffentlichkeit und Legislative über die tatsächliche Haltung der Sowjetunion vorwirft, die Enteignungen auch dann nicht hätte akzeptieren dürfen, wenn dadurch die Wiedervereinigung gescheitert wäre (S. 375 f.).
64 Grosser, Wagnis, S. 343. Vgl. weiter die «Erklärung» von Genscher «zu der Diskus-

sion über die Enteignungen in der damaligen sowjetischen Besatzungszone in der Zeit von 1945–1949», in: Genscher, Erinnerungen, S. 859f.

65 BVerfGE 84, S. 90–132; 94, S. 12–49.

66 BGBl I, S. 2624–2639. Vgl. weiter das Gesetz zur Regelung offener Vermögensfragen vom 2.12.1994, BGBl I 1994, S. 3610–3629.

67 Grosser, Wagnis, S. 344.

68 Erklärung der Regierungschefs der SPD-geführten Bundesländer vom 19. August 1990; «Vorlage des Ministerialdirigenten Busse und des Ministerialdirigenten Stern an den Chef des Bundeskanzleramtes Seiters Bonn, 23. August 1990» über ein internes Gespräch mit den Vertretern der Bundesländer. In: Dokumente zur Deutschlandpolitik, S. 1478f., 1490–1492.

69 Vgl. Schäuble, Vertrag, S. 212.

70 Artikel 41.2 des Einigungsvertrages.

71 Gesetz zur Beseitigung von Hemmnissen bei der Privatisierung von Unternehmen und zur Förderung von Investitionen, BGBl I 1991, S. 766–789.

72 Vgl. Grosser, Wagnis, S. 485–488.

73 Sinn, Hans-Werner: Volkswirtschaftliche Probleme der deutschen Vereinigung. Opladen 1996, S. 23. Dabei wurden nur Erwerbstätige in regulärer Anstellung, nicht aber die Teilnehmer an Programmen der aktiven Arbeitsmarktpolitik gerechnet.

74 Insgesamt sind 1989–1994 ca. 1,6 Millionen von Ostdeutschland weggezogen und knapp 0,5 Millionen zugezogen, so dass sich ein negativer Wanderungssaldo Ost von ca. 1,1 Millionen ergibt (Hauser u. a., Ungleichheit, S. 26); zur Entwicklung des Arbeitsmarktes und der Arbeitsmarktpolitik in Ostdeutschland vgl. weiter: Bundesanstalt für Arbeit. Institut für Arbeitsmarkt- und Berufsforschung: Arbeitsmarkt und Arbeitslosigkeit in den neuen Bundesländern – Ausgangsbedingungen und Einsatz aktiver Arbeitsmarktpolitik im ostdeutschen Transformationsprozess. In: Enquete-Kommission «Überwindung der Folgen der SED-Diktatur», Bd. III, S. 2806–2874.

75 Vgl. Tegtmeier, Werner: Die Zusammenführung der beiden deutschen Sozialsysteme – Probleme und mögliche Folgerungen für den Umwandlungsprozess in Mittel- und Osteuropa. In: Probleme der Umwandlung der Sozialordnungen der Staaten Mittel- und Osteuropas. Hrsg. von der Gesellschaft für Versicherungswissenschaft und –gestaltung e.V. Köln. Bergisch-Gladbach 1994, S. 10–46, bes. S. 42. Zum Umfang der Arbeitsmarktpolitik vgl. weiter Sozialbericht 1993, Bonn 1994, S. 29; Sozialbericht 1997. Bonn 1998, S. 19.

76 Vgl. dazu und den folgenden Zahlen über Arbeitslosigkeit: Statistische Übersichten, Band West, Tab. 90–93. Arbeitslose in Prozent der abhängigen zivilen Erwerbspersonen. Die Arbeitslosenquote weicht daher leicht von der in der folgenden Tabelle ab, bei der es sich um Arbeitslose in Prozent aller Erwerbspersonen handelt.

77 Vgl. weiter die Angaben über die von der aktiven Arbeitsmarktpolitik erfassten Personen im Sozialbericht des BMA 1993, S. 29. Danach belief sich die Arbeitsmarktentlastung im Osten durch die aktive Arbeitsmarktpolitik auf 1991: 1 881 000, 1992: 1 972 000, 1993: 1 618 000 Personen.

78 Unterrichtung durch die Bundesregierung, BTDrs. 13/2280 v. 8.9.1995, S. 242; Hauser u. a., Ungleichheit, S. 329f.

79 Hauser u. a., Ungleichheit, S. 329.

80 Rosenow, Joachim: Die Altersgrenzenpolitik in den neuen Bundesländern: Trends und Regulationsmechanismen im Transformationsprozess – Differenzen zur Entwicklung in den alten Bundesländern. In: ZSR 38 (1992), S. 682–697, hier S. 683.

81 Hampele, Anne/Naevecke, Stefan: Erwerbslosigkeit von Frauen in den neuen Bun-

desländern – Lebensmuster unter Druck. In: Der schwierige Weg zur Demokratie. Vom Ende der DDR zur Deutschen Einheit. Hrsg. v. Glaeßner, Gert-Joachim. Opladen, 2. Aufl. 1992, S. 107–141.

82 Schwitzer, Klaus-Peter: Die Rentner sind die Gewinner der Einheit. In: Das Parlament, 17./24.1.1997, S. 2.

83 Bundesanstalt für Arbeit. Institut für Arbeitsmarkt- und Berufsforschung: Arbeitsmarkt. In: Enquete-Kommission «Überwindung», Bd. III, S. 2821.

84 Die Zahlen über das Bruttoinlandsprodukt der DDR nach den gegenüber früheren Berechnungen erheblich korrigierten Angaben, in: Bundesministerium für Gesundheit und Soziale Sicherung (Hrsg.), Sozialbericht 2005. Bonn 2005, S. 194.

85 Statistische Übersichten, Band West, Tab. 17 u. 18.

86 Ebd., Tab. 6 u. 90.

87 Ebd., Tab. 17 u. 18.

88 Ebd., Tab. 18 u. 6.

89 Ebd., Tab. 90.

90 Ebd., Tab. 18 u. 93. Für die Entwicklung seit 1997 vgl. FAZ: 15 Jahre deutsche Einheit. Die Aufholjagd des Ostens stockt schon seit Jahren, 1.10.2005.

91 Unterrichtung durch die Bundesregierung, BTDrs. 13/10823 v. 27.5.1998, S. 20.

92 Ebd., S. 20 f., 110.

93 Grosser, Wagnis, S. 76–79.

94 Vgl. Naschold, Frieder: Ökonomische Leistungsfähigkeit und institutionelle Innovation – Das deutsche Produktions- und Politikregime im globalen Wettbewerb. In: Ökonomische Leistungsfähigkeit und institutionelle Innovation – Das deutsche Produktions- und Politikregime im globalen Wettbewerb. Hrsg. v. Naschold, Frieder/Soskice, David/Haucke, Bob u. a. WZB-Jahrbuch 1997. Berlin 1997, S. 19–64, bes. S. 29 f.

95 Vgl. Jahresgutachten 1988–1989 des Sachverständigenrates zur Begutachtung der gesamtwirtschaftlichen Entwicklung: «Arbeitsplätze im Wettbewerb». BTDrs. 11/3478 v. 24.11.1998, S. 101 ff.; Gerstenberger, Wolfgang: Grenzen fallen – Märkte öffnen sich. Die Chancen der deutschen Wirtschaft am Beginn einer neuen Ära. Berlin/München 1990, S. 169–197.

96 Vgl. Geißler, Rainer: Die Sozialstruktur Deutschlands. Zur gesellschaftlichen Entwicklung mit einer Zwischenbilanz zur Vereinigung. Opladen 2. Aufl. 1996, S. 27, 29.

97 OECD: OECD Economic Surveys. Germany 1989/1990. Anhang: Basic Statistics – International Comparisons.

98 Grosser, Wagnis, S. 78 f. – Auf 1000 Einwohner im erwerbsfähigen Alter kamen 1990 in der Bundesrepublik 33, in den USA 49 Beschäftigte im Einzelhandel.

99 Vgl. Schwarzer, Doris, Arbeitsbeziehungen, S. 116.

100 Vgl. Pieper, Bernhard: Industrie. Rasche Angleichung an die westdeutsche Beschäftigtenstruktur. In: Wiedervereinigung, S. 401–418, hier S. 413.

101 Vgl. Lutz, Burkart/Grünert, Holle: Der Zerfall der Beschäftigungsstruktur der DDR 1989–1993. In: Arbeit, Arbeitsmarkt und Betriebe, S. 69–120, hier S. 76.

102 Meimberg, Rüdiger: Landwirtschaft: Großbetriebe prägen den ländlichen Raum. In: Wiedervereinigung, S. 383–400, hier S. 384.

103 Schaefer-Kehnert, Walter: Die LPG-Nachfolger sind für den Staat ein Fass ohne Boden. In: FAZ v. 3.1.2000.

104 Pro Kopf der Erwerbstätigen lagen die privaten und öffentlichen Investitionen seit 1993 über denen in Westdeutschland. Vgl. Unterrichtung durch die Bundesregierung, BTDrs. 13/2280 v. 8.9.1995, S. 413.

105 Vgl. dazu Pohlmann, Markus/ Schmidt, Rudi: Management in Ostdeutschland und die Gestaltung des wirtschaftlichen und sozialen Wandels; Schmidt, Rudi: Restrukturierung und Modernisierung der industriellen Produktion. Beide Aufsätze in: Arbeit, Arbeitsmarkt und Betriebe, S. 191–226, 227–256.
106 Statistisches Bundesamt, Tabellensammlung, 3/97, S. 16,18.
107 Wollmann, Institutionenbildung, S. 131–135.
108 Statistisches Bundesamt, Tabellensammlung, 3/97, S. 17.
109 Statistisches Bundesamt, Tabellensammlung, 3/97, S. 15.
110 Vgl. Hünig, Hasko/Nickel, Hildegard Maria: Großbetriebliche Dienstleistungen. Rascher Aufbau und harte Konsolidierung. In: Arbeit, Arbeitsmarkt und Betriebe, S. 297–346.
111 Unterrichtung durch die Bundesregierung, BTDrs. 13/10823 v. 27.5.1998, S. 114.
112 Vgl. Pieper, Industrie, S. 413.
113 Die folgenden Zahlen beruhen für die DDR 1989 auf: Statistisches Jahrbuch der DDR 1990. Freiburg, Berlin 1990, S. 129 f. Für 1994 wurden Ergebnisse des Mikrozensus im früheren Bundesgebiet und in den neuen Bundesländern zusammengefasst in: Arbeits- und Sozialstatistik. Hauptergebnisse 1996. Hrsg. v. BMA. Bonn 1996, S. 23 f.
114 Vgl. Haschke, Ingrid/Ludwig, Udo: Produktion und Nachfrage. In: Herausforderung Ostdeutschland. Hrsg. v. Pohl, Rüdiger. Berlin 1995, S. 93–106, hier S. 104; Sozialbericht 2005, S. 193.
115 FAZ v. 1.10.2005 nach Zahlen des Instituts für Wirtschaftsforschung Halle.
116 Interview mit Weber, in: The Guardian v. 10.9.2005. Abgedruckt in: Deutsche Bundesbank. Auszüge aus Presseartikeln Nr. 39 v. 14.9.2005, S. 3 f.
117 Jahresgutachten 1997/98 des Sachverständigenrates zur Begutachtung der gesamtwirtschaftlichen Entwicklung: «Wachstum, Beschäftigung, Währungsunion – Orientierungen für die Zukunft». BTDrs. 13/9090 v. 18.11.1997, S. 349. Zu den drastisch veränderten finanzpolitischen Eckdaten durch die Wiedervereinigung und die Konjunkturentwicklung vgl. auch die Rede von Bundesfinanzminister Waigel in der CDU/CSU-Fraktion am 25.5.1993. Danach stieg das Defizit des Bundeshaushalts einschließlich der Sonderhaushalte von 1,2 Prozent des Bruttosozialprodukts 1989 auf 6,5 Prozent. In: ACDP, Fraktionsprotokolle.
118 Statistisches Taschenbuch 1998. Arbeits- und Sozialstatistik. Hrsg. v. BMA. Bonn 1998, Tabelle 1.27; vgl. weiter: Die Entwicklung der Staatsverschuldung seit der deutschen Vereinigung. In: Deutsche Bundesbank, Monatsbericht März 1997, Jg. 49, Nr. 3, S. 17–32.
119 Statistisches Taschenbuch 1998, Tabelle 1.21; vgl. weiter: Zum Stand der außenwirtschaftlichen Anpassung nach der deutschen Vereinigung. In: Deutsche Bundesbank, Monatsbericht Mai 1996, Jg. 48, Nr. 5, S. 49–62.
120 Vgl. die Tabelle in: FAZ v. 21.7.2000. – Wegen des unterschiedlichen Beitragssatzes für die Krankenversicherung lagen die Sozialversicherungssätze in den neuen Bundesländern 1990–1992 und 1997 etwas höher, 1993–1995 etwas niedriger.
121 Zweiter Zwischenbericht der Enquete-Kommission Demographischer Wandel. – Herausforderungen unserer älter werdenden Gesellschaft an den einzelnen und die Politik. BTDrs. 13/11460 v. 5.10.1998, S. 102.
122 Sozialbericht 1997, S. 292.
123 Weitere insgesamt 3,4 Prozent der Einnahmen 1990 und 2,4 Prozent 1994 waren sonstige Zuweisungen und sonstige Einnahmen.
124 Kaps, Carola: Welches Rezept steckt hinter dem Job-Wunder in Amerika? In: FAZ v. 3.1.2000.

125 Scharpf, Fritz W.: Wege zu mehr Beschäftigung. In: Gewerkschaftliche Monatshefte 48 (1997), S. 203–216; Scharpf: The Viability of Advanced Welfare States in the International Economy: Vulnerabilities and Options. Max-Planck-Institut für Gesellschaftsforschung, Working Paper 99/9, September 1999; vgl. weiter zu den Auswirkungen sozialstaatlicher Leistungen auf die Beschäftigung: Siegel/Jochem: Zwischen Sozialstaats-Status quo und Beschäftigungswachstum; Jochem, Sven: Sozialpolitik in der Ära Kohl: Die Politik des Sozialversicherungsstaates. In: ZeS-Arbeitspapier Nr. 12/99.

126 Vgl. Scharpf, Viability, S. 7. – Der Anteil in Deutschland, der von 1980 bis 1996 von 39,5 Prozent auf 35,8 Prozent der Bevölkerung im Alter von 15 bis 64 Jahren sank, lag damit 1996 noch deutlich über dem Durchschnitt von 32,7 Prozent in 18 OECD-Staaten.

127 Der deutsche Anteil an den Exporten der Welt sank von 11,4 Prozent 1991 auf 8,7 Prozent 2001 und lag damit auch deutlich unter dem langfristigen Durchschnitt von 10,6 Prozent im Zeitraum von 1975 bis 1989. Vgl. Siebert, Horst: Drei deutsche Schwächen. In: FAZ v. 11.3.2002.

128 Scharpf, Viability, S. 8. – Der Anteil stieg von 1980 bis 1996 in Deutschland von 25,5 Prozent auf 28,4 Prozent. Im Durchschnitt von 18 OECD-Staaten nahm der Anteil sehr viel stärker von 28,4 Prozent auf 34,4 Prozent zu.

129 Vgl. z. B. Scharpf, Wege, bes. S. 212–216.

130 Zweiter Zwischenbericht der Enquete-Kommission Demographischer Wandel, S. 142 f. – Allerdings handelt es sich dabei nicht nur um zusätzliche Arbeitsplätze. Ein nicht unerheblicher Teil der im Dienstleistungssektor zu schaffenden neuen Arbeitsplätze hätte substitutiven Charakter, da – etwa durch die Auslagerung von Beratungsdienstleistungen und von Forschung und Entwicklung – Arbeitsplätze in der Industrie verloren gingen oder umgewandelt würden.

131 Vgl. Czada, Roland: Vereinigungskrise.

132 Jahresgutachten 1995/96 des Sachverständigenrates zur Begutachtung der gesamtwirtschaftlichen Entwicklung: «Im Standortwettbewerb». BTDrs. 13/3016 v. 15.11.1995, S. 348. – Der reale Einkommensanstieg war allerdings erheblich geringer, da gleichzeitig die Lebenshaltungskosten im Osten um 27 Prozent, die im Westen um elf Prozent stiegen. In Westdeutschland waren die Nettolöhne und Nettogehälter 1994 zu Preisen von 1991 um fast drei Prozent gefallen, in Ostdeutschland um etwa 21 Prozent gestiegen (vgl. Sozialbericht 1997, S. 203 f.).

133 Hauser u. a., Ungleichheit, S. 50.

134 Ebd., S. 142. Zur Einkommensentwicklung und Einkommensverteilung in Ost- und Westdeutschland vgl. weiter: Hauser, Richard/Wagner, Gert: Die Einkommensverteilung in Ostdeutschland: Darstellung und Determinanten im Vergleich zu Westdeutschland für die Jahre 1990 bis 1994. In: Wohlstand für alle? Hrsg. v. Glatzner, Wolfgang/Kleinhenz, Gerhard. Opladen 1997, S. 11–61.

135 Statistische Übersichten, Bd. West, S. 60. Bei den Angestellten sank die tarifliche Wochenarbeitszeit 1990–1994 im Westen von 38,4 auf 37,8, im Osten von 40,2 auf 39,9 Stunden (ebd., S. 62).

136 Ebd., S. 73.

137 Hauser u. a., Ungleichheit, S. 203–205.

138 Statistische Übersichten, Bd. West, S. 297. Es handelt sich um Zwei-Personen-Haushalte von Renten- und Sozialhilfeempfängern und Vier-Personen-Arbeitnehmerhaushalte mit mittlerem Einkommen. Allerdings lag im Osten aufgrund der strikten Mietpreisbindung in der DDR der Anteil der Mieten 1990 mit 6,1 Prozent bei den Rentnern und vier Prozent bei den Arbeitnehmern noch weit niedriger.

139 Zweiter Zwischenbericht der Enquete-Kommission Demographischer Wandel, S. 296. Dort auch Zahlen über das durchschnittliche Nettogeldvermögen bei verschiedenen Familientypen.
140 Hauser u. a., Ungleichheit, S. 168.
141 Geißler, Sozialstruktur, S. 67 f. Nach Angaben von Schroeder, Preis der Einheit. S. 145, war 1996 knapp die Hälfte aller Arbeitnehmer in meist kleineren oder mittleren Unternehmen mit ostdeutschen Eigentümern, etwa ein Viertel in Unternehmen mit westdeutschen oder ausländischen Eigentümern und der Rest bei öffentlichen Arbeitgebern beschäftigt.
142 Frerich/Frey, Handbuch der Geschichte der Sozialpolitik, Bd. 2: Sozialpolitik in der Deutschen Demokratischen Republik. 2. Aufl. München/Wien 1996, S. 345.
143 Sozialbericht 1997, S. 310.
144 Zur Finanzentwicklung der gesetzlichen Rentenversicherung seit Beginn der neunziger Jahre. In: Deutsche Bundesbank, Monatsbericht März 1995, Jg. 47, Nr. 3, S. 17–31, hier S. 24. Die Frauen im Osten konnten im Durchschnitt 38, die im Westen 24,5 Versicherungsjahre nachweisen.
145 Sozialbericht 1997, S. 51 f.; vgl. weiter Schmähl, Winfried/Fachinger, Uwe: Einkommen und Vermögen älterer Haushalte. Anmerkungen zur heutigen Situation und zur künftigen Entwicklung. In: Lebenssituation älterer Menschen. Beschreibung und Prognose aus interdisziplinärer Sicht. Hrsg. v. Farny, Dieter/Lütke-Bornefeld, Peter/Zellenberg, Gertrud. Berlin 1996, S. 93–124, bes. S. 104–106.
146 Sozialbericht 2001, S. 124 f.
147 Schmähl, Winfried: Einkommenslage und Einkommensverwendungspotenzial Älterer in Deutschland. In: Wirtschaftsdienst 85, März 2005, S. 156–165, hier S. 158.
148 Hauser u. a., Ungleichheit, S. 379. Im Westen ergaben sich 1990–1994 keine wesentlichen Verschiebungen (ebd., S. 380).
149 Vgl. Merten, Roland: Junge Familien in den neuen Bundesländern: die vergessenen Verlierer im Prozess der deutschen Vereinigung. In: Sozialer Fortschritt 42 (1993), S. 295–300; 43 (1994), S. 18 f.
150 Ebd., S. 287.
151 Zweiter Zwischenbericht der Enquete-Kommission Demographischer Wandel, S. 321.
152 Vgl. zum Folgenden insbesondere Zacher, Hans F.: Der Wandel der Arbeit und der sozialen Sicherung im internationalen Vergleich. In: ZIAS 13 (1999), S. 1–47 sowie weiter Dahrendorf, Ralf: Fragmente eines neuen Liberalismus. Kapitel 11: Die Arbeitsgesellschaft in der Krise. Stuttgart 1987, S. 161–172; Dombois, Rainer: Der schwierige Abschied vom Normalarbeitsverhältnis. In: APuZG B 37/99, S. 13–20.
153 Vgl. Kommission für Zukunftsfragen der Freistaaten Bayern und Sachsen: Erwerbstätigkeit und Arbeitslosigkeit in Deutschland. Entwicklung, Ursachen und Maßnahmen. Teil I: Entwicklung in Erwerbstätigkeit und Arbeitslosigkeit in Deutschland und anderen frühindustrialisierten Ländern. Bonn 1996, S. 62–64. – Vgl. zum Rückgang des Normalarbeitsverhältnisses und den Gründen dafür weiter: Hoffmann, Edeltraut/Walwei, Ulrich: Beschäftigung: Formenvielfalt als Perspektive? Teil 1. Längerfristige Entwicklung von Erwerbsformen in Westdeutschland. IAB Kurzbericht, Nr. 2, 27.1.1998; Walwei, Ulrich: Teil 2. Bestimmungsfaktoren für den Wandel von Erwerbsformen, IAB Kurzbericht Nr. 3, 28.1.1998.
154 WZB-Mitteilungen 97, September 2002, S. 6.
155 Deutsche Bundesbank: Rascher Wandel der Erwerbsarbeit. In: Monatsbericht Juli 2005, Jg. 57, Nr. 7, S. 15–27.
156 Vgl. Kaufmann, Franz-Xaver: Sozialstaatlichkeit unter den Bedingungen moderner

Wirtschaft. In: Handbuch der Wissenschaftsethik. Bd. I: Verhältnisbestimmung von Wirtschaft und Ethik. Hrsg. v. Korff, Wilhelm (i.A. der Görresgesellschaft). Gütersloh 1999, S. 800–830. Nach einer von Kaufmann (ebd., S. 807) zitierten repräsentativen Zeitbudgeterhebung des Statistischen Bundesamtes setzte sich das Jahresvolumen bezahlter und unbezahlter Arbeit in Deutschland 1992 aus 60 Milliarden Stunden Erwerbsarbeit (36 Prozent), 10 Milliarden Stunden Wegezeiten (6 Prozent) und 95,5 Milliarden Stunden unbezahlter Arbeit (58 Prozent) zusammen. In der unbezahlten Arbeit wurden Haushaltsarbeit, Netzwerkhilfen und ehrenamtliche Tätigkeit zusammengefasst.

4. Die Sozialstruktur und die Erwartungen an die Sozialpolitik

1 Erster Zwischenbericht der Enquete-Kommission Demographischer Wandel – Herausforderungen unserer älter werdenden Gesellschaft an den einzelnen und die Politik. In: BTDrs. 12/7876 v. 14.6.1994, S. 15; zum Verhältnis von Demographie und Sozialstaat in Deutschland seit 1949 vgl.: Olk, Thomas/Rothgang, Heinz: Demographie und Sozialpolitik. In: 50 Jahre Bundesrepublik Deutschland, S. 258–278.

2 Statistisches Bundesamt: Bevölkerung Deutschlands bis 2050. 10. Koordinierte Bevölkerungsvorausberechnung. Wiesbaden 2003; vgl. weiter: Birg, Herwig: Die demographische Zeitenwende. Der Bevölkerungsrückgang in Deutschland und Europa. 2. Aufl. München 2002.

3 Enquete-Kommission Demographischer Wandel, Erster Zwischenbericht, S. 13.

4 Enquete-Kommission Demographischer Wandel, Zweiter Zwischenbericht, S. 32 f.

5 Ebd., S. 37; – In den neuen Bundesländern liegt allerdings der Anteil kinderloser Frauen mit nur gut zehn Prozent im Jahrgang 1960 erheblich niedriger.

6 Birg, Herwig: Deutschlands Weltrekorde. In: FAZ 22.2.2005.

7 Enquete-Kommission Demographischer Wandel, Zweiter Zwischenbericht, S. 32 f.

8 Datenreport 1994. Zahlen und Fakten über die Bundesrepublik Deutschland. Bonn 1994, S. 30

9 Enquete-Kommission Demographischer Wandel, Zweiter Zwischenbericht, S. 33.

10 Vgl. Enquete-Kommission Demographischer Wandel, Erster Zwischenbericht, S. 24 f. Vgl. für die Diskussion der Ursachen des Geburtenrückgangs in der DDR und die Prognose der weiteren Entwicklung: Conrad, Christopher /Lechner, Michael/Werner, Welf: East German Fertility After Unification: Crisis or Adaptation? In: Population and Development Review 22 (1996), S. 331–358.

11 Enquete-Kommission Demographischer Wandel, Erster Zwischenbericht, S. 101.

12 Alle Angaben über Erwerbsquoten nach Geschlecht und Altersgruppen sind, sofern sie nicht gesondert ausgewiesen werden, übernommen aus: Ebd., S. 102 sowie Enquete-Kommission Demographischer Wandel, Zweiter Zwischenbericht, S. 88.

13 Schlussbericht der Enquete-Kommission Demographischer Wandel. In: BTDrs. 14/8800 v. 28.3.2002, S. 81.

14 Zur Finanzentwicklung der gesetzlichen Rentenversicherung seit Beginn der neunziger Jahre. In: Deutsche Bundesbank, Monatsbericht, 47. Jg., März 1997, S. 17–31, hier S. 21.

15 Tegtmeier, Werner: Beschäftigung, Arbeitsmarkt und Sicherung bei Arbeitslosigkeit. In: Sozialstaat im Wandel, S. 85–105, hier S. 92. Über die Auswirkungen der Versuche, durch die Erschwerung des Rentenzugangs den Trend zur Frühverrentung umzusteuern, vgl. Alber, Der deutsche Sozialstaat, S. 235–275, hier S. 268 f.

16 Enquete-Kommission Demographischer Wandel, Zweiter Zwischenbericht, S. 137–139.

17 Danach stieg die Erwerbsquote wegen des Auslaufens der Vorruhestandsregelung wieder an und erreichte z. B. bei den 55–60jährigen Männern 1997 78 %. Ebd., S. 88.

18 Ebd., S. 93 f., 135. – Jeder zweite Langzeitarbeitslose war Ende September 1995 über 45 Jahre alt (Hauser u. a., Ungleichheit, S. 344).

19 Vgl. Gemeinsam für Deutschland – mit Mut und Menschlichkeit. Koalitionsvertrag zwischen CDU, CSU und SPD, 11.11.2005, S. 82 f.

20 Vgl. den Artikel «Deutschland ist auf das Ende der Frühverrentung nicht vorbereitet». In: FAZ, 29.8.2005.

21 Enquete-Kommission Demographischer Wandel, Erster Zwischenbericht, S. 111.

22 Ebd., S. 110–124.

23 Enquete-Kommission Demographischer Wandel, Zweiter Zwischenbericht, S. 121–124.

24 Schlussbericht der Enquete-Kommission Demographischer Wandel, S. 76.

25 Enquete-Kommission Demographischer Wandel, Erster Zwischenbericht, S. 38.

26 Das Statistische Bundesamt geht dabei von einer Steigerung der Lebenserwartung bis 2050 um rund 6 Jahre auf 81,1 Jahre bei Jungen und 86,6 Jahre bei Mädchen und einem Wanderungsüberschuss von 200 000 Personen im Jahr aus. Wenn man von den über 65jährigen ausgeht, würde der Altersquotient bei diesen Annahmen noch immer von 27,5 % im Jahr 2001 auf 47,3 % 2030 und 54,5 % 2050 steigen. Vgl. Bevölkerung Deutschlands bis 2050, S. 32.

27 Der Anteil der über 80jährigen an der Gesamtbevölkerung, der 1950 bei etwa 1 % lag, wird nach den Vorausberechnungen des Statistischen Bundesamtes von 3,8 % im Jahre 1990 auf 5,0 % 2010, 7,3 % 2030 und 12,1 % im Jahre 2050 ansteigen. Ebd., S. 31.

28 Vgl. Enquete-Kommission Demographischer Wandel, Zweiter Zwischenbericht, S. 281.

29 Vgl. z. B. Rürup, Bert/Sesselmeier, Werner: Die demographische Entwicklung Deutschlands: Risiken, Chancen, politische Optionen. In: APuZG, B 44/93, S. 3–15.

30 Bevölkerung Deutschlands bis 2050, S. 42.

31 Koalitionsvertrag vom 11.11.2005, S. 83.

32 Vgl. dazu auch die nach ihren Kommissionsvorsitzenden Bert Rürup bzw. Roman Herzog benannten Berichte der von der Bundesministerin für Gesundheit und Soziale Sicherung Ulla Schmidt eingesetzten Rürup-Kommission bzw. der von der CDU eingesetzten Herzog-Kommission: Bundesministerium für Gesundheit und soziale Sicherung: Nachhaltigkeit in der Finanzierung der sozialen Sicherungssysteme. Bericht der Kommission. Berlin 2003; Bericht der Kommission «Soziale Sicherheit» zur Reform der sozialen Sicherungssysteme. Berlin 29.9.2003. Die beiden Berichte gehen von völlig unterschiedlichen Annahmen aus. Die Rürup-Kommission legt z. B. eine viel höhere Erwerbsquote, vor allem der Frauen, und eine Zuwanderung von jährlich 200 000 Personen statt 100 000 nach der Herzog-Kommission, zugrunde. Sie geht zudem von einer Arbeitslosigkeit von 4,4 % 2030 (Herzog-Kommission von langfristig 9,6 %), von einer höheren Arbeitsproduktivität, einem erheblich größeren Wachstum des Bruttoinlandsprodukts und einer weniger ausgeprägten Verringerung der Bevölkerungszahl aus. Aufgrund der sehr viel pessimistischeren Annahmen ist der zusätzliche Finanzierungsbedarf nach der Herzog-Kommission sehr viel größer, die entsprechend auch radikalere Reformvorschläge macht.

33 Vgl. die Diskussion der verschiedenen Optionen zur Reform des Alterssicherungssystems. In: Enquete-Kommission Demographischer Wandel, Zweiter Zwischenbericht, S. 189–212. Vgl. weiter aus der Vielzahl der Veröffentlichungen zu diesem Thema: Schmähl, Winfried: Alterssicherung in Deutschland an der Jahrtausendwende – Konzeptionen, Maßnahmen und Wirkungen. In: Deutsche Rentenversi-

cherung 1–2/2000, S. 50–71; Rürup, Bert: Alterndes Deutschland. Herausforderung des demographischen Wandels. In: Ebd., S. 72–81.
34 Vgl. Enquete-Kommission Demographischer Wandel, Zweiter Zwischenbericht, S. 218–260.
35 Vgl. die Analyse von Schmähl, Winfried: Migration und soziale Sicherung. Über die Notwendigkeit einer differenzierten Betrachtung: das Beispiel der gesetzlichen Kranken- und Rentenversicherung. In: Hamburger Jahrbuch für Wirtschafts- und Gesellschaftspolitik 14 (1995), S. 247–271.
36 Familien und Familienpolitik im geeinten Deutschland. – Zukunft des Humanvermögens. Fünfter Familienbericht. Hrsg. v. Bundesministerium für Familie, Senioren, Frauen und Jugend. Bonn 1994, S. 70 (BTDrs. 12/7560 v. 15.6.1994).
37 Enquete-Kommission Demographischer Wandel, Zweiter Zwischenbericht, S. 269.
38 Enquete-Kommission Demographischer Wandel, Erster Zwischenbericht, S. 63.
39 Enquete-Kommission Demographischer Wandel, Zweiter Zwischenbericht, S. 273.
40 Enquete-Kommission Demographischer Wandel, Erster Zwischenbericht, S. 66.
41 Ebd., S. 67.
42 Bundesinstitut für Bevölkerungsforschung: Bevölkerung, Fakten – Trends – Ursachen – Erwartungen. Wiesbaden 2000, S. 13.
43 Vgl. Huinink, Johannes: Sozialpolitik und individuelles Handeln. Zu unbeabsichtigten Folgen politischer Intervention am Beispiel der DDR. In: Zeitschrift für Sozialreform 42 (1996), S. 1–16, bes. S. 6 f.
44 Enquete-Kommission Demographischer Wandel, Zweiter Zwischenbericht, S. 265. Die Zahl schließt die Kinder in nichtehelichen Lebensgemeinschaften ein.
45 Hauser u. a., Ungleichheit, S. 267.
46 Enquete-Kommission Demographischer Wandel, Zweiter Zwischenbericht, S. 294. Bei Alleinerziehenden mit kleinen Kindern unter drei Jahren stieg der Anteil der Sozialhilfeempfänger im Westen auf über 60 Prozent, im Osten auf etwa 45 Prozent.
47 Drauschke, Petra/Stolzenburg, Margit: Familie. In: Sozialreport 1995. Daten und Fakten in den neuen Bundesländern. Hrsg. v. Winkler, Gunnar. Berlin 1995, S. 276–328, hier S. 310.
48 Enquete-Kommission Demographischer Wandel, Zweiter Zwischenbericht, S. 321.
49 Ebd., S. 295.
50 Ebd., S. 262.
51 Ebd.
52 Vgl. zur Transformation der ostdeutschen Eliten nach der Vereinigung: Bürklin, Wilhelm/Rebenstorf, Hilke u. a.: Eliten in Deutschland. Rekrutierung und Integration. Opladen 1997.
53 Vgl. Lutz/Grünert, Zerfall. In: Arbeit, Arbeitsmarkt und Betriebe, S. 69–120.
54 Lutz, Burkart, Einleitung. In: Arbeit, Arbeitsmarkt und Betriebe, S. 4 f.; Pohlmann/Schmidt, Management. In: ebd., S. 191–226.
55 Enquete-Kommission Demographischer Wandel, Zweiter Zwischenbericht, S. 321. Ende 1996 erhielten von den Deutschen 2,8, von den Ausländern 8,5 Prozent laufende Hilfe zum Lebensunterhalt.
56 Hauser u. a., Ungleichheit, S. 323–325.
57 Vgl. oben, S. 133–137.
58 Datenreport 1994, S. 579–581.
59 Die Ergebnisse hängen natürlich vom genauen Wortlaut der gestellten Fragen ab und dürfen nicht überinterpretiert werden. Sie verdeutlichen aber klare Unterschiede zwischen Ost- und Westdeutschland und zum Teil auch Entwicklungen

zwischen 1989/90 und 1994. Wichtige Grundlagen waren der Wohlfahrtssurvey-Ost des Wissenschaftszentrums Berlin für Sozialforschung (WBZ) vom Oktober/November 1990, ein Wohlfahrtssurvey im Frühjahr 1993, der vom WBZ gemeinsam mit dem Zentrum für Umfragen, Methoden und Analysen (ZUMA), Mannheim, durchgeführt wurde, die Allgemeine Bevölkerungsumfrage der Sozialwissenschaften (ALLBUS) des ZUMA und z.T. noch unveröffentlichte Umfragen des Instituts für Demoskopie Allensbach.

60 Datenreport 1992. Zahlen und Fakten über die Bundesrepublik Deutschland. Bonn 1992, S. 640; Datenreport 1994, S. 425.

61 Datenreport 1994, S. 483.

62 Ebd., S. 485. 1990 sahen sogar 71 Prozent im Osten die finanzielle Absicherung bei Arbeitslosigkeit als unzureichend an.

63 Ebd., S. 441.

64 Ebd., S. 491.

65 Thierse, Wolfgang: Fünf Jahre deutsche Vereinigung: Wirtschaft-Gesellschaft-Mentalität. In: APuZG, B40–41/95, S. 3–7; Allensbacher Jahrbuch der Demoskopie 1984–1992, Bd. 9. Hrsg. v. Noelle-Neumann, Elisabeth/Köcher, Renate. München/New York/London u.a. 1993, S. 516, 833; Allensbacher Jahrbuch der Demoskopie 1993–1997, Bd. 10. Hrsg. v. Noelle-Neumann, Elisabeth/Köcher, Renate. München 1997, S. 122–125, 961 f.; Pollack, Detlef: Zwischen alten Verhaltensdispositionen und neuen Anforderungsprofilen. Bemerkungen zu den mentalitätsspezifischen Voraussetzungen des Operierens von Interessenverbänden und Organisationen in den neuen Bundesländern. In: Organisierte Interessen in Ostdeutschland. Hrsg. v. Eichner, Volker/Kleinfeld, Ralf/Pollack, Detlef u. a., 1. u. 2. Halbband. Marburg 1992, S. 489–508, bes. S. 495 f.

66 Vgl. dazu Inglehart, Ronald: The Silent Revolution: Changing Values and Political Styles. Princeton 1977; Inglehart, Ronald: Culture Shift in Advanced Industrial Society. Princeton 1990; Inglehart, Ronald: Modernization and Postmodernization. Cultural, Economic and Political Change in 43 Societies. Princeton 1997; Fuchs, Dieter: Zum Wandel politischer Konfliktlinien: Ideologische Gruppierungen und Wahlverhalten. In: Die Bundesrepublik in den achtziger Jahren. Innenpolitik, politische Kultur, Außenpolitik. Hrsg. v. Süß, Werner. Opladen 1991, S. 69–86.

67 Datenreport 1992, S. 631 f., 640; Datenreport 1994, S. 426.

68 Hauser u.a., Ungleichheit, S. 441 f.; Allensbacher Jahrbuch 1993–1997, S. 1055, 1066.

69 Vgl. Ritter, Über Deutschland, S. 176–178.

70 Vgl. Schwarzer, Arbeitsbeziehungen, S. 105.

71 Vgl. Tappe, Heike: Emanzipation oder Zwang? Frauen in der DDR zwischen Beruf, Familie und Sozialpolitik. Berlin 1995, S. 89–91.

72 Vgl. z.B. Heering, Walter/Schröder, Klaus: Die DDR war kein Bollwerk der Emanzipation. Legenden und Wirklichkeit im ostdeutschen Emanzipationsprozess: Das Beispiel Frauenbeschäftigung. In: FAZ, 21.12.1995.

73 Datenreport 1994, S. 481. – Noch höher war mit 89 Prozent im Osten gegenüber 31 Prozent im Westen der Anteil derer, die die Absicht hatten, innerhalb von drei Jahren eine Erwerbstätigkeit aufzunehmen.

74 Land Brandenburg. Ministerium für Arbeit, Soziales, Gesundheit und Frauen. Die Ministerin: Arbeitspapier für die Referentenbesprechung zur Vorbereitung der Konferenz der Arbeits- und Sozialminister am 13. März 1991 vom 8.2.1991. In: BMA VIII/Ia2–17666.

75 Typisch dafür ist das Symposion der Ludwig-Erhard-Stiftung vom 18.10.1993,

veröffentlicht unter dem Titel: Umbau der Sozialsysteme. Hrsg. von der Ludwig-Erhard-Stiftung. Redaktion Lambert, Martin. Krefeld 1994. Vgl. insbesondere die Einführung des Staatssekretärs a.D. und Vorsitzenden der Stiftung Otto Schlecht, der zehn Thesen zu einer «ordnungskonformen Sozialpolitik in der Sozialen Marktwirtschaft» zur Diskussion stellte: Schlecht: Soziale Sicherung als Aufgabe der Sozialen Marktwirtschaft, S. 7–14.

76 Datenreport 1992, S. 642. Die Umfrage im Osten erfolgte zwei Monate nach der Vereinigung im Dezember 1990.

77 Institut für Demoskopie Allensbach: Probleme und Stimmungslage der Bevölkerung in den neuen Bundesländern. Eine aktuelle Bestandsaufnahme im Herbst 1991, S. 81–84. – 59 Prozent wünschten zusätzliche staatliche Mittel, 57 Prozent die Schaffung befristeter Arbeitsstellen durch ABM-Maßnahmen und immerhin 30 Prozent eine Übernahme der Betriebe durch den Staat. – Die Umfrage wurde vom Institut im Auftrag des BMWi durchgeführt und ausgewertet. Das Papier befand sich in den Akten des BMA VIII/Ie7–17700 (1).

78 Vgl. Maschatzke, Jörg: Einstellungen zum Umfang staatlicher Verantwortung. – Zum Staatsverständnis der Eliten im vereinten Deutschland; Kaina, Viktoria: Wertorientierung im Eliten-Bevölkerungsvergleich: Vertikale Distanzen, geteilte Loyalitäten und das Erbe der Trennung. Beide Aufsätze in: Bürklin u.a., Eliten, S. 321–350 bzw. 351–389.

79 Ullrich, Carsten G./Wemken, Ingrid/Walter, Heike: Leistungen und Beiträge als Determinanten der Zufriedenheit mit der gesetzlichen Krankenversicherung. Ergebnis einer empirischen Untersuchung zur Akzeptanz des Krankenversicherungssystems bei den gesetzlich Versicherten. ZeS-Arbeitspapier Nr. 3/94.

80 Vgl. Roller, Edeltraud: Einstellungen der Bürger zum Wohlfahrtsstaat der Bundesrepublik Deutschland. Opladen 1992, bes. S. 69–72.

81 Ebd., S. 199; Allensbacher Jahrbuch 1993–1997, bes. S. 702,711–713.

82 Roller, Edeltraud: Kürzungen von Sozialleistungen aus der Sicht der Bundesbürger. In: ZSR 42 (1996), S. 777–788, hier S. 781. Für Kritik an der Sozialpolitik und den Kürzungen von Sozialleistungen bei Älteren vgl. auch: Sozialreport 50+ 1996. Daten und Fakten zur sozialen Lage von Bürgern ab dem 50. Lebensjahr in den neuen Bundesländern. Hrsg. vom Sozialwissenschaftlichen Forschungszentrum Berlin-Brandenburg e.V. Berlin 1996, bes. S. 203–238.

83 Vgl. Roller, Edeltraud: Sozialpolitische Orientierungen nach der deutschen Vereinigung. In: Politische Orientierungen und Verhaltensweisen im vereinigten Deutschland. Hrsg. v. Gabriel, Oscar W. Opladen 1997, S. 115–146, hier S. 126 f.; zur Entwicklung sozialstaatlicher Wertorientierungen besonders nach der deutschen Vereinigung vgl. weiter: Roller, Edeltraud: Staatsbezug und Individualismus: Dimensionen des sozialkulturellen Wertwandels. 50 Jahre Bundesrepublik Deutschland, S. 229–246.

84 Roller, Sozialpolitische Orientierungen, S. 138 f.

85 Ebd., S. 133. Die restlichen 19 Prozent waren unentschieden.

86 Neller, Katja: «Auferstanden aus Ruinen?» Das Phänomen der «DDR-Nostalgie». In: Wächst zusammen, was zusammengehört? Stabilität und Wandel politischer Einstellungen im wiedervereinigten Deutschland. Hrsg. von Gabriel, Oscar W./Falter, Jürgen W./Rattinger, Hans. Baden-Baden 2005, S. 339–381, bes. S. 351.

87 Deren primäre Bedeutung gegenüber der Sozialisation in der DDR betonen: Pollack, Detlef/Pickel, Gert: Die ostdeutsche Identität – Erbe des DDR-Sozialismus oder Produkt der Wiedervereinigung? Die Einstellung der Ostdeutschen zu sozialer Ungleichheit und Demokratie. In: APuZG, B41–42/98, S. 9–23.

88 Bulmahn, Thomas: Das vereinte Deutschland – Eine lebenswerte Gesellschaft? Zur Bewertung von Freiheit, Sicherheit und Gerechtigkeit in Ost und West. In: Kölner Zeitschrift für Soziologie und Sozialpsychologie 52 (2000), S. 405–427, hier S. 406 f. Typisch ist auch das Auseinanderfallen der Einschätzung der eigenen Wirtschaftslage, der zukünftigen eigenen Wirtschaftslage und der Wirtschaftslage der Bundesrepublik, vor allem in den neuen Bundesländern. Der Anteil derjenigen, die die eigene Wirtschaftslage positiv einschätzen, stieg von 1990 bis 1994 von 17 auf 48 %. Gleichzeitig nahm der Anteil derer, die die zukünftige eigene Wirtschaftslage bzw. die Wirtschaftslage der Bundesrepublik positiv einschätzten von 59 auf 25 % bzw. von 89 auf 12 % ab. Vgl. Gabriel, Oskar W.: Einleitung: politische Orientierungen und Verhaltensweisen im Transitionsprozeß. In: Politische Orientierungen, S. 9–33, hier S. 26.

89 Vgl. Allensbacher Jahrbuch 1984–1992, S. 426 f.; Allensbacher Jahrbuch 1993–1997, S. 544, 558. Im November 1991 sprachen sich in den neuen Bundesländern 90 Prozent für die Aufnahme des Rechts auf Wohnung und 85 Prozent für die Verankerung des Rechts auf Arbeit im Grundgesetz aus (Allensbacher Jahrbuch 1984–1992, S. 567).

90 Gabriel, Oskar W.: Politische Orientierungen und Verhaltensweisen. In: Kaase, Max u. a.: Politisches System, S. 231–312, hier S. 251.

91 Hauser u. a., Ungleichheit, S. 444.

92 Politische Orientierungen, S. 255; vgl. weiter Fuchs, Dieter: Welche Demokratie wollen die Deutschen? Einstellungen zur Demokratie im vereinigten Deutschland. In: Politische Orientierungen, S. 81–113.

93 Reich, Jens: Bescheidenheit war politisches Programm. In: DIE ZEIT, 18.10.1996.

94 Hauser u. a., Ungleichheit, S. 445. Nach einer anderen Quelle fiel die Akzeptanz der Marktwirtschaft weiter von 38 Prozent 1994 auf 23 Prozent im Jahre 1998. Vgl. Bulmahn, Das vereinte Deutschland, S. 407.

95 Bulmahn, Das vereinte Deutschland, bes. S. 414–425.

96 Politische Orientierungen, S. 243; vgl. weiter Noelle-Neumann, Elisabeth: Die PDS als Kristallisationspunkt der Unterschiede. In: FAZ, 16.12.1997.

97 Arzheimer, Kai: «Freiheit oder Sozialismus?» Gesellschaftliche Wertorientierungen, Staatszielvorstellungen und Ideologien im Ost-West-Vergleich. In: Wächst zusammen, was zusammengehört? S. 285–313, hier S. 296. – Der Artikel, wie die meisten Artikel dieses Bandes, beruht auf der Auswertung von Befragungen, die im Umkreis der Bundestagswahlen 1994, 1998 und 2002 vorgenommen wurden.

98 Im März 1990 – also in der Zeit der ersten freien Wahlen der Volkskammer – fühlten sich 61 Prozent der Befragten Ostdeutschen eher als Deutsche und nur 32 Prozent eher als Ostdeutsche. Im Januar 1992 sahen sich nur noch 35 Prozent primär als Deutsche, dagegen 60 % als Ostdeutsche. Vgl. Allensbacher Jahrbuch 1984–1992, S. 486; 1997 fühlten sich 67 Prozent mehr als Ostdeutsche und 28 Prozent mehr als Deutsche. Allensbacher Jahrbuch 1993–1997, S. 560.

99 Vgl. Montada, Leo: Gerechtigkeitsansprüche und Ungerechtigkeitserleben in den neuen Bundesländern. In: Arbeit und Gerechtigkeit im ostdeutschen Transformationsprozess. Hrsg. v. Heinz, Walter R./Hormuth, Stefan E. Opladen 1997, S. 231–274; Hauser u. a., Ungleichheit, S. 448. – Etwa 70 Prozent der Ostdeutschen fühlten sich nach einer Umfrage fünf Jahre nach der Wiedervereinigung als Bürger zweiter Klasse. Vgl. Schmitt, Manfred/Montada, Leo: Psychologische, soziologische und arbeitswissenschaftliche Analysen der Transformation nach der deutschen Wiedervereinigung. In: Gerechtigkeitserleben im wiedervereinigten Deutschland. Hrsg. v. Schmitt, Manfred/Montada, Leo. Opladen 1999, S. 7–18, hier S. 13. Institut für

Demoskopie, Probleme, S. 61–63. Die bereits erwähnte neue Untersuchung (Anm. 86) über die Entwicklungen politischer Einstellungen 1994–2002 in Ost- und Westdeutschland kommt zu der Schlussfolgerung, dass «eine generelle Konvergenz der politischen Orientierungen der Ost- und Westdeutschen» bisher nicht eintrat und «ausgerechnet im Kernbereich der politischen Kultur, der Einstellung zur Demokratie, [...] sich die Unterschiede eher vergrößert als verringert» hätten. Vgl. Gabriel, Oskar W.: Wächst zusammen, was zusammengehört? In: ders.: Wächst zusammen, was zusammengehört? S. 385–423, hier S. 419.

100 Institut für Demoskopie, Probleme, S. 61–63. – Im November 1996 traten 74% der Ostdeutschen und 29% der Westdeutschen für die gleiche Höhe der Löhne bei gleicher Arbeit ein. Vgl. Allensbacher Jahrbuch 1993–1997, S. 613.

II. Die Entstehung der Sozialunion

5. Grundzüge der Sozialunion und Vergleich der Sozialsysteme der Bundesrepublik und der DDR

1 Sozialbericht 1990. Hrsg. v. BMA, S. 6f.

2 Interviews des Verfassers mit Bundesarbeitsminister Blüm am 8.6.2000 und mit Staatssekretär Jagoda am 5.7.2000.

3 Vgl. das handschriftliche Manuskript eines undatierten Vortrages von Martin Ammermüller mit dem Titel: «Die Herausforderung der Sozialversicherung in den neuen Bundesländern», S. 1. Ich danke Herrn Dr. Ammermüller für die Überlassung einer Kopie des Manuskripts.

4 Sozialbericht 1993, Vorwort ohne Seitenangabe.

5 Ebd., S. 8.

6 Vgl. Sozialstaatlichkeit in der DDR. Sozialpolitische Entwicklungen im Spannungsfeld von Diktatur und Gesellschaft 1945/49–1989. Hrsg. v. Hoffmann, Dierk/Schwartz, Michael. München 2005, insbes. Ritter, Gerhard A.: Thesen zur Sozialpolitik der DDR, S. 11–29.

7 Vgl. Hockerts, Soziale Errungenschaften?, S. 791–794.

8 Vgl. zu den Begriffen der «Externalisierung» und «Internalisierung» sozialer Kosten Zacher, Hans F.: Grundtypen des Sozialrechts. In: Zacher: Abhandlungen zum Sozialrecht. Hrsg. v. Maydell, Bernd Baron von/Eichenhofer, Eberhard. Heidelberg 1993, S. 257–278, bes. S. 262–264.

9 Vgl. Lepsius, M. Rainer: Die Rolle der Sozialpolitik in der Bonner Republik und in der DDR. In: Soziale Konflikte, Sozialstaat und Demokratie in Deutschland. Hrsg. v. Grebing, Helga/Hemmer, Hans Otto. Essen 1996, S. 41–50, bes. S. 47f.

10 Für die Zeit vor der «Wende» vgl. Niemann, Heinz: Meinungsforschung in der DDR. Die geheimen Berichte an das Politbüro der SED. Köln 1993, S. 277f. Nach der Vereinigung sprachen sich 1991 bei einer Umfrage 85% für die Aufnahme des Rechts auf Arbeit in das Grundgesetz aus. Vgl. Allensbacher Jahrbuch 1984–1992, S. 567.

11 Vgl. dazu Zeng, Matthias: «Asoziale» in der DDR. Transformation einer moralischen Kategorie. Münster 2000, bes. S. 34–43.

12 Vgl. Bouvier, Beatrix: Die DDR – ein Sozialstaat? Sozialpolitik in der Ära Honecker. Bonn 2002, bes. S. 130–138.

13 SBC der DDR I 1961, S. 27ff.

14 GBl der DDR I 1977, S. 188–227.

15 Vgl. oben, S. 83.

16 GBl der DDR I 1990, S. 371–381. Gesetz zur Änderung und Ergänzung des Ar-

beitsgesetzbuches vom 22.6.1990; vgl. weiter Schwedes, Rolf: Arbeitsgesetzbuch der DDR und seine Neufassung 1990. In: Entwicklungen von Arbeitsrecht und Arbeitsschutzrecht. Festschrift für Gottfried Wlotzke zum 70. Geburtstag. Hrsg. von Anzinger, Rudolf/Wenk, Rolf. München 1996, S. 145–172.

17 Vgl. Hübner, Peter: Konsens, Konflikt und Kompromiss. Soziale Arbeiterinteressen und Sozialpolitik in der SBZ/DDR 1945–1970. Berlin 1995, bes. S. 211–245; Roesler, Jörg: Die Produktionsbrigaden in der Industrie der DDR. Zentrum der Arbeitswelt? In: Sozialgeschichte der DDR. Hrsg. v. Kaelble, Hartmut/Kocka, Jürgen/Zwahr, Hartmut. Stuttgart 1994, S. 144–170.

18 Nicht als Betriebspension, sondern als Zusatzversorgung angesehen wird hier die Zusatzrente, die nach mindestens 20-jähriger ununterbrochener Beschäftigungsdauer an die Arbeitnehmer der wichtigsten volkseigenen Betriebe aufgrund einer Verordnung vom 9.3.1954 gezahlt wurde. Vgl. Frerich/Frey, Handbuch, Bd. 2, S. 358.

19 Vgl. Boldorf, Marcel: Sozialfürsorge in der SBZ/DDR 1945–1953. Ursachen, Ausmaß und Bewältigung der Nachkriegsarmut. Stuttgart 1998.

20 Frerich/Frey, Handbuch, Bd. 2, S. 369. Vgl. weiter zur Sozialfürsorge der DDR sowie zum Aufbau der Sozialhilfe nach der Vereinigung: Wienand, Manfred/Neumann, Volker/Brockmann, Iris: Fürsorge. Opladen 1997.

21 Aulmann, Heinz: Die Verhütung und Entschädigung von Arbeitsunfällen und Berufskrankheiten in der DDR unter Berücksichtigung des Staatsvertrages. In: Kompaß 100 (1990), S. 343–345.

22 Vgl. Hoffmann, Dierk: Sozialpolitische Neuordnung in der SBZ/DDR. Der Umbau der Sozialversicherung 1945–1956. München 1996.

23 Frerich/Frey, Handbuch, Bd. 2, S. 285.

24 Ebd., S. 291 f.

25 Ebd., S. 345.

26 Manz, Günter: Armut in der «DDR»-Bevölkerung. Lebensstandard und Konsumptionsniveau vor und nach der Wende. Augsburg 1992, S. 86 f., 88, 106.

27 Vgl. dazu Hoffmann, Dierk: Rentenversicherung und SED-Rentenpolitik in den achtziger Jahren. In: Am Ende des realen Sozialismus, Bd. 4, S. 375–419.

28 Vgl. Hockerts, Hans Günter: Grundlinien und soziale Folgen der Sozialpolitik in der DDR. In: Sozialgeschichte, S. 519–544, hier S. 528.

29 Vgl. Schmähl, Winfried: Alterssicherung in der DDR und ihre Umgestaltung im Zuge des deutschen Einigungsprozesses. In: Sozialpolitik im vereinten Deutschland I. Hrsg. v. Kleinhenz, Gerhard. Berlin 1991, S. 49–95, hier S. 70.

30 Hoffmann, Rentenversicherung, S. 395.

31 Die Entwicklung von einem einheitlichen zu einem in leistungsrechtlicher und struktureller Hinsicht sehr heterogenen System der Sozialversicherung in der DDR bei gleichzeitigen Homogenisierungstendenzen der Sozialversicherung in der Bundesrepublik wird herausgearbeitet von Manow-Borgwardt, Philip: Die Sozialversicherung in der DDR und BRD, 1945–1990: Über die Fortschrittlichkeit rückschrittlicher Institutionen. In: PVS 35 (1994), S. 40–61.

32 Hockerts, Grundlinien, S. 529.

33 Böhm, Stefan/Pott, Arno: Verteilungspolitische Aspekte der Rentenüberleitung. Eine Analyse ausgewählter Verteilungswirkungen der Übertragung des bundesdeutschen Rentenrechts auf die neuen Bundesländer. In: Sozialpolitik, S. 166–227, hier S. 173.

34 Friedrich/Frey, Handbuch, Bd. 2, S. 417 f., 421.

35 Schmidt, Manfred G.: Grundzüge der Sozialpolitik in der DDR. In: Am Ende des realen Sozialismus, Bd. 4, S. 273–319, hier S. 294.

36 Schwarzer, Arbeitsbeziehungen, S. 105.

37 Ebd., S. 107. In der Bundesrepublik verdienten vollbeschäftigte Arbeiterinnen bzw. weibliche Angestellte 1988 nur 70% bzw. 64% der durchschnittlichen Bruttoverdienste ihrer männlichen Kollegen.

38 Trappe, Heike: Emanzipation oder Zwang? Frauen in der DDR zwischen Beruf, Familie und Sozialpolitik. Berlin 1995, S. 197.

39 Manow, Philip: Entwicklungslinien ost- und westdeutscher Gesundheitspolitik zwischen doppelter Staatsgründung, deutscher Einigung und europäischer Integration. In: ZSR 43 (1997), S. 101–131.

40 Ende 1989 übten nur noch 341 der 20570 ambulant tätigen Ärzte ihre Arbeit in einer Praxis als niedergelassene Ärzte aus. Vgl. Wasem, Jürgen: Vom staatlichen zum kassenärztlichen System. Eine Untersuchung des Transformationsprozesses der ambulanten ärztlichen Versorgung in Deutschland. Frankfurt, New York 1997, S. 49. Von den Krankenhausbetten befanden sich etwa sieben bis acht Prozent in Häusern mit konfessioneller Eigentumsform (Hockerts, Grundlinien, S. 539).

41 Manow, Entwicklungslinien, S. 117.

42 Hockerts, Grundlinien, S. 525.

43 Süß, Winfried: Gesundheitspolitik. In: Drei Wege deutscher Sozialstaatlichkeit. NS-Diktatur, Bundesrepublik und DDR im Vergleich. Hrsg. v. Hockerts, Hans Günter. München 1998, S. 55–97, hier S. 79f.

44 Vgl. zur Analyse der Stärken und Schwächen des Gesundheitssystems der DDR: Sachverständigenrat für die Konzertierte Aktion im Gesundheitswesen. Jahresgutachten 1991: Das Gesundheitswesen im vereinten Deutschland. Baden-Baden 1991, S. 102–151.

45 Vgl. Süß, Gesundheitspolitik, S. 89.

46 Vgl. Informationen über die Arbeit des Ministeriums für Gesundheits- und Sozialwesen seit November 1989 vom 14.3.1990. In: BArch, DQ1, 14119.

47 Sachverständigenrat für die Konzertierte Aktion im Gesundheitswesen. Jahresgutachten 1991, S. 113. Fünfter Familienbericht, S. 39.

48 Vgl. dazu Manow, Philip: Gesundheitspolitik im Einigungsprozess. Frankfurt, New York 1994; Wasem, Vom staatlichen zum kassenärztlichen System.

49 Schmidt, Grundzüge der Sozialpolitik, S. 295.

50 Zu den am sowjetischen Modell ausgerichteten Kadernomenklatursystem der DDR vgl. Wagner, Matthias: Gerüst der Macht. Das Kadernomenklatursystem als Ausdruck der führenden Rolle der SED. In: Gesellschaft ohne Eliten? Führungsgruppen in der DDR. Hrsg. v. Bauerkämper, Arnd/Danyel, Jürgen/Hübner, Peter/Roß, Sabine. Berlin 1997, S. 87–108; Roß, Sabine: «Karrieren auf der Lochkarte». Der Zentrale Kaderdatenspeicher des Ministerrats der DDR. In: Ebd., S. 109–130; Zimmermann, Hartmann: Überlegungen zur Geschichte der Kader und der Kaderpolitik in der SBZ/DDR. In: Sozialgeschichte, S. 322–356.

51 Die Umgestaltung der Systeme sozialer Sicherung in den Staaten Mittel- und Osteuropas. Fragen und Lösungsansätze. Kolloquium des Max-Planck-Instituts für Ausländisches und Internationales Sozialrecht in Tutzing vom 9.–12. Februar 1993. Hrsg. v. Maydell, Bernd Baron von/Hohnerlein, E.-M. Berlin 1993; Probleme der Umgestaltung der Sozialordnungen Mittel- und Osteuropas. Hrsg. v. Gesellschaft für Versicherungswissenschaft und -gestaltung e.V. Köln. Bergisch-Gladbach 1994. Zur Transformation der Sozialsysteme 1989–1995 in Ostmitteleuropa vgl. weiter am Beispiel von Bulgarien, Polen, der Slowakei, Tschechien und Ungarn: Transformation der Wohlfahrtsstaaten in Mittel- und Osteuropa. Eine Zwischenbilanz. Hrsg. v. Götting, Ulrike. Opladen 1998.

6. Die Sozialpolitik der Regierung Modrow

1 Prot. VK, 9. WP, 12. Tagung vom 17./18.11.1989, S. 272–281.

2 Vgl. Hoffmann, Rentenversicherung, S. 391 f., 416–419.

3 Vgl. Moreau, Patrick (in Zusammenarbeit mit Marcus Overmann)/Süß, Walter/Weinke, Annette u. a.: Die Politik der letzten DDR-Regierung und ihre Folgen. In: Materialien der Enquete-Kommission «Überwindung». Bd. VIII/3: Das geteilte Deutschland im geteilten Europa. Hrsg. v. Deutschen Bundestag. Baden-Baden 1999, S. 2008–2173, hier S. 2017.

4 Vgl. «Information über die Arbeit des Ministeriums für Gesundheits- und Sozialwesen seit November 1989» vom 14.3.1990. BArch, DQ 1, 14919.

5 BArch, DQ 1, 13004.

6 «Analyse und Vorschläge, wie in Fortführung der Gesundheitspolitik der Partei durch höhere Qualität und Effektivität der Arbeit die medizinische und soziale Betreuung der Bevölkerung im Fünfjahresplanzeitraum bis 1995 gesichert wird» vom 11.8.1989. BArch, DQ 1, 12097.

7 Arbeitsgruppe «Sanierung von Einrichtungen des Gesundheits- und Sozialwesens». Leitung Prof. Dr. Ing. habil. Peter Korneli. In: BMG 221–48120/5, Bd. 1.

8 Vgl. neben den im Folgenden gesondert erwähnten Schreiben die Briefe an das Mitglied des Politbüros und den Sekretär des ZK der SED Prof. Kurt Hager, vom 11.10.1989, den Vorsitzenden des Ministerrats der SED, Willi Stoph, vom 24. und 26.10.1989, an den Ersten Stellvertreter des Vorsitzenden des Ministerrats, G. Kleiber, vom 7.11.1989, an den Minister für Allgemeinen Maschinen-, Landmaschinen- und Fahrzeugbau, Tautenhahn, vom 9.1.1990, an die stellvertretende Vorsitzende des Ministerrats für Wirtschaft, Prof. Dr. Christa Luft, vom 15.1.1990 und den Minister für Schwerindustrie, Kurt Singhuber, vom 17.1.1990. Sämtliche Briefe in Kopien in: BArch, DQ 1, 14919. In dem Brief an Kleiber fordert Thielmann, dass «Kapazitäten der Spezialkliniken des Ministeriums der Staatssicherheit, des Innern und medizinische Einrichtungen der Nationalen Volksarmee für die medizinische Betreuung der Bevölkerung mit erschlossen werden». Auch Regierungskrankenhäuser sollten für eine breitere Nutzung der Bevölkerung geöffnet werden.

9 Brief von Thielmann an den Generalsekretär des ZK der SED und Vorsitzenden des Staatsrates der DDR Egon Krenz vom 7.11.1989. In: BArch, DQ 1, 14919.

10 Thielmann an Modrow, 20.11.1989. BArch, DQ 1, 14919.

11 Thielmann an Modrow, 21.1.1990. BArch, DQ 1, 14919.

12 Vgl. Thielmann an den Oberbürgermeister von Berlin E. Krack, 5.2.1990; Information über die Arbeit des MfG. In: BArch, DQ 1, 14919.

13 Thielmann an Modrow, 21.1.1990. BArch, DQ 1, 1419.

14 Brief Thielmanns vom 14.2.1990 an die Bezirksärzte in den Abteilungen Gesundheits- und Sozialwesen des Rates der Bezirke. BArch, DQ 1, 14919.

15 Vgl. die gleich lautenden Briefe an alle Bezirksärzte vom 26.2.1990 mit Kopien für Modrow und die Vorsitzenden des Rates der Bezirke sowie «Stellungnahme des Ministers für Gesundheits- und Sozialwesen zu Niederlassungen von Ärzten und Zahnärzten in eigener Praxis», 26.2.1990. BArch, DQ 1, 14919.

16 Thielmann an die Vorsitzenden des Rates der Bezirke, 28.2.1990. BArch, DQ 1, 14919.

17 Schreiben vom 28.2.1990 an sechs Minister mit Kopie an Ministerpräsident Modrow u. a.. BArch, DQ 1, 14919.

18 Brief von Thielmann an die Ministerin für Arbeit und Löhne, H. Mensch, und die

Hauptverantwortlichen für die Ausarbeitung der Sozialcharta, Ministerin Tatjana Böhm und Minister Gerd Poppe, vom 13.3.1990. BArch, DQ 1, 14919.

19 Vgl. Europäisches Parlament, Generaldirektion Wissenschaft: Mitteilung an die Mitglieder des nichtständigen Ausschusses für die Prüfung des Prozesses der Vereinigung Deutschlands auf die Europäische Gemeinschaft vom 8.5.1990: Die Soziale Lage in der DDR. BArch, DQ 3, 1882, S.4.

20 Vgl. Kinitz, Horst: Aufbau der Arbeitsverwaltung in den neuen Bundesländern und die Entwicklung des Arbeitsförderungsrechts seit 1989. Opladen 1997, S.10.

21 Ebd., bes. S.17f., 44. Auf Bezirksebene gab es so genannte Ämter für Arbeit und Löhne.

22 Vgl. die undatierte Ausarbeitung von Dr. Detlev Grieswelle, Leiter des Referats I a 1, Grundfragen der Sozial- und Gesellschaftspolitik, im BMA, mit dem Titel: Auf dem Weg zur Sozialunion im Deutschen Einigungsprozess. Sozialgemeinschaft versus Abschottung, S.15f. BMA, I a 7, 12411.

23 Direktive für die Tätigkeit der Delegation des Ministeriums für Arbeit und Löhne beim Kennenlernen der Beschäftigungspolitik der Republik Österreich vom 2.1.1990. BArch, DQ 3, 1836.

24 Verordnung vom 8.2.1990, GBl. der DDR I 1990, S.41.

25 Regierungserklärung von Modrow in der Volkskammer am 20.2.1990, Prot.VK, 9. WP, 17. Tagung vom 20./21.2.1990, S.472.

26 Verordnung über die Gewährung von Vorruhestandsgeld vom 8.2.1990, GBl. der DDR I 1990, S.42.

27 Verordnung über die Umschulung von Bürgern zur Sicherung einer Berufstätigkeit vom 8.2.1990, GBl. der DDR I 1990, S.83f.

28 Text in : BMA VIII/I a 7, 17000, Bd.2. Vgl. weiter Kinitz, Aufbau, S.27–29.

29 Verordnung über die Aufgaben, Rechte und Pflichten der Arbeitsämter und der Betriebe zur Sicherung des Rechts auf Arbeit vom 8.3.1990, GBl. der DDR I 1990, S.161–164.

30 Franke, Heinrich: Aufbau in den neuen Ländern. In: BArbBl (1993) H. 1, S.5–9, hier S.6. Für die vorbereitenden Gespräche zwischen den beiden Ministerien vgl. Karl Pröbsting u. Gerhard Gröbner: Ergebnisse der Gespräche mit Vertretern des Ministeriums für Arbeit und Löhne der DDR am 6.2.1990. In: BMA VIII/I a 7, 17000, Bd.2; Ministerium für Arbeit und Löhne. Abteilung Arbeitskräfte: Protokoll der Beratung von Vertretern des Ministeriums für Arbeit und Löhne mit Vertretern des Bundesministeriums für Arbeit und Sozialordnung vom 6.2.1990, Berlin den 7.2.1990. BArch, DQ 3, 1836.

31 Kinitz, Aufbau, S.45. Dazu gab es intensive Vorüberlegungen auf Seiten der Bundesrepublik bereits seit Februar 1990. Vgl. z.B. den Schnellbrief des BMA, unterzeichnet von Ministerialdirektor Rosenmüller, Leiter der Abteilung II Arbeitsmarktpolitik, Arbeitslosenversicherung und Ausländerpolitik, vom 21.2.1990 an die Bundesministerien des Innern, der Finanzen und der Wirtschaft mit einer Beratungsunterlage über «Aufbau eines Systems der Arbeitsförderung und der Arbeitslosenversicherung in der DDR». Als Alternativen werden erwogen, dass die DDR nach der Volkskammerwahl vom 18.3.1990 die Arbeitsmarktpolitik (einschließlich der Arbeitslosenversicherung) auf die BA überträgt oder ein eigenständiges System schafft, das «jedoch so nah wie möglich an die Systeme des AFG angelehnt ist». Mittelfristig müssten die Systeme der beiden Staaten «nach einer Übergangszeit identisch» sein. Da das Beitragsaufkommen nicht ausreiche, sei für den voraussichtlichen Fehlbetrag von 6,77 Mrd. DM eine Defizithaftung des Bundes erforderlich. Dabei ging man von einem Verwaltungsaufwand von 1,5 Mrd. DM sowie 1,2 Mio.

Empfängern von Leistungen, darunter 450 000 Empfängern von Arbeitslosengeld, 550 000 Kurzarbeitern, 120 000 Personen in Arbeitsbeschaffungsmaßnahmen und 80 000 in beruflicher Bildung aus. In: BMA VIII/I a 7, 17000, Bd.2.

32 Abteilungsleiter II (Arbeitsmarktpolitik, Arbeitslosenversicherung) des BMA, Sitzung des Vorstandes der Bundesanstalt für Arbeit am 2./3.5.1990 in Berlin, 7.5.1990, BArch, B 149/400014. R. Hildebrandt nahm an der Sitzung teil.

33 Franke, Aufbau, S. 6; Spree, Hans-Ulrich: Der Sozialstaat eint. Zur sozialen Einheit Deutschlands – Entwicklungen und Eindrücke. Baden-Baden 1994, bes. S. 41–48.

34 Für die Probleme der Neugestaltung – vor allem das Fehlen geeigneter Gebäude und Räume und von dringend benötigten weiteren 7000 Mitarbeitern – vgl. Kittner, amtierender Vorsitzender des Komitees für Volkskontrolle der DDR, an Ministerin Hildebrandt am 9.5.1990 mit Anlage: Prüfungsbericht über die Neugestaltung und Wirksamkeit der Arbeitsämter, 9.5.1990. BArch, DQ 3, 1836a.

35 Vgl. die Aufzeichnung im Ministerium für Gesundheitswesen der DDR vom 8.3.1990 mit dem Titel: «Sozialfürsorgeunterstützung als Mindestsicherung für Bürger ohne Anspruch auf Arbeitslosengeld». In: BArch., DQ 1, 14919.

36 4. Verordnung über Leistungen der Sozialfürsorge – 4. Sozialfürsorgeverordnung – vom 8.3.1990, GBl. der DDR I 1990, S. 165 f. Als monatliche Unterstützung wurden 300 Mark für Alleinstehende, 500 Mark für Ehepaare und zusätzlich 60 Mark für jedes zu unterhaltende Kind gezahlt.

37 GBl. der DDR I 1990, S. 107 f. Nach § 9 der Verordnung wurden von den neun Mitgliedern des Aufsichtsrates vier, darunter ein leitender Mitarbeiter, von der Belegschaft entsandt, vier von den Anteilseignern bestimmt sowie ein Mitglied durch die Aufsichtsräte der Belegschaft und der Anteilseigner gewählt. Stand: März 1990. AdsD 5/DGAi 002181.

38 Hans-Detlev Küller an Ernst Breit am 30.3.1990 mit der Anlage vom 29.3.1990 über «Gesetzgebung zur Unternehmensmitbestimmung in der DDR.» Der § 9 über die Mitbestimmung wurde durch den Staatsvertrag vom 18.5.1990 aufgehoben. Vgl. Staatsvertrag, Anlage III, S. 121.

39 Vgl. Sander, Peter: Interessenvertretung der Arbeitnehmer im Betrieb. Opladen 1997, S. 83 f.

40 Ebd., S. 90–93.

41 Die Vertreter des DGB schieden aus, da sie ihre weit über die Regelungen des bundesdeutschen Betriebsverfassungsgesetzes hinausgehenden Forderungen zur Stärkung der Betriebsräte und der Stellung der Gewerkschaften in den Betrieben nicht durchsetzen konnten. Vgl. dazu und zu den Versuchen des DGB und der IG Metall, über die Gesetzgebung in der DDR ein «Mehr an Mitbestimmung» durchzusetzen: Sander, Interessenvertretung, S. 104–110.

42 Erörterung und Abdruck des Gesetzentwurfs, in: ebd., S. 109–118, S. 239–253.

43 Staatsvertrag, Anlage III, S. 129.

44 Vgl. Weinert, Rainer/Gilles, Franz-Otto: Der Zusammenbruch des Freien Deutschen Gewerkschaftsbundes (FDGB). Zunehmender Entscheidungsdruck, institutionalisierte Handlungsschwäche und Zerfall der hierarchischen Organisationsstruktur. Wiesbaden 1999, S. 71, 75–81; Hantsche, Walter/Otte, Stefan: Die Situation der Gewerkschaften der DDR nach der Wende und der Einfluss der gewerkschaftlichen Tätigkeit auf die Arbeits- und Sozialordnung. In: Aufbau der Verbände und Arbeitsgerichte. Hrsg. v. Hantsche, Walter/Otte, Stefan/Hoffmann, Günter u.a. Opladen 1997, S. 9–87, bes. S. 62–66; Schwarzer, Arbeitsbeziehungen, S. 202–214.

45 Weinert/Gilles, Zusammenbruch, S. 71 f., 92–97.

46 Hantsche /Otte, Situation, S. 42–46.

47 Text der vom Kongress vorgeschlagenen Verfassungsänderungen und des Entwurfs eines Gewerkschaftsgesetzes. In: Schwarzer, Arbeitsbeziehungen, S. 477–484.

48 Ebd., §§ 8, 11, 12, 20.

49 Ebd., §§ 23, 25, 26.

50 Ebd., §§ 5, 10.

51 Prot. VK, 9. WP, 18. Tagung vom 6./7.3.1990, S. 520–526. – Gesetz zur Änderung der Verfassung der Deutschen Demokratischen Republik vom 6.3.1990, GBl. der DDR I 1990, S. 109; Gesetz über die Rechte der Gewerkschaften in der Deutschen Demokratischen Republik vom 6.3.1990, GBl. der DDR I 1990, S. 110 f.

52 Hettlage, Manfred C.: DDR – Gewerkschaftsgesetz. Ein Handstreich gegen das Volk. FDGB sichert seine Machtpositionen. In: Bayernkurier, 17.3.1990; Arbeitgeberpräsident Murmann: DDR – Gewerkschaftsgesetz ohne Perspektive. In: PDA, Pressedienst der BDA, Nr. 8, 7.3.1990; Sozialbericht 1990, S. 14; Blüm bezeichnete in einem Interview im Deutschlandfunk vom 2.3.1990 den vom Gewerkschaftskongress vorgelegten Entwurf des Gewerkschaftsgesetzes als «eine Überlebenshilfe für sozialistische Planwirtschaft», eine «Verhinderung von sozialer Einheit» und den Versuch, «sozialistische Relikte zu retten». In: BPA-Dok., Text-Bull-RFTV-AA (87–95); am 24.4.1990 schrieb Blüm an den ehemaligen Präsidenten des Bundesarbeitsgerichts Gerhard Müller, dass das Gewerkschaftsgesetz «den untauglichen Versuch darstellt, demokratisch nicht legitimierte Macht in die neue Demokratie hinüberzuretten». In: ACPD, Bestand Blüm I 504/63.

53 Prot. VK, 9. WP, 18. Tagung, 6./7.3.1990, S. 548; vgl. «Grundlinie und Standpunkte für eine Sozialcharta». Drucksache der VK 83, die mit vier kleinen Änderungen angenommen wurde. Weitere Anregungen und Änderungsvorschläge der einzelnen Gruppen des Runden Tisches wurden der Regierung zur Berücksichtigung übermittelt. Vgl. weiter zur Sozialcharta: Der Zentrale Runde Tisch der DDR, bes. Bd. IV: Identitätsfindung, S. 963–995; Bd. V: Dokumente, S. 493–608.

54 Prot. VK, 9. WP, 17. Tagung vom 20./21.2.1990, S. 471–474.

55 Vgl. «Standpunkte der Regierung der Deutschen Demokratischen Republik zu sozialen Grundrechten im Sozialverbund Deutsche Demokratische Republik – Bundesrepublik Deutschland – Sozialcharta». BArch, DQ 3, 1884. Die «Standpunkte» bildeten die Präambel der Sozialcharta.

56 So Böhm, Prot. VK, 9. WP, 18. Tagung, 6./7.3.1990, S. 546. Hervorhebung wie im Text.

57 Seehofer, Horst: Das faule Ei vom Runden Tisch. Sozialisten lernen nichts dazu. In: Bayernkurier, 17.3.1990.

58 Prot. VK, 9. WP, 18. Tagung 6./7.3.1990, S. 546 f.

7. Der Staatsvertrag

1 Interview mit Lafontaine unter dem Titel: Nicht das Weggehen prämieren, sondern das Dableiben. In: Süddeutsche Zeitung 25./26.11.1989.

2 Schäuble, Vertrag, S. 65–78.

3 Vgl. oben, S. 30 f.; Der Tagesspiegel, 11.11.2006.

4 Arbeitspapier vom 1.12.1990: Projektgruppe «Sozialpolitische Aspekte des Wandels im deutsch-deutschen Verhältnis», BMA, Abt. VIII, I a 7, 17000, Bd. 1. Vgl. weiter Leiter der Abt. IV des BMA Niemeyer an Abt. I mit Anlage: «Aktuelle sozialversicherungsrechtliche Probleme in Berlin und in den Grenzgebieten zur DDR durch Öffnung der deutsch-deutschen Grenze». BArch, B 149/78941.

5 «Punktation für Gespräche zwischen beiden deutschen Staaten im Bereich der So-

zialpolitik» vom 22.12.1989, BArch, B 149/78950; vgl. weiter Sasdrich, Abt. IV des BMA an Abt. I am 21.12.1989, BArch, B 149/78950.

6 Fernschreiben von Dr. Lucas bei der Ständigen Vertretung der Bundesrepublik in Ostberlin vom 8.1.1990 u.a. an Staatssekretär Jagoda im BMA über «Gespräche zwischen den Arbeitsministerien der Bundesrepublik Deutschland und der DDR am 3. Januar 1990 in Berlin (Ost)», BArch, B 136/21660.

7 Vgl. Staatssekretär Bernhard Jagoda im BMA an den Stellvertretenden Minister für Arbeit und Löhne der DDR, Dr. Jürgen Kaminski, am 24.1.1990, BArch, B 149/78950.

8 Abt. I des BMA, Vermerk vom 29.1.1990 über «Verhandlungskonzeption für das 2. Gespräch mit Vertretern des Ministeriums für Arbeit und Löhne der DDR am 30./31. Januar 1990», BArch, B 149/78950.

9 Ministerialdirektor Niemeyer, Leiter der Abteilung IV, Sozialversicherung, Sozialgesetzbuch des BMA, an Staatssekretär Jagoda, BMA am 14.2.1990 über die Sitzung der Arbeitsgruppe «Grenzüberschreitende Beschäftigung» am 12./13. Februar 1990 in Ostberlin, BArch, B 149/78950 mit Protokoll der Sitzung vom 12.2.1990.

10 Blüm an Kohl, 12.12.1989, ACDP, Bestand Blüm I 504/57.

11 Der Parlamentarische Staatssekretär beim BMA, Wolfgang Vogt, an Kanzleramtsminister Rudolf Seiters, 9.1.1990, BArch, B 136/21660.

12 Minister Seiters an Bundesarbeitsminister Blüm am 31.1.1990, BArch, B 136/21660.

13 Vgl. zur Zusammensetzung und Tätigkeit der Arbeitsgruppe «Leistungsgesetze» den Brief von Blüm an den Vorsitzenden der CDU/CSU-Fraktion des Deutschen Bundestages, Alfred Dregger, 5.2.1990, ACDP, Bestand Blüm I 504/60 sowie das Arbeitspapier: «Auf dem Weg zur Sozialunion», BMA, Ia7/12411.

14 Vgl. Grosser, Wagnis, bes. S. 149–188; Gawel, Erik unter Mitarbeit von Grünewald, Markus und Thöne, Michael: Die deutsch-deutsche Währungsunion. Verlauf und geldpolitische Konsequenzen. Baden-Baden 1994, bes. S. 148–160; zur zeitgenössischen Kritik der Ökonomen vgl. den Brief des Sachverständigenrates vom 9.2.1990 an den Bundeskanzler. In: Jahresgutachten 1990/91 des Sachverständigenrates zur Begutachtung der gesamtwirtschaftlichen Entwicklung: «Auf dem Wege zur wirtschaftlichen Einheit Deutschlands». BTDrs. 11/8472 o.D. (13.11.1990), S. 306–308.

15 So heißt es in einem insgesamt überoptimistischen Arbeitspapier des BMWi vom 7.8.1990: «Eilen die Löhne dem zu erwartenden starken Produktionsanstieg voraus, so wird einem möglichen Aufbruchsklima in der DDR die Grundlage entzogen. Unter diesem Aspekt bisherige Tarifabschlüsse sehr bedenklich», BArch, B 136/20252.

16 SZ-Interview mit Pöhl unter dem Titel: «Wir sind im Jahre 1990 überrumpelt worden». In: Süddeutsche Zeitung, 29.6.2000; Bericht über ein Symposion in der Tutzinger Akademie für Politische Bildung, in dem unter dem Titel «Blühende Landschaften?» eine Bilanz des Transformationsprozesses in Ostdeutschland gezogen wurde. In: Süddeutsche Zeitung, 30.5.2000.

17 Vgl. dazu Grosser, Wagnis, S. 496–504, der die Alternative zur Politik der Bundesregierung in dem Verzicht auf Einheit sieht. Auch Norbert Kloten, der Präsident der Landeszentralbank Baden-Württemberg, vertritt die Auffassung, dass es im Februar 1990 zum Vorschlag der Bundesregierung «keine realistische Alternative» gab. Vgl.: Deutsche Einheit: Die wirtschaftliche Last der Folgen für Ost und West. Vortrag von Prof. Norbert Kloten im Rahmen einer Ringvorlesung an der Universität Tübingen am 11. Januar 1996. In: Deutsche Bundesbank: Auszüge aus Presseartikeln, Nr. 8, 5.2.1996, S. 11–17.

18 Tietmeyer, Hans: Erinnerungen an die Vertragsverhandlungen. In: Tage, die Deutschland und die Welt veränderten. Vom Mauerfall zum Kaukasus. Die deutsche

Währungsunion. Hrsg. v. Waigel, Theo/ Schell, Manfred. München 1994, S. 57–117, hier S. 66.

19 Blüm an Bundeskanzler Kohl am 9.2.1990, mit Anlage: Entwurf von Fragen des Bundeskanzlers an Ministerpräsident Modrow, Bereich: Sozial-Union, BArch, B 136/21660. – Sowohl Staatssekretär Tegtmeier im Interview mit dem Verfasser vom 13.7.2000 als auch Bernhard Jagoda im Interview mit dem Verfasser vom 5.7.2000 betonten mit Nachdruck, dass innerhalb der Bundesregierung die Erweiterung des Angebots an die DDR um die Sozialunion wesentlich von Blüm durchgesetzt wurde. «Ohne Blüm», so Jagoda, «wäre die Sozialunion damals nicht gekommen – vielleicht später». Blüm selbst unterstrich im Interview mit dem Verfasser vom 8.6.2000, dass das Modell der Sozialen Marktwirtschaft, das man der DDR anbot, ohne die soziale Komponente nicht hätte funktionieren können. In einem Brief des Leiters des Ministerbüros des BMA, Johannes Vöcking, an Manfred Oßwald vom 12.2.1990 wird ausgeführt, dass Minister Blüm vorgeschlagen habe, die Initiative des Bundeskanzlers zur Schaffung einer Währungsunion «durch eine Sozial-Reform zu ergänzen, in deren Rahmen die DDR unserem System der sozialen Sicherung folgen könnte», ACDP, Bestand Blüm I 504/60.

20 «Anschubfinanzierung durch den Steuerzahler». In: Handelsblatt, 12.2.1990.

21 Kolb, Rudolf/Ruland, Franz: Die Rentenversicherung in einem sich einigenden Deutschland. In: DRV, Heft 3. März 1990, S. 141–153.

22 Ebd., S. 148.

23 Ebd., S. 150. Mit dem Wanderungsausgleich sollte berücksichtigt werden, dass die bundesdeutsche Rentenversicherung durch die Zuwanderung von überwiegend jungen und gut ausgebildeten Leuten 1989 einen Beitragszuwachs von mehr als einer halben Milliarde DM erhielt, dem nur relativ geringe Ausgaben für 1989 übergesiedelte Rentner gegenüberstünden.

24 Ebd., S. 149.

25 Vgl. zur Errichtung und Arbeit dieser Kommission Sarrazin, Thilo: Die Entstehung und Umsetzung des Konzepts der deutschen Wirtschafts- und Währungsunion. In: Tage, S. 160–225, hier S. 192–198.

26 Vgl. Zentralabteilung, Referat ZbI des BMA am 27. Februar 1990 an die Abteilungen und weitere Organisationselemente des BMA mit einem Erlass zur Errichtung des Arbeitsstabes von Staatssekretär Jagoda vom 18.2.1990, BMA, VIII, I a 7, 17000, Bd. 2.

27 Blüm, Norbert: Schritt für Schritt – Die Netze müssen langsam verknüpft werden. In: Die Welt, 2.3.1990.

28 «Zwischenbericht der Expertenkommission zur Vorbereitung einer Währungsunion und Wirtschaftsgemeinschaft zwischen der Deutschen Demokratischen Republik und der Bundesrepublik Deutschland» vom 13.3.1990, unterzeichnet von Minister Dr. Romberg als Leiter der Delegation der DDR und Staatssekretär Dr. Köhler als Leiter der Delegation der Bundesrepublik, BArch, B 149/78925.

29 Vgl. neben dem «Zwischenbericht» auch den «Vermerk über das Gespräch zwischen Herrn Dr. Barleben und Frau Dr. Wenzel (Gesundheitsministerium der DDR), Herrn Dr. Noack (zeitweise) und Herrn Steiniger und Herrn Streppel (BMJFFG) am 1.3.1990» vom 2.3.1990, unterschrieben von Streppel und Steiniger, BArch, B 149/78930.

30 Vgl. Frerich/Frey, Handbuch, Bd. 2, S. 369.

31 Bericht der Arbeitsgruppe «Angleichung der Arbeits- und Sozialordnung sowie der Bildung und Ausbildung» für den Kabinettsausschuss «Deutsche Einheit» vom 6.3.1990, BArch, B 136/20251; zu den Verhandlungen vgl.: Ergebnisvermerk über

die erste Sitzung der Arbeitsgruppe «Angleichung der Arbeits- und Sozialordnung sowie der Bildung und Ausbildung» am 14.2.1990 im BMA, BArch, B 149/78960; Referat I a 1 des BMA, 23. März 1990 mit «Niederschrift der Sitzung der Arbeitsgruppe am 28.2.1990», BArch, B 149/78963; Entwurf einer Vorlage der vorbereitenden Arbeitsgruppe: «Angleichung der Arbeits- und Sozialordnung sowie der Bildung und Ausbildung» für den Kabinettsausschuss «Deutsche Einheit», Stand 1.3.1990, BMA, VIII, I a 7, 17000, Bd.2.

32 Arbeitspapier «Arbeitslosenversicherung» vom 24.2.1990. BMF, Referat II c 1. In: BArch, B126/114047.

33 Vgl. dazu das «Arbeitspapier» Rentenversicherung des Referats II c 1 des BMF sowie die beigefügten «Überlegungen zum finanziellen Ausgleich der bundesdeutschen Rentenversicherung und zugunsten der ostdeutschen Rentenversicherung.» Das Papier ist auf Februar 1990 datiert und nimmt zu einem BMA-Entwurf vom 20.2.1990 Stellung. In: BArch, B 126/114047. Zur Stellungnahme des BMF vgl. weiter «Vermerk» für die Sitzung des Kabinettsausschusses «Deutsche Einheit am 7.3.1990» des Referats II c 1 des BMF vom 6.3.1990. Für die Ausgangsposition des BMF von Anfang Februar vgl.: Umgestaltung in der DDR und dort resultierende soziale Belastungen – Abhilfe durch die Bundesrepublik? 2.2.1990, Referat I a 8. BArch, B 126/ 114047 sowie ein Arbeitspapier des Referats II c 1 des BMF: Kabinettsausschuss «Deutsche Einheit» vom 12.2.1990. BArch, B 126/114047.

34 Ergebnisvermerk über die Sitzung vom 14.2.1990, BArch, B 149/78960.

35 Der Bundesminister des Innern, VtK I 6 vom 1. März 1990: «Stellungnahme zur Frage der rentenrechtlichen Gleichbehandlung von Übersiedlern und Aussiedlern», BArch, B 136/20251, vgl. weiter die Aufzeichnung des Leiters der Gruppe 31 (Grundfragen der Sozial- und Gesellschaftspolitik) im Bundeskanzleramt, Gerhard Schulte, übersandt an den Chef des Bundeskanzleramts am 5.3.1990 zur Vorbereitung des Koalitionsgesprächs am 6.3.1990 für die von der CSU angemeldeten Fragen zu Aus- und Übersiedlern, BArch, B 136/20251; Blüm an Kohl am 15.3.1990 mit Anlage: Positions- und Entscheidungspapier zu Änderungen im Fremdrentenrecht und in der Arbeitslosenversicherung für Aus- und Übersiedler, BArch, B 136/20251.

36 BMF, Referat II c 1: Gesetzliche Krankenversicherung, 23.2.1990. BArch, B 126/114047.

37 Ergebnisvermerk über die Sitzung vom 14.2.1990, BArch, B 149/78960. Vgl. weiter: KOV/KOF. Stellungnahme des BMF zum BMA-Papier vom 22. Februar 1990, 23.2.1990. BArch, B 126/114047.

38 Vgl. Grosser, Wagnis, S. 245–251.

39 Vgl. dazu und zu den folgenden Ausführungen den Bericht über «Meinungen und Fakten zum Umstellungskurs M:DM» des Referatsleiters, MinRat Sykora, an den Leiter der Gruppe 51 (Gesellschaftliche und politische Analysen) im Bundeskanzleramt, Dr. Gotto, vom 4.4.1990. BArch, B 136/24454.

40 Vgl. Frankfurter Rundschau v. 31.3.1990.

41 Bundesarbeitsminister Blüm an Bundeskanzler Kohl, 27.3.1990, mit der Anlage: «Zum Umtauschverhältnis für Löhne und die Folgen für die soziale Sicherung», ACDP, Bestand Blüm I 504/62. Der Brief wurde in der Edition «Dokumente zur Deutschlandpolitik», S. 979f., veröffentlicht. Es fehlt aber die in der einschlägigen Akte nicht aufgefundene Anlage, die in den Blüm-Papieren enthalten war. Für Blüms Engagement in der Frage der Umstellung vgl. auch seinen Brief an den Präsidenten des DIHT, Hans Peter Stihl, vom 4.5.1990, in dem er seine Haltung auch mit der Relation der Arbeitskosten zwischen der DDR und der Bundesrepublik von 37:100 rechtfertigt, ACDP, Bestand Blüm I 504/64.

42 Interview des Verfassers mit Blüm am 8.6.2000.
43 Anlage «Zum Umtauschverhältnis».
44 Einführung in die Edition «Dokumente zur Deutschlandpolitik», S. 143.
45 Interview des Verfassers mit Jagoda, 5.7.2000.
46 Grosser, Wagnis, S. 288f., mit dem Text der 12-Punkte-Erklärung der beiden Regierungen. – Der rechnerische durchschnittliche Gesamt-Umstellungskurs betrug 1.8:1; das entsprach 14,7 Prozent der westdeutschen Geldmenge M3 und lag damit über dem als angemessen geltenden Anteil von 10 Prozent. Die Geldmenge M3 erfasst sowohl Sparguthaben und Bankkredite wie auch Bargeld. Vgl. dazu Gawel, Die deutsch-deutsche Währungsunion, S. 163–165.
47 Maier, Verschwinden der DDR, S. 370.
48 Abteilung III des BMA an Abteilungsleiter I, 26.3.1990. BArch, B 149/405234.
49 BMF, Referat II c1: Positionspapier zur Angleichung der Arbeits- und Sozialordnung, 29. 3.1990. BArch, B 126/114047.
50 Erste Skizze für einen Vorschlag an die DDR. Vertrag über die Schaffung einer Währungsunion, Wirtschafts- und Sozialgemeinschaft zwischen der Bundesrepublik Deutschland und der Deutschen Demokratischen Republik. Stand: 4.4.1990, BArch, B 136/21664. Die kontroversen Punkte sind in der Skizze mit eckigen Klammern versehen.
51 Abdruck des «Arbeitspapiers» in: Dokumente zur Deutschlandpolitik, S. 1034–1044; das gemeinsame Protokoll über Leitsätze zum Vertrag über die Schaffung einer Währungsunion, Wirtschafts- und Sozialgemeinschaft wird hier nicht nach dem Abdruck in den Dokumenten zur Deutschlandpolitik (S.1045–1049), der den Stand vom 17.April 1990 widergibt, sondern nach einem Papier im Archiv der Sozialen Demokratie (AdsD) der Friedrich-Ebert-Stiftung (FES), Bestand: SPD-Fraktion in der Volkskammer der DDR, Mappe 26, benutzt. Dieses enthält im Unterschied zum erstgenannten als Anlage II auch die Liste der «In der Deutschen Demokratischen Republik anzuwendenden Rechtsvorschriften», die gerade für Fragen der Sozialgemeinschaft wichtig war.
52 «Informationsvermerk über den Stand der Besprechungen zum Staatsvertrag» vom 3.4.1990 an den Minister mit Durchdrucken an die Parlamentarischen Staatssekretäre und die Staatssekretäre des BMA, BArch, B 149/78837. Vgl. weiter den Entwurf des Briefes von Blüm an Waigel, 3.4.1990. In: BArch, B 149/78837. Für den Standpunkt des BMF vgl. das handschriftlich mit «Stellungnahme BMF» überschriebene, undatierte «Non-paper», das von Sasdrich am 18.4. zur Kenntnis genommen wurde, BArch, B 149/78841.
53 BMF, Referat II c1: Vertrag über die Schaffung einer Währungsunion, Wirtschaftsunion und Sozialgemeinschaft D/DDR (Stand 4.4.1990), hier: Kapitel IV-Sozialgemeinschaft, 3.4.1990. Das Papier listet die zwischen dem BMF und dem BMA strittigen Punkte auf. BArch, B 126/114048.
54 Vgl. «Ergebnisvermerk der Besprechung der Staatssekretäre zum Staatsvertrag am 11. April 1990 im Kanzleramt» unter Vorsitz von Tietmeyer, BArch, B 149/78840; Positionspapier zur Vorbereitung des Ministergesprächs am 19.4., übersandt vom Leiter der Unterabteilung I b des BMA, Ministerialdirigent Dr. Peter Rosenberg, mit Begleitschreiben vom 19.4. an Minister Blüm. Das Positionspapier enthält ein «Verzeichnis der streitigen Punkte» zum Kapitel Sozialgemeinschaft des Staatsvertrages. BArch, B 149/78840. Überarbeitete Version dieses Papiers vom 20.4. u.a. mit einer Tabelle über die «Höhe der Versichertenrenten 1990 in der DDR nach Altersjahren und Zugangsjahren», BArch, B 149/78840.
55 Tietmeyer, Erinnerungen. In: Tage, S. 72; Grosser, Wagnis, S. 264.

56 BMF, Ref. II c 1. Entwurf eines Vertragsgesetzes zu dem Vertrag über die Schaffung einer Währungs-, Wirtschafts- und Sozialunion zwischen der Bundesrepublik Deutschland und der Deutschen Demokratischen Republik, 9.5.1990. BArch, B 126/114048.
57 Der Vertrag über die Schaffung einer Währungs-, Wirtschafts- und Sozialunion zwischen der Bundesrepublik Deutschland und der Deutschen Demokratischen Republik. Erklärungen und Dokumente, hrsg. vom Presse- und Informationsamt der Bundesregierung. Bonn 1990, Artikel 20.
58 Vgl. oben, S. 91.
59 Arbeitspapier vom 24.4.1990, Anlage II: In der DDR in Kraft zu setzende Rechtsvorschriften, Teil IV: Sozialgemeinschaft, Nr. 4 und Nr. 12. Im endgültigen Text entfielen diese Ausnahmen.
60 Tietmeyer, Erinnerungen. In: Tage, S. 106f.
61 Grundsätze der Koalitionsvereinbarung. Für die Bewertung der Koalitionsvereinbarung vom 12.4.1990 im BMA vgl. die am 17.4.1990 von der Abteilung I an den Minister mit Durchdrucken an die Staatssekretäre übersandte synoptische Darstellung der Positionen zur Sozialunion in der Koalitionsvereinbarung der DDR-Regierungsparteien und in dem zu diesem Zeitpunkt vorliegenden Entwurf der Bundesregierung zum Staatsvertrag. Diese Synopse sollte zur Vorbereitung eines Gesprächs von Blüm mit Ministerin Hildebrandt dienen, BArch, B 149/78840.
62 Vgl. die Artikel 24, 25, 37. In: Die neue Verfassung der DDR mit einem einleitenden Kommentar von Dietrich Müller-Römer. Köln 1974.
63 Vgl. oben, S. 89f.
64 Referat III a 1 des BMA am 20.4.1990 über «Koalitionsvereinbarung der neuen DDR-Regierung: Arbeitsrechtlicher Teil», übersandt an Minister Blüm mit Durchdrucken an die Staatssekretäre und Abteilung I, BArch, B 149/78840.
65 Vgl. die Anlage zu der erwähnten Aufzeichnung über die Koalitionsvereinbarung mit einem Bericht über «Gespräche mit Vertretern des Ministeriums für Arbeit und Löhne» vom 9.-11. April 1990 im BMA, BArch, B 149/78840.
66 Stellungnahme des BMF, BArch, B 149/78841.
67 Vgl. die undatierte Aufzeichnung über eine Sitzung der Arbeitsgruppe «Sozialpolitik» zur Vorbereitung des Koalitionsvertrages, AdsD, Bestand: SPD-Fraktion in der Volkskammer der DDR, Mappe 5.
68 Brief des Bundesrechnungshofes an den Bundesminister für Arbeit und Sozialordnung vom 24.4.1990, BArch, DQ 3/1881. Der Bundesrechnungshof beruft sich mit seiner Forderung nach Zusammenlegung der Organisation der Angestellten- und Arbeiterversicherung ausdrücklich auch auf die Zustimmung des «Bundesbeauftragten für die Wirtschaftlichkeit der Verwaltung».
69 Ebd.
70 Vgl. Bye, bye BfA! In: Der Tagesspiegel, 19.9.2005.
71 Vgl. neben dem Koalitionsvertrag die Aufzeichnungen der Arbeitsgruppen «Soziales und Gesundheit» bzw. «Sozialpolitik» zur Vorbereitung des Vertrages, AdsD, Bestand: SPD-Fraktion in der Volkskammer der DDR, Mappe 5.
72 Arbeitsgruppe Innerdeutsche Beziehungen, RD Radermacher, Abt. I: Bewertende Zusammenfassung der Koalitionsvereinbarung der Regierungsparteien der DDR. BArch, B 126/114048.
73 Dietrich Stobbe: Vermerk vom 17.4.1990. Betr.: Entscheidungs- und Handlungsbedarf für die Sozialdemokratien in der Bundesrepublik und in der DDR nach Bildung der Koalitionsregierung in Berlin (Ost), AdsD, Bestand: SPD-Fraktion in der Volkskammer der DDR, Mappe 113.

74 Ergebnisprotokoll der Sitzung des Geschäftsführenden Vorstandes der SPD am 12. März 1990 im Reichstagsgebäude Berlin, AdsD, 15624. Vgl. zu dessen enger Kooperation mit den ostdeutschen Sozialdemokraten den Brief Stobbes an den DDR-Außenminister Markus Meckel und den Vorsitzenden der SPD-Volkskammer-Fraktion, Richard Schröder, vom 25.4.1990 sowie die von Schröder an den SPD-Fraktionsvorsitzenden Vogel am 26.4.1990 übersandte Liste der für die «Zusammenarbeit in Sachen Staatsvertrag» von der VK-Fraktion benannten Verantwortlichen, AdsD, Bestand: SPD-Fraktion der Volkskammer der DDR, Mappen 113 und 132.

75 Vgl. dazu den Brief Stobbes an den Vorsitzenden der SPD-Volkskammer-Fraktion Richard Schröder vom 30.5.1990, in dem er sich über den mangelnden Kontakt der DDR-Ministerin für Arbeit und Soziales, Regine Hildebrandt, mit der Bundestagsfraktion der SPD bei ihren letzten drei Reisen nach Bonn beschwert: «Rudolf Dreßler ist darüber sehr verprellt – gerade er hat Eurer Sozialministerin in intensivster Form geholfen. Das gilt für den Bereich Soziales in der Koalitionsvereinbarung – genauso für den Staatsvertrag. Rudolf Dreßler bemängelt auch, dass Regine sich mehrfach öffentlich bei Blüm für dessen Hilfe bedankt, ohne gleichzeitig die Hilfe der SPD-Bundestagsfraktion zu erwähnen», AdsD, Bestand: SPD-Fraktion in der Volkskammer der DDR, Mappe 113.

76 Rudolf Dreßler, Sozialpolitische Folgeprobleme der Entwicklung in der DDR. Erste Überlegungen. Stand: 21. Dezember 1989 – Vorlage für die Sitzung der SPD-Bundestagsfraktion am 23.1.1990, AdsD, 17652.

77 Rudolf Dreßler: Diskussionspapier: Vereinheitlichung der Rentenversicherung von Bundesrepublik und DDR, vom 20.2.1990, AdsD, 17652.

78 Rudolf Dreßler: Erste Schritte zur Sozialunion Bundesrepublik Deutschland – DDR, Diskussionspapier, Stand: 5. März 1990. Das Papier trägt den Vermerk «Vorlage für die Sitzungen der Fraktion am 12./13.3.1990 in Berlin, AdsD, 17652. Auf der Sitzung des Geschäftsführenden Vorstandes der SPD am 12.3.1990 wurde die Vorlage «als Diskussionspapier zustimmend zur Kenntnis genommen» und beschlossen, es dem Fraktionsvorstand und der Fraktion vorzulegen. Dreßler berichtete auf der Sitzung des Geschäftsführenden Vorstandes weiter über ein Gespräch mit Blüm «zum Stand der Überlegungen der Bundesregierung zur Entwicklung einer Arbeits- und Sozialordnung beider deutscher Staaten». Ergebnisprotokoll der Sitzung, AdsD, 15624.

79 Dreßler an Hildebrandt, 26.4.1990 mit Anlage: «Änderungsvorschläge zum Bereich ‹Sozialunion› im Entwurf des Staatsvertrages BRD/DDR (endgültiger Stand 24. April 1990)», AdsD, Bestand: SPD-Fraktion in der Volkskammer der DDR, Mappe 5. In ähnlicher Weise äußerte sich Dreßler am 27.4.1990 im Bundestag. Es sei verständlich, dass die DDR-Regierung diesen Entwurf so nicht akzeptiere, würden doch die Reallöhne «um ein glattes Viertel gekürzt» werden. In: Prot. BT, 11. WP, S. 16423.

80 Vgl. Dieter-Julius Cronenberg, MdB und Vizepräsident des Deutschen Bundestages, an Bundesbankdirektor Dr. Tietmeyer 10.5.1990 über die sozialpolitischen Auffassungen, die die FDP im Staatsvertrag berücksichtigt sehen wollte. Eine Durchschrift dieses Schreibens mit zusätzlichen Ausführungen zur Betriebsverfassung und zum Mitbestimmungsrecht hat Cronenberg auch an Staatssekretär Jagoda vom BMA am 10.5. übersandt. Beide Schreiben BArch, B 149/78841.

81 Von dem von Ministerpräsident de Maizière beschworenen Geist, «die Teilung durch Teilen» zu überwinden, sei praktisch nichts zu spüren. «Vielmehr soll die Bundesrepublik von allen Belastungen nach Möglichkeit freigestellt werden». Es

wurde empfohlen, die Verhandlungen über den Verfassungsentwurf unter dem Vorbehalt zu führen, dass ein Staatsvertrag ohne Klärung der in dem Vermerk aufgeführten, zentralen Fragen, u.a. ein Lastenausgleich zwischen der Bevölkerung der Bundesrepublik und der DDR, nicht sinnvoll sei. Vermerk: Betr.: Arbeitspapier für die Gespräche mit der DDR pp. vom 24.4.90, BArch, DC-20/6007.

82 Vgl. ein handschriftlich als «Gegenvorschläge der DDR zum Staatsvertrag» bezeichnetes Dokument, in dem die von der DDR gewünschten Änderungen und Ergänzungen des Kapitels V des Arbeitspapiers vom 24.4.1990 durch Unterstreichungen verdeutlicht wurden, BMA VIII, 17000, Bd. 2.

83 Vgl. «Überarbeitete Bandabschrift» der Fraktionssitzung vom 8. Mai 1990 mit Bericht von Vogel «Zum Stand der Verhandlungen und Diskussionen über den Staatsvertrag».AdsD, 9602.

84 Vgl. Grosser, Wagnis, S. 292.

85 «Zuarbeit aus dem Kreis der SPD-Minister für die Erarbeitung einer gemeinsamen Verhandlungsposition des Ministerrates der DDR zum Vertrag über die Schaffung einer Währungsunion, Wirtschafts- und Sozialgemeinschaft zwischen der Bundesrepublik Deutschland und der Deutschen Demokratischen Republik», Stand: 2.5.1990. AdsD, Bestand: SPD-Fraktion in der Volkskammer der DDR, Mappe 27. Die «Zuarbeit» übernahm weitgehend die bereits erwähnten «Gegenvorschläge» der DDR, ging aber teilweise – vor allem in der finanziellen Belastung der Bundesrepublik – über sie hinaus. Zum Meinungsbildungsprozess der Ost-SPD zum Staatsvertrag vgl. weiter den Bericht von Stobbe an Vogel und den parlamentarischen Geschäftsführer der SPD-Fraktion Gerhard Jahn vom 30.4.1990. Aus dem Brief geht hervor, dass sich eine Abstimmungsgruppe aus je drei Vertretern von Parteirat, Parteivorstand und Fraktion, eine ständige Abstimmungsgruppe der SPD-Kabinettsmitglieder unter Vorsitz von Markus Meckel in Anwesenheit des Fraktionsvorsitzenden Richard Schröder, der Fraktionsvorstand und die Fraktion mit dem Stand der Verhandlungen zum Staatsvertrag vom 30. April bis 2. Mai befassen sollten. AdsD, Bestand: SPD-Fraktion der Volkskammer der DDR, Mappe 113.

86 Abteilung I des BMA, unterzeichnet vom Abteilungsleiter Ministerialdirektor Stahl, an den Minister mit Durchdrucken an die Staatssekretäre am 7.5.1990, BArch, B 149/78841. In einem Vermerk von Tietmeyer und dem im Bundeskanzleramt für die Wirtschaftspolitik als Leiter der Gruppe 42 zuständigen Ministerialrat, Johannes Ludewig, vom 8.5.1990 zur Vorbereitung eines Koalitionsgesprächs am 9.5. über den Staatsvertrag heißt es zur Sozialunion: «Wegen Meinungsverschiedenheiten innerhalb der DDR-Regierung (Widerstand der SPD!) sind wesentliche Punkte dieses Kapitels noch offen. Zentrales Problem besteht darin, dass die DDR-SPD zwar die Leistungen unseres Sozialversicherungssystems voll übernehmen will, bei den entsprechenden Beiträgen aber unser Niveau nur schrittweise einführen möchte. Zudem möchte die DDR alle in der DDR bestehenden Sozialleistungen voll erhalten. Berufsständische Versorgungswerke werden von der SPD abgelehnt» (Dokumente zur Deutschlandpolitik, S. 1098–1100).

87 Vgl. Grosser, Wagnis, S. 291 f.

88 Zur Kommunalwahl vom 6.5.1990 vgl. Falter, Wahlen 1990, S. 174 f.

89 Vgl. die am 7.5.1990 von Ministerin Hildebrandt an de Maizière übersandte Zusammenstellung der Positionen der DDR-Regierung zum Staatsvertrag «auf der Grundlage der Koalitionsvereinbarung» im Bereich des Sozialen, BArch, DC-20/6008; «Vermerk» vom 3.5.1990 zur Besprechung der Staatssekretäre am 7.5.1990 über «wesentliche Problempunkte mit der DDR im Bereich des Arbeits- und Sozialrechts», BArch, B 136/21660; «Strittige Punkte bei den Staatsvertragsverhand-

lungen/Thema Sozialunion zwischen BRD und DDR», 10. Mai 1990, AdsD, 9602. Bei letzterem handelt es sich offenbar um ein Papier der SPD-Fraktion des Bundestages; «Wesentliche Veränderungen» im Vertragsentwurf, Stand 12.5.1990, BArch, DC-20/6007; Vorlage von Tietmeyer und Ludewig an Bundeskanzler Kohl vom 13.5.1990 für die Tagung der CDU-Gremien am 14.5. und Kohls Gespräch mit de Maizière mit drei Anlagen, u.a. einer Zusammenstellung der wichtigsten Kompromisspunkte im Staatsvertrag, in: Dokumente zur Deutschlandpolitik, S. 1108–1118; «Informationsvermerk» zum Entwurf eines Staatsvertrages mit der DDR über die Errichtung einer Währungs-, Wirtschafts- und Sozialunion vom 14.5.1990, BArch, B 149/78842; Besprechung des Bundeskanzlers Kohl mit den Regierungschefs der Länder, 16.5.1990, in: Dokumente zur Deutschlandpolitik, S. 1122–1125.

90 Vgl. oben, S. 81 f.

91 DGB-Bundesvorstand, 30.4.1990: Erste Bewertung des Entwurfs der Bundesregierung für einen Staatsvertrag mit der DDR: «Der DGB wendet sich entschieden gegen die erstmalige Zulassung einer Aussperrung, die auch im Rechtssystem der Bundesrepublik nicht etwa durch Gesetz, sondern lediglich durch die Rechtsprechung erlaubt ist». AdsD, Bestand: SPD-Fraktion der Volkskammer der DDR, Mappe 27.

92 So teilte Cronenberg (FDP), im Nachgang zum Koalitionsgespräch vom 10.5.1990 über den Staatsvertrag, auf Bitten des Kanzlers, Tietmeyer die aus Sicht der FDP wichtigen Punkte mit. Dazu gehörte, dass «die Bundesregierung sehr rasch ein gegliedertes Sozialversicherungssystem nach bundesdeutschen Kriterien anstrebt. Dies bedeutet, dass auch in der DDR entsprechend unserem Sozialversicherungssystem eine Gliederung nach Arbeitern und Angestellten zu erfolgen» habe. «Des weiteren halten wir die Schaffung eines gegliederten Krankenversicherungssystems bis zum 31.12.1990 für unbedingt notwendig», BArch, B 149/78841.

93 Der Absatz über die berufsständischen Versorgungswerke war aufgrund einer Intervention Tietmeyers bei Staatssekretär Jagoda vom BMA in den Vertragsentwurf aufgenommen worden; vgl. Ministerialdirektor Niemeyer, Leiter der Abteilung IV des BMA an Abt. I zu Hdn. von Regierungsdirektor Sasdrich am 24.4.1990, BArch, B 149/78841.

94 Vgl. das Schreiben des Vorsitzenden der Arbeitsgruppe «Arbeit und Soziales» der CDU/CSU-Fraktion des Deutschen Bundestages, Horst Günther, an Staatssekretär Jagoda im BMA vom 10.5.1990, BArch, B 149/78841. Die Forderung, dass neben der Beitragsbemessungsgrenze auch die Versicherungspflichtgrenze «nach den Grundsätzen des Sozialversicherungsrechts der Bundesrepublik Deutschland» festgelegt werden sollte, war im Entwurf noch nicht enthalten.

95 Vgl. «Überlegungen zur Notwendigkeit eines personenbezogenen Preisausgleichs für die unteren Einkommensgruppen, vor allem Rentner» vom 29. April 1990, BArch, DC-20/6007.

96 Der Vertrag sah in Artikel 20, Abs. 2 vor, dass Ansprüche und Anwartschaften aus diesen Systemen mit dem Ziel überprüft werden sollten, «ungerechtfertigte Leistungen abzuschaffen und überhöhte Leistungen abzubauen. Die der Rentenversicherung durch Überführung entstehenden Mehraufwendungen werden ihr aus dem Staatshaushalt erstattet».

97 Vgl. Rentenangleichungsgesetz vom 28.6.1990. Anlage zu den §§ 2 und 10 des Gesetzes, in: GBl der DR I 1990, S. 500.

98 Vgl. Punkt 4 der 12-Punkte-Erklärung der beiden Regierungen zur Währungsumstellung vom 2. Mai 1990, abgedruckt in: Grosser, Wagnis, S. 288 f.; Interviews des Verf. mit Jagoda vom 5.7.2000 und mit R. Hildebrandt vom 31.5.2000.

99 Frerich/Frey, Handbuch, Bd. 3, S. 527.

100 Offenbar ging man auf Seiten der Bundesregierung zunächst davon aus, dass mit der im Staatsvertrag – aber noch nicht im Arbeitspapier vom 24.4.1990 – der DDR auferlegten Einführung eines Sozialhilfegesetzes die Ausgleichszahlung für Kleinrentner wegfallen würde. Vgl. die Vorlage von Tietmeyer und Ludewig an Bundeskanzler Kohl vom 13.5.1990 für die Tagung der CDU-Gremien am 14.5. und Kohls Gespräch mit de Maizière mit drei Anlagen, u. a. einer Zusammenstellung der wichtigsten Kompromisspunkte im Staatsvertrag, in: Dokumente zur Deutschlandpolitik, S. 1108–1114. Tatsächlich blieb der Sozialzuschlag auch nach der Einführung eines Sozialhilfegesetzes der DDR zunächst weiter erhalten.

101 Frerich/Frey, Handbuch, Bd. 3, S. 603, 624. – Diese Regelung wurde nach ihren Äußerungen im Interview mit dem Verf. vom 31.5.2000 von Regine Hildebrandt durchgesetzt.

102 Für die Auswirkung der Umstellung vgl.: Beispiele für die Änderung von Nettolöhnen bei der Umstellung von 1:1 und gleichzeitiger Anwendung des Steuer- und Sozialversicherungsrechts der Bundesrepublik Deutschland, BArch, B 149/74907. Diese Ausarbeitung wurde am 15.5.1990 verschickt.

103 Minister Kleditzsch an den Parlamentarischen Staatssekretär Krause, 3.5.1990, BArch, DQ 1/14920.

104 Kohl am 15.5.1990 in der Fraktion der CDU/CSU. ACDP, Fraktionsprotokolle.

105 Winkler, Weg, Bd. 2, S. 571. –Vgl. zur Haltung Lafontaines weiter Lafontaine, Oskar: Deutsche Wahrheiten. Die nationale und die soziale Frage. Hamburg 1990, bes. S. 174–184, 187–215.

106 Vogel, Hans-Jochen: Nachsichten. Meine Bonner und Berliner Jahre. Taschenbuchausgabe. München/Zürich 1997, S. 332 f.

107 Grosser, Wagnis, S. 316.

108 Stobbe an Vogel und Jahn, 30.4.1990, AdsD, Bestand: SPD-Fraktion der Volkskammer der DDR, Mappe 113. Die von ihm und Richard Schröder vorgeschlagene politische Koordinierung der Haltung der SPD beider Staaten kam jedoch nicht zustande. Eine Ablehnung des Vertrages durch die westdeutsche Sozialdemokratie hätte nach der Unterzeichnung des Vertrages durch die Koalitionsregierung in der DDR faktisch eine Desavouierung ihrer Schwesterpartei im Osten bedeutet.

109 Presseservice der SPD, 21.5.1990, Nr. 205, 1990. Vgl. weiter den Text des Interviews von Vogel im Deutschlandfunk am 22.5.1990, in: Presseservice der SPD, 206/90.

110 Für die Gegenposition vgl. das am 21.5.1990 von Andreas von Bülow und Norbert Wieczorek an die SPD-Abgeordneten versandte Arbeitspapier, in dem sie in 17 Punkten darlegten, dass nach ihrer Einschätzung die übergangslose Einführung der Marktwirtschaft eine «Totaloperation» an einem durch die SED-Führung «lebensgefährlich geschwächten Patienten» darstelle und daher «verantwortungslos» sei, AdsD, 9604.

111 Winkler, Weg, Bd. 2, S. 572. Text des nicht abgesandten Briefes in: Lafontaine, Oskar: Das Herz schlägt links. München 1999, S. 18–21.

112 Vgl. zu den Verhandlungen: Grosser, Wagnis, S. 317–319; Text eines Interviews von Vogel mit dem Bonner Korrespondenten des Bayerischen Rundfunks, Dietmar Merten, abgedruckt unter dem Titel: Hans-Jochen Vogel: Unsere energischen Forderungen zum Staatsvertrag haben deutliche Bewegungen erbracht. In: Die SPD im Deutschen Bundestag 1221, 1.6.1990. AdsD, 9608; Gespräch von Schäuble und Waigel u. a. mit Vertretern der SPD, 6.6.1990, Dokumente zur Deutschlandpolitik, S. 1182–1184; Besprechung des Chefs des Bundeskanzleramtes, Rudolf Seiters, mit den Chefs der Staats- und Senatskanzleien der Länder, 7.6.1990, ebd., S. 1184–1189; «Mitteilung für die Presse» mit Ausführungen von Vogel nach einer Sitzung des

SPD-Präsidiums vom 11.6.1990, Nr. 248/90 vom 11.6.1990, AdsD, 9608; Erklärung von Seiters nach einem Gespräch des Bundeskanzlers mit Vertretern der SPD am 12.6.1990, in: Pressemitteilung des Presse- und Informationsamtes der Bundesregierung vom 12.6.1990, Nr. 250/90, in: AdsD, 9608.

113 Stellungnahme des Bundesrates. BTDrs. 11/7351, 7.6.1990, S. 2.

114 Vgl. das Ergebnisprotokoll der Sitzung des Fraktionsvorstandes am 14. Juni 1990, AdsD, 17638 sowie die von Gerhard Jahn und Eckhart Schlemm unterzeichnete «Argumentationshilfe zum Staatsvertrag» vom 16.6.1990 mit dem Titel: «Von der SPD bewirkte Ergebnisse auf dem Weg zu einem sozialverträglichen und ökologisch orientierten einigen Deutschland», AdsD, Bestand: SPD-Fraktion der Volkskammer der DDR, Mappe 74.

115 Für die Position der Mehrheit der Fraktion vgl. die «Erklärung der SPD-Bundestagsfraktion», abgegeben von Gerhard Jahn am 21.6.1990; für die Minderheit vgl. deren «Erklärung zur Abstimmung gemäß § 31 der Geschäftsordnung des Deutschen Bundestages», Prot. BT, 11. WP, S. 17272 f.

116 Alle anwesenden Abgeordneten der CDU/CSU, der FDP, zwei Abgeordnete der GRÜNEN und eine fraktionslose Abgeordnete stimmten dem Vertrag zu. Die Enthaltung kam von einem Abgeordneten der GRÜNEN. In: Prot. BT, 11. WP, S. 17281. Für die Haltung der Volkskammer vgl. Prot. VK, 10. WP, 16. Tagung, 21.6.1990, S. 625. Die CDU/DA, die DSU und die Liberalen sprachen sich einstimmig für den Vertrag aus. Von der SPD stimmten alle Abgeordneten bis auf den früheren Parteiführer Ibrahim Böhme für den Vertrag. In der Fraktion DBD/DFD stimmten 6 für und 2 gegen den Vertrag. Bündnis 90/Grüne und die PDS, bis auf den Abgeordneten Dr. Herbert Richter, der sich der Stimme enthielt, lehnten, wie der eine Abgeordnete der Vereinigten Linken, den Vertrag ab (ebd., S. 625–630).

117 Für die Wahlergebnisse s. oben, S. 51, 54.

118 August Bebel, 1840–1913, zusammen mit Karl Liebknecht Gründer der Sozialdemokratischen Arbeiterpartei (SDAP) in Eisenach 1869, Mitverfasser des «Erfurter Programms» der SPD 1891, Vorsitzender der SPD 1892–1913.

119 Kurt Schumacher, 1895–1952, seit 1918 SPD, als scharfer Gegner der NSDAP jahrelang in verschiedenen Konzentrationslagern, nach 1945 Wiederaufbau der SPD in Hannover und ihr Vorsitzender 1946–1952, Oppositionsführer im Deutschen Bundestag 1949–1952.

120 Kopie des Briefes AdsD, Bestand: SPD-Fraktion in der Volkskammer der DDR, Mappe 42.

8. Die Sozialgesetzgebung der Regierung de Maizière

1 Bundesarbeitsminister Blüm an die Ministerin für Arbeit und Soziales der DDR R. Hildebrandt, 24.4.1990. In: ACDP, Bestand Blüm I 504/63.

2 Interviews des Verf. mit Regine Hildebrandt am 31.5. und mit Alwin Ziel am 13.7.2000.

3 Spree, Der Sozialstaat eint, S. 103.

4 «Gesetz über die Inkraftsetzung von Rechtsvorschriften der Bundesrepublik Deutschland in der Deutschen Demokratischen Republik», GBl. der DDR I 1990, S. 357–363.

5 «Gesetz zur Änderung und Ergänzung des Arbeitsgesetzbuches», GBl. der DDR I 1990, S. 371–381. Zu den Veränderungen vgl. weiter den grundlegenden Beitrag von Rolf Schwedes, der eine entscheidende Rolle bei der Neufassung des AGB spielte: Arbeitsgesetzbuch der DDR und seine Neufassung 1990. In: Entwick-

lungen im Arbeitsrecht und Arbeitsschutzrecht. Festschrift für Otfried Wlotzke zum 70. Geburtstag. Hrsg. von Anzinger, Rudolf und Wenk, Rolf. München 1996, S. 145–172.

6 Vgl. dazu BMA, Abt. III a 1 an Abt. I: Konformität von DDR-Gesetzentwürfen mit dem Staatsvertrag, hier: Gespräch des Ministers und Ministerin Hildebrandt am heutigen Tage, 31.5.1990. BArch, B 149/405234; BMA Abt. III a 1 an Staatssekretär Jagoda mit Durchdrucken an den Minister und die Staatssekretäre, Abt. I und Referat 6/I: Vergleich des DDR-Arbeitsrechts mit dem bundesdeutschen Arbeitsrecht, 31.5.1990. BArch, B 149/405234.

7 Voraussetzung war, dass die Frauen entweder verheiratet waren oder Kinder bis zu 18 Jahren oder pflegebedürftige Familienangehörige zum Haushalt gehörten oder sie das 40. Lebensjahr vollendet hatten (§ 185).

8 Vgl. Rede von R. Hildebrandt bei der Einbringung des Gesetzentwurfes in der Volkskammer. In: Prot. VK, 10. WP, 10. Tagung vom 1.6.1990, S. 398.

9 Vgl. die Reden von Marlies Deneke für die PDS und Prof. Jens Reich für die Fraktion Bündnis 90/ Grüne, ebd., S. 399, 400 f.

10 Prot. VK, 10. WP, 10. Tagung vom 1.6.1990, S. 402.

11 Der § 613a des BGB beinhaltet insbes. das Verbot, aus Anlass eines Betriebsübergangs den Arbeitnehmern zu kündigen. Zur Problematik vgl. Blüm an Cronenberg, 18.6.1990, aus dem die Kritik Cronenbergs in einem Brief vom 1.6.1990 an Blüm hervorgeht. Blüm wies in seiner Antwort darauf hin, dass § 613a des BGB in wesentlichen Vorschriften auf die EG-Richtlinie des Rates zur Harmonisierung der Rechtsvorschriften der Mitgliedstaaten über die Wahrung von Ansprüchen und Vergünstigungen der Arbeitnehmer bei Gesellschaftsfusionen, Betriebsübergängen sowie Unternehmenszusammenschlüssen (BTDrs. 7/2312) zurückgeht und die DDR sich verpflichtet habe, «ihre Politik schrittweise auf das Recht der Europäischen Gemeinschaften auszurichten». ACDP, Bestand Blüm I 504/66. Ganz ähnlich Blüms Antwort vom 21.8.1990 auf einen in Kopie mitgeteilten Brief des Präsidenten des Bundesverbandes der Deutschen Industrie, Dr. h.c. Tyll Necker, an de Maizière vom 13.7.1990. ACDP, Bestand Blüm I 504/67. Die späteren Überlegungen der Bundesregierung, die Vorschriften des § 613a BGB in den fünf neuen Bundesländern bis Ende 1992 zu suspendieren, die auch Eingang in die Koalitionsvereinbarung vom Januar 1991 fanden, kamen wegen der Kollision mit dem EG-Recht nicht zum Tragen. Es wurden jedoch gewisse Modifikationen des § 613a, die den Schutz der Arbeitnehmer einschränkten, vor allem durch das Gesetz über die Spaltung der Treuhandunternehmen vom 5.4.1991 durchgesetzt. Vgl. BMA, Sasdrich, an Ministerialdirigent Ludewig im BK, 15.2.1991. BArch, B 149 / 74923; von Maydell u.a., Umwandlung, S. 119–137.

12 Vermerk von BMA-AS über «I DDR-Regelungen, die Abweichungen vom Staatsvertrag enthalten» sowie «II Sonstige politisch sensible Probleme» vom 11.6.1990. BArch, B 149/78844. Ähnlich BMA, Abteilung I, «Umsetzung des Staatsvertrages durch die DDR» vom 29.6.1990. BArch, B 136/21666.

13 Blüm an Cronenberg, 18.6.1990. ACPD, Bestand Blüm I 504/66.

14 GBl. der DDR I 1990, S. 403–445.

15 Die Bundesregierung bot dabei ihre Formulierungshilfe ausdrücklich an. Vgl. BMA, Unterabt. II b: Einführung der Arbeitsförderung der Bundesrepublik Deutschland in der DDR mit dem beiliegenden Arbeitspapier: «Konzeption für die Einführung der Arbeitsförderung in der DDR mit Ausführungen, wie man bei wörtlicher Übernahme des bundesdeutschen Arbeitsförderungsgesetzes den Besonderheiten der DDR durch Übergangsvorschriften Rechnung tragen könne.» Die zuständigen Re-

ferate des BMA wurden um ausformulierte Beiträge zum Gesetzentwurf gebeten. BArch, B 149/400012.

16 So wurde auch Horst Kinitz, einer der Staatssekretäre im MfAS der DDR, am 6.6.1990 zusätzlich zum Leiter der neu geschaffenen Zentralen Arbeitsverwaltung der DDR bestellt. Vgl. Kinitz, Aufbau, S. 47.

17 Zu den Aufgaben und der Zusammensetzung der Beiräte vgl. §§ 190–206a des AFG.

18 Vgl. für Unterschiede zwischen dem AFG der Bundesrepublik und dem der DDR Kinitz, Aufbau, S. 30–43.

19 §§ 63–72 des AFG.

20 Vgl. die Aufzeichnung des Referats II b 2 (Arbeitslosenversicherung) des BMA: Zur Einführung einer Arbeitslosenversicherung einschließlich der Arbeitsförderung in der DDR, 25.5.1990. In: BMG, 222–48120, Bd.1; Leven, Klaus: Für weniger als 100 Tage. Unveröffentlichte Aufzeichnung.

21 Frerich/Frey, Handbuch, Bd.3, S. 598.– Von den Kurzarbeitern hatten 1991 knapp 60 Prozent einen Arbeitsausfall von über der Hälfte der Arbeitszeit.

22 Diese Regelung wurde allerdings von den zuständigen Beamten des BMA in Bonn abgelehnt. Sie ist aber nach der Einigung bis Herbst 1992 verlängert worden. So Klaus Leven im Interview mit dem Verfasser vom 18.5.2000.

23 Frerich/Frey, Handbuch, Bd.3, S. 512 f.

24 Vgl.: Sozialpolitische Forderungen des DGB für den deutschen Einigungsprozess. In: Informationsdienst der Bundespressestelle des DGB 19, 20.7.1990.

25 Vgl. den Brief von Engelen-Kefer an Blüm vom 10.7.1990. AdsD, 5/DGAi 002107. Vgl. weiter R. Hildebrandt an Konrad Carl im Bundesvorstand der IG Bau-Steine-Erden in Frankfurt a. Main, 16.7.1990. BArch, DQ3/1889b.

26 Vgl. die Aufzeichnung des Referats II b 2 (Arbeitslosenversicherung): Zur Problematik der Einführung einer Mindestsicherung bei den Lohnersatzleistungen des AFG in der DDR. BArch, B149/78844.

27 Prot. VK, 10. WP, 16. Tagung vom 21./22.6.1990, S. 678 f. Klaus Leven erwähnte im Interview mit dem Verf. vom 18.5.2000, dass er von dem «Überraschungscoup» in der zweiten Lesung des Gesetzes nichts gewusst habe. – Das BMA sah in der Streichung eine Abweichung von den Artikeln 17 und 19 des Staatsvertrages vom 18.5.1990, in dem die DDR sich zur Übernahme des Arbeitskampfrechtes und der Regelungen des AFG der Bundesrepublik verpflichtet hatte. Vgl. BMA, Abteilung I: «Umsetzung des Staatsvertrages durch die DDR» vom 29.6.1990. BArch, B136/21666.

28 Vgl. den Brief der Stellvertretenden Vorsitzenden des DGB, Ursula Engelen-Kefer, an Krause vom 16.7.1990. In: BArch, DC-20/6006. BArch, DC-20/6009; Engelen-Kefer und Marianne Sanding vom Sprecherrat der Gewerkschaften der DDR an de Maizière, 8.8.1990, AdsD, 5/DGAi 002110. – Offenbar gleich lautende Briefe wurden auch an Ministerin Hildebrandt und an die Vorsitzenden der Fraktionen von SPD und CDU/DA der Volkskammer gesandt. Vgl. Brief von Engelen-Kefer an die Vorstände und Hauptvorstände der Gewerkschaften und der Industriegewerkschaften und die DGB-Landesbezirke. In: Ebda. Vgl. weiter den Brief des Vorsitzenden der SPD-Volkskammerfraktion Wolfgang Thierse an Engelen-Kefer vom 5.9.1990, in dem er ausführt, dass er ihren Standpunkt inhaltlich teile, aber «aufgrund der harten Verhandlungsführung der Bundesregierung gerade in dieser Frage» die Fraktion lediglich die Möglichkeit habe, «dem Einigungsvertrag insgesamt nicht zuzustimmen. Sie werden verstehen, dass ich dies für problematisch halte». AdsD, Bestand: SPD-Fraktion der Volkskammer der DDR, Mappe 116.

29 Krause an Ziel, 29.6.1990. Eine Kopie des Briefes mit der Zusicherung, dass sie «weiterhin alles versuchen» würden, «um möglichst umgehend eine der Gesetzeslage der Bundesrepublik entsprechende Regelung zu §116 und §119 AFG zu erreichen», ging an Staatssekretär Jagoda. Durchschriften erhielt der Chef des Bundeskanzleramtes, Bundesminister Seiters, und der Bundesjustizminister Kinkel. BArch, B 149/400012.

30 Blüm an Cronenberg, 4.7.1990, als Antwort auf dessen Brief vom 8.6.1990. ACDP, Bestand Blüm I 504/66.– Die Frage der Änderung des §116 des AGF, die zur Zeit der Abfassung des Schreibens von Cronenberg noch nicht erfolgt war, wird im Brief von Blüm nicht berührt.

31 Vgl. für das Programm den Brief des Präsidenten des BA, Heinrich Franke, an Ministerin Hildebrandt vom 12.6.1990. BArch, B 149/85487.

32 Für die Entwicklung und Bedeutung der aktiven Arbeitsmarktpolitik nach der Vereinigung vgl. Ehlers, Bernd: Arbeitsmarktpolitik im Transformationsprozess. Einsatz und Neuorientierung des aktiven arbeitsmarktpolitischen Instrumentariums des Arbeitsförderungsgesetzes in den neuen Bundesländern. Edewecht 1996; Heinelt, Hubert/Weck, Michael: Arbeitsmarktpolitik vom Vereinigungskonsens zur Standortdebatte. Opladen 1998; Arbeitsmarktpolitik nach der Vereinigung, hrsg. v. Heinelt, Hubert/Bosch, Gerhard/Reissert, Bernd. Berlin 1994; Keller, Bernd: Einführung in die Arbeitspolitik. Arbeitsbeziehungen und Arbeitsmarkt in sozialwissenschaftlicher Perspektive. München/Wien, 5. Aufl., 1997, bes. Kap. 12–14.

33 Vgl. dazu den Brief von Heinrich Franke an Minister Blüm vom 4.5.1990: Einführung des AFG in der DDR am 1.7.1990. BArch, B149/400014.

34 Vgl. Leven, Klaus: Nach der Revolution im Osten Deutschlands – Arbeitsämter zwischen Norm und Wirklichkeit. In: Europa und Deutschland – Zusammenwachsende Arbeitsmärkte und Sozialräume. Festschrift für Heinrich Franke zum 65. Geburtstag. 26. Januar 1993. Hrsg. v. Buttler, Friedrich/Reiter, Heinrich/Günther, Horst. Stuttgart/Berlin/Köln 1993, S. 235–242, Zitat S. 238 f.

35 Vgl. Ammermüller, Martin G./Diel, Udo: DDR-Sozialversicherung wird angeglichen. In: Kompaß 1990, Heft 7, S. 333–342, bes. S. 335. Udo Diel war Leiter des Referats 3 b 1 «Grundsatzfragen, Leistungsrecht» im MfAS der DDR.

36 Gesetz über die Sozialversicherung – SVG – vom 28.6.1990. GBl. der DDR I 1990, S. 486–495.

37 Ammermüller/Diel, DDR-Sozialversicherung, S. 335.

38 Vgl. «Begründung zum Entwurf des Gesetzes über die Sozialversicherung». BArch, DQ1/13166.

39 SVG, §§ 70–73.

40 Ebd., § 33.

41 Für die Unfallumlage wurde ab 1.4.1991 der Umlagesatz von 0,3 Prozent des Arbeitseinkommens der im Unternehmen beschäftigten Personen mit der Gefahrenklasse multipliziert.

42 Vgl. Kleditzsch an den Parlamentarischen Staatssekretär Krause beim Ministerpräsidenten, 30.5.1990. BArch DQ1/13168a.

43 SVG, § 16(2) (Krankenversicherung) und § 20(2) (Rentenversicherung).

44 Kleditzsch an Hildebrandt, 6.6.1990; Hildebrandt an Kleditzsch, 12.6.1990. BArch DQ1/13168a.

45 Vgl. BMA, AS: I DDR-Regelungen, die Abweichungen vom Staatsvertrag enthalten. II Sonstige politisch sensible Probleme, 11.6.1990. BArch, B149/78844.

46 GBl. der DDR I 1990, S. 495–500.

47 § 1 des Gesetzes.

48 Vgl. Ammermüller/Diel, DDR-Sozialversicherung, S. 340.

49 Vgl. die Anlage zu den §§ 2 und 10 des Gesetzes mit einer Tabelle zur Erhöhung der Renten. GBl. der DDR I 1990, S. 500.

50 § 3 des Gesetzes.

51 Vgl. Ammermüller/Diel, DDR-Sozialversicherung, S. 341.

52 Einen Hinweis auf die Reaktion der Betroffenen gibt ein Schreiben des Direktors und des stellvertretenden Direktors der Sozialversicherung der DDR der Stadt Dresden, Naumann und Weber, an Ministerin Hildebrandt vom 11.7.1990. Danach hätten in den vergangenen 10 Tagen weit mehr als 1000 Rentner vorgesprochen und es lägen zusätzlich etwa 800 Einsprüche von Rentnern vor. Diese würden sich vor allem gegen die Anrechnung der erhöhten Hinterbliebenenversorgung von 90 DM und der Zusatzrente aufgrund von FZR-Beiträgen bei der Feststellung des Mindestsatzes von 495 DM, der unter dem Existenzminimum eines Einpersonenhaushaltes läge, richten. So beschwerte sich eine Rentnerin in einem Brief vom 3.7.1990, der am 10.7.1990 an Ministerin Hildebrandt weitergeleitet wurde, dass durch die Anrechnung ihrer Witwenrente der «Sozialausgleich» auf 15 DM begrenzt werde. Mit den 46 DM, die sie jetzt mehr erhalte, könne sie nicht die ganzen wegfallenden Subventionen abfangen. «Da gerate ich ja an den Abgrund der Armutsgrenze. Da ging es mir vorher ja besser.» Ministerin Hildebrandt versicherte, dass sie es persönlich sehr bedaure, «dass es uns bisher nicht gelungen ist, die Witwenrente außerhalb des 495 DM-Sockelbetrags anzurechnen» und dass ihr Ministerium alles daran setzen werde, «die Rente weitmöglichst zu dynamisieren» (BArch, DQ 3/1889b). Allerdings gab es beispielsweise auch das Dankschreiben einer verwitweten Rentnerin, deren Rente von 571 Mark auf 781 DM angehoben worden war (ebd.).

53 Vgl. BMA, Abt. I.: Umsetzung des Staatsvertrages durch die DDR, 29.6.1990. BArch, B136/21666. Weiter wurde kritisiert, dass auch nach dem novellierten Arbeitsgesetzbuch der DDR «die Vorschriften über die Haftpflicht des Unternehmers aus Arbeitsunfällen und Berufskrankheiten nicht aufgehoben» wurden. Die Arbeitgeber wurden zudem durch den neuen § 269a verpflichtet, für die Schadensersatzverpflichtungen eine Haftpflichtversicherung abzuschließen.

54 § 4 des Gesetzes.

55 § 12 des Gesetzes.

56 Vgl. Hildebrandt an Reichenbach am 22.5.1990 mit der Vorlage «Überprüfung der gesellschaftlichen Rechtfertigung von Leistungen aus Sonder- und Zusatzversorgungssystemen». Vgl. weiter «Übersicht zur Höhe der zusätzlichen Versorgungen» und «Vorschläge zur Behandlung von Sonderregelungen im Zusammenhang mit der Währungsunion». BMA VIII, I a 7/17000 (1).

57 §§ 22 und 23 des Gesetzes. Vgl. dazu auch das Papier der Abt. IV (Sozialversicherung, Sozialgesetzbuch) des BMA vom 9.11.1990, in dem u. a. erörtert wird, dass die zur Überführung der Zusatzversorgungen in die Rentenversicherung erforderliche Rechtsverordnung der Bundesregierung noch erlassen werden muss. «Die Arbeit an dieser Rechtsverordnung, in deren Zusammenhang rechtlich und politisch schwierige Fragen zu entscheiden sein werden, haben begonnen. Die tatsächliche Überführung der Ansprüche aus Zusatzversorgungssystemen auf die Rentenversicherung wird von der Verwaltung allerdings kaum bis Ende 1991 bewältigt werden können». BArch, B149/74922.

58 Vgl. dazu den «Vermerk über die Beratung vom 29.6.1990 mit dem Ministerium für Abrüstung und Verteidigung und dem Ministerium des Innern über die Begrenzung der Versorgungen», in dem vergeblich eine zusätzliche Sozialversicherungsrente von 510 DM gefordert wird. BArch, DQ3/1984.

59 GBl. der DDR I 1990, S. 501.
60 Frerich/Frey, Handbuch, Bd. 3, S. 529.
61 §§ 30–32 des Gesetzes. Vgl. weiter: Ammermüller/Diel, DDR-Sozialversicherung, S. 342.
62 Prot. VK, 10. WP, 17. Tagung v. 22.6.1990, S. 656.
63 Vgl. BMA, Außenstelle Berlin, AB I.1. vom 12.11.1990: «Entwurf zu den Hauptergebnissen der Rentenangleichung v. 1.6.1990». BArch, 149/74940. Vgl. weiter: BT-Drs. 11/8504, S. 47, 56.
64 Vgl. Niemeyer, Werner: Ab sofort einheitliches Recht. In: BArbBl (1992) H. 1, S. 7–12, hier S. 7.
65 GBl. der DDR I 1990, S. 392–397. Gesetz über den Anspruch auf Sozialhilfe – Sozialhilfegesetz.
66 § 1 des Gesetzes.
67 Vgl. die Ausführungen der Ministerin für Familie und Frauen, Dr. Christa Schmidt (CDU), bei der Einbringung des Gesetzes in der Volkskammer. In: Prot. VK, 10. WP, 10. Tagung v. 1.6.1990, S. 389.
68 § 21 des Gesetzes.
69 Vgl. Wienand/Neumann/Brockmann, Fürsorge. Vgl. weiter als Beispiel für den Neuaufbau der Freien Wohlfahrtsverbände den Brief des Vorsitzenden der Arbeiterwohlfahrt, Otto Fichtner, an R. Hildebrandt vom 12.7.1990. BArch, DQ3/1889b.
70 Blüm an Thomas, 21.5.1990. ACPD, Bestand Blüm I 504/65. Blüm beantwortete einen Brief von Thomas vom 24.4.1990 und die mit diesem übersandte Erklärung des Hartmannbundes vom 8.4.1990 zur zukünftigen Gestaltung des Gesundheitswesens in einem vereinten Deutschland.
71 Dreßler, Rudolf: Erste Schritte zur Sozialunion. Bundesrepublik Deutschland – DDR Diskussionspapier. Dienst für Gesellschaftspolitik 11–90 (1990), S. 5–10. Vgl. weiter Manow, Entwicklungslinien ost- und westdeutscher Gesundheitspolitik, S. 119 f.
72 AOK-Bundesverband: Die deutsch-deutsche Entwicklung und mögliche Auswirkungen auf die AOK. Dienst für Gesellschaftspolitik 10–90 (1990), S. 5–10.
73 Entwurf einer «Verordnung über die vertraglichen Beziehungen der Krankenversicherung zu den Leistungserbringern – Kassenvertragsverordnung», auszugsweise abgedruckt in: Dienst für Gesellschaftspolitik 25–90 (1990), S. 5. Vgl. weiter Manow, Gesundheitspolitik, S. 149–151.
74 Manow, Gesundheitspolitik, S. 150–153; Frerich/Frey, Handbuch, Bd. 3, S. 538 f.
75 Zum Verlauf der Tagung vgl. Prof. Steinbach an die politische Spitze und die führenden Beamten des BMJFFG am 1.6.1990 mit der Anlage: Ergebnis- und Verlaufsniederschrift der konstituierenden Sitzung der gemeinsamen Gesundheitskommission und der Arbeitsgruppen am 12./13.5.1990 in Bad Honnef (Klausurtagung). BMG, 221–48120/5 – Bd. 1.
76 Telefax von Ministerialrat Dr. Stein vom BMJFFG an Ministerialrat Dr. Zipperer, Leiter des Referats V b 1 über Grundsatzfragen der gesetzlichen Krankenversicherung im BMA vom 18.5.1990 mit dem Entwurf eines Schreibens von Staatssekretär Werner Chory vom BMJFFG an den Vorsitzenden der Konferenz der für das Gesundheitswesen zuständigen Minister und Senatoren der Länder, Günther Jansen, über die Organisation der gemeinsamen Gesundheitskommission und die Bildung von elf Arbeitsgruppen.
77 Jung an die Unterabteilungsleiter und Referatsleiter seiner Abteilung am 5.6.1990 mit Anlage: Gemeinsame Arbeitsgruppen des Ministeriums für Gesundheitswesen der DDR und des BMA zu den Aufgabengebieten «Gesetzliche Krankenversicherung / Gesundheitliche Versorgung». BMG, 221–48120/5 – Bd. 1. Die Mitglieder

der Arbeitsgruppen der beiden Seiten und die von den Arbeitsgruppen zu behandelnden Themen, u.a. Entwurf eines Krankenkassen-Errichtungsgesetzes, Aufbau eines gegliederten Systems der Krankenversicherung, Finanzausgleich der GKV, Investitionsförderungsprogramm, Anschubfinanzierung für die GKV, Entwurf eines Krankenhausfinanzierungsgesetzes, werden genannt.

78 Jung per Telefax am 5.6.1990 an die Spitzenverbände der GKV, die Vizepräsidentin des BVA, Frau Dr. Meurer, und den Verband der privaten Krankenversicherung mit einer Einladung zur konstituierenden Sitzung der «Arbeitsgruppe Sozialunion mit der DDR» im BMA am 13.6.1990. BMG, 221–48120/5 – Bd. 1.

79 Vgl. für die Auffassung der AOK Franz Knieps, Leiter der verbandspolitischen Planung des AOK-Bundesverbandes, Bonn: Problemschwerpunkte einer Harmonisierung der Gesundheits- und Krankenversicherungssysteme der Bundesrepublik Deutschland und der DDR, 19.6.1990; Knieps: Statement zum DDR–Hearing in Hamburg am 15.6.1990; Knieps: Die Reform der Kassenorganisation unter dem Blickwinkel der aktuellen deutschlandpolitischen Entwicklung, Vortrag vom 11.6.1990. BArch , DQ3/1881a. Vgl. weiter Manow, Gesundheitspolitik, bes. S. 126–130.

80 Vgl. Manow, Gesundheitspolitik, bes. S.129–131; für die Haltung der Betriebskrankenkassen vgl. das 8-seitige Schreiben des stellvertretenden Vorsitzenden des Bundesverbandes der Betriebskrankenkassen an Minister Kleditzsch vom 2.8.1990, in dem neben einem kassenartenübergreifenden Finanzausgleich und obligatorischen Staatszuschüssen an die Krankenversicherung der DDR auch ein einheitlicher Beitragssatz abgelehnt wird. Der Verband plädierte zudem für die Erhaltung von umgewandelten Betriebs-Polikliniken in der DDR. «Die Betriebskrankenkassen sind bereit, eine Reihe von Betriebs-Polikliniken in der DDR zusammen mit Management-Partnern und Investoren beispielhaft in Poliklinik-GmbH's zu überführen. Entsprechende Konzepte, die auch die langfristige Sinnhaftigkeit entsprechender organisatorischer Strukturen für ein einheitliches Gesundheitswesen in Deutschland deutlich machen, sind bereits entwickelt worden. Betriebskrankenkassen in der DDR könnten sich zumindest in einer Übergangszeit auch bereit finden, die Trägerschaft von Polikliniken und Ambulatorien als ‹Eigeneinrichtung› zu übernehmen.» BArch, DQ1/14339.

81 Gesetz zur Errichtung von Krankenkassen vom 13.9.1990. GBl. der DDR I 1990, S. 1538–1544.

82 GBl. der DDR I 1990, S. 1533–1537.

83 Rundschreiben des Leiters der Außenstelle des BMA, Ministerialdirektor Jung, an die Leiter der Ressorts Gesundheit- und Sozialwesen der Bezirke und die Dezernenten für Gesundheit- und Sozialwesen der Städte und Landkreise, 29.10.1990. Blüm verteidigte dieses Rundschreiben gegenüber der Kritik der ersten Vorsitzenden der Kassenärztlichen Vereinigung Niedersachsens, K. H. Schirbort, in einem Schreiben vom 12.12.1990. ACDP, Bestand Blüm I 504/73.

84 Blüm an die Bundesministerin a.D. Bergmann-Pohl, MdB, 22.1.1991. In: ACDP, Bestand Blüm I 504/75.

85 Vgl. Wasem, Vom staatlichen zum kassenärztlichen System, S. 85 f.

86 GBl. der DDR I, S. 1428–1430.

87 Vgl. Kleditzsch an die Vorsitzenden des Rates der Bezirke, 2.5.1990. BArch, DQ1/14918.

88 GBl. der DDR I 1990, S. 711 ff.; S. 1533–1537.

89 In den Akten des Ministeriums des Gesundheitswesens der DDR (BArch, DQ3) finden sich Dutzende detaillierter Stellungnahmen zu den einzelnen Gesetzesvorhaben.

90 Kleditzsch an den Parlamentarischen Staatssekretär beim Ministerpräsidenten, Dr. Günther Krause, vom 1.8.1990 mit Formulierungsvorschlägen zu einem neuen Kapitel X über «Gesundheitswesen und Krankenversicherung» im Einigungsvertrag. BArch, DQ1/13657.

9. Der Einigungsvertrag

1 Schäuble, Vertrag, S. 53–57, 140, 151 f.
2 Ebd., S. 112.
3 Ebd., S. 136 f.
4 Vgl. Aufzeichnung des Bundesministers des Innern, 28.5.1990: Grundstrukturen eines Staatsvertrages zur Herstellung der Deutschen Einheit. In: Dokumente zur Deutschlandpolitik, S. 1151–1154.
5 Diskussionspapier des Bundesministers des Innern mit Elementen einer zur Herstellung der deutschen Einheit zu treffenden Regelung. In: Ebd., S. 1267–1274.
6 Schäuble, Vertrag, S. 137. Der Katalog wurde mit der Bundesrepublik abgestimmt. Vgl.: Abgestimmter Katalog der Verhandlungsthemen zum Vertrag über die Herstellung der Einheit Deutschlands (Einigungsvertrag). In: Dokumente zur Deutschlandpolitik, 9.7.1990, S. 1328–1331. Fragen der Sozialpolitik werden in diesem Themenkatalog noch nicht erwähnt.
7 Vgl.: Erste Verhandlungsrunde über den Vertrag zur Herstellung der Einheit Deutschlands (Einigungsvertrag), Berlin, 6.7.1990. Ergebnisprotokoll. In: Dokumente zur Deutschlandpolitik, S. 1324–1328.
8 BGBl. II, 1990, S. 1239–1245.
9 Schäuble, Vertrag, S. 120, 138, 150–155.
10 Stellungnahme der Bundesvereinigung der Deutschen Arbeitgeberverbände zum Entwurf des Einigungsvertrages, übersandt mit Begleitschreiben von Dr. Himmelreich und Dr. Doetsch von der Hauptgeschäftsführung der BDA an Blüm am 15.8.1990. BMG 221–48123–5/5 – Bd. 1.
11 Blüm an Schäuble, 28.6.1990. ACDP, Bestand Blüm I 504/66.
12 Schäuble, Vertrag, S. 154.
13 Ebd., S. 154 f. Zur Kritik Schäubles an dieser Regelung vgl. neben seinem Buch über den Vertrag auch: Schäuble, Wolfgang: Ich habe einen Traum, aufgezeichnet von Mark Kayser. In: DIE ZEIT, 30.9.1999.
14 Schäuble, Vertrag, S. 156. Solche Versuche wären «in der Anfangsphase schon auf unterer Arbeitsebene abgestoppt» worden.
15 Vermerk des Regierungsdirektors Lehnguth, Leiter des Referats 332 (Verfassungsrecht) im BK, vom 23.7.1990 für die Sitzung des Kabinettsausschusses Deutsche Einheit am 24.7.1990. In: Dokumente zur Deutschlandpolitik, S. 1406–1409, bes. S. 1409.
16 Vorlage des Ministerialdirigenten Busse, Leiter der Gruppe 33 (Recht, staatliche Organisation) im BK, an den Chef des Bundeskanzleramtes Seiters am 17.8.1990. In: Ebd., S. 1464 f.
17 BMA, Unterabteilung I b an den Minister, die Staatssekretäre und die Abteilungsleiter des BMA am 6.8.1990 mit einem Ergebnisvermerk über die Sitzung der «Arbeitsgruppe Soziales» am 2.8.1990, in dem die Teilnehmer an den Verhandlungen namentlich aufgeführt werden. Bayern war durch Staatssekretär Dörfler, Berlin durch den Senator für Gesundheit Freier vertreten. Vom BMA war bei der Sitzung noch der Leiter der Unterabteilung I b über «Mathematische und finanzielle Fragen der Sozialpolitik und das Sozialbudget», Ministerialdirigent Dr. Peter Rosenberg, anwesend. BMG 221–48123–5/1- Bd. 1. Rosenberg betonte im Interview mit dem

Verfasser vom 5.5.2000, dass bei den Verhandlungen je nach den Themen verschiedene Beamte auf verschiedenen Ebenen tätig waren.

18 Vgl. oben, S. 225 sowie Schwedes, Arbeitsgesetzbuch, S. 145–172.

19 Vgl. Zwischenbericht über die Ergebnisse der Fachgespräche zwischen dem Ministerium für Arbeit und Soziales (MfAS) und dem Bundesministerium für Arbeit und Sozialordnung (BMA) zum Einigungsvertrag (20.7.1990). BMG 221–48123–5/3, Bd. 1. Dieser Zwischenbericht wurde an Krause und mit Schreiben vom 31.7.1990 an alle Abteilungsleiter des BMA übermittelt. Vgl. weiter: BMA, Abt. III: Offene Punkte mit der DDR (Abt. III), 13.8.1990. BArch, B149/78875; MfAS: Entwurf von Artikeln für den Einigungsvertrag. BMG 221–48123/2, Bd.1. Dieser undatierte Entwurf wurde Anfang August versandt.

20 Zwischenbericht vom 20.7.1990. BMG 221–48123–5/3, Bd. 1.

21 Ebd.

22 BMA: Aufzeichnung über eine erste Gesprächsrunde zwischen Vertretern des DDR-Arbeitsministeriums und dem BMA zum Bereich Arbeitsrecht/Sozialer Arbeitsschutz, 11.7.1990. Anhang zu einem Schreiben des Referats III a 1 vom 12.7.1990 an die Unterabteilung III b und die Referate III a 2 – III a 7. In: BArch, B 149/405236.

23 Zwischenbericht vom 20.7.1990. BMG 221–48123–5/3, Bd. 1.

24 BMA, Abteilung III: Argumentationspapiere zu den Themen «Arbeitsgesetzbuch der DDR», «Arbeitsgerichtsbarkeit», «Befristete Arbeitsverträge nach dem Beschäftigungsförderungsgesetz 1985», «zum Kapitel ‹Berufliche Weiterbildung› im Arbeitsgesetzbuch der DDR», «zur Vorschrift über die Freistellung zur Pflege erkrankter Kinder (§ 186 AGB)», «zum Kapitel ‹Soziale Betreuung› im Arbeitsgesetzbuch», «zur Arbeitnehmerhaftung», «zum Thema ‹Kündigungsfristen für Arbeiter und Angestellte›», «zur Entgeltfortzahlung im Krankheitsfall» vom 27.7.1990. BArch, B 149/405237.

25 Argumentationspapier zum Thema «Arbeitsgesetzbuch der DDR». BArch, B 149/405237.

26 Zwischenbericht vom 20.7.1990. BMG 221–48123–5/3, Bd. 1.

27 Artikel 30 Absatz (1) 1 des Einigungsvertrages.

28 Urteil des BVerfG. vom 30.5.1990. BVerfG E82, S. 126–156. Zu den Regelungen im Einigungsvertrag vgl. neben dem Vertrag selbst auch BMA, Abt. I: Inhalt des Einigungsvertrages (Stichwortliste), 5.9.1990. In: BMA VIII/I a 1–15101.2.

29 Blüm an Minister Riesenhuber, 7.1.1991. ACDP, Bestand Blüm I 504/74.

30 Blüm an den Präsidenten der Bundesärztekammer Karsten Vilmar, 11.1.1991. ACDP, Bestand Blüm I 504/74.

31 Blüm an die Herren Hinne und Kleinherne vom Vorstand der gewerblichen Berufsgenossenschaften, 11.1.1991. ACDP, Bestand Blüm I 504/74.

32 BMA, Abt. III a 1 an Staatssekretär Jagoda, 16.8.1990, mit Durchschriften an die Minister, die Staatssekretäre und die Abteilung I betr.: Einigungsvertrag, hier: Streitpunkte mit den Ressorts. Anlage 2: Rationalisierungsschutzabkommen «der letzten Stunde» in der DDR, 16.8.1990, in dem die vom MfAS übersandten Rationalisierungsschutzabkommen geprüft und zusammengefasst wurden. BArch, B149/78875. – Weitere elf Abkommen wurden nicht registriert. Die nach dem 1. Juli abgeschlossenen Rationalisierungsabkommen, die ebenfalls erhebliche Belastungen für die Arbeitgeber enthielten, waren unangefochten. Die Aufzeichnung sprach sich – entgegen den Forderungen des BMWi – für die Fortgeltung der Abkommen bis zu ihrer Ersetzung durch neue Tarifverträge, bzw. bei Nichtannahme dieses Vorschlages alternativ für die Außerkraftsetzung am 31.12.1990 ohne Nachwirkung aus.

33 Ministerin für Arbeit und Soziales, R. Hildebrandt, an den DGB-Vorsitzenden Heinz-Werner Meyer, 13.6.1990. BArch, DQ3/1882b.

34 DGB-Vorsitzender Meyer an Ministerin Hildebrandt, 9.7.1990. BArch, DQ 3/1879.

35 Der Vorsitzende der «Gewerkschaft Öffentliche Dienste», Jürgen Kaiser, an den Parlamentarischen Staatssekretär beim Ministerpräsidenten und Vorsitzenden der CDU/DA-Volkskammerfraktion, Günther Krause, 18.7.1990. BArch, DC-20/8952.

36 Dr. Steinpaß, der persönliche Referent von Staatssekretär Otto Schlecht im BMWi, im Auftrag von Schlecht an den Parlamentarischen Staatssekretär Krause mit Kopie an den DDR-Wirtschaftsminister Dr. Gerhard Pohl, 10.7.1990 mit dem Vermerk: Fortgeltung von Rationalisierungsschutzabkommen in der DDR, 9.7.1990. BArch, DC-20/6006.

37 Stellungnahme für Herrn Staatssekretär Dr. Krause zum Schreiben des Bundesministeriums für Wirtschaft vom 10.7.1990 zur «Fortgeltung von Rationalisierungsschutzabkommen in der DDR», 13.7.1990. BArch, DC-20/6006.

38 Bundesarbeitsminister Blüm an den Präsidenten des Bundesverbandes der Deutschen Industrie Dr. h.c. Tyll Necker, 21.8.1990. ACDP, Bestand Blüm I 504/67. Nach diesem Brief hatte Blüm die Intervention des BMWi initiiert.

39 Diese Regelung ist von Blüm in einem Brief an Franz Steinkühler und Klaus Zwickel, die führenden Vertreter der IG-Metall, vom 1.10.1990 damit gerechtfertigt worden, dass es erstens in der DDR erst seit dem 1.7.1990 mit dem Staatsvertrag Tarifautonomie und damit deren Schutz gebe und zweitens die neuen Instrumente des AFG der DDR vorher nicht zur Verfügung gestanden hätten: «Ich halte es zudem für fragwürdig, Rationalisierungsschutzabkommen alten Rechts mit der Tarifautonomie und dem Grundrecht der Koalitionsfreiheit schützen zu wollen. Im Regelfall war Vertragspartei auf Arbeitgeberseite die Regierung der DDR und damit letztlich der Staatshaushalt». ACDP, Bestand Blüm I 504/69. Blüm antwortete auf ein Schreiben vom 19.9.1990.

40 Vgl. Zwischenbericht vom 20.7.1990. In: BMG 221–48123–5/3, Bd. 1; BMA, Unterabteilung I b: Ergebnisvermerk über «Arbeitsgruppensitzung 2.8.1990 im Rahmen Regierungsverhandlungen zum Einigungsvertrag», 6.8.1990. In: BMG 221–48123–5/1, Bd. 1; Referat 332 des BK: Entwurf des Einigungsvertrages, 13.8.1990. In: BArch, B 136/20252.

41 Vgl. den Entwurf des entsprechenden Abschnitts zum Altersübergangsgeld, den Staatssekretär Ziel am 16.8.1990 an Staatssekretär Jagoda übersandte, sowie eine Aufzeichnung der Abteilung II des BMA für Jagoda vom 17.8.1990 für ein Telefonat mit Ziel zu dieser Frage vom 17.8.1990. In: BArch, B149/78873.

42 Vgl. Einigungsvertrag, Art. 30 sowie für die Details Anlage I, Kap. VII, Sachgebiet E, Abschnitt II, § 249e; Anl. II, Kapitel VIII, Sachgebiet E, Abschnitt II. In: BGBl. II, 1990, S. 1037f. bzw. 1210.

43 Interview des Verfassers mit Leven vom 18.5.2000.

44 Frerich/Frey, Handbuch, Bd. 3, S. 611. Vgl. weiter Interview mit Blüm am 7.5.1991. In: BPA-DOK.Text BULL-RFTV-AA(87–95).

45 Einigungsvertrag, Anlage I, Kap. VIII, Sachgebiet E, Abschnitt II. BGBl. II, 1990, S. 1036f.; vgl. weiter den nicht unterzeichneten Artikel: Arbeits- und Sozialrecht im einigen Sozialstaat Deutschland. In: SPI Nr. 10, 14.9.1990.

46 Vgl. Einigungsvertrag, Art. 30.

47 Ebd., Anlage II, Kap. VIII, Sachgebiet H, Abschnitt III, Nr. 9. BGBl. II, 1990, S. 1215f.

48 BGBl I, S. 1038.

49 Vgl. Zwischenbericht vom 20.7.1990. BMG 221–48123–5/3, Bd. 1; Ergebnisvermerk

über die Sitzung der Arbeitsgruppe «Soziales» am 2.8.1990. In: BMG 221–48123–5/1, Bd. 1; Formulierungsvorschlag des Ministeriums für Arbeit und Soziales der DDR mit Zeichen über dessen Kenntnisnahme vom 9.8.1990: In: BMG 221–48123/2, Bd. 1: Aufzeichnung des Arbeitsstabes Deutsche Einheit im Bundesministerium des Innern, 30.7.1990: Zusammenstellung der Textvorschläge aus den Ressortverhandlungen für den Einigungsvertrag. In: Dokumente zur Deutschlandpolitik, S. 1425–1444. – In dieser Zusammenstellung heißt es in einem Artikel 22 über «Finanzierung von Sozialleistungen» noch weitgehend im Sinne der Forderungen der DDR, dass der Sozialzuschlag «für eine Übergangszeit bis zum 31.12.1995 erhalten» bleibt und «jeweils mit der Anpassung der Renten erhöht» wird (S. 1435).

50 Blüm an Günther, 17.9.1990. ACDP, Bestand Blüm I 504/68.

51 Regierungsdirektor Boldorf, Leiter des Spiegelreferats zum BMA 311 im Bundeskanzleramt: Einigungsvertrag. Strittige Punkte im Zuständigkeitsbereich des BMA, Anlage I, Kap. VII, 16.8.1990. BArch, B 136/20252. Im Einigungsvertrag handelte es sich schließlich um Kapitel VIII. Vgl. dazu auch Blüm an Schäuble, 28.8.1990. Danach war sich die Koalitionsrunde vom 21.8.1990 darüber einig, dass die Rentenversicherung einen finanziellen Ausgleich für die Rentenansprüche von verbeamteten Personen durch die öffentliche Hand erhält, jedoch nicht «im Rahmen des Einigungsvertrages, sondern zu einem späteren Zeitpunkt, wenn die Aufbauphase des Berufsbeamtentums beginnt». ACDP, Bestand Blüm I 504/68.

52 Bundesfinanzminister Theodor Waigel an Blüm, 16.8.1990. BArch, B 149/78915.

53 BMA, Abt. IV b 2 : Betrifft: Einigungsvertrag mit der DDR; hier: Finanzverbund in der Rentenversicherung, 17.8.1990. BArch, B149/78195.

54 Nach einem «internen» Papier des BMA, Abt. I: Inhalt des Einigungsvertrages (Stichwortliste), 5.9.1990, waren bisher 5,7 Mrd. DM aus öffentlichen Mitteln, davon 2,3 Mrd. Betriebsmitteldarlehen des Bundes, zur Finanzierung der Rentenversicherung der DDR aufgebracht worden. Mindestens weitere 1,7 Mrd. DM würden im zweiten Halbjahr 1990 notwendig werden. BMA VIII / I a I – 15105.2.

55 BMA, Finanzverbund in der Rentenversicherung. 17.8.1990, BArch 149/78195.

56 Vgl. oben, S. 67.

57 Die Höhe der Rentenleistungen in der Kriegsopferversorgung sollte sich nach dem jeweiligen Verhältnis der Renten aus der Rentenversicherung Ostdeutschlands zu denen in Westdeutschland richten. Der Satz lag zunächst bei 40,3 Prozent und wurde bis zum 1.1.1994 auf 75,3 Prozent erhöht. Vgl. Sozialbericht 1993, S. 82, 271.

58 Waigel an Blüm, 16.8.1990. BArch, B 149/78915.

59 BMA, Abt. I: Inhalt des Einigungsvertrages (Stichwortliste), 5.9.1990. BMA VIII / I a 1 – 15105.2.

60 So Blüm an den Bundesvorsitzenden des Bundes der Kriegsblinden Deutschlands, Dr. Franz Sonntag, 12.9.1990. ACDP Bestand Blüm, I 504/68.

61 Mitteilung des Sprechers der Bundesregierung, Bundesminister Hans Klein, über einen Empfang des Präsidenten des VdK, Walter Hirrlinger durch Kohl am 6.9.1990. BArch, B 136/21660.

62 Vgl. Blüms Briefe an den Landesbevollmächtigten für das Land Brandenburg, Joachim Wolf, vom 16.10.1990, an den Präsidenten des VdK Deutschland, Minister a. D. Walter Hirrlinger, vom 9.11.1990 und den Ministerpräsidenten des Freistaates Sachsen, Prof. Dr. Kurt Biedenkopf, vom 13.11.1990. ACDP, Bestand Blüm I 504/69 und 504/71. Neben Biedenkopf erhielten auch die Ministerpräsidenten der vier anderen neuen Bundesländer einen entsprechenden Brief. Die Erstbescheide für Versorgungsberechtigte konnten zudem für eine Übergangszeit durch Vereinbarung der Länder von westlichen Partnerländern erstellt werden.

63 Sozialbericht 1993, S.82.
64 Vgl. BMA, Abt. V b: Übersicht über Leistungsunterschiede in der gesetzlichen Krankenversicherung, 8.6.1990, BArch, B 149/78845.
65 «I. Sachstandsbericht über die Verhandlungen mit der DDR», undatiert, mit einem «Zwischenbericht über die Fachgespräche zum Einigungsvertrag zwischen dem Bundesministerium für Arbeit und Sozialordnung und den Ministerien für Arbeit und Soziales sowie für Gesundheit». Keine Angabe der für die Abfassung verantwortlichen Stelle. Entstehung wahrscheinlich am 20.7.1990 oder kurz danach. AdsD, Bestand: SPD-Fraktion der Volkskammer der DDR, Mappe 295; vgl. auch den Brief von Staatssekretär Tegtmeier vom BMA an Staatssekretär Dr. Schönfelder im DDR-Ministerium für Gesundheitswesen vom 31.7.1990 über das hohe Defizit in der Krankenversicherung der DDR 1990. Allen «Preis- und Honorarsteigerungen» müsse unmissverständlich entgegengetreten werden. Das gelte vor allem für den Arzneimittelsektor. BArch, DQ 1/13166.
66 Aufzeichnung des BMA, Abt. V: GKV-Defizitausgleich durch den Bund, 8.9.1990, BArch, B 149 / 78915.
67 Sachstandsbericht (Vgl. Anm. 65). Vgl. weiter: Regierungsdirektor Boldorf, Referat 311 des BK: Einigungsvertrag. Strittige Punkte im Zuständigkeitsbereich des BMA. Krankenversicherung, 16.8.1990. Danach wurde die Position des BMA vom BMJFFG und den Bundesländern unterstützt. BArch, B136/20252. In der in Anm.66 erwähnten Aufzeichnung des BMA heißt es, dass es in der Hauptsache der Deckung des Defizits keine Kompromissmöglichkeit gebe, «da jeder kassenartenübergreifende (oder auch –interne) Finanzausgleich für das Gebiet von ganz Deutschland die schwelenden Probleme der Krankenkassenstrukturreform aktualisieren würde. Ein Koalitionskonflikt, aber auch schwere Konflikte innerhalb von CDU und CSU wären die Folge». Als Zugeständnis an das BMF könnte man u.a. den Defizitausgleich durch den Bund auf die Zeit bis 31.12.1993 begrenzen. BArch, B149/78915. – Unterstützung fand das BMF bei der FDP und beim «Verband der privaten Krankenversicherung», dessen Verbandsdirektor Dr. Uleer in einem Brief an Seehofer vom 25.7.1990 Staatszuschüsse zur GKV strikt ablehnte.
68 Vgl. Einigungsvertrag, Anl. I, Kap. VIII, Sachgebiet G, Abschnitt II, BGBl. II 1990, S.1049, 1052.
69 Der Geschäftsführer des AOK-Bundesverbandes Dr. Oldiges hatte noch in einem Brief an Staatssekretär Jagoda vom 23.8.1990 diesen eindringlich gebeten, «im Interesse des sozialen Friedens den Staatszuschuss zu verteidigen», da es sonst in der DDR zu Beitragsverwerfungen kommen würde, «die das Maß des sozial Verträglichen übersteigen». Jagoda musste ihm am 21.9.1990 nach Unterzeichnung des Vertrages antworten, dass die «Regelung über eine Defizithaftung des Bundes nicht konsensfähig» gewesen sei. Die Festschreibung eines einheitlichen Beitragssatzes von 12,8 Prozent im Gebiet der heutigen DDR diene gerade auch den «Interessen der Ortskrankenkassen, weil sie in der wichtigen Phase der Einführung des gegliederten Systems auch bei den Beitragssätzen für Wettbewerbsgleichheit sorgt». BMG 222–48120– Bd. 1.
70 Vgl. «Bemerkungen des Bundesrechnungshofes 1992 zur Haushalts- und Wirtschaftsführung (einschließlich der Feststellungen zur Jahresrechnung des Bundes 1990)», BTDrs. 12/3250, 21.9.1992.
71 Vgl. Einigungsvertrag, Anl. I, Kap. VIII, Sachgebiet G, Abschnitt II, BGBl. II 1990, S.1049.
72 Ebd., S.1049f.
73 Vgl. dazu Frerich/Frey, Handbuch, Bd. 3, S.572f.

74 Blüm an die Herren Loeper und Stürzbecher. ACDP, Bestand Blüm I 504/73.

75 Vgl. für die unterschiedlichen Standpunkte: Blüm an die Geschäftsführung der Pharmed GmbH in Ostberlin, 21.9.1990. ACDP, Bestand Blüm I 504/68; Diskussion von Blüm mit Dr. Michael Vogt vom Bundesvorstand der Pharmazeutischen Industrie und Hans-Jürgen Nelde als Sprecher der Pharmaindustrie des Ostens, «Plusminus» am 5.10.1990. In: BPA-DOK. TEXT-BULL-RFTV-AA(87–95). Die Auseinandersetzungen mit der pharmazeutischen Industrie werden in den Interviews des Verfassers mit Blüm am 8.6.2000 und Jagoda am 5.7.2000 stark betont.

76 Für die Details vgl. Frerich/Frey , Handbuch, Bd. 3, S. 614 f. Vgl. zu dem Kompromiss weiter das Interview mit Blüm im «Heute-Journal» am 4.1.1991. In: BPA-DOK. TEXT-BULL-RFTV-AA(87–95).

77 Entwurf von Artikeln des Einigungsvertrages, übersandt am 14.8.1990 zur Vorbereitung von Abstimmungsgesprächen auf Arbeitsebene im BMI am 16.8.1990. BMG 221–48123/2 – Bd. 1; vgl. weiter Referat 332 des BK: Entwurf des Einigungsvertrages, 17.8.1990 mit den Problemen, in denen noch politischer Abstimmungsbedarf bestünde. BArch, B136/20256.

78 Waigel an Blüm, 16.8.1990. BArch, B 149/78915.

79 Einigungsvertrag, Anl. I, Kap VIII, Sachgebiet G, Abschnitt II, BGBl. II 1990, S. 1053 f.

80 Sozialbericht 1993, S. 64, vgl. weiter unten, S. 331.

81 Vgl. Einigungsvertrag, Anl. I, Kap. VIII, Sachgebiet G, Abschnitt II, BGBL. II 1990, S. 1050. Die Zulassung konnte vorzeitig widerrufen oder auch verlängert werden.

82 Vgl. oben, S. 240 f.

83 «Sachstandsbericht über die Verhandlungen mit der DDR» (vgl. Anm. 65) sowie die Aufzeichnungen über «Gespräche mit dem Ministerium für Gesundheit». AdsD, Bestand: SPD-Fraktion der Volkskammer der DDR, Mappe 295. Erstaunlich ist, dass auch in den sehr ausführlichen «Positionspapieren» der SPD-Fraktion der Volkskammer vom 7.7.1990 und 16.7.1990 die Forderung nach Aufrechterhaltung der staatlichen, kommunalen und betrieblichen Institutionen der ambulanten Gesundheitsversorgung nicht auftaucht. AdsD, Bestand: SPD-Fraktion der Volkskammer der DDR, Mappen 133, 135.

84 Vgl. dazu Schäuble, Vertrag, bes. S. 229–250.

85 Undatierte Aufzeichnung: Vergleichende Betrachtungen DDR/BRD Frauen und Familie. AdsD, Bestand: SPD-Fraktion in der Volkskammer der DDR, Mappe 74; Renate Schmidt, Stellvertretende Vorsitzende der SPD-Bundestagsfraktion und Leiterin des Arbeitskreises «Gleichstellung von Frau und Mann», am 28.5.1990 an Dr. Herta Däubler-Gmelin, Stellvertretende Vorsitzende der SPD-Bundestagsfraktion mit Anlage: Tischvorlage zur Sitzung der AG Fortschritt '90 am 9. und 10.3.1990: Vergleich der familienpolitischen Maßnahmen in der DDR und der Bundesrepublik. In diesem Papier werden auch die Beschlüsse von Fortschritt `90 und die Mehrkosten gegenüber den Vorschlägen von Fortschritt `90 bei Übernahme der DDR-Regelungen aufgeführt. AdsD, 9613; BMA: Sasdrich an Bauer vom BMJFFG mit Begleitbrief vom 1.10.1990. Synopse (Entwurf) der Ausgangsperspektiven der wirtschaftlichen Familienförderung in der Bundesrepublik und der DDR bei der staatlichen Vereinigung, 2.8.1990, von Bauer mit Korrekturen des BMA. BArch, B 149/78930.

86 Vgl. dazu und zum Folgenden: Ministerium für Familie und Frauen. Parlamentarischer Staatssekretär Dr. Hans Geisler: Koordinierungsstab Deutsche Einheit. Bericht zu Punkt 1.5. des Verhandlungskatalogs zum Einigungsvertrag (Stand 26.7.1990), 26.7.1990. BArch, DC-20/6043. – Zum Urteil des BVerfG vom 29.5.1990 vgl. oben, S. 94

87 «Gesetz zur Änderung des Familiengesetzbuches der DDR (1. Familienänderungsgesetz)» vom 20.7.1990. GBl. der DDR I 1990, S. 1038–1042.

88 GBl. der DDR I 1966, S. 1–18.

89 Geisler, Bericht (vgl. Anm. 86).

90 Ebd.

91 Ebd.

92 Ebd. Die Finanzierung sollte über den Haushalt des Ministeriums für Familie und Frauen oder über den des Ministeriums für Gesundheitswesen erfolgen. Insgesamt mussten einschließlich der Förderung der Organisationen der Wohlfahrtspflege Haushaltsmittel in Höhe von 15,8 Mrd. DM im Haushalt des Ministeriums für Familie und Frauen 1991 für das Gebiet der DDR eingeplant werden. Davon sollten 1,4 Mrd. auf Erziehungsgeld und Mütterunterstützung, 6,3 Mrd. auf Kindergeld, 3,0 Mrd. auf Kinderbetreuungseinrichtungen und 3,5 Mrd. auf Sozialhilfe entfallen.

93 Ursula Lehr: Deutsche Einheit heißt auch mehr Chancen für Frauen, undatierte Aufzeichnung. BArch, B 149/78930.

94 Staatssekretär Werner Chory vom BMJFFG an den Bundesminister des Innern, 10.8.1990. BMG 211–48123/2 – Bd. 5. Das Schreiben wurde nachrichtlich auch den anderen Ministerien zugeleitet. Vgl. weiter die konkreten Formulierungsvorschläge des BMJFFG vom 14.8.1990 zu den betreffenden Artikeln des Einigungsvertrages und deren Begründung. BMG 221–48123/2 – Bd. 1.

95 Erklärung der Vorsitzenden des Volkskammer-Ausschusses für Frauen und Familie, Angelika Barbe, und der Stellvertretenden Vorsitzenden der SPD-Bundestagsfraktion und Vorsitzenden des Arbeitskreises «Gleichstellung von Frau und Mann», Renate Schmidt: Frauen der SPD-Ost und der SPD-West stellen Forderungen an den deutschen Einigungsprozess, 3.6.1990. AdsD, Bestand: SPD-Fraktion in der Volkskammer der DDR, Mappe 288; der Vorsitzende der DAG, Roland Issen, an Bundeskanzler Kohl, 18.6.1990. AdsD, DAG-Buvo (Bundesvorstand), Abt. Vorsitzender – A. Reuer; Dr. Ursula Engelen-Kefer, Stellvertretende Vorsitzende des DGB an die Präsidentin der Volkskammer der DDR, Dr. Sabine Bergmann-Pohl, 17.8.1990, mit einer Anlage vom 16.8.1990. Engelen-Kefer berichtet darin von einem Treffen am 16.8. mit Ministerin Hildebrandt, der Staatssekretärin des Familien- und Frauenministeriums der DDR, Helga Kreft, der Stellvertretenden Fraktionsvorsitzenden der SPD der Volkskammer, Konstanze Krehl und je sechs führenden Gewerkschaftlerinnen der DDR und der Bundesrepublik zur Abstimmung der «Rechte und Anliegen von Frauen beim deutschen Einigungsprozess». BArch, DC-20/6025.

96 Bundeskanzleramt, Referat 332: Entwurf des Einigungsvertrages mit den zwischen den Ressorts offenen Punkten, 17.8.1990. BArch, B136/20252.

97 Einigungsvertrag, Anl. II, Kap. X, Sachgebiet H, Abschnitt II, BGBl. II 1990, S. 1220.

98 Vgl. oben, S. 88 f.

99 De Maizière bei der Begründung des Gesetzes über den Einigungsvertrag. In: Prot. VK, 10. WP, 34. Tagung, 6.9.1990, S. 1567.

100 Abdruck in: Dokumente zur Deutschlandpolitik, S. 1478 f.

101 Hans-Jochen Vogel u. a. an Bundeskanzler Kohl, 24.8.1990. AdsD, 9613. In dem Brief wird vor der Paraphierung des Vertrages ein Spitzengespräch, das dann tatsächlich am 26.8.1990 stattfand, vorgeschlagen.

102 Schäuble, Vertrag, S. 212–214.

103 Eckert Schlemm: Notiz für Herrn Jahn. Betrifft: Einigungsvertrag mit der DDR. Hier: Vergleich der am 31.8.1990 unterzeichneten Fassung mit dem letzten Entwurf (Stand: 26.8.1990), 3.9.1990. AdsD, 9634.

104 Prot. BT, 11. WP, S. 17889.
105 Telefax von Vogel an Thierse, 19.9.1990. AdsD, Bestand: SPD-Fraktion in der Volkskammer der DDR, Mappe 63. Vogel spricht irrtümlich von der Vereinbarung vom 17. statt vom 18.9.1990.
106 Erklärung in: Prot. BT, 11. WP, S. 17891 f.
107 Schäuble, Vertrag, S. 263 f.
108 Erklärung von Michael von Schmude und weiteren 67 Abgeordneten der CDU/CSU-Fraktion. In: Prot. BT, 11.WP, 17948 (Anlagen).
109 Ebd., S. 17935 (Anlagen).
110 Ebd., S. 17896–17898.
111 Prot. VK, 10. WP, 34. Tagung, 6.9.1990, S. 1565–1567.
112 Ebd., 35. Tagung, 13.9.1990, S. 1643–1647.
113 Text der Erklärung in: ebd., 36. Tagung vom 20.9.1990, S. 1754 f.
114 Vgl. die Reden von Gregor Gysi für die PDS und Konrad Weiß für Bündnis 90/Grüne. Prot. VK, 10. WP, 36. Tagung, 20.9.1990, S. 1745–1747, 1749–1751.
115 CDU/DA, FDP und DSU stimmten geschlossen für den Vertrag. Bei der SPD gab es zwei Neinstimmen. Bei Bündnis 90/Grüne gab es neben 16 Neinstimmen eine Enthaltung. Ein fraktionsloser Abgeordneter stimmte für, einer gegen den Vertrag, ebd., S. 1795–1798.

10. Die sozialpolitischen Akteure und der Einigungsprozess

1 In seinem Brief an den Vorsitzenden der Deutschen Postgewerkschaft, Kurt van Haaren, 31.5.1990, trat Blüm derartigen Befürchtungen nach der Unterzeichnung des Staatsvertrages entgegen. ACDP, Bestand Blüm I 504/65.
2 Interviews des Verfassers mit Blüm am 8.6.1990, Rosenberg, 5.5.1990, Staatssekretär Tegtmeier, 13.7.1990. – Blüm betonte auch die guten Beziehungen des BMA zum Kanzleramt, in dem die Schlüsselpositionen in Fragen der Sozialpolitik meist von früheren Mitarbeitern des BMA eingenommen wurden.
3 Vgl. Sozialbericht 1990, S. 12.
4 Blüm an Herrn L.-B., 28.3.1990. ACDP, Bestand Blüm I 504/62.
5 Blüm an «Dortmunder Freunde», 11.6.1990. ACDP, Bestand Blüm I 504/65. – Für die optimistische Einschätzung der Entwicklung in Ostdeutschland vgl. auch sein unter dem Titel «Zahlen für die schönste Sache» veröffentlichtes Interview in DER SPIEGEL, Nr. 38, 17.9.1990, S. 24–27: «Ich glaube, dass das Niveau [der Löhne und Gehälter] zwischen ehemaliger DDR und Bundesrepublik in 3 bis 5 Jahren ausgeglichen ist».
6 Prot. VK, 10. WP, 39. Tagung vom 20.9.1990, S. 1750; die starke Rolle des BMF, im Unterschied zum BMWi, wurde auch von Blüm unterstrichen: «Das BMWi habe ich nie so ganz für voll genommen, weil die immer auf hoher ideologischer Abstraktionsebene verhandelt haben und dafür bin ich Spezialist. Das BMF musste ich ernst nehmen, da ging's um Geld». Interview des Verfassers mit Blüm, 8.6.2000.
7 Erlaß von Staatssekretär Dr. Tegtmeier vom 25.9.1990, Z b 1 – 00105 – 11.
8 Schreiben von Tegtmeier an Jung 28.9.1990, BMA, Z a 1 – 01160 – JO31.
9 Vgl. dazu das Schreiben von Ministerialdirektor Harrer, dem Leiter der Zentralabteilung des BMA, an den Chef des Bundeskanzleramtes Rudolf Seiters, 7.9.1990, sowie das Schreiben des DDR-Gesundheitsministers Kleditzsch an den Minister im Amt des Ministerpräsidenten der DDR Reichenbach vom 6.9.1990. BArch, B 136/20252 bzw. BArch, DQ 3, 1890a.
10 Interview des Verfassers mit Alwin Ziel, 13.7.2000. Nach Regine Hildebrandt, die

den Bruch der Koalition für «verheerend» hielt, da u.a. auch die in ihrem Ministerium gebündelten sozialen Interessen in der Endphase der Verhandlungen zum Einigungsvertrag nicht mehr vertreten wurden, war der Bruch von de Maizière provoziert worden. Interview des Verfassers mit R. Hildebrandt, 31.5.2000.

11 Interview des Verfassers mit Ziel, 13.7.2000. Ziel hielt das Vertrauensverhältnis, das zwischen de Maizière und Schröder bestand, für entscheidend für die Zusammenarbeit der Koalition bis zu deren Bruch im August.

12 Interview des Verfassers mit Blüm, 8.6.2000.

13 Regine Hildebrandt hat in einem Schreiben vom 2.5.1990 an Ministerpräsident de Maizière ohne Erfolg dafür plädiert, dass auch die Krankenversicherung ihrem Ministerium als «untrennbarer Bestandteil der Sozialversicherung» zugeschlagen würde, um damit u.a. die zahlreichen «Koordinations- und Abstimmungsprobleme zwischen den DDR-Ministerien einerseits und zwischen DDR und BRD (Überkreuz-Zuständigkeiten) andererseits» zu vermeiden. Als weitere Argumente für die Zuordnung der Krankenversicherung zum MfAS führte sie die einheitliche Vertretung der Sozialversicherung nach außen, die Grundlage der Sozialversicherung im Arbeitsverhältnis und die Verbindung aller Zweige der Sozialversicherung durch gemeinsame Grundsatzangelegenheiten und durch die Sozialgerichtsbarkeit als einer Art Dach der Sozialversicherung an. BArch, DQ 3/1889.

14 Interview des Verfassers mit Leven, 18.5.2000.

15 Interviews des Verfassers mit Ziel, 13.7.2000, mit Jagoda, 5.7.2000.

16 Interview des Verfassers mit Ziel, 13.7.2000.

17 Ebd. sowie Interview des Verfassers mit Hildebrandt, 31.5.2000.

18 Interview des Verfassers mit Ziel, 13.7.2000.

19 Rede von de Maizière bei der ersten Lesung des Gesetzes zum Einigungsvertrag in der Volkskammer. Prot. VK, 10. WP, 34. Tagung vom 6.9.1990, S. 1567.

20 Vgl. zu der Debatte: Prot. VK, 10. WP, 6. Tagung vom 10.5.1990, S. 177–192.

21 Ebd., S. 178.

22 Ebd., S. 186.

23 Ebd., S. 186 f.

24 Vorschlag für die Sitzung des Ministerrates am 16.7.1990 «Einigungsvertrag» von de Maizière. BArch, DC 20/6033–1. Hervorhebung wie in der Quelle.

25 Rede de Maizières in der Volkskammer. Prot. VK, 10. WP, 34. Tagung vom 6.9.1990, S. 1567.

26 Jäger, Überwindung, S. 479.

27 Vgl. zu dieser berechtigten Kritik Schröder, Richard: Gerechtigkeit für eine Schar von Laienspielern. Auf ihre erste gewählte Volkskammer können die Ostdeutschen ein bisschen stolz sein – und die Westdeutschen sollten ihnen diesen Stolz lassen. FAZ v. 18.3.2000.

28 Prot. VK, 10. WP, 8. Tagung vom 21.5.1990, S. 230.

29 Prot. BT, 11. WP, 27.4.1990, S. 16394–16399.

30 Ebd., S. 16408–16412.

31 Vgl. dazu Vogel im «Ausschuß Deutsche Einheit» des Bundestages am 15.6.1990. In: Stenographischer Bericht der Ausschußsitzung, S. 285.

32 Prot. BT, 11. WP, 27.4.1990, S. 16399–16403. Für den Antrag der SPD vgl. BTDrs. 11/6462 vom 14.2.1990 und BTDrs. 11/6952 vom 24.4.1990. Vgl. weiter: Schreiben von Vogel vom 7.2.1990 an die Präsidenten von Bundestag und Bundesrat. In: Die SPD im Deutschen Bundestag. BArch, B 136/26281; schriftliche Anfrage der Vizepräsidentin des Deutschen Bundestages Annemarie Renger an die Bundesregierung vom 12.4.1990, in der nach den Gründen für die mangelnde Einbeziehung

der Parlamente der beiden deutschen Staaten und die nicht erfolgte Zuleitung des Vertragsentwurfs an den Deutschen Bundestag gefragt wird, mit der Antwort von Seiters vom 24.4.1990. BArch, B 136/21664.

33 Prot. BT, 11. WP, 27.4.1990, S. 16422–16425. Auch für die Eckrentner, also Durchschnittsverdiener mit 45 Versicherungsjahren, würde sich durch den Wegfall der Subventionen eine Kürzung des Realeinkommens um 20 Prozent ergeben.

34 Ebd., S. 16426.

35 Verfassungsrechtliche Beurteilung des Vorschlags von Vogel auf Bildung eines «Gemeinsamen Gremiums» von Bundestag und Bundesrat durch den Leiter des Referats 332 (Verfassungsrecht), Regierungsdirektor Dr. Lehnguth, im BK vom 8.2.1990: «Verfassungsrechtlich ist ein derartiges Gremium nicht vorgesehen». Das schließe jedoch dessen Bildung und die Kooperation ohne Entscheidungsbefugnisse auf freiwilliger Basis nicht aus. Es gebe jedoch das Bedenken, dass bei einer hochrangigen Besetzung dieses Gremiums dessen Empfehlungen «in der Realität wie bindende Beschlüsse wirken können» und damit die im Grundgesetz festgelegten Befugnisse von Bundestag und Bundesrat «überspielt» werden würden. Es sei daher verfassungspolitisch «nicht wünschenswert». BArch, B 136/26281. – Vgl. zu der Ablehnung des Vorstoßes der SPD weiter den Vermerk von Ministerialdirigent Claus-Jürgen Duisberg, dem Leiter des «Arbeitsstabes Deutschlandpolitik» im BK, vom 12.2.1990 über ein Gespräch von Seiters mit dem Chef der Staatskanzlei von NRW, Staatssekretär Clement, am 9.2.1990. BArch, B 136/26281. Auch der Ministerpräsident von NRW, Rau, sprach sich in einer Regierungserklärung vom 14.2.1990 für ein derartiges Gremium aus. Vgl. Ministerialrat Germelmann, Leiter des Referats 221 über «Allgemeine Fragen der Beziehungen zur DDR» im BK, am 15.2.1990 an den Chef des BK, Seiters, als Vorbereitung für die Besprechung der Regierungschefs von Bund und Ländern am 15.2.1990. BArch, B 136/26281.

36 Vgl. BT Ausschuß Deutsche Einheit, Stenographische Berichte.

37 Sitzung des Fraktionsvorstandes, 5.2.1990. ACDP, Protokolle des Fraktionsvorstandes.

38 Sitzung des Fraktionsvorstandes, 12.2.1990. ACDP, Protokolle des Fraktionsvorstandes.

39 Sitzung des Fraktionsvorstandes, 26.3.1990. ACDP, Protokolle des Fraktionsvorstandes.

40 Gesammelte Arbeitsgruppen-Protokolle, Sitzung der Arbeitsgruppe 10 Arbeit und Soziales vom 27.3.1990 und der Arbeitnehmergruppe vom 27.3.1990. ACDP, Ordner VIII-001 (245).

41 Sitzung des Fraktionsvorstandes, 23.4.1990. ACDP, Protokolle des Fraktionsvorstandes.

42 Fraktionssitzung, 24.4.1990. ACDP, Fraktionsprotokolle.

43 Fraktionssitzung, 8.5.1990. ACDP, Fraktionsprotokolle.

44 Fraktionssitzung, 15.5.1990. ACDP, Fraktionsprotokolle. Hervorhebung im Protokoll.

45 Fraktionssitzung, 18.5.1990. ACDP, Fraktionsprotokolle.

46 Fraktionssitzung, 29.8.1990, ACDP, Fraktionsprotokolle.

47 Sitzung des Fraktionsvorstandes, 3.9.1990. ACDP, Protokolle des Fraktionsvorstandes.

48 Vgl. für den Staatsvertrag: Tietmeyer, Erinnerungen, in: Tage, S. 64f., 70, 84, 93–95, 111f.

49 Vgl. oben, S. 194.

50 Cronenberg an Jagoda, 10.5.1990. BArch, B 149/78841.

51 Ebd., vgl. weiter Cronenberg an Tietmeyer, 10.5.1990. In: BArch, B 149/78841. Eine Kopie des Schreibens ging auch an Jagoda. Cronenberg betonte allerdings in dem Interview vom 27.6.2000 mit dem Verfasser, dass er gut informiert war und vor allem über das von Helmut Haussmann (FDP) geleitete BMWi die Vorstellungen der FDP eingebracht werden konnten.

52 So betonte Blüm im Interview mit dem Verfasser vom 8.6.2000, dass die Auseinandersetzungen zwischen den Ressorts vor der Kabinettssitzung stattfanden und das Kabinett nur die «Notariatsstelle» war.

53 Blüm an Bundeskanzler Kohl, 12.12.1989. ACDP, Bestand Blüm, I 504 / 57.

54 BMA-Arbeitspapier vom 9.1.1990: Sozialpolitische Aspekte der innerdeutschen Entwicklung. AdsD 5/DGAi 002089.

55 Vgl. oben, S. 220.

56 Arbeitskreis Sozialpolitik. Klaus Detlef Dietz, Dr. Manfred Hiltner, Hermann Krauthausen: «Stellungnahme zu den sozialpolitisch relevanten Teilen des II. Staatsvertrages». Das Papier ist undatiert, aber wahrscheinlich Ende Juli oder Anfang August 1990 verfasst worden. Die Stellungnahme entspreche den vom Arbeitskreis festgelegten politischen Grundlinien, sei aber «aufgrund der Urlaubszeit in den Einzelfragen auf politischer Ebene noch nicht abgestimmt» worden. AdsD, 9626.

57 Auch nach der Einschätzung von Dreßler hat es nie eine wirkliche Chance gegeben, über Regelungen in der DDR Reformen in der Bundesrepublik durchzusetzen. Angesichts der Machtverhältnisse hätten sie aber aufpassen müssen, dass der tatsächliche sozialpolitische Status quo der Bundesrepublik ohne Abstriche exportiert wurde. Interview des Verfassers mit Dreßler am 18.5.2000.

58 Vogel im Bundestag, 21.6.1990. In. Prot. BT, 11. WP, S. 17165.

59 Vgl. zur Haltung der SPD auch Peterson, Fabian: Oppositionsstrategie der SPD-Führung im deutschen Einigungsprozess 1989/1990. Strategische Ohnmacht durch Selbstblockade? Hamburg 1998.

60 Vgl. Besprechung des Bundeskanzlers Kohl mit den Regierungschefs der Länder, 21.12.1989. In: Dokumente zur Deutschlandpolitik, S. 680.

61 Verständigung zwischen der Bundesregierung und den Regierungen der Länder über die Beteiligung der Länder bei Abkommen zwischen der Bundesrepublik Deutschland und der Deutschen Demokratischen Republik, 17.12.1987. BArch, B 136 / 20634.

62 Clement an Seiters, 25.1.1990, mit der Beilage einer Beschlussvorlage der Länder. In: Dokumente zur Deutschlandpolitik, S. 721 f.

63 Besprechung des Chefs des Bundeskanzleramtes Seiters mit den Chefs der Staats- und Senatskanzleien der Länder, 30.1.1990. In: Ebd., S. 735–739.

64 Dr. Mahnke, Referat II A 3 des BMB, an Ministerialdirigent Dr. Duisberg im Bundeskanzleramt, 5.2.1990. Betreff: Beteiligung der Länder an Verhandlungen und Verträgen mit der DDR. Hier: Besprechung des Bundeskanzlers mit den Regierungschefs der Länder am 15.2.1990. BArch, B 136/20634.

65 Clement an Seiters, 6.2.1990. BArch, B 136/26281. Vgl. weiter: Gespräch des Bundesministers Seiters mit Staatssekretär Clement, 9.2.1990. In: Dokumente zur Deutschlandpolitik, S. 776–778.

66 Nicht gezeichnete und undatierte Stellungnahme zu Forderungen von Clement in einer Aufzeichnung für die Kabinettssitzung am 7.2.1990. In den Akten des BK mit dem Titel: Beteiligung der Länder an Verhandlungen und Verträgen mit der DDR (Vertragsgemeinschaft). BArch, B 136/26281.

67 Besprechung des Bundeskanzlers mit den Regierungschefs der Länder am 15.2.1990 mit den zwei Anlagen «Beschlussvorschlag der Länder» und «Beschlussvorschlag des Bundes». In: Dokumente zur Deutschlandpolitik, S. 834–839.

68 Ebd., S. 835.
69 Vgl. Ministerialrat Germelmann, Leiter des Referats 221 im BK, 15.2.1990, mit dem Vorschlag von Repliken zu Ausführungen von Ministerpräsident Rau in seiner Regierungserklärung vom 14.2.1990 und vom Regierenden Bürgermeister von Berlin, Momper, in einer Pressekonferenz vom 12.2.1990. BArch, B 136/26281.
70 Vgl. Besprechung des Chefs des Bundeskanzleramtes Seiters mit den Chefs der Staats- und Senatskanzleien der Länder, 2.3.1990 bzw. 26.4.1990. In: Dokumente zur Deutschlandpolitik, S. 899–901, 1059–1062; vgl. weiter die Briefe von Clement an Seiters vom 14.3., 22.3., 19.4 und 30.4.1990. BArch, B 136/26283, 26284, 26285. Vgl. zu diesen Briefen die Stellungnahme von Dr. Malina, Leiter des Referats 224 «Kabinettsausschuss Deutsche Einheit und Bund-Länder-Verhältnis in bezug auf Deutschlandpolitik» im BK, an dessen Chef, 4.5.1990, und die Antwort von Seiters an Clement vom 8.5.1990. BArch, B 136/26285.
71 Vgl. die Stellungnahme von Thilo Sarazin, dem Leiter der abteilungsübergreifenden «Arbeitsgruppe Innerdeutsche Beziehungen» im BMF zur Vorbereitung der deutsch-deutschen Währungsunion, zum Schreiben von Clement vom 22.3.1990. BArch, B 136/26284.
72 Vgl. Besprechung von Seiters mit den Chefs der Staats- und Senatskanzleien vom 26.4.1990. In: Dokumente zur Deutschlandpolitik, S. 1059f.
73 Vgl. Dästner, Christian: Die Mitwirkung der Länder bei den Entscheidungen zur Wiederherstellung der Einheit Deutschlands. In: Die Rolle des Bundesrates und der Länder im Prozess der deutschen Einigung. Hrsg. von Klein, Eckart. Berlin 1998, S. 33–60, hier S. 35. Dästner war 1990 Leiter der Referatsgruppe «Recht und Verfassung» in der Staatskanzlei von NRW und an den Verhandlungen zum Einigungsvertrag als Berater von Clement beteiligt.
74 Besprechung des Bundeskanzlers Kohl mit den Regierungschefs der Länder, 16.5.1990. In: Dokumente zur Deutschlandpolitik, S. 1122–1125. Vgl. weiter: Grosser, Wagnis, S. 313, 319, 368–372.
75 Stahmer an Barbara Schäfer, Ministerin für Arbeit und Sozialordnung von Baden-Württemberg, am 9.3.1990 mit der Anlage einer Pressemitteilung zum Thema «Sozialpolitisches Deutschlandkonzept» vom 9.3.1990. BMA, VIII / I a 1–15101.2.
76 Informationsgespräch zum Staatsvertrag mit der DDR mit den Ministern und Senatoren für Arbeit und Soziales am 2.5.1990 im BMA, Aufzeichnung vom 7.5.1990. BArch, B 149/78841.
77 Streibl an Kohl, 10.4.1990. BArch, B 136/21664. In dem Brief erklärt er weiter die Bereitschaft der bayerischen Staatsregierung zur Mitwirkung an den Verhandlungen auf Regierungsebene zur «Währungsunion, Wirtschafts- und Sozialgemeinschaft» und empfiehlt dringend, sich bei der Währungsumstellung an die Empfehlungen des Zentralbankrates zu halten.
78 Dästner, Mitwirkung, S. 36.
79 Ebd., S. 37.
80 Besprechung des Chefs des Bundeskanzleramtes Seiters mit den Chefs der Staats- und Senatskanzleien der Länder, 5.7.1990. In: Dokumente zur Deutschlandpolitik, S. 1299–1304.
81 Dästner, Mitwirkung, S. 44.
82 Vgl. dazu neben Schäuble, Vertrag, vor allem Dästner, Mitwirkung, S. 37–57; Einleitung zu: Dokumente zur Deutschlandpolitik, bes. S. 195–221 sowie die in diesem Werk abgedruckten Dokumente zu den Verhandlungen; Jäger, Überwindung, bes. S. 478–525.

83 Eckpunkte der Länder für die bundesstaatliche Ordnung im vereinten Deutschland. In: Dokumente zur Deutschlandpolitik, S. 1305–1307.

84 Prot. VK, 10. WP, 36. Tagung vom 20.9.1990, S. 1750.

85 Vgl. oben, S. 261.

86 Dästner, Mitwirkung, S. 55.

87 Jäger, Überwindung, S. 482f.

88 Vermerk: Sitzung der Arbeitsgruppe DGB/BDA/BMA/DAG am 26.6.1990 in Köln. AdsD, 5/DGAi 000782. Zu den von der Arbeitsgruppe erörterten Problemen vgl. weiter: Brief von Reinhard Dombre von der Abteilung Tarifpolitik des DGB an Frank Hantke von der Abteilung Gesellschaftspolitik am 16.1.1990; Vermerk von Günther Horzetzky von der DGB-Verbindungsstelle in Bonn an den SPD-Abgeordneten Gerd Andres vom 23.1.1990; Vermerk von Horzetzky über die Ausführungen des BMA-Vertreters auf der Sitzung der Arbeitsgruppe vom 12.3.1990; Protokoll über die Sitzung vom 22.3.1990; Vermerk von Friedel Heße für den Vorsitzenden des DGB Heinz-Werner Meyer vom 15.6.1990, der für ein Gespräch mit dem Präsidenten der BDA mehr über die Aufgaben der Arbeitsgruppe wissen wollte. AdsD, 5/DGAi 002089, 002090, 000782.

89 Abteilung Wirtschaft [beim IG Metall-Vorstand], 14.2.1990: Zur Kritik des Vorstoßes für eine umgehende «Währungsunion mit Wirtschaftsgemeinschaft» BRD-DDR und soziale Alternativen. AdsD, 5/DGAi 002089. Auch die spätere Haltung der IG Metall war betont kritisch. Vgl. das Memorandum des Vorstandes der IG Metall: Die soziale Einheit gestalten. – Memorandum der IG Metall zur sozialen Ausgestaltung des Prozesses der Einigung der beiden deutschen Staaten, 8.5.1990. In seinem Begleitschreiben zur Übersendung des Memorandums an den Ministerpräsidenten de Maizière vom 23.5.1990 unterstreicht der Vorsitzende der IG Metall Franz Steinkühler die Notwendigkeit der sozialen Ausgestaltung der Einheit und bittet, die Gewerkschaften in den Dialog über die Weiterentwicklung der Einheit einzubeziehen. BArch, DC 20/6032.

90 Friedel Heße von der Abteilung Gesellschaftspolitik an den Vorsitzenden des DGB Ernst Breit am 10.2.1990 mit Anlage: Deutsche Einheit – Währungsunion. Ein Problemaufriss, 8.2.1990. AdsD, 5 DGAi 002089. In dem Anschreiben an Breit schlägt Heße vor, dass der DGB in enger Abstimmung mit den Gewerkschaften der DDR Vorschläge erarbeitet, wie «der Strukturwandel sozial verträglich gestaltet werden» kann. Der DGB solle zudem «massiv seine Beteiligung an Maßnahmen auf Regierungsebene einfordern».

91 Statement von Dr. Tyll Necker anlässlich der Besprechung im Bundeskanzleramt zum Thema deutsch-deutsche Wirtschaftsgemeinschaft und Währungsunion am 20.2.1990 in Bonn, BDI-Pressemitteilung, 20.2.1990. AdsD, 5/DGAi 002089. Eine Anlage enthält eine «Übersicht zu den Aktivitäten der deutschen Wirtschaft mit Blick auf die DDR», in der u.a. über Bildungs- und Ausbildungsmaßnahmen für zukünftige Unternehmer sowie für Fach- und Führungskräfte, über den Aufbau verbandlicher Strukturen und die Eröffnung von Informationsbüros und Repräsentanzen der deutschen Wirtschaft berichtet wird.

92 Ernst Breit: Statement für das Gespräch mit Bundeskanzler Kohl am 20.2.1990 zum Thema «Hilfen für die DDR». AdsD, 5/DGAi 002089; vgl. weiter Kleinfeld, Ralf: Zwischen Rundem Tisch und konzertierter Aktion. Korporatistische Formen der Interessenvermittlung in den neuen Bundesländern: In: Organisierte Interessen, 1. Halbband, S. 73–133, hier S. 85.

93 Entschließung zur deutschen Einheit. Beschlossen vom DGB-Bundesausschuss in Bonn am 7.3.1990 bei 3 Gegenstimmen. AdsD, 5/DGAi 002090.

94 Gemeinsame Erklärung des DGB und der BDA zu einer einheitlichen Wirtschafts- und Sozialordnung in beiden deutschen Staaten, 9.3.1990. AdsD, 5/DGAi 000782.

95 Offenbar handelte es sich um Ministerialdirektor Baldur Wagner, den Leiter der Abteilung 3 «Innere Angelegenheiten, Soziales, Umwelt» des BK.

96 Hans Böckler, 1875–1951, Gewerkschaftsführer, erster Vorsitzender des DGB in der britischen Zone 1947–1949, erster Vorsitzender des DGB 1949–1951. Böckler arbeitete in wichtigen Fragen der deutschen Politik mit Bundeskanzler Adenauer zusammen und konnte damit den Einfluss der Gewerkschaften verstärken.

97 Günther Horzetzky an Werner Milert in der Abteilung ‹Vorsitzender des DGB› «Persönlich/Vertraulich», 14.3.1990. AdsD, 5/DGAi 002090.

98 Vermerk von Günther Horzetzky vom 17.3.1990 für den Abteilungsleiter 3 des Bundeskanzleramtes, Baldur Wagner, «Persönlich / Vertraulich». AdsD, 5/DGAi 002090.

99 Vgl.: DGB läßt FDGB fallen. Im Gespräch: Ernst Breit zum gewerkschaftlichen Einigungsprozess. Vertrauen in FDGB ist unrettbar verloren. In: Frankfurter Rundschau, 5.5.1990. AdsD, DAG-Bundesvorstand, Abt. Vors. – Anton Reuer.

100 Bundesvorstand des DGB: Grundzüge der Arbeits- und Sozialordnung in einem geeinten Deutschland, 18.4.1990. AdsD, DAG-Bundesvorstand, Abt. Vors. – Anton Reuer.

101 DGB-Bundesvorstand, 30.4.1990: Erste Bewertung des Entwurfs der Bundesregierung für einen Staatsvertrag mit der DDR. AdsD, Bestand: SPD-Fraktion der Volkskammer der DDR, Mappe 27.

102 DGB-Bundesvorstand/Sprecherrat der Gewerkschaften der DDR: Stellungnahme zum Entwurf der Bundesregierung für einen Staatsvertrag mit der DDR (Fassung vom 12.5.1990), 15.5.1990. AdsD, 9607.

103 Vgl.: Gesamtdeutsche Gewerkschaftsposition zum Staatsvertrag beiden Regierungen vorgelegt, 15.5.1990. AdsD, 9607.

104 Nach einer Analyse im Bundeskanzleramt bewertete der Initiativantrag des Bundesvorstandes des DGB vom 21.5.1990 zur deutschen Einheit auf dem 14. ordentlichen Bundeskongress des DGB vom 20.-26.5.1990 in Hamburg den Staatsvertrag «insgesamt vorsichtig positiv». Allerdings würde versucht, Forderungen, die der DGB bisher in der Bundesrepublik nicht durchsetzen konnte, «nunmehr über den Umweg DDR und Staatsvertrag zu realisieren». Vermerk von R. Zimmer, 23.5.1990. BArch, B 149/78843. Text des Initiativantrages in: AdsD, 5/DGAi 002106.

105 Vgl. DGB-Bundesvorstand/Der Vorsitzende des Sprecherrates der Gewerkschaften und Industriegewerkschaften der DDR: Anforderungen an den angestrebten Einigungsvertrag zwischen der Bundesrepublik Deutschland und der Deutschen Demokratischen Republik, 27.7.1990; dies.: Stellungnahme zum 1. Entwurf eines Vertrages zwischen der Deutschen Demokratischen Republik und der Bundesrepublik Deutschland über die Herstellung der Einheit Deutschlands (Einigungsvertrag), 17.8.1990. Beide Papiere in: AdsD, 9623; vgl. weiter: Sozialpolitische Forderungen des DGB für den deutschen Einigungsprozess. In: Informationsdienst des DGB, 20.7.1990; Ursula Engelen-Kefer, Stellv. Vorsitzende des DGB, an die Ministerin für Arbeit und Soziales der DDR, Regine Hildebrandt, 8.8.1990 mit der Anlage: Positionen des DGB zum sozialpolitischen Teil des ersten Entwurfs des Einigungsvertrages. BArch, DQ 3 / 1878a. Zu der abschließenden Beurteilung des Einigungsvertrages durch den DGB vgl.: DGB-Bundesvorstand: DGB-Informationen zum Einigungsvertrag, Oktober 1990. AdsD, 5/DGAi 002093. In diesem 51-seitigen Papier werden die für die Arbeitnehmer wichtigsten Bestimmungen des Einigungsvertrages dargestellt, erläutert und aus Sicht des DGB bewertet.

106 Das wurde auch von Rudolf Dreßler im Interview mit dem Verfasser vom 18.5.2000 kritisiert.
107 Dafür gibt es eine Fülle von Quellen in den Akten des DGB. Vgl. insbesondere: Protokoll der Besprechung mit den Vorsitzenden der DGB-Landesbezirke am 3.7.1990 in der Bundesvorstandsverwaltung, 4.7.1990. AdsD, 5/DGAi 000781; Aufzeichnung: Rechtsschutzleistungen des DGB in der DDR, 31.8.1990. AdsD, 5/DGAi 002092.
108 Vgl. dazu: Unabhängige Kommission zur Überprüfung der Vermögenswerte aller Parteien und Massenorganisationen der DDR im Amt des Ministerpräsidenten der DDR an die Vorsitzende des FDGB, Helga Mausch, 13.8.1990; Vermerk von Werner Milert der DGB-Verbindungsstelle in Berlin über die «Aufteilung des Vermögens des FDGB», 15.8.1990; Friedel Heße an den Vorsitzenden des DGB, Heinz-Werner Meyer, 16.8.1990, betr. «Vermögen des FDGB»; Vermerk von W. Milert vom 17.8.1990 zum «Vermögen des FDGB»; Brief des Vorsitzenden des Sprecherrates des Bundes der Industriegewerkschaften und Gewerkschaften, Peter Rothe, an Ministerpräsident de Maizière, 22.8.1990. Alle Dokumente in: AdsD, 5/DGAi 002109 bzw. 002110; DGB zur Auseinandersetzung um das FDGB-Vermögen, 4.9.1990. In: Nachrichtendienst des DGB, 4.9.1990. Hier: AdsD, 5/DGAi 002093; Brief des 1. Vorsitzenden der IG Metall Franz Steinkühler an die Präsidenten und die Fraktionsvorsitzenden der Volkskammer der DDR, die Parteivorsitzenden der DDR, den Ministerpräsidenten der DDR, den Bundeskanzler, die Präsidentin und die Fraktionsvorsitzenden des Deutschen Bundestages, die Parteivorsitzenden, die Ministerpräsidenten der Länder der Bundesrepublik, die Mitglieder des geschäftsführenden Bundesvorstandes des DGB, die Vorsitzenden der DGB-Mitgliedsgewerkschaften, den Vorsitzenden des Sprecherrates des FDGB, den Vorsitzenden der IG-Metall für die DDR vom 24.8.1990. AdsD, Bestand: SPD-Fraktion der Volkskammer der DDR, Mappe 116.
109 Stellungnahme der Bundesvereinigung der deutschen Arbeitgeberverbände zum Entwurf des Einigungsvertrages. Mit einem Begleitbrief von Dr. Himmelreich und Dr. Doetsch von der Hauptgeschäftsführung am 15.8.1990 an Bundesarbeitsminister Blüm übersandt. BArch, B 149/401174.
110 Vgl. oben, S. 197.
111 Vgl. oben, S. 240 f.
112 VGl. oben, S. 254.

Die Sozialpolitik der deutschen Einigung: Eine Bilanz

1 Bundesarbeitsminister Blüm an den Ersten Vorsitzenden der Kassenärztlichen Bundesvereinigung, Dr. Ulrich Oesingmann, 15.8.1990. ACDP, Bestand Blüm I 504 / 67.
2 Interview des Verfassers mit Jagoda, 5.7.2000.
3 In diesem Sinne äußerte sich auch Rudolf Dreßler im Interview mit dem Verfasser, 18.5.2000.
4 Vgl. oben, S. 218 f. Vgl. weiter zu den Vorstellungen der ÖTV: Gesundheitspolitische und beschäftigungspolitische Perspektiven der Gewerkschaft Öffentliche Dienste, Transport und Verkehr (ÖTV) für das Zusammenwachsen beider deutscher Staaten; Ulrike Peretzki-Leid, Mitglied des geschäftsführenden Hauptvorstandes der ÖTV, an den Minister für Gesundheitswesen der DDR, Jürgen Kleditzsch, 5.6.1990; Gesundheitspolitische Erklärung der ÖTV und der Gewerkschaft Gesundheits- und Sozialwesen der DDR, 11.6.1990. Alle Dokumente in: BArch, DQ 1/14222.
5 Interview des Verfassers mit Jagoda, 5.7.2000.
6 Urteil des BVerfG vom 30.5.1990, BVerfGE 82/1991, S. 123–156.
7 Vgl. oben, S. 210f.

8 Urteil des BVerfG vom 28.1.1992, BVerfGE 85/1993, S.191–214.
9 Vgl. BGBl. I 1996, S.1246–1253.
10 Sozialbericht 1993, S.32f.
11 Sozialbericht 1997, S.22f.
12 Vgl. Frerich/Frey, Handbuch, Bd.2, S.376–378.
13 Vgl. oben, S.88f.
14 Schwangeren- und Familienhilfegesetz vom 21.8.1995. BGBl. I, S.1050–1057.

III. Der Wandel des deutschen Sozialstaates unter den Bedingungen der deutschen Einheit 1990–1994

11. Der Aufbau der Institutionen und Träger des Sozialstaates in den neuen Bundesländern

1 Vgl. Allensbacher Jahrbuch 1993–1997, S.558.
2 Ebd., S.609.
3 Vgl. dazu den Sachstandsbericht der Außenstelle Berlin des BMA «Aufbau der Sozialverwaltung in den 5 neuen Bundesländern», der am 14.11.1990 vom Leiter der Berliner Außenstelle des BMA, Ministerialdirektor Jung, an den Leiter der Außenstelle des Bundeskanzleramtes, Ministerialdirektor Kabel, als Grundlage für eine Sitzung der Leiter der Außenstellen der obersten Bundesbehörden in Berlin am 15.11.1990 versandt wurde. BArch, B 149/400150. Im Einzelnen wurden die Arbeitsverwaltung, die Verwaltung der Kriegsopferversorgung und Kriegsopferfürsorge, der Aufbau der Unfallversicherung, der Rentenversicherung und der Krankenversicherung behandelt.
4 Vgl. oben, S.182f.
5 Von Maydell u.a., Umwandlung, S.233.
6 Brief des Präsidenten der BA Franke an Bundesminister Blüm, 13.8.1990. BArch, B149/400015. Ein Alternativplan sah die Erweiterung des Landesarbeitsamtes Schleswig-Holstein-Hamburg um Mecklenburg-Vorpommern mit zwölf Arbeitsämtern, die Schaffung eines Landesarbeitsamtes Berlin-Brandenburg-Sachsen-Anhalt mit 22 Arbeitsämtern und die Errichtung eines Landesarbeitsamtes Süd für Sachsen und Thüringen mit 17 Arbeitsämtern vor.
7 BMA, I a 7: Bestandsaufnahme der Aufbauhilfen zur Angleichung der Arbeits- und Sozialordnung in Deutschland, 8.2.1991. BArch, B 149/74934; Sozialbericht 1993, S.11f.
8 BMA, Referat II b 1 an den Minister betr. «Überprüfung von Mitarbeitern in Arbeitsämtern und Arbeitsnebenstellen im Beitrittsgebiet», 7.3.1991. BArch, B 149/400015.
9 ACDP, Fraktionsprotokolle.
10 BMA, Staatssekretär Tegtmeier an Staatssekretär Carl vom BMVg, 6.11.1990. BArch, B 149/400576.
11 Zu diesem Problem vgl. neben der in Anm. 7 erwähnten Bestandsaufnahme eine «Bestandsaufnahme» vom 30.11.1990. BArch, B 149/74934.
12 Vgl. Knuth, Matthias: ABS-Gesellschaften als dezentrale Akteure der Arbeitsmarkt- und Strukturpolitik: Problemlösung «vor Ort»? In: Arbeitsmarktpolitik, S.172–184. ABS-Gesellschaften sind «Gesellschaften zur Arbeitsförderung, Beschäftigung und Strukturentwicklung». Die Hoffnung, dass die ABS-Gesellschaften sich durch die Schaffung von Dauerarbeitsplätzen überflüssig machen würden, erfüllte sich nicht.

13 Vgl. Blüm an die Ministerin für Arbeit, Soziales, Gesundheit und Frauen des Landes Brandenburg, Hildebrandt, 26.6.1991, ACDP, Bestand Blüm I 504/81.

14 Vgl. BMA, Sozialbericht 1993, S. 29, 34; Sozialbericht 1997, S. 19, 26.

15 Vgl. Buttler, Friedrich/Emmerich, Knut: Kosten und Nutzen aktiver Arbeitsmarktpolitik im ostdeutschen Transformationsprozess. In: Die Wettbewerbsfähigkeit der ostdeutschen Wirtschaft. Ausgangslage, Handlungserfordernisse, Perspektiven. Hrsg. von Gutmann, Gernot. Berlin 1995, S. 61–94, bes. S. 64.

16 Vgl. BMA, Abt. II b 2 an den Parlamentarischen Staatssekretär Günther mit Durchdruck an den Minister, die Staatssekretäre und Abteilungsleiter I, 19.4.1991. BArch, B 149/400493. S. weiter Frerich/Frey, Handbuch, Bd. 3, S. 611 f.

17 Sozialbericht 1993, S. 29; Sozialbericht 1997, S. 19.

18 Buttler/Emmerich, Kosten und Nutzen, S. 62.

19 Zahlen nach: Sozialbericht 1993, S. 34; Sozialbericht 1997, S. 25.

20 Vgl. Interview des Verfassers mit Cronenberg, 27.6.2000, mit Blüm, 8.6.2000. Zur Gefahr der Verzerrung des Wettbewerbs durch Leistungen der Arbeitsförderung und der Erkenntnis, dass durch sie keine dauerhaften Arbeitsplätze geschaffen werden können, vgl. auch: Sozialbericht 1997, S. 30.

21 Vgl. dazu und zu den Auseinandersetzungen, die sich daraus zwischen den vom BMBau unterstützten neuen Bundesländern und dem BMA ergaben: Willibald Böck, Innenminister von Thüringen, an die Bundesministerin für Raumordnung, Bauwesen und Städtebau, Irmgard Schwaetzer, 1.6.1992; undatierter Informationsvermerk über die ABM-Förderung bei der Bearbeitung von Wohngeldanträgen in den neuen Bundesländern; Staatssekretär des BMBau, Herbert Schmülling, an Staatssekretär Werner Tegtmeier im BMA, 2.7.1992; Schmülling an den Chef des Bundeskanzleramtes Friedrich Bohl, 18.8.1992; Schmülling an Staatssekretär Bernhard Worms im BMA, 21.8.1992; Ministerialrat Schmidt, Leiter des Referats II b 3 «Erhaltung und Schaffung von Arbeitsplätzen» des BMA an Bohl, 31.7.1992. Alle Quellen in: BMA VIII a 1/17305, Bd. 1 bzw. BMA VIII a 1/17490 (5).

22 Vgl. den Entwurf eines Antrages vom 21.9.1992 über die «Ablösung des Arbeitsförderungsgesetzes durch ein Arbeits- und Strukturförderungsgesetz (ASFG)» und das Ergebnisprotokoll vom 3.11.1992 über die Sitzung der Querschnittsgruppe «Einheit Deutschlands» der SPD am 29.10.1992, in der dieser Antrag beraten wurde. AdsD 26000; vgl. weiter «Eckpunkte für ein neues Arbeits- und Strukturförderungsgesetz» und für den im Bundestag 1994 eingebrachten Entwurf des Gesetzes: Heinelt/Weck, Arbeitsmarktpolitik, S. 161 f. – Zur Rechtfertigung der Novelle zum AFG durch Blüm und zur Kritik daran durch die SPD vgl. weiter die Reden von Blüm und Ottmar Schreiner (SPD) im Deutschen Bundestag am 15.10.1992. In: Prot. BT, 12. WP, S. 9600–9604, 9604–9609.

23 Vgl. zu den Zielen des Gesetzes und den beabsichtigten Einsparungen: Arbeits- und Sozialordnung. Pressemitteilung des BMA, 1.7.1992; BMA, Ref. II b 1: Konzept des BMA zur Umsetzung des Eckwertebeschlusses des Kabinetts vom 13.5.1992. Beides in: BMA VIII a 1/17305(2); BMA, Ref. II b 1: Entwurf eines Gesetzes zur Änderung von Förderungsvoraussetzungen im Arbeitsförderungsgesetz und in anderen Gesetzen, 15.10.1992, BMA VIII a 1/17490(6); zum Gesetz vom 18.12.1992 selbst vgl. BGBl. I 1992, S. 2044–2057.

24 Vgl. Heinelt/Weck, Arbeitsmarktpolitik, S. 160.

25 Vgl. dazu Blüm an den Chef des Bundeskanzleramtes Bohl, 19.12.1992. BMA VIII a 1/17490(6); Dreßler (SPD) bedauerte im Bundestag am 9.12.1992, dass die von der CDU geführten Länder Mecklenburg-Vorpommern, Thüringen, Sachsen-Anhalt und Sachsen entgegen Kabinettsbeschlüssen, Sachsen-Anhalt auch gegen einen Landtags-

beschluss, dem Gesetz schließlich zustimmten, Prot. BT, 12. WP, S. 10912. Für 1997 wurde eine Entlastungswirkung von 7,5 Mrd. DM angegeben. Vgl. Bundesarbeitsminister Blüm an die Mitglieder der CDU/CSU- und FDP-Fraktionen, 12.1.1998. Akten des BMA ohne Bezeichnung.

26 Vgl. Heinelt/Weck, Arbeitsmarktpolitik, S. 164.

27 Vgl. Jochem, Sven: Sozialpolitik in der Ära Kohl: Die Politik des Sozialversicherungsstaates. ZeS-Arbeitspapier Nr. 12/99, S. 31.

28 Die folgenden Ausführungen beruhen weitgehend auf einem ausführlichen Vermerk des für die neuen Bundesländer zuständigen Referats VIII b 3 (Arbeitsrecht und Arbeitsschutz) des BMA: Probleme im Zusammenhang mit der Übertragung der bundesdeutschen Arbeitsrechtsordnung auf die ehemalige DDR. BArch, B 149/401615. Der Vermerk gründet sich auf eine «Fülle von Einzeleingaben, die Beratung von Bürgern in Sprechstunden, den Erfahrungsaustausch mit Richtern, Schiedsstellenmitgliedern und Betriebsräten» und die Auswertung von Fachzeitschriften und Leserbriefen und den in der Außenstelle des BMA in Berlin zugänglichen Gerichtsurteilen sowie Materialien der Treuhand.

29 Vgl. unten, S. 314f.

30 Gemeinsame Erklärung des DGB und der BDA zu einer einheitlichen Wirtschafts- und Sozialordnung in beiden deutschen Staaten, 9.3.1990. AdsD 5/DGAi 000782; vgl. dazu weiter: Kleinhenz, Gerhard: Tarifpartnerschaft im vereinten Deutschland. Die Bedeutung der Arbeitsmarktorganisation für die Einheit der Arbeits- und Lebensverhältnisse. In: APuZG B 12/92, S. 14–24, hier S. 20.

31 Vgl. Schmidt, Rudi: Einleitung. In: Zwischenbilanz. Analysen zum Transformationsprozess der ostdeutschen Industrie. Hrsg. v. Schmidt, Rudi. Berlin 1993, S. 22.

32 GBl. der DDR I, S. 357.

33 Einigungsvertrag, Anlage I, Kap. VIII, Sachgebiet A, Abschnitt III, BGBl. II 1990, S. 1023.

34 Sozialbericht 1993, S. 46. Für die vor allem von den Gewerkschaften durchgeführten Schulungen wurden von der Bundesregierung bis zum 31.3.1993 57 Mio. DM zur Verfügung gestellt.

35 Vgl. Röbenack, Silke: Betriebe und Belegschaftsvertretungen; Liebold, Renate: Innerbetriebliche Beziehungen in ostdeutschen Industriebezirken: Die (ost)deutsche Einheit zwischen Management und Betriebsrat. Beide Aufsätze in: Industrielle Beziehungen. Institutionalisierung und Praxis unter Krisenbedingungen. Hrsg. von Bergmann, Joachim/Schmidt, Rudi. Opladen 1996, S. 161–212 (Röbenack); 213–235 (Liebold).

36 Keller, Berndt: Arbeitspolitik in den neuen Bundesländern. Eine Zwischenbilanz des Transformationsprozesses. In: Sozialer Fortschritt 45 (1996), S. 88–102, bes. S. 95f.

37 Vgl. Gewerkschaftskongreß zur Auflösung des FDGB, Berlin 14.9.1990. Hrsg. vom Bund der IG/Gew./Geschäftsführender Vorstand, September 1990. AdsD, 5/DGAi 002235.

38 Vgl. Fax von Hantke an Wolfgang Üllenberg, 26.6.1990, mit Anlage vom 26.6.1990: Vermerk: Betreff Termine der Vereinigung der DDR-Gewerkschaften mit den bundesrepublikanischen Gewerkschaften. AdsD, 5/DGAi 000781; Aufzeichnung: Überblick: Verfahrensweise und Termine bei der Aufnahme von Mitgliedern in der DDR durch die Gewerkschaften des DGB, 3.9.1990. AdsD, 5/DGAi 002092; vgl. weiter : Schwarzer, Arbeitsbeziehungen, S. 306–329; Martens, Helmut: Gewerkschaftlicher Organisationsaufbau und Mitbestimmung in Ostdeutschland. Ein eigenständiger und schwieriger Institutionalisierungsprozess und seine Folgen für die industriellen Beziehungen in der größer gewordenen Bundesrepublik. Dortmund 1992; Fichter,

Michael/Reister, Hugo: Die Gewerkschaften. In: Intermediäre Strukturen in Ostdeutschland. Hrsg. von Niedermayer, Oskar. Opladen 1996, S. 309–333; Niedermayer, Oskar: Das intermediäre System. In: Kaase u. a., Politisches System, S. 155–230, hier S. 192–195.

39 Vgl. Schroeder, Wolfgang: Industrielle Beziehungen in Ostdeutschland: Zwischen Transformation und Standortdebatte. In: APuZG B 40/96, S. 25–34, bes. S. 26 f.

40 Ebd.; Schmid, Josef/Tiemann, Heinrich: Gewerkschaften und Tarifverhandlungen in den fünf neuen Bundesländern. Organisationsentwicklung, politische Strategien und Probleme am Beispiel der IG Metall. In: Organisierte Interessen. 1. Halbband, S. 134–158. – Der DGB-Vorsitzende Heinz-Werner Meyer an die Mitglieder des Bundesausschusses des DGB, 9.7.1990: Beschluß zur Finanzierung der baldmöglichen Aufnahme der Arbeit des DGB in der DDR. AdsD, 5/DGAi 002107; Bericht von Friedel Heße von der Abteilung Vorsitzender vom 7.5.1991: Stand des Aufbaus der DGB-Organisation in den neuen Bundesländern; Heße: Eckpunkte. Errichtung von DGB-Landesbezirken in den neuen Bundesländern, 26.6.1991; Heße: BV-Beratung über die Bildung von DGB-Landesbezirken in den neuen Bundesländern am 8.10.1991 vom 23.9.1991 mit einer Anlage über die erwarteten Personalkosten. Alle Unterlagen in: AdsD, 5/DGAi 002271.

41 Schmid/Tiemann, Gewerkschaften, S. 139.

42 Heinz Knetter, Bevollmächtigter des Bundesvorstandes am Sitz des Ministerrates der DDR an Rolf Schmachtenberg, MfAS, 9.8.1990. BArch, DQ 3/1890.

43 Brief von Peter Seideneck von der Außenstelle Berlin des DGB an Peter Pletsch in der Abteilung Organisation der DGB-Zentrale, 17.9.1990. AdsD, 5/DGAi, Abt. Vorsitzender, ohne Bandangabe.

44 Berechnet nach den Zahlen in: Niedermayer, Das intermediäre System, in: Kaase u. a., Politisches System, S. 223.

45 Ebd.

46 Vgl. Klaus Löhrlein an Friedel Heße, 1.10.1991, mit den Anlagen «Mitglieder der Gewerkschaften in den DGB-Landesbezirken-Ost zum 30.6.1991» sowie «Mitgliedervergleich neue/alte DGB-Landesbezirke», in der auch der Anteil der Mitglieder der DGB-Gewerkschaften an den Beschäftigten angegeben wird. AdsD, 5/DGAi 002271.

47 Schroeder, Industrielle Beziehungen, S. 28; vgl. weiter: Statistisches Material zur Mitgliederentwicklung der acht größten Einzelgewerkschaften und des DGB (zusammengestellt von Martina Dorsch). In: Industrielle Beziehungen, S. 237–254.

48 Schroeder, Industrielle Beziehungen, S. 28.

49 Keller, Arbeitspolitik, S. 98.

50 Vgl. Perner, Detlef: Entwicklung der Gewerkschaftsorganisation seit der deutschen Einigung. In: Wirtschaftliche und soziale Einheit Deutschlands. Eine Bilanz. Hrsg. von Nolte, Dirk/ Sitte, Ralf/Wagner, Alexandra, Köln 1995, S. 379–393, hier S. 384 f.

51 Müller, Hans-Peter: Gewerkschaftsvereinigung. Die Industriegewerkschaft Bergbau und Industrie im Deutschen Vereinigungsprozeß. In: Wiedervereinigung Deutschlands, S. 537–559.

52 Keller, Arbeitspolitik, S. 98.

53 Vgl. dazu Hoffmann, Günter: Die Entstehung von Arbeitgeberverbänden im neuen Bundesgebiet am Beispiel des VME. Berlin-Brandenburg. In: Hantsche, Walter/ Otte, Stefan/Hoffmann, Günter u. a.: Aufbau der Verbände und Arbeitsgerichte. Opladen 1997, S. 89–136; Henneberger, Fred: Struktur und Organisationsdynamik der Unternehmerverbände: Probleme der Verbandsbildung und Interessenvereinheitlichung im vereinten Deutschland. In: Wirtschaft und Gesellschaft 19 (1993), S. 329–357; Henneberger, Fred: Interessenverbände der Unternehmer in Deutsch-

land: Aktuelle Entwicklungen unter besonderer Berücksichtigung der Situation in den neuen Bundesländern. In: SF, Jg. 42 (1993), S. 242–251.

54 Hoffmann, Entstehung, bes. S. 115–128.

55 Ebd., S. 117.

56 Keller, Arbeitspolitik, S. 97.

57 Ebd.

58 Klaus Schroeder, Preis der Einheit, S. 128.

59 Vgl. oben, S. 99.

60 Vgl. Meyer, Cord: Die Sozialplanrichtlinien der Treuhandanstalt. Opladen 1996, S. 34 f.

61 Vgl. BMA, Abt. II und III, Vermerk: Sozialplanregelung in Treuhand-Unternehmen, 26.6.1991. Vgl. weiter Blüm an Waigel, 1.3.1991. BMA VIII a 1 – 17701/1, Bd. 6.

62 Richtlinie zu Sozialplänen in den neuen Bundesländern. In: Recht der Arbeit 24 (1991), S. 289–293.

63 Biedenkopf, Sebastian: Interessenausgleich und Sozialplan unter Berücksichtigung der besonderen Probleme bei der Privatisierung und Sanierung von Betrieben in den neuen Bundesländern. Berlin 1994, S. 157.

64 BMA, Referat VIII b 3, Probleme im Zusammenhang mit der Übertragung der bundesdeutschen Arbeitsrechtsordnung auf die ehemalige DDR, 1.7.1992. BArch, B149/401615.

65 Ebd.; Biedenkopf, Interessenausgleich, S. 160 f.

66 Vgl. Clasen, Lothar: Tarifentwicklung Ost. Erste Zwischenbilanz. In: BArbBl (1991) H. 6, S. 5–8; Clasen, Lothar: Tarifverträge 1991. Schrittweise Angleichung. In: BArbBl (1992) H. 4, S. 5–10; Clasen, Lothar: Tarifverträge 1992. Wieder 9000 Abschlüsse. In: BArbBl (1993) H. 3, S. 14–19. Dort jeweils auch Hinweise auf weitere Stufentarifverträge.

67 Vgl. Keller, Arbeitspolitik, S. 100.

68 Vgl. Bispinck, Reinhard: Der Tarifkonflikt um den Stufenplan in der ostdeutschen Metallindustrie – Anlaß, Entwicklung, Ergebnis. In: WSI Mitteilungen 46, 1993, S. 469–481, hier S. 478; Schroeder, Wolfgang: Westdeutsche Prägung – ostdeutsche Bewährungsproben: Industrielle Beziehungen in der Metall- und Elektroindustrie. In: Industrielle Beziehungen, S. 101–133.

69 Vgl. Keller, Arbeitspolitik, S. 100.

70 Vgl. BMA, Referat III a 1, Lohn- und Tarifwesen, an den Minister, die Staatssekretäre des BMA und die Abteilungen I und VIII, 14.7.1992: Aktuelle Lohn- und Tarifsituation zur Jahresmitte 1992. BMA VIII a1/17305, Bd. 1.

71 Vgl. z. B. sein Express-Interview am 4.4.1993 und sein n-tv-Interview vom 20.6.1993. Blüm regte an, neben einem Standardlohn als Basis, in Form von Investivlöhnen, eine zweite, vom Ertrag der Unternehmen abhängige Lohnkomponente vorzusehen; vgl. dazu sein Interview in: «DIE WELT» vom 11.10.1993. Alle Interviews in BPA-DOK. Text-Bull.-RFTV-AA (87–95).

72 Vgl. zur Diskussion der Probleme des Flächentarifvertrages und seiner Flexibilisierung: Hartwich, Hans-Herrmann: Der Flächentarifvertrag. Instrument und Symbol kollektivrechtlicher Arbeitsbeziehungen in Deutschland. In: Gegenwartskunde 46 (1997), S. 101–133.

73 Vgl. Keller, Arbeitspolitik, S. 98. Zur Verbandsflucht der Arbeitgeber und der wachsenden Bereitschaft der Gewerkschaften, Flächentarifverträge durch Öffnungsklauseln flexibler zu gestalten, vgl. auch die grundlegende Studie des langjährigen Präsidenten des Bundesarbeitsgerichts Kissel, Otto Rudolf: Arbeitskampfrecht. Ein Leitfaden. München 2002, hier S. 60 und 95.

74 Hartwich, Flächentarifvertrag, S. 125.
75 Vgl. Fels, Joachim: Arbeitsmärkte und Währungsunion. In: Börsen-Zeitung, 9.1.1997. Abgedruckt in: Deutsche Bundesbank. Auszüge aus Presseartikeln, Nr. 3, 15.1.1997, S.16f. Zur Gesamtproblematik vgl. Moll, Frank: Tarifausstieg der Arbeitgeber: Mitgliedschaft im Arbeitgeberverband «ohne Tarifbindung». Berlin 2000; Schroeder, Wolfgang: Das Modell Deutschland auf dem Prüfstand. Zur Entwicklung der industriellen Beziehungen in Ostdeutschland (1990–2000). Wiesbaden 2000.
76 BGBl. I, S. 1606–1708.
77 Vgl. Blüm an die Bundesministerin für besondere Aufgaben, Sabine Bergmann-Pohl, 17.12.1990; Blüm an den Minister für Arbeit und Soziales des Landes Sachsen-Anhalt, Werner Schreiber, 7.1.1991 mit Kopien an die zuständigen Minister der anderen neuen Bundesländer. ACDP, Bestand Blüm I 504/74.
78 Vgl. BArch, DQ 1/13166 sowie Mrotzeck, Herbert/Püschel, Herbert: Krankenversicherung und Alterssicherung. In: Beiträge zu den Berichten der Kommission für die Erforschung des sozialen und politischen Wandels in den neuen Bundesländern e. V. (KSPW), Bd. 6.7. Hrsg. v. Bertram, Hans/Nickel, Hildegard Maria/ Niedermayer, Oskar. Opladen 1997.
79 Ministerin Hildebrandt an den Präsidenten der BfA, Helmut Kaltenbach, 31.5.1990. BArch, DQ 3/1889.
80 Ministerin Hildebrandt an Rudolf Kolb, 25.7.1990 und Text des Vertrages vom 1.8.1990. BArch, DQ 3/1889b und 1890.
81 BMA, Referat IV a 1, Ministerialdirigent Pappai in Vertretung an Staatssekretär Jagoda, 19.11.1990 mit der Anlage: Aufbauhilfe der Rentenversicherungsträger. BArch, B 149 /74922.
82 Spree, Sozialstaat, S. 73 f.
83 Vgl. ebd.; Jagoda an die BA, die BfA, das BVA und die Spitzenverbände der deutschen Sozialversicherung, 31.8.1990. BArch, B 149/74921; BVA-Arbeitsgruppe «Beitragseinzug beim Gemeinsamen Träger der Sozialversicherung», 19.12.1990. BMG-Bonn, 223–48123 – Bd. 2; VDR: Geschäftsbericht für das Jahr 1990, S. 44 f.
84 Ministerin Hildebrandt an «alle Mitarbeiterinnen und Mitarbeiter der Sozialversicherung der DDR», 7.8.1990. BArch, DQ 3/1890.
85 Vgl. dazu Kleditzsch, der nach dem Rücktritt von Ministerin Hildebrandt auch die Leitung des MfAS übernommen hatte, an den DDR-Minister des Innern Diestel, 23.8.1990. In dem Schreiben wird auf die unterschiedlichen Startbedingungen der verschiedenen Träger der Sozialversicherung in der DDR und die besonders prekäre Situation der Rentenversicherung hingewiesen. BArch, DQ 3/1890a.
86 Ruland, Franz: Erfolgreiche Aufbauarbeit. In: BArbBl (1992) H. 10, S. 24–28, hier S. 24 f.
87 Blüm an Eppelmann, 28.9.1990 mit der Anlage eines Vertrages zwischen Eppelmann und der BfA vom 27.9.1990. ACDP, Bestand Blüm I 504/69.
88 Schaub, Eberhard: Die Aufbauarbeit der Rentenversicherung in den neuen Bundesländern. In: VDR: Aktuelles Presseseminar des VDR 12./13. November 1992 in Würzburg, S. 102–118, hier S. 105.
89 Ruland an Blüm, 24.10.1990. BArch B 149/400576.
90 Blüm an Waigel, 30.3.1992 und die Antwort Waigels vom 30.4.1992. BMA VIII a 1/17305 (4).
91 Ruland, Erfolgreiche Aufbauarbeit, S. 25.
92 ÜLA, Geschäftsführer Ammermüller: Bericht zur Tätigkeit des Gemeinsamen Trägers der Sozialversicherung im Beitrittsgebiet und dessen Rechtsnachfolger der

Überleitungsanstalt Sozialversicherung zwischen 12.11.1990 und 31.12.1991. Der Bericht ist enthalten in einem der beiden Aktenordner zur Arbeit der ÜLA, für deren Überlassung der Verfasser Dr. Ammermüller dankt.

93 Ammermüller an Bundesminister Blüm, 14.11.1990. Akte Ammermüller.

94 Ammermüller an den Ersten Direktor des VDR Dr. Rudolf Kolb, 12.12.1990. In: Akte Ammermüller. Die Spitzenverbände der Krankenversicherung sowie die AOK hatten sich bereit erklärt, bestimmte Geldleistungen bei Schwangerschafts- und Wochenurlaub sowie die Mütterunterstützung auszuzahlen und den Haushaltsabschluss 1990 und die Abrechnung mit den Leistungserbringern zu erledigen. Vgl. dazu neben dem Brief Ammermüllers an Kolb vom 12.12.1990 auch die Briefe Ammermüllers an den Direktor des AOK-Bundesverbandes Dr. Oldiges, 11.12.1990, sowie an die weiteren Spitzenverbände der Krankenversicherung vom 12.12.1990. In: Akte Ammermüller.

95 Ammermüller an Kolb, 12.12.1990. Akte Ammermüller.

96 Vgl. neben einem Organisationsplan in der Akte Ammermüller: Schmidt, Wolfgang: Die Überleitungsanstalt Sozialversicherung. In: Die Angestelltenversicherung 38 (1992), S. 65–69; Schmidt, Wolfgang: Überleitungsanstalt Sozialversicherung zum 31.12.1991 aufgelöst. In: Die Angestelltenversicherung 39 (1992), S. 142 f.

97 Bericht Ammermüllers über die Tätigkeit des Gemeinsamen Trägers und der ÜLA; vgl. weiter Schreiben von Ammermüller an Reuber, den Pressesprecher des BMA, vom 4.2.1991 mit der Anlage: Die Aufgaben der «Überleitungsanstalt Sozialversicherung» im Jahre 1991. BArch, B149/400457.

98 Gemeinsamer Träger der Sozialversicherung, Hauptverwaltung: Verfahren für die Übernahme von Vermögen, wenn einzelne Sozialversicherungsträger unmittelbare Eigentümer werden, 4.12.1990; ÜLA, Vermögensabwicklung: Aussagen zu erfassten Objekten, 28.2.1991. In: Akte Ammermüller. Von den insgesamt erfassten, von den Sozialversicherungsträgern genutzten 880 Objekten konnten 797 den Sozialversicherungsträgern und 83 Fremdeigentümern zugeordnet werden.

99 Vgl. VdK Deutschland, Geschäftsbericht 1990 bis 1994, S. 170–173; zu den Vorarbeiten vgl. BMA: Ausarbeitung von Niem (=Ministerialdirektor Niemeyer): Überleitung des Rentenrechts auf das beigetretene Gebiet, Stand 15.2.1991. BArch, B 149/74923.

100 Vgl. vor allem die Rede von Dreßler. In: Prot. BT 12. WP 26.4.91, S. 1613–1619.

101 BTDrs. 12/630 v. 29.5.1991, Anlage 2: Stellungnahme des Bundesrates, S. 8–19.

102 Vgl. dazu: Stellungnahme des Sozialbeirats zum Entwurf des «Renten-Überleitungsgesetzes», 28.5.1991, abgedruckt in: BTDrs. 12/1841, S. 122 f.

103 Dreßler im Bundestag, 26.4.1991, Prot. BT 12. WP S. 1618.

104 Entwurf des Briefes von Dreßler an die Sozialminister der A-Länder vom 7.5.1991, die jeweils persönlich angeschrieben werden sollten, betreffend «Haltung der SPD im Bundesrat zum Rentenüberleitungsgesetz (RÜG)». AdsD, 9662.

105 Gesetzentwurf der Fraktion der SPD, BTDrs. 12/724 v. 12.6.1991.

106 Vgl. die 37 Änderungsanträge zu dem im Ausschuss beschlossenen Gesetzentwurf. In: BTDrs. 12/829.

107 Vgl. Dreßler im Bundestag am 21.6.1991. In: Prot. BT 12. WP S. 2947.

108 Blüm am 18.6.1991. ACDP, Fraktionsprotokolle.

109 Gisela Babel im Bundestag am 21.6.1991. In: Prot. BT 12. WP S. 2936.

110 «Entschließungsantrag der Fraktionen der CDU/CSU, SPD und FDP zum Entwurf des Gesetzes zur Herstellung der Rechtseinheit in der gesetzlichen Renten- und Unfallversicherung (Rentenüberleitungsgesetz-RÜG)». BTDrs. 12/837 v. 21.6.91.

111 Vgl. BMA Abteilung IV, Anlage 1 vom 23.1.1992: Sozialzuschlag. BMA/LS – 17320 (8).

112 Niemeyer, Werner: Ab sofort einheitliches Recht. In: BArbBl (1992) H. 1, S. 7–12, hier S. 12; Interview des Verfassers mit Ministerialdirektor Niemeyer, 4.5.2000.

113 Vgl. oben, S. 91.

114 BMA, Referat IV a 2 an Staatssekretär Bernhard Worms mit Durchdrucken an den Minister und die anderen Staatssekretäre, 14.3.1991, betr. «Regelungen über die Wiedergutmachung national-sozialistischen Unrechts auf dem Gebiet der bisherigen DDR; hier: Anordnung über Ehrenpensionen für Kämpfer gegen den Faschismus und für Verfolgte des Faschismus» mit Anlage: «Protokolle über die Arbeitsgruppensitzungen am 25.1. und 25.2.1991. BArch, B 149/400153.

115 Vgl. insbes. die Rede Blüms in der Fraktion der CDU/CSU am 10.12.1991. In: ACDP, Fraktionsprotokolle.

116 Frerich/Frey, Handbuch, Bd. 3, S. 628.

117 Vgl. das Schaubild «Verteilung des Auffüllbetrages am Nettorentenzahlbetrag auf Anteilsklassen am 1.7.1992. – Nur Fälle mit Auffüllbeträgen – Versichertenrenten Frauen». In: Akte Ammermüller.

118 Sozialbericht 1993, S. 57f.

119 So Blüm in der Sitzung des Bundesrates am 14.10.1994, zitiert in: VDR: Geschäftsbericht für das Jahr 1994, S. 21.

120 Ruland, Erfolgreiche Aufbauarbeit, S. 26.

121 Vgl. dazu und zu weiteren Lobeshymnen u.a. von Blüm, der darin fast ein «Weltwunder» sah: VDR: Geschäftsbericht für das Jahr 1991, S. 26–28.

122 Vgl. Hain, Winfried/Luckert, Hilmar/Müller, Horst-Wolf/Nowatzki, Jürgen: Was brachte die Rentenumwertung? – Zur Übertragung des SGB VI auf den Rentenbestand in den neuen Bundesländern und im Ostteil Berlins. In: Deutsche Rentenversicherung 1992, S. 521–549, hier S. 531.

123 BMA, Abteilung IV: Wegfall von Leistungen in den neuen Bundesländern, 27.1.1992. BMA VIII/LS – 17320 (8); vgl. weiter Wienand, Sozialhilfe, S. 30f.

124 Vgl. Stephan, Ralf-Peter: Das Zusammenwachsen der Rentenversicherungen in West und Ost. Eine Zwischenbilanz im zehnten Jahr der Deutschen Einheit. In: Die Angestelltenversicherung 12/1999, S. 546–556, hier S. 549.

125 VDR: Geschäftsbericht für das Jahr 1992, S. 23.

126 Vgl. dazu vor allem die Geschäftsberichte des VDR und die Geschäftsberichte der BfA; vgl. weiter für die Datenverarbeitung: Klässer, Wilfried: Deutschland wächst zusammen – die Datenverarbeitung auch. In: Deutsche Rentenversicherung 4/92, S. 235–252.

127 Nach einem Brief Blüms an die Mitglieder der CDU/CSU- und FDP-Bundestagsfraktionen, 12.1.1998, gab es 1992 gut 53 000 Zugänge von Rentnern mit 60 wegen Arbeitslosigkeit, 1994 204 000 und 1995 294 000. Brief ohne Aktenvermerk.

128 Vgl. für 1992–1994 oben, S. 128 sowie für 1995: Presse und Informationsamt der Bundesregierung. Aktuelle Beiträge zur Wirtschafts- und Finanzpolitik, Nr. 1/1997, 16.1.1997: Der Aufbau in den neuen Bundesländern. Leistungsbilanz der Bundesregierung, S. 34.

129 VDR: Geschäftsbericht für das Jahr 1994, S. 22.

130 Schmähl, Winfried: Rentenversicherung in der Bewährung: Von der Nachkriegszeit bis an die Schwelle zum neuen Jahrhundert. Stationen und Weichenstellungen. In: Eine lernende Demokratie. 50 Jahre Bundesrepublik Deutschland. WZB-Jahrbuch 1999. Hrsg. v. Kaase, Max/Schmid, Günther. Berlin 1999, S. 397–423, hier S. 416.

131 Vgl. z.B. seine Interviews in der Münchener «Abendzeitung» am 31.12.1993, in «Informationen am Morgen», 20.5.1994 und in n-tv, 6.6.1994. In: BPA-DOK, Text-BULL-RFTV-AA (87–95).

132 Ebd., Interview am 6.6.1994.
133 Vgl. die Darstellung der Aktivitäten der gewerblichen Berufsgenossenschaften in der DDR, die Dr. Sokoll vom Hauptverband der gewerblichen Berufsgenossenschaften e.V. an den Ministerialdirigenten Dr. Friedrich Pappai, den Leiter der Unterabteilung IV a des BMA, die u.a. für die Unfallversicherung zuständig war, am 28.9.1990 übersandte. BArch, B 149/74940; vgl. weiter: BMA, Ref. IV a 1, Pappai an Staatssekretär Jagoda, 19.11.1990 mit Anlage: Aufbauhilfe der Rentenversicherungsträger. BArch, B 149/74922; BMA, Ref. I a 7: Bestandsaufnahme der Aufbauhilfen zur Angleichung der Arbeits- und Sozialordnung in Deutschland, 8.2.1991. BArch, B 149/74934. Vgl. weiter das Schwerpunktheft der Zeitschrift BG, 12 (2001) mit insgesamt 24 Artikeln über die Umgestaltung der Unfallversicherung.
134 Sozialbericht 1993, S. 12.
135 Dr. Sokoll an Ministerialdirigent Pappai mit Anlage, 28.9.1990. BArch, B 149/74940.
136 Sokoll, Günther: Die Unfallversicherung im Prozess der Wiedervereinigung: Zwischen Rampenlicht und «Fußnote» der Sozialgeschichte, in: Die BG 05/2007, S. 181–187, hier S. 185.
137 Ebda.
138 Vgl. Windhoff-Héritier, Adrienne: Verbandspolitische Konfliktlinien in der deutschen Sozialunion. Der Kampf um das neue Territorium und Probleme der Umverteilung in der Gesetzlichen Krankenversicherung. In: Organisierte Interessen, S. 303–317, hier S. 305.
139 BMG, Abteilung 2: Bestandsaufnahme der Entwicklung in den neuen Ländern zur Arbeitsmarkt- und Sozialpolitik. Allgemeine Entwicklungstendenzen in der gesetzlichen Krankenversicherung und in der gesundheitlichen Versorgung. BMA, I a 7/17700 (1).
140 Materialien zur Deutschen Einheit und zum Aufbau in den neuen Bundesländern, BTDrs. v. 13/2280, 8.9.1995, S. 185.
141 Hauser u.a., Ungleichheit, S. 76. Weitere 0,3 Prozent im Osten und 1,8 Prozent im Westen entfielen auf die Seekasse und die Landwirtschaftliche Krankenkasse.
142 Hinrichs, Karl: Restrukturierung der Sozialpolitik? Das Beispiel der Gesundheitspolitik. In: Grenzen des Sozialversicherungsstaates. Hrsg. von Riedmüller, Barbara/ Olk, Thomas. Opladen 1994, S. 119–145, hier S. 124.
143 Hinrichs, Restrukturierung, bes. S. 129 f.; vgl. weiter: Herder-Dorneich, Philipp: Gesundheitsökonomik. Systemsteuerung und Ordnungspolitik im Gesundheitswesen. Stuttgart 1980; Alber, Jens: Die Steuerung im Gesundheitswesen in vergleichender Perspektive. In: Journal für Sozialforschung 29 (1989), S. 259–284; Mayntz, Renate: Politische Steuerbarkeit und Reformblockaden: Überlegungen am Beispiel des Gesundheitswesens. In: Staatswissenschaft und Staatspraxis 1 (1990), S. 283–307. Vgl. weiter: Schmidt, Manfred G.: Warum die Gesundheitsausgaben wachsen. Befunde des Vergleichs demokratisch verfasster Länder. In: PVS 40 (1999), S. 229–245.
144 «Gesetz zur Strukturreform im Gesundheitswesen (Gesundheits-Reformgesetz)». BGBl. I 1988, S. 2477–2597.
145 Sozialbericht 1990, S. 57 f.; Jahresbericht der Bundesregierung 1991, S. 442.
146 Sozialbericht 1993, S. 64. – Vgl. weiter die genaue Analyse der Finanzentwicklung der gesetzlichen Krankenversicherung in den neuen Bundesländern im Vermerk von Gerhard Schulte an Gesundheitsminister Horst Seehofer über Staatssekretär Baldur Wagner und die Parlamentarische Staatssekretärin Sabine Bergmann-Pohl,

14.9.1992 über « Finanzentwicklung der GKV in den neuen Bundesländern im ersten Halbjahr 1992». BMG-Bonn/221 – 48120/9, Bd. 2.

147 Sozialbericht 1993, S. 64; vgl. weiter Äußerungen Blüms im Hessischen Rundfunk am 27.10.1991 und seine Diskussion mit führenden Vertretern des Gesundheitswesens im «Brennpunkt» der ARD am 11.12.1991. In: BPA-DOK.TEXT-BULL-RFTV-AA(87–95). Vgl. weiter Blüms scharfe Kritik an der «Unfähigkeit der Selbstverwaltung [...], schwierige Projekte durchzusetzen» in der Unionsfraktion am 8.10.1991. ACDP, Fraktionsprotokolle.

148 Interview des Verfassers mit Ministerialdirektor Niemeyer, 4.5.2000.

149 Seehofer am 2.6.1992. ACDP, Fraktionsprotokolle.

150 «Gesetz zur Sicherung und Strukturverbesserung der gesetzlichen Krankenversicherung (Gesundheitsstrukturgesetz)». BGBl. I 1992, S. 2266–2334.

151 Vgl. Lahnstein: Ein Jahr danach. Interviews mit den Abgeordneten Rudolf Dreßler, Dr. Dieter Thomae, Wolfgang Lohmann. In: f&w 10, 6/93, S. 486–492. Dreßler war der führende Sozialpolitiker der SPD, Thomae, FDP, war der Vorsitzende des Ausschusses für Gesundheit des Bundestages, Wolfgang Lohmann der Obmann der CDU/CSU in diesem Ausschuss.

152 So der Sprecher der CDU/CSU-Fraktion Paul Hofacker bei der abschließenden Beratung des Gesetzes im Bundestag am 9.12.1992. In: Prot. BT 12. WP S. 10914.

153 Ebd., S. 10980.

154 Seehofer am 6.10.1992. ACDP, Fraktionsprotokolle.

155 Zur Rechtfertigung der zunächst von vielen kritisierten Einbeziehung der neuen Bundesländer in das Gesundheitsstrukturgesetz, zu den für diese getroffenen Sonderregelungen und den ersten Erfahrungen mit dem Gesetz im Osten Deutschlands vgl. Seehofer: Gute Erfahrungen mit dem Gesundheitsstrukturgesetz in den neuen Ländern, 17.5.1993. BMG 223 – 48123 – Bd. 4.

156 Rudolf Dreßler sah im Bundestag am 9.12.1992 darin «gleichsam eine Premiere». In: Prot. BT 12. WP S. 10933.

157 Manow, Philip: Strukturinduzierte Politikgleichgewichte: Das Gesundheitsstrukturgesetz und seine Vorgänger. MPIFG Discussion Paper 5/94; Döhler, Marian/Manow, Philip: Formierung und Wandel eines Politikfeldes – Gesundheitspolitik von Blank zu Seehofer. MPIFG Discussion Paper 6/95.

158 Vgl. die Rede von Dieter Thomae (FDP) im Bundestag am 9.12.1992. In: Prot. BT 12. WP hier S. 10925.

159 Ebd., namentliche Abstimmung, S. 10980f.

160 Sozialbericht 1997, S. 60–69, 226f. Zur Finanzentwicklung der Gesetzlichen Krankenversicherung 1995–2003 vgl.: Deutsche Bundesbank: Finanzielle Entwicklung und Perspektiven der Gesetzlichen Krankenversicherung. Monatsbericht Juli 2004, Jg. 56, S. 15–32.

161 Vgl. dazu wie überhaupt zur Entstehung der Pflegeversicherung: Schraa, Joachim: Soziale Pflegeversicherung. Die lange Geschichte. In: BArbBl (1994) H. 8–9, S. 5–11; Jung, Karl: Soziale Pflegeversicherung: Durchgesetzt gegen alle Widerstände. In: BArbBl (1994) H. 7, S. 5–16; Jung, Karl: Die fünfte Säule – Über den langen Weg zur sozialen Pflegeversicherung. In: Sozialstaat im Wandel, S. 197–221; zu den politischen Auseinandersetzungen bei der Entstehung der Pflegeversicherung vgl. weiter: Götting, Ulrike/Hinrichs, Karl: Probleme der politischen Kompromissbildung bei der gesetzlichen Absicherung des Pflegefallrisikos. Eine vorläufige Bilanz. In: PVS 31 (1993), S. 47–71; Ministerialdirektor (später Staatssekretär) Karl Jung war als Leiter der Abteilung V «Pflegeversicherung, Rehabilitation» im BMA für die Erarbeitung der Pflegeversicherung verantwortlich. Die Zuständigkeit für die Pfle-

geversicherung war dem BMA – gewissermaßen als Ausgleich für die Abtrennung der Abteilung Gesundheit und Krankenversicherung und ihre Angliederung an das Gesundheitsministerium – durch Organisationserlass des Bundeskanzlers vom 23.1.1991 übertragen worden. Vgl. SPI 25, Nr. 9, 9.8.1991. Sebaldt, Martin: «Pflege» als Streitobjekt: Die parteipolitische Kontroverse um die Pflegeversicherung und die Entstehung des Pflegeversicherungsgesetzes von 1994. In: Zeitschrift für Sozialreform 46 (2000), S. 173–187; Meyer, Jörg Alexander: Der Weg zur Pflegeversicherung. Positionen-Akteure-Politikprozesse. Frankfurt a. M. 1996.

162 Vgl. Schraa, Soziale Pflegeversicherung, S. 8.

163 Vgl. Frerich/Frey, Handbuch, Bd. 2, S. 376–378.

164 Blüm, Norbert: Pflegeversicherungsgesetz. Politik der Nähe. In: BArbBl (1993) H. 7–8, S. 5–9, hier S. 5.

165 Jung, Soziale Pflegeversicherung, S. 9f. – Zum Konzept Blüms Ende 1990 vgl. sein Schreiben an den Parlamentarischen Geschäftsführer der CDU/CSU-Bundestagsfraktion, Jürgen Rüttgers, vom 27.12.1990. In: ACDP, Bestand Blüm I 504/73.

166 Diskussion von Blüm, Graf Lambsdorff (FDP), Renate Schmidt (SPD) und Wolfgang Ullmann (Bündnis 90/DIE GRÜNEN) in der Fernsehsendung «Vor der Wahl» vom 15.11.1990. In: BPA-DOK,TEXT-BULL-RFTV-AA(87–95). Im Wahlprogramm der CDU von 1990 wird nur allgemein angeführt, dass für die Absicherung des Pflegefallrisikos «eine gesetzliche Regelung» geschaffen werden solle (Wahlprogramm der CDU 1990, S. 15).

167 Vgl. oben, S. 68f.

168 Vgl. SPI 25, Nr. 9, 9.8.1991.

169 Vgl. zur Diskussion der verschiedenen Möglichkeiten: ebd.; zur finanziellen Basis der Pflegeversicherung vgl. weiter die Aufzeichnungen des Referats I b 6 des BMA, das u. a. für die Statistik der sozialen Sicherung und Ökonometrie zuständig war: Bevölkerungsentwicklung und Beiträge zur Pflegeversicherung; Stichworte zum Umlageverfahren mit der Anlage: Pflegeversicherung: Umlage- oder Kapitaldeckungsverfahren?; Stichworte zum Kapitaldeckungsverfahren. Alle Dokumente in: BMA VIII/I a 7 – 17491 (1); Rosenberg, Peter: Pflegeversicherung. Demographische Risiken. In: BArbBl 9/1992, S. 16–18; Schmähl, Winfried: Zur Finanzierung einer Pflegeversicherung in Deutschland. ZeS-Arbeitspapier Nr. 5/92.

170 Pressedienst PDA der Bundesvereinigung Deutscher Arbeitgeberverbände, Nr. 9, 30.3.1994.

171 Vgl. Schraa, Soziale Pflegeversicherung, S. 6f. Zur Entwicklung der Haltung der Arbeitgeber und der Spitzenverbände der deutschen Wirtschaft zur Pflegeversicherung vgl. Pressedienst PDA : Nr. 12, 21.2.1991; Nr. 32, 25.4.1991; Nr. 35, 3.5.1991; Nr. 37, 13.5.1991, in dem erstmals das später weiterentwickelte Zwei-Komponenten-Modell vorgestellt wurde; Nr. 39, 4.6.1991; gemeinsame Erklärung der BDA, des BDI, des DIHT und des ZDH «zur Neuordnung der Pflegeabsicherung», Nr. 40, 12.7.1991; Nr. 43, 12.8.1991 mit Anlage: Zur Neuordnung der Pflegeabsicherung. Das Zwei-Komponenten-Modell der Arbeitgeber. Hrsg. von BDA. Köln August 1991; PDA, Nr. 44, 22.8.1991; Nr. 49, 1.10.1991; Nr. 59, 25.11.1991; Nr. 7, 19.2.1992; Nr. 15, 24.4.1992; Nr. 26, 30.6.1992; Nr. 28, 11.9.1992; Nr. 14, 27.5.1993; Nr. 15, 2.6.1993; Nr. 22, 22.7.1993; Nr. 29, 17.9.1993; Nr. 32, 22.10.1993; Nr. 38, 19.11.1993; Nr. 39, 2.12.1993.

172 Pressedienst PDA, Nr. 3, 7.2.1996.

173 Vgl. Jung, Soziale Pflegeversicherung, S. 10f.

174 Sebaldt, «Pflege» als Streitobjekt, S. 177.

175 Ebd., S. 11; Schraa, Soziale Pflegeversicherung, S. 8–10; Interviews des Verfassers mit Niemeyer, 4.5.2000, mit Rosenberg, 5.5.2000.

176 Blüm in der Fraktion der Unionsparteien am 11.6.1991. ACDP, Fraktionsprotokolle.
177 ACDP, Fraktionsprotokolle.
178 Vgl. sein Interview in der Süddeutschen Zeitung, 15.7.1991, in dem er erklärte, dass er als Parteivorsitzender «nicht die Absicht habe [...], in diese notwendige Diskussion bereits jetzt einzugreifen».
179 Kohl in der Fraktion der Unionsparteien am 27.5.1993. ACDP, Fraktionsprotokolle.
180 Vgl. Blüm in einem Interview des Deutschlandfunks am 16.6.1993. In: BPA-DOK,TEXT-BULL-RFTV-AA(87–95).
181 «Richtigstellung» vom 1.7.1993. In: Prot. BT 12. WP S. 14432; Rede vom 22.10.1993 für die Abgeordneten der FDP, die die Gesetzesvorlage der Koalition ablehnten. In: Prot. BT 12. WP S. 15841–15844.
182 Interview des Verfassers mit Cronenberg, 27.6.2000. – Lambsdorff, der dem Kompromiss der Koalitionsparteien zur Einführung einer umlagefinanzierten Pflegeversicherung «trotz allergrößter Bedenken» zugestimmt hatte, stimmte schließlich gegen das am 22.4.1994 vom Bundestag angenommene Gesetz, da er die Bedingungen für die Kompensation nicht erfüllt sah. Vgl. seine «persönliche Erklärung», in: Prot. BT 12. WP S. 19283.
183 Murmann, Klaus, Kontrakt für die Zukunft. Was mich bewegt. Gespräch mit Rainer Hank und Rolf Dietrich Schwartz. Berlin 1997, S. 165. – Ihr letztes Modell für eine private Pflichtpflegeversicherung legten die Spitzenverbände der deutschen Wirtschaft erst im September 1993 vor. Es sah völlig unzureichende Leistungen für die «pflegenahen» Jahrgänge vor. Diese sollten nur im Fall der Bedürftigkeit durch Sozialhilfeleistungen aus einem Fonds ergänzt werden, der durch einen Abschlag bei der Feiertagsentlohnung finanziert werden sollte. Vgl. zu diesem Modell: Süddeutsche Zeitung, 15.9.1993.
184 BTDrs. 12/1156(neu) v. 18.9.1991.
185 Vgl. Rudolf Dreßler an den Stellvertretenden Vorsitzenden der DAG Walter Quartier, 14.11.1990. AdsD, 9700. – Die DAG trat für ein steuerfinanziertes Leistungsgesetz ein. Das Pflegekonzept des DGB sah vor, die Pflegeabsicherung den gesetzlichen Krankenkassen zu übertragen. Dafür sollten die Beitragssätze um 0,5 Prozentpunkte angehoben und die Beitragsbemessungsgrenze erhöht werden. Vgl. die Kritik an diesem Konzept im Pressedienst der Arbeitgeber, PDA, Nr. 7, 19.2.1992; auch die SPD lehnte die vollständige Integration der Pflegeversicherung in die gesetzliche Krankenversicherung ab, da sie eine Unterscheidung zwischen Krankheit und Pflegebedürftigkeit für notwendig hielt. Vgl. den Brief von Rudolf Dreßler an Traudl Hübner, 18.6.1991. AdsD, 9680.
186 Vgl. SPI 25, Nr. 4, 27.3.1991.
187 Vgl. den Beschluss der Konferenz der Arbeits- und Sozialminister der Länder auf ihrer Sondersitzung vom 23.4.1991 zur «Absicherung des Pflegerisikos». In: SPI 25, Nr. 9, 9.8.1991.
188 SPI 25, Nr. 4, 27.3.1991. Einige Verbände hätten allerdings ein steuerfinanziertes Leistungsgesetz, das jedoch keine Chance hatte, vorgezogen. Zur Haltung des VdK, der ein eigenes Modell einer sozialen Pflegeversicherung vorlegte, vgl.: VdK, Geschäftsbericht 1990–1994, bes. S. 187–190, 193 f.
189 BTDrs. 12/5262 v. 7.5.1992 (Gesetzentwurf der Koalitionsfraktionen).
190 So erwähnt der Abgeordnete Walter Lieb (CDU) in der Fraktionssitzung vom 15.6.1993, dass die 400 Delegierten auf dem letzten Kongress der CDA in Chemnitz Anfang Juni die Abgeordneten der Fraktion «flehentlich» gebeten hätten, von den vorgesehenen Karenztagen bei der Lohnfortzahlung im Krankheitsfalle Abstand

zu nehmen. Stattdessen schlugen sie den Wegfall eines Feiertages als Kompensation vor. ACDP, Fraktionsprotokolle. Vgl. weiter Sebaldt, «Pflege» als Streitobjekt, S. 180f.

191 Vgl. zum Gesetzgebungsverfahren und dem schließlich erreichten Kompromiss: Schraa, Soziale Pflegeversicherung, S. 10f.; Jung, Soziale Pflegeversicherung, S. 11–15; zur Haltung der Koalitionsparteien und der SPD zum schließlich erreichten Kompromiss vgl. die kurzen Reden von Blüm (CDU/CSU), Rudolf Dreßler (SPD) und Gisela Babel (FDP) im Bundestag am 22.4.1994. Es fand keine namentliche Abstimmung über das Gesetz statt, das schließlich «bei Gegenstimmen aus der FDP, der PDS/Linke Liste und dem Bündnis 90/DIE GRÜNEN und bei 3 Enthaltungen» angenommen wurde (Prot. BT 12. WP S. 1279–1284); der Sachverständigenrat hat in seinem am 1.7.1995 vorgelegten Sondergutachten «Zur Kompensation in der Pflegeversicherung» festgestellt, dass die Streichung eines Feiertages zur Kompensation des Arbeitgeberbeitrages bei der Einführung der zweiten Stufe der Pflegeversicherung zwar nicht voll ausreiche und eine Differenz von 2,1 bis 2,6 Mrd. DM bleibe, die Abschaffung eines weiteren Feiertages jedoch zu einer Überkompensation führen würde. Ein Ausgleich erfolgte im Rahmen der Gesetze zur Umsetzung des Programms für mehr Wachstum und Beschäftigung. Vgl. dazu Sozialbericht 1997, S. 78.

192 Für 1997 wurden Einsparungen bei der Sozialhilfe von zehn bis elf Mrd. DM erwartet. Vgl. Blüm, Norbert: Pflegeversicherung: Positive Zwischenbilanz. In: BArbBl (1997) H. 10, S. 5–8, hier S. 6f.; vgl. allgemein zu den Wirkungen der Pflegeversicherung die Aufsätze in: Die Wirkungen des Pflegeversicherungsgesetzes. Hrsg. v. Fachinger, Uwe/Rothgang, Heinz. Berlin 1995.

193 Vgl. die Kritik an dieser Regelung durch den für die Schaffung der Pflegeversicherung im BMA zuständigen Abteilungsleiter: Jung, Karl unter Mitarbeit von Schweitzer, Ruth: Die neue Pflegeversicherung. Sozialgesetzbuch XI. Das Recht der sozialen und der privaten Pflegeversicherung. Bonn 1995, S. 56f. Jung fürchtete, dass die alten Bundesländer, die im Gegensatz zu den neuen Bundesländern keinen Bundeszuschuss erhielten, ihren Verpflichtungen zum Ausbau der Pflegeeinrichtungen nicht hinreichend nachkommen würden. Interview des Verfassers mit Staatssekretär a. D. Jung, 5.5.2000.

194 Vgl. Jung, Soziale Pflegeversicherung, S. 14.

195 Vgl. dazu neben Jung/Schweitzer, Die neue Pflegeversicherung: Igl, Gerhard: Das neue Pflegeversicherungsrecht. Soziale Pflegeversicherung (Sozialgesetzbuch – Elftes Buch). München 1995; Handbuch des Sozialversicherungsrechts. Hrsg. v. Schulin, Bertram. Bd. 4: Pflegeversicherungsrecht. München 1997.

196 Vgl. Hinrichs, Karl: Die Soziale Pflegeversicherung – eine institutionelle Innovation in der deutschen Sozialpolitik. In: Staatswissenschaften und Staatspraxis 6 (1995), S. 227–259, hier S. 252. Die Abkehr von bisherigen Prinzipien der Sozialversicherung betont dagegen: Landenberger, Margarete: Pflegeversicherung als Vorbote eines anderen Sozialstaates. In: ZSR 40 (1994), S. 314–342.

197 Vgl. Wasem, Die private Pflegepflichtversicherung, S. 79–110.

198 Vgl. Rothgang, Heinz: Die Einführung der Pflegeversicherung. Ist das Sozialversicherungsprinzip am Ende? In: Grenzen, S. 164–187; Rothgang, Heinz: Vom Bedarfs- zum Budgetprinzip? Die Einführung der Pflegeversicherung und ihre Folgen für die gesetzliche Krankenversicherung. In: Gesellschaften im Umbruch. Beiträge des 27. Kongreß der Deutschen Gesellschaft für Soziologie. Hrsg. von Clausen, Lars. Bd. 1. Frankfurt a. M. 1996, S. 930–946.

199 Pflegeversicherung mit 500 Millionen im Minus. In: FAZ, 14.1.2006.

200 Vgl. zur Entwicklung der Pflegeversicherung und den vorgeschlagenen Reformmaßnahmen den Bericht der Rürup-Kommission von 2003, Nachhaltigkeit, S. 185–219. Für alternative Reformvorschläge vgl. den Bericht der Herzog-Kommission, Soziale Sicherheit, S. 28–36.
201 BMA, Aufbau der Sozialverwaltung, Sachstandsbericht, versandt mit einem Brief vom Leiter der Außenstelle Berlin, Karl Jung, an Dr. Kabel, den Leiter der Außenstelle des Bundeskanzleramtes, 14.11.1990. BArch, B149/400150.
202 BMA, Abteilung I, Ministerialdirektor Stahl an Minister Blüm mit Durchdrucken an die Staatssekretäre des BMA, 30.11.1990, mit Anlage: Bestandsaufnahme der Aufbauhilfen des BMA und seines Geschäftsbereichs für die Arbeits- und Sozialverwaltung in den neuen Ländern. BArch, B 149/74934.
203 Vgl. oben, S. 254.
204 BMA, Referat VI a 1, Vermerk vom 25.10.1990, unterzeichnet von der Abteilungsleiterin Ministerialdirigentin Ursula Voskuhl, zur Vorbereitung der dritten Arbeitstagung der Außenstelle Berlin des Bundeskanzleramtes: Aufbau der Versorgungsverwaltung einschließlich der Hauptfürsorgestellen. BArch, B 149/74925.
205 Blüm an Hirrlinger, 3.1.1991. ACDP, Bestand Blüm I 504/74.
206 Hirrlinger an Blüm, 12.6.1991. BArch, B149/400155.
207 BMA, Referat VI a 1, Aufbau der Versorgungsverwaltung in den neuen Bundesländern, 9.8.1991. BArch, B 149/400066. Vgl. weiter die Schreiben von Blüm an die Senatorin für Gesundheit und Soziales des Landes Berlin, Ingrid Stahmer, vom 18.6.1991 und an den Präsidenten des VdK vom 3.7.1991. ACDP, Bestand Blüm I 504/81.
208 Blüm an Kohl, 19.11.1991 mit der vom Referat VI a 1 des BMA erarbeiteten Anlage vom 15.11.1991: Aufbau der Versorgungsverwaltung sowie der Hauptfürsorge- und Fürsorgestellen, Verfahrensbeschleunigung. BMA VIII a 1 – 17490/1, Bd. 1.
209 Blüm an Kohl, 16.10.1992. BMA VIII a 1 – 17490 (6).
210 BMA, Referat VI a 1: Sachstandsbericht über die Kriegsopferversorgung und Kriegsopferfürsorge, 14.1.1993. Der Bericht diente zur Vorbereitung eines Gesprächs des Bundeskanzlers mit CDU-Abgeordneten aus den neuen Bundesländern am 19.1.1993. BMA VIII a 1 – 17305 (4).
211 Ebd.
212 Presse- und Informationsamt der Bundesregierung. Aktuelle Beiträge zur Wirtschafts- und Finanzpolitik, Nr. 1, 16.1.1997: Der Aufbau in den neuen Bundesländern. Leistungsbilanz der Bundesregierung, S. 35.
213 Sozialbericht 1997, S. 243.
214 Blüm an Kohl, 19.11.1991 (Anm. 208).
215 Blüm an Kohl, 16.10.1992. BMA VIII 1 a – 17490 (6).
216 Materialien zur Deutschen Einheit, BTDrs. 13/2280, 8.9.1995, S. 202.
217 Blüm an Hildebrandt, 28.11.1990. ACDP, Bestand Blüm I 504/72.
218 Blüm an Hildebrandt, 11.12.1990 mit Anlage: Ergebnisvermerk zur Besprechung über das Netz der Berufsförderungswerke in den neuen Bundesländern am 29.10.1990 im Bundesministerium für Arbeit und Sozialordnung. ACDP, Bestand Blüm I 504/72.
219 Blüm an Hildebrandt, 28.11.1990. ACDP, Bestand Blüm I 504/72; BMA Referat VI b 1: Koordinierung der Vorhaben des BMA und seines Geschäftsbereiches bei der Angleichung der Arbeits- und Sozialordnung in Deutschland. Bestandsaufnahme der Aufbauhilfen einschließlich Fortschreibung, Stand 16.11.1990. BArch, B 149/74922.
220 Blüm an den Minister für Arbeit, Gesundheit und Soziales des Landes Mecklenburg-Vorpommern, Klaus Gollert, 31.10.1991. BMA VIII a 1/17490, 1, Bd. 1.

Ähnlich Briefe, in denen jeweils die Kosten für die im Land vorgesehenen Berufsbildungs- und Berufsförderungswerke spezifiziert wurden, erhielten auch die anderen Sozialminister der neuen Länder.

221 Sozialbericht 1993, S. 78 f.; Sozialbericht 1997, S. 81.

222 BMA, Referat VIII b 6, 7.9.1992. Überblick für die 23. Arbeitsbesprechung des Chefs des Bundeskanzleramtes mit den Chefs der Staatskanzleien der neuen Länder am 10.9.1992 über ein «Gesamtsanierungsprogramm für die Behinderteneinrichtungen in den neuen Ländern» mit Anlage 1 der Unterabteilung Zb vom 25.8.1992 mit einem Sprechzettel zum Einzelplan 11 bei der Beratung des Bundeshaushalts 1993 im A+S- Ausschuss. BMA VIII a 1 – 17305 (2).

223 Presse- und Informationsamt der Bundesregierung, Aufbau, S. 36.

224 BMA, Referat VI b 1, Bestandsaufnahme der Aufbauhilfen, 16.11.1990. BArch, B 149/74922.

225 BMA, Referat VI a 1: Aufbau der Versorgungsverwaltung sowie der Hauptfürsorge- und Fürsorgestellen, Verfahrensbeschleunigung, 15.1.1991. BMA VIII a 1 – 17490/1, Bd. 1.

226 Sozialbericht 1993, S. 79.

227 Vgl. oben, S. 237.

228 Vgl. zum Aufbau der Sozialhilfe und der Freien Wohlfahrtspflege seit Sommer 1990: Wienand, Fürsorge.

229 Vgl. Olk, Thomas/Rentzsch, Doris: Zur Transformation von Armut in den neuen Bundesländern. In: Grenzen, hrsg. v. Riedmüller/Olk, S. 248–274, hier S. 257 f. Materialien zur Deutschen Einheit, BTDrs. 12/6854 v. 8.3.1994, S. 104.

230 Einigungsvertrag, Anlage I, Kap. X, Sachgebiet H, BGBl II 1990, S. 1095.

231 Vgl. zu den Problemen beim Aufbau der Sozialhilfe und der Freien Wohlfahrtspflege: Beitrag des Bundesministeriums für Familie und Senioren zur Bestandsaufnahme in den neuen Ländern zur Arbeitsmarkt- und Sozialpolitik, undatiert, wahrscheinlich vom Sommer 1991. BMA VIII/I a 7 – 17700 (1).

232 Ebd.; Materialien zur Deutschen Einheit, BTDrs. 12 /6854 v. 8.3.1994, S. 177.

233 Vgl. Angerhausen, Susanne: Radikaler Organisationswandel. Wie die «Volkssolidarität» die Deutsche Vereinigung überlebte. Opladen 2003, bes. S. 305, 311 f., 319.

234 Vgl. Neumann, Volker/Brockmann, Iris: Freie Wohlfahrtspflege in den neuen Bundesländern. In: Wienand u.a., Fürsorge, S. 63–133; Backhaus-Maul, Holger: Wohlfahrtsverbände in den neuen Bundesländern. Anmerkungen zum Stand der Wohlfahrtsverbändeforschung im deutschen Einigungsprozess. In: Organisierte Interessen, hrsg. v. Eichner u.a., S. 359–381, hier besonders S. 374 f.

235 Undatierte gemeinsame Presseerklärung von Bundesministerin Hannelore Rönsch und den Präsidenten der Freien Wohlfahrtspflege. BArch, B 149/400149.

236 Der Präsident des Diakonischen Werkes der Evangelischen Kirche in Deutschland an Bundeskanzler Kohl, 6.11.1991. BArch, B 149/400081.

237 Beitrag des BMFuS zur Bestandsaufnahme in den neuen Ländern zu Arbeitsmarkt und Sozialpolitik. BMA VIII/I a 7 – 17700 (1); von Maydell u.a., Umwandlung, S. 245.

238 Presse- und Informationsamt der Bundesregierung, Aufbau, S. 37.

239 Sozialbericht 1997, S. 93.

240 Schwitzer, Klaus-Peter: Zur sozialen Lage älterer Menschen in den neuen Bundesländern. In: SF 42 (1993), S. 203–210, hier S. 207.

241 BMA, Referat VIII a 1: Betr. Gutachten des Rheinisch-Westfälischen Instituts für Wirtschaftsforschung über «das Zusammenwirken von Steuern und Sozialtransfers in den jungen Bundesländern», 27.6.1994. BMA VIII a 1 – 17701/1, Bd. 10.

242 Sozialbericht 1993, S. 83; Sozialbericht 1997, S. 88. – Dabei handelte es sich um Bruttoaufwendungen. Unter Berücksichtigung der Einnahmen, z. B. durch die Erstattung anderer Sozialversicherungsträger, lag der Anteil der neuen Bundesländer an den Gesamtausgaben 1996 sogar bei nur 11,4 Prozent.

243 Vgl. Liebscher, Thomas/Steffen, Olaf: Der Aufbau der Arbeitsgerichtsbarkeit und die Tätigkeit der Schiedsstellen in den neuen Bundesländern. In: Hantsche u. a., Aufbau, S. 141–220, hier S. 149.

244 Verordnung über die Bildung von Kommissionen zur Beseitigung von Arbeitsstreitfällen (Konfliktkommissionen) in den volkseigenen u. ihnen gleichgestellten Betrieben u. in den Verwaltungen. In: GBl. der DDR I, S. 695–698.

245 Vgl. Einigungsvertrag, Anlage I, Kap. III, Sachgebiet A, Abschnitt III. BGBl 1990 II, S. 926.

246 Vgl. BMA, Referat III a 5 über Arbeitsgerichtsbarkeit u. a.: Problempunkt: Ungesicherte Funktionsfähigkeit der Arbeitsrechtspflege im Gebiet der heutigen DDR, 21.9.1990. BArch, B 149/74942; Ministerialdirektor Wlotzke, Leiter der Abteilung III Arbeitsrecht und Arbeitsschutz des BMA, an die Minister und Senatoren für Arbeit und Soziales der Länder und die Justizminister der Länder sowie nachrichtlich an den Bundesjustizminister und den Präsidenten des Bundesarbeitsgerichtes, 20.12.1990; Betr.: Arbeitsrechtlicher Rechtsschutz in den fünf neuen Bundesländern. In: BArch, B 149/74923. Vgl. weiter zum Gesamtproblem: Schwedes, Rolf: Der Wiederaufbau der Arbeitsgerichtsbarkeit in den neuen Bundesländern. In: Die Arbeitsgerichtsbarkeit. Festschrift zum 100jährigen Bestehen der Deutschen Arbeitsgerichtsverbände. Neuwied, Kriftel, Berlin 1994, S. 147–167.

247 BMA, Sasdrich, an Ministerialdirigent Johannes Ludewig im Bundeskanzleramt, 18.1.1990. Betr.: Umsetzung des Staatsvertrages mit der DDR über die Verwirklichung der Währungs-, Wirtschafts- und Sozialunion; hier: Wöchentliche Meldung über aktuelle Themen und Probleme der Umsetzung.

248 GBl. der DDR I 1990, S. 505. Die Errichtung der Schiedsstellen war für Betriebe mit mehr als 50 Arbeitnehmern obligatorisch, für kleinere Betriebe fakultativ. Wenn keine Einigung über den Vorsitzenden erreicht wurde, wurde dieser auf Antrag eines Beisitzers vom Kreisgericht bestellt.

249 Vgl. eine undatierte Einladung des Leiters des Referats III a 5 des BMA, Ministerialrat Schwedes, zu einer Sitzung im BMA am 26.8.1991, in der vor allem die Frage der Schiedsstellen für Arbeitsrecht und aufgrund eines Erfahrungsberichts der Länder der Stand des arbeitsgerichtlichen Rechtsschutzes in den neuen Ländern besprochen werden sollte, mit einer Orientierungshilfe zum Schiedsstellengesetz. BMA VIII/I a 7 – 17701 – 1 (1); BMA, Referat III a 5: Arbeitsgerichtlicher Rechtsschutz in den neuen Bundesländern. Protokoll der Besprechung im Bundesministerium für Arbeit und Sozialordnung am 26.8.1991. BArch, B 149/405500; vgl. weiter Jahresbericht der Bundesregierung 1992, S. 388 sowie den Versuch der Bewertung der Arbeit der Schiedsstellen bei Liebscher/Steffen, Arbeitsgerichtsbarkeit, S. 170–176.

250 Ministerialdirektor Stahl, Leiter der Abteilung I des BMA, an Minister Blüm mit Durchdrucken an die Staatssekretäre, 30.11.1990: Bestandsaufnahme der Aufbauhilfen des BMA und seines Geschäftsbereichs für die Arbeits- und Sozialverwaltung in den neuen Ländern. BArch, B 149/74934.

251 BMA, Ministerialrat Schwedes, an Abteilung I des BMA, 25.2.1991, mit der Begründung des Vorschlages, die «Arbeitsrechtsprechung in den fünf neuen Bundesländern» auf die Tagesordnung des Gesprächs des Bundeskanzlers mit den Ministerpräsidenten der Länder am 28.2.1991 zu setzen. BMA VIII/I a 7 – 17320 (5).

252 Blüm an die Ministerpräsidenten der neuen Länder sowie nachrichtlich an die Minister und Senatoren für Arbeit und Soziales aller deutschen Länder und die Justizminister der neuen Länder, 21.2.1991. Vgl. weiter auch den Anhang: Appell von Bundesminister Blüm: Besorgniserregende Situation der arbeitsrechtlichen Rechtsprechung in den neuen Bundesländern. In diesem Appell fordert Blüm zusammen mit Kissel die aktiven und pensionierten Richter der Arbeitsgerichtsbarkeit auf, sich für die Arbeit in den neuen Bundesländern zur Verfügung zu stellen. Das gelte auch für aktive und pensionierte Richter in der Sozialgerichtsbarkeit, in der zwar kein unmittelbarer Zusammenbruch der Rechtsprechung drohe, aber in nächster Zeit ebenfalls zusätzliche Richter benötigt würden. Dieser Appell wurde vom Präsidenten des Bundessozialgerichts Reiter unterstützt. BMA VIII/I a 7 – 17320 (5).

253 BMA, Referat II a5, Arbeitsgerichtlicher Rechtsschutz. BArch, B149/405500.

254 Vgl. dazu den umfangreichen Vermerk der Abteilung III des BMA vom 21.6.1991: Zur Arbeitsgerichtsbarkeit. Stand im Aufbau der Arbeitsgerichte in den NBL, in dem erläutert wird, welcher Widerstand möglich ist, «wenn wiedereingesetzte alte Betriebsleiter zuerst diejenigen entlassen, die mitdemonstriert oder beim Runden Tisch mitgewirkt haben» und wie begrenzt die Möglichkeiten sind, «dem Problem der alten Seilschaften arbeitsrechtlich zu begegnen». BMA VIII a 1 – 17701 – 1, Bd. 6. – Zum Aufbau der Arbeitsgerichtsbarkeit in den neuen Bundesländern vgl. weiter Liebscher/Steffen, Arbeitsgerichtsbarkeit, S. 183–193.

255 «Gesetz zur Aufhebung des Gesetzes über die Errichtung und das Verfahren der Schiedsstellen für Arbeitsrecht und zur Änderung des AFG» vom 20.12.1991. BGBl I 1991, S. 2321. Die Länder wurden darin ermächtigt, die Schiedsstellen auch schon vorher aufzuheben, wenn sie durch Gesetz die Errichtung einer selbständigen Arbeitsgerichtsbarkeit zu einem früheren Zeitpunkt beschlossen hatten.

256 Arbeitsgerichtsbarkeit. Aufbau im Osten erfolgreich. In: SPI 27, Nr. 8, 21.4.1993.

257 Vgl. Materialien zur Deutschen Einheit, BTDrs. 13/2280 v. 8.9.1995, S. 314–316.

258 Vgl. Schwedes, Wiederaufbau, S. 160.

259 Nach einer «Bestandsaufnahme der Aufbauhilfen zur Angleichung der Arbeits- und Sozialordnung in Deutschland» des Referats I a 7 des BMA vom 8.2.1991 waren zur Unterstützung der Rechtsprechung der Kammern und Senate für Sozialrecht der Kreis- und Bezirksgerichte in den neuen Ländern 28 Sozialrichter aus den alten Bundesländern entsandt worden. Zu den Problemen bei der Überleitung des bundesdeutschen Sozialrechts auf die neuen Bundesländer vgl.: Heine, Wolfgang/Eckhardt, Jörg: Überleitungsrecht und neue Bundesländer. In: DRV 1994, S. 329–339.

260 Materialien zur Deutschen Einheit, BTDrs. 13/2280 v. 8.9.1995, S. 319.

261 Vgl. Brief von Blüm an Waigel, 3.9.1990, in dem Blüm die in einem Schreiben vom 13.8.1990 vertretene Ansicht von Waigel, dass die Entsendung von Richtern eindeutig Sache der Länder sei und daher eine Beteiligung des Bundes an den Kosten in den Haushaltsjahren 1991 und 1992 abzulehnen sei, kritisierte: Die Entsendung von Richtern geschehe im «gesamtdeutschen Interesse» und «eine (Mit-)Finanzierung durch die künftigen fünf neuen Länder» erscheine nicht realistisch. ACDP, Bestand Blüm I 504/68.

262 BMA, Referat IV a 6 u.a. über Sozialgerichtsbarkeit an Referat VIII a 1 des BMA, 10.5.1993 als Unterlage zur «28. Arbeitsbesprechung Chef des Bundeskanzleramtes/Staatssekretäre neue Bundesländer» Top 5: Hilfe zum Aufbau der Arbeits- und Sozialgerichtsbarkeit. BMA/VIII a 1 – 17305, Bd. 6. Von den Mitteln gingen jeweils 12,1 Mio. DM an die Arbeitsgerichtsbarkeit und 11 Mio. DM an die Sozialgerichtsbarkeit.

263 BMA, Günter Ast, Leiter des Referats LP 3 (Öffentlichkeitsarbeit) an die Abteilungen Z und I-VIII, 5.11.1993. Betr.: Gespräch des Bundeskanzlers mit den Reprä-

sentanten der Wirtschaft und der Gewerkschaften über wirtschaftliche Fragen der neuen Bundesländer am 6. Dezember 1993; hier: Darstellung der sozialpolitischen Aufbauleistung in den neuen Ländern. BMA VIII/a 1 – 17491, Bd. 9.

264 Ebd.

12. Die Debatten über den Wirtschaftsstandort Deutschland und die finanz- und sozialpolitischen Probleme der deutschen Einheit

1 OECD: OECD Economic Outlook 51, June 1992. Paris 1992, S. 60 f.; Sachverständigenrat zur Begutachtung der gesamtwirtschaftlichen Entwicklung. Für Wachstumsorientierung – Gegen lähmenden Verteilungsstreit. Jahresgutachten 1992/93. Stuttgart 1992, S. 177.

2 Vgl. oben, S. 102 f.

3 Vgl. dazu die gute Analyse von Czada, Roland: Vereinigungskrise und Standortdebatte. Der Beitrag der Wiedervereinigung zur Krise des westdeutschen Modells. In: Leviathan 1998, S. 24–59; Czada, Roland: Der Vereinigungsprozess – Wandel der externen und internen Konstitutionsbedingungen des westdeutschen Modells. In: Deutschland nach der Wende. Neue Politikstrukturen. Hrsg. v. Simonis, Georg. Opladen 1998, S. 55–86.

4 So VdK: Jahresbericht 96, S. 7. Nach Czada, Vereinigungskrise, S. 24, diene die Globalisierung der Wirtschaft als «Alibi für den Umbau des Sozialstaates».

5 Sachverständigenrat zur Begutachtung der gesamtwirtschaftlichen Entwicklung: Im Standortwettbewerb. Jahresgutachten 1995/96. Stuttgart 1995, S. V.

6 Vgl. Hofmann, Claus F./Lang-Neyjahr, Roland: Wirtschaftsstandort Deutschland. Erfolgreicher Zehnkämpfer. In: BArbBl (1997), H. 9, S. 5–15. 1993 betrugen die deutschen Direktinvestitionen im Ausland 25,6 Mrd. DM, während die ausländischen Direktinvestitionen in Deutschland nur 3,4 Mrd. DM ausmachten (S. 6).

7 Vgl. Sachverständigenrat, Jahresgutachten 1995/96, S. 11.

8 Ebd.

9 Vgl. Naschold, Frieder: Ökonomische Leistungsfähigkeit und institutionelle Innovation. Das deutsche Produktions- und Politikregime im globalen Wettbewerb. In: Ökonomische Leistungsfähigkeit und institutionelle Innovation. Das deutsche Produktions- und Politikregime im globalen Wettbewerb. Hrsg. v. Naschold, Frieder/Soskice, David/Hancké, Bob u. a. WBZ-Jahrbuch 1997. Berlin 1997, S. 19–62, hier S. 30.

10 Vgl. Hancké, Bob: Vorsprung, aber nicht länger (nur) durch Technik – Die schnelle Anpassung der deutschen Automobilindustrie an internationale Wettbewerbsbedingungen. In: Ökonomische Leistungsfähigkeit, hrsg. v. Naschold u. a., S. 213–234.

11 Vgl. oben, S. 132 f.

12 Naschold, Ökonomische Leistungsfähigkeit, S. 39.

13 ACDP, Fraktionsprotokolle.

14 Bericht des Vorsitzenden der CDU Deutschlands. In: 3. Parteitag der Christlich Demokratischen Union Deutschlands. Niederschrift. Düsseldorf, 26.-28. Oktober 1992, S. 16–35, hier S. 20.

15 BMA, Ref. I a 3 (gesamtwirtschaftliche Fragen der Sozialpolitik): Erhebliche gesamtwirtschaftliche Risiken bis hin zur Rezession, 25.8.1992. BMA VIII a 1 – 17491, Bd. 2.

16 Bericht Kohls auf dem 3. Parteitag der CDU, S. 23.

17 Vgl. oben, S. 119.

18 Bericht Kohls auf dem 3. Parteitag der CDU, S. 24f.
19 Vgl. dazu Schwinn, Oliver: Die Finanzierung der deutschen Einheit. Eine Untersuchung aus politisch-institutionalistischer Perspektive. Opladen 1997; Welting, Sylvia: Staatsverschuldung als Finanzierungsinstrument des deutschen Vereinigungsprozesses. Bestandsaufnahme und theoretische Wirkungsanalyse. Frankfurt a.M./Berlin/Bern u.a. 1997; Zohlnhöfer, Reimut: Der lange Schatten der schönen Illusion: Finanzpolitik nach der deutschen Einheit, 1990–1998. In: Leviathan 28 (2000), S. 14–38; Andersen, Uwe: Finanzierung der Einheit. In: Handbuch zur deutschen Einheit. Neuausgabe 1996. Hrsg. v. Weidenfeld, Werner/Korte, Karl-Rudolf. Frankfurt/New York 1996, S. 294–307; Czada, Roland: Der Kampf um die Finanzierung der deutschen Einheit. In: Einigung und Zerfall: Deutschland und Europa nach dem Ende des Ost-West-Konflikts. 19. wissenschaftlicher Kongreß der Deutschen Vereinigung für Politische Wissenschaft. Hrsg. v. Lehmbruch, Gerhard. Opladen 1995, S. 73–102.
20 Grosser, Wagnis, S. 373–379.
21 Zohlnhöfer, Schatten, S. 7f.
22 Ebd., S. 8.
23 Czada, Kampf, S. 85f.
24 Ebd., S. 88–90.
25 Waigel in der Fraktionssitzung der Unionsparteien am 2.3.1993. ACDP, Fraktionsprotokolle.
26 Jahresbericht der Bundesregierung 1993, S. 198.
27 Vgl. zum Kompromiss das Ergebnisprotokoll der Verhandlungen. In: Neuordnung des Finanzausgleichs zwischen Bund und Ländern und ihre Auswirkungen auf das Land Bremen. Hrsg. vom Senator für Finanzen der Freien Hansestadt Bremen. Bremen 1993, S. 149–158.
28 Solidarpakt. Zwei Milliarden mehr für ABM. In: SPI 28, Nr. 6, 19.3.1993.
29 Berechnungen nach den Angaben bei Schwinn, Finanzierung, S. 172.
30 Zum Erfolg der Missbrauchsbekämpfung vgl. Sozialbericht 1993, S. 38f.
31 ACDP, Fraktionsprotokolle.
32 Prot. BT, 12. WP, S. 12722–12730, hier S. 12722.
33 Ebd., S. 12727.
34 Ebd., S. 12736–12741, hier S. 12736f.
35 Ebd., S. 12741–12744, hier S. 12741.
36 Ebd., S. 12751–12757, Zitate, S. 12754, 12756.
37 Ebd., S. 12762–12769, bes. S. 12766, 12768. Interessant sind die Hinweise auf die Differenzen, die auch in der SPD bei der Erarbeitung ihrer Konzeption zum Solidarpakt überwunden werden mussten. Vgl. dazu weiter: Querschnittsgruppe Einheit Deutschlands der SPD-Bundestagsfraktion: Protokoll der Querschnittsgruppensitzung vom 4. Februar 1993, 10.2.1993. AdsD, 26001 / SPD-BT-Frakt.
38 So Schwinn, Finanzierung, S. 180.
39 So Czada, Kampf, S. 98.
40 Zohlnhöfer, Schatten, S. 9.
41 Vgl. oben, S. 128.
42 Vgl. die Aufzeichnung von Karl Feldengut: Hat der «Solidarpakt» noch eine Chance? AdsD, 5 / DGAi 002183.
43 Vgl. Blüms Interviews in verschiedenen Medien am 12.2.1991, 6.9.1992, 22.11.1992, 26.1.1993, 11.10.1993, 26.10.1993. In: BPA-DOK.TEXT-BULL-RFTV-AA(87–95). Vgl. weiter Blüms Kritik an der ungerechten Finanzierung der Lasten der Einheit in seiner Rede vor der CDU/CSU-Fraktion am 2.6.1992 (ACDP, Fraktionsprotokolle)

sowie seinen Artikel «Sozialstaatliche Kultur in der Bewährung». In: Sozialstaat im Wandel, S. 1–33, hier S. 10f.

44 Undatiertes Papier, wahrscheinlich von Ende 1992, in den Akten des BMA mit dem Titel: Verteilungsgerechtigkeit / Finanzierung Aufschwung Ost, Anhang: Verteilung der Belastung durch Solidaritätszuschlag, Anhebung von Verbrauchssteuern und geänderte Sozialversicherungsbeiträge in den Jahren 1991–1995 nach Einkommensschichten (Schätzung). BMA VIII a 1 – 17491, Bd. 3. In dem Papier, das vor den Beschlüssen zum FKP datiert, heißt es, dass über «eine gemeinsame Bewertung (Sprachregelung) der vom BMF selbst erstellten Tabelle» zwischen BMA und BMF (auf Fachebene) keine Einigung erzielt wurde. Hervorhebung wie in der Quelle.

45 Interview des Verfassers mit Blüm, 8.6.2000.

46 So Walter Riester in einem Diskussionsbeitrag, in: Soziale Konflikte, Sozialstaat und Demokratie in Deutschland. Hrsg. v. Grebing, Helga/Hemmer, Hans-Otto. Essen 1996, S. 93.

47 Dr. Heyde vom BMJ an den Bundesminister für Arbeit und Sozialordnung, 19.10.1992. Dieses und die folgenden Dokumente aus den Akten des BMA zur Neuordnung der Finanzierung der Arbeitslosenversicherung wurden mir von Staatssekretär Werner Tegtmeier, dem ich dafür danke, in Kopie überlassen. Sie tragen keine Aktenbezeichnung des BMA.

48 BMI: Überlegungen zu einem Solidarpakt, hier: Möglichkeiten der weiteren Einbeziehung von Beamten, Richtern und Soldaten, 19.10.1992, mit einer Anlage über die «Preis- und Lohnentwicklung» und die «Kaufkraftentwicklung der tariflichen Vergütungen und Löhne» in der gewerblichen Wirtschaft und im öffentlichen Dienst, Akten Tegtmeier. Vgl. weiter: Dr. Schnappauff vom BMI an den Bundesminister für Arbeit und Sozialordnung und nachrichtlich an die Bundesminister für Justiz und für Wirtschaft. Betr.: Verfassungsrechtliche Zulässigkeit einer Arbeitsmarktabgabe, 21.10.1992, Akten Tegtmeier.

49 BMA, Ministerialdirektor Stahl, Leiter der Abt. I (Grundsatz- und Planungsabteilung) an Staatssekretär Tegtmeier mit diversen Anlagen, 9.12.1992, Akten Tegtmeier.

50 Ebd.

51 BMA, Ministerialdirektor Stahl an Minister Blüm mit Durchdrucken an die Staatssekretäre, 22.12.1992, als Unterlage für ein Gespräch mit Schäuble. Vgl. weiter: Ministerialrat Fendrich im Auftrag an Minister Blüm mit Durchdrucken an die Staatssekretäre, 26.1.1993 mit Anlage: Vorschlag zur Einführung einer Arbeitsmarktabgabe für alle Erwerbstätigen – auf der Grundlage einer Grundgesetzänderung – (BMA-Modell vom 22.12.1992). Zu den Vorstellungen über die Umsetzungen des Modells vgl.: Peter Rosenberg in Vertretung an Minister Blüm mit Durchdrucken an die Staatssekretäre, 29.1.1993 mit Anlage: Vorschlag zur Einführung einer Arbeitsmarktabgabe für alle Erwerbstätigen. Skizzierung der Vorstellungen zur technischen Umsetzung des BMA-Modells vom 22.12.1992, Sämtliche Schreiben in Akten Tegtmeier.

52 BMA, Stahl an Tegtmeier, 9.12.1992 mit Entwurf der vorgesehenen Verfassungsänderung als Anlage 1. Vgl. weiter das von Ministerialdirigent Dr. Daubenbüchel, dem Leiter der Zentralabteilung des BMA, unterzeichnete Schreiben an das Referat I a 5 im BMA vom 26.1.1993: Betr.: Verfassungsrechtliche Legitimierung einer Arbeitsmarktabgabe. Bezug: Ihre telefonische Prüfbitte vom 26.1.1993.

53 Vgl. Hanke, Thomas/Martens, Erika: Arbeitsmarktabgabe: Die Union ringt um einen Kompromiss zum Solidarpakt. Müssen Beamte und Selbstständige auch zahlen? In: DIE ZEIT v. 5.2.1993.

54 Vgl. zur Beschreibung und Bewertung des Modells das Telefax von Ministerialrat Pfitzner, Leiter des Referats I a 5 (Soziale Aspekte der Finanz- und Steuerpolitik) des BMA an Staatssekretär Tegtmeier, 2.2.1993 mit Anlage: Vorschläge zur Einführung einer Arbeitsmarktabgabe für alle Erwerbstätigen, Akten Tegtmeier.

55 Ebd.

56 Ministerialdirektor Rosenmöller, Leiter der Abteilung II (Arbeitsmarktpolitik und Arbeitslosenversicherung) des BMA, an den Parlamentarischen Staatssekretär Horst Günther mit Durchdrucken an den Minister und die anderen Staatssekretäre mit einer «Bewertung des Modells von MdB Louven», 10.2.1993, Akten Tegtmeier.

57 Heinz-Dietrich Steinmeyer an Frau Dr. Fischer, Persönliche Referentin des Staatssekretärs Tegtmeier, 19.2.1993 mit Anlage «Überlegungen zur Einführung einer Arbeitsmarktabgabe»,Akten Tegtmeier. Hervorhebungen wie in der Quelle.

58 Ruland an Staatssekretär Tegtmeier (persönlich), 24.2.1993, Akten Tegtmeier.

59 Ministerialdirektor Rosenberg im Interview mit dem Verfasser vom 5.5.2000 betonte die strikte Ablehnung einer anderen Form der Finanzierung der Bundesanstalt für Arbeit durch Finanzminister Waigel. Cronenberg (FDP) im Interview mit dem Verfasser vom 27.6.2000 akzeptierte die Finanzierung der Einheit über die Sozialversicherung, da der Schaden bei den sonst notwendigen Steuererhöhungen höher gewesen wäre, leere Kassen zur Vernunft zwängen und eine vermehrte Finanzierung über Steuern die von seiner Partei abgelehnten Bestrebungen zur Einführung einer Volksgrundrente verstärkt hätten.

60 BGBl I, S. 544.

61 So Beyme, Klaus von: Verfehlte Vereinigung – verpaßte Reformen? Zur Problematik der Evaluation der Vereinigungspolitik in Deutschland seit 1989. In: Journal für Sozialforschung 1, 1994, S. 249–269, hier S. 265.

62 Vgl. BMA, Ref. II b 1 (Grundsatzfragen des Arbeitsförderungsrechts u.a.), Regierungsdirektorin Voß-Gundlach an Abt. VIII, 2.9.1993. Betr.: Gespräch des Bundeskanzlers mit CDU-Ostabgeordneten am 6.9.1993, hier: Vermerke zu den geplanten Einsparungsmaßnahmen mit einer umfangreichen Analyse vom 1.9.1993. In: BMA VIII a I – 17491, Bd.8.

63 Vgl. Heinelt / Weck, Arbeitsmarktpolitik, S. 163 f.

64 Schwinn, Finanzierung, S. 106. – Besonders stark von 19 Prozent auf 10 Prozent ging der Anteil der Verteidigungsausgaben zurück.

65 Vgl. neben den in Anm. 62 erwähnten Vermerken weiter: BMA, Abt. II b 1: Entwurf eines Gesetzes zur Umsetzung des Spar-, Konsolidierungs- und Wachstumsprogramms im Bereich des Arbeitsförderungsgesetzes und anderer Gesetze (1. SKWPG), hier: Informationsvermerk für die Kabinettssitzung am 11.8.1993 zu den den Aufgabenbereich des BMA betreffenden Gesetzesänderungen, 6.8.1993. BMA, VIII a I – 17560 / 3, Bd. 1; BMA, Abt. II: Entwurf eines Gesetzes zur Umsetzung des Spar-, Konsolidierungs- und Wachstumsprogramms im Bereich des Arbeitsförderungsgesetzes und anderer Gesetze (1. SKWPG), hier: Informationsvermerk über die Inhalte, das Einsparvolumen und die betroffenen Personen, 17.9.1993. BMA VIII a 1 – 17490, Bd.8.

66 Informationsvermerk vom 17.9.1993 (Anm. 65). Die allein auf die BA entfallenden Einsparungen wurden mit 9,35 Mrd. DM im Jahre 1994 und 10,1 Mrd. DM im Jahre 1995 beziffert.

67 BMA, Ref. II b 1: Gespräch des Bundeskanzlers mit den Ministerpräsidenten der neuen Bundesländer am 23.9.1993, hier: Sprechvermerk für den Minister zu Top 1, Unterpunkt 6 (Kürzungen im Sozialbereich), 17.9.1993. BMA VIII a 1 – 17490, Bd. 8.

68 Vgl. dazu: Woche im Bundestag 17/1993, S. 14.
69 Heinelt / Weck, Arbeitsmarktpolitik, S. 166 f.
70 Vgl. BGBl I 1993, S. 2353–2368; BGBl I 1993, S. 2374–2377; Sozialbericht 1993, S. 17–20.
71 Sozialbericht 1993, S. 36; Sozialbericht 1997, S. 25.
72 Bericht der Bundesregierung zur Zukunftssicherung des Standortes Deutschland. BT/Drs. 12/5620 v. 26.9.1993.
73 BMA, Ref. I a 3 (Gesamtwirtschaftliche Fragen der Sozialpolitik): Bericht zur Zukunftssicherung des Wirtschaftsstandortes Deutschland (vom Bundeskabinett am 2. Sept. 1993 verabschiedet), 3.9.1993. In: BMA, VIII a 1–17491, Bd. 10.
74 Prot. BT, 12. WP, S. 15651–15660, hier S. 15652 f.
75 Ebd., S. 15655.
76 Ebd., S. 15660–15669, hier S. 15665.
77 Ebd., S. 15673–15677, hier S. 15676.
78 Ebd., S. 15686–15691, hier S. 15686.
79 Ebd., S. 15690.
80 Entschließungsantrag der Fraktionen der CDU/CSU und FDP zu der Abgabe einer Regierungserklärung «Aktionsprogramm für mehr Wachstum und Beschäftigung». BT Drs. 12/6625 v. 19.1.1994.
81 Prot. BT, 12. WP., S. 17648–17651, bzw. S. 17651–17655.
82 Ebd., S. 17656–17660.
83 Ebd., S. 17656 f.
84 Ebd., S. 17672–17675, hier S. 17672.
85 Ebd., S. 17673.
86 Vgl. Restle, Diether/Rockstroh, Matthias: Arbeitslosigkeit wirksam bekämpfen. In: BArbBl (1994), H. 10, S. 15–19.
87 BGBl 1994 I, 1786–1791; BGBl 1994 I, 1792–1795.
88 Sozialpolitik. Hilfe für die Arbeitslosen. In: SPI 26, Nr. 11, 14.7.1994.
89 Vgl. die Stellungnahmen des Leiters der Unterabteilung IV b, Dr. Achenbach, vom 31.3.1994 mit einer Anlage, die Bemerkungen des Referats I b 3 vom 30.3. und 31.3.1994 sowie die Stellungnahme der Abt. I vom 6.4.1994 für die Klausurtagung der Leitung am 9./10.4.1994. BArch, B 149/120321. Vgl auch Rosenberg, Peter: Sozialpolitik bei leeren Kassen. In: SF 43, Februar 1994, S. 31–35.
90 Vgl. Sozialbericht 1997, bes. S. 28–33, 43 f., 49 f.
91 Vgl. das Interview von Blüm mit Redakteuren des Stern: «Eine Kompanie von Maulhelden», in dem eine entsprechende Kritik des Präsidenten des DIHT Hans Peter Stihl zitiert wird. In: Presse- und Informationsamt der Bundesregierung. Aktuelle Presseinformation, 29.12.1994. Blüm kritisierte im Gegenzug vor allem die Frühverrentungspraxis der Unternehmen, die auf Kosten der Sozialkassen ihre Personalprobleme lösen würden. «Wir organisieren eine Art Altersverschrottung, die ich für eine moderne Form der Menschenverachtung halte».
92 Blüm an die Mitglieder der CDU/CSU- und FDP-Bundestagsfraktionen, 12.1.1998, Akten des BMA ohne Bezeichnung.

13. Die Sozialpolitik und die sozialpolitischen Akteure 1991–1994

1 Vgl. Czada, Roland: Reformloser Wandel. Stabilität und Anpassung im politischen Akteursystem der Bundesrepublik. In: 50 Jahre Bundesrepublik. Rahmenbedingungen – Entwicklungen – Perspektiven. Hrsg. v. Ellwein, Thomas/Holtmann, Everhard. Opladen/Wiesbaden 1999 [=PVS Sonderheft 30/1999], S. 397–412, hier S. 408.

2 Rede Kohls auf dem 3. Parteitag der CDU, Zitat S. 20.
3 Der Kreis der eingeladenen Organisationen, die Tagesordnung, die Ergebnisse dieser etwa alle drei Monate stattfindenden Spitzengespräche sowie deren Vorbereitung, soweit Fragen der Arbeits- und Sozialpolitik betroffen waren, sind in den Akten des BMA gut dokumentiert. Auf eine Analyse muss hier jedoch verzichtet werden.
4 Umfangreiche Unterlagen zu diesen Konferenzen finden sich in den Akten des Bundeskanzleramtes.
5 Vgl. als Beispiel das «Ergebnisprotokoll der 32. Arbeitsbesprechung» dieses Kreises am 6.12.1993. BMA VIII a 1/17305, Bd. 7.
6 Interview des Verfassers mit Tegtmeier, 12.7.2000.
7 Vgl. zu dessen Arbeit etwa die Aufstellung der Themen, mit denen sich der Kabinettsausschuss bis zum 10. Juli 1991 in fünf Sitzungen befasste. BArch, B 136/26279.
8 Vgl. zu dessen Konstituierung und seinen Aufgaben das Schreiben von Manfred Malina, dem Leiter der Gruppe 12 über «Aufgabenplanung der Bundesregierung; Beziehungen zwischen Bund und Ländern; Kabinettsausschuß Neue Bundesländer» im BK, an den Chef des BK am 30.9.1991. Der Ausschuss sollte in der Regel am Vortag von Plenumssitzungen des Bundesrates tagen, sich mit der «Gesamtheit der insbesondere die neuen Bundesländer betreffenden Angelegenheiten befassen, die in der Kompetenz des Bundes liegen und erhebliche Auswirkungen auf die Länder haben.» Dr. Malina erwartete, «daß sich der Bundesrat aufgrund der durch die Ausschußarbeit gewonnenen Informationen und Erkenntnisse künftig verstärkt mit ressortübergreifenden Aspekten der Vollendung der Deutschen Einheit befassen und aufgrund der gegenwärtigen Mehrheitsverhältnisse im Bundesrat sich kritisch mit der Politik der Bundesregierung auseinandersetzen wird.» Einer handschriftlichen Notiz auf dem Dokument ist zu entnehmen, daß die Bundesregierung im Ausschuss federführend durch den Bundesminister des Innern unter Beteiligung der anderen Ressorts entsprechend den jeweiligen Beratungspunkten vertreten werden sollte. BArch, B 136 / 26279.
9 Dienstliche Mitteilung des BMA, Nr. 4 vom 31.5.1991, S. 27 f.
10 Dienstliche Mitteilung des BMA, Nr. 6 vom 22.8.1991, S. 51.
11 Interviews des Verfassers mit Blüm, 8.6.2000; mit Tegtmeier, 13.7.2000. Nach Tegtmeier lag die Vorbereitung bei den verantwortlichen beamteten Staatssekretären. Einige Minister, die im Unterschied zur Zeit der Regierung Schmidt die Vorlagen der Ressorts nicht selbst im Kabinett vertreten mussten, wussten vielfach nicht, was genau in ihren Vorlagen stand und was in anderen Ressorts lief.
12 Interview des Verfassers mit Tegtmeier, 13.7.2000.
13 Vgl. Ergebnisprotokoll der gesonderten Besprechung der beamteten Staatssekretäre am 30.1.1995 im Bundeskanzleramt vom 2.2.1995. BMA a 1 – 17311 (1).
14 Interviews des Verfassers mit Tegtmeier, 13.7.2000, mit Rosenberg, 5.5.2000.
15 Interviews des Verfassers mit Blüm, 8.6.2000, mit Tegtmeier, 13.7.2000.
16 Die Bedeutung dieser parteiübergreifenden «Koalition der Sozialpolitiker» betonten führende Beamte des BMA. Interviews des Verfassers mit Tegtmeier, 13.7.2000, mit Niemeyer, 4.5.2000, mit Rosenberg, 5.5.2000.
17 Interview des Verfassers mit Tegtmeier, 13.7.2000.
18 Für die konkreten Ansichten Blüms zu sozialpolitischen Fragen und seine Einschätzung der Schwächen und Stärken des deutschen Sozialstaates vgl. neben den vielen, teilweise bereits erwähnten Reden, Briefen und Interviews von Blüm vor allem seinen «Prolog» zu: 40 Jahre Sozialstaat Bundesrepublik Deutschland. Hrsg. v. Blüm, Norbert/Zacher, Hans F. Baden-Baden 1989, S. 11–18, sowie seine vierteilige Arti-

kelserie «Sozialstaat in Deutschland – eine Bilanz», in: Welt am Sonntag, 28.3., 4.4., 11.4., 18.4.1993.

19 Interviews des Verfassers mit Blüm, 8.6.2000, mit Cronenberg, 12.6.2000.

20 Vgl. dazu, allerdings vor allem am Beispiel der Deutschlandpolitik: Korte, Karl-Rudolf: Kommt es auf die Person des Kanzlers an? Zum Regierungsstil von Helmut Kohl in der «Kanzlerdemokratie» des deutschen Parteienstaates. In: ZParl 29 (1998), S. 387–401.

21 Vgl. dazu: Schreckenberger, Waldemar: Veränderungen im Parlamentarischen Regierungssystem. Zur Oligarchie der Spitzenpolitiker der Parteien. In: Staat und Parteien. Festschrift für Rudolf Morsey zum 65. Geburtstag. Hrsg. von Bracher, Karl Dietrich/Mikat, Paul/Repgen, Konrad u.a. Berlin 1992, S. 133–157; Schreckenberger, Waldemar: Informelle Verfahren der Entscheidungsvorbereitung zwischen der Bundesregierung und den Mehrheitsfraktionen: Koalitionsgespräche und Koalitionsrunden. In: ZParl 25 (1994), S. 329–346; Manow, Philip: Informalisierung und Parteipolitisierung – zum Wandel exekutiver Entscheidungsprozesse in der Bundesrepublik. In: ZParl 27 (1996), S. 96–107. – Scharfe Kritik am System der Koalitionsrunden und der radikal parteienstaatlichen und personalisierten Herrschaftsweise übte Hennis, Wilhelm: Totenrede des Perikles auf ein blühendes Land. Ursachen der politischen Blockade. In: Auf dem Weg in den Parteienstaat. Hrsg. v. Hennis, Wilhelm. Leipzig 1998, S. 155–198.

22 Interview des Verfassers mit Tegtmeier, 13.7.2000.

23 ACDP, Fraktionsprotokolle.

24 Ebd.

25 Anlage zur Sitzung der Unionsfraktion vom 15.10.1992: Überblick über Instrumente und Themen der Fraktionsarbeit in den letzten Monaten. ACDP, Fraktionsprotokolle.

26 Information der Fraktion der CDU/CSU über Beschlüsse der Bundesregierung durch den Bundesminister für besondere Aufgaben und Chef des Bundeskanzleramtes, Friedrich Bohl, in der Fraktionssitzung am 22.9.1992. ACDP, Fraktionsprotokolle.

27 Schäuble in der Fraktionssitzung der CDU/CSU am 15.10.1992. In: ACDP, Fraktionsprotokolle.

28 Interview des Verfassers mit Tegtmeier, 13.7.2000.

29 Czada, Reformloser Wandel, S. 405.

30 Vgl. oben, S. 281, 285.

31 Vgl. oben, S. 322.

32 Vgl. den Appell Blüms bei der Konferenz der Arbeits- und Sozialminister der Länder im Herbst 1990. Bericht unter dem Titel «Länder sollen beim Verwaltungsaufbau in der ehemaligen DDR helfen», in: SPI 24, Nr. 11, 10.10.1990.

33 Vgl. oben, S. 287.

34 Vgl. oben, S. 302.

35 Vgl. Beschlussvorlage des Geschäftsführenden Vorstandes vom 28.6.1993 zur Sitzung des Bundesvorstandes des DGB vom 6.7.1993: Inhaltliche und aktionsorientierte Begleitung des Projekts «Pflegeversicherung/Karenztage» mit dem «Zwischenergebnis» einer Projektgruppe aus Vertretern des DGB und der Mitgliedsgewerkschaften, die u.a. längerfristige Aktionen vorschlagen und begleiten sollte. AdsD, 5 / DGAi 002269.

36 Vgl. oben, S. 92–95.

37 Vgl. oben, S. 356, 360.

Schlussbetrachtung

1 Alber, Sozialstaat in der Ära Kohl, S. 255.
2 Die Segmentierung der Sozialpolitik wurde von fast allen Interviewpartnern beklagt. Vgl. die Interviews des Verfassers mit Blüm, 8.6.2000, Tegtmeier, 13.7.2000, Dreßler, 10.5.2000; Cronenberg, 27.6.2000, Rosenberg, 5.5.2000; Leven, 18.5.2000.
3 Sozialversicherungsbeiträge unterscheiden sich von der Einkommen- und Lohnsteuer dadurch, dass sie proportional statt progressiv sind, es keine Freibeiträge zur Entlastung vor allem der unteren Einkommen gibt und sie nur bis zu einer Beitragsbemessungsgrenze erhoben werden, so dass höhere Einkommen nur zu einem Teil herangezogen werden.
4 Vgl. Sozialbericht 1997, S. 311.
5 Vgl. Nierhaus, Wolfgang: Private Haushalte. Kaufkraftplus auf breiter Front. In: Wiedervereinigung. S. 51–72, bes. S. 60.
6 Vgl. oben, S. 93.
7 Sozialbericht 1993, S. 58.
8 Jahresbericht der Bundesregierung 1998, S. 53.
9 Vgl. oben, S. 135.
10 BMA, Statistisches Taschenbuch 1997, Tabellen 8.5 und 8.5.A. Der Beitrag der Frauen zum Bruttogesamteinkommen von Ehepaaren ab 64 Jahren lag 1992 in den alten Bundesländern bei 21 %, in den neuen Bundesländern bei 37 %. Vgl. Klebula, Detlef/Semran, Peter: Alterseinkommen. Meist aus mehreren Quellen. In: BArbBl 2/1997, S. 5–10, hier S. 7.
11 BMA, Arbeits- und Sozialstatistik, Hauptergebnisse 1996, Bonn 1996, S.127.
12 Hauser u. a., Ungleichheit, S. 293–300.
13 Vgl. oben, S. 346.
14 Vgl. Kohnert, Monika: Pflege und Umgang mit Behinderten in der DDR. In: Materialien der Enquete-Kommission «Überwindung der Folgen der SED-Diktatur», Bd. III, S. 1726–1791, hier bes. S. 1767.
15 Schwitzer, Klaus-Peter: Die Rentner sind die Gewinner der Einheit. In: Das Parlament, 17./24.1.1997, S. 2.
16 Bundesanstalt für Arbeit. Institut für Arbeitsmarkt- und Berufsforschung: Arbeitsmarkt und Arbeitslosigkeit in den neuen Bundesländern – Ausgangsbedingungen und Einsatz aktiver Arbeitsmarktpolitik im ostdeutschen Transformationsprozeß. In: Materialien der Enquete-Kommission «Überwindung» Bd. III, S. 2806–2874, hier S. 2821.
17 Statistische Übersichten, Band West, S. 124.
18 Ritter, Über Deutschland, S. 218.
19 Diewald, Martin/Huinink, Johannes/Solga, Heike u. a.: Umbrüche und Kontinuitäten – Lebensläufe und Veränderungen von Lebensbedingungen seit 1989. In: Kollektiv und Eigensinn. Lebensläufe in der DDR und danach. Hrsg. von Huinink, Johannes/Mayer, Karl Ulrich/Diewald, Martin u. a. Berlin 1995, S. 307–348, hier S. 346–348.
20 Vgl. dazu Schmidt, Manfred G.: West Germany: The Policy of the Middle Way. In: Journal of Public Policy 7 (1987), S. 139–177; ders.: Learning from Catastrophies – West Germany's Public Policy. In: A Comparative History of Public Policy. Hrsg. v. Castles, Francis G. Cambridge 1989, S. 56–99; ders.: Die Politik des mittleren Weges. Besonderheiten der Staatstätigkeit in der Bundesrepublik Deutschland. In: APuZG, B 9–10/90, 23.2.1990, S. 23–31; ders.: Immer noch auf dem «mittleren Weg»?

Deutschlands politische Ökonomie am Ende des 20. Jahrhunderts, ZeS-Arbeitspapier 7/1999.

21 Typologie in Anlehnung an Esping-Andersen, Gösta: The Three Worlds of Welfare Capitalism. Cambridge 1990. Die Zuordnungen der einzelnen Länder und die Erklärung ihrer politischen und historischen Entwicklung und der Entwicklungsbedingungen werden hier jedoch nicht übernommen. Vgl. zur Kritik am Konzept von Esping-Andersen: Kohl, Jürgen: Der Wohlfahrtsstaat in vergleichender Perspektive. Anmerkungen zu Esping-Andersens «Three Worlds of Welfare Capitalism». In: ZSR 39 (1993), S. 67–82; Offe, Claus: Zur Typologie von sozialpolitischen «Regimes». In: ZSR 39 (1993), S. 83–86; Ritter, Gerhard A.: Probleme und Tendenzen des Sozialstaats in den 1990er Jahren. In: GuG 22 (1996), S. 393–408, hier S. 394 f.; Schmidt, Manfred G.: Sozialpolitik in Deutschland. Historische Entwicklung und internationaler Vergleich. 2. Aufl., Opladen 1998, S. 222–228.

22 Der Grad der sog. «Dekommodifizierung» durch die Sozialpolitik, d. h. des Schutzes der Bürger vor der Behandlung ihrer Arbeit als Ware, ist für Esping-Andersen ein wesentlicher Schlüssel für die typologische Zuordnung zu Wohlfahrtsstaats-Regimen.

23 Vgl. Pierson, Paul: Dismantling the Welfare State? Reagan, Thatcher, and the Politics of Retrenchment. Cambridge 1994, S. 53–73.

24 Alber, Jens: Der deutsche Sozialstaat im Licht international vergleichender Daten. In: Leviathan 26 (1998), S. 199–227.

25 Vgl. das Manuskript von Siegel, Nico A.: Zwischen Konsolidierung und Umbau: Staatliche Sozialpolitik (1975–1995) – ein Vergleich. Zwischenbericht aus dem laufenden Forschungsprojekt «Politische Bestimmungsfaktoren der Umbau- und Rückbaupolitik in den sozialen Sicherungssystemen im internationalen Vergleich». März 1999, S. 12, Tab. 1. – Die Höhe der Sozialleistungsquote weicht von den vom BMA veröffentlichten Daten über die Bundesrepublik nach unten erheblich ab, da sehr viel weniger Sozialleistungen berücksichtigt werden. Die Daten der OECD mussten aber herangezogen werden, um einen Vergleich mit den anderen Staaten zu ermöglichen.

26 Alber, Der deutsche Sozialstaat, S. 200.

27 Ebd., S. 206, 208, 216.

28 Ebd., S. 212. Außer in Deutschland (alte Bundesländer) ging die Sozialleistungsquote 1980–1994 nur in Luxemburg und Belgien zurück, während sie im Vereinigten Königreich, in Italien, Spanien und Frankreich zwischen fünf und sechs Prozentpunkte stieg.

29 Berechnungen nach den Angaben bei Alber, Der deutsche Sozialstaat, S. 200, 212.

30 Berechnet nach BMA: Statistisches Taschenbuch 1998, Tab. 7.3. – Für die Finanzierung der Sozialleistungen nach Quellen in Deutschland und in anderen Ländern der Europäischen Union 1994 vgl. BMA, Sozialbericht 1997, S. 266.

31 Europäische Union: Soziale Sicherheit in Europa 1995. Brüssel/Luxemburg 1996, S. 81.

32 Sozialbericht 2001. Hrsg. vom BMA. Bonn 2002, S. 469.

33 Hanesch, Walter: Soziale Sicherung im europäischen Vergleich. In: APuZG, B 34–35/98, 14.8.1998, S. 15–26, hier S. 20.

34 Vgl. Hinrichs, Restrukturierung, S. 125. Zu den Ursachen für die überproportionale Erhöhung der Gesundheitsausgaben vgl. Schmidt, Manfred G.: Warum die Gesundheitsausgaben wachsen. Befunde des Vergleichs demokratisch verfaßter Länder. In: PVS 40 (1999), S. 229–245.

35 OECD: The Reform of Health Care Systems. A Review of Seventeen OECD Countries. Paris 1994, S. 37.

36 Schmidt, Gesundheitsausgaben, S. 232.
37 Hinrichs, Restrukturierung, S. 129 f.; Alber, Steuerung, S. 259–284; Mayntz, Politische Steuerbarkeit und Reformblockaden, S. 283–307.
38 Alber, Jens: Das Gesundheitswesen der Bundesrepublik im internationalen Vergleich. In: Technische Perspektiven und gesellschaftliche Entwicklungen. Trends und Schwerpunkte der Forschung in der Bundesrepublik Deutschland. Hrsg. v. Widmaier, Ulrich/König, Thomas. Baden-Baden 1990, S. 67–89, hier S. 74.
39 Alber, Der deutsche Sozialstaat, S. 221 f.
40 Vgl. oben, S. 99.
41 OECD: OECD Economic Outlook 61, Paris 1997, S. A24.
42 Ebd., S. A23.
43 Werner, Heinz: Beschäftigungspolitisch erfolgreiche Länder. Lehren für die Bundesrepublik Deutschland? In: APuZG, B 34–35/98, 14.8.1998, S. 3–14.
44 Vgl. Schmidt, Manfred G.: Reform der Sozialpolitik in Deutschland: Lehren des historischen und internationalen Vergleichs. In: Der deutsche Sozialstaat, S. 153–170, hier S. 161 f.
45 Vgl. zu diesen Aufgaben: Dahrendorf, Ralf/Field, Frank/Hayman, Carolyn u. a. als Mitglieder der «Commission on Wealth Creation and Social Cohesion»: Report on Wealth Creation and Social Cohesion in a free society, London 1995.

Quellen und Literatur

1. Ungedruckte (archivalische) Quellen

Bundesarchiv Koblenz (BArch)
B 136 Bundeskanzleramt
B 149 Bundesministerium für Arbeit und Sozialordnung
B 189 Bundesministerium Jugend, Familie, Frauen und Gesundheit

Bundesarchiv Berlin (BArch)
DA 3 Arbeitsgruppe Gesundheitswesen und Soziales des «Runden Tisches»
DC 20 Ministerrat der DDR – Büro Krause – Arbeitsstab Deutsche Einheit
DQ 1 Ministerium für Gesundheitswesen/DDR/Kleditzsch
DQ 3 Ministerium für Arbeit und Soziales/DDR/Hildebrandt
DY 34 FDGB-Sozialversicherung der DDR – Direktion
Stiftung Archiv der Parteien und Massenorganisationen der DDR (SAPMO)

Bundesarchiv Zwischenarchiv Dahlwitz-Hoppegarten (BArch)
B 126 Bundesministerium der Finanzen
B 149 Bundesministerium für Arbeit und Sozialordnung

Bundesversicherungsamt Berlin
Akten: Deutsch-deutsche Sozialunion

Bundesversicherungsanstalt für Angestellte Berlin

BMA Bonn

BMA, Abt. VIII – Außenstelle Berlin, Jägerstraße

BMA-Pressearchiv

BMG Bonn

Bundespresseamt Bonn
Dok., Text-Bell./RFTV-AA (1987–95)

Archiv der sozialen Demokratie der Friedrich-Ebert-Stiftung Bonn (AdsD)
SPD-Fraktion und Fraktionsvorstand im Deutschen Bundestag
SPD-Fraktion in der Volkskammer der DDR
SPD-Querschnittsgruppe Einheit Deutschlands, Schwanitz
DGB-Archiv, Abt. Vorsitzender und Bundesvorstand
DAG-Bundesvorstand, Abt. Vorsitzender, Anton Reuer

Archiv für Christlich-Demokratische Politik der Konrad-Adenauer-Stiftung St.Augustin (ACDP)
Bestand I/504: Tageskopien BMA Dr. Norbert Blüm

Protokolle der Sitzungen der CDU/CSU-Fraktion des Deutschen Bundestages
Protokolle der Sitzungen des Vorstandes der CDU/CSU-Fraktion des Deutschen Bundestages
Arbeitsgruppe für «Arbeit und Soziales» sowie für «Gesundheitswesen» und der Arbeitnehmergruppe der CDU/CSU-Fraktion (Kurzprotokolle der Sitzungen)

Akten von Dr. Ammermüller, Hamburg

Akten von Staatssekretär Dr. Tegtmeier, Berlin

2. Gedruckte Quellen und Literatur

Ackermann, Eduard: Mit feinem Gehör. Vierzig Jahre in der Bonner Politik. Bergisch-Gladbach 1994.
After the Fall of the Wall. Life Courses and the Transformation of East Germany. Hrsg. v. Diewald, Martin/Goedecke, Anne/Mayer, Karl Ulrich. Stanford 2006.
Alber, Jens: Die Steuerung im Gesundheitswesen in vergleichender Perspektive. In: Journal für Sozialforschung 29 (1989), S. 259–284.
Alber, Jens: Das Gesundheitswesen der Bundesrepublik im internationalen Vergleich. In: Technische Perspektiven und gesellschaftliche Entwicklungen. Trends und Schwerpunkte der Forschung in der Bundesrepublik. Hrsg. v. Widmaier, Ulrich/König, Thomas. Baden-Baden 1990, S. 67–89.
Alber, Jens: Der deutsche Sozialstaat im Licht international vergleichender Daten. In: Leviathan 26 (1998), S. 199–227.
Alber, Jens: Der deutsche Sozialstaat in der Ära Kohl: Diagnosen und Daten. In: Der deutsche Sozialstaat: u. a. hrsg. v. Leibfried, S. 235–275.
Albrecht, Ulrich: Die Abwicklung der DDR. Die «2+4-Verhandlungen». Ein Insider-Bericht. Opladen 1992.
Allensbacher Jahrbuch der Demoskopie 1984–1992, Bd. 9. Hrsg. v. Noelle-Neumann, Elisabeth/Köcher, Renate. München/New York/London u. a. 1993.
Allensbacher Jahrbuch der Demoskopie 1993–1997, Bd. 10. Hrsg. v. Noelle-Neumann, Elisabeth/Köcher, Renate. München 1997.
Am Ende des realen Sozialismus. Beiträge zu einer Bestandsaufnahme der DDR-Wirklichkeit in den 80er Jahren. Bd. 2: Die wirtschaftliche und ökologische Situation der DDR in den 80er Jahren. Hrsg. v. Kuhrt, Eberhard/Holzweißig, Gunter/Buck, Hannsjörg F., Opladen 1996.
Am Ende des realen Sozialismus. Beiträge zu einer Bestandsaufnahme der DDR-Wirklichkeit in den 80er Jahren. Bd. 4: Die Endzeit der DDR-Wirtschaft – Analysen zur Wirtschafts-, Sozial- und Umweltpolitik. Hg. v. Kuhrt, Eberhard in Verbindung mit Buck, Hannsjörg F./Holzweißig, Gunter im Auftrage des Bundesministeriums des Innern. Opladen 1999.
Ammermüller, Martin G./Diel, Udo: DDR-Sozialversicherung wird angeglichen. In: Kompaß 1990, Heft 7, S. 333–342.
Andersen, Uwe: Finanzierung der Einheit. In: Weidenfeld/Korte (Hrsg.), Handbuch, S. 294–307.
Angerhausen, Susanne: Radikaler Organisationswandel. Wie die «Volkssolidarität» die deutsche Vereinigung überlebte. Opladen 2003.
AOK-Bundesverband: Die deutsch-deutsche Entwicklung und mögliche Auswirkungen auf die AOK. In: Dienst für Gesellschaftspolitik 10–90 (1990), S. 5–10.

Arbeit, Arbeitsmarkt und Betriebe. Hrsg. v. Lutz, Burkart/Nickel, Hildegard M./Schmidt, Rudi u.a. Opladen 1996.

Arbeits- und Sozialstatistik. Hauptergebnisse 1996. Hrsg. v. BMA. Bonn 1996.

Arbeitsmarktpolitik nach der Vereinigung, hrsg. v. Heinelt, Hubert/Bosch, Gerhard/Reissert, Bernd. Berlin 1994.

Artus, Ingrid: Tarifpolitik in den neuen Bundesländern. Akteure, Strategien, Problemlagen. In: Industrielle Beziehungen. Institutionalisierung und Praxis unter Krisenbedingungen. Hrsg. v. Bergmann, Joachim/Schmidt, Rudi. Opladen 1996, S.71–100.

Arzheimer, Kai: «Freiheit oder Sozialismus?» Gesellschaftliche Wertorientierungen, Staatszielvorstellungen und Ideologien im Ost-West-Vergleich. In: Wächst zusammen, was zusammen gehört?, S.285–313.

Attali, Jacques: Verbatim, Bd.3: Chronique des années 1988–1991. Paris 1995.

Aufbau der Verbände und Arbeitsgerichte. Hrsg. v. Hantsche, Walter/Otte, Stefan/Hoffmann, Günter u.a.. Opladen 1997.

Aulmann, Heinz: Die Verhütung und Entschädigung von Arbeitsunfällen und Berufskrankheiten in der DDR unter Berücksichtigung des Staatsvertrages. In: Kompaß 100 (1990), S.343–345.

Baar, Lothar/Karlsch, Rainer/Matschke, Werner: Kriegsschäden, Demontagen und Reparationen. In: Materialien der Enquete-Kommission «Aufarbeitung von Geschichte und Folgen der SED-Diktatur in Deutschland». Bd.II: S.868–988.

Backhaus-Maul, Holger: Wohlfahrtsverbände in den neuen Bundesländern. Anmerkungen zum Stand der Wohlfahrtsverbändeforschung im deutschen Einigungsprozeß. In: Eichener, u.a. (Hrsg.), Organisierte Interessen, S.359–381.

Bahr, Egon: Zu meiner Zeit. München 1998.

Bähr, Johannes: Institutionenordnung und Wirtschaftsentwicklung. Die Wirtschaftsgeschichte der DDR aus der Sicht des zwischendeutschen Vergleichs. In: GuG 25 (1999), S.530–555.

Baker, James A.: Drei Jahre, die die Welt veränderten. Erinnerungen. Berlin 1996.

BDA: Die Zukunft des Sozialstaates. Wirtschafts- und sozialpolitische Perspektiven. Reden von Dr.Klaus Murmann und Dr.Wolfgang Schäuble. Jahrestagung Bonn / Bad Godesberg, 14.Dezember 1995.

BDA: Sozialpolitik für mehr Wettbewerb und Beschäftigung. Ordnungspolitische Grundsätze des BDA.Mai 1998.

Becker-Neetz, Gerald: Verfassungsreform. Sozialpolitischer Spielraum gewahrt. In: BArbBl 5, 1995, S.5–8.

Bergmann, Joachim: Industrielle Beziehungen in Ostdeutschland: Transferierte Institutionen im Deindustrialisierungsprozeß. In: Lutz u.a. (Hrsg.), Arbeit, S.257–294.

Bericht der Bundesregierung zur Zukunftssicherung des Standortes Deutschland. BT-Drs. 12/5620.

Bericht der Gemeinsamen Verfassungskommission. BT-Drs. 12/6000 vom 5.11.1993.

Bericht der Kommission «Soziale Sicherheit» zur Reform der sozialen Sicherungssysteme. Berlin 29.9.2003.

Beyme, Klaus von: Verfehlte Vereinigung – verpaßte Reformen? Zur Problematik der Evaluation der Vereinigungspolitik in Deutschland seit 1989. In: Journal für Sozialforschung 1 (1994), S.249–269.

Biedenkopf, Kurt: 1989–1990. Ein deutsches Tagebuch. Berlin 2000.

Biedenkopf, Sebastian: Interessenausgleich und Sozialplan unter Berücksichtigung der besonderen Probleme bei der Privatisierung und Sanierung von Betrieben in den neuen Bundesländern. Berlin 1994.

Biermann, Rafael: Zwischen Kreml und Kanzleramt. Wie Moskau mit der deutschen Einheit rang. Paderborn/München/Stuttgart 1997.
Billing, Werner: Die rheinland-pfälzische Landtagswahl vom 21. April 1991: Machtwechsel in Mainz nach 44 Jahren. In: ZParl 22 (1991), S. 584–601.
Birg, Herwig: 188 Millionen Einwanderer zum Ausgleich? Demographische Alterung und Bevölkerungsschrumpfung bei uns – Konsequenzen für das soziale Sicherungssystem. In: FAZ, 12.4.2000.
Birg, Herwig: Die demographische Zeitenwende. Der Bevölkerungsrückgang in Deutschland und Europa. 2. Aufl. München 2002.
Birg, Herwig: Deutschlands Weltrekorde. In: FAZ, 22.2.2005.
Birsl, Ursula / Lösche, Peter: Parteien in West- und Ostdeutschland: Der gar nicht so feine Unterschied. In: ZParl 29 (1998), S. 7–24.
Bispinck, Reinhard: Der Tarifkonflikt um den Stufenplan in der ostdeutschen Metallindustrie – Anlaß, Entwicklung, Ergebnis. In: WSI Mitteilungen 46, 1993, S. 469–481.
Blühende Landschaften? In: Süddeutsche Zeitung, 30.5.2000.
Blüm, Norbert: Schritt für Schritt – die Netze müssen langsam verknüpft werden. In: Die Welt, 2.3.1990.
Blüm, Norbert: Rücksicht auf Tradition nehmen. In: SPI 18/1992 vom 19.12.1992.
Blüm, Norbert: Sozialstaat in Deutschland – eine Bilanz. In: Welt am Sonntag, 28.3., 4.4., 11.4., 18.4.1993.
Blüm, Norbert: Pflegeversicherungsgesetz. Politik der Nähe. In: BArbBl 7–8/1993, S. 5–9.
Blüm, Norbert: Pflegeversicherung: Positive Zwischenbilanz. In: BArbBl 10/1997, S. 5–8.
BMA: Arbeits- und Sozialstatistik. Hauptergebnisse 1996. Bonn 1996.
BMA: Sozialbericht 1990. Bonn 1990.
BMA: Sozialbericht 1993. Bonn 1994.
BMA: Sozialbericht 1997. Bonn 1998.
BMA: Sozialbericht 2001. Bonn 2002.
BMA: Sozialpolitische Informationen, 1989–1995.
BMA: Statistische Übersichten zur Geschichte der Sozialpolitik in Deutschland seit 1945. Bd. West, verfaßt von Berié, Hermann. Bd. Ost (DDR), verfaßt von Steiner, André unter Mitarbeit von Reichl, Thomas. Bonn 1999.
BMA: Statistisches Taschenbuch 1997 und 1998. Arbeits- und Sozialstatistik. Bonn 1998.
BMFuS (Hrsg.): Familien und Familienpolitik im geeinten Deutschland. – Zukunft des Humanvermögens. Fünfter Familienbericht. Bonn 1994.
BMGS: Nachhaltigkeit in der Finanzierung der sozialen Sicherungssysteme. Bericht der Kommission. Berlin 2003.
BMGS: Sozialbericht 2005. Bonn 2005.
Böhm, Stefan/Pott, Arno: Verteilungspolitische Aspekte der Rentenüberleitung. Eine Analyse ausgewählter Verteilungswirkungen der Übertragung des bundesdeutschen Rentenrechts auf die neuen Bundesländer. In: Schmähl (Hrsg.), Sozialpolitik, S. 166–227.
Boldorf, Marcel: Sozialfürsorge in der SBZ/DDR 1945–1953. Ursachen, Ausmaß und Bewältigung der Nachkriegsarmut. Stuttgart 1998.
Bouvier, Beatrix: Die DDR – ein Sozialstaat? Sozialpolitik in der Ära Honecker. Bonn 2002.
Brand, Christoph-Matthias: Souveränität für Deutschland. Grundlagen, Entstehungsgeschichte und Bedeutung des zwei-plus-vier Vertrages vom 12. September 1990. Köln 1993.

Breuel, Birgit/Burda, Michael C.: Ohne historisches Vorbild. Die Treuhandanstalt 1990–2004. Berlin 2005.
Buchheim, Christoph: Kriegsschäden, Demontagen und Reparationen. Deutschland nach dem Zweiten Weltkrieg. In: Materialien der Enquete-Kommission «Aufarbeitung von Geschichte und Folgen der SED-Diktatur in Deutschland», Bd. II: Machtstrukturen, S. 1030–1069.
Bulletin. Presse- und Informationsamt Bonn.
Bulmahn, Thomas: Das vereinte Deutschland – eine lebenswerte Gesellschaft? Zur Bewertung von Freiheit, Sicherheit und Gerechtigkeit in Ost und West. In: Kölner Zeitschrift für Soziologie und Sozialpsychologie 52 (2000), S. 405–427.
Bundesanstalt für Arbeit. Institut für Arbeitsmarkt- und Berufsforschung: Arbeitsmarkt und Arbeitslosigkeit in den neuen Bundesländern – Ausgangsbedingungen und Einsatz aktiver Arbeitsmarktpolitik im ostdeutschen Transformationsprozeß. In: Materialien der Enquete-Kommission «Überwindung der Folgen der SED-Diktatur», Bd. III, S. 2806–2874.
Bundesarbeitsblatt (BArbBl) 1989–1997.
Bundesgesetzblatt (BGBl) 1949ff.
Bundesinstitut für Bevölkerungsforschung: Bevölkerung. Fakten – Trends – Ursachen – Erwartungen. Wiesbaden 2000.
Bundestagswahl 1994. Eine Analyse der Wahl zum 13. Deutschen Bundestag am 16.10.1994. Berichte der Forschungsgruppe Wahlen e.V., Mannheim, Nr. 76, 21.10.1994.
Bush, George/Scowcroft, Brent: A World Transformal, New York 1998.
Buttler, Friedrich/Emmerich, Knut: Kosten und Nutzen aktiver Arbeitsmarktpolitik im ostdeutschen Transformationsprozeß. In: Die Wettbewerbsfähigkeit der ostdeutschen Wirtschaft. Ausgangslage, Handlungserfordernisse, Perspektiven. Hrsg. von Gutmann, Gernot. Berlin 1995, S. 61–94.
CDU – 3. Parteitag der Christlich Demokratischen Union Deutschlands. Niederschrift. Düsseldorf, 26.-28. Oktober 1992.
Clasen, Lothar: Tarifentwicklung Ost. Erste Zwischenbilanz. In: BArbBl 6/1991, S. 5–8.
Clasen, Lothar: Tarifverträge 1991. Schrittweise Angleichung. In: BArbBl 4/1992, S. 5–10.
Clasen, Lothar: Tarifverträge 1992. Wieder 9000 Abschlüsse. In: BArbBl 3/1993, S. 14–19.
Conrad, Christopher /Lechner, Michael/Werner, Welf: East German Fertility After Unification: Crisis or Adaptation? In: Population and Development Review 22 (1996), S. 331–358.
Czada, Roland: Der Kampf um die Finanzierung der deutschen Einheit. In: Einigung und Zerfall: Deutschland und Europa nach dem Ende des Ost-West-Konflikts. 19. wissenschaftlicher Kongreß der Deutschen Vereinigung für Politische Wissenschaft. Hrsg. v. Lehmbruch, Gerhard. Opladen 1995, S. 73–102.
Czada, Roland: Der Vereinigungsprozeß – Wandel der externen und internen Konstitutionsbedingungen des westdeutschen Modells. In: Deutschland nach der Wende. Neue Politikstrukturen. Hrsg. v. Simonis, Georg. Opladen 1998, S. 55–86.
Czada, Roland: Vereinigungskrise und Standortdebatte. Der Beitrag der Wiedervereinigung zur Krise des westdeutschen Modells. In: Leviathan 26 (1998), S. 24–59.
Czada, Roland: Reformloser Wandel. Stabilität und Anpassung im politischen Akteursystem der Bundesrepublik. In: Ellwein / Holtmann (Hrsg.), 50 Jahre Bundesrepublik, S. 397–412.
Dahrendorf, Ralf: Fragmente eines neuen Liberalismus. Stuttgart 1987.
Dahrendorf, Ralf/Field, Frank/Hayman, Carolyn u. a. als Mitglieder der «Commission on Wealth Creation and Social Cohesion»: Report on Wealth Creation and Social Cohesion in a free society, London 1995.

Das liberale Deutschland. Programm der F.D.P. zu den Bundestagswahlen am 2. Dezember 1990;
Das Superwahljahr. Deutschland vor unkalkulierbaren Regierungsmehrheiten? Hrsg. v. Bürklin, Thomas/Roth, Dieter. Köln 1994.
Dästner, Christian: Die Mitwirkung der Länder bei den Entscheidungen zur Wiederherstellung der Einheit Deutschlands. In: Die Rolle des Bundesrates und der Länder im Prozeß der deutschen Einigung. Hrsg. von Klein, Eckart. Berlin 1998, S. 33–60.
Datenreport 1992. Zahlen und Fakten über die Bundesrepublik Deutschland. Hrsg. v. Statistisches Bundesamt. Bonn 1992.
Datenreport 1994. Zahlen und Fakten über die Bundesrepublik Deutschland. Hrsg. v. Statistisches Bundesamt. Bonn 1994.
Däubler, Wolfgang: Rechtsexport. Einführung des bundesdeutschen Arbeitsrechts im Gebiet der früheren DDR. Frankfurt a.M. 1996.
de Maizière, Lothar: Die deutsche Einheit – eine kritische Betrachtung. Fürstenfeldbruck 1994.
de Maizière, Lothar: Anwalt der Einheit. Ein Gespräch mit Christine de Maizière. Berlin 1996.
Der deutsche Sozialstaat. Bilanzen – Reformen – Perspektiven. Hrsg. v. Leibfried, Stephan/Wagschal, Uwe. Frankfurt a. M. 2000.
Der Tagesspiegel, 2002–2006.
Der Vertrag über die Schaffung einer Währungs-, Wirtschafts- und Sozialunion zwischen der Bundesrepublik Deutschland und der Deutschen Demokratischen Republik. Erklärungen und Dokumente, hrsg. vom Presse- und Informationsamt der Bundesregierung. Bonn 1990.
Der Zentrale Runde Tisch der DDR. Wortprotokolle und Dokumente. Hrsg. v. Thaysen, Uwe. 5 Bde., Wiesbaden 2000.
Derlien, Hans-Ulrich: Kommunalverfassungen zwischen Reform und Revolution. In: Kommunalwissenschaftliche Analysen. Hrsg. v. Gabriel, Oscar W./Voigt, Rüdiger. Bochum 1994, S.47–78.
Deutsche Bundesbank: Monatsberichte 1989–2006.
Deutsche Bundesbank: Auszüge aus Presseartikeln 1989–2006.
Die Arbeitsgerichtsbarkeit. Festschrift zum 100jährigen Bestehen der Deutschen Arbeitsgerichtsverbände. Neuwied/Kriftel/Berlin 1994.
Die Bundesrepublik in den achtziger Jahren. Innenpolitik, politische Kultur, Außenpolitik. Hrsg. v. Süß, Werner. Opladen 1991.
DIE GRÜNEN. Das Programm zur 1. gesamtdeutschen Wahl 1990.
Die neue Verfassung der DDR mit einem einleitenden Kommentar von Dietrich Müller-Römer, Köln 1974.
Die SPD im Deutschen Bundestag 1989–1995.
Die Umgestaltung der Systeme sozialer Sicherheit in den Staaten Mittel- und Osteuropas. Fragen und Lösungsansätze. Kolloquium des Max-Planck-Instituts für Ausländisches und Internationales Sozialrecht in Tutzing vom 9.–12. Februar 1993. Hrsg. v. Maydell, Bernd von/Hohnerlein, E.-M. Berlin 1993.
Die Wirkungen des Pflegeversicherungsgesetzes. Hrsg. v. Fachinger, Uwe/Rothgang, Heinz. Berlin 1995.
Die Zeit 1989–2000.
Dienstliche Mitteilungen des BMA 1990–1994.
Diewald, Martin/Huinink, Johannes/Solga, Heike u. a.: Umbrüche und Kontinuitäten – Lebensläufe und Veränderungen von Lebensbedingungen seit 1989. In: Kollektiv

und Eigensinn. Lebensläufe in der DDR und danach. Hrsg. v. Huinink, Johannes/Mayer, Karl Ulrich/Diewald, Martin u.a. Berlin 1995, S. 307–348.
Döhler, Marian/Manow, Philip: Formierung und Wandel eines Politikfeldes – Gesundheitspolitik von Blank zu Seehofer. MPIFG Discussion Paper 6/95.
Dokumente zur Deutschlandpolitik. Deutsche Einheit. Sonderedition aus den Akten des Bundeskanzleramtes 1989/90. Bearb. von Küsters, Hanns Jürgen / Hofmann, Daniel. München 1998.
Dombois, Rainer: Der schwierige Abschied vom Normarbeitsverhältnis. In: APuZG, B 37/99, S. 13–20.
Drauschke, Petra/Stolzenburg, Margit: Familie. In: Sozialreport 1995. Daten und Fakten in den neuen Bundesländern. Hrsg. v. Winkler, Gunnar. Berlin 1995, S. 276–328.
Dreher, Klaus: Helmut Kohl. Leben mit Macht. Stuttgart 1998.
Drei Wege deutscher Sozialstaatlichkeit. NS-Diktatur, Bundesrepublik und DDR im Vergleich. Hrsg. v. Hockerts, Hans Günter. München 1998.
Dreßler, Rudolf: Soziale Gerechtigkeit in Deutschland. In: Dreßler u.a. (Hrsg.), Fortschritt '90, S. 93–103.
Dreßler, Rudolf: Erste Schritte zur Sozialunion. Bundesrepublik Deutschland – DDR Diskussionspapier. In: Dienst für Gesellschaftspolitik 11–90 (1990), S. 5–10.
Drucksachen Deutscher Bundestag (BT-Drs.). Hrsg. v. Deutscher Bundestag. Bonn 1989–2006.
Duisberg, Claus J.: Das deutsche Jahr. Einblicke in die Wiedervereinigung 1989/90. Berlin 2005.
Ehlers, Bernd: Arbeitsmarktpolitik im Transformationsprozeß. Einsatz und Neuorientierung des aktiven arbeitsmarktpolitischen Instrumentariums des Arbeitsförderungsgesetzes in den neuen Bundesländern. Edewecht 1996.
Eichenhofer, Eberhard: Das Sozialrecht in der Rechtsprechung des Europäischen Gerichtshofes. Zur Genealogie der Thematisierung des Sozialrechts durch den EuGH. In: ZeS-Arbeitspapiere Nr. 9/96.
Eine neue christliche Sozialverkündigung. Das Sozialwort der Kirchen und die Grundsatzprogramme von Parteien und DGB. Ein Quellenband. Hrsg. v. Nacke, B./Köster, M./Nacke, S. Würzburg 1998.
Eliten in Deutschland. Rekrutierung und Integration. Hrsg. v. Bürklin, Wilhelm/Rebenstorf, Hilke u.a. Opladen 1997.
Emmert, Thomas / Stögbauer, Andrea: Volksparteien in der Krise. Die Wahlen in Baden-Württemberg, Schleswig-Holstein und Hamburg. In: Das Superwahljahr, S. 86–110.
Emmert, Thomas: Politische Ausgangslage vor der Bundestagswahl 1994. Entwicklung der Parteien, Themen und Kandidaten in Ost und West. In: Das Superwahljahr, S. 54–85.
Entscheidungen des Bundessozialgerichts (BSGE): 1989 ff.
Entscheidungen des Bundesverfassungsgerichts (BVerfGE): 1973 ff.
Entwicklungen im Arbeitsrecht und Arbeitsschutzrecht. Festschrift für Ottfried Wlotzke zum 70. Geburtstag. Hrsg. von Anzinger, Rudolf/Wenk, Rolf. München 1996.
Esping-Andersen, Gösta: The Three Worlds of Welfare Capitalism. Cambridge 1990.
Europäische Sozialpolitik. Hrsg. v. Schmähl, Winfried/Rische, Herbert. Baden-Baden 1997.
Europäische Union: Soziale Sicherheit in Europa 1995. Brüssel/Luxemburg 1996.
Falter, Jürgen W.: Wahlen 1990. Die demokratische Legitimation für die deutsche Einheit mit großen Überraschungen. In: Die Gestaltung der deutschen Einheit. Geschichte – Politik – Gesellschaft. Hrsg. v. Jesse, Eckhard/Mitter, Arnim. Bonn 1997, S. 163–188.
Falter, Jürgen W./Klein, Markus: Die Wähler der PDS bei der Bundestagswahl 1994. Zwischen Ideologie, Nostalgie und Protest. In: APuZG, B 51–52/94, S. 22–34.

Falter, Jürgen W. in Zusammenarbeit mit Klein, Markus: Wer wählte rechts? Die Wähler und Angehörigen rechtsextremistischer Parteien im vereinigten Deutschland. München 1994.

Feist, Ursula/Hoffmann, Hanns-Jürgen: Landtagswahlen in der ehemaligen DDR am 14. Oktober 1990: Föderalismus im wiedervereinigten Deutschland – Tradition und neue Konturen. In: ZParl 22 (1991), S. 5–34.

Feist, Ursula/Hoffmann, Hans-Jürgen: Die Hamburger Bürgerschaftswahl vom 19. September 1993: Rundumangriff auf die Etablierten. In: ZParl. 25 (1994), S. 217–234.

Fels, Joachim: Arbeitsmärkte und Währungsunion. In: Börsen-Zeitung, 9.1.1997. Abgedruckt in: Deutsche Bundesbank. Auszüge aus Presseartikeln, Nr. 3, 15.1.1997, S.16 f.

Fichter, Michael/Reister, Hugo: Die Gewerkschaften. In: Intermediäre Strukturen in Ostdeutschland. Hrsg. von Niedermayer, Oskar. Opladen 1996, S. 309–333.

Flora, Peter: State, Economy and Society in Western Europe 1815–1975. A Data Handbook in Two Volumes. Vol. I: The Growth of Mass Democracies and Welfare States. Frankfurt a. M./London 1983; Vol. II (with Franz Kraus and Werner Pfennig): The Growth of Industrial Societies and Capitalist Economies. Frankfurt a.M./London/Chicago 1987.

Flora, Peter/Alber, Jens/Kohl, Jürgen: Zur Entwicklung der westeuropäischen Wohlfahrtsstaaten. In: PVS 18 (1977), S. 707–772.

Fortschritt 90. Fortschritt für Deutschland. Hrsg. v. Dreßler, Rudolf/Matthäus-Maier, Ingrid/ Roth, Wolfgang u. a. München 1990.

Franke, Heinrich: Aufbau in den neuen Ländern. In: BArbBl 1/1993, S. 5–9.

Frankfurter Allgemeine Zeitung (FAZ) 1989–2005.

Frankfurter Rundschau 1989–1995.

Frerich, Johannes/ Frey, Martin: Handbuch der Geschichte der Sozialpolitik in Deutschland, Bd. 2: Sozialpolitik in der Deutschen Demokratischen Republik. 2. Aufl., München/Wien 1996. Bd. 3: Sozialpolitik in der Bundesrepublik Deutschland bis zur Herstellung der Deutschen Einheit. 2. Aufl., München/Wien 1996.

Fuchs, Dieter: Zum Wandel politischer Konfliktlinien: Ideologische Gruppierungen und Wahlverhalten. In: Die Bundesrepublik in den achtziger Jahren, S. 69–86.

50 Jahre Bundesrepublik. Rahmenbedingungen – Entwicklungen – Perspektiven. Hrsg. v. Ellwein, Thomas/Holtmann, Everhard. Opladen/Wiesbaden 1999 [=PVS Sonderheft 30/1999].

Gabriel, Oscar W.: Politische Orientierungen und Verhaltensweisen. In: Kaase, Max u. a.: Politisches System, S. 231–312.

Gabriel, Oscar W.: Einleitung: Politische Orientierungen und Verhaltensweisen im Transitionsprozeß. In: Politische Orientierungen, S. 9–33.

Gabriel, Oscar W.: Wächst zusammen, was zusammengehört? In: Wächst zusammen, was zusammengehört?, S. 385–423.

Gawel, Erik unter Mitarbeit von Grünewald, Markus und Thöne, Michael: Die deutsch-deutsche Währungsunion. Verlauf und geldpolitische Konsequenzen. Baden-Baden 1994.

Geißler, Heiner: Die Neue Soziale Frage. Freiburg 1976.

Geißler, Rainer: Die Sozialstruktur Deutschlands. Zur gesellschaftlichen Entwicklung mit einer Zwischenbilanz zur Vereinigung. 2. Aufl., Opladen 1996.

Gemeinsam für Deutschland – Mit Mut und Menschlichkeit. Koalitionsvertrag zwischen CDU, CSU und SPD, 11.11.2005.

Genscher, Hans-Dietrich: Erinnerungen. Berlin 1995.

Gerstenberger, Wolfgang: Grenzen fallen – Märkte öffnen sich. Die Chancen der deutschen Wirtschaft am Beginn einer neuen Ära. Berlin/München 1990.

Geschichte der Sozialpolitik in Deutschland seit 1945. Hrsg. v. Bundesministerium für Arbeit und Sozialordnung bzw. vom Bundesministerium für Arbeit und Soziales und Bundesarchiv. Band 1: Grundlagen der Sozialpolitik. Baden-Baden 2001. Band 2: 1945–1949. Die Zeit der Besatzungszonen. Sozialpolitik zwischen Kriegsende und der Gründung zweier deutscher Staaten. Hrsg. v. Wengst, Udo. Baden-Baden 2001. Band 3: 1949–1957. Bundesrepublik Deutschland. Bewältigung der Kriegsfolgen, Rückkehr zur sozialpolitischen Normalität. Hrsg. v. Günther Schulz. Baden-Baden 2005. Band 5: 1966–1974. Bundesrepublik Deutschland. Eine Zeit vielfältigen Aufbruchs. Hrsg. v. Hans Günter Hockerts. Baden-Baden 2006. Band 7: 1982–1989. Bundesrepublik Deutschland. Finanzielle Konsolidierung und institutionelle Reform. Hrsg. v. Schmidt, Manfred G. Baden-Baden 2005. Bd. 8: 1949–1961. Deutsche Demokratische Republik. Im Zeichen des Aufbaus des Sozialismus. Hrsg. v. Hoffmann, Dierk/Schwartz, Michael. Baden-Baden 2004. Band 9: 1961–1971. Deutsche Demokratische Republik. Politische Stabilisierung und wirtschaftliche Mobilisierung. Hrsg. v. Klessmann, Christoph. Baden-Baden 2006. Band 11: 1989–1994. Bundesrepublik Deutschland. Sozialpolitik im Zeichen der Vereinigung. Hrsg. v. Ritter, Gerhard A. Baden-Baden 2007.

Gesellschaft ohne Eliten? Führungsgruppen in der DDR. Hrsg. v. Bauerkämper, Arnd/Danyel, Jürgen/Hübner, Peter/Roß, Sabine. Berlin 1997.

Gesetzblatt der DDR (Gbl.) 1957–1990.

Gewerkschaftskongreß zur Auflösung des FDGB, Berlin 14.9.1990. Hrsg. vom Bund der IG/Gew./Geschäftsführender Vorstand, September 1990.

Gorbatschow, Michail S.: Gipfelgespräche. Geheime Protokolle aus meiner Amtszeit. Berlin 1993.

Gorbatschow, Michail: Erinnerungen. Berlin 1995.

Gorbatschow, Michail: Wie es war. Die deutsche Wiedervereinigung. Berlin 1999.

Götting, Ulrike/Hinrichs, Karl: Probleme der politischen Kompromissbildung bei der gesetzlichen Absicherung des Pflegefallrisikos. Eine vorläufige Bilanz. In: PVS 31 (1993), S. 47–71.

Grenzen des Sozialversicherungsstaates. Hrsg. von Riedmüller, Barbara/Olk, Thomas. Opladen 1994.

Grigoleit, Klaus Joachim: Bundesverfassungsgericht und deutsche Frage. Eine dogmatische und historische Untersuchung zum judikativen Anteil an der Staatsleitung. Tübingen 2004.

Grönebaum, Stefan: Wird der Osten rot? Das ostdeutsche Parteiensystem in der Vereinigungskrise und vor den Wahlen 1998. In: ZParl 28 (1997), S. 407–425.

Grosser, Dieter: Das Wagnis der Währungs-, Wirtschafts- und Sozialunion. Politische Zwänge im Konflikt mit ökonomischen Regeln. Stuttgart 1998.

Growth to Limits. The Western European Welfare States Since World War II. Hrsg. v. Flora, Peter, Bde. 1, 2 und 4. Berlin/New York 1986/87.

Grundsätze der Koalitionsvereinbarungen zwischen den Fraktionen der CDU, der DSU, der DA, der Liberalen (DFD, BFD, FDP) und der SPD. Veröffentlicht in: Informationen, 24.4.1990, Nr. 8 (Beilage). Hrsg. v. BMB.

Grundsatzprogramm der Sozialdemokratischen Partei Deutschlands. Beschlossen vom Programm-Parteitag der Sozialdemokratischen Partei Deutschlands am 20. Dezember 1989 in Berlin. In: Nacke u. a. (Hrsg.), Eine neue christliche Sozialverkündigung, S. 234–320.

Grünert, Holle: Das Beschäftigungssystem der DDR. In: Lutz u. a. (Hrsg.), Arbeit, S. 17–68.

Hain, Winfried/Luckert, Hilmer/Müller, Horst-Wolf/Nowatzki, Jürgen: Was brachte die Rentenumwertung? – Zur Übertragung des SGB VI auf den Rentenbestand in den neuen Bundesländern und im Ostteil Berlins. In: Deutsche Rentenversicherung 1992, S. 521–549.

Hampele, Anne/Naevecke, Stefan: Erwerbslosigkeit von Frauen in den neuen Bundesländern – Lebensmuster unter Druck. In: Der schwierige Weg zur Demokratie. Vom Ende der DDR zur Deutschen Einheit. Hrsg. v. Glaeßner, Gert-Joachim. 2. Aufl. Opladen 1992, S. 107–141.

Hancké, Bob: Vorsprung, aber nicht länger (nur) durch Technik – Die schnelle Anpassung der deutschen Automobilindustrie an internationale Wettbewerbsbedingungen. In: Naschold u. a. (Hrsg.), Ökonomische Leistungsfähigkeit, S. 213–234.

Handbuch des Sozialversicherungsrechts. Hrsg. v. Schulin, Bertram. Bd. 4: Pflegeversicherungsrecht. München 1997.

Handbuch des Staatsrechts. Hrsg. v. Isensee, Josef/Kirchhof, Paul, Bd. VIII: Die Einheit Deutschlands: Entwicklung und Grundlagen. Heidelberg 1995. Bd IX: Die Einheit Deutschlands. Festigung und Übergang. Heidelberg 1997.

Handbuch zur deutschen Einheit. Neuausgabe 1996. Hrsg. v. Weidenfeld, Werner / Korte, Karl-Rudolf. Frankfurt / New York 1996.

Handelsblatt 1989–1995.

Hanesch, Walter: Soziale Sicherung im europäischen Vergleich. In: APuZG, B 34–35/98, 14.8.1998, S. 15–26

Hanke, Thomas / Martens, Erika: Arbeitsmarktabgabe: Die Union ringt um einen Kompromiß zum Solidarpakt. Müssen Beamte und Selbständige auch zahlen? In: Die Zeit, 5.2.1993.

Hantsche, Walter/Otte, Stefan: Die Situation der Gewerkschaften der DDR nach der Wende und der Einfluß der gewerkschaftlichen Tätigkeit auf die Arbeits- und Sozialordnung. In: Aufbau, S. 9–87.

Hartwich, Hans-Herrmann: Der Flächentarifvertrag. Instrument und Symbol kollektivrechtlicher Arbeitsbeziehungen in Deutschland. In: Gegenwartskunde 46 (1997), S. 101–133.

Haschke, Ingrid/Ludwig, Udo: Produktion und Nachfrage. In: Herausforderung Ostdeutschland. Hrsg. v. Pohl, Rüdiger. Berlin 1995, S. 93–106.

Hauser, Richard/Glatzer, Wolfgang/Hradil, Stefan u. a.: Ungleichheit und Sozialpolitik. Opladen 1996.

Hauser, Richard/Wagner, Gert: Die Einkommensverteilung in Ostdeutschland: Darstellung und Determinanten im Vergleich zu Westdeutschland für die Jahre 1990 bis 1994. In: Wohlstand für alle? Hrsg. v. Glatzner, Wolfgang/Kleinhenz, Gerhard. Opladen 1997, S. 11–61.

Heering, Walter/Schröder, Klaus: Die DDR war kein Bollwerk der Emanzipation. Legenden und Wirklichkeit im ostdeutschen Emanzipationsprozeß: Das Beispiel Frauenbeschäftigung. In: FAZ, 21.12.1995.

Heidemeyer, Helge: Flucht und Zuwanderung aus der SBZ/DDR 1945/1949–1961. Die Flüchtlingspolitik der Bundesrepublik Deutschland bis zum Bau der Berliner Mauer. Düsseldorf 1994.

Heimat Bayern. Zukunft Deutschland. Mit uns. CSU. Programm der Christlich-Sozialen Union zur Bundestagswahl am 2. Dezember 1990. Verabschiedet durch den Parteiausschuß der CSU am 29. Oktober 1990.

Heine, Wolfgang/Eckhardt, Jörg: Überleitungsrecht und neue Bundesländer. In: DRV 1994, S. 329–339.

Heinelt, Hubert/Weck, Michael: Arbeitsmarktpolitik vom Vereinigungskonsens zur Standortdebatte. Opladen 1998.

Heinze, Rolf G. / Schmid, Josef / Strünck, Christoph: Vom Wohlfahrtsstaat zum Wettbewerbsstaat. Arbeitsmarkt- und Sozialpolitik in den 90er Jahren. Opladen 1999.

Henneberger, Fred: Interessenverbände der Unternehmer in Deutschland: Aktuelle Entwicklungen unter besonderer Berücksichtigung der Situation in den neuen Bundesländern. In: SF, Jg. 42 (1993), S. 242–251.

Henneberger, Fred: Struktur und Organisationsdynamik der Unternehmerverbände: Probleme der Verbandsbildung und Interessenvereinheitlichung im vereinten Deutschland. In: Wirtschaft und Gesellschaft 19 (1993), S. 329–357.

Hennis, Wilhelm: Totenrede des Perikles auf ein blühendes Land. Ursachen der politischen Blockade. In: ders., Auf dem Weg in den Parteienstaat. Leipzig 1998, S. 155–198.

Herausforderung Ostdeutschland. Hrsg. v. Pohl, Rüdiger. Berlin 1995.

Herbst, Andreas/Ranke, Winfried/Winkler, Jürgen: So funktionierte die DDR. Hamburg 1994.

Herder-Dorneich, Philipp: Gesundheitsökonomik. Systemsteuerung und Ordnungspolitik im Gesundheitswesen. Stuttgart 1980.

Heydemann, Günther: Die britisch-deutschen Beziehungen und das Deutschlandbild Großbritanniens. Zwischen Margaret Thatcher und Tony Blair. – Eine kritische Rückblende. In: Wiedervereinigung Deutschlands, S. 627–647.

Hinrichs, Karl: Restrukturierung der Sozialpolitik? Das Beispiel der Gesundheitspolitik. In: Grenzen des Sozialversicherungsstaates, S. 119–145.

Hinrichs, Karl: Die Soziale Pflegeversicherung – eine institutionelle Innovation in der deutschen Sozialpolitik. In: Staatswissenschaften und Staatspraxis 6 (1995), S. 227–259.

Hockerts, Hans Günter: Grundlinien und soziale Folgen der Sozialpolitik in der DDR. In: Sozialgeschichte, S. 519–544.

Hockerts, Hans Günter: Soziale Errungenschaften? Zum sozialpolitischen Legitimitätsanspruch der zweiten deutschen Diktatur. – In: Von der Arbeiterbewegung zum modernen Sozialstaat, S. 790–804.

Hoffmann, Dierk: Sozialpolitische Neuordnung in der SBZ/DDR. Der Umbau der Sozialversicherung 1945–1956. München 1996.

Hoffmann, Dierk: Rentenversicherung und SED-Rentenpolitik in den achtziger Jahren. In: Am Ende des realen Sozialismus, Bd. 4, S. 375–419.

Hoffmann, Edeltraut/Walwei, Ulrich: Beschäftigung: Formenvielfalt als Perspektive? Teil 1. Längerfristige Entwicklung von Erwerbsformen in Westdeutschland. IAB Kurzbericht, Nr. 2, 27.1.1998.

Hoffmann, Günter: Die Entstehung von Arbeitgeberverbänden im neuen Bundesgebiet am Beispiel der VME. Berlin-Brandenburg. In: Aufbau der Verbände, S. 89–136.

Hofmann, Claus F. / Lang-Neyjahr, Roland: Wirtschaftsstandort Deutschland. Erfolgreicher Zehnkämpfer. In: BArbBl 9/1997, S. 5–15.

Hübner, Peter: Konsens, Konflikt und Kompromiß. Soziale Arbeiterinteressen und Sozialpolitik in der SBZ/DDR 1945–1970. Berlin 1995.

Hünig, Hasko / Neugebauer, Gero: Die PDS. In: Intermediäre Strukturen, S. 67–85.

Hünig, Hasko/Nickel, Hildegard Maria: Großbetriebliche Dienstleistungen. Rascher Aufbau und harte Konsolidierung. In: Lutz u. a. (Hrsg.), Arbeit, S. 297–346.

Huinink, Johannes: Sozialpolitik und individuelles Handeln. Zu unbeabsichtigten Folgen politischer Intervention am Beispiel der DDR. In: ZSR 42 (1996), S. 1–16.

Hurd, Douglas: Memoirs. London 2003.

Hutchings, Robert J.: American Diplomacy and the End of the Cold War. An Insider's Account of U. S. Policy in Europe, 1989–1992. Washington, D. C. 1997.

Igl, Gerhard: Das neue Pflegeversicherungsrecht. Soziale Pflegeversicherung (Sozialgesetzbuch – Elftes Buch). München 1995.

Im Trabi durch die Zeit – 40 Jahre Leben in der DDR. Hrsg. v. Hölder, Egon. Wiesbaden 1992.

Industrielle Beziehungen. Institutionalisierung und Praxis unter Krisenbedingungen. Hrsg. v. Bergmann, Joachim/ Schmidt, Rudi. Opladen 1996.

Informationsdienst der Bundespressestelle des DGB 1989–1994.

Inglehart, Ronald: The Silent Revolution: Changing Values and Political Styles. Princeton 1977.

Inglehart, Ronald: Culture Shift in Advanced Industrial Society. Princeton 1990.

Inglehart, Ronald: Modernization and Postmodernization. Cultural, Economic and Political Change in 43 Societies. Princeton 1997.

Intermediäre Strukturen in Ostdeutschland. Hrsg. v. Niedermayer, Oskar. Opladen 1996.

Internationalisierung von Wirtschaft und Politik – Handlungsspielräume der nationalen Sozialpolitik. Hrsg. v. Schmähl, Winfried/Rische, Herbert. Baden-Baden 1995.

Ja zu Deutschland – Ja zur Zukunft. Wahlprogramm der Christlich Demokratischen Union Deutschlands zur gesamtdeutschen Bundestagswahl am 2. Dezember 1990. Hrsg. v. CDU-Bundesgeschäftsstelle.

Jackisch, Klaus-Rainer: Eisern gegen die Einheit. Margaret Thatcher und die deutsche Wiedervereinigung. Frankfurt am Main 2004.

Jäger, Wolfgang in Zusammenarbeit mit *Walter, Michael*: Die Überwindung der Teilung. Der innerdeutsche Prozeß der Vereinigung 1989/90. Stuttgart 1998.

Jahrbuch der europäischen Integration 1990/91. Hrsg. v. Weidenfeld, Werner/Wessels, Wolfgang. Bonn 1991.

Jahresberichte der Bundesregierung 1990–1994. Hrsg. vom Presse- und Informationsamt der Bundesregierung.

Janke, Barbara/Ebert, Manfred: Von «jeder zweiten» Frau zu «neun von zehn» Frauen – Der Arbeitsmarkt gekennzeichnet durch viele berufstätige Frauen. In: Im Trabi durch die Zeit, S. 77–95.

Jarausch, Konrad H.: Die unverhoffte Einheit 1989–1990. Frankfurt am Main 1995.

Jochem, Sven: Sozialpolitik in der Ära Kohl: Die Politik des Sozialversicherungsstaates. ZeS-Arbeitspapier Nr. 12/99.

Jochem, Sven/Siegl, Nico A.: Wohlfahrtskapitalismus und Beschäftigungsperformanz – Das «Modell Deutschland» im Vergleich. In: ZSR 46 (2000), S. 38–64.

Jung, Karl: Soziale Pflegeversicherung: Durchgesetzt gegen alle Widerstände. In: BArbBl 7/1994, S. 5–16.

Jung, Karl: Die fünfte Säule – Über den langen Weg zur sozialen Pflegeversicherung. In: Sozialstaat im Wandel, S. 197–221.

Jung, Karl unter Mitarbeit von *Schweitzer, Ruth*: Die neue Pflegeversicherung. Sozialgesetzbuch XI. Das Recht der sozialen und der privaten Pflegeversicherung. Bonn 1995.

Jung, Matthias: Parteiensystem und Wahlen in der DDR. Eine Analyse der Volkskammerwahl vom 18. März 1990 und der Kommunalwahlen vom 6. Mai 1990. In: APuZG, B 27/90, S. 3–15.

Kaelble, Hartmut: Auf dem Weg zu einer europäischen Gesellschaft. Eine Sozialgeschichte Westeuropas 1880–1980. München 1987.

Kaina, Viktoria: Wertorientierung im Eliten-Bevölkerungsvergleich: Vertikale Distanzen, geteilte Loyalitäten und das Erbe der Trennung. In: Bürklin u.a, Eliten, S. 351–389.

Kaps, Carola: Welches Rezept steckt hinter dem Job-Wunder in Amerika? In: FAZ, 3.1.2000.

Kaufmann, Franz-Xaver: Sozialstaatlichkeit unter den Bedingungen moderner Wirtschaft. In: Handbuch der Wissenschaftsethik. Bd. I: Verhältnisbestimmung von Wirtschaft und Ethik. Hrsg. v. Korff, Wilhelm (i.A. der Görresgesellschaft). Gütersloh 1999, S. 800–830.

Keller, Bernd: Arbeitspolitik in den neuen Bundesländern. Eine Zwischenbilanz des Transformationsprozesses. In: SF 45 (1996), S. 88–102.

Keller, Bernd: Einführung in die Arbeitspolitik. Arbeitsbeziehungen und Arbeitsmarkt in sozialwissenschaftlicher Perspektive. 5. Aufl., München/Wien 1997.

Kettenacker, Lothar: Britain and German Unification 1989/90. In: Uneasy Allies: British-German relations and European Integration since 1945. Hg. v. Larres, K./Meehan, E. Oxford 2000, S. 99–123.

Kinitz, Horst: Aufbau der Arbeitsverwaltung in den neuen Bundesländern und die Entwicklung des Arbeitsförderungsrechts seit 1989. Opladen 1997.

Kirchhof, Paul: § 221. Der demokratische Rechtsstaat – die Staatsform der Zugehörigen. In: Handbuch des Staatsrechts, Bd IX, S. 957–1064.

Kissel, Otto Rudolf: Arbeitskampfrecht. Ein Leitfaden. München 2002.

Klässer, Wilfried: Deutschland wächst zusammen – die Datenverarbeitung auch. In: Deutsche Rentenversicherung 4/92, S. 235–252.

Klebula, Detlef/Semran, Peter: Alterseinkommen. Meist aus mehreren Quellen. In: BArbBl 2/1997, S. 5–10.

Klein, Eckart: Deutsche Einigung und Rechtsprechung des Bundesverfassungsgerichts. Vorläufiger Überblick mit Anmerkungen. In: Verfassungsrecht im Wandel. Wiedervereinigung Deutschlands. Deutschland in der Europäischen Union. Verfassungsstaat und Föderalismus. Zum 180-jährigen Bestehen der Carl Heymanns Verlag KG. Hrsg. v. Ibsen, Jörn/Rengeling, Hans Werner/Mössner, Jörg Manfred/Weber, Albrecht. Köln/Berlin/Bonn u. a. 1995, S. 91–107.

Klein, Hans H.: Kontinuität des Grundgesetzes und seiner Änderungen im Zuge der Wiedervereinigung. In: Handbuch des Staatsrechts, Bd. VIII, S. 557–602.

Klein, Eckart: Die verfassungsrechtliche Bewältigung der Wiedervereinigung. In: Wiedervereinigung Deutschlands, S. 417–428.

Klein, Yvonne: Obstructive or Promoting? British Views on German Unification 1989/90. In: German Politics 5 (1996), S. 403–431.

Kleinhenz, Gerhard: Tarifpartnerschaft im vereinten Deutschland. Die Bedeutung der Arbeitsmarktorganisation für die Einheit der Arbeits- und Lebensverhältnisse. In: APuZG, B 12/92, S. 14–24.

Kloten, Norbert: Deutsche Einheit: Die wirtschaftliche Last der Folgen für Ost und West. In: Deutsche Bundesbank. Auszüge aus Presseartikeln, Nr. 8, 5.2.1996, S. 11–17.

Kloth, Hans Michael: Vom «Zettelfalten» zum freien Wählen. Die Demokratisierung der DDR 1989/90 und die «Wahlfrage». Berlin 2000.

Knuth, Matthias: ABS-Gesellschaften als dezentrale Akteure der Arbeitsmarkt- und Strukturpolitik: Problemlösung «vor Ort»? In: Arbeitsmarktpolitik nach der Vereinigung, S. 172–184.

Koalitionsvereinbarung für die 12. Legislaturperiode des Deutschen Bundestages. In: Union in Deutschland. Informationsdienst der CDU, Nr. 2, 17.1.1991.

Köcher, Renate: Auf einer Woge der Euphorie. Veränderungen der Stimmungslage und des Meinungsklimas im Wahljahr 1994. In: APuZG, B 51–52/94, S. 16–21.

Kohl, Helmut: «Ich wollte Deutschlands Einheit». Dargestellt von Diekmann, Kai und Reuth, Ralf Georg. Berlin 1996.

Kohl, Helmut: Erinnerungen 1982–1990. München 2005.

Kohl, Jürgen: Der Wohlfahrtsstaat in vergleichender Perspektive. Anmerkungen zu

Esping-Andersens «Three Worlds of Welfare Capitalism». In: ZSR 39 (1993), S. 67–82.
Köhler, Horst: Alle zogen mit. In: Tage, S. 118–134.
Kohnert, Monika: Pflege und Umgang mit Behinderten in der DDR. In: Materialien der Enquete-Kommission «Überwindung». Bd. III, S. 1726–1791.
Kolb, Rudolf/Ruland, Franz: Die Rentenversicherung in einem sich einigenden Deutschland. In: DRV, Heft 3, März 1990, S. 141–153.
Kollektiv und Eigensinn. Lebensläufe in der DDR und danach. Hrsg. von Huinink, Johannes/Mayer, Karl Ulrich/Diewald, Martin u. a., Berlin 1995.
Kommission für Zukunftsfragen der Freistaaten Bayern und Sachsen: Erwerbstätigkeit und Arbeitslosigkeit in Deutschland. Entwicklung, Ursachen und Maßnahmen. Teil I: Entwicklung in Erwerbstätigkeit und Arbeitslosigkeit in Deutschland und anderen frühindustrialisierten Ländern. Bonn 1996.
König, Thomas/Bräuninger, Thomas: Wie wichtig sind die Länder für die Politik der Bundesregierung bei Einspruchs- und Zustimmungsgesetzen? In: ZParl 28 (1997), S. 605–628.
Korte, Karl-Rudolf: Kommt es auf die Person des Kanzlers an? Zum Regierungsstil von Helmut Kohl in der «Kanzlerdemokratie» des deutschen Parteienstaates. In: ZParl 29 (1998), S. 387–401.
Kreikenbom, Henry: Nachwirkungen der SED-Ära. Die PDS als Katalysator der Partei- und Wahlpräferenzen in den neuen Bundesländern. In: ZParl 29 (1998), S. 24–46.
Kuhn, Ekkehard: Gorbatschow und die deutsche Einheit. Aussagen der wichtigsten russischen und deutschen Beteiligten. Bonn 1993.
Lafontaine, Oskar: Nicht das Weggehen prämieren, sondern das Dableiben. In: Süddeutsche Zeitung, 25./26.11.1989.
Lafontaine, Oskar: Deutsche Wahrheiten. Die nationale und die soziale Frage. Hamburg 1990.
Lafontaine, Oskar: Das Herz schlägt links. München 1999.
Landenberger, Margarete: Pflegeversicherung als Vorbote eines anderen Sozialstaates. In: ZSR 40 (1994), S. 314–342.
Lang, Jürgen P./ Moreau, Patrick: PDS. Das Erbe der Diktatur. Sonderdruck der Zeitschrift «Politische Studien», Jg. 45, September 1994.
Lehmann, Ines: Die deutsche Vereinigung von außen gesehen. Angst, Bedenken und Erwartungen. Bd. 1: Die Presse der Vereinigten Staaten, Großbritanniens und Frankreichs. Frankfurt am Main/Wien/New York u. a. 1996.
Lehmbruch, Gerd: Die improvisierte Vereinigung: Die Dritte deutsche Republik. Unentwegter Versuch, einem japanischen Publikum die Geheimnisse der deutschen Transformation zu erklären. In: Leviathan 18 (1990), S. 462–486.
Leibfried, Stephan: Grenzen deutscher Sozialstaatlichkeit. Vom gemeinsamen Arbeitsmarkt zu erzwungener europäischer Sozialreform. In: Grenzen des Sozialversicherungsstaates, S. 313–323.
Leithäuser, Johannes: «Wir sind einfach müde geworden». In: FAZ, 22.8.2000.
Lemke, Christiane: Neue soziale Bewegungen. In: 50 Jahre Bundesrepublik Deutschland, S. 440–453.
Lepsius, M. Rainer: Die Rolle der Sozialpolitik in der Bonner Republik und in der DDR. In: Soziale Konflikte, hrsg. v. Grebing/Hemmer, S. 41–50.
Lerche, Peter: § 194. Der Beitritt der DDR – Voraussetzungen, Realisierung, Wirkungen. In: Handbuch des Staatsrechts. Bd VIII, S. 403–446.
Leven, Klaus: Nach der Revolution im Osten Deutschlands – Arbeitsämter zwischen Norm und Wirklichkeit. In: Europa und Deutschland – Zusammenwachsende Ar-

beitsmärkte und Sozialräume. Festschrift für Heinrich Franke zum 65. Geburtstag. 26. Januar 1993. Hrsg. v. Buttler, Friedrich / Reiter, Heinrich / Günther, Horst. Stuttgart/ Berlin/ Köln 1993, S.235–242.

Liberal denken. Leistung wählen. Das Programm der F.D.P. zur Bundestagswahl 1994.

Liebold, Renate: Innerbetriebliche Beziehungen in ostdeutschen Industriebezirken: Die (ost)deutsche Einheit zwischen Management und Betriebsrat. In: Industrielle Beziehungen, S. 213–235.

Liebscher, Thomas/Steffen, Olaf: Der Aufbau der Arbeitsgerichtsbarkeit und die Tätigkeit der Schiedsstellen in den neuen Bundesländern. In: Aufbau, S. 141–220.

Linhart, Helmut/Adolph, Olgierd: Einstieg in die Sozialhilfewanderung in der Europäischen Union? In: NDV, August 2004, S. 282–285.

Linnemann, Rainer: Die Parteien in den neuen Bundesländern. Konstituierung, Mitgliederentwicklung, Organisationsstrukturen. Münster 1994 .

Lutz, Burkart/Grünert, Holle: Der Zerfall der Beschäftigungsstruktur der DDR 1989–1993. In: Arbeit, S. 69–120.

Mampel, Siegfried: Das Ende der sozialistischen Verfassung der DDR. In: DA 23 (1990), S.1377–1396.

Mangoldt, Hans von: Die Verfassungen der neuen Bundesländer. Einführung und synoptische Darstellung. Sachsen, Brandenburg, Sachsen-Anhalt, Mecklenburg-Vorpommern, Thüringen. 2. Aufl. Berlin 1997.

Manow, Philip: Gesundheitspolitik im Einigungsprozeß. Frankfurt/New York 1994.

Manow, Philip: Strukturinduzierte Politikgleichgewichte: Das Gesundheitsstrukturgesetz und seine Vorgänger. MPIFG Discussion Paper 5/94.

Manow, Philip: Informalisierung und Parteipolitisierung – zum Wandel exekutiver Entscheidungsprozesse in der Bundesrepublik. In: ZParl 27 (1996), S. 96–107.

Manow, Philip: Entwicklungslinien ost- und westdeutscher Gesundheitspolitik zwischen doppelter Staatsgründung, deutscher Einigung und europäischer Integration. In: ZSR 43 (1997), S. 101–131.

Manow-Borgwardt, Philip: Die Sozialversicherung in der DDR und BRD, 1945–1990: Über die Fortschrittlichkeit rückschrittlicher Institutionen. In: PVS 35 (1994), S. 40–61.

Manz, Günter: Armut in der «DDR»-Bevölkerung. Lebensstandard und Konsumptionsniveau vor und nach der Wende. Augsburg 1992.

Martens, Helmut: Gewerkschaftlicher Organisationsaufbau und Mitbestimmung in Ostdeutschland. Ein eigenständiger und schwieriger Institutionalisierungsprozess und seine Folgen für die industriellen Beziehungen in der größer gewordenen Bundesrepublik. Dortmund 1992.

Maschatzke, Jörg: Einstellungen zum Umfang staatlicher Verantwortung. – Zum Staatsverständnis der Eliten im vereinten Deutschland. In: Bürklin u. a., Eliten, S. 321–350.

Materialien der Enquete-Kommission «Aufarbeitung von Geschichte und Folgen der SED-Diktatur in Deutschland». Hrsg. vom Deutschen Bundestag. Bd. II: Machtstrukturen und Entscheidungsmechanismen im SED-Staat und die Frage der Verantwortung. Baden-Baden 1995.

Materialien der Enquete-Kommission «Überwindung der Folgen der SED-Diktatur im Prozeß der deutschen Einheit». Hrsg. v. Deutscher Bundestag. Band III: Wirtschafts-, Sozial- und Umweltpolitik. Baden-Baden 1999. Bd. VIII, 3: Das geteilte Deutschland im geteilten Europa. Baden-Baden 1999.

Materialien zum Sozialgesetzbuch. Hrsg. v. Zacher, Hans F. Loseblattausgabe. Stand: April 1979. Percha am Starnberger See.

Materialien zur Deutschen Einheit und zum Aufbau in den neuen Bundesländern, BT-Drs. 13/2280, 8.9.1995.

Materialien zur Deutschen Einheit, BT-Drs. 12 /6854.

Maydell, Bernd Baron von/Boecken, Winfried/Heine, Wolfgang u.a.: Die Umwandlung der Arbeits- und Sozialordnung. Opladen 1996.

Mayntz, Renate: Politische Steuerbarkeit und Reformblockaden: Überlegungen am Beispiel des Gesundheitswesens. In: Staatswissenschaft und Staatspraxis 1 (1990), S. 283–307.

Meck, Sabine/Belitz-Demiriz, Hannelore/Brentzke, Peter: Sozialdemographische Struktur und Einstellungen von DDR-Flüchtlingen/Übersiedlern. Eine empirische Analyse der innerdeutschen Migration im Zeitraum Oktober 1989 bis März 1990. In: Minderheiten in und Übersiedler aus der DDR. Hrsg. v. Voigt, Dieter/Mertens, Lothar. Berlin 1992, S. 9–38.

Meimberg, Rüdiger: Landwirtschaft: Großbetriebe prägen den ländlichen Raum. In: Wiedervereinigung, S. 383–400.

Merten, Detlef: Grundfragen des Einigungsvertrages unter Berücksichtigung beamtenrechtlicher Probleme. Zur Verfassungsmäßigkeit des Art. 6 EinigungsV. Berlin 1991.

Merten, Detlef: Rentenversicherung und deutsche Wiedervereinigung. In: Geschichte und Gegenwart der Rentenversicherung in Deutschland. Beiträge zur Entstehung, Entwicklung und vergleichenden Einordnung der Alterssicherung im Sozialstaat. Hrsg. v. Fisch, Stefan/Haerendel, Ulrike. Berlin 2000, S. 317–332.

Merten, Roland: Junge Familien in den neuen Bundesländern: die vergessenen Verlierer im Prozess der deutschen Vereinigung. In: SF 42 (1993), S. 295–300; 43 (1994), S. 18 f.

Meyer, Cord: Die Sozialplanrichtlinien der Treuhandanstalt. Opladen 1996.

Midgley, James: Social Welfare in Global Context. Thousand Oaks 1997.

Mitterrand, François: Über Deutschland. Frankfurt am Main/Leipzig 1996.

Modell Deutschland. Erfolgsgeschichte oder Illusion? Hrsg. v. Hertfelder, Thomas/Rödder, Andreas. Göttingen 2007.

Modrow, Hans: Aufbruch und Ende. Hamburg 1991.

Modrow, Hans: Die Perestroika. Wie ich sie sehe. Persönliche Erinnerungen und Analysen eines Jahrzehntes, das die Welt veränderte. 2. Aufl. Berlin 1998.

Mohn, Jörg: Die Rechtsentwicklung der Überführung der Ansprüche und Anwartschaften aus Zusatz- und Sonderversorgungssystemen der ehemaligen DDR in die Rentenversicherung. In: DAngVers 12/1993, S. 438–447.

Moll, Frank: Tarifausstieg der Arbeitgeber: Mitgliedschaft im Arbeitgeberverband «ohne Tarifbindung». Berlin 2000.

Montada, Leo: Gerechtigkeitsansprüche und Ungerechtigkeitserleben in den neuen Bundesländern. In: Arbeit und Gerechtigkeit im ostdeutschen Transformationsprozeß. Hrsg. v. Heinz, Walter R./Hormuth, Stefan E. Opladen 1997, S. 231–274.

Moreau, Patrick (in Zusammenarbeit mit *Marcus Overmann*)/*Süß, Walter/Weinke, Annette* u.a.: Die Politik der letzten DDR-Regierung und ihre Folgen. In: Materialien der Enquete-Kommission «Überwindung», Bd. VIII/3, S. 2008–2173.

Mrotzeck, Herbert/Püschel, Herbert: Krankenversicherung und Alterssicherung. Opladen 1997.

Müller, Hans-Peter: Gewerkschaftsvereinigung. Die Industriegewerkschaft Bergbau und Energie im deutschen Vereinigungsprozess. In: Wiedervereinigung Deutschlands, S. 537–559.

Murmann, Klaus: Kontrakt für die Zukunft. Was mich bewegt. Gespräch mit Rainer Hank und Rolf Dietrich Schwartz. Berlin 1997.

Mutz, Michael: Renten der Zusatzversorgung der Intelligenz in der DDR – Chronik der Überführung in die gesetzliche Rentenversicherung. In: DAngVers 12/1995, S. 426–432.

Mutz, Michael: Aufstieg und Fall eines Konzepts. Die Zusatz- und Sonderversorgungssysteme der DDR und ihre Überführung. In: DAngVers 11/1999, S. 509–519.

Nach einem Jahrzehnt: «Wie hat die Unfallversicherung die Wiedervereinigung erlebt und gestaltet?» Schwerpunktausgabe der Zeitschrift Die BG 12/2001.

Neller, Katja: «Auferstanden aus Ruinen?» Das Phänomen «DDR-Nostalgie». In: Wächst zusammen, was zusammen gehört?, S. 339–381.

Neugebauer, Gero: Die SDP/SPD in der Einigung: Zur Geschichte und Entwicklung einer unvollendeten Partei. In: Parteien, S. 75–104.

Neugebauer, Gero/Stöß, Richard: Die PDS. Geschichte. Organisation. Wähler. Konkurrenten. Opladen 1996.

Neumann, Volker/Brockmann, Iris: Freie Wohlfahrtspflege in den neuen Bundesländern, in: Wienand u. a., Fürsorge, S. 63–133.

1994 – Das Jahr der 19 Wahlen. Vier Jahre nach der Vereinigung sind die großen Volksparteien in Bedrängnis. In: FAZ, 20.12.1993.

Neuordnung des Finanzausgleichs zwischen Bund und Ländern und ihre Auswirkungen auf das Land Bremen. Hrsg. vom Senator für Finanzen der Freien Hansestadt Bremen. Bremen 1993, S. 149–158.

Niedermayer, Oskar: Das intermediäre System. In: Politisches System, S. 155–230.

Niemann, Heinz: Meinungsforschung in der DDR. Die geheimen Berichte an das Politbüro der SED. Köln 1993.

Niemeyer, Werner: Ab sofort einheitliches Recht. In: BArbBl 1, 1992, S. 7–12.

Nierhaus, Wolfgang: Private Haushalte. Kaufkraftplus auf breiter Front. In: Wiedervereinigung. Hrsg. v. Oppenländer, S. 51–72.

Noelle-Neumann, Elisabeth: Die PDS als Kristallisationspunkt der Unterschiede. In: FAZ, 16.12.1997.

OECD: OECD Economic Surveys. Germany 1989/1990. Anhang: Basic Statistics – International Comparisons. Paris 1990.

OECD: Economic Outlook 51, June 1992, Paris 1992.

OECD: The Reform of Health Care Systems. A Review of Seventeen OECD Countries. Paris 1994.

OECD: Economic Outlook 61, Paris 1997.

Offe, Claus: Zur Typologie von sozialpolitischen «Regimen». In: ZSR 39 (1993), S. 83–86.

Ökonomische Leistungsfähigkeit und institutionelle Innovation. Das deutsche Produktions- und Politikregime im globalen Wettbewerb. Hrsg. v. Naschold, Frieder / Soskice, David / Hancké, Bob u. a. WBZ-Jahrbuch 1997, Berlin 1997.

Olk, Thomas/Rentzsch, Doris: Zur Transformation von Armut in den neuen Bundesländern. In: Grenzen, S. 248–274.

Olk, Thomas/Rothgang, Heinz: Demographie und Sozialpolitik. In: 50 Jahre Bundesrepublik Deutschland, S. 258–278.

Organisierte Interessen in Ostdeutschland. Hrsg. v. Eichner, Volker/Kleinfeld, Ralf/Pollack, Detlef u. a., 1. u. 2. Halbband. Marburg 1992.

Otting, Albrecht: Von Maastricht nach Amsterdam. In: BArbBl 11, 1997, S. 10–13.

Paffrath, Constanze: Macht und Eigentum. Die Enteignungen 1945–1949 im Prozess der deutschen Wiedervereinigung. Köln/Weimar/Wien 2004.

Papier, Hans-Jürgen: Der Einfluß des Verfassungsrechts auf das Sozialrecht. In: Sozialrechtshandbuch (SRH). Hrsg. v. Maydell, Bernd Baron von / Ruland, Franz. 2. Aufl., Neuwied/Kriftel/Berlin 1996, S. 73–124.

Papier, Hans-Jürgen: Das Rentenversicherungsrecht vor dem Grundgesetz. Eigentum, Gleichheit und Schutz der Familie. In: FAZ, 11.6.2001.

Parteien und Wähler im Umbruch. Parteiensystem und Wählerverhalten in der ehemaligen DDR und den neuen Bundesländern. Hrsg. v. Niedermayer, Oskar/Stöss, Richard. Opladen 1994.

Parteitag in Leipzig 22. bis 25. Februar 1990. Ja zur deutschen Einheit – Eine Chance für Europa. Wahlprogramm der SPD zum ersten frei gewählten Parlament der DDR. Hrsg. v. Vorstand der SPD. Februar 1990.

Perner, Detlef: Entwicklung der Gewerkschaftsorganisation seit der deutschen Einigung. In: Wirtschaftliche und soziale Einheit Deutschlands. Eine Bilanz. Hrsg. von Nolte, Dirk/ Sitte, Ralf/Wagner, Alexandra. Köln 1995, S. 379–393.

Peterson, Fabian: Oppositionsstrategie der SPD-Führung im deutschen Einigungsprozess 1989/90. Strategische Ohnmacht durch Selbstblockade? Hamburg 1998.

Pieper, Bernhard: Industrie. Rasche Angleichung an die westdeutsche Beschäftigtenstruktur. In: Wiedervereinigung, S. 401–418.

Pierson, Paul: Dismantling the Welfare State? Reagan, Thatcher and the Politics of Retrenchment. Cambridge 1994.

Pirker, Theo/Lepsius, Rainer M. /Weinert, Rainer u. a.: Der Plan als Befehl und Fiktion. Wirtschaftsführung in der DDR. Gespräche und Analysen. Opladen 1995.

Plato, Alexander von: Die Vereinigung Deutschlands – ein weltpolitisches Machtspiel. Bush, Kohl, Gorbatschow und die geheimen Moskauer Protokolle. Berlin 2002.

Pöhl, Otto: Wir sind im Jahre 1990 überrumpelt worden. In: Süddeutsche Zeitung, 29.6.2000.

Pohlmann, Markus/ Schmidt, Rudi: Management in Ostdeutschland und die Gestaltung des wirtschaftlichen und sozialen Wandels. In: Arbeit, S. 191–226.

Politische Orientierungen und Verhaltensweisen im vereinigten Deutschland. Hrsg. v. Gabriel, Oscar W. Opladen 1997.

Politisches System. Hrsg. v. Kaase, Max/ Eisen, Andreas/ Gabriel, Oscar W. u. a. Opladen 1996.

Pollack, Detlef: Zwischen alten Verhaltensdispositionen und neuen Anforderungsprofilen. Bemerkungen zu den mentalitätsspezifischen Voraussetzungen des Operierens von Interessenverbänden und Organisationen in den neuen Bundesländern. In: Organisierte Interessen, 2. Halbband, S. 489–508.

Pollack, Detlef/Pickel, Gert: Die ostdeutsche Identität – Erbe des DDR-Sozialismus oder Produkt der Wiedervereinigung? Die Einstellung der Ostdeutschen zu sozialer Ungleichheit und Demokratie. In: APuZG, B41–42/98, S. 9–23.

Powaski, Ronald E.: Cold War. The United States and the Soviet Union 1917–1991. New York/Oxford 1998.

Presse- und Informationsamt der Bundesregierung (Hrsg.): Der Vertrag über die Schaffung einer Währungs-, Wirtschafts- und Sozialunion zwischen der Bundesrepublik Deutschland und der Deutschen Demokratischen Republik. Erklärungen und Dokumente. Bonn, Juni 1990.

Presse- und Informationsamt der Bundesregierung. Aktuelle Beiträge zur Wirtschafts- und Finanzpolitik 1990–1995.

Presse- und Informationsamt der Bundesregierung. Aktuelle Presseinformation 1990–1995.

Pressedienst PDA der Bundesvereinigung Deutscher Arbeitgeberverbände 1990–1995.

Pressemitteilungen des Presse- und Informationsamtes der Bundesregierung 1990–1995.

Presseservice der SPD 1990–1995.

Probleme der Umgestaltung der Sozialordnungen Mittel- und Osteuropas. Hrsg. v. Gesellschaft für Versicherungswissenschaft und -gestaltung e.V. Köln. Bergisch-Gladbach 1994.

Programm der Partei des Demokratischen Sozialismus. Angenommen auf dem Wahlparteitag der PDS am 25. Februar 1990.
Protokoll der Delegiertenkonferenz der Sozialdemokratischen Partei in der DDR 12.1.–14.1.1990. Hrsg. v. Vorstand der Sozialdemokratischen Partei in der DDR. Berlin 1990.
Protokolle der Volkskammer der Deutschen Demokratischen Republik (Prot. VK) 1989–1990.
Protokolle des Deutschen Bundestages, Ausschuß Deutsche Einheit.
Protokolle des Deutschen Bundestages (Prot. BT) 1989–1995.
Rechtsgrundlagen für die Wahl zum 12. Deutschen Bundestag, 2. Auflage. Hrsg. v. Bundeswahlleiter, Oktober 1990.
Regierungsprogramm 1990–1994. Der Neue Weg, ökologisch, sozial, wirtschaftlich stark. Beschlossen vom SPD-Parteitag in Berlin am 28. September 1990.
Reich, Jens: Bescheidenheit war politisches Programm. In: Die Zeit, 18.10.1996.
Rentenversicherungsbericht 1996 («Bericht der Bundesregierung über die gesetzliche Rentenversicherung, insbesondere über die Entwicklung der Einnahmen und Ausgaben, der Schwankungsreserve sowie des jeweiligen erforderlichen Beitragssatzes in den künftigen 15 Kalenderjahren gemäß §154 SGB VI», BT-Drs. 13/5370 v. 29.7.96).
Restle, Diether / Rockstroh, Matthias: Arbeitslosigkeit wirksam bekämpfen. In: BArbBl 10/1994, S. 15–19.
Richter, Michael: Die Bildung des Freistaates Sachsen. Friedliche Revolution, Föderalisierung, deutsche Einheit 1989/90. Göttingen 2004.
Rieger, Elmar/Leibfried, Stephan: Globalisation and the Western Welfare State. An Annotated Bibliography. ZeS-Arbeitspapier Nr. 1/95. Bremen 1995.
Rieger, Elmar/Leibfried, Stephan: Welfare State Limits to Globalization. In: Politics & Society 26 (1998), S. 363–390.
Ringler, Jochen C.K.: Die Europäische Sozialunion. Berlin 1997.
Ritter, Gerhard A.: Der Sozialstaat. Entstehung und Entwicklung im internationalen Vergleich. 2. Aufl. München 1991.
Ritter, Gerhard A.: Probleme und Tendenzen des Sozialstaats in den 1990er Jahren. In: GuG 22 (1996), S. 393–408.
Ritter, Gerhard A.: Über Deutschland. Die Bundesrepublik in der deutschen Geschichte. 2. Auflage, München 2000.
Ritter, Gerhard A.: Thesen zur Sozialpolitik der DDR. In: Sozialstaatlichkeit in der DDR. Sozialpolitische Entwicklungen im Spannungsfeld von Diktatur und Gesellschaft 1945/49–1989. Hrsg. v. Hoffmann, Dierk/Schwartz, Michael. München 2005, S. 11–29.
Ritter, Gerhard A./ Niehuss, Merith: Wahlen in Deutschland 1946–1991. Ein Handbuch. München 1991.
Ritter, Gerhard A./Niehuss, Merith: Wahlen in Deutschland 1990–1994. München 1995.
Röbenack, Silke: Betriebe und Belegschaftsvertretungen. In: Industrielle Beziehungen, S. 161–212.
Rödder, Andreas: Staatskunst statt Kriegshandwerk. Probleme der deutschen Vereinigung von 1990 in internationaler Perspektive. In: Historisches Jahrbuch 118 (1998), S. 223–260.
Rödder, Andreas: «Durchbruch im Kaukasus»? Die deutsche Wiedervereinigung und die Zeitgeschichtsschreibung. In: Jahrbuch des Historischen Kollegs 2002, S. 113–140.
Roesler, Jörg: Die Produktionsbrigaden in der Industrie der DDR. Zentrum der Arbeitswelt? In: Sozialgeschichte, S. 144–170.
Rogner, Klaus Michael: Der Verfassungsentwurf des Zentralen Runden Tisches der DDR. Berlin 1993.

Roller, Edeltraud: Einstellungen der Bürger zum Wohlfahrtsstaat der Bundesrepublik Deutschland. Opladen 1992.
Roller, Edeltraud: Kürzungen von Sozialleistungen aus der Sicht der Bundesbürger. In: ZSR 42 (1996), S. 777–788.
Roller, Edeltraud: Sozialpolitische Orientierungen nach der deutschen Vereinigung. In: Politische Orientierungen, S. 115–146.
Roller, Edeltraud: Staatsbezug und Individualismus: Dimensionen des sozialkulturellen Wertwandels. In: 50 Jahre Bundesrepublik Deutschland, S. 229–246.
Rosenberg, Peter: Pflegeversicherung. Demographische Risiken. In: BArbBl 9/1992, S. 16–18.
Rosenberg, Peter: Sozialpolitik bei leeren Kassen. In: SF 43, Februar 1994, S. 31–35.
Rosenow, Joachim: Die Altersgrenzenpolitik in den neuen Bundesländern: Trends und Regulationsmechanismen im Transformationsprozeß – Differenzen zur Entwicklung in den alten Bundesländern. In: ZSR 38 (1992), S. 682–697.
Ross, Sabine: «Karrieren auf der Lochkarte». Der Zentrale Kaderdatenspeicher des Ministerrates der DDR. In: Gesellschaft ohne Eliten?, S. 109–130.
Roth, Dieter: Die Wahlen zur Volkskammer in der DDR. Der Versuch einer Erklärung. In: PVS 31 (1990), S. 369–392.
Roth, Reinhold: Die niedersächsische Landtagswahl vom 13. Mai 1990. In: ZParl 21 (1990), S. 449–460.
Rothgang, Heinz: Die Einführung der Pflegeversicherung. Ist das Sozialversicherungsprinzip am Ende? In: Grenzen, S. 164–187.
Rothgang, Heinz: Vom Bedarfs- zum Budgetprinzip? Die Einführung der Pflegeversicherung und ihre Folgen für die gesetzliche Krankenversicherung. In: Gesellschaften im Umbruch. Beiträge des 27. Kongreß der Deutschen Gesellschaft für Soziologie. Hrsg. von Clausen, Lars. Bd. 1. Frankfurt a. M. 1996, S. 930–946.
Rüfner, Wolfgang: Das Sozialrecht in der Rechtsprechung des Bundesverfassungsgerichts. In: JBSozRG, Bde. 12–21, 1990–1999.
Ruland, Franz: Erfolgreiche Aufbauarbeit. In: BArbBl 10/1992, S. 24–28.
Rürup, Bert: Alterndes Deutschland. Herausforderung des demographischen Wandels. In: Deutsche Rentenversicherung 1–2/2000, S. 72–81.
Rürup, Bert/Sesselmeier, Werner: Die demographische Entwicklung Deutschlands: Risiken, Chancen, politische Optionen. In: APuZG, B 44/93, S. 3–15.
Sachverständigenrat für die Konzertierte Aktion im Gesundheitswesen. Jahresgutachten 1991: Das Gesundheitswesen im vereinten Deutschland. Baden-Baden 1991.
Sachverständigenrat zur Begutachtung der gesamtwirtschaftlichen Entwicklung. Jahresgutachten 1989/90–1997/98. Stuttgart 1989–1997.
Sander, Peter: Interessenvertretung der Arbeitnehmer im Betrieb. Opladen 1997.
Sarrazin, Thilo: Die Entstehung und Umsetzung des Konzepts der deutschen Wirtschafts- und Währungsunion. In: Tage, S. 160–225.
Schabert, Tilo: Wie Weltgeschichte gemacht wird. Frankreich und die deutsche Einheit. Stuttgart 2002.
Schabowski, Günter: Der Absturz. Berlin 1991.
Schaefer-Kehnert, Walter: Die LPG-Nachfolger sind für den Staat ein Faß ohne Boden. In: FAZ, 3.1.2000.
Scharpf, Fritz W.: Wege zu mehr Beschäftigung. In: Gewerkschaftliche Monatshefte 48 (1997), S. 203–216.
Scharpf, Fritz W.: The Viability of Advanced Welfare States in the International Economy: Vulnerabilities and Options. MPIFG, Working Paper 99/9, September 1999.
Schaub, Eberhard: Die Aufbauarbeit der Rentenversicherung in den neuen Bundeslän-

dern. In: VDR: Aktuelles Presseseminar des VDR 12./13. November 1992 in Würzburg, S. 102–118.
Schäuble, Wolfgang: Der Vertrag. Wie ich über die deutsche Einheit verhandelte. Hrsg. von Koch, Dirk / Wirtgen, Klaus. Taschenbuchausgabe, München 1993.
Schäuble, Wolfgang: Ich habe einen Traum, aufgezeichnet von Mark Kayser. In: Die Zeit, 30.9.1999.
Schenk, Petra / von der Weiden, Bianca M.: Die deutsche Sozialdemokratie 1989/90. SDP und SPD im Einigungsprozeß. München 1997.
Schiller, Theo/Weinbach, Kerstin: Die FDP: Wahlen und Wähler. In: Intermediäre Strukturen, S. 135–150.
Schindler, Peter: Datenhandbuch zur Geschichte des Deutschen Bundestages 1983 bis 1991. Mit Anhang: Volkskammer der Deutschen Demokratischen Republik. Baden-Baden 1994.
Schindler, Peter: Datenhandbuch zur Geschichte des Deutschen Bundestages 1949 bis 1999. 3 Bde. Baden-Baden 1999.
Schlecht, Otto: Soziale Sicherung als Aufgabe der Sozialen Marktwirtschaft. In: Umbau der Sozialsysteme, S. 7–14.
Schmähl, Winfried: Alterssicherung in der DDR und ihre Umgestaltung im Zuge des deutschen Einigungsprozesses. In: Sozialpolitik im vereinten Deutschland I. Hrsg. v. Kleinhenz, Gerhard. Berlin 1991, S. 49–95.
Schmähl, Winfried: Zur Finanzierung einer Pflegeversicherung in Deutschland. ZeS-Arbeitspapier Nr. 5/92.
Schmähl, Winfried: Migration und soziale Sicherheit. Über die Notwendigkeit einer differenzierten Betrachtung: das Beispiel der gesetzlichen Kranken- und Rentenversicherung. In: Hamburger Jahrbuch für Wirtschafts- und Gesellschaftspolitik 14 (1995), S. 247–271.
Schmähl, Winfried: Europäische Sozialpolitik und die sozialpolitische Bedeutung der europäischen Integration. In: Europäische Sozialpolitik, S. 9–37.
Schmähl, Winfried: Rentenversicherung in der Bewährung: Von der Nachkriegszeit bis an die Schwelle zum neuen Jahrhundert. Stationen und Weichenstellungen. In: Eine lernende Demokratie. 50 Jahre Bundesrepublik Deutschland. WZB-Jahrbuch 1999. Hrsg. v. Kaase, Max/Schmid, Günther. Berlin 1999, S. 397–423.
Schmähl, Winfried: Alterssicherung in Deutschland an der Jahrtausendwende – Konzeptionen, Maßnahmen und Wirkungen. In: Deutsche Rentenversicherung 1–2/2000, S. 50–71.
Schmähl, Winfried: Einkommenslage und Einkommensverwendungspotential Älterer in Deutschland. In: Wirtschaftsdienst 85, März 2005, S. 156–165.
Schmähl, Winfried/Fachinger, Uwe: Einkommen und Vermögen älterer Haushalte. Anmerkungen zur heutigen Situation und zur künftigen Entwicklung. In: Lebenssituation älterer Menschen. Beschreibung und Prognose aus interdisziplinärer Sicht. Hrsg. v. Farny, Dieter/Lütke-Bornefeld, Peter/Zellenberg, Gertrud. Berlin 1996, S. 93–124.
Schmid, Josef/Tiemann, Heinrich: Gewerkschaften und Tarifverhandlungen in den fünf neuen Bundesländern. Organisationsentwicklung, politische Strategien und Probleme am Beispiel der IG-Metall. In: Organisierte Interessen. 1. Halbband, S. 134–158.
Schmidt, Manfred G.: West Germany: The Policy of the Middle Way. In: Journal of Public Policy 7 (1987), S. 139–177.
Schmidt, Manfred G.: Learning from Catastrophies – West Germany's Public Policy. In: A Comparative History of Public Policy. Hrsg. v. Castles, Francis G. Cambrigge 1989, S. 56–99.

Schmidt, Manfred G.: Die Politik des mittleren Weges. Besonderheiten der Staatstätigkeit in der Bundesrepublik Deutschland. In: APuZG, B 9–10/90, 23.2.1990, S. 23–31.
Schmidt, Manfred G.: Sozialpolitik in Deutschland. Historische Entwicklung und internationaler Vergleich. 2. Aufl., Opladen 1998.
Schmidt, Manfred G.: Grundzüge der Sozialpolitik in der DDR. In: «Am Ende des realen Sozialismus», Bd. 4, S. 273–319.
Schmidt, Manfred G.: Warum die Gesundheitsausgaben wachsen. Befunde des Vergleichs demokratisch verfaßter Länder. In: PVS 40 (1999), S. 229–245.
Schmidt, Manfred G.: Immer noch auf dem «mittleren Weg»? Deutschlands politische Ökonomie am Ende des 20. Jahrhunderts, ZeS-Arbeitspapier 7/1999.
Schmidt, Manfred G.: Die Europäisierung der öffentlichen Aufgaben. In: 50 Jahre Bundesrepublik Deutschland, S. 385–394.
Schmidt, Manfred G.: Reform der Sozialpolitik in Deutschland: Lehren des historischen und internationalen Vergleichs. In: Der deutsche Sozialstaat, S. 153–170.
Schmidt, Rudi: Restrukturierung und Modernisierung der industriellen Produktion. In: Arbeit, S. 227–256.
Schmidt, Ute: Transformation einer Volkspartei. – Die CDU im Prozeß der deutschen Vereinigung. In: Parteien, S. 37–74.
Schmidt, Ute: Die CDU. In: Intermediäre Strukturen, S. 13–39.
Schmidt, Wolfgang: Die Überleitungsanstalt Sozialversicherung. In: DAngVers 38 /1992, S. 65–69.
Schmidt, Wolfgang: Überleitungsanstalt Sozialversicherung zum 31.12.1991 aufgelöst. In: DAngVers 39 /1992, S. 142 f.
Schmidt-Bleibtreu, Bruno: Zur rechtlichen Gestaltung des Staatsvertrags vom 18. Mai 1990. In: Tage, S. 226–242.
Schmitt, Manfred/Montada, Leo: Psychologische, soziologische und arbeitswissenschaftliche Analysen der Transformation nach der deutschen Wiedervereinigung. In: Gerechtigkeitserleben im wiedervereinigten Deutschland. Hrsg. v. Schmitt, Manfred/ Montada, Leo. Opladen 1999, S. 7–18.
Schraa, Joachim: Soziale Pflegeversicherung. Die lange Geschichte. In: BArbBl 8–9/1994, S. 5–11.
Schreckenberger, Waldemar: Veränderungen im Parlamentarischen Regierungssystem. Zur Oligarchie der Spitzenpolitiker der Parteien. In: Staat und Parteien. Festschrift für Rudolf Morsey zum 65. Geburtstag. Hrsg. von Bracher, Karl Dietrich / Mikat, Paul / Repgen, Konrad u. a. Berlin 1992, S. 133–157.
Schreckenberger, Waldemar: Informelle Verfahren der Entscheidungsvorbereitung zwischen der Bundesregierung und den Mehrheitsfraktionen: Koalitionsgespräche und Koalitionsrunden. In: ZParl 25 (1994), S. 329–346.
Schroeder, Klaus: Der Preis der Einheit. Eine Bilanz. München/Wien 2000.
Schröder, Richard: Zum Bruch der Großen Koalition der letzten DDR-Regierung. In: ZParl 22 (1991), S. 473–480.
Schröder, Richard: Gerechtigkeit für eine Schar von Laienspielern. Auf ihre erste gewählte Volkskammer können die Ostdeutschen ein bißchen stolz sein – und die Westdeutschen sollten ihnen diesen Stolz lassen. In: FAZ, 18.3.2000.
Schröder, Richard: Zeitverschobene Vernunft. Schritt für Schritt zum 3. Oktober. In: FAZ, 5.10.2000.
Schröder, Richard: Die wichtigsten Irrtümer über die deutsche Einheit. Freiburg im Breisgau 2007.
Schroeder, Wolfgang: Industrielle Beziehungen in Ostdeutschland: Zwischen Transformation und Standortdebatte. In: APuZG, B 40/96, S. 25–34.

Schroeder, Wolfgang: Westdeutsche Prägung – ostdeutsche Bewährungsproben: Industrielle Beziehungen in der Metall- und Elektroindustrie. In: Industrielle Beziehungen, S. 101–133.
Schroeder, Wolfgang: Das Modell Deutschland auf dem Prüfstand. Zur Entwicklung der industriellen Beziehungen in Ostdeutschland (1990–2000). Wiesbaden 2000.
Schulte, Bernd: Das Sozialrecht in der Rechtsprechung des Europäischen Gerichtshofs. In: JBSozRG, Bde. 10 (1988) – 20 (1998).
Schulte, Bernd: Die Entwicklung der Europäischen Sozialpolitik. In: Nationalismus – Nationalitäten – Supranationalität. Hrsg. v. Winkler, Heinrich August /Kaelble, Hartmut. Stuttgart 1993, S. 261–287.
Schürer, Gerhard: Gewagt und verloren. Eine deutsche Biographie. Frankfurt/Oder 1996.
Schürer, Gerhard: Planung und Lenkung der Volkswirtschaft der DDR – ein Zeitzeuge berichtet aus dem Zentrum der DDR-Wirtschaftslenkung. In: Am Ende des realen Sozialismus. Bd. 4, S. 61–98.
Schürers Krisen-Analyse. In: DA 25 (1992), S.1112–1120.
Schwarzer, Doris: Arbeitsbeziehungen im Umbruch gesellschaftlicher Strukturen. Bundesrepublik Deutschland, DDR und neue Bundesländer im Vergleich. Stuttgart 1995.
Schwedes, Rolf: Der Wiederaufbau der Arbeitsgerichtsbarkeit in den neuen Bundesländern. In: Die Arbeitsgerichtsbarkeit. Festschrift zum 100jährigen Bestehen der Deutschen Arbeitsgerichtsverbände. Neuwied/Kriftel/Berlin 1994, S. 147–167.
Schwedes, Rolf: Arbeitsgesetzbuch der DDR und seine Neufassung 1990. In: Entwicklungen im Arbeitsrecht und Arbeitsschutzrecht. Festschrift für Otfried Wlotzke zum 70. Geburtstag. Hrsg. von Anzinger, Rudolf und Wenk, Rolf. München 1996, S. 145–172.
Schwinn, Oliver: Die Finanzierung der deutschen Einheit. Eine Untersuchung aus politisch-institutionalistischer Perspektive. Opladen 1997.
Schwitzer, Klaus-Peter: Die Rentner sind die Gewinner der Einheit. In: Das Parlament, 17./24.1.1997.
Sebaldt, Martin: «Pflege» als Streitobjekt: Die parteipolitische Kontroverse um die Pflegeversicherung und die Entstehung des Pflegversicherungsgesetzes von 1994. In: ZSR 46 (2000), S. 173–187.
Seehofer, Horst: Das faule Ei vom Runden Tisch. Sozialisten lernen nichts dazu. In: Bayernkurier, 17.3.1990.
Seibel, Wolfgang unter Mitarbeit v. *Maaßen, Hartmut/Raab, Jörg/Oschmann, Arndt*: Verwaltete Illusionen. Die Privatisierung der DDR-Wirtschaft durch die Treuhandanstalt und ihre Nachfolger 1990–2000. Frankfurt am Main/New York 2005.
Siebert, Horst: Drei deutsche Schwächen. In: FAZ, 11.3.2002.
Siegel, Nico A.: Zwischen Konsolidierung und Umbau: Staatliche Sozialpolitik (1975–1995) – ein Vergleich. Zwischenbericht aus dem laufenden Forschungsprojekt «Politische Bestimmungsfaktoren der Umbau- und Rückbaupolitik in den sozialen Sicherungssystemen im internationalen Vergleich». März 1999.
Siegel, Nico/Jochem, Sven: Zwischen Sozialstaats-Status quo und Beschäftigungswachstum. Das Dilemma des Bündnisses für Arbeit im Trilemma der Dienstleistungsgesellschaft. ZeS-Arbeitspapier Nr. 17/99. Bremen 1999.
Sinn, Gerlinde: Lohnentwicklung und Lohnpolitik in den neuen Bundesländern. In: Wiedervereinigung, S. 253–280.
Sinn, Gerlinde/Sinn, Werner: Kaltstart. Volkswirtschaftliche Aspekte der deutschen Vereinigung. 3. Aufl., München 1993.
Sinn, Hans-Werner: Volkswirtschaftliche Probleme der deutschen Vereinigung. Opladen 1996.

Sokoll, Günther: Die Unfallversicherung im Prozess der Wiedervereinigung: Zwischen Rampenlicht und «Fußnote» der Sozialgeschichte. In: Die BG 05/2007, S. 181–187.
Soziale Konflikte, Sozialstaat und Demokratie in Deutschland. Hrsg. v. Grebing, Helga / Hemmer, Hans-Otto. Essen 1996.
Sozialgeschichte der DDR. Hrsg. von Kaelble, Hartmut/Kocka, Jürgen/Zwahr, Hartmut. Stuttgart 1994.
Sozialreport 1995. Daten und Fakten in den neuen Bundesländern. Hrsg. v. Winkler, Gunnar. Berlin 1995.
Sozialreport 50+ 1996. Daten und Fakten zur sozialen Lage von Bürgern ab dem 50. Lebensjahr in den neuen Bundesländern. Hrsg. vom Sozialwissenschaftlichen Forschungszentrum Berlin-Brandenburg e.V. Berlin 1996.
Sozialstaat im Wandel. Hrsg. v. Bundesministerium für Arbeit und Sozialordnung. Bonn 1994.
Sozialstaat vor dem Umbau. Leistungsfähigkeit und Finanzierbarkeit sichern. Hrsg. v. BDA, Oktober 1994.
Sozialverband VdK Deutschland: Jahresbericht 95. Bonn-Bad Godesberg.
Spree, Hans-Ulrich: Der Sozialstaat eint. Zur sozialen Einheit Deutschlands – Entwicklungen und Eindrücke. Eine Aufzeichnung. Hrsg. v. BMA. Baden-Baden 1994.
Starck, Christian: Die Verfassungen der neuen Länder. In: Handbuch des Staatsrechts, Bd. IX, S. 353–402.
Stark, Isolde: Wirtschafts- und sozialpolitische Vorstellungen der neuen Parteien und Bewegungen in der Zeit vom Sommer 1989 bis zum Oktober 1990. In: Materialien der Enquete-Kommission «Überwindung», Band III, S. 2530–2715.
States Against Markets. The Limits of Globalisation. Ed. by Boyer, Robert/Drache, Daniel. London/New York 1996.
Statistisches Bundesamt: Bevölkerung Deutschlands bis 2050. 1. koordinierte Bevölkerungsvorausberechnung. Wiesbaden 2003.
Statistisches Bundesamt: Tabellensammlung zur wirtschaftlichen und sozialen Lage in den neuen Bundesländern. Arbeitsunterlage 3/97. Wiesbaden 1997.
Statistisches Jahrbuch der DDR 1990. Freiburg/Berlin 1990.
Steiner, André: Von Plan zu Plan. Eine Wirtschaftsgeschichte der DDR. München 2004.
Steinmeyer, Heinz Dietrich: Akteure, Instrumente und Maßnahmen europäischer Sozialpolitik. – Ein Überblick. In: Europäische Sozialpolitik, S. 39–57.
Stephan, Ralf-Peter: Das Zusammenwachsen der Rentenversicherungen in West und Ost. – Eine Zwischenbilanz im zehnten Jahre der Deutschen Einheit. In: DAngVers 12/1999, S. 546–556.
Sturm, Daniel Friedrich: Uneinig in die Einheit. Die Sozialdemokratie und die Vereinigung Deutschlands 1989/90. Bonn 2006.
Suckut, Siegfried / Staritz, Dietrich: Alte Heimat oder neue Linke? Das SED-Erbe und die PDS-Erben. In: Parteien, S. 169–194.
Süddeutsche Zeitung (SZ) 1989–1995.
Süß, Winfried: Gesundheitspolitik. In: Drei Wege, hrsg. v. Hockerts, S. 55–97.
Tage, die Deutschland und die Welt veränderten. Vom Mauerfall zum Kaukasus. Die deutsche Währungsunion. Hrsg. v. Waigel, Theo/ Schell, Manfred. München 1994.
Tegtmeier, Werner: Wechselwirkungen zwischen dem Europäischen Sozialrecht und dem Sozialrecht der Bundesrepublik Deutschland. In: Wechselwirkungen zwischen dem Europäischen Sozialrecht und dem Sozialrecht der Bundesrepublik Deutschland. Hrsg. v. Schulte, Bernd / Zacher, Hans F. Berlin 1991, S. 27–43.
Tegtmeier, Werner: Beschäftigung, Arbeitsmarkt und Sicherung bei Arbeitslosigkeit. In: Sozialstaat im Wandel, S. 85–105.

Tegtmeier, Werner: Die Zusammenführung der beiden deutschen Sozialsysteme – Probleme und mögliche Folgerungen für den Umwandlungsprozeß in Mittel-und Osteuropa. In: Probleme der Umwandlung, S. 10–46.

Teltschik, Horst: 329 Tage. Innenansichten der Einigung. Berlin 1991.

Thatcher, Margaret: Downing Street No. 10. Die Erinnerungen. Düsseldorf/Wien/New York u. a. 1993.

Thaysen, Uwe: Der Runde Tisch. Oder: Wo blieb das Volk? Der Weg der DDR in die Demokratie. Opladen 1990.

Thaysen, Uwe: Wirtschafts- und sozialpolitische Vorstellungen der neuen Parteien und Bewegungen in der DDR zur Zeit des Zentralen Runden Tisches (1989/90). In: Materialien der Enquete-Kommission «Überwindung», Bd. III, S. 2716–2805.

Thierse, Wolfgang: Fünf Jahre deutsche Vereinigung: Wirtschaft-Gesellschaft-Mentalität. In: APuZG, B40–41/95, S. 3–7.

Tietmeyer, Hans: Erinnerungen an die Vertragsverhandlungen. In: Tage, S. 57–117.

Toman-Banke, Monika: Die Wahlslogans von 1949 bis 1994. In: APuZG, B 51–52/94, S. 47–55.

Transformation der Wohlfahrtsstaaten in Mittel- und Osteuropa. Eine Zwischenbilanz. Hrsg. v. Götting, Ulrike. Opladen 1998.

Trappe, Heike: Emanzipation unter Zwang? Frauen in der DDR zwischen Beruf, Familie und Sozialpolitik. Berlin 1995.

Tschernajew, Anatoli: Die letzten Jahre einer Weltmacht. Der Kreml von innen. Stuttgart 1993.

Ullrich, Carsten G./Wemken, Ingrid/Walter, Heike: Leistungen und Beiträge als Determinanten der Zufriedenheit mit der gesetzlichen Krankenversicherung. Ergebnis einer empirischen Untersuchung zur Akzeptanz des Krankenversicherungssystems bei den gesetzlich Versicherten. ZeS-Arbeitspapier Nr. 3/94.

Umbau der Sozialsysteme. Hrsg. von der Ludwig-Erhard-Stiftung. Redaktion Lambert, Martin. Krefeld 1994.

VdK Deutschland. 12. Bundesverbandstag, 18. bis 20. Mai 1994, Bonn. Geschäftsbericht 1990–1994. Aufgabe und Leistung. Bonn-Bad Godesberg 1994.

VdK: Jahresberichte, 1990–1996.

Verfassungsentwurf für die DDR. Hrsg. von der Arbeitsgruppe «Neue Verfassung der DDR» des Runden Tisches. Berlin 1990.

Verhandlungen des Deutschen Bundesrates, 12. und 13. Wahlperiode, Stenographische Berichte.

Vertrag zur Gründung der Europäischen Wirtschaftsgemeinschaft (EWG) vom 25. März 1957.

Vertrag zwischen der Bundesrepublik Deutschland und der Deutschen Demokratischen Republik über die Herstellung der Einheit Deutschlands – Einigungsvertrag. In: BGBl. II, Nr. 35, 28.9.1990.

40 Jahre Sozialstaat Bundesrepublik Deutschland. Hrsg. v. Blüm, Norbert/Zacher, Hans F. Baden-Baden 1989.

Vogel, Hans-Jochen: Die SPD vor der Bundestagswahl, Vorwort zu: Fortschritt '90.

Vogel, Hans-Jochen: Nachsichten. Meine Bonner und Berliner Jahre. Taschenbuchausgabe. München/Zürich 1997.

Vogler-Ludwig, Kurt: Arbeitsmarkt Ost: Ist die Beschäftigungspolitik am Ende? In: Wiedervereinigung, S. 233–248.

Volkens, Andrea / Klingemann, Hans-Dieter: Die Entwicklung der deutschen Parteien im Prozeß der Vereinigung. In: Die Gestaltung der deutschen Einheit. Geschichte – Politik – Gesellschaft. Hrsg. v. Jesse, Eckhard/Mitter, Armin. Bonn/Berlin 1992, S. 189–214.

Volze, Arnim: Zur Devisenverschuldung der DDR – Entstehung, Bewältigung und Folgen. In: Am Ende des realen Sozialismus, Band 4, S. 151–187.
Von der Arbeiterbewegung zum modernen Sozialstaat. Festschrift für Gerhard A. Ritter zum 65. Geburtstag. Hrsg. von Kocka, Jürgen/Puhle, Hans-Jürgen/Tenfelde, Klaus. München/New Providence/London u. a. 1994.
Vorbeck, Antje: Regierungsbildung 1990/1991: Koalitions- und Personalentscheidungen im Spiegel der Presse. In: ZParl 22 (1991), S. 377–389.
Vorländer, Hans: Die FDP. Entstehung und Entwicklung. In: Intermediäre Strukturen, S. 113–133.
Wagner, Matthias: Gerüst der Macht. Das Kadernomenklatursystem als Ausdruck der führenden Rolle der SED. In: Gesellschaft ohne Eliten?, S. 87–108.
Wächst zusammen, was zusammen gehört? Stabilität und Wandel politischer Einstellungen im wiedervereinigten Deutschland. Hrsg. v. Gabriel, Oscar W./Falter, Jürgen W./Rattinger, Hans. Baden-Baden 2005.
Wahlprogramm der PDS. Abgedruckt in: Wahlparteitag der Partei des Demokratischen Sozialismus PDS, 24./25. Februar 1990. Berlin 1990.
Walter, Franz: Die SPD nach der deutschen Vereinigung – Partei in der Krise oder bereit zur Regierungsübernahme? In: ZParl 26 (1995), S. 85–112.
Walter, Jens: Von der Gründung der SDP in der DDR zum SPD-Vereinigungsparteitag – 356 Tage ostdeutsche Sozialdemokratie im Spannungsfeld der deutschen Einheit. In: Revolution und Transformation in der DDR 1989/90. Hrsg. v. Heydemann, Günther/ Mai, Gunther /Müller, Werner. Berlin 1999, S. 407–428.
Walwei, Ulrich: Teil 2. Bestimmungsfaktoren für den Wandel von Erwerbsformen, IAB Kurzbericht Nr. 3, 28.1.1998.
Wasem, Jürgen: Vom staatlichen zum kassenärztlichen System. Eine Untersuchung des Transformationsprozesses der ambulanten ärztlichen Versorgung in Deutschland. Frankfurt a.M./New York 1997.
Wege zum «2+4»-Vertrag. Die äußeren Aspekte der deutschen Einheit. Hg. v. Bruck, Elke/ Wagner, Peter M. München 1996.
Weidenfeld, Werner (mit *Wagner, Peter M.* und *Bruck, Elke*): Außenpolitik für die deutsche Einheit. Die Entscheidungsjahre 1989/90. Stuttgart 1998.
Weinert, Rainer/Gilles, Franz-Otto: Der Zusammenbruch des Freien Deutschen Gewerkschaftsbundes (FDGB). Zunehmender Entscheidungsdruck, institutionalisierte Handlungsschwäche und Zerfall der hierarchischen Organisationsstruktur. Wiesbaden 1999.
Welt am Sonntag 1989–1995.
Welting, Sylvia: Staatsverschuldung als Finanzierungsinstrument des deutschen Vereinigungsprozesses. Bestandsaufnahme und theoretische Wirkungsanalyse. Frankfurt a. M./Berlin/Bern u. a. 1997.
Werner, Heinz: Beschäftigungspolitisch erfolgreiche Länder. Lehren für die Bundesrepublik Deutschland? In: APuZG, B 34–35/98, 14.8.1998, S. 3–14.
Wiedervereinigung Deutschlands. Festschrift zum 20jährigen Bestehen der Gesellschaft für Deutschlandforschung. Hrsg. von Eckhart, Karl/Hacker, Jens/Mampel, Siegfried. Berlin 1998.
Wiedervereinigung nach sechs Jahren: Erfolge, Defizite, Zukunftsperspektiven im Transformationsprozeß. Hrsg. v. Oppenländer, Karl Heinrich. Berlin/München 1997.
Wienand, Manfred/Neumann, Volker/Brockmann, Iris: Fürsorge. Opladen 1997.
Wiesendahl, Elmar: Volksparteien im Abstieg. Nachruf auf eine zwiespältige Erfolgsgeschichte. In: APuZG, B 34–35/92, S. 3–14.

Wilke, Manfred/Müller, Hans-Peter: Zwischen Solidarität und Eigennutz. Die Gewerkschaften des DGB im deutschen Vereinigungsprozess. Melle 1991.
Windhoff-Héritier, Adrienne: Verbandspolitische Konfliktlinien in der deutschen Sozialunion. Der Kampf um das neue Territorium und Probleme der Umverteilung in der Gesetzlichen Krankenversicherung. In: Organisierte Interessen, S. 303–317.
Winkel, Olaf: Die deutsche Einheit als verfassungspolitischer Konflikt. In: ZParl 28 (1997), S. 474–501.
Winkler, Heinrich August: Der lange Weg nach Westen. Bd. 2: Deutsche Geschichte vom «Dritten Reich» bis zur Wiedervereinigung. München 2000.
Wir sichern Deutschlands Zukunft: Regierungsprogramm von CDU und CSU. Bonn 1994.
Wohlstand für alle? Hrsg. v. Glatzner, Wolfgang/Kleinhenz, Gerhard. Opladen 1997.
Wollmann, Hellmut/Jaedicke, Wolfgang: Neubau der Kommunalverwaltung in Ostdeutschland – zwischen Kontinuität und Umbruch. In: Verwaltungsreform und Verwaltungspolitik im Prozeß der deutschen Einigung. Hrsg. v. Seibel, Wolfgang/Benz, Arthur/Mäding, Heinrich. Baden-Baden 1993, S. 98–116.
Wollmann, Hellmut: Institutionenbildung in Ostdeutschland: Neubau, Umbau und «schöpferische Zerstörung». In: Politisches System, S. 47–153.
Würtenberger, Thomas: Die Verfassung der DDR zwischen Revolution und Beitritt. In: Handbuch des Staatsrechts, Bd. VIII, S. 101–130.
WZB-Mitteilungen 97, September 2002.
Zacher, Hans F.: Grundfragen des internationalen Sozialrechts. In: Mitteilungen der Landesversicherungsanstalten Oberfranken und Mittelfranken 12 (1983), S. 481–492.
Zacher, Hans F.: Grundtypen des Sozialrechts. In: Zacher: Abhandlungen zum Sozialrecht. Hrsg. v. Maydell, Bernd Baron von/Eichenhofer, Eberhard. Heidelberg 1993, S. 257–278.
Zacher, Hans F.: Was kann der Rechtsstaat leisten? In: Verfassungsstaatlichkeit. Festschrift für Klaus Stern zum 65. Geburtstag. Hrsg. v. Burmeister, Joachim. München 1997, S. 394–406.
Zacher, Hans F.: Der Wandel der Arbeit und der sozialen Sicherheit im internationalen Vergleich. In: ZIAS 13 (1999), S. 1–47.
Zacher, Hans F.: Grundlagen der Sozialpolitik in der Bundesrepublik Deutschland. In: Geschichte der Sozialpolitik in Deutschland, Bd. 1, S. 333–684.
Zahlen für die schönste Sache. Interview mit Norbert Blüm im «Spiegel», Nr. 38, 17.9.1990, S. 24–27.
Zank, Wolfgang: Wirtschaft und Arbeit in Ostdeutschland 1945–1949. Probleme des Wiederaufbaus in der Sowjetischen Besatzungszone Deutschlands. München 1987.
Zelikow, Philip/Rice, Condoleezza: Sternstunde der Diplomatie. Die deutsche Einheit und das Ende der Spaltung Europas. Berlin 1997.
Zeng, Matthias: «Asoziale» in der DDR. Transformation einer moralischen Kategorie. Münster 2000.
Zimmermann, Hartmann: Überlegung zur Geschichte der Kader und der Kaderpolitik in der SBZ/DDR. In: Sozialgeschichte der DDR, S. 322–356.
Zohlnhöfer, Reimut: Der lange Schatten der schönen Illusion: Finanzpolitik nach der deutschen Einheit, 1990–1998. In: Leviathan 28 (2000), S. 14–38.
Zukunftsperspektiven des Europäischen Sozialrechts. Hrsg. v. Maydell, Bernd Baron von/Schulte, Bernd. Berlin 1995.
Zur Finanzentwicklung der gesetzlichen Rentenversicherung seit Beginn der neunziger Jahre. In: Deutsche Bundesbank, Monatsbericht, 47. Jg., März 1997, S. 17–31.

Zweiter Zwischenbericht der Enquete-Kommission «Demographischer Wandel – Herausforderungen unserer älter werdenden Gesellschaft an den einzelnen und die Politik». BT-Drs. 13/11460, 5.10.1998.

Zwischenbericht der Enquete-Kommission Demographischer-Wandel – Herausforderungen unserer älter werdenden Gesellschaft an den einzelnen und die Politik. In: BT-Drs. 12/7876 vom 14.6.94.

Zwischenbilanz. Analysen zum Transformationsprozeß der ostdeutschen Industrie. Hrsg. v. Schmidt, Rudi. Berlin 1993.

3. Interviewpartner

Martin Ammermüller, 21.4.1997
Norbert Blüm, 8.6.2000
Dieter-Julius Cronenberg, 27.6.2000
Rudolf Dreßler, 18.5.2000
Regine Hildebrandt, 31.5.2000
Bernhard Jagoda, 5.7.2000
Karl Jung, 5.5.2000
Klaus Leven, 18.5.2000
Werner Niemeyer, 4.5.2000
Peter Rosenberg, 5.5.2000
Werner Tegtmeier, 13.7.2000
Heinz Weiße, 8.4.1997
Alwin Ziel, 13.7.2000
Josef F. Zolk, 22.9.2000

Abkürzungsverzeichnis

ABL	Alte Bundesländer
ABM	Arbeitsbeschaffungsmaßnahme
Abs.	Absatz
ABS	Gesellschaft zur Arbeitsförderung, Beschäftigung und Strukturentwicklung
Abt.	Abteilung
ACDP	Archiv für Christliche Demokratische Politik der Konrad-Adenauer-Stiftung
AdsD	Archiv der sozialen Demokratie der Friedrich-Ebert-Stiftung
AFG	Arbeitsförderungsgesetz
AGB	Arbeitsgesetzbuch
ALLBUS	Allgemeine Bevölkerungsumfrage der Sozialwissenschaften
Anl.	Anlage
AOK	Allgemeine Ortskrankenkasse
APuZG	Aus Politik und Zeitgeschichte (Zeitschrift)
Art.	Artikel
Aufl.	Auflage
B	Aktenbestand einer Bundesbehörde im Bundesarchiv
B90	Bündnis 90
BA	Bundesanstalt für Arbeit
BArbBL	Bundesarbeitsblatt
BArch	Bundesarchiv
BDA	Bundesvereinigung Deutscher Arbeitgeberverbände
BDI	Bundesverband der Deutschen Indstrie
BEK	Barmer Ersatzkasse
BfA	Bundesversicherungsanstalt für Angestellte
BfD	Bundesbeauftragter für den Datenschutz
BG	Berufsgenossenschaft
BGB	Bürgerliches Gesetzbuch
BGBl	Bundesgesetzblatt
BIP	Bruttoinlandsprodukt
BK	Bundeskanzleramt
BMA	Bundesministerium für Arbeit und Sozialordnung
BMB	Bundesministerium für innerdeutsche Beziehungen
BMBau	Bundesministerium für Raumordnung, Bauwesen und Städtebau
BMF	Bundesministerium für Finanzen
BMFuS	Bundesministerium für Familie und Senioren
BMGS	Bundesministerium für Gesundheit und soziale Sicherung
BMI	Bundesministerium des Innern
BMJ	Bundesministerium der Justiz
BMJFFG	Bundesministerium für Jugend, Familie, Frauen und Gesundheit
BMVg	Bundesministerium der Verteidigung
BMWi	Bundesministerium für Wirtschaft
BPA-DOK	Dokument des Presse- und Informationsamtes der Bundesregierung
BRD	Bundesrepublik Deutschland
BSGE	Entscheidungen des Bundessozialgerichtes

BT	Deutscher Bundestag
BTDrs	Drucksachen des Bundestages
BVerfG	Bundesverfassungsgericht
BverfGE	Entscheidungen des Bundesverfassungsgerichtes
BVG	Bundesversorgungsgesetz
CDA	Christlich-Demokratische Arbeitnehmerschaft
CDU	Christlich Demokratische Union Deutschlands
CSU	Christlich-Soziale Union
DA	Demokratischer Aufbruch/Deutschland-Archiv (Zeitschrift)
DAG	Deutsche Angestelltengewerkschaft
DAK	Deutsche Angestellten-Krankenkasse
DAngVers	Die Angestellten-Versicherung (Zeitschrift)
DBD	Demokratische Bauernpartei Deutschlands
DC	Aktenbestand der DDR
DFD	Demokratischer Frauenbund Deutschlands
DGAi	Signatur von Akten aus dem Archiv der sozialen Demokratie
DGB	Deutscher Gewerkschaftsbund
DIHT	Deutscher Industrie- und Handelstag
DIW	Deutsches Institut für Wirtschaftsforschung
DJ	Demokratie Jetzt
DQ	Aktenbestand eines Ministeriums der DDR
DRV	Deutsche Rentenversicherung (Zeitschrift)
DSU	Deutsche Soziale Union
DVU	Deutsche Volksunion
Ebd.	Ebenda
ECU	European Currency Unit
EG	Europäische Gemeinschaft
EinigungsV	Einigungsvertrag
Ent.	Entwurf
EuGH	Europäischer Gerichtshof
e. V.	eingetragener Verein
f.	folgende Seite
ff.	folgende Seiten
FAZ	Frankfurter Allgemeine Zeitung
FDGB	Freier Deutscher Gewerkschaftsbund
FDP	Freie Demokratische Partei
FES	Friedrich-Ebert-Stiftung
FKP	Föderales Konsolidierungsprogramm
FZR	Freiwillige Zusatzrentenversicherung der Sozialversicherung der DDR
Gbl.	Gesetzblatt
GG	Grundgesetz der Bundesrepublik Deutschland
GKV	Gesetzliche Krankenversicherung
GRÜ/NF	Grüne/NeuesForum
GRÜ/NF/DJ	Grüne/Neues Forum/Demokratie Jetzt
GRV	Gesetzliche Rentenversicherung
GuG	Geschichte und Gesellschaft (Zeitschrift)
H.	Heft
IAB	Institut für Arbeitsmarkt- und Berufsforschung
Ifo	Ifo-Institut für Wirtschaftsforschung
IG	Industriegewerkschaft

IM	Inoffizieller Mitarbeiter des Staatssicherheitsdienstes/Innere Mission
JBSozRdG	Jahrbuch des Sozialrechts der Gegenwart (Zeitschrift)
Jg.	Jahrgang
KOF	Kriegsopferfürsorge
KOV	Kriegsopferversorgung
KPdSU	Kommunistische Partei der Sowjetunion
KSPW	Kommission für die Erforschung des sozialen und politischen Wandels der neuen Bundesländer e. V.
KSZE	Kommission für Sicherheit und Zusammenarbeit in Europa
LDP	Liberal-Demokratische Partei
LDPD	Liberal-Demokratische Partei Deutschlands (DDR)
LL	Linke Liste
LP	Gruppe Presse, Öffentlichkeitsarbeit und Kommunikation (im BMA)
LPG	Landwirtschaftliche Produktionsgenossenschaft
LS	Leitungsstab neue Bundesländer (im BMA)
M	Mark der SBZ / DDR
MdB	Mitglied des Deutschen Bundestages
MdL	Mitglied des Landtages
MfAS	Ministerium für Arbeit und Soziales der DDR
MfS	Ministerium für Staatssicherheit der DDR
MinDir	Ministerialdirektor
MinDirig	Ministerialdirigent
MinRat	Ministerialrat
Mio.	Millionen
MPIfG	Max-Planck-Institut für Gesellschaftsforschung
Mrd.	Milliarden
NATO	North Atlantic Treaty Organization
NBL	Neue Bundesländer
NDPD	National-Demokratische Partei Deutschlands
NDV	Nachrichtendienst des Deutschen Vereins für öffentliche und private Fürsorge
NF	Neues Forum
No.	Number
NPD	Nationaldemokratische Partei Deutschlands
NRW	Nordrhein-Westfalen
NVA	Nationale Volksarmee
o. D.	ohne Datum
ÖDP	Ökologisch-Demokratische Partei
OECD	Organization for Economic Cooperation and Development (Organisation für wirtschaftliche Zusammenarbeit und Entwicklung)
ÖTV	Gewerkschaft Öffentliche Dienste, Transport und Verkehr
PDA	Pressedienst der deutschen Arbeitgeberverbände
PDS	Partei des Demokratischen Sozialismus
PDS-LL	Partei des Demokratischen Sozialismus – Linke Liste (Wahlbündnis)
Prot.	Protokoll(e)
PVS	Politische Vierteljahresschrift (Zeitschrift)
RD	Regierungsdirektor
Ref.	Referat
REP	Die Republikaner
RGW	Rat für gegenseitige Wirtschaftshilfe

RÜG	Renten-Überleitungsgesetz
RV	Rentenversicherung
S.	Seite
SBZ	Sowjetische Besatzungszone Deutschlands
SDP	Sozialdemokratische Partei (der DDR)
SED	Sozialistische Einheitspartei Deutschlands
SF	Sozialer Fortschritt (Zeitschrift)
SGB	Sozialgesetzbuch
SKWPG	Spar-, Konsolidierungs- und Wachstumsprogramm
SPD	Sozialdemokratische Partei Deutschlands
SPI	Sozialpolitische Informationen (des Bundesministeriums für Arbeit und Sozialordnung)
SRH	Sozialrechtshandbuch
STASI / Stasi	Staatssicherheit der DDR
STATT	STATT-Partei, Die Unabhängigen
Stellv.	Stellvertreter
SVG	Soldatenversorgungsgesetz
SZ	Süddeutsche Zeitung
Tab.	Tabelle
TASS	Telegrafenagentur der Sowjetunion
taz	Tageszeitung
u. a.	unter anderem
UdSSR	Union der Sozialistischen Sowjetrepubliken
UFV	Unabhängiger Frauen-Verband
ÜLA	Überleitungsanstalt Sozialversicherung
U. S.	United States
v.	von
VdK	Verein der Kriegs- und Wehrdienstopfer, Behinderter und Sozialrentner Deutschlands e. V.
VDR	Verband Deutscher Rentenversicherungsträger
VEB	Volkseigener Betrieb
Verf.	Verfasser(in)
VfZ	Vierteljahrshefte für Zeitgeschichte (Zeitschrift)
VK	Volkskammer der DDR
VME	Verband der Metall- und Elektroindustrie in Berlin und Brandenburg e. V.
Vol.	Volume (Band)
WASG	Wahlalternative Arbeit und Soziale Gerechtigkeit
WP	Wahlperiode
WSI	Wirtschafts- und Sozialwissenschaftliches Institut des Deutschen Gewerkschaftsbundes
WZB	Wissenschaftszentrum Berlin für Sozialforschung
ZDH	Zentralverband des Deutschen Handwerks
ZeS	Zentrum für Sozialpolitik an der Universität Bremen
ZfSGB	Zeitschrift für Sozialhilfe und Sozialgesetzbuch
ZIAS	Zeitschrift für ausländisches und internationales Arbeits- und Sozialrecht
ZK	Zentralkomitee
ZParl	Zeitschrift für Parlamentsfragen
ZSR	Zeitschrift für Sozialreform
ZUMA	Zentrum für Umfragen, Methoden und Analysen, Mannheim

Die wichtigsten Akteure im deutschen Einigungsprozess

Achenbach, Klaus, 1941, BMA, Ministerialdirigent 1979, Ministerialdirektor 1996, Unterabteilungsleiter, 1978–1995, Leiter Abteilung V: «Pflegeversicherung, Prävention, Arbeitsschutz», 1995, und Abt. III: «Arbeitsrecht, Arbeitsschutz» 1996–1998, Staatssekretär 1998–2002.

Albrecht, Ulrich, Professor für Politikwissenschaft an der FU Berlin. Von April bis Oktober 1990 Leiter des Planungsstabes im Ministerium für Auswärtige Angelegenheiten der DDR. Mitglied der «zwei-plus-vier»-Delegation der DDR.

Ammermüller, Martin, 1943, als Ministerialrat Leiter des Referates Grundsatzfragen und Leistungsrecht der gesetzlichen Rentenversicherung, Rentenanpassungen. Berater beim Ministerium für Arbeit und Soziales/DDR, 1990, Geschäftsführer des «Gemeinsamen Trägers der Sozialversicherung» und der «Überleitungsanstalt Sozialversicherung» im Beitrittsgebiet, 1990–1992, Präsident des Bundesversicherungsamts, 1992–1993, als Ministerialdirektor Leiter der Abteilung «Arbeitsmarktpolitik/Arbeitslosenversicherung» im BMA, 1993–1997.

Baker, James Addison, 1930, Außenminister der Vereinigten Staaten 1989–1992.

Bangemann, Martin, 1934, FDP, MdB 1972–1984 und 1987–1988, MdEP, 1973–1984, Bundesminister für Wirtschaft, 1984–1988, EG-Kommissar und EG-Vizepräsident, 1989–1999.

Biedenkopf, Kurt, 1930, Jurist, CDU, Generalsekretär der CDU 1973–1977, Mitglied des Bundestages, 1976–1980 und 1987–1990, Ministerpräsident des Freistaates Sachsen, 1990–2002.

Blüm, Norbert, 1935, CDU-Bundesminister für Arbeit und Sozialordnung, 1982–1998, Landesvorsitzender der CDU in Nordrhein-Westfalen, 1977–1998. MdB 1972–1981 und 1983–2002.

Bohley, Bärbel, 1945, Mitbegründerin des Neuen Forums, 1989, Mitglied der Berliner Stadtverordnetenversammlung, 1990. Ab 1996 offizielle Beauftragte für die Flüchtlinge aus dem deutschsprachigen Raum im Büro des Hohen Repräsentanten Carl Bildt.

Böhme, Ibrahim, 1944–1999, Mitbegründer der SPD-Ost und ihr Vertreter am Zentralen Runden Tisch, 1989, Vorsitzender der SPD-Ost, 1990, als IM enttarnt und aus der SPD ausgeschlossen, 1992.

Brandt, Willy, 1913–1992, BM des Auswärtigen 1966–1969, Bundeskanzler, 1969–1974, Bundesvorsitzender der SPD, 1964–1987, Vorsitzender der Sozialistischen Internationale, 1976–1992.

Braunmühl, Carlchristian von, von April bis Oktober 1990 Berater (politischer Direktor) im Ministerium für Auswärtige Angelegenheiten der DDR, Mitglied der «zwei-plus-vier»-Delegation der DDR.

Breit, Ernst, 1924, DGB-Vorsitzender, 1982–1990.

Bush, George Herbert Walker, 1924, Vizepräsident der Vereinigten Staaten von 1981–1989, Präsident der Vereinigten Staaten von 1989–1993.

Chory, Werner, 1932–1991, Staatssekretär im Bundesministerium für Jugend, Familie, Frauen und Gesundheit, 1982–1990 und 1–8/1991 im Bundesministerium für Frauen und Jugend.

Clement, Wolfgang, 1940, SPD, Chef der nordrhein-westfälischen Staatskanzlei, 1989–1995, Minister für besondere Aufgaben, 1990–1995, Minister für Wirtschaft und Mittelstand, Technologie und Verkehr des Landes NRW, 1995–1998, Ministerpräsident von NRW, 1998–2002, Bundesminister für Wirtschaft und Arbeit 2002–2005.

Conradi, Peter, 1932, SPD, Mitglied des Bundestages 1972–1998, Mitglied der SPD-Kontrollkommission, 1984–1993.

Cronenberg, Dieter-Julius, 1930, FDP, Bundestags-Vizepräsident, 1984–1994, MdB 1976–1994.

Czaja, Herbert, 1914–1997, CDU, Mitglied des Bundestages, 1953–1990, Präsident des Bundes der Vertriebenen, 1970–1994.

Däubler-Gmelin, Herta, 1943, SPD, Mitglied des Bundestages seit 1972, Bundesministerin der Justiz, 1998–2002.

Delors, Jacques, 1925, PSF, 1979 Wahl ins Europäische Parlament, französischer Wirtschafts- und Finanzminister 1981–1985 und zusätzlich noch Budgetminister 1983–1985, Präsident der Kommission der Europäischen Gemeinschaft 1985–1995.

Dregger, Alfred, 1920–2002, Jurist, CDU, MdL in Hessen 1962–1972, MdB 1972–1998. Vorsitzender der CDU/CSU-Bundestagsfraktion 1982–1991.

Dreßler, Rudolf, 1940, Parlamentarischer Staatssekretär beim BMA, 4–10/1982, Stellvertretender SPD-Vorsitzender und sozialpolitischer Sprecher der SPD-Bundestagsfraktion, 1987–2000, MdB 1980–2000, Botschafter in Israel 2000–2005.

Dumas, Roland, 1922, PSF, französischer Europaminister von 1983/84, Außenminister, 1984 und 1988–1993.

Ehrenberg, Herbert, 1926, SPD, Bundesminister für Arbeit, 1976–1982, Berater der DDR-Regierung 1990. MdB 1972–1990.

Engholm, Björn, 1939, Ministerpräsident von Schleswig-Holstein, 1988–1993, SPD-Vorsitzender, 1991–1993.

Eppelmann, Rainer, 1943, Maurer, Pfarrer, Gründungsmitglied und Vorsitzender des «Demokratischen Aufbruchs» (DA), 1990, CDU, Abgeordneter der Volkskammer 1990 und Mitglied des Bundestages 1990–2002, Minister ohne Geschäftsbereich im zweiten Kabinett Modrow und Minister für Abrüstung und Verteidigung im Kabinett de Maizière, 1990.

Fink, Ulf, 1942, CDU, stellvertretender Bundesvorsitzender des DGB 1990–1994, Bundesvorsitzender der CDA 1987–1993, MdB 1994–2002.

Franke, Heinrich, 1928–2004, CDU, MdL in Niedersachsen 1955–1965, MdB 1965–1984. Parlamentarischer Staatssekretär im BMA 1982–1984, Präsident der Bundesanstalt für Arbeit 1984–1993.

Geisler, Hans, 1940, DA, CDU, Parlamentarischer Staatssekretär im Ministerium für Familie und Frauen der DDR und MdVK, 1990, MdB, 1990–1991, sächsischer Staatsminister für Soziales, Gesundheit, Jugend und Familie, 1990–2002, und stellvertretender Ministerpräsident des Landes Sachsen, 1995–2002.

Geißler, Heinrich (Heiner), 1930, CDU, Generalsekretär der CDU 1977–1989, Bundesminister für Jugend, Familie und Gesundheit 1982–1985, MdB 1965–1967, 1980–2002. Einer der stellvertretenden Vorsitzenden der CDU/CSU-Bundestagsfraktion 1991–1998.

Genscher, Hans-Dietrich, 1927. FDP, MdB 1965–1998, 1969–1974 Bundesinnenminister, 1974–1985 Parteivorsitzender der FDP, Bundesaußenminister und Vizekanzler 1974–1992.

Gorbatschow, Michail, Generalsekretär der ZK der KPdSU 1985–1991, Vorsitzender des Obersten Sowjet, 1988–1991, von Mai 1990 bis 1991 Staatspräsident.

Günther, Horst, 1939, CDU, Mitglied des Bundestages, 1980–1998, Parlamentarischer Staatssekretär beim BMA, 1991–1998.

Gutzeit, Martin, 1952, Pfarrer, Mitbegründer der SDP/SPD-Ost, 1989/90 und des Zentralen Runden Tisches, 1990.

Gysi, Gregor, 1948, Vorsitzender der SED/PDS, 1989–1993, Vertreter der PDS am Zentralen Runden Tisch, Mitglied der Volkskammer, 1990, Mitglied des Bundestages, 1990–2002 und ab 2005. Fraktionsvorsitzender (mit Lafontaine) von Die Linke.

Hasselfeldt, Gerda, 1950, seit 1987 Mitglied des Bundestages für die CSU, Bundesministerin für Raumordnung, Bauwesen und Städtebau, 1989–1991, Bundesministerin für Gesundheit, 1991–1992.

Haussmann, Helmut, 1943, FDP, Mitglied des Bundestages 1976–2002, Bundeswirtschaftsminister, 1988–1991.

Hildebrandt, Regine, 1941–2001, Dr. rer. nat., Dipl.-Biologin, im September 1989 Mitglied von «Demokratie Jetzt», ab Oktober 1989 SDP, dann SPD, Mitglied der Volkskammer ab März 1990, Ministerin für Arbeit und Soziales in der DDR April bis August 1990, ab Oktober 1990 MdL in Brandenburg, November 1990–1999 Ministerin für Arbeit und Soziales, Gesundheit und Frauen des Landes Brandenburg.

Hirrlinger, Walter, 1926, SPD, Landesminister von Baden-Württemberg für Arbeit und Soziales, 1968–1972, Präsident des VdK seit 1990.

Honecker, Erich, 1912–1994, 1. Sekretär, 1971–1976, und Generalsekretär des ZK der SED, 1976–1989, Staatsratsvorsitzender der DDR, 1976–1989.

Hurd, Douglas, 1930, Nordirlandminister, 1984/85, Innenminister 1985–1989, britischer Außenminister 1989–1995.

Jagoda, Bernhard, 1940, CDU, Abg. im hessischen Landtag, 1970–1980, MdB, 1980–1987 und 1990–1993, beamteter Staatssekretär im Bundesarbeitsministerium, 1987–1990, Präsident der Bundesanstalt für Arbeit, 1993–2002.

Jahn, Gerhard, 1927, SPD, Bundesminister der Justiz 1969–1974, Parlamentarischer Geschäftsführer der SPD-Bundestagsfraktion 1974–1990, MdB 1957–1990.

Jung, Karl, 1930–2005, BMA, Ministerialdirektor, Leiter der Abteilung V: «Gesundheit, Krankenversicherung», 1983–1991, Leiter der neuen Abteilung V: Pflegeversicherung, Prävention und Rehabilitation, 1991–1995, Leiter der Außenstelle des BMA in Berlin, 1990/91, Staatssekretär 1995–1996.

Kaltenbach, Helmut, 1926, Präsident der Bundesversicherungsanstalt für Angestellte, 1989–1991.

Kleditzsch, Jürgen, 1944, CDU, MdVK, 3–10/1990, Minister für Gesundheitswesen/DDR, 4–10/1990, Minister für Arbeit und Soziales/DDR, 8–10/1990.

Kohl, Helmut, 1930, CDU, Ministerpräsident von Rheinland-Pfalz 1969–1976, Bundeskanzler, 1982–1998, Parteivorsitzender der CDU, 1973–1998, MdB 1976–2002.

Köhler, Horst, 1943, Wirtschaftswissenschaftler, Arbeit in der Grundsatzabteilung des Bundesministeriums für Wirtschaft 1976–1980, in der Staatskanzlei von Schleswig-Holstein 1981–1982. Wechsel ins Bundesfinanzministerium 1982, wo er als Leiter des Ministerbüros, als Leiter der Abteilung Grundsatzfragen der Finanzpolitik, der Abteilung Geld und Kredit und schließlich von Januar 1990 bis Juli 1993 als Staatssekretär wirkte. Chefunterhändler beim Maastricht-Vertrag über die Europäische Währungsunion. Präsident des Deutschen Sparkassen- und Giroverbandes 1993–1998, Präsident der Europäischen Bank für Wiederaufbau und Entwicklung in London 1998–2002, Geschäftsführender Direktor des Internationalen Währungsfonds in Washington 2000–2004. Seit 2004 Präsident der Bundesrepublik Deutschland.

Kolb, Rudolf, 1927, Dr. rer.oec., Studium der Rechts- und Wirtschaftswissenschaften, Geschäftsführer des VDR, 1973–1992.

Kopp, Reinhold, 1949, SPD, Chef der Staatskanzlei des Saarlandes, 1985–1991.

Krause, Günther, 1953, CDU, Dr.-Ing. und Prof. für Informatik und Architektur, Abgeordneter und Vorsitzender der CDU-Fraktion in der Volkskammer/DDR und Parlamentarischer Staatssekretär im Amt des Ministerpräsidenten, 3–10/1990, in dieser Funktion von Seiten der DDR maßgeblich an den Verhandlungen über den

Staatsvertrag und den Einigungsvertrag zwischen der Bundesrepublik und der DDR beteiligt, MdB 1990–1994, Bundesminister für besondere Aufgaben, 1990–1991, Bundesminister für Verkehr, 1991–1993.

Krenz, Egon, 1937, stellvertretender Staatsratsvorsitzender der DDR, 1984–1989, Generalsekretär des Zentralkomitees der SED und Vorsitzender des Staatsrats, 1989.

Lafontaine, Oskar, 1943, SPD, Ministerpräsident des Saarlandes, 1985–1998, Kanzlerkandidat, 1990, Landesvorsitzender der SPD im Saarland, 1977–1996, Bundesvorsitzender der SPD 1995–1999, Bundesfinanzminister 10/1998–3/1999, Fraktionsvorsitzender von Die Linke (mit Gysi) ab 2005, MdB für die SPD 1994–1999 und für Die Linke ab 2005, Parteivorsitzender von Die Linke (mit Lothar Bisky) seit 2007.

Lambsdorff, Otto Graf, 1926, Bundeswirtschaftsminister, 1977–1982 und 1982–1984, Bundesvorsitzender der FDP, 1988–1993, Präsident der Liberalen Internationale, 1991–1994, MdB 1972–1998.

Lehr, Ursula, 1930, CDU, Mitglied des Bundestages, 1991–1994, Bundesministerin für Jugend, Familie, Frauen und Gesundheit, 1988–1991.

Leven, Klaus, 1936, BMA, Leiter der Unterabteilung VI: «Kriegsopferversorgung, Versorgungsmedizin», 1986–1990, Berater des Ministeriums für Arbeit und Soziales der DDR 1990, Vizepräsident der Bundesanstalt für Arbeit 1990–1998.

Louven, Julius, 1933, CDU, MdB von 1980–2002, Mitglied des Bundestagsausschusses für wirtschaftliche Zusammenarbeit, 1990–1994 und des Bundestagsausschusses für Arbeit und Sozialordnung, 1998–2002.

Maizière, Lothar de, 1940, Musiker, Anwalt und Politiker, Mitglied der Ost-CDU seit 1956, am 10.11.1989 zum Vorsitzenden gewählt, 11/1989–3/1990 stellvertretender Vorsitzender des Ministerrates und Minister für Kirchenangelegenheiten in der Regierung Modrow, vom 12.4.1990–3.10.1990 Ministerpräsident der DDR, danach bis 9/1991 stellvertretender Vorsitzender der CDU, von 10/1990–12/1990 Bundesminister für besondere Aufgaben, MdB 10/1990–10/1991, seit 1991 wieder Rechtsanwalt.

Meckel, Markus, 1952, Pfarrer, Mitbegründer der SDP/SPD-Ost, 1989/90, Vorsitzender der SPD-Ost, Mitglied der Volkskammer, 1990, Mitglied des Ältestenrats, 1990, Außenminister der DDR von April bis August 1990, seit 1990 Mitglied des Bundestages, Sprecher der SPD in der Enquete-Kommission «Aufarbeitung von Geschichte und Folgen der SED-Diktatur in Deutschland».

Merkel, Angela, 1954, Mitglied des Demokratischen Aufbruchs, 1989, stellvertretende Sprecherin der Regierung de Maizière, ab 1990 Mitglied der CDU und Mitglied des Bundestages, Bundesministerin für Frauen und Jugend, 1991–1994, Bundesministerin für Umwelt, Naturschutz und Reaktorsicherheit, 1994–1998, Generalsekretärin der CDU, 1998–2000, Bundesvorsitzende der CDU seit 2000, Vorsitzende der CDU/CSU-Bundestagsfraktion 2002–2005, seit 2005 Bundeskanzlerin.

Meyer, Heinz-Werner, 1932–1994, SPD, Mitglied des Bundestages, 1987–1990, DGB-Vorsitzender, 1990–1994.

Misselwitz, Hans-Jürgen, Pfarrer, Mitbegründer der SDP der DDR, Friedensforscher, April bis Juli 1990 Parlamentarischer Staatssekretär im Ministerium für Auswärtige Angelegenheiten der DDR und der Delegationsleiter der DDR bei den «zwei-plus-vier»-Verhandlungen, später Leiter der Brandenburgischen Zentrale für politische Bildung in Potsdam.

Mitterrand, François Maurice, 1916–1996, Präsident Frankreichs 1981–1995.

Modrow, Hans, 1928, Mitglied der Volkskammer der DDR, 1958–1990, Mitglied des Zentralkomitees der SED, 1967–1989, Vorsitzender des Ministerrats, 1989–1990, MdB 10/1990–1994.

Möllemann, Jürgen, 1945–2003, FDP, Bundesminister für Bildung und Wissenschaft, 1987–1991, Bundesminister für Wirtschaft, 1991–1993, Stellvertreter des Bundeskanzlers, 1992–1993, MdB 1972–2003.

Murmann, Klaus, 1932, Präsident der Bundesvereinigung der Deutschen Arbeitgeberverbände, 1986–1996, seit 1997 Ehrenpräsident.

Necker, Tyll, 1930–2001, Dipl.-Volkswirt, Unternehmer, Präsident des Bundesverbandes der Deutschen Industrie, 1987–1991 sowie 1992–1994 und sein Vizepräsident 1991–1992.

Niemeyer, Werner, Studium der Rechtswissenschaften, seit 1967 im BMA, von 12/1985 bis zur Versetzung in den einstweiligen Ruhestand im November 1998 als Ministerialdirektor Leiter der Abt. Sozialversicherung und Sozialgesetzbuch im BMA.

Pappai, Friedrich, 1927, als Ministerialdirigent von 1977 bis 1992 Leiter der Unterabteilung IVa des BMA, die unter anderem für das Sozialgesetzbuch und die Unfallversicherung zuständig war.

Pöhl, Karl-Otto, 1929, Volkswirt, 1971–1972 Abteilungsleiter im Bundeskanzleramt, 1972–1977 Staatssekretär im Bundesministerium für Finanzen, 1977–1979 Vizepräsident und von 1980–1991 Präsident der Deutschen Bundesbank und Vorsitzender des Zentralbankrats, 1980–1991.

Pollack, Peter, 1930, parteilos, Minister für Ernährung, Land- und Forstwirtschaft/DDR, 4–8/1990.

Poppe, Gerd, 1941, Unterzeichner der «Charta 77», gründet 1985 die Oppositionsgruppe «Initiative Frieden und Menschenrechte (IFM)», Sprecher der IFM am Zentralen Runden Tisch, 1989/90, Minister ohne Geschäftsbereich in der Regierung Modrow, Mitglied der Volkskammer für das Bündnis 90, Mitbegründer des «Kuratoriums für einen demokratisch verfassten Bund deutscher Länder», 1990–1998 Mitglied des Bundestages für die Grünen, Obmann der Grünen in der Enquete-Kommission «Aufarbeitung von Geschichte und Folgen der SED-Diktatur in Deutschland».

Rau, Johannes, 1931–2006, SPD, Ministerpräsident des Landes Nordrhein-Westfalen, 1978–1998, Bundespräsident 1999–2004.

Romberg, Walter, 1928, Finanzminister der DDR, 1990.

Rönsch, Hannelore, 1942, CDU, Bundesministerin für Familie und Senioren, 1991–1994, von 1983–1998 Mitglied des Bundestages für die CDU, seit 1994 stellvertretende Fraktionsvorsitzende der CDU/CSU-Fraktion im Bundestag.

Rosenberg, Peter, 1938, BMA, Ministerialdirigent 1979, Ministerialdirektor 1993, Leiter der Unterabteilung 1b: «Mathematische und finanzielle Fragen der Sozialpolitik; Sozialbudget», 1978–1993, und der Abteilung I: «Grundsatz- und Planungsabteilung», 1993–2001.

Rühe, Volker, 1942, CDU, Bundesminister der Verteidigung, 1992–1998, stellvertretender Vorsitzender der CDU/CSU-Fraktion im Bundestag, 1982–1989, Generalsekretär der CDU, 1989–1992, Mitglied des Bundestages, 1976–2005.

Ruland, Franz, 1942, Professor für Öffentliches Recht/Uni Hannover seit 1980, 1983 stellvertretender und 1992–2005 Geschäftsführer des VDR.

Sarrazin, Thilo, 1945, Volkswirt, SPD, Tätigkeit im Bundesministerium für Finanzen 1975–1978, im BMA 1978–1981, danach erneut im Bundesministerium für Finanzen 1981–1991. Als Leiter des Referats Nationale Währungsfragen seit 1989 und der abteilungsübergreifenden Arbeitsgruppe Innerdeutsche Beziehungen im BMF 1990 wesentlich an der Vorbereitung der Währungsunion von Bundesrepublik und DDR beteiligt. Leiter der Unterabteilung Treuhandanstalt-Rechts- und Fachaufsicht im BMF von Oktober 1990 bis Mai 1991, Staatssekretär im Finanzministerium des Landes Rheinland-Pfalz 1991–1997, seit 2002 Senator für Finanzen in Berlin.

Sasdrich, Werner, 1946, BMA, Referent, 1990–1991, Leiter des Referats Leitungsstab 1: «Unterstützung der Leitung im Bereich Arbeitsmarkt- und Sozialpolitik in den Neuen Bundesländern».

Scharping, Rudolf, 1947, Vorsitzender der SPD in Rheinland-Pfalz, 1985–1993, Ministerpräsident von Rheinland-Pfalz, 1991–1994, SPD-Vorsitzender, 1993–1994, Fraktionsvorsitzender der SPD im Bundestag, 1994–1998, Bundesminister der Verteidigung, 1998–2002, MdB 1994–2005.

Schaub, Eberhard, 1934, Leiter Hauptabteilung «Rehabilitation und Sozialmedizin» des Verbandes Deutscher Rentenversicherungsträger (VDR), 1980–1992, Stellvertretender Geschäftsführer des VDR, 1992–1999.

Schäuble, Wolfgang, 1942, MdB seit 1972, 1981–1984 Parlamentarischer Geschäftsführer der CDU/CSU-Bundestagsfraktion, 1984–1989 Kanzleramtsminister, 1989–1991 Bundesinnenminister, 1991–2000 Vorsitzender der CDU/CSU-Bundestagsfraktion, Parteivorsitzender der CDU 1998–2000, seit November 2005 Bundesinnenminister.

Schewardnadse, Eduard A., Außenminister der Sowjetunion 1985–1990, Mitglied des Politbüros der ZK der KPdSU und Mitglied des obersten Sowjet.

Schmidt, Christa, 1941, CDU, MdVK und Ministerin für Familie und Frauen/DDR, 4–10/1990, Mitglied des Bundestages 1990–1998.

Schönfelder, Horst, 1932, CDU, MdVK, 1979–1990, Staatssekretär und stellv. Minister für Gesundheitswesen/DDR, 5–10/1990.

Schreiner, Ottmar, 1946, Jurist, SPD, Bundesgeschäftsführer der SPD 1998 bis September 1999, seit März 2000 Vorsitzender der Arbeitsgemeinschaft für Arbeitnehmerfragen der SPD, MdB seit 1980, von März 1997 bis November 1998 einer der stellvertretenden Vorsitzenden der SPD-Bundestagsfraktion.

Schröder, Gerhard, 1944, SPD, Ministerpräsident von Niedersachsen, 1990–1998, 1998–2005 Bundeskanzler, Parteivorsitzender der SPD 1999–2004, MdB 1980–1986 und 1998–2005.

Schröder, Richard, 1943, Theologe und Pfarrer, Dozent für Philosophie an der Humboldt-Universität, 1977–1990, Vorsitzender der SPD-Fraktion in der Volkskammer, 1990, dann für einige Wochen Mitglied des Bundestages, seit 1990 Prof. für Philosophie an der Humboldt-Universität.

Schürer, Gerhard, 1921, Wirtschaftspolitiker der DDR, Vorsitzender der Staatlichen Plankommission der DDR, 1965–1989.

Schwedes, Rolf, 1934, BMA, Leiter des Referats IIIa5: «Arbeitsgerichtsbarkeit, Seearbeitsrecht, Ausbildungsvertragsrecht», 1972–1990, Berater beim Ministerium für Arbeit und Soziales/DDR, 5–8/1990, Leiter des Referats IIIa1: «Grundsatz- und Sonderfragen des Arbeitsrechts, Beendigung des Arbeitsverhältnisses, Arbeitsgerichtsbarkeit», 1990–1999.

Seehofer, Horst, 1949, CSU, Sozialpolitischer Sprecher der CSU-Landesgruppe, 1983–1989, Parlamentarischer Staatssekretär beim BMA, 1989–1992, Bundesminister für Gesundheit, 1992–1998, seit November 2005 Bundesminister für Ernährung, Landwirtschaft und Verbraucherschutz, MdB seit 1980.

Seiters, Rudolf, 1937, CDU, Bundesminister für besondere Aufgaben, Chef des Bundeskanzleramtes, 1989–1991, Bundesminister des Inneren, 1991–1993, MdB, 1969–2002.

Sokoll, Günther, 1937, Hauptgeschäftsführer des Hauptverbandes der Gewerblichen Berufsgenossenschaften 1990–2002.

Solms, Hermann Otto, 1940, MdB seit 1980, Vorsitzender der FDP-Fraktion 1991–1998, Vizepräsident des Deutschen Bundestages seit 1998.

Stahmer, Ingrid, 1942, Bürgermeisterin von Berlin und Senatorin für Gesundheit und Soziales, 1989–1991.

Steinkühler, Franz, 1937, SPD, 1. Vorsitzender der IG Metall, 1986–1993.

Stobbe, Dietrich, 1938, SPD, Regierender Bürgermeister von Berlin, 1977–1981, MdB, 1983–1990.

Stolpe, Manfred, 1936, Mitglied der SPD, 1990, Ministerpräsident von Brandenburg, 1990–2002, Bundesverkehrsminister 2002–2005.

Stoltenberg, Gerhard, 1928–2001, CDU, Ministerpräsident von Schleswig-Holstein, 1971–1982, Bundesminister der Finanzen, 1982–1989, Bundesminister der Verteidigung, 1989–1992, MdB 1953–1971, 1982–1998.

Streibl, Max, 1932–1998, CSU, Bayerischer Ministerpräsident, 1988–1993.

Süssmuth, Rita, 1937, CDU, MdB 1987–2002, Bundesministerin für Jugend, Familie und Gesundheit 1985–1986, Bundesministerin für Jugend, Familie, Frauen und Gesundheit 1986–1988, Präsidentin des Deutschen Bundestages 1988–1998.

Tegtmeier, Werner, 1940, kaufmännische Ausbildung, Studium der Wirtschafts- und Sozialwissenschaften, 1976 Leiter der Grundsatz- und Planungsabteilung im BMA, 1988–2002 beamteter Staatssekretär im BMA, Vertreter des Bundes in den Aufsichtsorganen und Vorstandsvorsitzender der Bundesanstalt für Arbeit, 1977–2002.

Teltschik, Horst, Ministerialdirektor, Leiter der Abteilung 2 (Auwärtige und innerdeutsche Beziehungen, Entwicklungspolitik, äußere Sicherheit) im Bundeskanzleramt 1982–1991, enger Berater von Bundeskanzler Kohl.

Thatcher, Margaret, 1925, 1979–1990 konservative britische Premierministerin.

Thielmann, Klaus, 1933, SED, Prof. für Medizin, Minister für Gesundheit (u. Sozialwesen)/DDR, Februar 1989 – Oktober 1989, Minister für Gesundheit und Sozialwesen, November 1989 – April 1990.

Thierse, Wolfgang, 1943, Mitglied des Neuen Forums, 1989, Mitglied der SPD-Ost, 1990, stellvertretender Vorsitzender, ab August 1990 Vorsitzender der SPD-Fraktion in der Volkskammer, 1990, Vorsitzender der SPD-Ost, dann stellvertretender Vorsitzender der SPD, MdB seit 1990, 1998–2005 Bundestagspräsident, ab 2005 Vizepräsident des Bundestages.

Tietmeyer, Hans, 1931, Volkswirt, Staatssekretär im Bundesfinanzministerium, 1982–1990, westdeutscher Delegationsleiter bei den Verhandlungen über die Wirtschafts-, Währungs- und Sozialunion, Mitglied des Direktoriums der Deutschen Bundesbank, 1990–1993, und ihr Präsident, 1993–1999.

Vogel, Hans-Jochen, 1926, SPD-Vorsitzender, 1987–1991, Mitglied des Bundestages 1972–1994.

Vogt, Wolfgang, 1929, CDU, Parlamentarischer Staatssekretär beim BMA, 1982–1991, MdB 1969–1998.

Waigel, Theodor, 1939, CSU, Bundesminister der Finanzen, 1989–1998, Vorsitzender der CSU-Landesgruppe, 1982–1989, stellvertretender Vorsitzender der CDU/CSU-Bundestagsfraktion, 1989–1998, MdB 1972–2002.

Weiß, Konrad, 1942, Mitglied von «Demokratie jetzt», am Zentralen Runden Tisch, 1989/90, der Volkskammer für Bündnis 90, 1990, Mitglied des Bundestages für Bündnis 90/Grüne, 1990–1994.

Weißgerber, Gunter, 1955, Ingenieur, Mitglied des Neuen Forums, Mitbegründer der SPD-Leipzig im November 1989. Mitglied der SPD-Volkskammer-Fraktion 1990, MdB seit Oktober 1990.

Wieczorek-Zeul, Heidemarie, 1942, SPD, seit 1987 Mitglied des Bundestages und europapolitische Sprecherin der SPD,seit 1998 Bundesministerin für Wirtschaftliche Zusammenarbeit.

Wulff-Mathies, Monika, 1942, ÖTV-Vorsitzende, 1982–1994, EU-Kommissarin für europäische Regionalpolitik 1994–1999.

Wünsche, Kurt, 1929, Justizminister der DDR, 1965–1972 und 1990.

Ziel, Alwin, 1941, seit 1989 SDP/SPD, Mitglied der Volkskammer, 1990, Parlamentarischer Staatssekretär im Ministerium für Arbeit und Soziales und Mitglied des Landtags von Brandenburg seit 1990, Minister des Inneren des Landes Brandenburg, 1991–1999, Minister für Arbeit und Soziales, Gesundheit und Frauen des Landes Brandenburg 1999–2002.

Personenregister

Abbildungsnachweis

Der Tafelteil mit den Abbildungen befindet sich zwischen den Seiten 270 und 271.

1, 5 Sven Simon; *2, 3* ZENIT; *4, 8, 16* Werek; *6, 7, 9, 10, 13, 17* AP; *11* M. Vollmer; *12, 14* L. Kucharz; *15* E. Fiegel; *18* W.v. Brauchitsch; *19* EMO Fotoagentur. Alle Fotos SV-Bilderdienst.

Aus dem Verlagsprogramm

Deutsche Geschichte – eine Auswahl

Wolfgang Benz
Geschichte des Dritten Reiches
2000. 288 Seiten mit 150 Abbildungen,
davon 30 in Farbe und 2 farbigen Karten. Gebunden

Saul Friedländer
Das Dritte Reich und die Juden
Aus dem Englischen von Martin Pfeifer
Band 1: Die Jahre der Verfolgung 1933–1939
2., durchgesehene Auflage. 1998. 458 Seiten. Leinen
Bd. 2: Die Jahre der Vernichtung
2006. Etwa 864 Seiten mit etwa 2 Abbildungen. Leinen

Lothar Gall
Der Bankier.
Hermann Josef Abs
Eine Biographie
3. Auflage. 2005. 526 Seiten mit 57 Abbildungen. Leinen

Wolther von Kieseritzky/Klaus-Peter Sick
Demokratie in Deutschland.
Chancen und Gefährdungen im
19. und 20. Jahrhundert
Historische Essays
1999. 439 Seiten. Broschiert

Heinrich August Winkler
Der lange Weg nach Westen
Band 1: Deutsche Geschichte vom Ende des Alten Reiches
bis zum Untergang der Weimarer Republik
4., durchgesehene Auflage. 2002. 652 Seiten. Leinen
Band 2: Deutsche Geschichte vom «Dritten Reich»
bis zur Wiedervereinigung
4., durchgesehene Auflage. 2002. X, 742 Seiten. Leinen

Verlag C.H.Beck München